スポーツ診療ビジュアルブック

Sports Medicine Conditions

Return to Play: Recognition, Treatment, Planning

監訳　**櫻庭 景植**　順天堂大学大学院 スポーツ医学 教授

EDITORS

Mark D. Miller, MD
S. Ward Casscells Professor of Orthopaedic Surgery
Head, Division of Sports Medicine
University of Virginia
Team Physician
James Madison University
Charlottesville, Virginia

A. Bobby Chhabra, MD
Charles J. Frankel Professor and Vice Chair
Department of Orthopaedic Surgery
Professor of Plastic Surgery
University of Virginia Health System
Charlottesville, Virginia

Jeff Konin, PhD, ATC, PT, FACSM, FNATA
Department of Orthopaedic Surgery
University of Virginia Health System
Charlottesville, Virginia

Dilaawar Mistry, MD, MS, ATC
Primary Care Team Physician, Colorado Rockies
(Grand Junction)
Team Physician, USA Swimming
Western Orthopedics and Sports Medicine
Grand Junction, Colorado

ASSOCIATE EDITORS

Justin W. Griffin, MD
Resident Physician
Department of Orthopaedic Surgery
University of Virginia Health System
Charlottesville, Virginia

Siobhan M. Statuta, MD, CAQSM
Director
Primary Care Sports Medicine Fellowship
Assistant Professor
Family Medicine and Physical Medicine & Rehabilitation
Team Physician, UVA Sports medicine
University of Virginia Health System
Charlottesville, Virginia

SECTION EDITORS

Brian Busconi, MD
Associate Professor
Department of Orthopedics & Physical Rehabilitation
Division of Sports Medicine
University of Massachusetts Medical School
Worcester, Massachusetts

A. Bobby Chhabra, MD
Charles J. Frankel Professor and Vice Chair
Department of Orthopaedic Surgery
Professor of Plastic Surgery
University of Virginia Health System
Charlottesville, Virginia

Mark D. Miller, MD
S. Ward Casscells Professor of Orthopaedic Surgery
Head, Division of Sports Medicine
University of Virginia
Team Physician
James Madison University
Charlottesville, Virginia

Dilaawar Mistry, MD, MS, ATC
Primary Care Team Physician, Colorado Rockies
(Grand Junction)
Team Physician, USA Swimming
Western Orthopedics and Sports Medicine
Grand Junction, Colorado

Joseph S. Park, MD
Assistant Professor
Division Head, Foot and Ankle Service
Department of Orthopaedic Surgery
University of Virginia Health System
Charlottesville, Virginia

Francis H. Shen, MD
Warren G. Stamp Professor of Orthopaedic Surgery
Division Head, Spine Division
Director Spine Fellowship
Co-Director, Spine Center
University of Virginia Medical Center
Charlottesville, Virginia

メディカル・サイエンス・インターナショナル

Authorized translation of the original English edition,
"Sports Medicine Conditions: Return to Play: Recognition, Treatment, Planning", First Edition
edited by Mark D. Miller, A. Bobby Chhabra, Jeff Konin, Dilaawar Mistry

Copyright © 2014 by Wolters Kluwer
All rights reserved.

This translation is published by arrangement with Wolters Kluwer, Two Commerce Square, 2001 Market Street, Philadelphia, PA 19103 U.S.A. Wolters Kluwer did not participate in the translation of this title.

© First Japanese Edition 2016 by Medical Sciences International, Ltd., Tokyo

Printed and Bound in Japan

To all athletes who are seeking a better understanding of their injury and their ability to Return to Play—and to all health care providers who are anxious to provide it.
—*Mark D. Miller*

To my loving family for their unwavering support. To Mark D. Miller for opening so many doors for me.
—*Bobby Chhabra*

To my wife Carter, for her loving endurance and pivotal insight. And to my mentor, Dr. Mark Miller, a true pioneer in Sports Medicine whose contagious creativity continues to teach me the sustained sense of wonder found in helping others Return to Play.
—*Justin W. Griffin*

To Mark D. Miller, for allowing me to be his wing man and teaching what dedication and commitment is all about.
—*Jeff Konin*

For my wife Kelly, whose endless patience is an indefinable inspiration and a gift.
—*Dilaawar Mistry*

Thank you to my amazing wife, Ann Marie, for her patience and guidance throughout the years. And to Isabelle and Stephen, who have learned that dad has to spend way too much time away from them to "fix bones." I am also eternally grateful to my parents, teachers, and mentors for their wisdom and encouragement. I am truly humbled to have been involved in this project.
—*Joseph S. Park*

To my daughter Mia who's vivid imagination and creativity always reminds me that the possibilities are endless.
—*Francis H. Shen*

To my father—Thomas, who instilled in me a passion for life-long learning. To my husband—Jason, children—Annabelle and Thomas, and mother—Martha for their endless love and support. Lastly, to Dr. Danny Mistry for his teaching, mentoring, and most importantly, friendship.
—*Siobhan M. Statuta*

監訳のことば

現在，医療現場において，内視鏡を利用した手術が全世界的に主流になりつつある。モニターやロボット技術を使い，なるべく患者への侵襲が少ない手術が好まれている。

関節鏡視下手術は，当初，日本の渡辺正毅先生の業績により，わが国から発展を遂げた分野であり，われわれはその技術をさらに深めていく努力をしなければならない。

今回，米国から鏡視下手術の方法について，ふんだんに図を取り入れた本が出版された。整形外科，とくにスポーツ外傷・障害がたくさん含まれており，若い先生方の学習に最適と考えた。また本書は，整形外科ばかりではなく，救急外傷や，他の分野にもたくさん触れられており，総合的にまとまった有益な教科書と考え，監訳をするに至った。

翻訳は各分野で専門知識の深い先生方にお願いした。また，整形外科以外の分野は，若い新進気鋭の先生方にも一部お手伝いいただいた。ここに改めて，すべての先生方に深謝申し上げたい。

この翻訳書が，諸先生方やスポーツ医療に携わる理学療法士やトレーナー，健康運動指導士の皆様のお役に立つことを期待する。

2016年4月

順天堂大学大学院 スポーツ医学 教授

櫻庭　景植

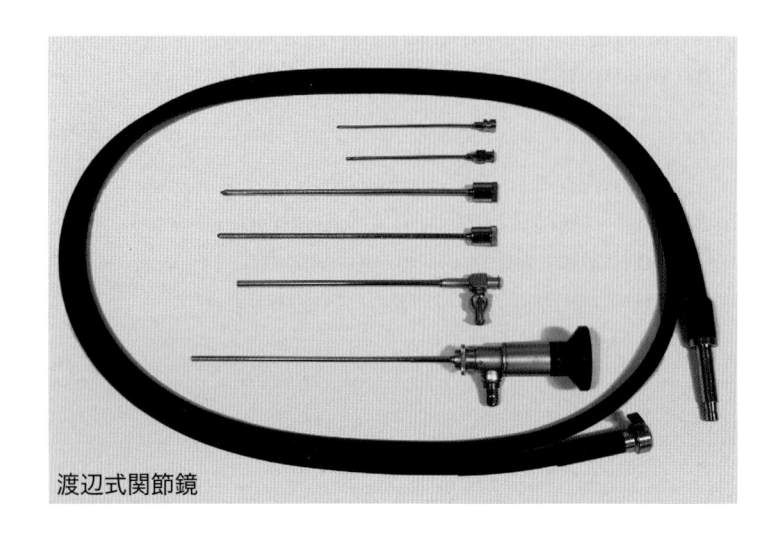

渡辺式関節鏡

序

数年前，私の大学時代からの友人である Dr. Jeff Konin から，以下のようなコンセプトにもとづいた独自の教科書づくりについて相談を受けた。それは，「公認アスレチックトレーナーや理学療法士，健康運動指導士やこの分野にかかわる専門家たちに有益な，またアスリートの怪我や故障，コンディションの理解に役立つような教科書」の作成についての話であった。私は，「1 枚の図は千文字の言葉に値する（a picture is worth a thousand words）」と信じているので（とくにわれわれ整形外科分野において），それぞれの章に図をたくさん入れるように，強く要望を出した。数年後，2 つの出版社と，何人かのイラストレーター，多くの編集者たちの努力により，この理想的な本が完成した。それぞれの章は独立しているが，以下の共通のフォーマットで統一されている。

- 適応と目的
- 手術手技
- 術後管理とリハビリテーション
- 予後
- 競技復帰
- 参考文献
- 関連図

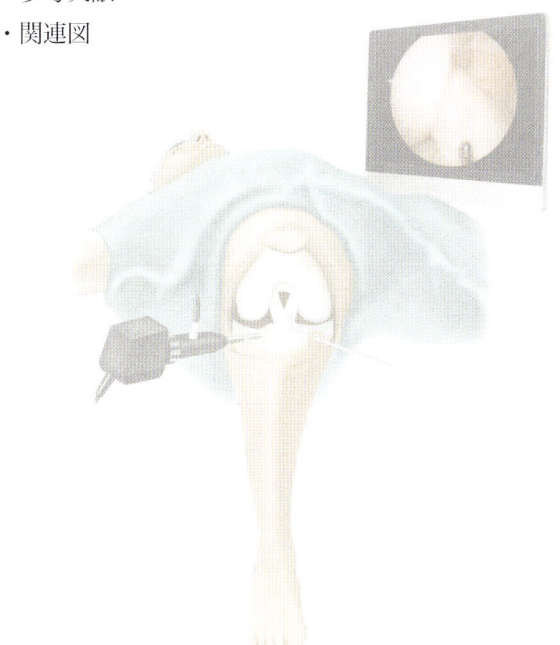

Dr. Konin と私は制作をはじめてすぐに，この本を完全なものにするには助けがいることに気づき，何人かの有能な専門家に手伝っていただいた。ここですべての方にお礼を述べることはできないが，しかし，次の方々にはぜひ感謝の意を述べなければならない（ABC 順）。

- Dr. Bill Athans：当時 USF の医学生だった彼には，「足関節，足」の章を手伝っていただいた。
- Dr. Brian Busconi：制作の最終段階で「股関節」の章を手伝っていただいた。
- Dr. A. Bobby Chhabra：「肘関節」や「手関節，手」の章の大部分を手伝っていただいた。ヴァージニア大学のチーフレジデントであった Dr. Scott A. Eisenhuth にも協力していただいた。Dr. Scott は現在，ミシシッピー州ビロクシにあるキースラー空軍基地に勤務している。
- Dr. Justin Griffin：ヴァージニア大学の素晴らしいレジデントの 1 人であるが，スポーツ医学に興味をもっている。文章や図の構成に関して副編集者として働いてもらった。
- Dr. Jeff Konin：リハビリテーション分野について，すべての章を執筆いただき，本書の制作全般に大いに貢献してくれた。
- Dr. German Maralunda：Florida Orthopaedic Institute（フロリダ整形外科研究所）の脊椎班のフェローであるが，「脊椎」の章を手伝っていただいた。
- Dr. Dilaawar(Danny)Mistry：プライマリケア（初期治療）の章を手伝っていただいた。
- Dr. Joseph Park：「足関節，足」の章で大いに貢献してくれた。当時ヴァージニア大学のレジデントであった（現在はピッツバーグ大学で足の専門医をしている）Dr. MaCalus Hogan にも協力していただいた。
- Dr. Frank Shen：「脊椎」の章を手伝っていただいた。
- Dr. Siobhan Statuta：Dr. Mistry とともに「プライマリケア」の章の文章や図の構成に関して，副編集長として働いてもらった。
- Dr. David Weiss：骨折の図を見ていただき，また本

書全般にわたり助言もいただいた。

Lippincott Williams & Wilkins/Wolters Kluwer Healthのたくさんのスタッフ，そしてその協力会社の方々，特にきれいな図の多くを作成していただいたSynapse Studiosの方々に感謝する。Mr. Jack Haley, Ms. Elise Paxson, Mr. Mark Myktuikほか，何人かの方々はすでに退職しているが，彼らの貢献はとても貴重であった。最終的に本書を発刊までこぎつけさせたRuchira Gupta, Abhishan Sharma of Aptara, そしてとくにプロダクトマネージャーのMr. Dave Murphyに感謝を申し上げる。

本書はDr. Koninと私の当初の構想を大きく上回って規模の大きい，そして素晴らしいものとなった。Dr. MistryとDr. Statutaにご尽力いただいたプライマリケア（初期治療）の章に，私はとくに満足している。私自身にとっても非常に有益であったことを認めなければならない。

出版社は寛大にも本書の素晴らしいイラストを私が講演などに使うことを許可してくださった。患者やアスリートへの教育や説明に，本書を整形外科クリニック，アスレチックトレーニングルーム，理学療法室などで活用できるのを楽しみにしている。

マークD. ミラー，M.D.
ヴァージニア大学整形外科S. Ward Casscells教授
ジェームスマジソン大学 チームドクター
Editor in Chief, Return to Play

訳者一覧 (掲載順)

大西　和友	船橋整形外科病院 肩関節・肘関節センター	
菅谷　啓之	船橋整形外科病院 肩関節・肘関節センター センター長	
稲垣　克記	昭和大学医学部 整形外科学講座 主任教授	
池上　博泰	東邦大学医学部 整形外科学講座 教授	
洪　　定男	順天堂大学スポーツ健康科学部 スポーツ医学 客員准教授	
梶原　　一	江東病院 副院長/整形外科 部長	
金子　晴香	順天堂大学大学院医学研究科 整形外科・運動器医学 助教	
櫻庭　景植	順天堂大学大学院 スポーツ医学 教授	
熊井　　司	奈良県立医科大学 スポーツ医学講座 教授	
小笠原定雅	おがさわらクリニック内科循環器科 院長	
櫻庭　晶子	関東ITソフトウェア健康管理室 室長 順天堂大学 呼吸器内科 非常勤講師	
山澤　文裕	丸紅株式会社 健康開発センター 所長	
加藤　　穣	筑波大学附属病院 循環器内科 病院講師	
前澤　克彦	順天堂大学医学部附属浦安病院 整形外科 准教授	
寺嶋　　毅	東京歯科大学市川総合病院 呼吸器内科 教授	

■翻訳協力(Chapter 8)：
　天野功二郎・櫻庭 園子・山田 晶子・齊藤 実穂・村上 恵美

執筆者一覧

Brian Busconi, MD
Associate Professor
Department of Orthopedics & Physical Rehabilitation
Division of Sports Medicine
University of Massachusetts Medical School
Worcester, Massachusetts

A. Bobby Chhabra, MD
Charles J. Frankel Professor and Vice Chair
Department of Orthopaedic Surgery
Professor of Plastic Surgery
University of Virginia Health System
Charlottesville, Virginia

April Due, DO
Lieutenant United States Navy
Intern
Fort Belvoir Army Community Hospital
Fort Belvoir, Virginia

Scott A. Eisenhuth, MD
Captain, USAF
Chief of Orthopaedic Surgery
Keesler AFB
Bilouxi, Mississippi

Justin W. Griffin, MD
Resident Physician
Department of Orthopaedic Surgery
University of Virginia Health System
Charlottesville, Virginia

Mark D. Miller, MD
S. Ward Casscells Professor of Orthopaedic Surgery
Head, Division of Sports Medicine
University of Virginia
Team Physician
James Madison University
Charlottesville, Virginia

Joseph S. Park, MD
Assistant Professor
Division of Head, Foot and Ankle Service
Department of Orthopaedic Surgery
University of Virginia Health System
Charlottesville, Virginia

Francis H. Shen, MD
Warren G. Stamp Professor of Orthopaedic Surgery
Division Head, Spine Division
Director Spine Fellowship
Co-Director, Spine Center
University of Virginia Medical Center
Charlottesville, Virginia

Siobhan M. Statuta, MD, CAQSM
Director
Primary Care Sports Medicine Fellowship
Assistant Professor
Family Medicine and Physical Medicine & Rehabilitation
Team Physician, UVA Sports Medicine
University of Virginia Health System
Charlottesville, Virginia

Jon Vivolo, MS
Rocky Mountain Vista University
Parker, Colorado

David B. Weiss, MD
Assistant Professor
Department of Orthopaedic Surgery
University of Virginia Health System
Charlottesville, Virginia

Contents

監訳のことば ……………………………………… iv
序 ………………………………………………………… v
訳者一覧 …………………………………………… vii
執筆者一覧 ………………………………………… viii

Chapter 1
肩関節，上腕 …………………………………… 1
Mark D. Miller（訳：大西和友・菅谷啓之）

鏡視下肩関節手術 ………………………………… 2
デブリドマン/遊離体摘出/滑膜切除 ………… 4
肩峰形成術 ………………………………………… 6
鎖骨遠位端切除術 ………………………………… 8
癒着剥離/麻酔下授動術 ………………………… 10
関節包解離術 ……………………………………… 12
前方バンカート修復/関節包修復 …………… 14
後方バンカート修復/関節包修復 …………… 16
SLAP修復（上方関節唇修復）………………… 18
上腕二頭筋腱固定術 ……………………………… 20
腱板修復術 ………………………………………… 28
大胸筋修復術 ……………………………………… 32
肩甲下筋腱修復術 ………………………………… 34
絞扼性神経血管障害の解離術 ………………… 36
烏口鎖骨靱帯修復/再建術 ……………………… 38
胸鎖関節再建術 …………………………………… 40
関節軟骨再建術 …………………………………… 42
人工肩関節形成術 ………………………………… 44
鎖骨骨折に対する観血的整復固定術（ORIF）……… 46
上腕骨近位端骨折に対する観血的整復固定術
　（ORIF）………………………………………… 48
上腕骨骨幹部骨折に対する観血的整復固定術
　（ORIF）………………………………………… 50

Chapter 2
肘関節，前腕 …………………………………… 53
A. Bobby Chhabra（訳：稲垣克記）

鏡視下肘関節手術 ………………………………… 54
肘関節軟骨手術 …………………………………… 56

肘尺側（内側）側副靱帯再建術（トミージョン法）…… 58
肘外側側副靱帯再建術 …………………………… 60
上腕二頭筋腱断裂に対する手術 ……………… 62
肘部管開放/尺骨神経前方移動術 …………… 64
橈骨神経管/後骨間神経剝離 ………………… 66
上腕骨外側上顆炎と上腕骨内側上顆炎の
　デブリドマン/修復術 ……………………… 68
可動域制限の解離術 ……………………………… 70
外反・過伸展による骨棘に対する関節形成術
　（デブリドマン）……………………………… 72
肘関節骨折に対する観血的整復固定術（ORIF）…… 74
前腕骨骨折に対する観血的整復固定術（ORIF）…… 76

Chapter 3
手関節，手 ……………………………………… 79
A. Bobby Chhabra（訳：池上博泰）

鏡視下手関節手術 ………………………………… 80
舟状月状骨靱帯修復術 …………………………… 82
手関節固定術 ……………………………………… 84
TFCCのデブリドマン/修復術 ………………… 86
腱鞘滑膜炎に対する除圧術 …………………… 90
手関節ガングリオン摘出術 …………………… 92
手根管開放術 ……………………………………… 94
Guyon管（尺骨管）開放術 ……………………… 96
ばね指手術 ………………………………………… 98
ジャージー指/屈筋腱修復術 ………………… 100
手指伸筋腱修復術 ………………………………… 102
母指尺側側副靱帯修復術 ……………………… 106
橈骨遠位端骨折に対する観血的整復固定術
　（ORIF）………………………………………… 108
舟状骨骨折に対する観血的整復固定術（ORIF）…… 111
有鉤骨鉤突起骨折に対する鉤突起切除術 …… 114
中手骨骨折に対する観血的整復固定術（ORIF）…… 116
指節骨骨折に対する観血的整復固定術（ORIF）…… 118
母指骨折に対する観血的整復固定術（ORIF）…… 120

Chapter 4 脊椎 ……… 123
Francis H. Shen（訳：洪　定男）

頸椎前方除圧術/椎間板切除術 ……… 124
頸椎後方除圧術/椎間板切除術 ……… 128
頸椎固定術 ……… 130
頸椎骨折に対する観血的整復固定術(ORIF) ……… 134
胸腰椎除圧術 ……… 136
胸腰椎固定術 ……… 144
胸腰椎骨折に対する観血的整復固定術(ORIF) ……… 146

Chapter 5 骨盤，股関節，大腿 ……… 149
Brian Busconi（訳：梶原　一）

鏡視下股関節手術 ……… 150
スポーツヘルニアの修復術 ……… 152
弾発股解離術 ……… 154
神経剝離術 ……… 158
近位ハムストリング裂離(骨折)に対する修復術 ……… 160
股関節インピンジメント(FAI)に対する手術 ……… 162
股関節形成術 ……… 164
股関節骨折に対する観血的整復固定術(ORIF) ……… 166
大腿骨骨折に対する観血的整復固定術(ORIF) ……… 168

Chapter 6 膝関節，下腿 ……… 171
Mark D. Miller（訳：金子晴香・櫻庭景植）

鏡視下膝関節手術 ……… 172
鏡視下滑膜切除術と外側支帯解離術 ……… 174
半月板切除術 ……… 176
半月板縫合術 ……… 178
半月板移植術 ……… 180
関節軟骨損傷に対する手術 ……… 182
前十字靱帯(ACL)再建術 ……… 186
後十字靱帯(PCL)再建術 ……… 190
外側側副靱帯(LCL)/後外側支持機構(PLC)
　再建術 ……… 194
内側側副靱帯(MCL)/後内側支持機構(PMC)
　再建術 ……… 196
剝離骨折 ……… 198
癒着剝離/麻酔下授動術 ……… 200

骨切り術 ……… 202
人工膝関節形成術(置換術) ……… 204
膝蓋骨近位リアライメント術
　(脱臼制動術) ……… 206
膝蓋骨遠位リアライメント術
　(脱臼制動術) ……… 208
大腿四頭筋と膝蓋腱のデブリドマン/修復術 ……… 210
神経除圧術 ……… 212
筋膜切開術 ……… 214
膝蓋骨骨折に対する観血的整復固定術(ORIF) ……… 216
大腿骨遠位部骨折に対する観血的整復固定術
　(ORIF) ……… 218
脛骨高原骨折に対する観血的整復固定術
　(ORIF) ……… 220
脛骨骨幹部骨折に対する観血的整復固定術
　(ORIF) ……… 222

Chapter 7 足関節，足 ……… 225
Joseph S. Park（訳：熊井　司）

鏡視下足関節手術 ……… 226
足関節前方インピンジメントに対する
　鏡視下骨切除術 ……… 228
距骨(骨)軟骨損傷に対する鏡視下手術 ……… 230
足関節不安定症に対する手術 ……… 232
アキレス腱に対する手術 ……… 234
後脛骨筋腱に対する手術 ……… 236
腓骨筋腱に対する手術 ……… 238
蹠側板損傷/ターフトウ ……… 240
バニオン(外反母趾)/バニオネット(内反小趾)
　手術 ……… 242
カイレクトミー(強剛母趾に対する) ……… 244
三角骨切除術 ……… 246
足底腱膜切離術 ……… 248
絞扼性神経障害に対する神経剝離術 ……… 250
遠位脛腓間離開(脛腓靱帯損傷)に対する
　観血的整復固定術(ORIF) ……… 252
足関節骨折に対する観血的整復固定術(ORIF) ……… 254
距骨骨折に対する観血的整復固定術(ORIF) ……… 256
踵骨骨折に対する観血的整復固定術(ORIF) ……… 258
第5中足骨骨折(Jones骨折)に対する
　観血的整復固定術(ORIF) ……… 260

リスフラン関節損傷に対する観血的整復固定術
　　（ORIF）･････････････････････････････ 262
中足骨/趾節骨骨折に対する観血的整復固定術
　　（ORIF）･････････････････････････････ 264

Chapter 8 プライマリケア ････････････････ 267
Dilaawar Mistry, Siobhan M. Statuta,
April Due, Jon Vivolo

Section 1　耳 ･･････････････（訳：小笠原定雅）268
耳介血腫･･････････････････････････････････ 268
細菌性外耳炎･･････････････････････････････ 268
中耳炎････････････････････････････････････ 270
めまい････････････････････････････････････ 271

Section 2　目 ･･････････････（訳：小笠原定雅）274
結膜炎････････････････････････････････････ 274
眼瞼疾患･･････････････････････････････････ 275
角膜上皮剝離･･････････････････････････････ 276
翼状片････････････････････････････････････ 278
外傷性前房出血････････････････････････････ 279
網膜剝離･･････････････････････････････････ 280

Section 3　鼻 ･･････････････（訳：小笠原定雅）283
急性副鼻腔炎･･････････････････････････････ 283
アレルギー性鼻炎･･････････････････････････ 284
鼻の外傷･･････････････････････････････････ 286
　鼻出血･･････････････････････････････････ 286
　鼻骨骨折････････････････････････････････ 288
　鼻中隔弯曲症････････････････････････････ 289

Section 4　口 ･･･････････････（訳：櫻庭晶子）291
歯牙損傷･･････････････････････････････････ 291
口腔内潰瘍････････････････････････････････ 292
溶連菌性咽頭炎/扁桃腺炎 ･･････････････････ 294
伝染性単核球症････････････････････････････ 295
扁桃蜂巣炎/膿瘍 ･･････････････････････････ 298

Section 5　呼吸と循環 ･･･････････････････
（訳：山澤文裕・加藤 穣）301
労作時呼吸困難････････････････････････････ 301
　運動誘発性気管支攣縮････････････････････ 301
　奇異性声帯運動，声帯運動機能不全････････ 303
　インフルエンザ･･････････････････････････ 305
　急性気管支炎････････････････････････････ 307
　気　胸････････････････････････････････････ 309

失　神････････････････････････････････････ 313
高血圧････････････････････････････････････ 317
マルファン症候群･･････････････････････････ 322

Section 6　腹部・骨盤内臓器 ･･･（訳：櫻庭晶子）326
Part 1：腹　部･･････････････････････････････ 326
　胃食道逆流症（GERD）･･････････････････ 326
　過敏性腸症候群（IBS）･･････････････････ 330
　実質臓器損傷････････････････････････････ 332
　スポーツヘルニア････････････････････････ 336
Part 2：骨盤内臓器･･････････････････････････ 339
　尿道炎･･････････････････････････････････ 339
　尿路感染症･･････････････････････････････ 340

Section 7　皮　膚 ･･･････････（訳：櫻庭晶子）343
Section 8　神　経 ･･･････････（訳：前澤克彦）353
頭　痛････････････････････････････････････ 353
脳振盪････････････････････････････････････ 357
顎関節症･･････････････････････････････････ 363

Section 9　骨格筋 ･･･････････（訳：前澤克彦）366
筋損傷････････････････････････････････････ 366
肋軟骨炎･･････････････････････････････････ 367

Section 10　内分泌 ･･････････（訳：前澤克彦）370
女性アスリートの3主徴 ････････････････････ 370

Section 11　血　液 ･･････（訳：山澤文裕・寺嶋 毅）374
アスリートにおける貧血････････････････････ 374
鎌状赤血球症形成傾向･･････････････････････ 378

Section 12　環　境 ･･････（訳：山澤文裕・寺嶋 毅）382
運動による熱中症･･････････････････････････ 382
低体温症･･････････････････････････････････ 388
アナフィラキシー･･････････････････････････ 392

和文索引･･････････････････････････････････ 396
欧文索引･･････････････････････････････････ 400

注 意

　本書に記載した情報に関しては，正確を期し，一般臨床で広く受け入れられている方法を記載するよう注意を払った。しかしながら，著者（監訳者，訳者）ならびに出版社は，本書の情報を用いた結果生じたいかなる不都合に対しても責任を負うものではない。本書の内容の特定な状況への適用に関しての責任は，医師各自のうちにある。

　著者（監訳者，訳者）ならびに出版社は，本書に記載した薬物の選択・用量については，出版時の最新の推奨，および臨床状況に基づいていることを確認するよう努力を払っている。しかし，医学は日進月歩で進んでおり，政府の規制は変わり，薬物療法や薬物反応に関する情報は常に変化している。読者は，薬物の使用にあたっては個々の薬物の添付文書を参照し，適応，用量，付加された注意・警告に関する変化を常に確認することを怠ってはならない。これは，推奨された薬物が新しいものであったり，汎用されるものではない場合に，特に重要である。

Chapter 1

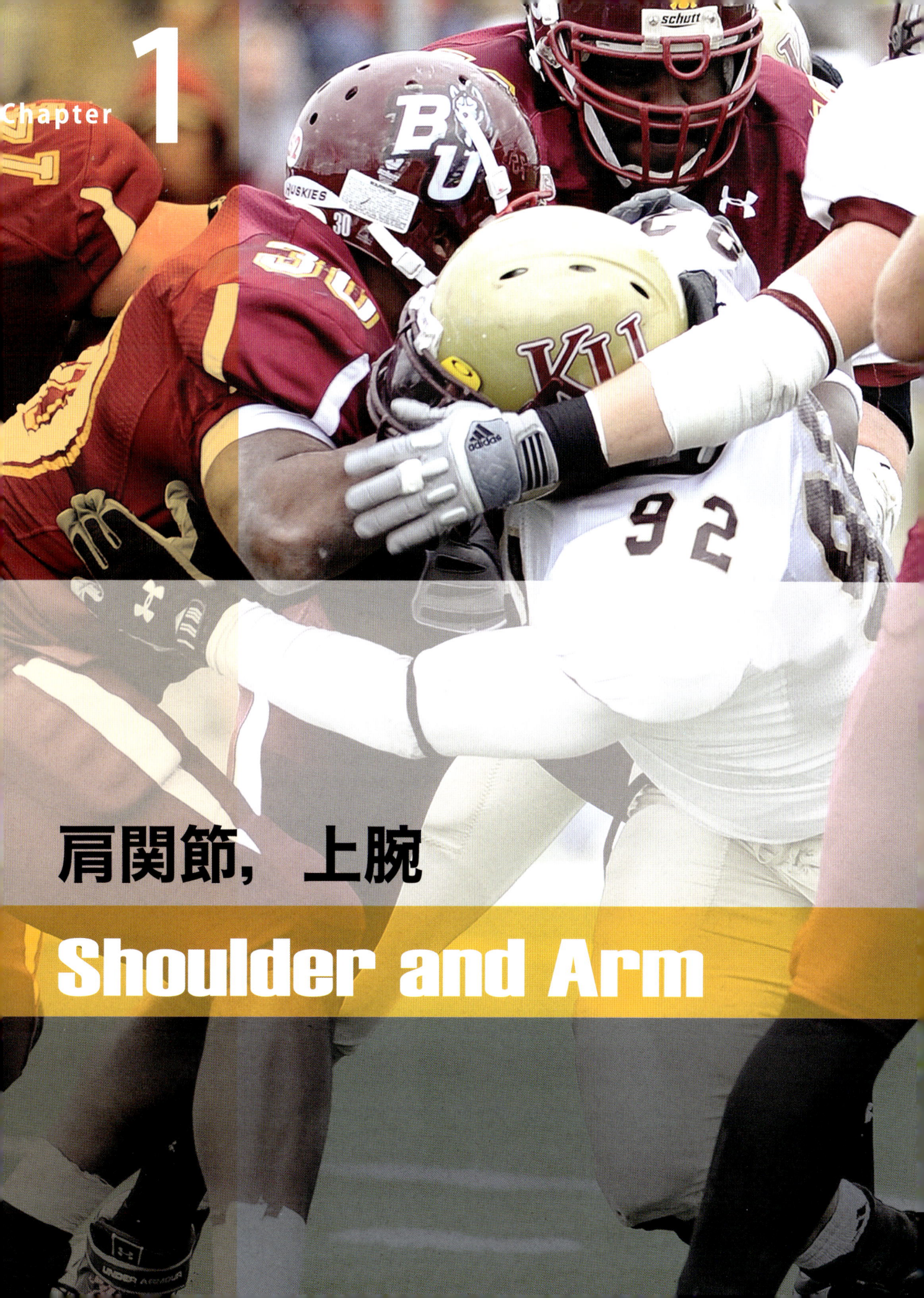

肩関節，上腕

Shoulder and Arm

鏡視下肩関節手術
Shoulder Arthroscopy

適応と目的： 肩関節鏡(鏡視下肩関節手術)はここ10年のスポーツ整形外科分野において，最も進歩した分野である．当初は診断補助検査としてのみ用いられていたが，現在では不安定症や上方関節唇損傷(superior labral anterior posterior tear: SLAP損傷)，腱板断裂などさまざまな病態に対する治療手段として用いられるようになっている．関節鏡視下手術は観血的手術よりも皮膚切開が小さく，術後疼痛が少なく(外来手術も可能)，リハビリテーションの進行も早い．

手術手技： 肩関節鏡はビーチチェア位と側臥位の2つの体位で行われる．ビーチチェア位法では，患者は坐位での仰臥位とし，牽引は通常使用しない．側臥位法では，患者は患側を上側とした側臥位とし，牽引(一般的に10〜15ポンド)[訳者注1)]を用いる．関節鏡による観察は通常，後方ポータル(肩峰後外側角から2cm内側，2cm遠位)から行われ，プローブなどの手術器具は前上方ポータル(肩鎖関節前方)から挿入される．手術手技の内容に応じて適宜ポータルを追加する．関節内の評価を体系的に行うことができ，肩甲上腕関節と肩峰下のあらゆる病態の評価と治療が可能である．病態により，関節鏡を他のポータル(とくに肩甲上腕関節の観察では前方ポータル，肩峰下滑液包や腱板の観察では外側ポータル)に入れ替えることも非常に有用である．関節鏡視下手術では一般的にさまざまな電動シェーバーやドリルバー，鋭匙鉗子や把持鉗子，組織に糸を通す器具などが用いられる．

訳者注1) 1ポンドは0.454kg

術後管理とリハビリテーション： 術後は通常，三角巾固定を行い，早期からの肘関節可動域訓練や振り子運動が推奨される．また，術後の理学療法は，鏡視下に組織を修復したのか，あるいは切除のみを行ったのかによって異なる．組織の切除やデブリドマンのみを行った手術の場合は，術後早期の理学療法は除痛とポータル部の創傷管理が中心となる．そして手術手技の内容や患者の理解度を考慮したうえで，監視下に速やかに可動域訓練を開始する．筋力訓練も数日以内に開始することが可能である．すべての運動は許容しえる疼痛の範囲内で行われるが，過剰に用心深く行うことで関節包の癒着を生じることに注意を払うべきである．肩関節自動可動域と筋力の完全回復は数週間で得られる．一方，手術の際に組織の修復を行った場合，修復した組織が十分かつ安全なレベルに修復されるまで，修復部に過度のストレスをかけないように注意すべきである．さらに，修復した組織の部位や状態に対する配慮が必要である．

予後： 理学療法は，修復部位の固定力を考慮して行う．肩甲上腕関節内では関節鏡を用いることにより多彩な手術手技が可能であり，その成果は手術手技の内容に起因する．

競技復帰： 手術内容により異なる．一般的に，軟部組織の修復がないデブリドマンや，肩峰形成術であれば，理学療法や競技復帰は比較的早い．軟部組織の修復を要した場合(関節唇や腱板など)の競技復帰は4〜6か月，またはそれ以上を要する．

文献

Carson WG. Arthroscopy of the shoulder: Anatomy and technique. *Orthop Rev*. 1992; 21(2): 143–153.

Faber E, Kuiper JI, Burdorf A, Miedema HS, Verhaar JA. Treatment of impingement syndrome: A systematic review of the effects on functional limitations and return to work. *J Occup Rehabil*. 2006; 16(1): 7–25.

Lenters TR, Franta AK, Wolf FM, Leopold SS, Matsen FA 3rd. Arthroscopic compared with open repairs for recurrent anterior shoulder instability. A systematic review and meta-analysis of the literature. *J Bone Joint Surg Am*. 2007; 89(2): 244–254. Review.

Mazzocca AD, Cole BJ, Romeo AA. Shoulder: Patient positioning, portal placement, and normal arthroscopic anatomy. In: Miller MD, Cole BJ, eds. Textbook of Arthroscopy. Philadelphia, PA: Saunders; 2004.

Mohtadi NG, Bitar IJ, Sasyniuk TM, Hollinshead RM, Harper WP. Arthroscopic versus open repair for traumatic anterior shoulder instability: A meta-analysis. *Arthroscopy*. 2005; 21(6): 652–658.

Nho SJ, Shindle MK, Sherman SL, Freedman KB, Lyman S, MacGillivray JD. Systematic review of arthroscopic rotator cuff repair and mini-open rotator cuff repair. *J Bone Joint Surg Am*. 2007; 89(suppl 3): 127–136. Review.

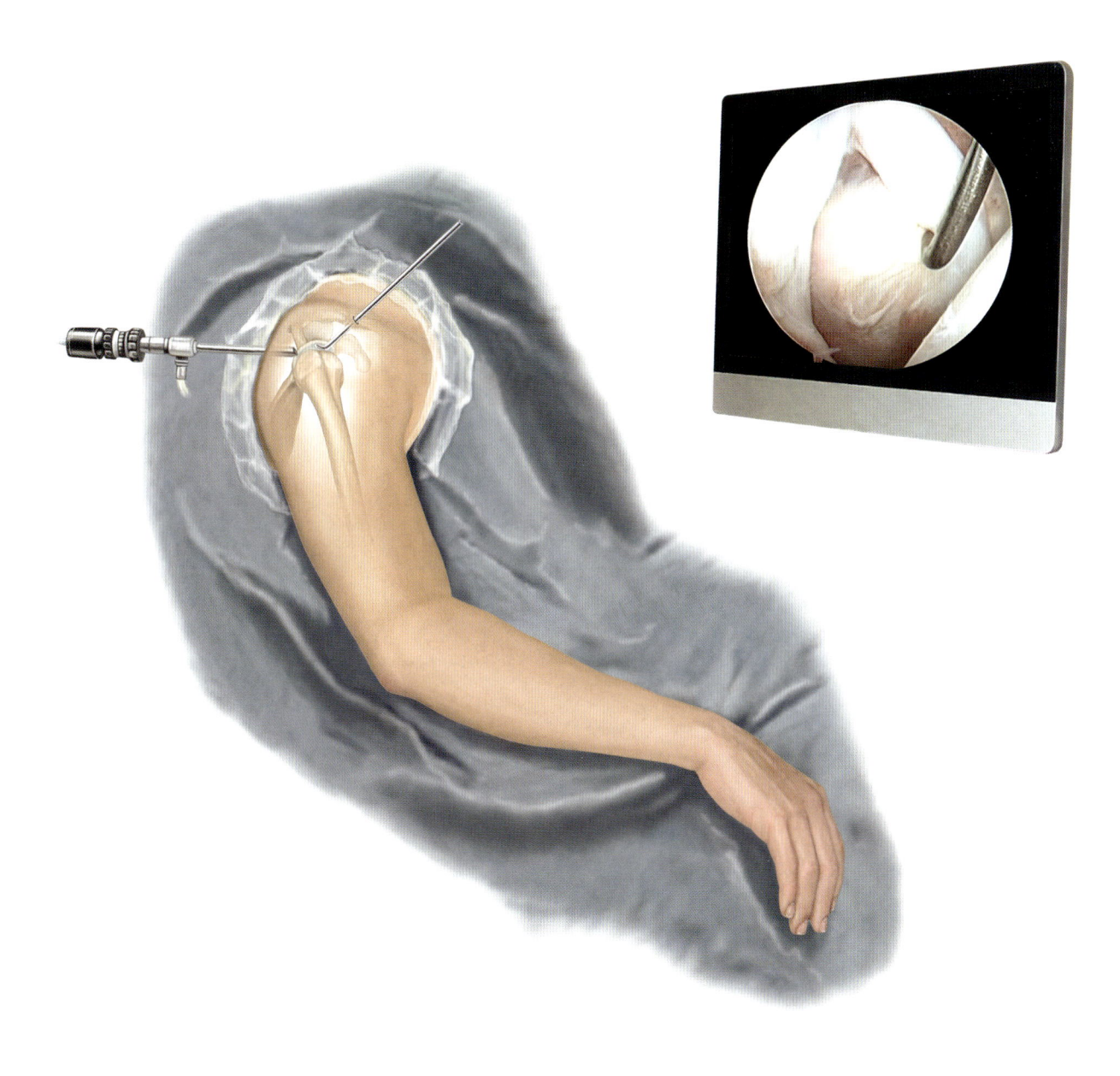

図1　肩関節鏡（鏡視下肩関節手術）　ビーチチェア位で，後方ポータルからの鏡視。前上方ポータルから手術器具を挿入している。

デブリドマン/遊離体摘出/滑膜切除
Debridement/Loose Body Removal/Synovectomy

適応と目的： いずれも鏡視下肩関節手術における主要な手術手技であり，肩甲上腕関節内の症候性の遊離体や滑膜性疾患が適応となる。

手術手技： 電動シェーバーや種々の鉗子を用いて，病的な滑膜や遊離体を摘出する。遊離体が大きい場合は，ときにポータル部の切開を延長する必要がある。ほかに，大きめのカニューレを挿入し，カニューレ越しに遊離体を摘出する方法も有用である。外傷後に生じた遊離体の場合，その母床や病態などの詳細な評価が重要となる。

術後管理とリハビリテーション： これらの手術手技の術後に懸念される注意事項は少ない。疼痛の許容できる範囲内で可動域訓練や筋力訓練などの理学療法を速やかに開始する。術後の回復や活動性の向上は比較的早いが，個人差も多い。

予後： 鏡視下のデブリドマンや遊離体摘出は比較的速やかに優れた成果が得られるはずである。患者の年齢や活動レベルは術後成績に影響する可能性がある。

競技復帰： これらの手術手技は関節内構成組織に対する処置ではないため，競技への復帰は比較的早い（術後1週間以内に可能なこともある）。

文献

Lunn JV, Castellanos-Rosas J, Walch G. Arthroscopic synovectomy, removal of loose bodies and selective biceps tenodesis for synovial chondromatosis of the shoulder. *J Bone Joint Surg Br.* 2007; 89(10): 1329-1335.

Smith AM, Sperling JW, O' Driscoll SW, Cofield RH. Arthroscopic shoulder synovectomy in patients with rheumatoid arthritis. *Arthroscopy.* 2006; 22(1): 50-56.

Tokis AV, Andrikoula SI, Chouliaras VT, Vasiliadis HS, Georgoulis AD. Diagnosis and arthroscopic treatment of primary synovial chondromatosis of the shoulder. *Arthroscopy.* 2007; 23(9): 1023. e1-1023. e5.

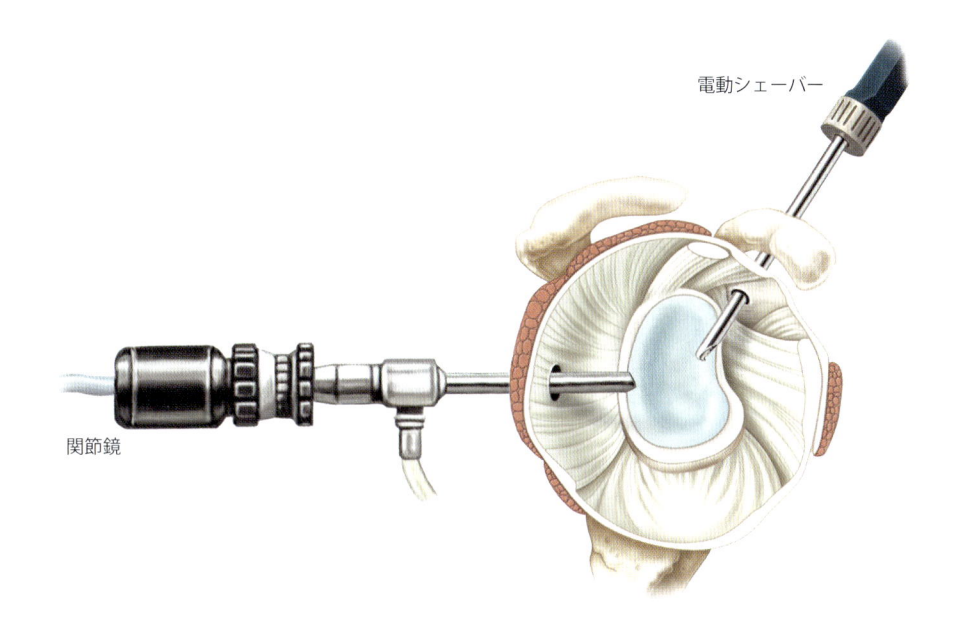

図2　関節鏡用電動シェーバーを用いた肩甲上腕関節内のデブリドマン

肩峰形成術
Acromioplasty

適応と目的： 肩峰の形状は，側面像またはアウトレット像によりフラット型，カーブ型，フック型の3つのタイプに分類されている。フック型は腱板断裂との関連が指摘されているが，いまだ議論の余地がある。肩峰下インピンジメントとは，烏口肩峰アーチ（肩峰，烏口突起，烏口肩峰靱帯）で生じる痛みであり最終的に腱板断裂を誘発する，という論調は近年になり否定的となっている。しかし，120°〜150°の他動前方挙上時の痛み（Neer's sign）や90°屈曲位での内旋時痛（Hawkins' sign）などの肩峰下インピンジメントの所見を有する症例のなかには，肩峰形成術が有効である場合がある。通常，烏口肩峰靱帯も切離または部分切除されることが多いが，腱板広範囲断裂を認める症例では，上腕骨頭が前上方に偏位することを防ぐために温存する術者も多い。手術適応は，身体所見および画像所見に異常を認め，理学療法や肩峰下滑液包注射に抵抗する痛みがある場合である。

手術手技： 肩峰形成術は鏡視下手術で最も一般的な手技である。シェーバーやアブレーダーバーを用いて肩峰を平坦化する。多くの術者は最初に後方ポータルを作成し，肩峰下滑液包を介して棘上筋腱上に関節鏡を挿入する。電動シェーバーやアブレーダー，電気蒸散機器を用いて肩峰表面および境界を露出する。肩峰形成術は外側から内側に向けて行う。関節鏡を外側ポータルに移し，後方ポータルからバーを用いる。肩峰の後方成分を参考に肩峰下面を平坦かつスムーズに形成する（カッティングブロックテクニック：cutting-block technique）。

術後管理とリハビリテーション： 筋肉の切離や組織治癒を必要としないため，理学療法を速やかに進めることが可能であり，早期可動域訓練が推奨される。患者は術後数週間は水平内転での痛みを自覚するが，リハビリテーションプログラムの進行とともに軽減する。筋力訓練は2〜3週以内に可動域の回復が得られてから行うべきである。

予　後： 局所的な圧痛が数か月間残存することはあるが，疼痛に伴う可動域制限や筋力低下の改善が期待できる。

競技復帰： 三角筋起始部の損傷がなければ，2〜3週間以内で疼痛や機能回復の具合に応じて復帰が可能である。

文献

Barfield LC, Kuhn JE. Arthroscopic versus open acromioplasty: A systematic review. *Clin Orthop Relat Res*. 2007; 455: 64–71. Review.

Izquierdo R, Stanwood WG, Bigliani LU. Arthroscopic acromioplasty: History, rationale, and technique. *Instr Course Lect*. 2004; 53: 13–20. Review.

Kesmezacar H, Babacan M, Erginer R, Oğüt T, Cansü E. The value of acromioplasty in the treatment of subacromial impingement syndrome. *Acta Orthop Traumatol Turc*. 2003; 37(suppl 1): 35–41. Review.

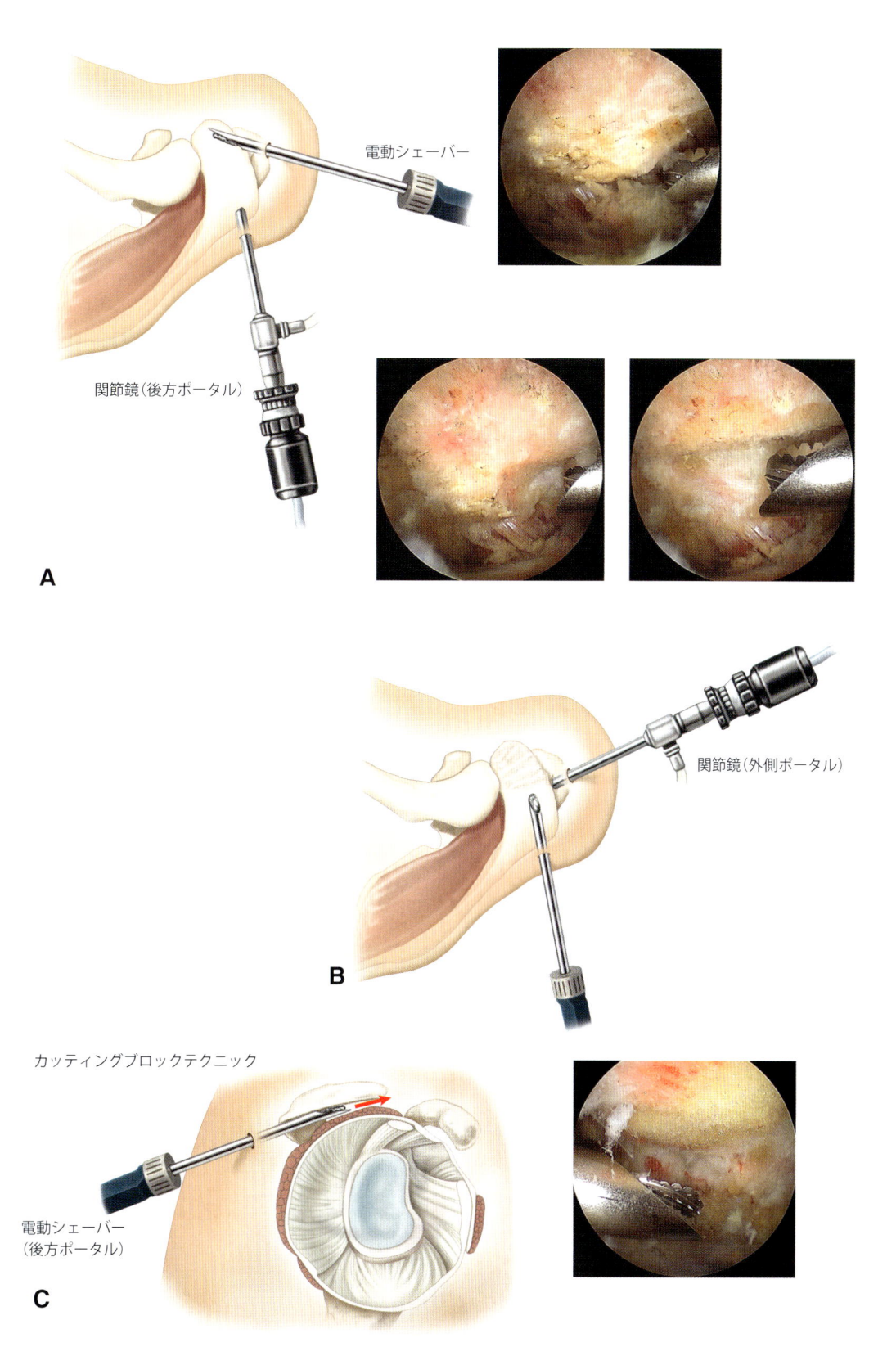

図3　鏡視下肩峰形成術（肩峰下除圧術）　A：後方鏡視ポータルから肩峰下の鏡視を行う．外側ポータルから滑液包や肩峰下の骨棘切除を行う．B：外側鏡視ポータルから残存する骨棘や肩峰形状の再評価を行う．C：カッティングブロックテクニックは後方から前方へ，外側から内側に向けて肩峰が平坦になるように行う．

鎖骨遠位端切除術
Distal Clavicle Resection

適応と目的： 鎖骨遠位端切除はおもに肩鎖関節症(時に，軽症の肩鎖関節脱臼に伴う関節症)や鎖骨遠位端骨溶解症(ウエイトリフティング選手などにみられるストレス性病変)に適応される。通常，局所の疼痛や水平内転時痛を認め，単純X線撮影で変化を認める(Zanca像：10°頭側斜位撮影が最も描出に優れている)。

手術手技： 鏡視下で行うことが多い。少なくとも鎖骨遠位端が確認できるまで肩鎖関節形成を行ってから，切除を開始するのが一般的である。70°関節鏡はより確実な切除を行うのに有用である(30°関節鏡では鎖骨遠位端の後上方部位がときに不完全となりうるため)。肩鎖関節上方の靱帯線維は肩鎖関節の前後の安定性を維持するために温存すべきである。電動シェーバーや電気蒸散機器で関節包を除去してから，前方または後方ポータルから鎖骨遠位端を1cmほど切除する。すべての組織片は手術が終了するまでに取り除く。

術後管理とリハビリテーション： リハビリテーションは肩峰形成術と類似している。実際に，これらの手技は併用して行われることが多く，術後の早期運動療法が推奨されている。術後数週間は水平内転時痛を自覚することがあるが，理学療法を進めるとともに徐々に改善する。筋力訓練は術後2〜3週以内に可動域の完全な回復が得られてから開始する。

予後： 完全な可動域の回復と筋力の回復は術後1〜2か月以内で得られるべきである。競技への完全復帰は，競技種目によって適宜検討する必要がある。

競技復帰： 適切な理学療法により，早ければ4〜8週での競技復帰が可能であるが，患者自身の痛みや競技復帰に要する筋力や可動域の回復具合によって異なる。

文献

Bigliani LU, Nicholson GP, Flatow EL. Arthroscopic resection of the distal clavicle. *Orthop Clin North Am.* 1993; 24(1): 133–141. Review.

Hawkins BJ, Covey DC, Thiel BG. Distal clavicle osteolysis unrelated to trauma, overuse, or metabolic disease. *Clin Orthop Relat Res.* 2000；(370): 208–211. Review.

Kharrazi FD, Busfield BT, Khorshad DS. Acromioclavicular joint reoperation after arthroscopic subacromial decompression with and without concomitant acromioclavicular surgery. *Arthroscopy.* 2007; 23(8): 804–808.

Rabalais RD, McCarty E. Surgical treatment of symptomatic acromioclavicular joint problems: A systematic review. *Clin Orthop Relat Res.* 2007; 455: 30–37. Review.

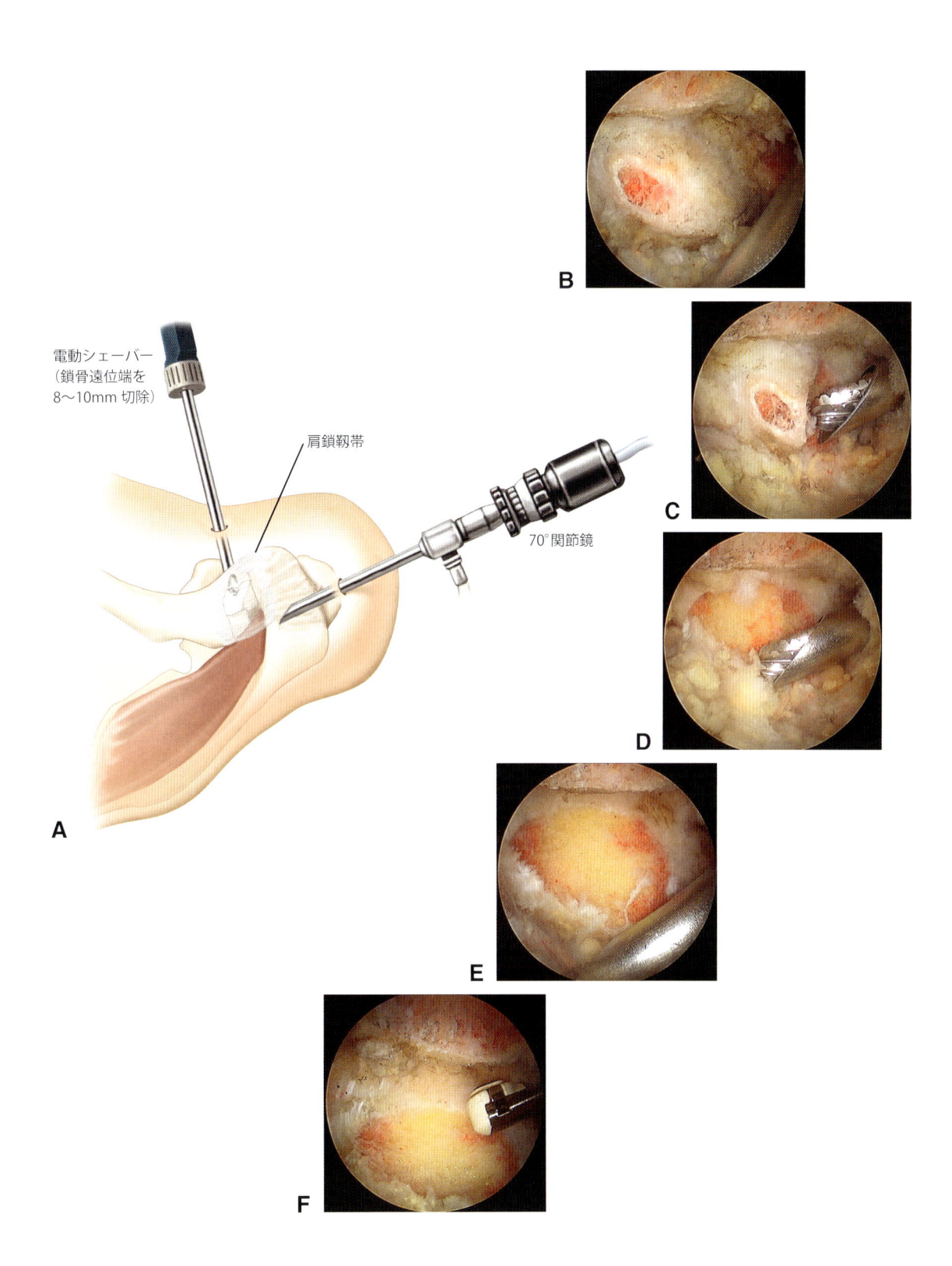

電動シェーバー
（鎖骨遠位端を
8〜10mm切除）

肩鎖靱帯

70°関節鏡

図4　鎖骨遠位端切除　A：前方ポータルからアブレーダーを用いた鏡視下鎖骨遠位端切除。切除量はアブレーダーバーの長さ（10〜12mm）を指標に行う（通常8〜10mm）。B〜F：鎖骨遠位端が斜めに張り出している場合は，前下方から後上方に向けて切除を進める。切除終了後は鎖骨遠位端の全貌が確認できる。

癒着剥離／麻酔下授動術
Lysis of Adhesions/Manipulation Under Anesthesia

適応と目的： この手技は，理学療法や関節内注射などの保存的治療に抵抗する癒着性関節包炎(凍結肩：frozen shoulder)に適応となる．術直後から可動域訓練を継続的に行わなければ再発するため，術後の理学療法の重要性を術前から患者に説明し承諾を得ることが手術成果をあげるうえで重要となる．

手術手技： 肩関節鏡視下にビーチチェア位で行う．まず，手術を開始する前に術前の肩関節可動域(前方挙上，外転，外旋)の写真撮影を行う．それから，小さいシースを用いて肩関節鏡を挿入し，癒着(とくに，上腕二頭筋長頭腱と肩甲下筋腱にかけての腱板疎部)を徹底的に取り除く．その後，徒手的に授動術を行うと，残存していた癒着部が剥がれていくのが確認できる．可動域が改善したことを患者に証明するため，再度写真撮影ならびに可動域の記録を行う．

術後管理とリハビリテーション： 可動域訓練を継続的に行うことが重要である．また，術後にブロックや鎮痛薬を用いて除痛をはかることがより効果的である．この過程においては，医療者側の援助よりも，患者自身が1日のなかでどれだけ多くの他動可動域訓練が行えるかどうかが最も重要である．肩甲上腕関節下方の滑走を意識した訓練を中心に，あらゆる方向への可動域訓練を術後直ちに開始すべきであり，これらを監視下に行うことで良好な結果や可動域が得られやすい．

予後： このような授動術のゴールは，可能なかぎりの広範囲の可動域を再獲得することである．妥当な機能回復の見込みは麻酔下の授動術中に決定し，理学療法士へ伝達すべきである．最も一般的な合併症は，消極的な理学療法やコンプライアンス不良，乱暴な運動療法などを原因とした早期瘢痕化に伴う再癒着である．

競技復帰： これらの状況は若年のアスリートにはまれである．競技への復帰は2〜3週で可能だが，可動域が再獲得されるまで可能なかぎり可動域訓練を継続すべきである．

文献

Castellarin G, Ricci M, Vedovi E, Vecchini E, Sembenini P, Marangon A, Vangelista A. Manipulation and arthroscopy under general anesthesia and early rehabilitative treatment for frozen shoulders. *Arch Phys Med Rehabil.* 2004; 85(8): 1236–1240.

Hand GC, Athanasou NA, Matthews T, Carr AJ. The pathology of frozen shoulder. *J Bone Joint Surg Br.* 2007; 89(7): 928–932.

Kivimäki J, Pohjolainen T, Malmivaara A, Kannisto M, Guillaume J, Seitsalo S, Nissinen M. Manipulation under anesthesia with home exercises versus home exercises alone in the treatment of frozen shoulder: A randomized, controlled trial with 125 patients. *J Shoulder Elbow Surg.* 2007; 16(6): 722–726. Epub 2007 Oct 10.

Loew M, Heichel TO, Lehner B. Intraarticular lesions in primary frozen shoulder after manipulation under general anesthesia. *J Shoulder Elbow Surg.* 2005; 14(1): 16–21.

Quraishi NA, Johnston P, Bayer J, Crowe M, Chakrabarti AJ. Thawing the frozen shoulder: A randomised trial comparing manipulation under anaesthesia with hydrodilatation. *J Bone Joint Surg Br.* 2007; 89(9): 1197–1200.

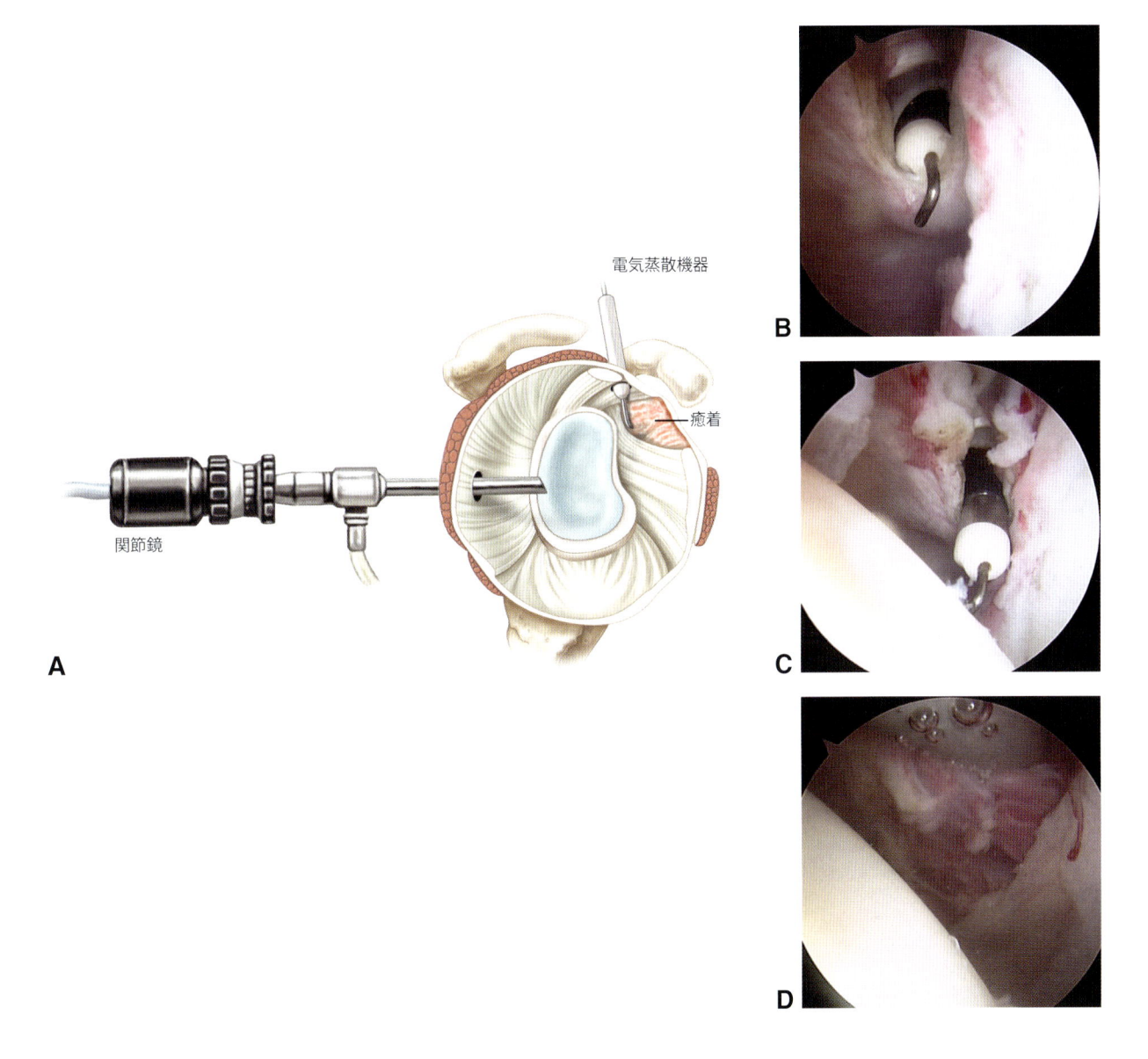

図5 **癒着剝離** A：後方鏡視下に前上方のワーキングポータルから先端がフック型の電気蒸散機器を用いて行う。B：電気蒸散機器を前方ポータルから挿入し癒着部へアプローチする。C：電気蒸散機器による肥厚した瘢痕組織の切離。D：癒着部の切離後に肩甲上腕関節内のスペースが広くなっているのがわかる。

1 肩関節，上腕

関節包解離術
Capsulotomy

適応と目的： 一般的な手術手技ではないが，他の肩関節の鏡視下手術に並行して行われることのある手術手技である。投球(投てき)種目のアスリートでは，ストレッチングなどの理学療法に抵抗する肥厚した後方関節包により，内旋制限やインターナルインピンジメントを生じうる。同様に，長期間に及ぶ関節炎を有する場合にも関節拘縮を誘発する。

手術手技： 手術手技は，硬くなった組織を同定し切離する単純なものである。関節包拘縮は肥厚短縮した組織として関節内後方成分に最も多く認める。この関節包は通常電気蒸散機器を用いて，上腕二頭筋長頭腱後方から肩甲骨関節窩辺縁に沿って下方に向けて切離を行う。この部分では関節包の上方に腱板が存在するため，これらを保護するために肩甲骨関節窩辺縁に沿って切離するようにする。下方に存在する腋窩神経を含め，他の正常組織を損傷しないよう注意が必要である。

術後管理とリハビリテーション： この手技の目的は肩関節可動域の改善であるため，他動運動を含めた理学療法を術後速やかに開始すべきであり，患者自身での可動域訓練や筋力訓練も可及的速やかに行われる必要がある。最初の2週間は，ホームエクササイズに加えて週に5日間の理学療法が推奨される。その後の4週間は理学療法を週に3日まで減らすことは可能であるかもしれないが，ホームエクササイズは連日必要である。

予 後： 麻酔下の授動術と同様に，関節包解離術の目的は可能なかぎりの可動域の再獲得である。妥当な機能回復の見込みは術中に決定し，理学療法士へ伝達すべきである。最も一般的な合併症は，消極的な理学療法やコンプライアンス不良，乱暴な手技に伴う早期瘢痕化などに伴う再癒着である。

競技復帰： 的確な理学療法を継続して行うことができれば，競技復帰は2〜3週以内，または競技に必要な筋力が再獲得できた時点で可能となる。

文 献

Bach HG, Goldberg BA. Posterior capsular contracture of the shoulder. *J Am Acad Orthop Surg.* 2006; 14(5): 265-277. Review.
Bhatia DN, de Beer JF. The axillary pouch portal: A new posterior portal for visualization and instrumentation in the inferior glenohumeral recess. *Arthroscopy.* 2007; 23(11): 1241. e1-1241. e5. Epub 2007 Apr 6.
Ticker JB, Beim GM, Warner JP. Recognition and treatment of refractory posterior capsular contracture of the shoulder. *Arthroscopy.* 2000; 16: 27-34.

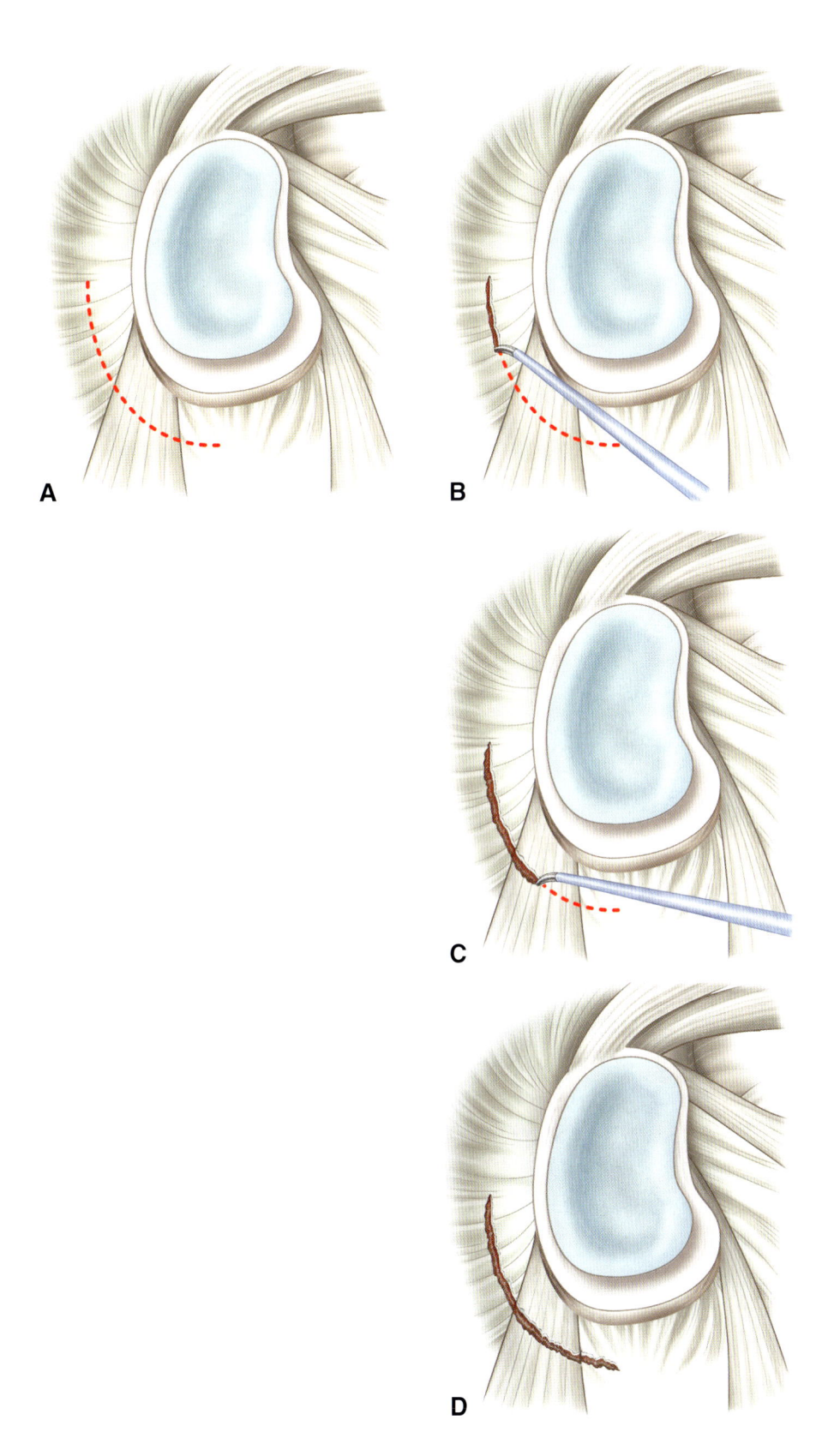

図6 **後方関節包解離** A：後下方の関節包解離を行う位置。B〜D：先端がフック型の電気蒸散機器を用いて右肩の6時から9時の関節包の完全な切離を行う。

前方バンカート修復/関節包修復
Anterior Bankart Repair/Capsulorrhaphy

適応と目的： 外傷性の肩関節前方脱臼では，ほぼ全例にバンカート損傷(前下方関節唇や前下肩甲上腕靱帯構成体の剥離)を生じる。一方，非外傷性の反復性肩関節不安定症は関節包の病的な弛緩性により生じる。腱板強化訓練などの理学療法に抵抗する症候性の反復性不安定症は手術適応となる。6か月以上の継続した理学療法は非外傷性の不安定症には有用とされるが，外傷性の前方不安定症に対しては理学療法が再発防止に有用とする報告はない。同様に，装具療法も再脱臼率を低下させるという報告は少なくとも米国内ではない。さらに，外傷性肩関節前方不安定症は年齢と強く相関しており，18～20歳までの若年者の再脱臼率は80％を超える。したがって，多くの術者が外傷性の初回脱臼後に手術を行うことを検討している。前方不安定症の重要な身体所見には，"apprehension test"(外転外旋位での脱臼不安感テスト)や"relocation test"(apprehension test時に骨頭を後方に圧迫することで脱臼不安感が消失する)がある。肩関節安定化手術の目的は，不安定感を取り除くことである。

手術手技： ほとんどの前方不安定症に対する手術は関節鏡視下に行われている。その目的はバンカート病変を関節窩に修復することによる解剖学的修復と関節弛緩性を軽減させることにある。バンカート修復を外側および上方にシフトして肩甲骨関節窩上に行うことで関節窩上にバンパーを形成する。また時に関節内容量を軽減することを目的に関節包の縫縮や，肩甲下筋から上腕二頭筋長頭腱までの腱板疎部の縫縮を行う。手術は，まずバンカート病変のモビライゼーション(可動性の獲得：授動術)を行う［剥離した関節唇靱帯複合体が肩甲骨頸部内側・下方へスリーブ状に転位し，同部位に癒着した anterior labral periosteal sleeve avulsion(ALPSA)タイプのバンカート損傷を認める場合は注意を要する］。次に肩甲骨関節窩をシェーバーやアブレーダーを用いて骨表面の新鮮化を行う。引き続き縫合糸(時に吸収性)が付随したスーチャーアンカーを関節面辺縁に挿入し，縫合糸を断裂した組織に通し鏡視下に縫合する。関節包の縫縮は関節弛緩性に伴い術者の判断で追加して行われる(非外傷性不安定症では関節包の縫縮のみを施行することが多い)。thermal shrinkage(熱縫縮)法は再発率が高いため急速に衰退している。三角筋大胸筋間からのアプローチによる直視下手術でも同様の手術が施されるが，肩甲下筋直下に関節包が存在するため，通常肩甲下筋腱を切開する必要がある。

術後管理とリハビリテーション： 患者は三角巾固定を要するが，術直後から肘関節の可動域訓練や振り子運動を1日に複数回行うべきである。術後4～6週までは，他動運動は許容されるが自動運動は禁止する。外旋運動は術後6週まで控える必要があり，外転位での外旋運動は術後3か月間控える必要がある。閉鎖性運動連鎖(closed kinetic chain: CKC)は関節固有深部覚のために早期から行い，筋力訓練は術後6週から開始する。コンタクトスポーツへの復帰は，術後4～6か月までは許可できない。直視下手術の場合，自動および他動外旋運動に加えて，肩甲下筋腱修復部の過度なストレスを避けるために自動内旋運動にも注意を要する。術後の肩甲下筋腱断裂(過剰な外旋可動域，リフトオフテスト陽性)は避けなければならない合併症である。

予後： この手術の目的は，関節安定性を再獲得することである。関節唇を修復し関節包の緊張を再獲得できれば90％以上の症例が成功に至る。不成功例は不安定性の再発や骨欠損によることが多い。

競技復帰： 肩甲上腕関節への過度な負担がかからない範囲であれば，術後4～6週で日常生活動作の回復は得られる。関節包にストレスのかかる投球(投てき)種目のアスリートでは，12か月以上かけて競技復帰としたほうが安全である。術後長期成績の報告では再脱臼は術後2年頃に多いとされている。

文献

Kartus C, Kartus J, Matis N, Forstner R, Resch H. Long-term independent evaluation after arthroscopic extra-articular Bankart repair with absorbable tacks. A clinical and radiographic study with a seven to ten-year follow-up. *J Bone Joint Surg Am.* 2007; 89(7): 1442–1448.

Mohtadi NG, Bitar IJ, Sasyniuk TM, Hollinshead RM, Harper WP. Arthroscopic versus open repair for traumatic anterior shoulder instability: A meta-analysis. *Arthroscopy.* 2005; 21(6): 652–658.

Rhee YG, Lim CT, Cho NS. Muscle strength after anterior shoulder stabilization: Arthroscopic versus open Bankart repair. *Am J Sports Med.* 2007; 35(11): 1859–1864. Epub 2007 Jul 30.

Thal R, Nofziger M, Bridges M, Kim JJ. Arthroscopic Bankart repair using Knotless or BioKnotless suture anchors: 2-to 7-year results. *Arthroscopy.* 2007; 23(4): 367–375.

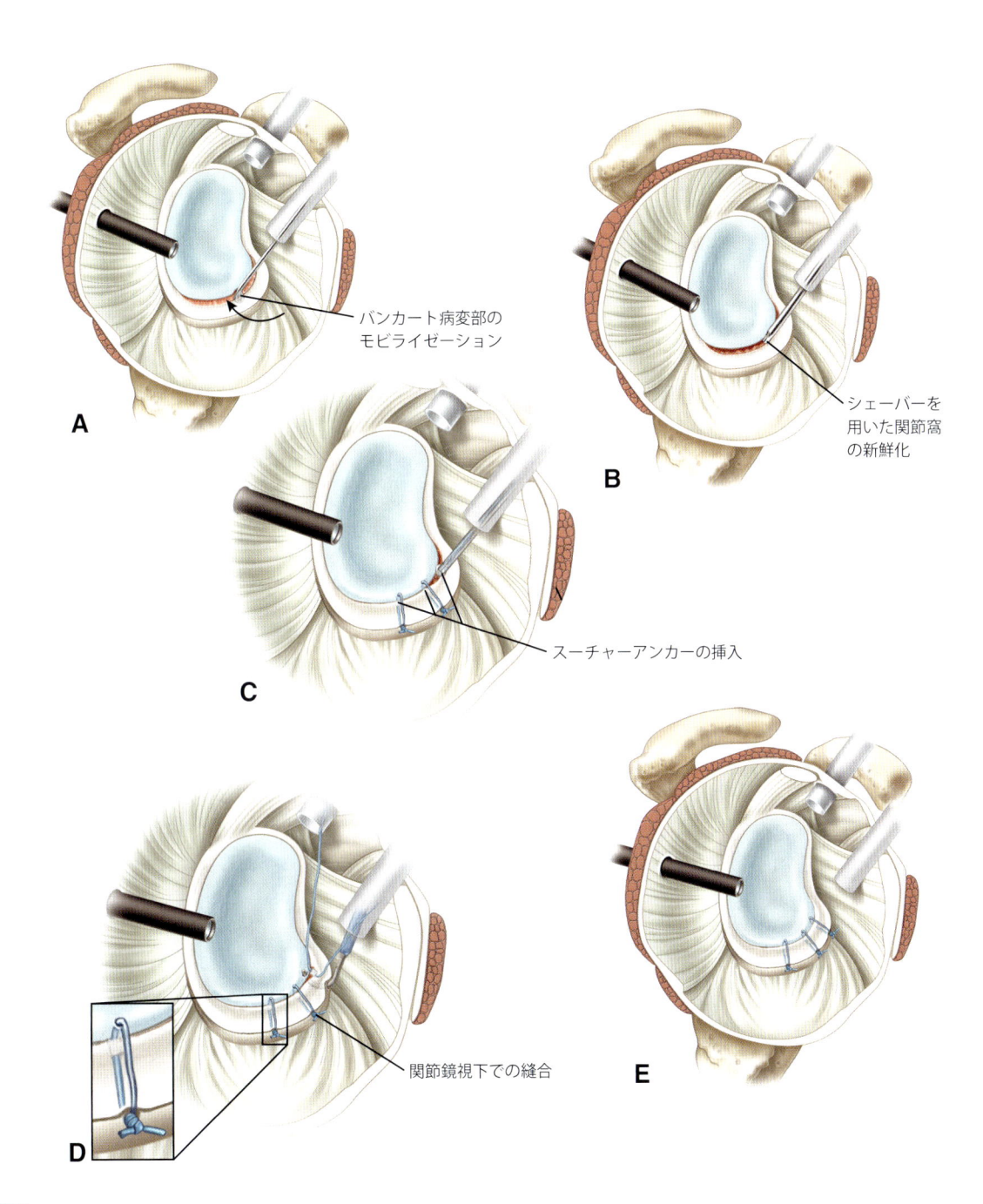

図7 鏡視下前方バンカート修復 A：病変部を同定し，骨膜剥離子を用いて関節唇および関節包靱帯を剥離し，可動性の獲得を行う．B：電動シェーバーを用いて関節窩の新鮮化を行う．C：関節窩表面に挿入されたスーチャーアンカー．D：専用の器具を用いて関節包と関節唇に糸を通し，縫合により修復する．E：バンパー効果により前方脱臼に対する安定化をはかる．

後方バンカート修復/関節包修復
Posterior Bankart Repair/Capsulorrhaphy

適応と目的： 後方不安定症は競技種目と関連していることが多いが，前方不安定症と比較してまれである。アメリカンフットボールのインテリアラインマン[訳者注1)]はブロッキングに伴う繰り返すストレスにより関節唇損傷を生じ，後方不安定症をきたしやすい。急性外傷も後方不安定症の原因となりうるが，前方不安定症と異なり，早急な整復と外固定(中間位または外旋位)により予後は比較的良好である。後方不安定症の一般的な身体所見として，"load and shift test"や"ジャークテスト(jerk test)"などがある。本症の治療のゴールも安定性の再獲得にある。

訳者注1) オフェンスラインで相手を体で止める。

手術手技： 肩関節後方の手術は，関節鏡視下・直視下ともに側臥位で行うほうが適している。標準的なポータルを作成して，まず関節鏡視下に病態を診断する。関節鏡をワーキングポータルである前上方ポータルにスイッチして鏡視するとよい。アンカーの挿入や縫合のために，後方に7時ポータルを追加することも有用である。手術手技は前方バンカート修復と類似している。直視下手術では，三角筋をスプリットし棘下筋と小円筋の筋間から関節内にアプローチする。

術後管理とリハビリテーション： 通常，中間位または外旋位での装具固定を術後4〜6週間行う。これらの肢位を維持することで修復した組織の治癒が促進されることを十分に説明する必要がある。この過程における可動域訓練は過剰な他動内旋運動を控え，注意深く行う必要がある。競技活動を開始するにあたって，装具は肩関節後方脱臼に対する有効性は認められていないため不要である。他動的な内旋・伸展運動は術後3か月ほど避けるべきである。

予　後： この手術の目的は関節安定性の再獲得である。適切な解剖学的な修復が施されれば約90％の成功率が期待できる。

競技復帰： 肩甲上腕関節への過剰な負担がかからない範囲での日常生活復帰は6週間以内に可能である。この手術は前方バンカート修復と比較してまれだが，注意点や術後成績などは類似している。投球(投てき)種目のアスリートにおける後方バンカート修復は前方バンカート修復と比較してまれであり，通常前方バンカート修復より早期復帰が期待できる。

文　献

Ahmad CS, Wang VM, Sugalski MT, Levine WN, Bigliani LU. Biomechanics of shoulder capsulorrhaphy procedures. *J Shoulder Elbow Surg.* 2005; 14(1 suppl S): 12S-18S. Review.

Bottoni CR, Franks BR, Moore JH, DeBerardino TM, Taylor DC, Arciero RA. Operative stabilization of posterior shoulder instability. *Am J Sports Med.* 2005; 33(7): 996-1002.

Bradley JP, Baker CL III, Kline AJ, Armfield DR, Chhabra A. Arthroscopic capsulolabral reconstruction for posterior instability of the shoulder: A prospective study of 100 shoulders. Am *J Sports Med.* 2006; 34(7): 1061-1071.

Millett PJ, Clavert P, Hatch GF III, Warner JJ. Recurrent posterior shoulder instability. *J Am Acad Orthop Surg.* 2006; 14(8): 464-476.

Robinson CM, Aderinto J. Recurrent posterior shoulder instability. *J Bone Joint Surg Am.* 2005; 87(4): 883-892.

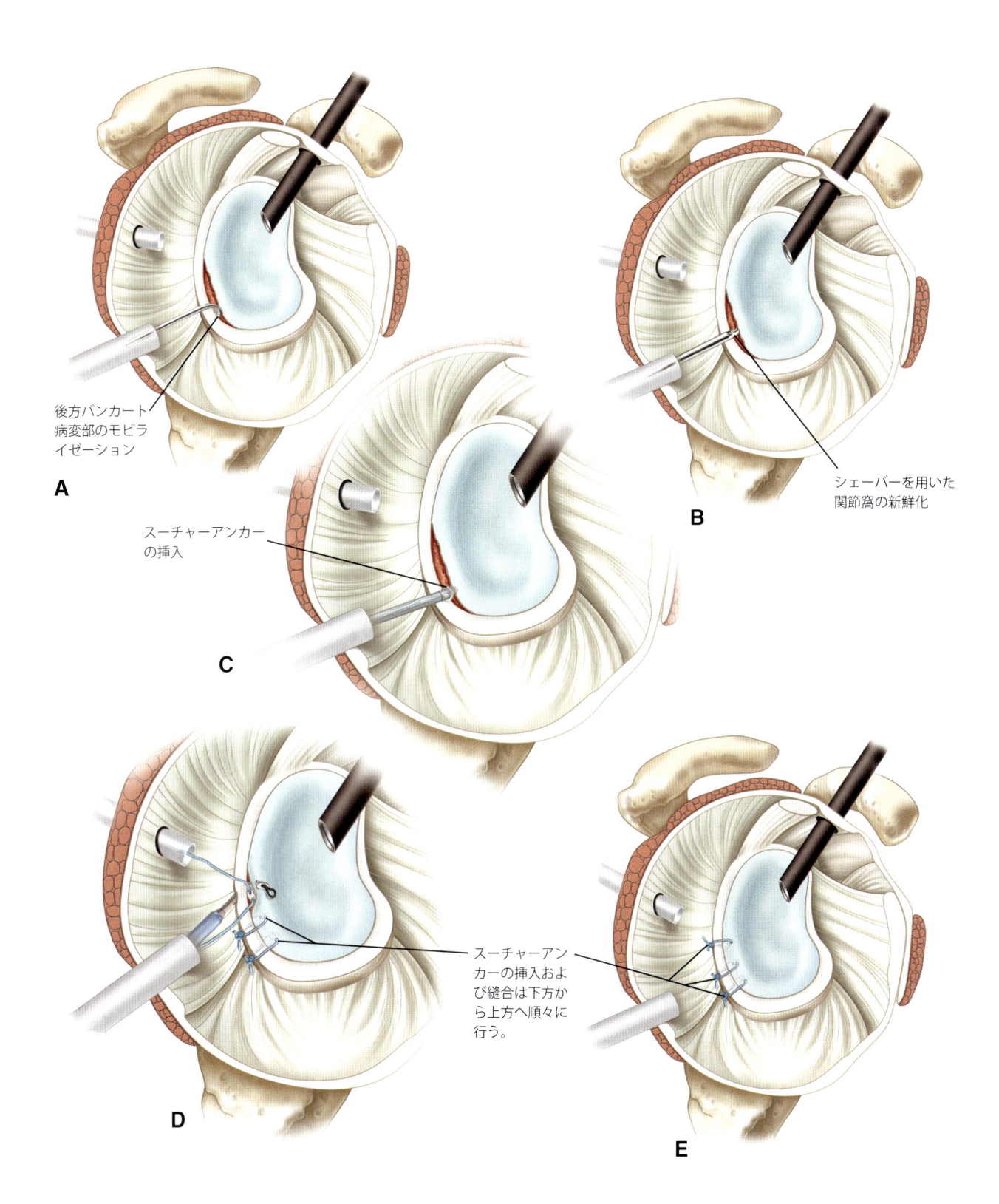

図8 **後方バンカート修復** A：前上方ポータルからの鏡視下に病変部を同定し，骨膜剥離子を用いて関節唇および関節包靭帯を関節窩から剥離する。B：電動シェーバーを用いて関節窩の新鮮化を行う。C：スーチャーアンカーは下方から順に関節窩表面上に挿入する。D：専用の器具を用いて関節包と関節唇に糸を通し，縫合により修復する。E：バンパー効果により後方脱臼に対する安定化をはかる。

SLAP 修復（上方関節唇修復）
Superior Labrum Anterior and Posterior (SLAP) Repair

適応と目的： 上方関節唇修復（SLAP 修復）は，牽引損傷や投球障害（peel-back 現象）に伴い生じることが多い。SLAP 損傷は上腕二頭筋長頭腱基部を基準に分類されており，Type II が最も多く，Type II はさらに前方優位型，後方優位型，両側型に細分化されている。SLAP 損傷の診断法については種々の検査が報告されているが，"結節間溝の圧痛"や"O'Brien test"（最大回内時での内転・前方挙上時の徒手抵抗時における疼痛の有無）が最も有用である。また，関節造影 MRI も診断に有用であると報告されている。手術適応は，理学療法に抵抗する投球時の疼痛や機能障害（おもに脱力感）である。治療のゴールは，損傷部を修復し肩関節機能を再獲得することである。

手術手技： 標準的なポータルを用いて，関節鏡視下に病態診断を行う。上腕二頭筋長頭腱基部の関節面表層に損傷がないか注意深く観察し，過剰な可動性を有していないか評価する。SLAP の後方成分の修復には，外側または後外側（Wilmington）ポータルが有用である。スーチャーアンカーを用いて，鏡視下に関節唇を修復する。

術後管理とリハビリテーション： 前方バンカート修復と同様に三角巾固定を要するが，肘関節の可動域訓練や振り子運動を1日に複数回行うよう努める。術後4〜6週では，他動可動域訓練は行うが自動運動は控える。術後6週までは外旋運動は控え，さらに外転位での外旋運動は術後3か月までは控える。コンタクトスポーツへの復帰は，術後4〜6か月までは禁止する。直視下手術の場合は，自動および他動外旋運動に加え，自動内旋運動も肩甲下筋腱修復部の過度なストレスを避けるために注意を要する。

予後： 修復した組織が十分に治癒し，再損傷をきたさぬよう慎重に活動性をあげていくことで，ほとんどすべての症例でオーバーヘッド競技への復帰が期待できる。復帰率に関する報告は下記の文献のとおりである。関節弛緩性の再発は過剰な理学療法に起因している可能性がある。術後の合併症として神経障害はまれである。

競技復帰： 術後の理学療法が順調にいけば，一般的なスポーツへの復帰は4〜6か月以内に可能となる。投球（投てき）種目のアスリートは肩関節前方や上腕二頭筋長頭腱に過剰なストレスを生じるため，復帰に1年またはそれ以上を要することもある。プロレベルのアスリートは受傷前のレベルへの完全復帰は困難とされている。

文献

Burkhart SS, Morgan CD, Kibler WB. The disabled throwing shoulder: Spectrum of pathology. Part II: Evaluation and treatment of SLAP lesions in throwers. *Arthroscopy*. 2003; 19(5): 531-539. Review.

Ghalayini SR, Board TN, Srinivasan MS. Anatomic variations in the long head of biceps: Contribution to shoulder dysfunction. *Arthroscopy*. 2007; 23(9): 1012-1018. Review.

Jones GL, Galluch DB. Clinical assessment of superior glenoid labral lesions: A systematic review. *Clin Orthop Relat Res*. 2007; 455: 45-51. Review.

Nam EK, Snyder SJ. The diagnosis and treatment of superior labrum, anterior and posterior(SLAP)lesions. *Am J Sports Med*. 2003; 31(5): 798-810. Review.

Park HB, Lin SK, Yokota A, McFarland EG. Return to play for rotator cuff injuries and superior labrum anterior posterior(SLAP)lesions. *Clin Sports Med*. 2004; 23(3): 321-334, vii. Review.

Tennent TD, Beach WR, Meyers JF. A review of the special tests associated with shoulder examination. Part II: Laxity, instability, and superior labral anterior and posterior(SLAP)lesions. *Am J Sports Med*. 2003; 31(2): 301-307. Review.

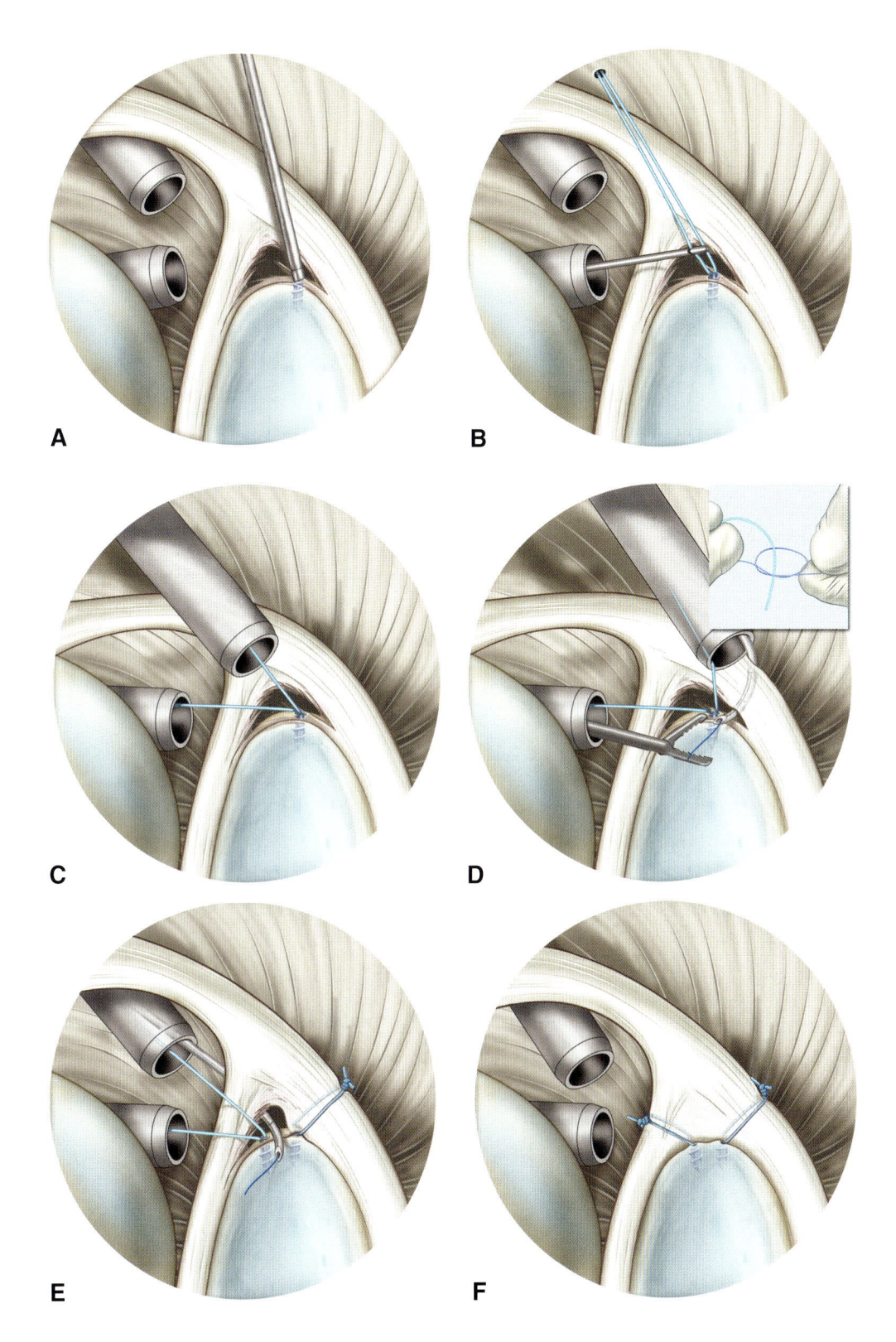

図9 SLAP修復　A：Type Ⅱ型のSLAP損傷に対して，スーチャーアンカーを関節窩上方に挿入。B：前方ポータルから縫合糸を回収。C：前方および前上方ポータルに回収された縫合糸。D：ペネトレーターからのモノフィラメント糸をグラスパーで回収して縫合糸と結び，再び引き抜くことで組織に縫合糸を通す。E：同様にもう一方の縫合糸もリレーする。F：鏡視下に縫合してSLAP修復が完了。

上腕二頭筋腱固定術
Biceps Tenodesis

適応と目的： 上腕二頭筋腱は肩関節痛の発症要因として徐々に認識されるようになってきている。上腕二頭筋長頭腱は腱炎から損傷，断裂という一連の病態を有する。上腕二頭筋長頭腱は，関節窩上方の結節から起始し，肩甲上腕関節内では上方関節唇と連続性を有している。上腕二頭筋長頭腱は，上腕骨頭の安定性やオーバーヘッド動作時の筋出力に寄与していると考えられている。難治例に対しては手術を考慮する。腱固定術は，身体所見，症状，MRIそして上腕二頭筋長頭腱や上方関節唇の鏡視所見などを複合的に考慮して行う。肩甲下筋腱の損傷を伴う腱板断裂では，上腕二頭筋腱症の併発を考慮する必要がある。腱固定か腱切離かの判断は，対象症例の年齢や競技種目，体型などを十分に考慮して行う。その他，鏡視所見や骨質なども判断材料として考慮する。

手術手技： 上腕二頭筋腱固定術は，大胸筋腱の上腕骨停止部上方または下方に施される。また，結節間溝の近位もしくはより遠位の大胸筋腱の近位端付近で，軟部組織に固定する方法もある。直視下手術では，前方から小さな皮膚切開をおき，大胸筋直下で腱固定を行う。腱の切離は，筋腱移行部から近位の適切なレベルで行い，同部位に固定する。

鏡視下にインターフェランススクリューを用いた腱固定術も行われる。一般的なビーチチェア位のもと，標準的なポータルを作成して観察および操作を行う。関節唇と同時に上腕二頭筋長頭腱も鏡視下に観察し，同時に不安定性の評価も行う。上腕二頭筋長頭腱に糸を装着し，関節唇停止部から切離する。その後，切離した長頭腱を肩峰下腔内へと移し，滑液包切除を行い腱固定部の視野確保を行う。腱固定部の視野が得られれば，計測した腱のサイズをもとに適切な深さまでドリリングし骨孔を作成する。さまざまな固定法が可能である。

術後管理とリハビリテーション： 後療法は，腱板断裂などの他の病態の有無により異なる。三角巾固定は腱切離の場合は通常2～4週間，腱固定術の場合は4～6週間行う。肘関節の自動屈曲運動は術後6週までは制限する。腱固定を行った場合は，抵抗運動は術後8～12週頃まで控える必要がある。

予　後： 上腕二頭筋腱単独の病態であれば，鏡視下および直視下いずれも除痛効果として良好な成果が期待できる。どのような手術法でもわずかながら機能障害が残存する。腱固定術は，鏡視下・直視下いずれの方法でも，外見や筋緊張を維持し，ポパイ徴候[訳者注1)]を避けられる面で優れている。腱固定部に疼痛が持続する場合は，腱固定部での新たな断裂が生じている可能性を考慮する。また，腱固定術は腱切離術よりも機能回復に長期間を要する。

訳者注1)　上腕二頭筋長頭腱が断裂したことにより，上腕二頭筋の筋腹が遠位に下がり，肘の近くに力こぶの隆起が目立つ徴候

競技復帰： 上腕二頭筋長頭腱の腱固定術後のスポーツへの完全復帰は術後約3か月頃となる。

文　献

Murthi AM, Vosburgh CL, Neviaser TJ. The incidence of pathologic changes of the long head of the biceps tendon. *J Shoulder Elbow Surg*. 2000; 9(5): 382-385.
Warner JJ, McMahon PJ. The role of the long head of the biceps brachii in superior stability of the glenohumeral joint. *J Bone Joint Surg Am*. 1995; 77(3): 366-372.
Nho SJ, Strauss EJ, Lenart BA, Provencher MT, Mazzocca AD, Verma NN, Romeo AA. Long head of the biceps tendinopathy: Diagnosis and management. *J Am Acad Orthop Surg*. 2010; 18(11): 645-656.
Romeo AA, Mazzocca AD, Tauro JC. Arthroscopic biceps tenodesis. *Arthroscopy*. 2004; 20(2): 206-213.
Slabaugh MA, Frank RM, Van Thiel GS, Bell RM, Wang VM, Trenhaile S, Provencher MT, Romeo AA, Verma NN. Biceps tenodesis with interference screw fixation: A biomechanical comparison of screw length and diameter. *Arthroscopy*. 2011; 27(2): 161-166.

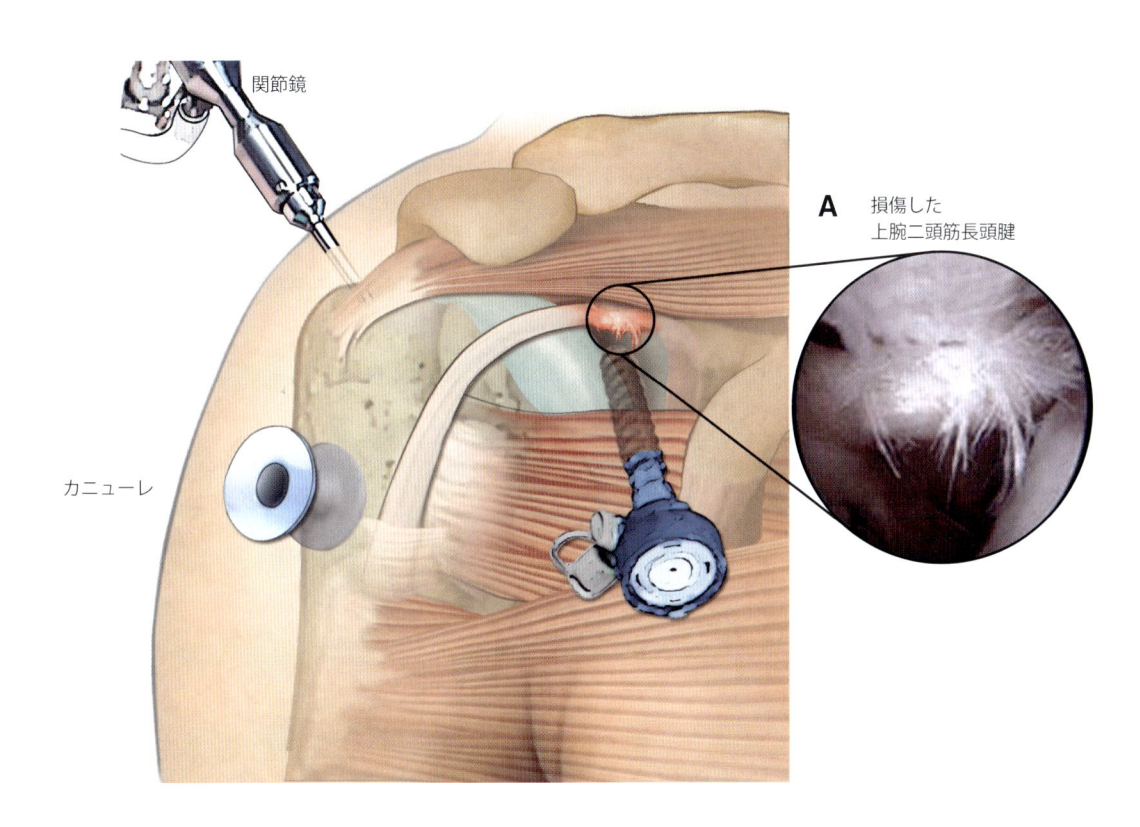

図10 損傷した上腕二頭筋長頭腱を確認し，三角筋下の視野を確保し，前外側ポータルを作成する。（続く）

A 損傷した上腕二頭筋長頭腱

関節鏡

カニューレ

1 肩関節，上腕

B 上腕二頭筋長頭腱に糸をかける。

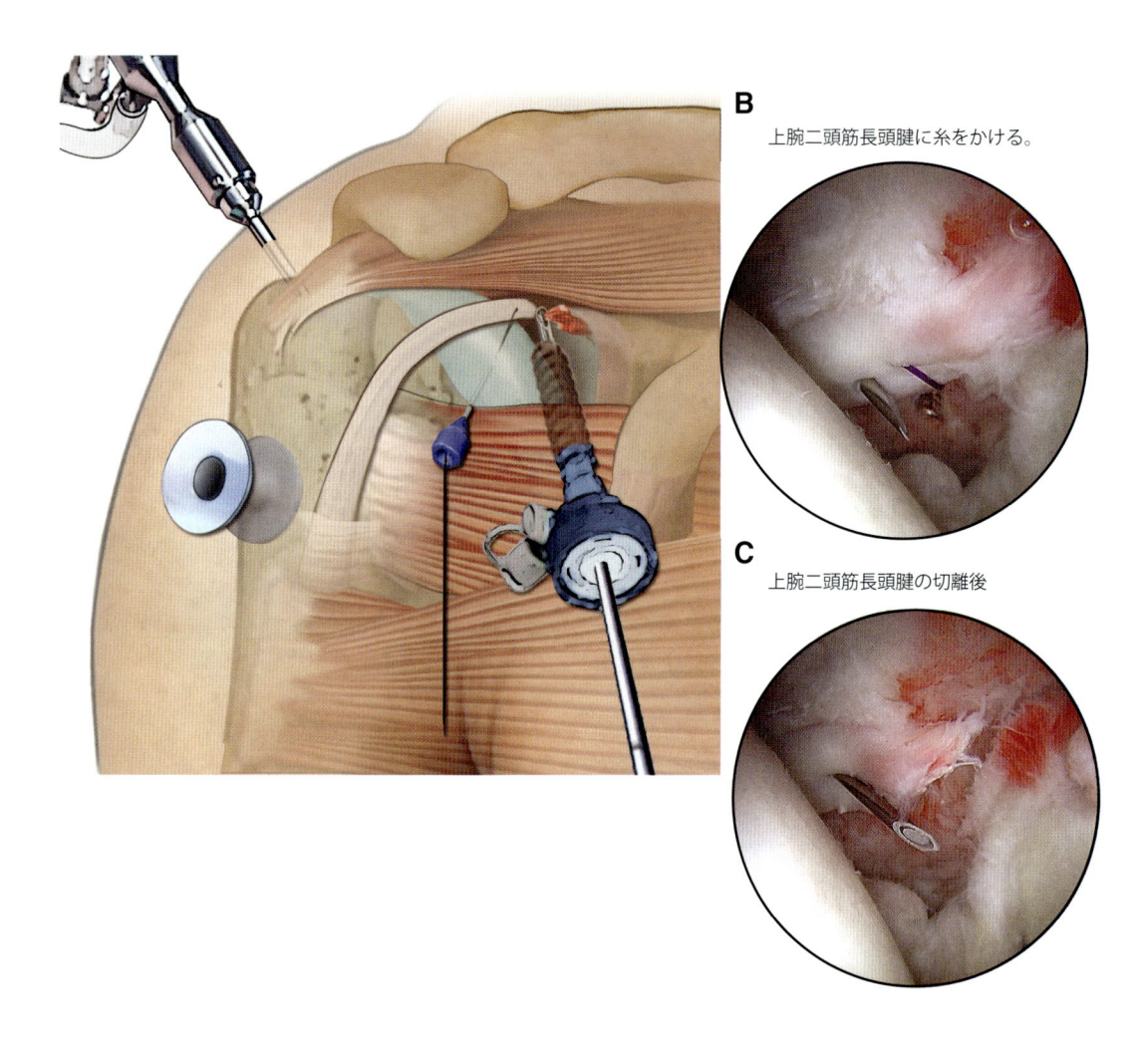

C 上腕二頭筋長頭腱の切離後

図10 **（続き）** スパイラル針で上腕二頭筋長頭腱をコントロールし，糸を上腕二頭筋長頭腱にかける（B）。三角筋下部のスペースを確保し，付着部から上腕二頭筋長頭腱を切離する（C）。（続く）

スクリューまたは
アンカーの骨孔を
作成する。

D

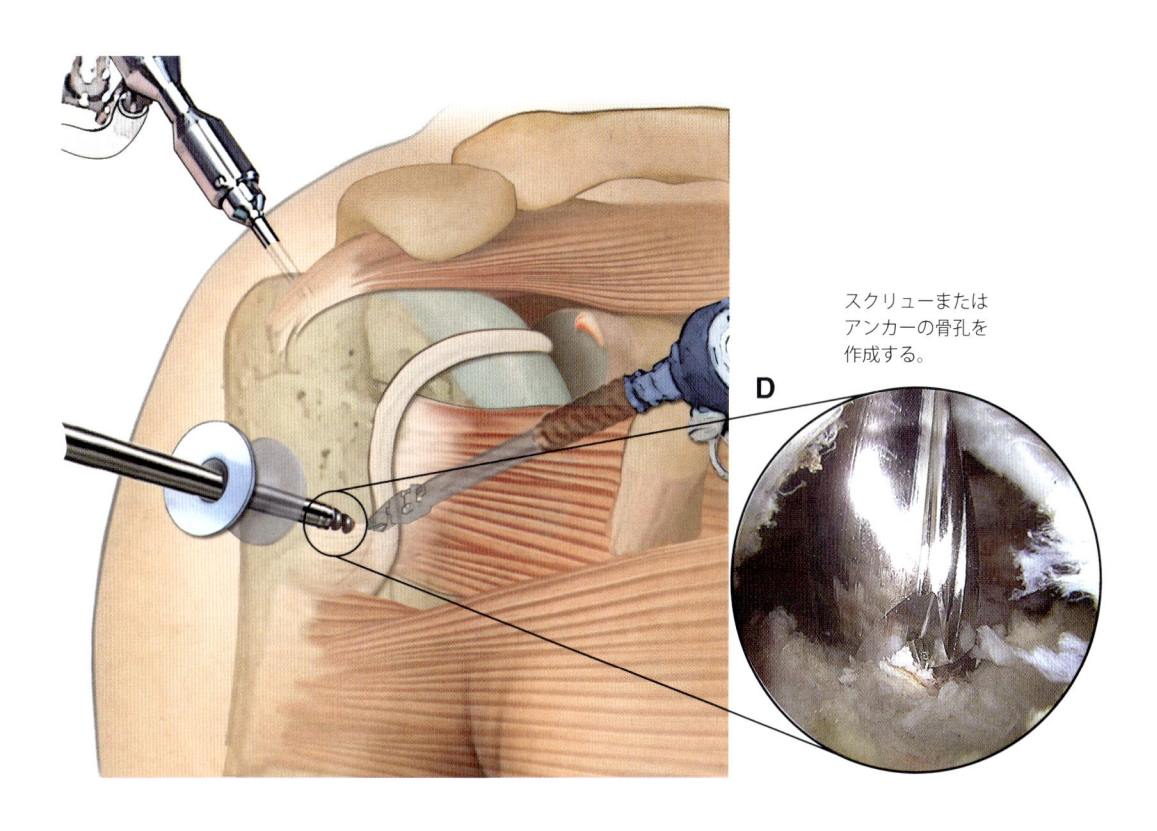

図10　**（続き）**　損傷した上腕二頭筋長頭腱を確認し，三角筋下の視野を確保し前外側ポータルを作成する。腱固定スクリュー様のガイドワイヤーを結節間溝に刺入し，適切なサイズの中空リーマーで骨孔を作成する（D）。（続く）

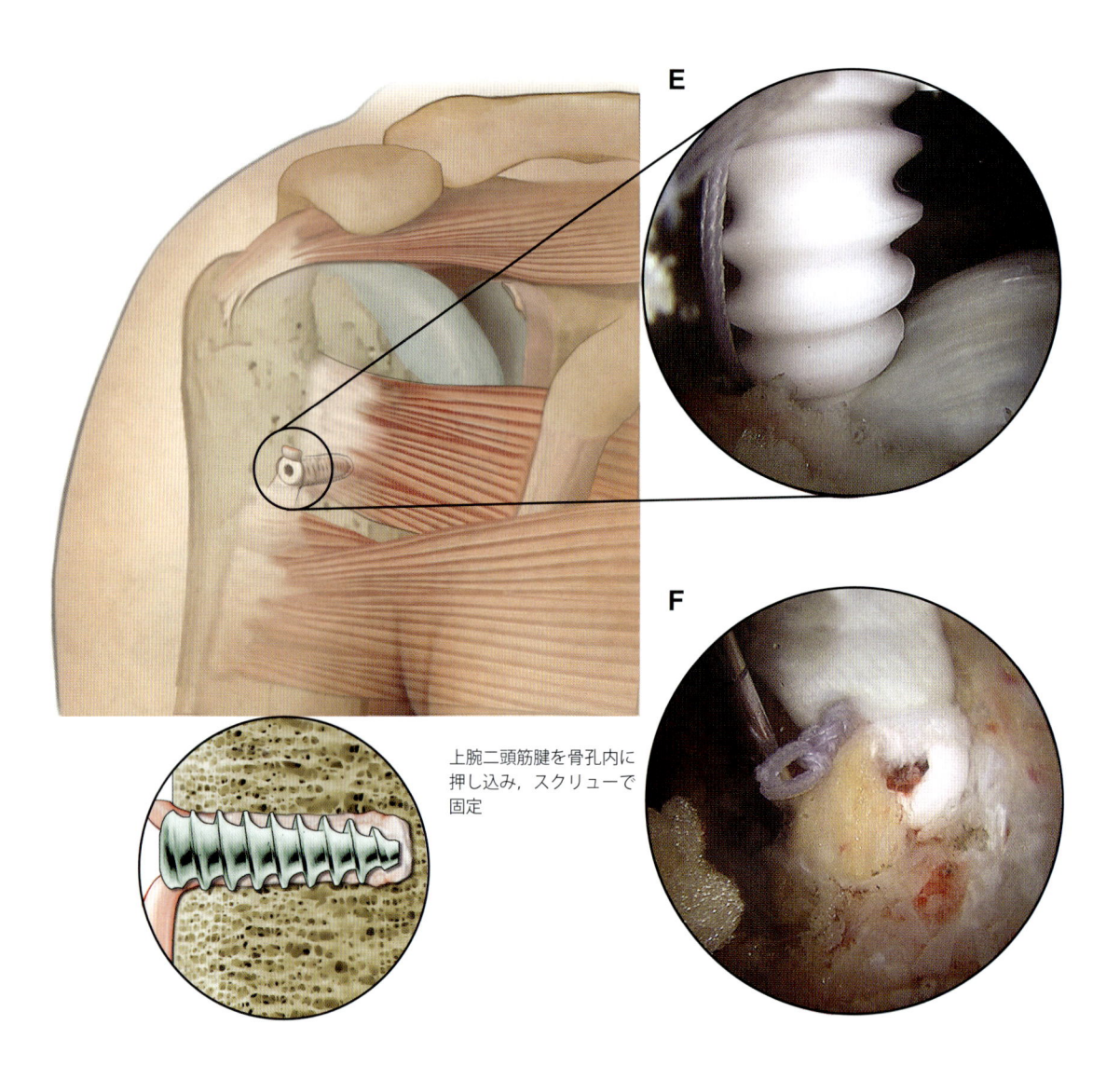

上腕二頭筋腱を骨孔内に押し込み，スクリューで固定

図10　**(続き)** 適切な長さの腱固定スクリューを挿入する(E)。インターフェランススクリュー直上で縫合し補強する(F)。(続く)

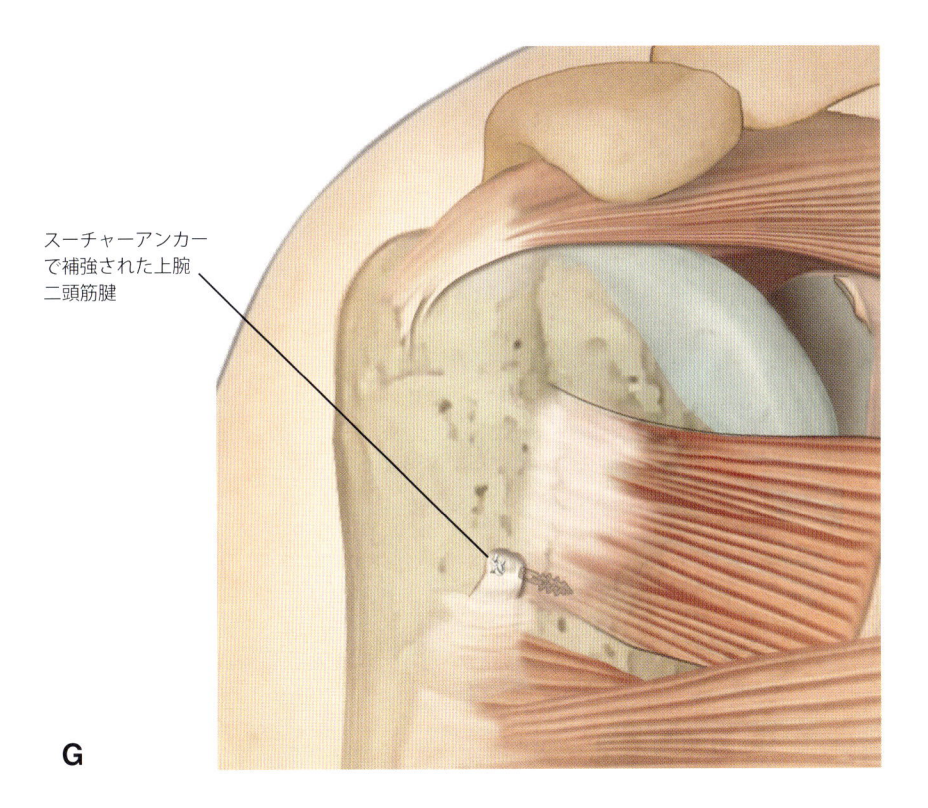

スーチャーアンカーで補強された上腕二頭筋腱

G

図10 （続き） 腱固定完了（G）

26　Chapter 1 ■ 肩関節，上腕

腱の近位端に
Krackow 縫合を
行う。

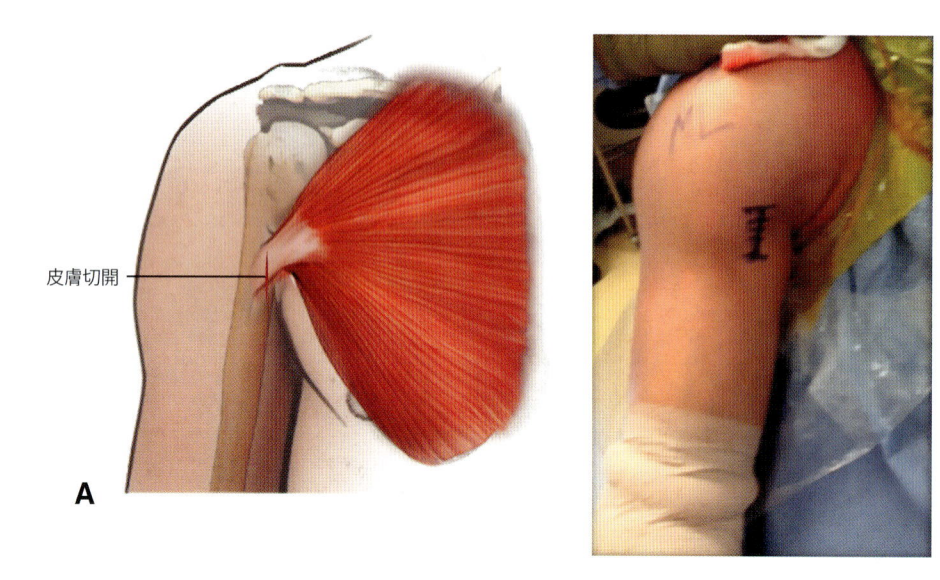

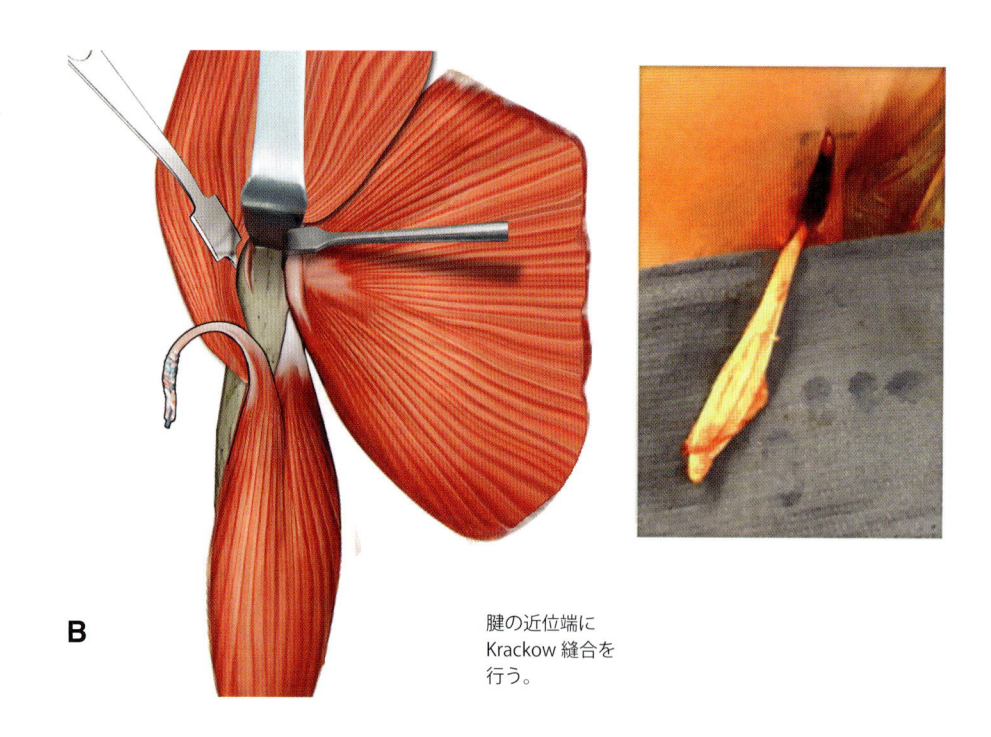

図 11　A：直視下手術では大胸筋三角筋間アプローチで大胸筋下に腱固定を行う。B：腱を近位部で切離し，腱近位端に連続で Krackow 縫合または whipstitch 縫合を行う。（続く）

腱固定スクリュー様の
骨孔作成

C

腱固定スクリューを
大胸筋腱の遠位1/4
の位置に挿入する。

大胸筋腱

上腕二頭筋腱

D

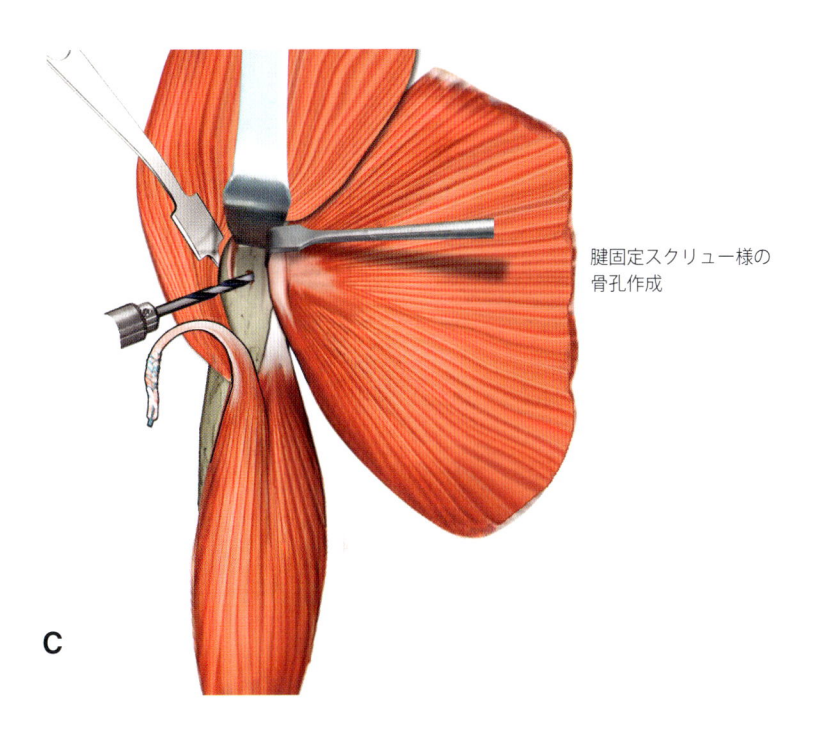

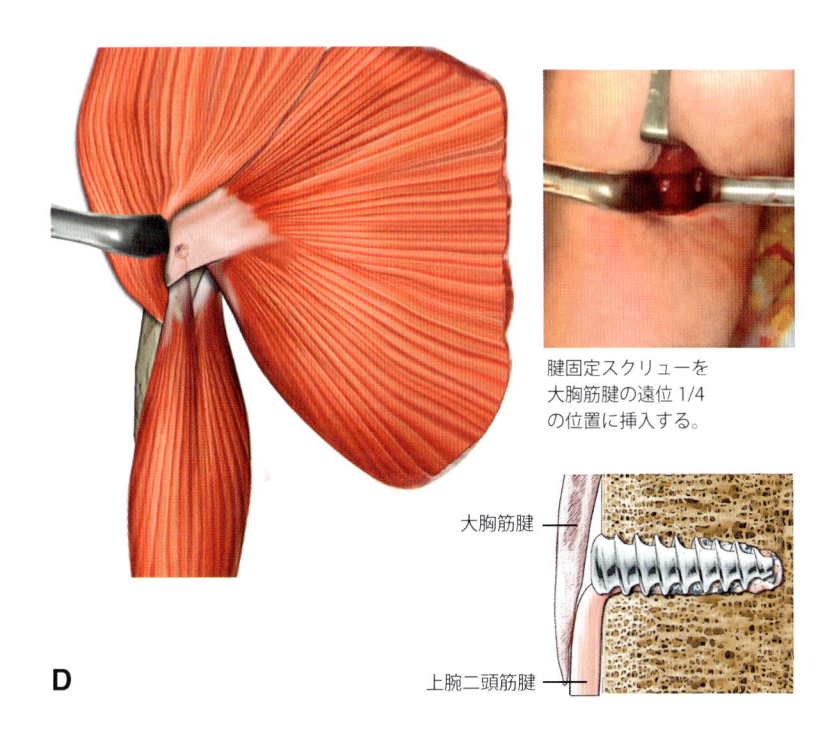

図11 （続き） C：大胸筋腱を上方に牽引し，大胸筋直下に腱のサイズと同等の骨孔を作成する。D：完了した直視下での大胸筋直下腱固定術。

腱板修復術
Rotator Cuff Repair

適応と目的： 一般的に，棘上筋腱を含む腱板断裂は高齢者に多いが，投球（投てき）種目のアスリートでは若年者でも生じることがある．また外傷性の腱板断裂は，年齢に関係なく生じる可能性がある．外傷性腱板断裂には，軽度の毛羽立ちや部分断裂から始まり，完全断裂へ進行し，より大きな断裂や巨大断裂（5cm以上や棘上棘下筋腱断裂）となり，最終的に，修復不能な断裂や，腱板断裂に伴う変形性関節症（長期にわたる腱板障害による上腕骨頭の上方転位や関節症性変化）となる．断裂は多様な大きさや形態があるが，治療目的はいずれも断裂した腱板を大結節へ修復固定することである．一般的に活動的な若年者の腱板断裂は，とくに急性期の外傷であれば，断裂が進行しないように，また手術の難易度があがらないように，診断後早期に修復すべきである．

手術手技： 最近まで腱板断裂の手術は，open（三角筋を肩峰より剝離する）やmini-open（三角筋を縦割する）など直視下の方法で行われてきた．大きな腱板断裂では依然適応となるかもしれないが，現在では多くの整形外科医は鏡視下腱板修復術を好んで行っている．どのような方法であれ，手術目的は単純に腱板の断端を結節部に修復し固定することである．これには，滑液包組織を出血に注意して切除し，鈍的鉗子で腱板の上面と下面の癒着を剝離し，隣接した腱板間の接合部を切離する（interval slides）などいくつかポイントがある．U型やL型断裂に対して，結節に腱板を固定する前に，側々縫合を追加することが時に有用である．腱板はsingle-rowかdouble-row固定法で，スーチャーアンカーを用いて修復する．アンカーを骨に挿入し，糸を腱板の下から上（順行性）や上から下（逆行性）に貫通させる器具（passersやsuture hooks）を用いて糸を通し，腱板上でマットレスや単結節で縫合する．また，さらに外側に固定する別の器具を用いることにより，より強固に修復することができる．

術後管理とリハビリテーション： 患者は鏡視下腱板修復術を行うことにより速やかに回復していくが，これは実際諸刃の剣である．どのように修復が行われようと（open, mini-open, 鏡視下），腱板が骨に癒合する（少なくとも6〜8週）までは，肩を保護しなければならない．他動運動は早期から行うが，自動運動や抵抗運動，とくに筋力強化運動は遅らせなければならない．鏡視下手術で小さな切開で行われても同様に注意が必要である．切開の大きさにかかわらず腱板の修復による手術の侵襲は同じである．組織が治癒するにつれ，患者/アスリートは肩を試したくなるが，投球やリフティングのような動作を安全に行うには最低6か月程度を要する．

予後： 症状継続期間，手術時期，身体所見，そして断裂の大きさと治療成績との相関関係は明らかではない．

競技復帰： 断裂の大きさ，組織の質，陳旧性断裂，そしてほかの要因にもよるが，競技への復帰は6〜12か月程度を要する．プロレベルの投球（投てき）種目のアスリートは，受傷前のレベルまで復帰することはほとんどない．

文 献

Burns JP, Snyder SJ, Albritton M. Arthroscopic rotator cuff repair using triple-loaded anchors, suture shuttles, and suture savers. *J Am Acad Orthop Surg*. 2007; 15(7): 432-444. Review.

Cole BJ, ElAttrache NS, Anbari A. Arthroscopic rotator cuff repairs: An anatomic and biomechanical rationale for different sutureanchor repair configurations. *Arthroscopy*. 2007; 23(6): 662-669. Review.

Nho SJ, Shindle MK, Sherman SL, Freedman KB, Lyman S, MacGillivray JD. Systematic review of arthroscopic rotator cuff repair and mini-open rotator cuff repair. *J Bone Joint Surg Am*. 2007; 89(suppl 3): 127-136. Review.

Oh LS, Wolf BR, Hall MP, Levy BA, Marx RG. Indications for rotator cuff repair: A systematic review. *Clin Orthop Relat Res*. 2007; 455: 52-63. Review.

Reardon DJ, Maffulli N. Clinical evidence shows no difference between single- and double-row repair for rotator cuff tears. *Arthroscopy*. 2007; 23(6): 670-673. Review.

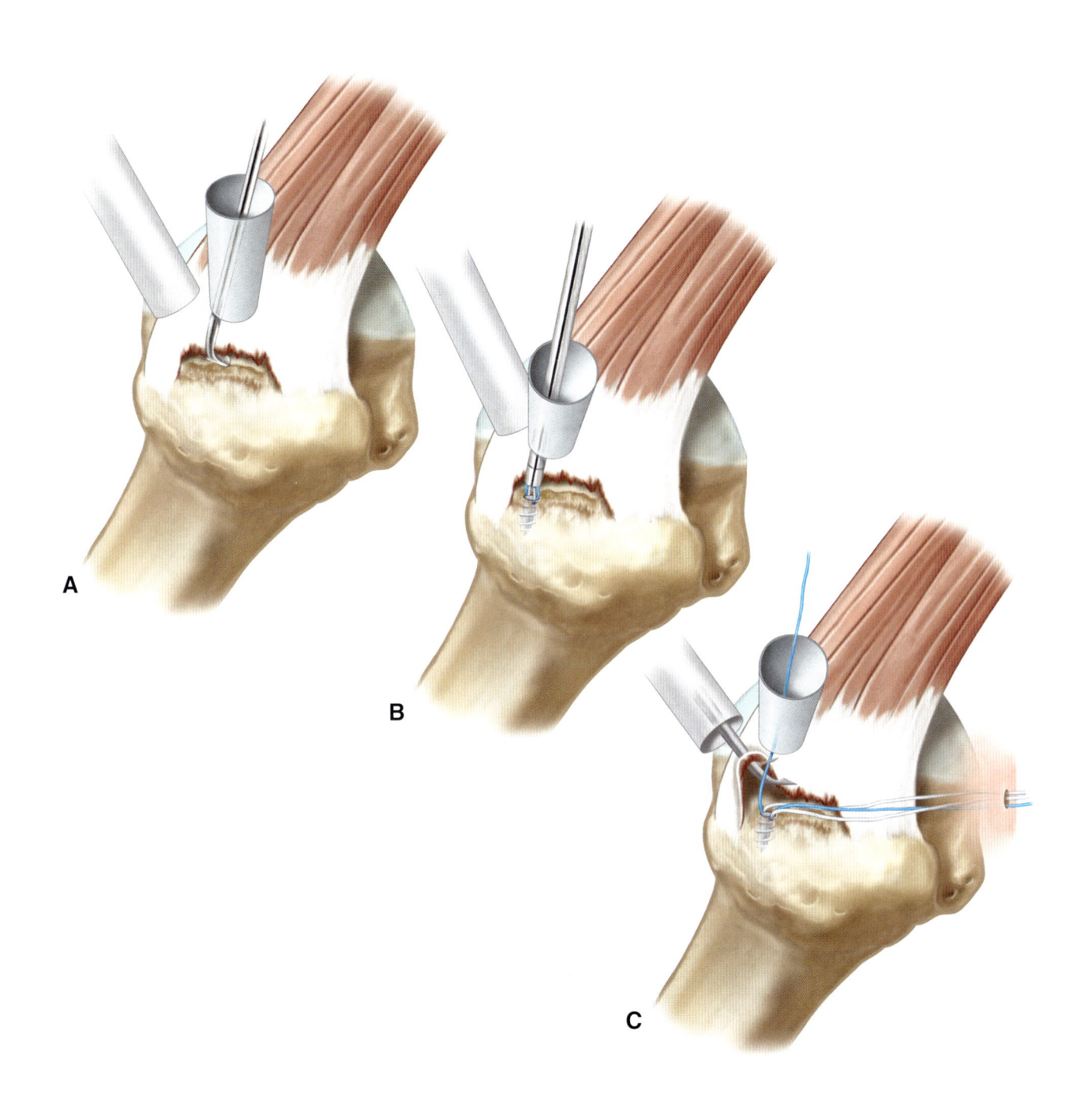

図12 **鏡視下腱板修復術** A：腱板のフットプリントのデブリドマン。B：スクリュータイプのアンカーは，腱板のフットプリントに設置する。C〜F：橋渡しをする糸は，水平マットレスで腱板の内側に通していく。（続く）

30　Chapter 1 ■ 肩関節，上腕

D

E

F

G

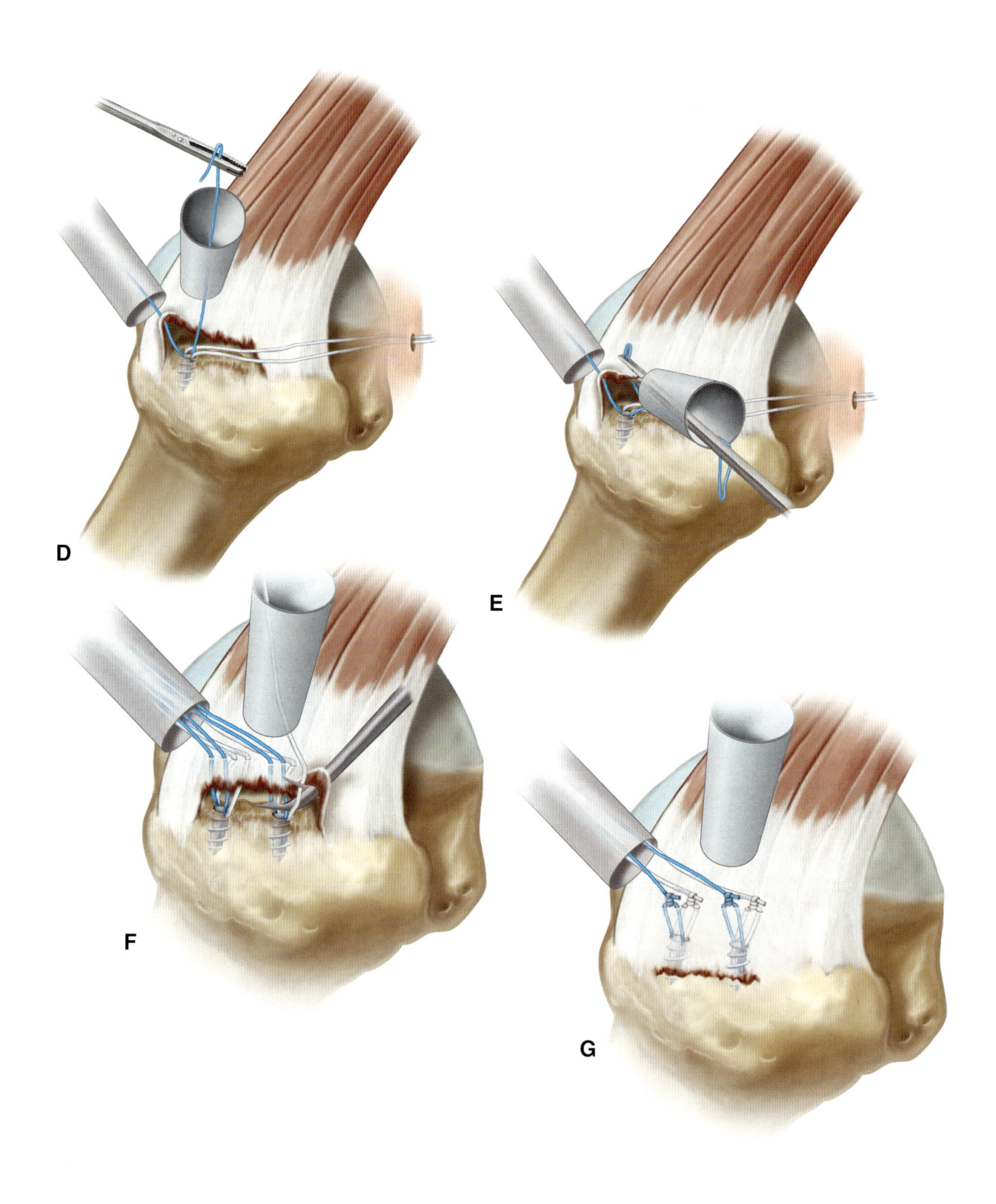

図12 （続き）　G：鏡視下で結紮をすることで，腱板組織をフットプリントへ移動する。（続く）

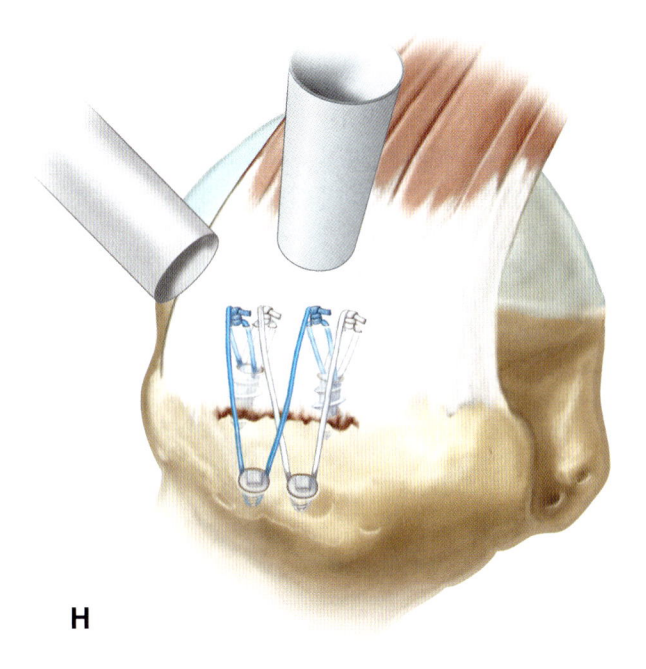

図 12 （続き） H：外側に 2 個のアンカーを使用し double-row 修復を行う。

大胸筋修復術
Pectoralis Major Repair

適応と目的： 大胸筋断裂は比較的まれな疾患だが，ウエイトリフティングやその他のスポーツ（アメリカンフットボールなど）で生じる。受傷機転は，通常牽引損傷によるもので，患者は軽い内転・内旋肢位で受傷する。大胸筋断裂で起こる胸壁の輪郭の欠損は，"axillary webbing" といわれる。急性の大胸筋損傷に，女性の報告はない。修復術は，活動性の高いほとんどの患者に適応があり，陳旧例の修復でも成功例が数多く報告されている。

手術手技： スタンダードな三角筋大胸筋間切開を遠位に延長し，断裂した筋組織を同定し，可動性を確認し，上腕骨の元来の停止部に修復する。スーチャーアンカーによる固定が有効であるとされている。そのほかに大胸筋停止部に骨溝を作成し，糸を通して固定することも有用である。

術後管理とリハビリテーション： 初期のリハビリテーションは，初期固定力に大きく依存する。修復時の筋緊張の程度により，筋が短縮し，可動域の減少につながることを把握する必要がある。術直後の処置は，外旋と水平外転を避けるべきである。これは修復部にストレスを与えるからである。頸椎，肘，そして肩甲胸郭の可動域訓練は術後速やかに開始する。肩の拳上運動は，症状に応じて進めていく。ベンチプレスや重りを挙げるような練習への復帰は，6か月以上を要することもある。

予後： 受傷前のレベルと比較して機能や十分な筋力の回復が期待できる。大胸筋断裂では保存療法よりも手術療法のほうが多く選択されている。

競技復帰： 筋肉は6〜8週以内に骨と癒合するが，通常，競技復帰には4〜6か月を要し，投球（投てき）種目のアスリートではさらに長期間を要する。ウエイトリフティング，レスリング，テニスのような肩の前方に強い緊張がかかる種目では，さらに長期間を要する。

文献

Anbari A, Kelly JD 4th, Moyer RA. Delayed repair of a ruptured pectoralis major muscle. A case report. *Am J Sports Med.* 2000; 28(2): 254–256.

Kakwani RG, Matthews JJ, Kumar KM, Pimpalnerkar A, Mohtadi N. Rupture of the pectoralis major muscle: Surgical treatment in athletes. *Int Orthop.* 2007; 31(2): 159–163. Epub 2006 Jul 18.

Miller MD, Johnson DL, Fu FH, Thaete FL, Blanc RO. Rupture of the pectoralis major muscle in a collegiate football player. Use of magnetic resonance imaging in early diagnosis. *Am J Sports Med.* 1993; 21(3): 475–477.

Pavlik A, Cse Å Lpai D, Berkes I. Surgical treatment of pectoralis major rupture in athletes. *Knee Surg Sports Traumatol Arthrosc.* 1998; 6(2): 129–133.

三角筋
上腕二頭筋長頭腱
断裂した大胸筋腱

A

スーチャーアンカー

B

C アンカー法

D

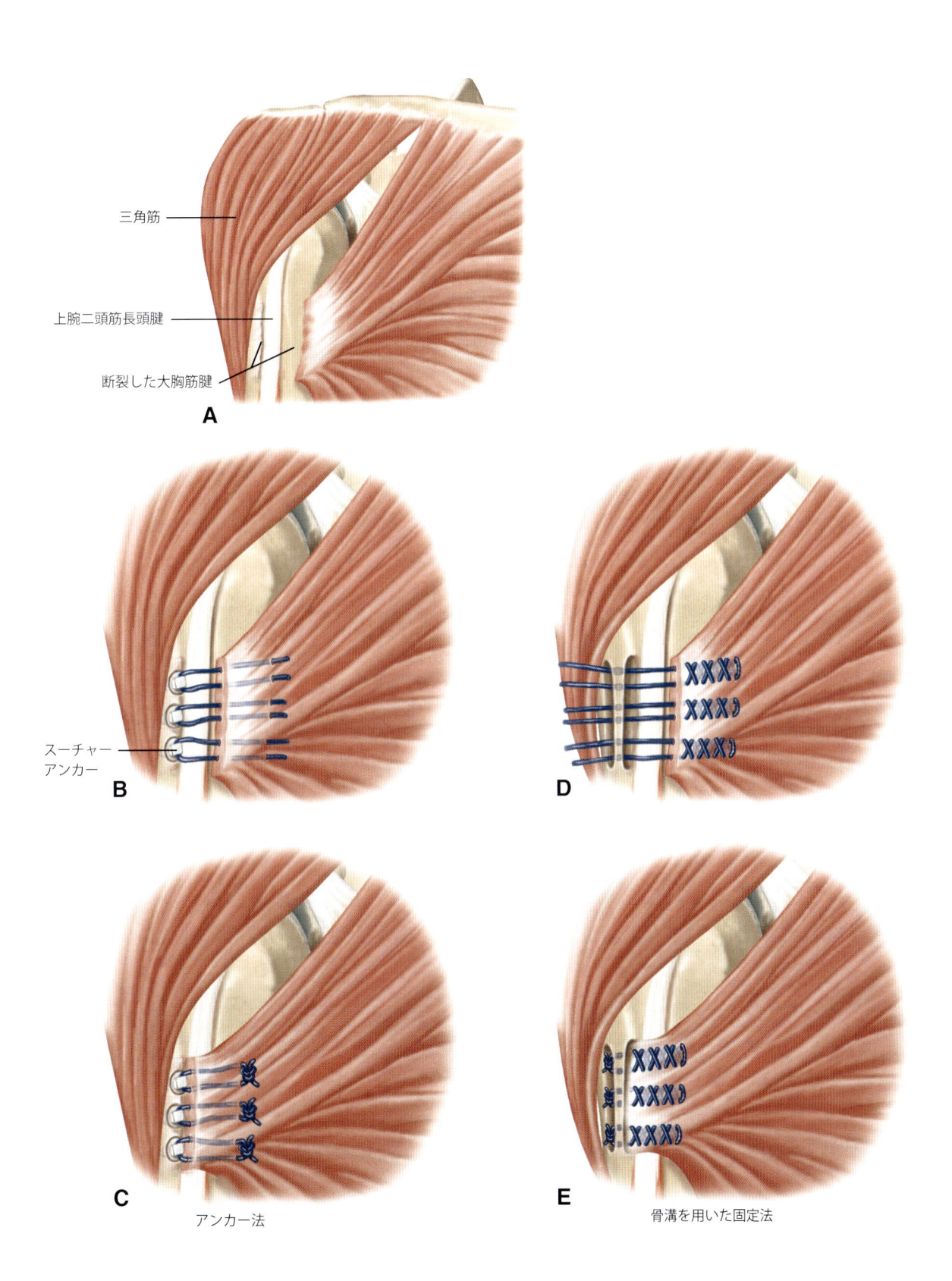

E 骨溝を用いた固定法

> 図13 **大胸筋修復術** A：損傷した胸筋は，適切なランドマークから同定する。B, C：上腕二頭筋長頭腱の外側に設置されたスーチャーアンカーで大胸筋を適切な位置に縫合する。D, E：骨溝は，through method による修復術に用いる。

1 肩関節，上腕

肩甲下筋腱修復術
Subscapularis Tendon Repair

適応と目的： 肩甲下筋腱断裂もまれであるが，外傷性前方不安定症や経年変化によるもの，そして，おそらく肩甲上腕関節内の直視下手術時の肩甲下筋縫合後に生じることが最も多いと思われる．多くの患者は外傷歴を有しており，その後徐々に断裂が進行する．臨床症状は，過剰な外旋可動域（肩甲下筋は，外旋を70°〜90°以下に制御する）やリフトオフテスト陽性（背中から自分の手をはなすことができない），ベリープレステスト陽性（腹部にあてた手を押すことができない）などがある．MRIでは，肩甲下筋腱の断裂や上腕二頭筋腱の内側亜脱臼（肩甲下筋腱による固定性がなくなることで内側に亜脱臼する）が確認できる．これらの所見を認め，確定診断が得られれば手術適応となる．

手術手技： 鏡視下での手術も報告されているが，多くの整形外科医は肩甲下筋腱断裂の修復を直視下に行うことを好む．標準的な三角筋大胸筋間アプローチで，肩甲下筋腱を同定し，通常スーチャーアンカーを用いて解剖学的に修復する．

術後管理とリハビリテーション： 術後4週までは肩の自動運動による内旋と自動および他動による外旋運動は避ける必要がある．これらの運動は，痛みや不快感が耐えられる範囲を指標に徐々に進めていく．

予後： 肩甲下筋単独損傷の鏡視下修復術の研究では，外転筋力のみならず，疼痛や屈曲・外旋・内旋可動域の回復にも優れているとされている．ほとんどの症例で修復部位の連続性が得られるが，部分的に再断裂を起こしている症例の報告もある．

競技復帰： 一般的に4〜6か月で競技へ復帰するが，投球（投てき）種目はさらに長期間を要する．修復の程度により最終的な治療成果が異なる．修復術の内容と復帰する競技種目を考慮し，患者-理学療法士-術者の間で連携をとりながら復帰へのプログラムを作成することが重要である．

文献

Burkhart SS, Brady PC. Arthroscopic subscapularis repair: Surgical tips and pearls A to Z. *Arthroscopy*. 2006; 22(9): 1014–1027.

Flury MP, John M, Goldhahn J, Schwyzer HK, Simmen BR. Rupture of the subscapularis tendon (isolated or in combination with supraspinatus tear): When is a repair indicated? *J Shoulder Elbow Surg*. 2006; 15(6): 659–664. Epub 2006 Oct 19.

Ide J, Tokiyoshi A, Hirose J, Mizuta H. Arthroscopic repair of traumatic combined rotator cuff tears involving the subscapularis tendon. *J Bone Joint Surg Am*. 2007; 89(11): 2378–2388.

Lafosse L, Jost B, Reiland Y, Audebert S, Toussaint B, Gobezie R. Structural integrity and clinical outcomes after arthroscopic repair of isolated subscapularis tears. *J Bone Joint Surg Am*. 2007; 89(6): 1184–1193.

Maier D, Jaeger M, Suedkamp NP, Koestler W. Stabilization of the long head of the biceps tendon in the context of early repair of traumatic subscapularis tendon tears. *J Bone Joint Surg Am*. 2007; 89(8): 1763–1769.

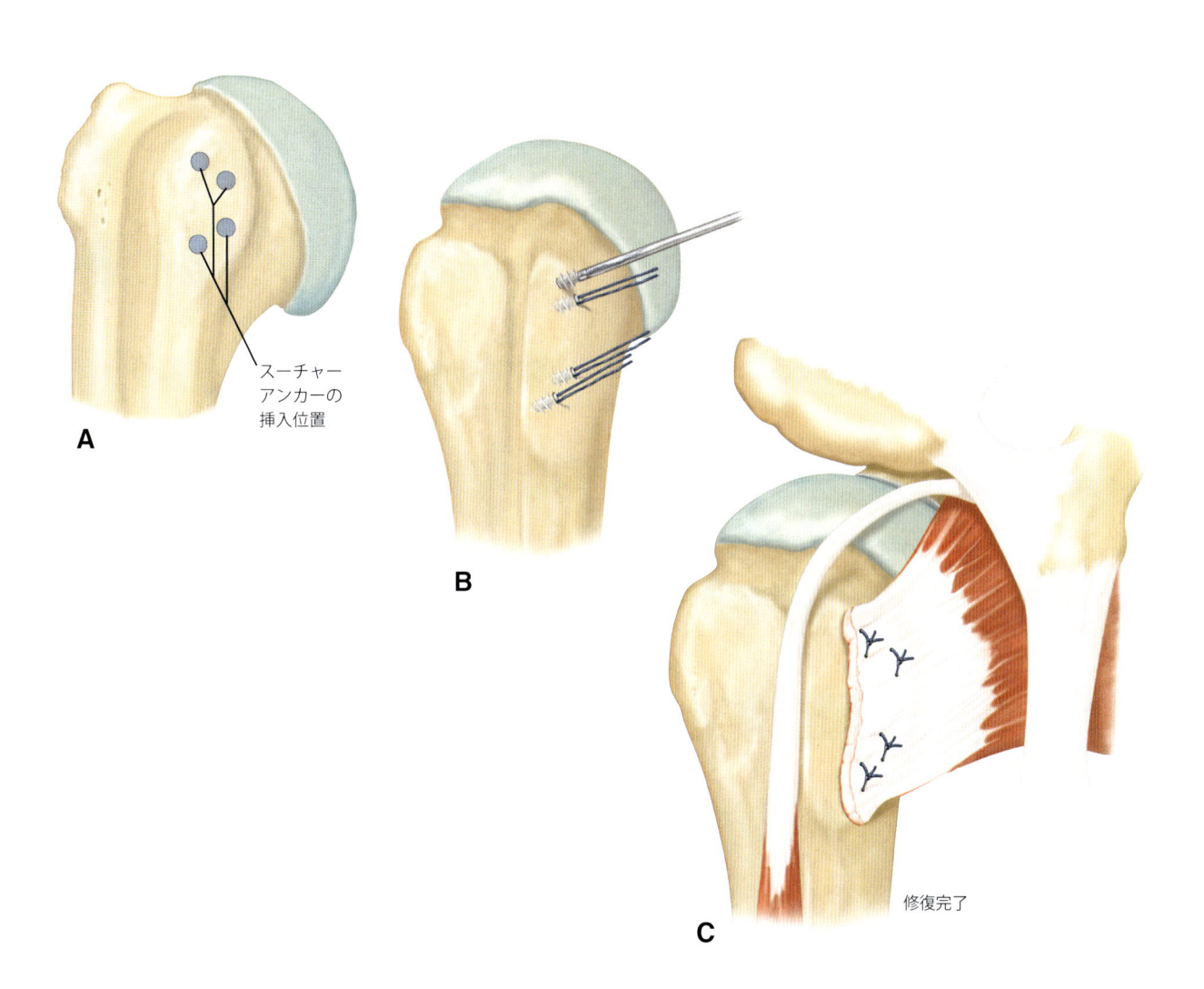

図14 　**肩甲下筋腱修復術**　A：肩甲下筋の付着部は，結節間溝の内側にある。B：スーチャーアンカーは，小結節の腱付着部に挿入する。C：肩甲下筋腱をモビライゼーションし，元来の付着部に修復する。

絞扼性神経血管障害の解離術
Release of Neurovascular Entrapment

適応と目的： 肩関節周囲にはさまざまな神経絞扼症候群が存在する。これらの症候群のいくつかはスポーツ医学の範疇にはないが，以下に簡潔に示す。これらの症候群のしびれ，筋力低下，異常知覚などは絞扼された神経に随伴して生じる。画像検査での診断は困難な場合があり，筋電図や神経伝導速度検査が診断に有用となる。症状の改善のために関節鏡視下もしくは直視下での外科的神経解離術が検討されるが，症状回復まで数か月を要することがある。血管絞扼性障害は，より診断が困難であるが，虚血による疼痛や血流を評価する侵襲・非侵襲性の検査が診断に有用となりうる。

手術手技： 一般的な肩関節周囲の神経血管絞扼性疾患を以下に示す。

神経/血管	絞扼部	治療
肩甲上神経	肩甲上切痕	肩甲横靱帯切除術
	肩甲棘	囊胞除圧，関節唇修復
胸郭出口症候群	腕神経叢/鎖骨下動脈および静脈	第1肋骨切除
四辺形間隙症候群	腋窩神経，肩甲回旋動脈	小円筋解離
腋窩/鎖骨下		動脈瘤の除去
血栓症/動脈瘤		

術後管理とリハビリテーション： 神経血管絞扼解離術後のリハビリテーションは比較的単純である。修復を要した組織はないため，術後早期から関節可動域を出すことに注意を払う必要はない。術前の症状が再燃するような症状を訴える場合もあるが，通常手術部位の急性炎症に関連する症状であり，炎症の軽快とともに症状も軽快する。創部を刺激しないように創部管理をしっかり行うことが大切である。

予後： 施行された術式によって期待される結果は異なる。正確な診断に基づく解離により神経・血管の症状軽快が期待できる。症状が術後数か月持続する場合は，診断を再検討する必要がある。

競技復帰： 症状が軽快したら，術後3～4か月での競技復帰が期待できる。徐々に競技復帰する場合，症状の再燃に注意が必要である。

文献

Aval SM, Durand P Jr, Shankwiler JA. Neurovascular injuries to the athlete's shoulder: Part II. *J Am Acad Orthop Surg*. 2007; 15(5): 281-289. Review.

Gosk J, Urban M, Rutowski R. Entrapment of the suprascapular nerve: Anatomy, etiology, diagnosis, treatment. *Orthop Traumatol Rehabil*. 2007; 9(1): 68-74. Review.

Hosseini H, Agneskirchner JD, Tröger M, Lobenhoffer P. Arthroscopic release of the superior transverse ligament and SLAP refixation in a case of suprascapular nerve entrapment. *Arthroscopy*. 2007; 23(10): 1134. e1-1134. e4. Epub 2007 Apr 19.

Lafosse L, Tomasi A, Corbett S, Baier G, Willems K, Gobezie R. Arthroscopic release of suprascapular nerve entrapment at the suprascapular notch: Technique and preliminary results. *Arthroscopy*. 2007; 23(1): 34-42.

Reeser JC. Diagnosis and management of vascular injuries in the shoulder girdle of the overhead athlete. *Curr Sports Med Rep*. 2007; 6(5): 322-327.

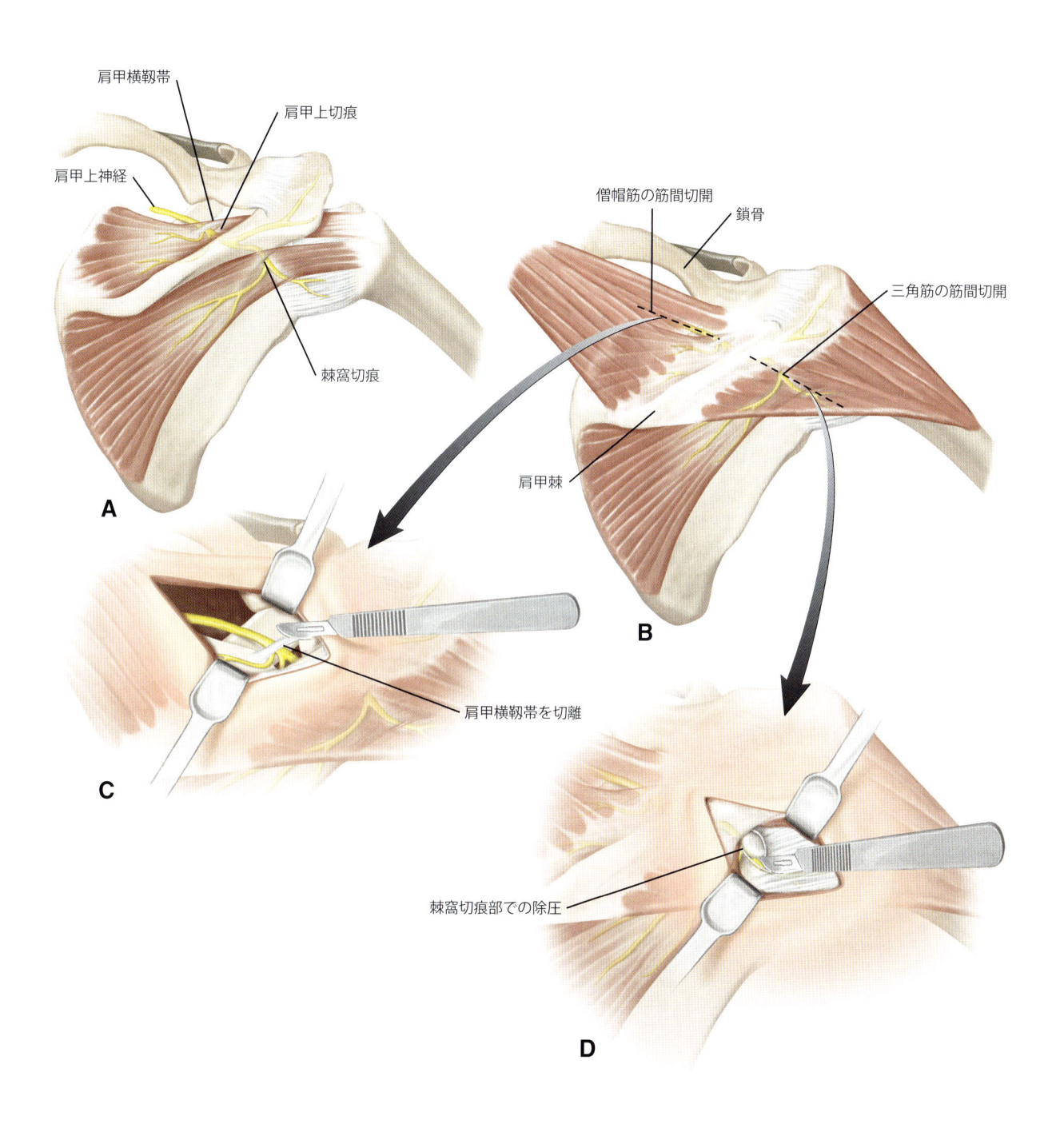

図15 肩甲上神経解離術　A：肩甲上神経の絞扼は肩甲上切痕や棘窩切痕部で生じる。B, C：直視下手術では，僧帽筋や三角筋間を縦切することで肩甲上切痕にある肩甲横靱帯への到達が可能となる。D：棘窩切痕部での除圧

烏口鎖骨靱帯修復/再建術
Coracoclavicular Ligament Repair/Reconstruction

適応と目的： 大部分の肩鎖関節脱臼は軽症であり，手術まで必要となることはまれである。鎖骨遠位部の100％を超える脱臼(Grade V)や後方脱臼(Grade IV)，症状が遷延する比較的軽度の陳旧性脱臼に対して手術を要する。手術の目的は，鎖骨-烏口突起間に何らかの固定を行うことで鎖骨と烏口突起の正常な位置関係を再獲得することである。

手術手技： 鎖骨遠位にサーベル状の5cmの皮膚切開をおき，鎖骨遠位のすべての軟部組織を剥離する。縫合法，スクリュー，軟部組織法などさまざまな手技が報告されているが，われわれは陳旧例には自家ハムストリング腱や同種前脛骨筋腱を烏口突起下に回して鎖骨に固定する手法を行っている。急性外傷例では通常，腱移植術は不要である。肩鎖関節を整復し，ドリルで作成した鎖骨の骨孔に腱を通す。小さい吸収性インターフェランススクリューを用いて腱を固定する。われわれは通常，鎖骨遠位端を温存しているが，陳旧例では鎖骨遠位端を切除し，切除断端部に烏口肩峰靱帯を移植するWeaver-Dunn法を追加している。

術後管理とリハビリテーション： 肩甲上腕関節の傷害ではないため，拘縮が起こることはまれであり，術後は長期にわたる固定が適用される。比較的まれな高齢者の症例を除けば，長期間の過度な安静が拘縮の原因となるが，手術療法を要するこのタイプの外傷の大部分は若年者である。8週間で修復部の治癒が期待でき，徐々に可動域も回復する。上腕の下方への牽引は修復部にストレスが生じるため術後早期は避けるように注意が必要である。

予後： 後療法を適切に行うと，肩鎖関節は安定し，可動域制限なく競技復帰が期待できる。

競技復帰： 肩鎖関節の解剖学的再建が得られれば，術後3～4か月で競技への復帰が可能である。

文献

Jin CZ, Kim HK, Min BH. Surgical treatment for distal clavicle fracture associated with coracoclavicular ligament rupture using a cannulated screw fixation technique. *J Trauma*. 2006; 60(6): 1358-1361.

Lee SJ, Nicholas SJ, Akizuki KH, McHugh MP, Kremenic IJ, Ben-Avi S. Reconstruction of the coracoclavicular ligaments with tendon grafts: A comparative biomechanical study. *Am J Sports Med*. 2003; 31(5): 648-655.

Mazzocca AD, Arciero RA, Bicos J. Evaluation and treatment of acromioclavicular joint injuries. *Am J Sports Med*. 2007; 35(2): 316-329. Review.

Wellmann M, Zantop T, Weimann A, Raschke MJ, Petersen W. Biomechanical evaluation of minimally invasive repairs for complete acromioclavicular joint dislocation. *Am J Sports Med*. 2007; 35(6): 955-961. Epub 2007 Feb 22.

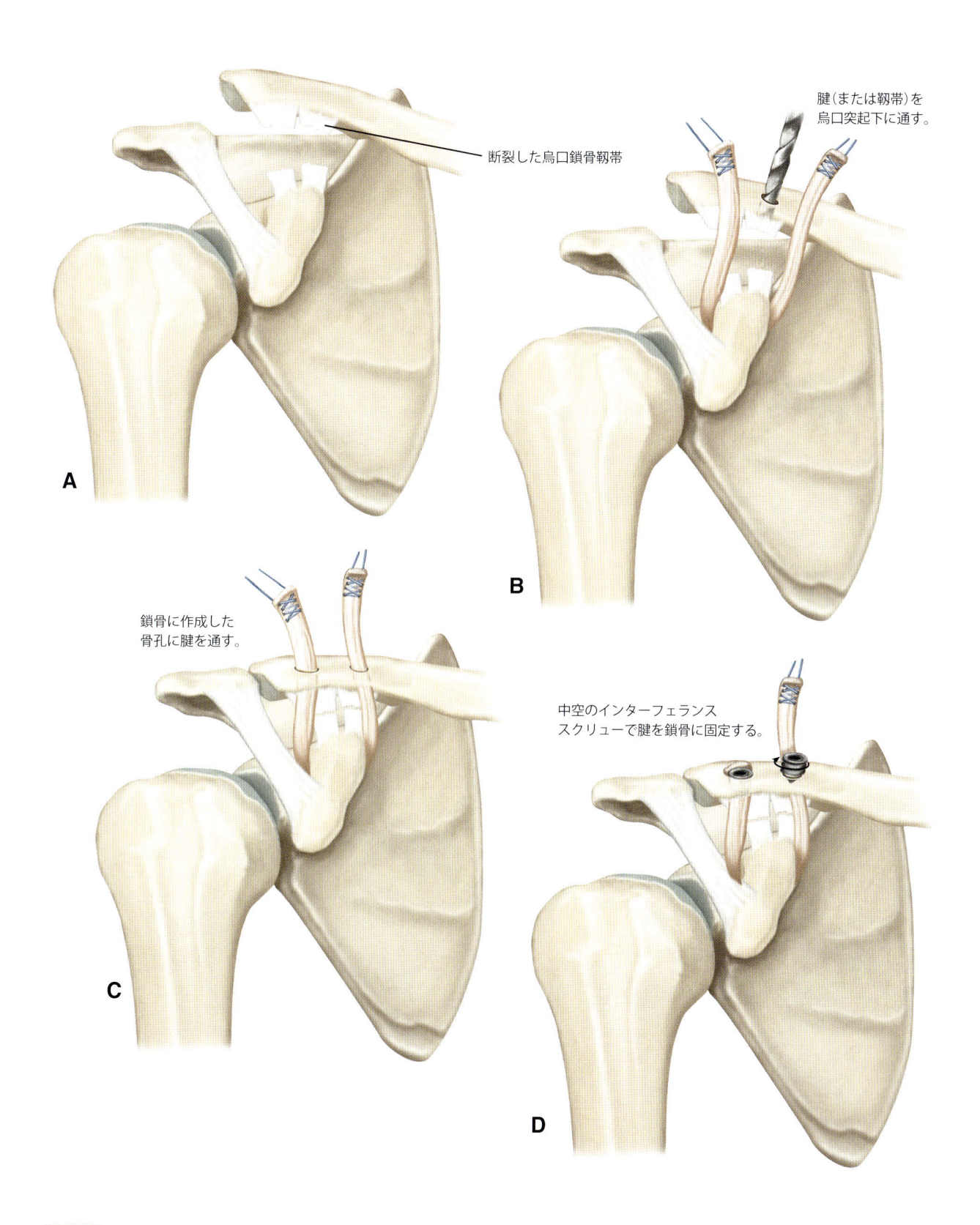

腱（または靱帯）を
烏口突起下に通す。

断裂した烏口鎖骨靱帯

鎖骨に作成した
骨孔に腱を通す。

中空のインターフェランス
スクリューで腱を鎖骨に固定する。

図16 **烏口鎖骨靱帯再建**　A：完全断裂した烏口鎖骨靱帯。B：移植腱を烏口突起基部にループ状に通し，鎖骨に骨孔を作成する。C：骨孔に移植腱を通し，肩鎖関節を整復する。D：インターフェランススクリューで腱を鎖骨に固定する。

胸鎖関節再建術
Sternoclavicular Procedures

適応と目的： 胸鎖関節脱臼はまれであるが，明らかな転位があれば手術加療が必要となる．陳旧性の外傷であっても，ときに整復固定を要することがある．手術では胸鎖関節直下にある重要な神経血管に注意を要するため，治療方針は保存療法を基本とする．

手術手技： 呼吸困難や嚥下困難などの症状を有する後方脱臼に対し，手術室で牽引や鉗子を用いた非観血的脱臼整復をすることは有用なことがある．一方，前方脱臼は不安定性が強く整復困難であることが多いが，問題になることは少ない．まれに陳旧性の難治例に対して鎖骨内側端を切除し移植腱を用いて関節再建を行うこともあるが，後方の神経血管に細心の注意を払う必要がある．

術後管理とリハビリテーション： 術後早期の後療法は，胸鎖関節の保護が中心となる．装具固定は不要であるが，術後2週間は肩の挙上，外転，内転可動域を制限し，必要最低限の使用にとどめる．これらの制限により局所の瘢痕形成が促され不安定性の再発予防につながる．まずは監視下に周囲の他動可動域訓練から開始し，その後許容できる範囲内での自動運動を進めていく．コンタクトスポーツへの復帰は少なくとも6週間は待つべきであり，とくに後方不安定症の症例では胸鎖関節への衝撃を緩和する装具(パッド)の使用を検討すべきである．

予　後： 呼吸器系や神経・血管系の合併症がなければ，術後2年時の機能的予後は小児，成人いずれも良好な成績が報告されている．成人例では，相対的に整復位が不十分となることもある．

競技復帰： 解剖学的な再建がなされれば，競技復帰は3〜4か月以内に可能である．

文献

Battaglia TC, Pannunzio ME, Chhabra AB, Degnan GG. Interposition arthroplasty with bone-tendon allograft: A technique for treatment of the unstable sternoclavicular joint. *J Orthop Trauma*. 2005; 19(2): 124–129.

Brinker MR, Bartz RL, Reardon PR, Reardon MJ. A method for open reduction and internal fixation of the unstable posterior sternoclavicular joint dislocation. *J Orthop Trauma*. 1997; 11(5): 378–381.

Thomas DP, Williams PR, Hoddinott HC. A 'safe' surgical technique for stabilisation of the sternoclavicular joint: A cadaveric and clinical study. *Ann R Coll Surg Engl*. 2000; 82(6): 432–435.

Tubbs RS, Loukas M, Slappey JB, McEvoy WC, Linganna S, Shoja MM, Oakes WJ. Surgical and clinical anatomy of the interclavicular ligament. *Surg Radiol Anat*. 2007; 29(5): 357–360. Epub 2007 Jun 12.

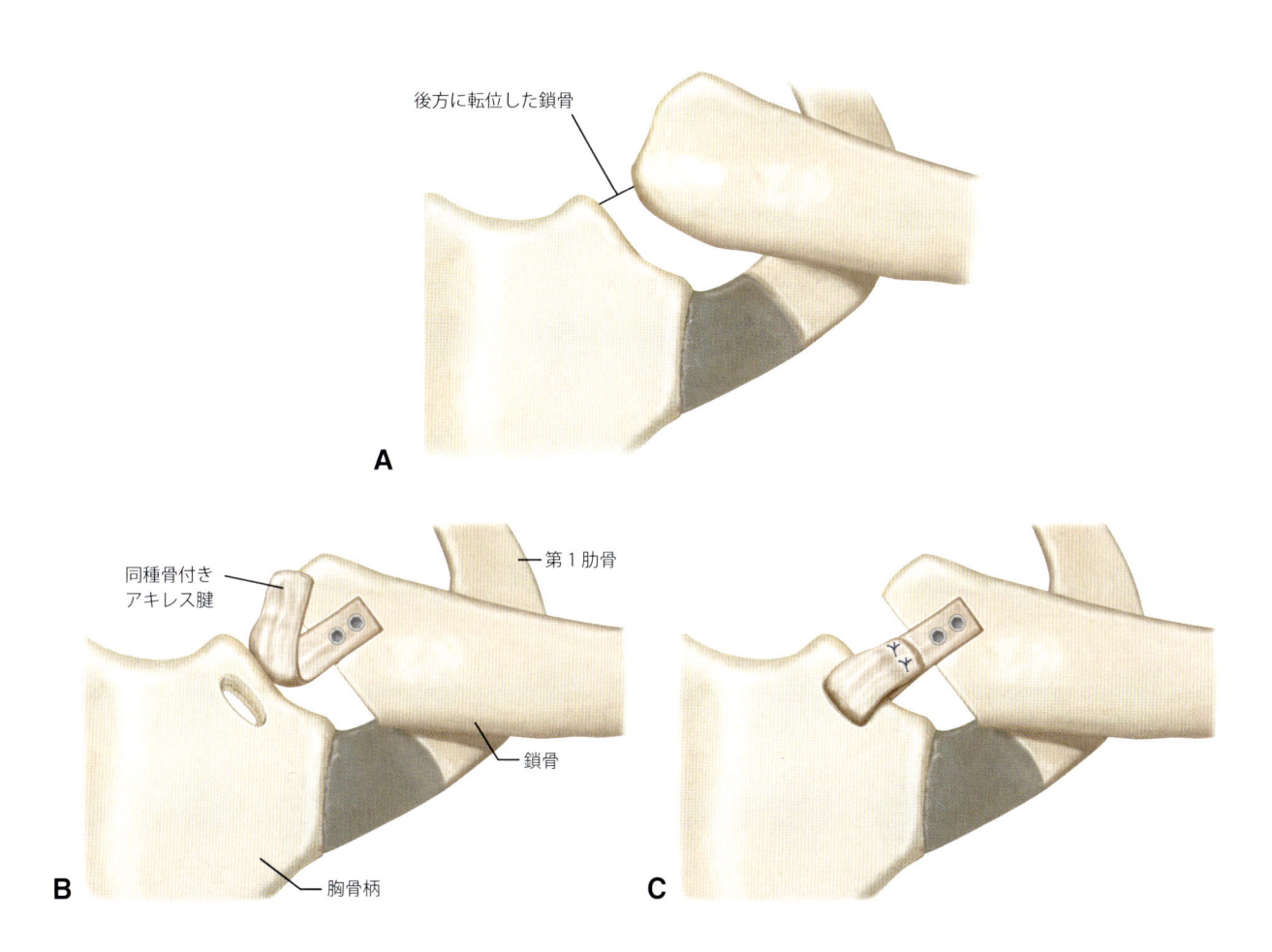

図17 **胸鎖関節再建** A：上後方に脱臼した胸鎖関節。B：同種移植腱を鎖骨内側に固定する。C：胸骨に作成した骨孔に通したのちに整復固定する。

関節軟骨再建術
Articular Cartilage Procedures

適応と目的： 膝関節と比較すると頻度は低いものの，肩関節にも外傷に伴う局所の軟骨欠損を生じる。疼痛や引っ掛かりなどの症状を有する場合は手術を検討する必要がある。

手術手技： 鏡視下手術はビーチチェア位または側臥位で行う。シェーバーや鋭匙で病変部の境界を平坦化し，病変部にマイクロフラクチャー（病変部に多数の小さい骨孔を作成し，血液塊で病変部を充満させることで，後に線維軟骨となる骨髄細胞を誘導する）やその他の手技を行う。上腕骨頭のより大きな軟骨欠損に対しては，同種軟骨移植や他の特殊なインプラントを用いて充填する。

術後管理とリハビリテーション： 術後早期は関節面の圧迫力を避ける必要がある。閉鎖性運動連鎖を控え，関節裂隙を広げることを意識しながら隣接関節の可動域訓練を中心に行うべきである。術直後から4週間までは，関節内圧を上昇させる筋収縮を加えないように最小限または無抵抗下での可動域訓練を行う。

予後： 肩甲上腕関節内の全層性軟骨損傷に対する術後成績は良好な報告がされている。しかし，変形性関節症の発症や既存の関節症性変化の増悪は手術手技に依存する。

競技復帰： 病変の大きさや手技の内容により異なる。マイクロフラクチャーで加療された小～中程度の局所病変であれば3～4か月以内での復帰が可能であるが，より大きな病変では競技への復帰に6か月以上を要する。

文献

Gold GE, Reeder SB, Beaulieu CF. Advanced MR imaging of the shoulder: Dedicated cartilage techniques. *Magn Reson Imaging Clin N Am.* 2004; 12(1): 143-159, vii. Review.

Hamada J, Tamai K, Koguchi Y, Ono W, Saotome K. Case report: A rare condition of secondary synovial osteochondromatosis of the shoulder joint in a young female patient. *J Shoulder Elbow Surg.* 2005; 14(6): 653–656.

Kim SH, Noh KC, Park JS, Ryu BD, Oh I. Loss of chondrolabral containment of the glenohumeral joint in atraumatic posteroinferior multidirectional instability. *J Bone Joint Surg Am.* 2005; 87(1): 92–98.

Scheibel M, Bartl C, Magosch P, Lichtenberg S, Habermeyer P. Osteochondral autologous transplantation for the treatment of fullthickness articular cartilage defects of the shoulder. *J Bone Joint Surg Br.* 2004; 86(7): 991–997.

Thomas DP, Williams PR, Hoddinott HC. A 'safe' surgical technique for stabilisation of the sternoclavicular joint: A cadaveric and clinical study. *Ann R Coll Surg Engl.* 2000; 82(6): 432–435.

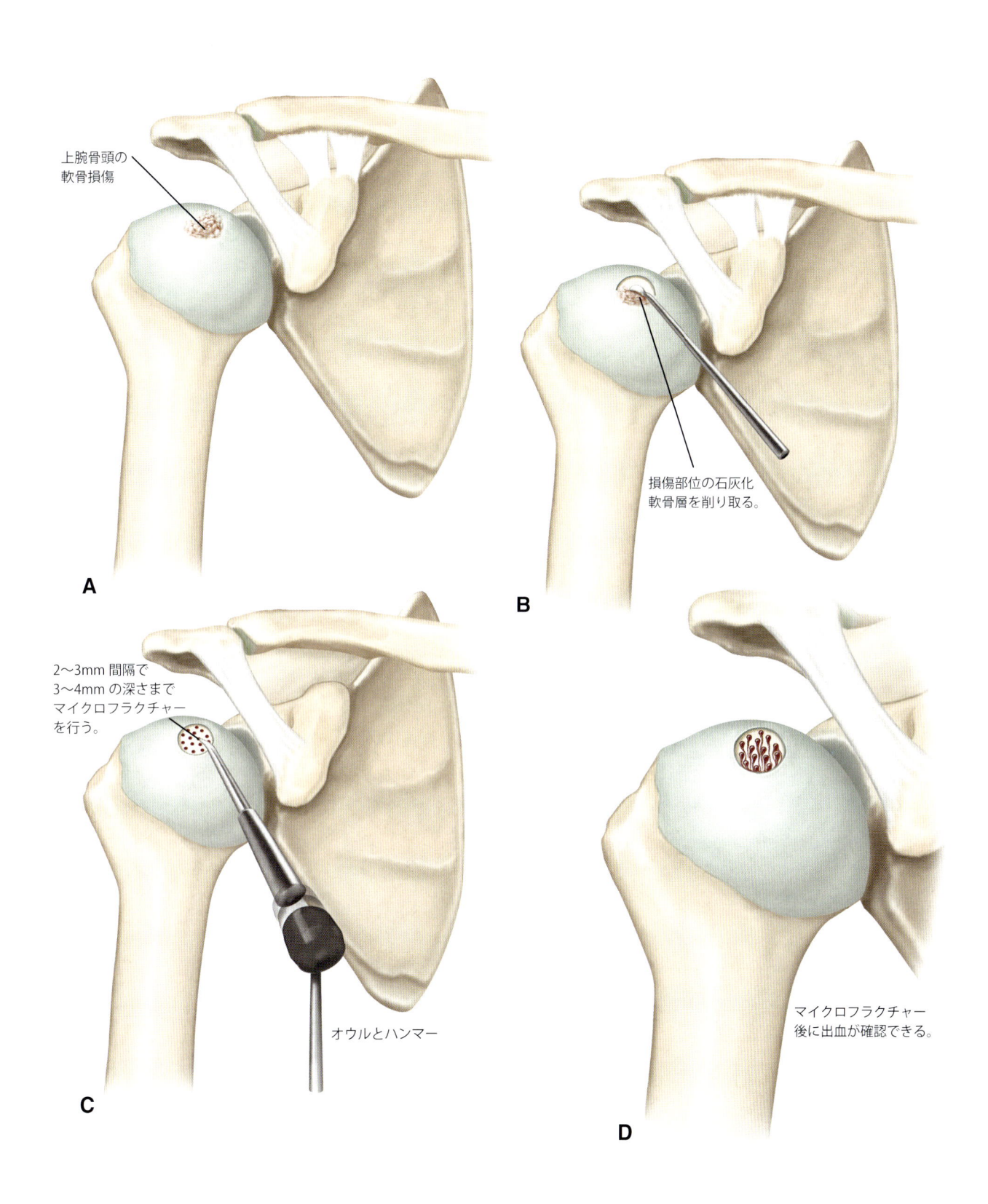

図18 **マイクロフラクチャー/骨軟骨移植** A：上腕骨頭に高度軟骨損傷を認める。B：石灰化軟骨層の除去にキュレットを用いる。C：マイクロフラクチャー用のオウルを用いて3〜4mmの深さの骨孔を作成する。D：最終的に骨表面への出血が確認できる。

人工肩関節形成術
Shoulder Arthroplasty

適応と目的： 肩関節の変性疾患（関節軟骨の菲薄化や消失）は，繰り返しの外傷とオーバーユースにより生じる。関節軟骨の消失が広範囲であれば関節面置換術（resurfacing）が唯一の手術適応となるが，この手術は若年者や活動性の高い患者には不向きであり，難治性の疼痛や可動域制限のある患者に対してのみの適応となるサルベージ手術である。

手術手技： 人工肩関節手術には基本的に，①骨頭の関節面のみを小さいインプラントで置換する方法（Copeland-type prosthesis），②骨頭を装着したステムを髄腔に挿入する方法（人工骨頭置換術），③上腕骨側に加え関節窩側もポリエチレンのソケットで置換する方法（人工肩関節置換術）の3つがある。いずれの手術法も三角筋大胸筋間アプローチで行う。骨頭置換は，骨頭をリーミングしメタルヘッドに置換する。その他のインプラントはさまざまなリーマーやラスプを用いて髄腔の骨孔を作成し，適切なサイズのインプラントをセメントを用いて（またはセメントレスで）髄腔に挿入し，最後にメタルヘッドを装着する。人工肩関節置換術の場合は上腕骨頭を置換する前に，関節窩側の処置を行い，セメントを用いてインプラントを固定する。骨頭側のみの関節症性変化を認める若年者に対しては，軟部組織での関節窩置換を併用した人工骨頭置換術を考慮する。

術後管理とリハビリテーション： 術後1～3日間の入院加療がよい。術後翌日より振り子運動やCodman（コッドマン）体操などの運動ができるが，術後6週までは術者の判断や用いたインプラントの種類に応じて外旋運動を制限する必要がある。運動療法は可能であれば，監視下に自動もしくは自動補助で行う。疼痛管理をしっかり行い，疼痛のない範囲での可動域訓練を規則的に行うことが重要である。術後6週で徐々に抵抗運動を開始し，肩関節の機能改善を目的に固有受容感覚を刺激する運動も同時期から行う。これらの人工関節を要する高齢者に対しては，心血管系の運動も理学療法の一環として行うべきである。運転は少なくとも術後6週は控え，完全な回復後も10ポンド程度のものを持ちあげる動作は控えるべきである。

予後： 術後の後療法を進めるうえで，術者の意向，使用したインプラント，術式そして修復された軟部組織の状態の4つを十分に考慮して行うことが重要である。期待される成果は，除痛と一般的に許容される程度までの肩関節機能の改善である。

競技復帰： 競技レベルへの復帰は困難である。レクリエーションレベルであればいくつかの競技種目には復帰できる可能性があるが，症例によって術後6～12か月までは制限が必要である。

文 献

Bohsali KI, Wirth MA, Rockwood CA Jr. Complications of total shoulder arthroplasty. *J Bone Joint Surg Am.* 2006; 88(10): 2279-2292. Review.

Bryant D, Litchfield R, Sandow M, Gartsman GM, Guyatt G, Kirkley A. A comparison of pain, strength, range of motion, and functional outcomes after hemiarthroplasty and total shoulder arthroplasty in patients with osteoarthritis of the shoulder. A systematic review and meta-analysis. *J Bone Joint Surg Am.* 2005; 87(9): 1947-1956. Review.

Ho JY, Miller SL. Allografts in the treatment of athletic injuries of the shoulder. *Sports Med Arthrosc.* 2007; 15(3): 149-157. Review.

Matsen FA 3rd, Bicknell RT, Lippitt SB. Shoulder arthroplasty: The socket perspective. *J Shoulder Elbow Surg.* 2007; 16(5 suppl): S241-S247. Epub 2007 Apr 19. Review.

Pennington WT, Bartz BA. Arthroscopic glenoid resurfacing with meniscal allograft: A minimally invasive alternative for treating glenohumeral arthritis. *Arthroscopy.* 2005; 21(12): 1517-1520.

Radnay CS, Setter KJ, Chambers L, Levine WN, Bigliani LU, Ahmad CS. Total shoulder replacement compared with humeral head replacement for the treatment of primary glenohumeral osteoarthritis: A systematic review. *J Shoulder Elbow Surg.* 2007; 16(4): 396-402. Epub 2007 Jun 20. Review.

Wilcox RB, Arslanian LE, Millett P. Rehabilitation following total shoulder arthroplasty. *J Orthop Sports Phys Ther.* 2005; 35(12): 821-836. Review.

45

A 上腕骨頭の骨切り

リーミング

B

上腕骨コンポーネント
の挿入

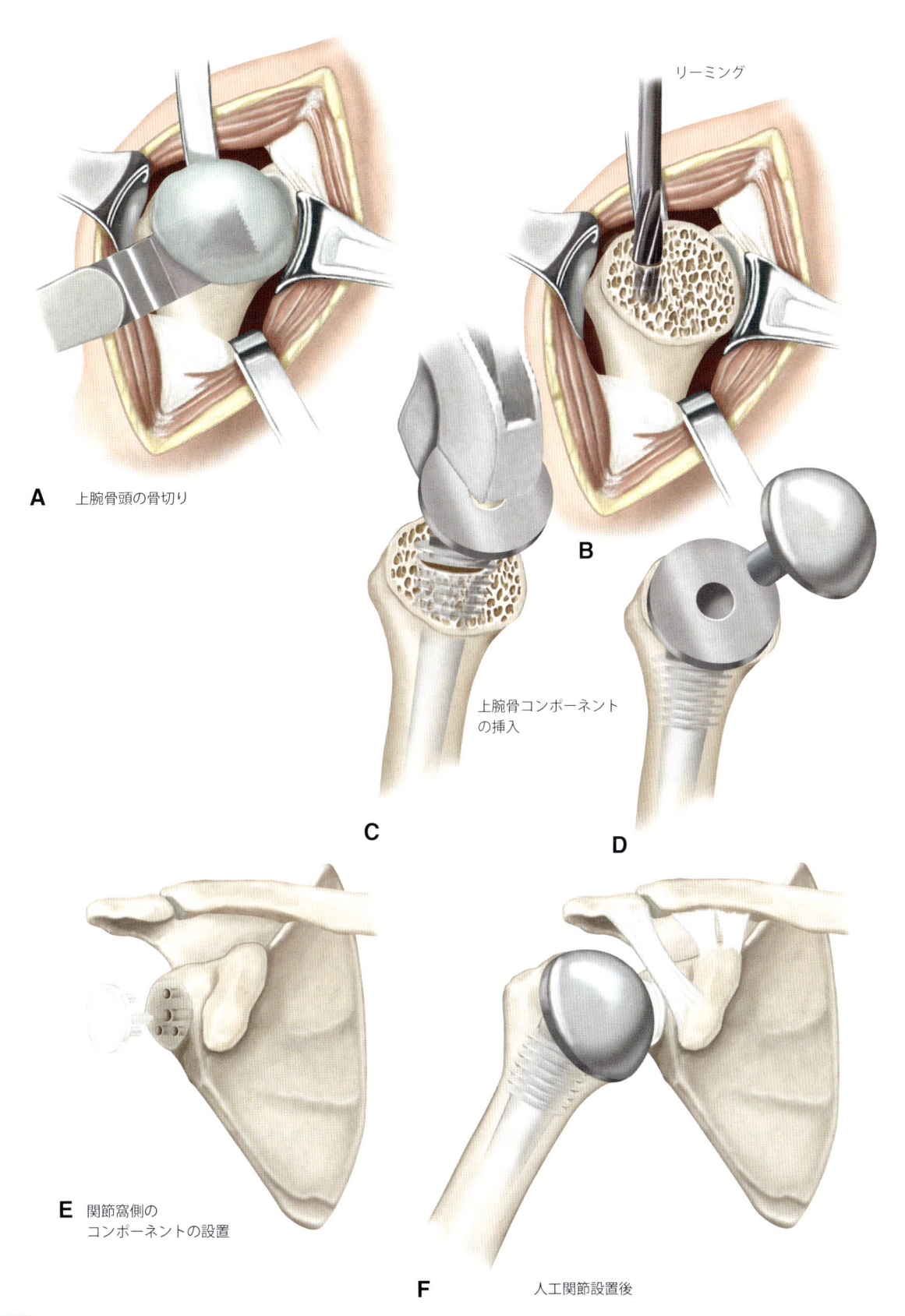

C   D

E 関節窩側の
  コンポーネントの設置

F 人工関節設置後

図19 **人工肩関節置換術** A：上腕骨側にステムを挿入するために，露出した上腕骨頭を切除する。B：上腕骨骨幹部のリーミングを行う。C, D：上腕骨コンポーネントの挿入。E, F：関節窩をリーミングし，関節窩コンポーネントを設置する。

1 肩関節，上腕

鎖骨骨折に対する観血的整復固定術（ORIF）
ORIF Clavicle Fractures

適応と目的： 鎖骨骨折に対する手術適応は変化してきており，現在では2cm以上の著しい転位のある骨折や鎖骨遠位端骨折に対して手術による整復固定が推奨されている．開放骨折，神経血管損傷（これらの損傷を疑う場合），他の骨折を合併している場合も手術加療を要する．陳旧性骨折に伴う症候性の偽関節に対しては骨移植を併用した整復固定術を行う．

手術手技： 鎖骨骨折の固定には古くからプレートとスクリューが用いられてきたが，近年では髄内釘固定も徐々に増えてきている．骨折部を直視下に確認し，骨折部断端のモビライゼーションを行ったうえで骨折部を整復し，選択したインプラントで固定する．縦切開や斜め切開を用いることにより，鎖骨上神経枝の損傷を減らすことが可能である．

術後管理とリハビリテーション： 骨折部の治癒まで12週間程度を要するため，長期間の固定が必要となることがある．術後6週間は三角巾を装着し，鎖骨にかかる重力負荷を軽減させる．その間に肩甲胸郭関節や肩甲上腕関節そして肘関節の可動域訓練を中心に行う．肩甲上腕関節は障害されていないため，可動域制限が問題となることは少ない．肩の抵抗運動は術後2週頃から開始し，無理のない範囲で徐々に進めていく．筋力の回復を急ぐのではなく，鎖骨骨折部の治癒を最優先させるべきである．鎖骨に負荷のかかる競技への完全復帰は，少なくとも6か月は控えるべきである．

予後： 一般的に手術手技に伴うリスクや合併症は少なく，インプラントの設置位置や骨折部のアライメントが適切であれば術後成績は良好である．

競技復帰： 完全な骨癒合と理学療法を行い，術後6か月での競技レベルへの復帰が安全である．鎖骨部への直接的な外傷には注意を払うべきであり，症状を有する場合は単純X線撮影を行い骨癒合が問題ないことを確認する必要がある．

文 献

Denard PJ, Koval KJ, Cantu RV, Weinstein JN. Management of midshaft clavicle fractures in adults. *Am J Orthop*. 2005; 34(11): 527-536.

Jeray KJ. Acute midshaft clavicle fracture. *J Am Acad Orthop Surg*. 2007; 15(4): 239-248.

Kettler M, Schieker M, Braunstein V, König M, Mutschler W. Flexible intramedullary nailing for stabilization of displaced midshaft clavicle fractures: Technique and results in 87 patients. *Acta Orthop*. 2007; 78(3): 424-429.

Meier C, Grueninger P, Platz A. Elastic stable intramedullary nailing for midclavicular fractures in athletes: Indications, technical pitfalls, and early results. *Acta Orthop Belg*. 2006; 72(3): 269-275.

Mueller M, Burger C, Florczyk A, Striepends N, Rangger C. Elastic stable intramedullary nailing of midclavicular fractures in adults: 32 patients followed for 1-5 years. *Acta Orthop*. 2007; 78(3): 421-423.

Zlowodzki M, Zelle BA, Cole PA, Jeray K, McKee MD. Evidence based orthopaedic trauma working group. *J Orthop Trauma*. 2005; 19(7): 504-507.

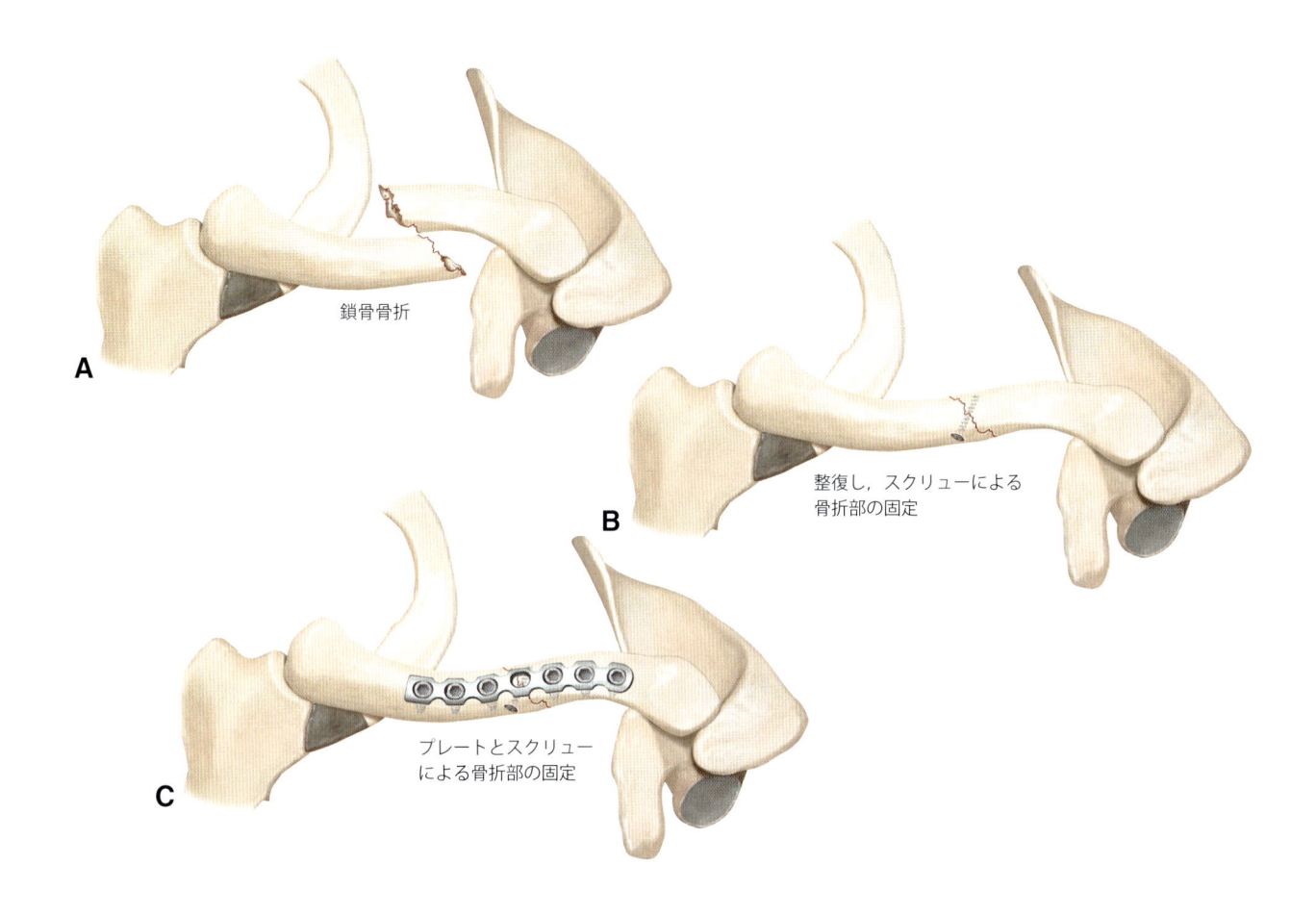

図20 **鎖骨骨折に対する観血的整復固定術（ORIF）**　A：鎖骨骨折，B：骨折線に対し垂直方向にラグスクリューを挿入する。
C：鎖骨上方部にプレートを設置して固定する。

上腕骨近位端骨折に対する観血的整復固定術（ORIF）
ORIF Proximal Humerus Fractures

適応と目的： 上腕骨近位端骨折はアスリートには比較的まれであり，これらの多くは保存的に治療される。これらの骨折の多くは高齢者，とくに閉経後の女性に多い。とくに若年者や活動性の高い症例においては，可能なかぎり観血的整復固定術を行うほうが人工骨頭置換術よりも望ましい。

手術手技： 基本的にはビーチチェア位でX線透視を用いて行われる。三角筋大胸筋間から進入し骨折部を整復する。現在多くのインプラントが使用可能であるが，ロッキングプレートを用いた固定法の成績が優れている。骨折部の整復後にプレートは上腕骨近位の外側に設置する。

術後管理とリハビリテーション： 1泊の入院加療を行い，後療法に関する指導を早期より行う必要がある。早期からの肩と肘の可動域訓練が推奨される。少なくとも術後3〜4か月は重い負荷を避け，骨折部の完全な癒合を確認してから許可する。抵抗運動は術後2週より開始し，許容できる範囲で徐々に進めていく。機能改善に重点をおき，過度な固定や活動制限に伴う続発性の可動域制限を避けるべきである。

予　後： 上腕骨の骨頭や頸部の骨折は，骨幹部の骨折に比べ癒合に長期間を要する可能性がある。高齢者では，術後に骨壊死や偽関節などが生じる可能性がある。

競技復帰： 競技への復帰は，骨折の程度や解剖学的な再建がなされているかどうかによる。状態がよければ，4〜6か月での復帰が可能であるが，復帰時期は骨質や年齢によって適宜検討する必要がある。

文　献

Hodgson S. Proximal humerus fracture rehabilitation. *Clin Orthop Relat Res*. 2006; 442: 131-138.
Kocher MS, Waters PM, Micheli LJ. Upper extremity injuries in the pediatric athlete. *Sports Med*. 2000; 30(2): 117-135.
Sperling JW, Cuomo F, Hill JD, Hertel R, Chuinard C, Boileau P. The difficult proximal humerus fracture: Tips and techniques to avoid complications and improve results. *Instr Course Lect*. 2007; 56: 45-57.

大結節と外科頸での骨折

A

骨折部の整復

B

プレートと皮質骨
スクリューによる固定

C

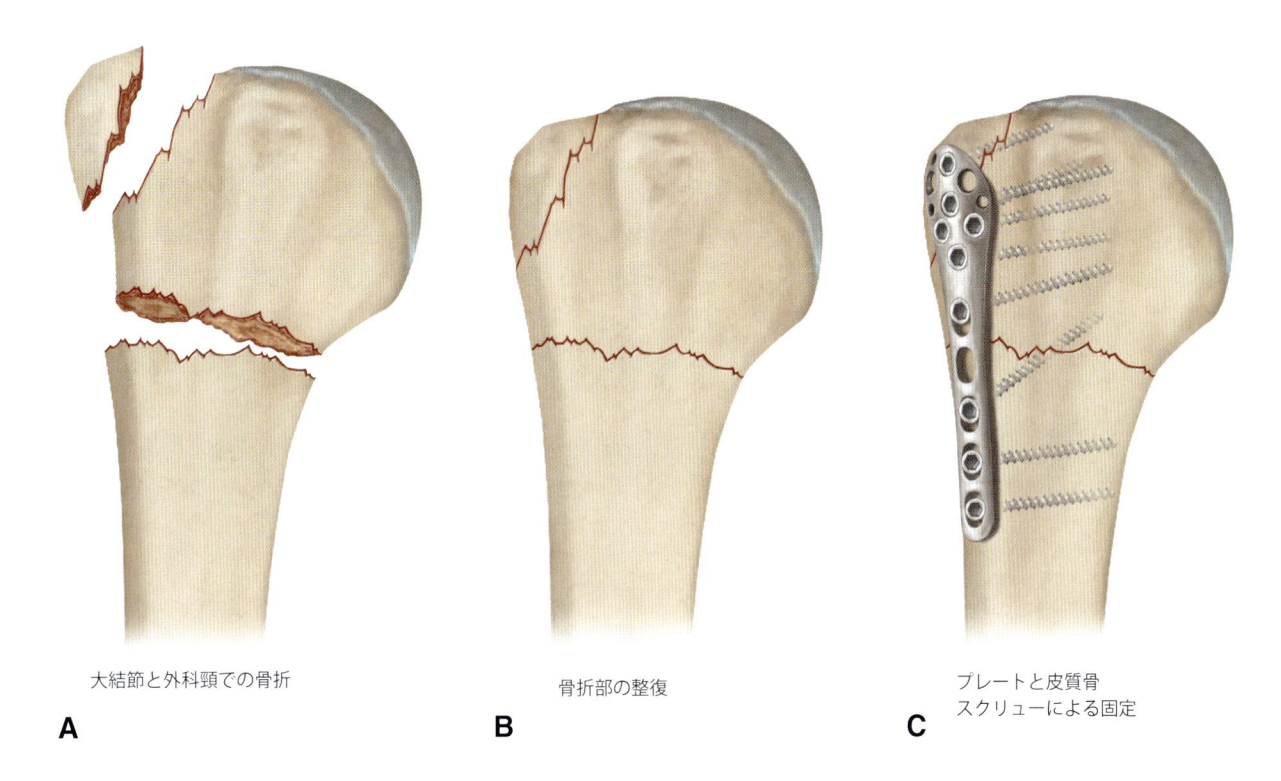

1 肩関節，上腕

図21 上腕骨近位端骨折に対する観血的整復固定術（ORIF） A：大結節と外科頸部で転位を伴う上腕骨近位端骨折。B，C：直視下に整復し，プレートとスクリューを用いて内固定を行う。

上腕骨骨幹部骨折に対する観血的整復固定術（ORIF）
ORIF Humeral Shaft Fractures

適応と目的： 上腕骨骨幹部骨折の多くは，装具療法による保存的治療が行われる。開放骨折や神経血管障害を伴う骨折，多発外傷を有する骨折では手術が適応となる。上腕骨骨幹部骨折は螺旋型，斜骨折型，横骨折型および粉砕骨折型に分類される。手術の目的は，上腕骨の長さとアライメントの修復にある。

手術手技： 骨折部を中心にアプローチして整復を行う。一般的には，前方（三角筋大胸筋間アプローチの延長）の皮膚切開を用いる。幅の広い大きめのプレートを選択し，骨折部の両サイドをスクリューで固定する。骨接合の際（とくに，ワイヤリングを行う場合）には，上腕骨後方に螺旋状に存在している橈骨神経を保護することが重要である。その他の手術法には，上腕骨近位から骨幹部に髄内釘を挿入し骨折部を固定する方法もある。しかし，髄内釘には腱板に関するトラブルを生じうる問題がある。

術後管理とリハビリテーション： 1泊の入院加療を行い，後療法に関する指導を早期より行う必要がある。上腕骨骨幹部に骨癒合の徴候を認めたら，すぐに肩関節および肘関節の可動域訓練を開始する。重度な負荷は少なくとも術後3～4か月は避け，完全な骨癒合が得られてから許可する。抵抗性の運動は術後2週から開始し，徐々に負荷をあげていく。過剰な外固定や運動制限に伴う可動域制限を回避し，運動機能の再獲得をはかることが重要である。

予　後： 上腕骨骨幹部骨折は，頸部や骨頭の骨折よりも骨癒合が早い傾向にある。治療成績は骨折形態の重症度，整復状況，インプラントの挿入位置などに依存する。また，まれではあるが血管系の合併症にも注意を払う必要がある。

競技復帰： 解剖学的な機能再建と完全な骨癒合が得られれば，競技への復帰は術後4～6か月で可能である。年齢や骨質により後療法のプログラムは適宜変更すべきである。

文　献

Changulani M, Jain UK, Keswani T. Comparison of the use of the humerus intramedullary nail and dynamic compression plate for the management of diaphyseal fractures of the humerus. A randomised controlled study. *Int Orthop*. 2007; 31(3): 391–395. Epub 2006 Aug 10.

Hierholzer C, Sama D, Toro JB, Peterson M, Helfet DL. Plate fixation of ununited humeral shaft fractures: Effect of type of bone graft on healing. *J Bone Joint Surg Am*. 2006; 88(7): 1442–1447.

Rubel IF, Kloen P, Campbell D, Schwartz M, Liew A, Myers E, Helfet DL. Open reduction and internal fixation of humeral nonunions: A biomechanical and clinical study. *J Bone Joint Surg Am*. 2002; 84-A(8): 1315–1322.

Zhiquan A, Bingfang Z, Yeming W, Chi Z, Peiyan H. Minimally invasive plating osteosynthesis (MIPO) of middle and distal third humeral shaft fractures. *J Orthop Trauma*. 2007; 21(9): 628–633.

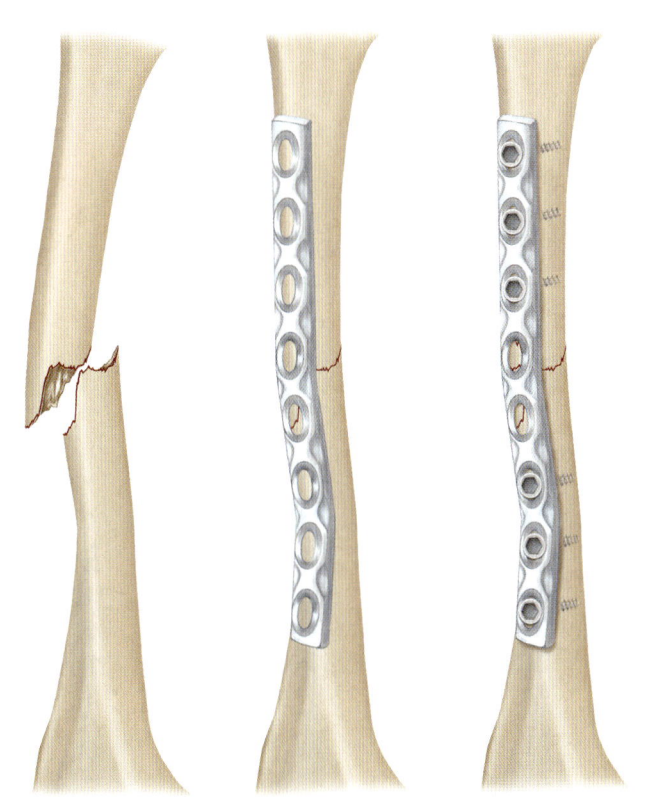

骨折部を整復し，プレートとスクリューで固定する。

図22　上腕骨骨幹部骨折に対する観血的整復固定術（ORIF）

Chapter 2

肘関節，前腕
Elbow and Forearm

鏡視下肘関節手術
Elbow Arthroscopy

適応と目的： 肘関節鏡は遊離体の摘出，滑膜切除，骨棘切除，軟骨損傷（多くは上腕骨小頭）に対する治療，関節の不安定性の評価，橈骨頭切除，テニス肘に対する短橈側手根伸筋（extensor carpi radialis brevis: ECRB）切離など，さまざまな肘の病態に対して有効な治療手段である。

手術手技： 手術は術者の選択のもと，側臥位，腹臥位，仰臥位で行われる。鏡視下肘関節手術では7つのポータル（穿刺口）がつくられる。それらは前方ポータル群と後方ポータル群に分けられる。前方ポータル群には近位内側・前外側・近位外側ポータルがあり，後方ポータル群は外側中央（ソフトスポット）・後外側・経三頭筋腱・副外側ポータルからなる。前方ポータルは神経血管損傷のリスクを減らすために肘屈曲位で作成する。

前方ポータル： 近位内側ポータルは，前方コンパートメントの鏡視において最初につくられるポータルである。内上顆から約2cm近位で，筋間中隔の前方に作成する。この中隔は，トロッカーが肘関節中央に進むときに尺骨神経を保護してくれる。もし，尺骨神経の亜脱臼を認めたり，尺骨神経の前方移行の既往がある場合は，直視下に神経を確認して保護しなければならない。このポータルからは上腕骨小頭や橈骨頭が一番よく見える。

　前外側ポータルは，外上顆の約2cm遠位，約1cm前方につくられる。このポータルは橈骨神経損傷のリスクがあるため，あまり一般的に用いない。ポータルを作成する場合，橈骨神経損傷のリスクを減らすためにinside-out法でつくるのが最も安全である。このポータルからは上腕骨遠位，滑車切痕，鉤状突起，橈骨頭にアクセスしやすい。

後方ポータル： 外側中央（またはソフトスポット）ポータルは，外上顆，肘頭，橈骨頭の三角形の中央につくられる。これは最初，関節鏡視の前に灌流液を20mL程度注入する場所でもあり，ここからは腕橈関節の下方や近位橈尺関節の鏡視が可能である。

　後外側ポータルは，肘頭先端のレベルで上腕三頭筋腱の辺縁につくられる。後外側ポータルは後方鏡視の主要ポータルである。

　経三頭筋腱ポータルは，肘頭先端から約3cm近位につくられ，肘頭，肘頭窩，上腕骨滑車の鏡視と操作に用いられる。

　ソフトスポットポータルのところにつくられる副ポータル（または隣接の外側ポータル）は，腕橈関節の鏡視と処置，とくに離断性骨軟骨炎の軟骨の処置に用いられる。

術後管理とリハビリテーション： 鏡視下手術後のリハビリテーションは，組織修復を含まないものは段階的に進める。外来手術の場合，術後の腫脹を軽減するために，症例によっては圧迫包帯を行う。可動域訓練は正常な動きを獲得するために術直後から開始する。一般的にギプスやブレースは不要である。傷処置や疼痛コントロールは訴えがあれば対応し，競技への復帰は本人の感じでできると判断した時点で許可する。スポーツ障害では，再発を防ぐ意味でバイオメカニクスや人間工学的な再教育が必要である。

予後： 細心の解剖学的注意を払えば，鏡視下肘関節手術は安全かつ有効な手法である。それぞれの手技の成功率はおよそ90％であり，合併症が12.6％との報告がある。しかしこれは，肘関節を90°屈曲位で灌流圧を制限することで最小限に軽減することができる。後内側や直前方ポータルを除けば，前外側ポータルからの橈骨神経損傷が最大のリスクである。

競技復帰： 競技への復帰は，術式によって異なる．関節の構造に影響を与えない術式であれば数週間，もう少し侵襲のある術式であれば1〜2か月で競技復帰を許可することができる．靱帯再建などの治療をした野球の投手では，復帰に数か月の期間が必要となる．

文献

Brownlow HC, O'Connor-Read LM, Perko M. Arthroscopic treatment of osteochondritis dissecans of the capitellum. *Knee Surg Sports Traumatol Arthrosc*. 2006; 14(2): 198–202. Epub 2005 Apr 26.
Coleman SH, Altchek DW. Arthroscopy and the thrower's elbow. In: Green DP, et al., eds. *Green's Operative Hand Surgery*. 5th ed. Philadelphia, PA: Elsevier; 2005: 959–972.
Elbow arthroscopy: Surgical techniques and rehabilitation. *J Hand Ther*. 2006; 19(2): 228–236. Review.
Kelly EW, Morrey BF, O'Driscoll SW. Complications of elbow arthroscopy. *J Bone Joint Surg Am*. 2001; 83-A(1): 25–34.
Mcginty JB, et al., eds. The elbow. In: *Operative Arthroscopy*. 3rd ed. Baltimore: Lippincott Williams & Wilkins; 2003: 661–717.
O'Holleran JD, Altchek DW. Elbow arthroscopy: Treatment of the thrower's elbow. *Instr Course Lect*. 2006; 55: 95–107. Review. Brach P, Goitz RJ.
Savoie FH 3rd. Guidelines to becoming an expert elbow arthroscopist. *Arthroscopy*. 2007; 23(11): 1237–1240.
Steinmann SP. Elbow arthroscopy: Where are we now? *Arthroscopy*. 2007; 23(11): 1231–1236. Review.

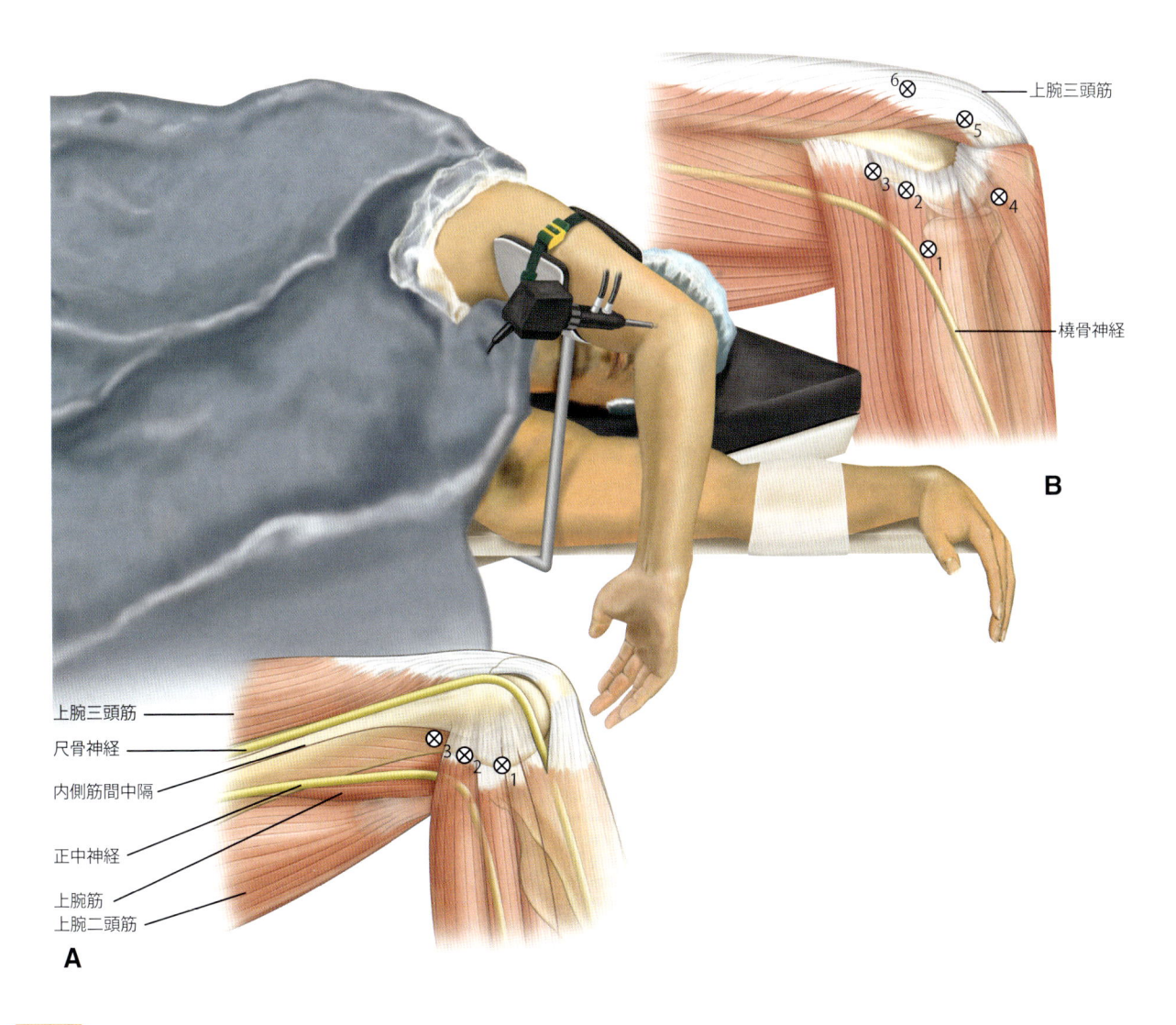

図23　肘関節鏡ポータル　A：内側の関節鏡ポータルの解剖：1)古典的な前内側，2)前内側中央，3)近位前内側，B：1)遠位前外側，2)前外側中央，3)近位前外側，4)後外側直上，5)後外側，6)後方中央

肘関節軟骨手術
Elbow Articular Cartilage Surgery

適応と目的： 肘の関節軟骨の問題は，典型的な若いアスリートの上腕骨小頭離断性骨軟骨炎以外にも，外傷性の軟骨損傷，関節症などがある．

離断性骨軟骨炎は，若い野球選手や体操選手など上肢を多用する競技で，肘に反復する圧迫性の微小外傷によって，軟骨下骨の血流障害と骨壊死，遊離体形成を引き起こすものである．

外科的処置は保存療法により軽快が得られないときに行われ，遊離体摘出術，郭清術，軟骨形成術，骨片固定術などがある．

最近では膝からの自家骨軟骨柱移植術（モザイクプラスティー）が報告されている．これは上腕骨小頭の50％を超える軟骨欠損に対して適応がある．この病変の典型例は上腕骨小頭の外側壁欠損であり，結果として橈骨頭の支持がなくなる．

手術手技： 関節鏡により関節内病変を把握し，鏡視下で遊離体摘出や病巣のデブリドマン，マイクロフラクチャーなどを行う．使用するポータルは，中央外側，前外側，近位内側ポータルである．近位内側ポータルから鏡視し，外側から器具を入れるのが骨片などの操作に適しており，遊離体摘出後の軟骨欠損部には45°のオウルを用いてマイクロフラクチャーを行う．

モザイクプラスティーは肘筋と尺側手根伸筋の間から入るKocher（コッヘル）アプローチで直視下に行う．外側側副靱帯は保護し，後骨間神経を保護するために前腕は回内位にする．欠損部をドリリングし，欠損部の大きさに合う同側の膝から採取した自家骨軟骨柱を移植する．

術後管理とリハビリテーション： 肘関節軟骨手術後のリハビリテーションは，治癒を促すためにあえて組織を出血させた鏡視下手術のリハビリテーションと同様である．外来手術であれば，術後の腫脹軽減のために圧迫包帯が便利である．肘関節の可動域訓練は術直後からはじめることができ，肩関節や手関節の運動も同様である．

術後，装具などは基本的に必要としない．しかしながら，マイクロフラクチャーのあとは2週間程度，上腕骨小頭と橈骨頭間の圧迫をさける意味で完全伸展位をひかえる．創処置や疼痛コントロールは症状が出たら対応し，日常生活動には患者本人が可能と考えれば行ってよい．

モザイクプラスティーでは患者は3週間，前腕中間位，肘関節90°屈曲位で固定し，自動，他動の可動域訓練から開始する．筋力強化訓練などは術後3か月から開始する．

予後： 一般に，関節内遊離体を認める患者の鏡視下遊離体摘出術は最も著明に症状が改善する．合併症はほとんどなく，再発を予防するために，反復性のストレスで起こした障害の場合はバイオメカニクス，人間工学的再教育が必要である．モザイクプラスティーの短期成績は良好であるが，長期のフォローアップが必要である．

競技復帰： 病変の大きさや術式によるが，良好な場合でも6〜8か月を要する．

文献

Brownlow HC, O'Connor-Read LM, Perko M. Arthroscopic treatment of osteochondritis dissecans of the capitellum. *Knee Surg Sports Traumatol Arthrosc.* 2006; 14(2): 198-202.

Davis JT, Idjadi JA, Siskosky MJ, ElAttrache NS. Dual direct lateral portals for treatment of osteochondritis dissecans of the capitellum: An anatomic study. *Arthroscopy.* 2007; 23(7): 723-728.

Iwasaki N, Kato H, Ishikawa J, Saitoh S, Minami A. Autologous osteochondral mosaicplasty for capitellar osteochondritis dissecans in teen-aged patients. *Am J Sports Med.* 2006; 34(8): 1233-1239. Epub 2006 Mar 27.

Rahusen FT, Brinkman JM, Eygendaal D. Results of arthroscopic debridement for osteochondritis dissecans of the elbow. *Br J Sports Med.* 2006; 40(12): 966–969. Epub 2006 Sep 15.

Takahara M, Mura N, Sasaki J, Harada M, Ogino T. Classification, treatment, and outcome of osteochondritis dissecans of the humeral capitellum. *J Bone Joint Surg Am.* 2007; 89(6): 1205–1214.

Wahegaonkar AL, Doi K, Hattori Y, Addosooki A. Technique of osteochondral autograft transplantation mosaicplasty for capitellar osteochondritis dissecans. *J Hand Surg[Am].* 2007; 32(9): 1454–1461.

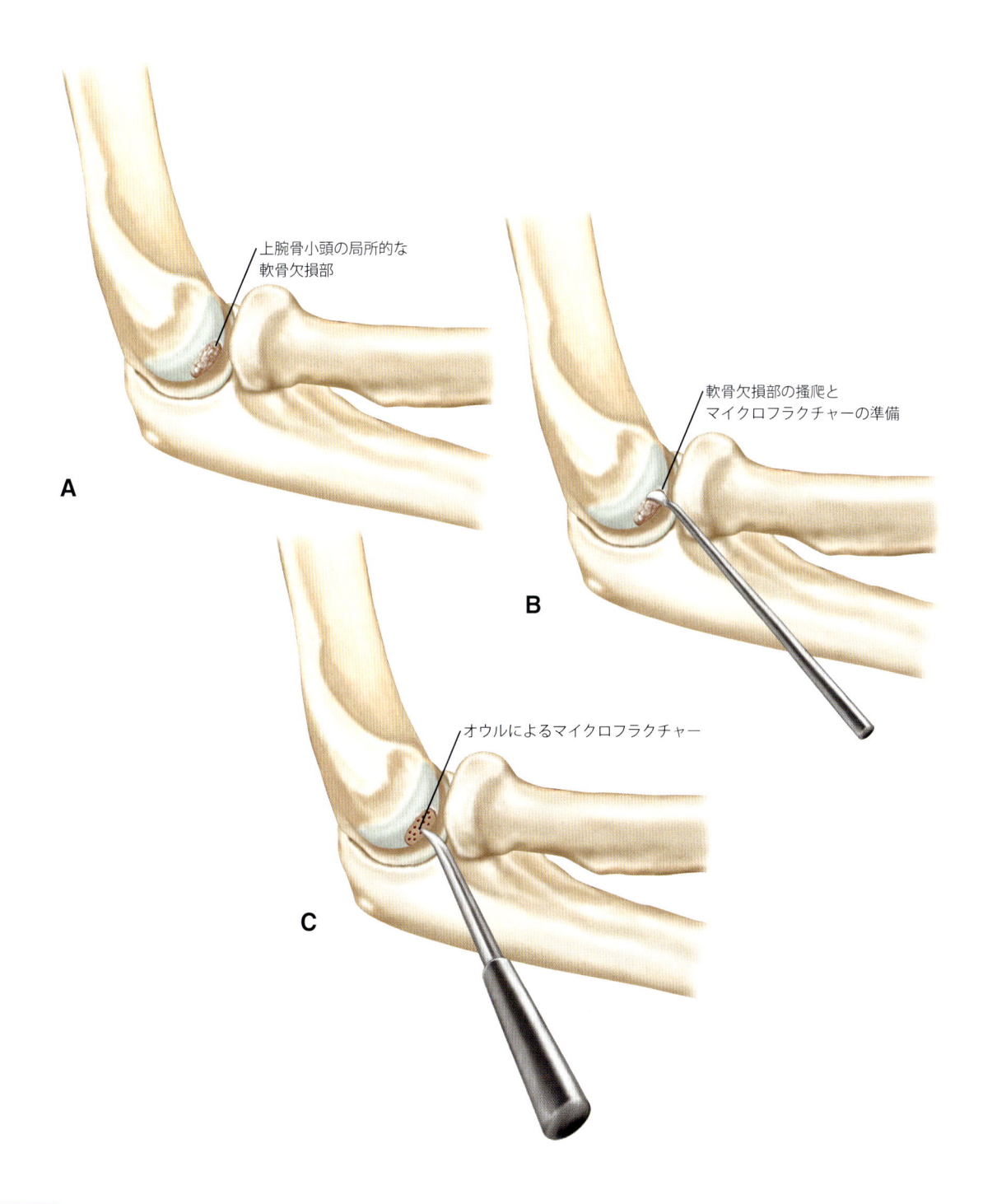

図24　上腕骨小頭の離断性骨軟骨炎に対するマイクロフラクチャー　A：腕骨小頭の軟骨欠損を同定する。B：病変の辺縁を確認するために石灰化軟骨層まで郭清する。C：オウルを使用して小さな穿孔をつくる。

肘尺側（内側）側副靭帯再建術（トミージョン法）
Elbow Ulnar (Medial) Collateral Ligament Reconstruction (Tommy John Procedure)

適応と目的： この術式は，投球動作によって尺側（内側）側副靭帯が断裂したり，引き伸ばされてしまったアスリートにおいて適応がある。治療のゴールは競技への復帰である。

手術手技： 仰臥位で上肢を手台にのせ，肘関節を中心に後内側に約10cm，縦方向に皮膚切開をおき，尺骨神経を展開する。通常，尺骨神経は皮下移行する。屈筋回内筋群の前方約1/3の所から筋間で入り，鉤状結節および内上顆を展開する。横方向に皮膚切開をおき長掌筋腱を採取し，両端をかがり縫いする。通常3.2mmのドリル穴を鉤状突起に交差するように開け，内上顆には枝分かれするようにつくる。腱を骨孔の中を8の字を描くように通し，縫合する。ほかにはドッキング法が使われる。この技法では，尺骨側は同じであるが，上腕骨側は移植腱の両端が骨孔でドッキングするようにつくられ，移植腱の両端は内上顆の上で骨を通して結び固定する。小さな吸収性インターフェランススクリューが尺骨側，上腕骨側両方に使われることがある。

術後管理とリハビリテーション： 術後は肘90°屈曲位で肘上からのギプス固定をする。最初の2～3週，肘の関節可動域訓練は30°～120°まで許可する。手関節や肩関節の動きは制限しない。肘の関節可動域を管理しながら，回内・回外運動を加えていく。軽いグリップの練習はリハビリテーションの器械を利用しながら行う。手関節屈曲，前腕回内の筋力訓練は術後3～4週で追加する。術後3週で装具に変更し，毎週約10°ずつ可動域が増加するようにし，術後6週で肘の関節可動域が戻るようにする。筋力訓練などは装具をつけた状態で行うが，関節可動域訓練は装具をはずした状態で1日数回行う。装具は，関節可動域が術後6週で完全に得られたら，通常はずすことができる。筋力訓練は最初の3～4か月で徐々に増やしていくが，肘に外反ストレスがかからぬよう注意する。機能的肘装具は就業時や競技復帰時につけたほうがよいかもしれない。投手の場合，徐々に投球数を増やしていくが，厳密な管理が必要となる。何をどのような手法で投げ，どう負荷を増やしていくかについての医学的な指導も必要である。たとえば，肘に負担をかけにくい軽い物から投げはじめ，徐々に野球やアメリカンフットボールへと進めていく。

予後： 怪我をする前の状態まで復帰するには，平均して約1年かかる。多くは良好な成績であるが，尺骨神経の症状が残る場合もある。もし治療のゴールが，内側に常にストレスがかかる活動でなければ，保存療法が適当である。

競技復帰： 競技への復帰は6か月～1年である。復帰をしても実際にベストな成績を残せるようになるのはその翌年になることが多い。トップアスリートのレベルでは，術前の状態まで復帰することは難しいかもしれない。

文献

Armstrong AD, Dunning CE, Ferreira LM, Faber KJ, Johnson JA, King GJ. A biomechanical comparison of four reconstruction techniques for the medial collateral ligament—deficient elbow. *J Shoulder Elbow Surg*. 2005; 14(2): 207–215.

Dodson CC, Thomas A, Dines JS, Nho SJ, Williams RJ 3rd, Altchek DW. Medial ulnar collateral ligament reconstruction of the elbow in throwing athletes. *Am J Sports Med*. 2006; 34(12): 1926–1932. Epub 2006 Aug 10.

Gibson BW, Webner D, Huffman GR, Sennett BJ. Ulnar collateral ligament reconstruction in major league baseball pitchers. *Am J Sports Med*. 2007; 35(4): 575–581. Epub 2007 Jan 31.

Jobe FW, Stark H, Lombardo SJ. Reconstruction of the ulnar collateral ligament in athletes. *J Bone Joint Surg Am*. 1986; 68(8): 1158–1163.

Koh JL, Schafer MF, Keuter G, Hsu JE. Ulnar collateral ligament reconstruction in elite throwing athletes. *Arthroscopy*. 2006; 22(11): 1187–1191.

McAdams TR, Lee AT, Centeno J, Giori NJ, Lindsey DP. Two ulnar collateral ligament reconstruction methods: The docking technique versus bioabsorbable interference screw fixation—a biomechanical evaluation with cyclic loading. *J Shoulder Elbow Surg*. 2007; 16(2): 224–228. Epub 2007 Jan 24.

Paletta GA Jr, Wright RW. The modified docking procedure for elbow ulnar collateral ligament reconstruction: 2-year follow-up in elite throwers. *Am J Sports Med.* 2006; 34(10): 1594-1598. Epub 2006 Jul 10.
Purcell DB, Matava MJ, Wright RW. Ulnar collateral ligament reconstruction: A systematic review. *Clin Orthop Relat Res.* 2007; 455: 72-77.

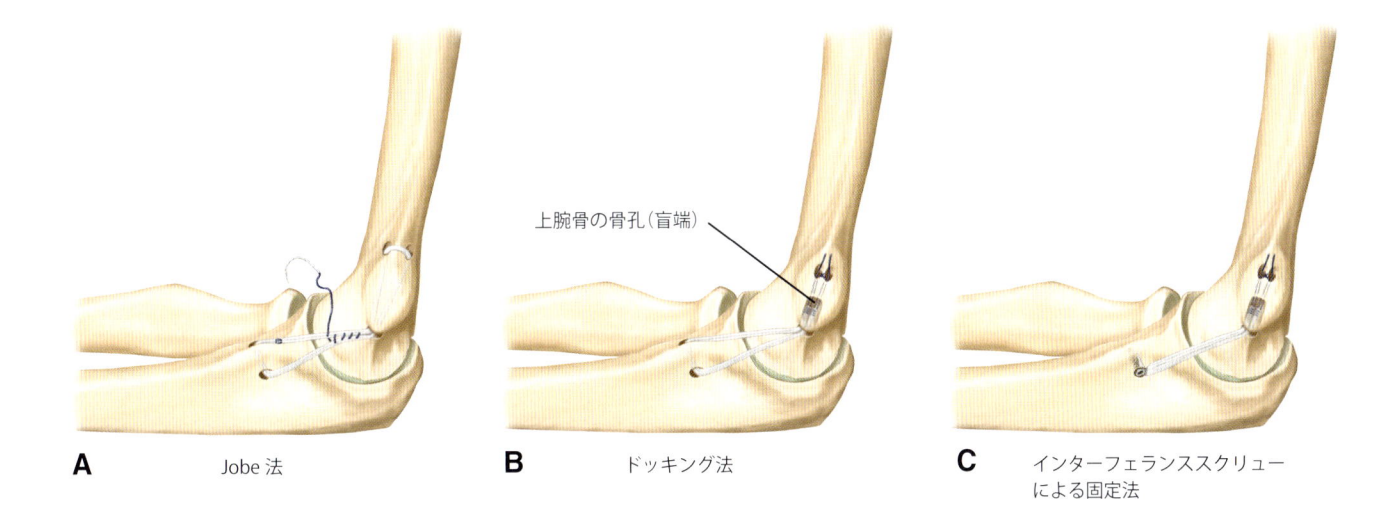

図25 **尺側側副靱帯再建術のタイプ**　A：伝統的な肘尺側側副靱帯（UCL）再建術，B：ドッキング法，C：インターフェランススクリューでの固定

肘外側側副靱帯再建術
Lateral Elbow Collateral Ligament Reconstruction

適応と目的： 肘関節の外側の靱帯損傷は肘関節不安定症や脱臼により生じるが，内側側副靱帯損傷に比べ頻度は低い。反復性の肘関節不安定症と後外側回旋不安定症(posterolateral rotatory instability: PLRI)は，一般的に肘関節脱臼に対して保存療法が選択された際に，外側靱帯複合体の外側上顆への解剖学的な修復が得られなかった場合に生じることが多い。PLRIに陥った患者は，椅子に座り肘掛けを手で押しながら立ち上がるときなどに，日常生活で繰り返し肘の脱臼感を感じる。この肘関節不安定症は肘を前腕回外位，肘関節伸展位の状態から肘の外反と軸圧をかけながらゆっくり屈曲していく手技，いわゆるピボットシフトテスト(pivot shift test)で誘発される。また，この誘発手技は麻酔下で最も再現性が高い。肘関節鏡は肘関節不安定症の損傷高位や損傷度を診断する際に適応となるが，関節内の滑車部や橈骨頭の骨・軟骨損傷や関節内デブリドマン(授動術)に使用することがある。いわゆる外側側副靱帯(lateral ulnar collateral ligament: LUCL)の再建はこの靱帯の単独損傷，または肘"Terrible Triad injury"(肘関節脱臼，橈骨頭骨折，尺骨鉤状突起骨折)やMonteggia(モンテジア)損傷における橈骨頭後方脱臼の手術の際に必要となることが多い。再建術の目標は肘関節の早期可動域訓練による安定した生理的可動域の獲得である。

手術手技： Kocher(コッヘル)アプローチを用い，肘筋と尺側手根伸筋(ECU)の筋間から入る。肘と前腕の体位は回内位とし，後骨間神経を保護する。輪状靱帯近位の高位で関節包を横方向に切開し，靱帯起始部である外側上顆を展開する。もしも適切な靱帯が残存していない場合には，長掌筋腱(PL)を用いて腱の移植を行う。3.2mmのドリル穴を尺骨の回外筋起始結節部に1cm離して2か所つくり，移植腱を通す。等尺性を，外側上顆をその中心として図26のように肘関節を屈曲伸展しながらチェックする。上腕骨側はアイソメトリックポイント(isometric point：等尺点)である外側上顆にもドリル穴を開ける。移植腱は通常長掌筋腱(PL)が用いられ，ドリル穴のトンネル内に誘導しやすく他の腱を用いるより縫合も容易である。

術後管理とリハビリテーション： 術後は肘関節90°前腕回内位で7～10日間ギプス固定とする。その後4週間ヒンジ型で30°伸展制限の装具とする。その後の2週間はロックをはずして可動域訓練を開始し，6週間後に装具をはずしリハビリテーションを開始する。リハビリテーションは肩関節と手関節からはじめ，瘢痕と疼痛コントロールに注意を払いながら行う。術後3か月は肘伸展・前腕回外位で軸圧をかけることを禁止する。術後6～9か月で100％となるような伸展筋力を徐々につけていくプログラムとし，術後12か月ですべての動作を許可する。

予後： 一般的に良好な結果が得られる。変形性関節症性変化がなく，橈骨頭が存在しており，正常であれば約90％の患者は大変満足した結果を得ることができる。過去に人工靱帯や上腕三頭筋を用いた腱移植で期待するほどの良好な結果が得られなかったという報告がある。この手術で最も注意すべき点は，骨孔間に骨折を生じないように細心の注意を払いこれを予防することである。再建靱帯がスポーツによるストレスに耐えうるまで回復するには，通常1年を要する。

競技復帰： 競技への復帰には術後6か月～1年，またはそれ以上必要である。格闘型のアスリートは，損傷前の状況に回復するまで復帰させるべきではなかろう。

文献

King GJ, Dunning CE, Zarzour ZD, Patterson SD, Johnson JA. Single-strand reconstruction of the lateral ulnar collateral ligament restores varus and posterolateral rotatory stability of the elbow. *J Shoulder Elbow Surg*. 2002; 11(1): 60-64.
Lehman RC. Lateral elbow reconstruction using a new fixation technique. *Arthroscopy*. 2005; 21(4): 503-505.
Mehta JA, Bain GI. Posterolateral rotatory instability of the elbow. *J Am Acad Orthop Surg*. 2004; 12(6): 405-415.
Sotereanos DG, Darlis NA, Wright TW, Goitz RJ, King GJ. Unstable fracture-dislocations of the elbow. *Instr Course Lect*. 2007; 56: 369-376.
Yadao MA, Savoie FH 3rd, Field LD. Posterolateral rotatory instability of the elbow. *Instr Course Lect*. 2004; 53: 607-614.

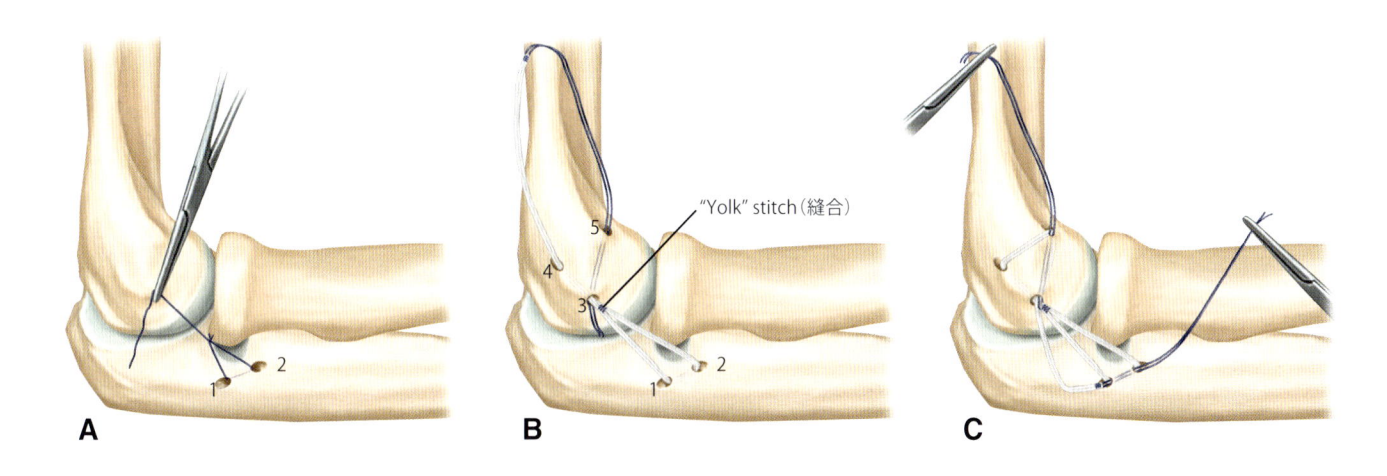

図26 肘外側側副靱帯再建術 A：尺骨近位部に2か所のドリル穴（骨孔）を開け，移植腱の挿入に備える。B：縫合糸を骨孔に通し，糸どうしを縫合したのちに肘関節を屈曲・伸展しアイソメトリックポイントを決定する。C：移植腱はトンネル内を尺骨側からY字型に通したのちに，アイソメトリックポイントに戻して最も緊張の強い位置で固定する。

上腕二頭筋腱断裂に対する手術
Distal Biceps Tendon Rupture

適応と目的： 上腕二頭筋腱の断裂は，40〜60歳代の男性の利き手に多く，肘を90°に保った位置での突然の過度の伸展力により生じる．患者の腱はもともと変性しており，典型例では橈骨頸部に存在する結節部から剥離し断裂する．患者は突然の"ポップ"感や肘屈曲，回外ができない，また力が入らないと訴えることが多い．

手術手技： 上腕二頭筋腱を橈骨結節に解剖学的に再逢着する．通常，1つまたは2つの皮膚切開のアプローチで行う．外側を基部としたL字型切開，または肘関節の皮溝を利用した横方向の切開を用いる．第2の皮膚切開を用いる場合には前腕を回外位とし，Kelly（ケリー）鉗子を第1皮切から橈尺間と後方筋群を通し，従来法では骨内に腱を通しpull-out後に縫合していた．第2の皮膚切開を用いれば，前腕を回内位にすることにより結節部を展開できるので，エアトーム・バーを使用し，結節部を削り，腱断端を骨孔を通して導き縫合することが容易である．スーチャーアンカー，いわゆるインターフェランススクリュー（interference screw）と2つの吸収糸，エンドボタンや他のデバイスを用いて縫合する．外科医は神経血管の走行（上腕動脈，外側前腕皮神経，後骨間神経）に十分注意すべきである．また，過度の橈骨尺骨間の剥離は異所性骨化の原因となる．

　保存療法，とくに理学療法に抵抗性の症候性部分断裂は最も手術適応である．結節部に残存している上腕二頭筋腱を剥離，デブリドマンし，完全断裂のときと同様に，解剖学的に元位置に再建する．陳旧例では腱の退縮が著しく，上腕二頭筋腱膜も断裂しているので，半腱様筋腱を用いた自家腱移植が必要となる．

術後管理とリハビリテーション： 肘90°屈曲位，前腕回外位での7〜10日間ギプス固定ののちに，自動伸展と他動屈曲運動を開始する．初めの4〜6週間は自動回外と自動/他動回内を禁止させる．ヒンジ型で屈曲を補助し30°の伸展制限となる装具を作成し，術後8週になり再建した腱が治癒するまで保護する．さらには上腕二頭筋が収縮するような肘関節屈曲と肩関節の屈曲，ものを持ち上げる動作を禁ずる．術直後より肩関節と手関節のリハビリテーションをしていくが，再建した腱の癒合のストレスとなる手関節伸展の運動は避けなければならない．術後早期より瘢痕と疼痛コントロールに注意を払いながら行う．術後3か月は肘伸展前腕回外位で軸圧をかけることを禁止する．術後9〜12か月は重量物を持ち上げる動作を避ける．

予後： 一般に臨床的にも機能的にも優れた成績が得られる．保存療法に較べ著しい屈曲と回外の筋力が再現でき，健側の約95％の筋力を再獲得できる．患者は大変満足した結果を得ることができる．術後1年以内に等運動性（isokinetics）および可動域内での筋力が獲得可能である．少々の回内制限が起こりうる．橈骨結節に異所性骨化が術後2か月ごろに出現するが，これは良好な生理学的現象である．過去に1皮切の手術操作で複数のスーチャーアンカーとバイオテノデシススクリュー（biotenodesis screw）を用いて橈骨神経麻痺（一過性神経麻痺）を生じたという報告があり，細心の注意が必要である．

競技復帰： 競技への復帰は術後9か月〜1年かかる．スポーツの特性に応じて上腕二頭筋への抵抗を変えるなどの配慮が必要である．

文　献

Hartman MW, Merten SM, Steinmann SP. Mini-open 2-incision technique for repair of distal biceps tendon ruptures. *J Shoulder Elbow Surg*. 2007; 16(5): 616–620. Epub 2007 May 9.
Henry J, Feinblatt J, Kaeding CC, Latshaw J, Litsky A, Sibel R, Stephens JA, Jones GL. Biomechanical analysis of distal biceps tendon repair methods. *Am J Sports Med*. 2007; 35(11): 1950–1954. Epub 2007 Jul 30.
Kettler M, Lunger J, Kuhn V, Mutschler W, Tingart MJ. Failure strengths in distal biceps tendon repair. *Am J Sports Med*. 2007; 35(9): 1544–

Kettler M, Tingart MJ, Lunger J, Kuhn V. Reattachment of the distal tendon of biceps: Factors affecting the failure strength of the repair. *J Bone Joint Surg Br*. 2008; 90(1): 103-106.
Khan AD, Penna S, Yin Q, Sinopidis C, Brownson P, Frostick SP. Repair of distal biceps tendon ruptures using suture anchors through a single anterior incision. *Arthroscopy*. 2008; 24(1): 39-45. Epub 2007 Nov 28.
Klein DM, Ghany N, Urban W, Caruso SA. Distal biceps tendon repair: Anchor versus transosseous suture fixation. *Am J Orthop*. 2007; 36(1): 34-37.
Ramsey M. Distal biceps tendon injuries: Diagnosis and management. *J Am Acad Orthop Surg*. 1999; 7: 199-207.

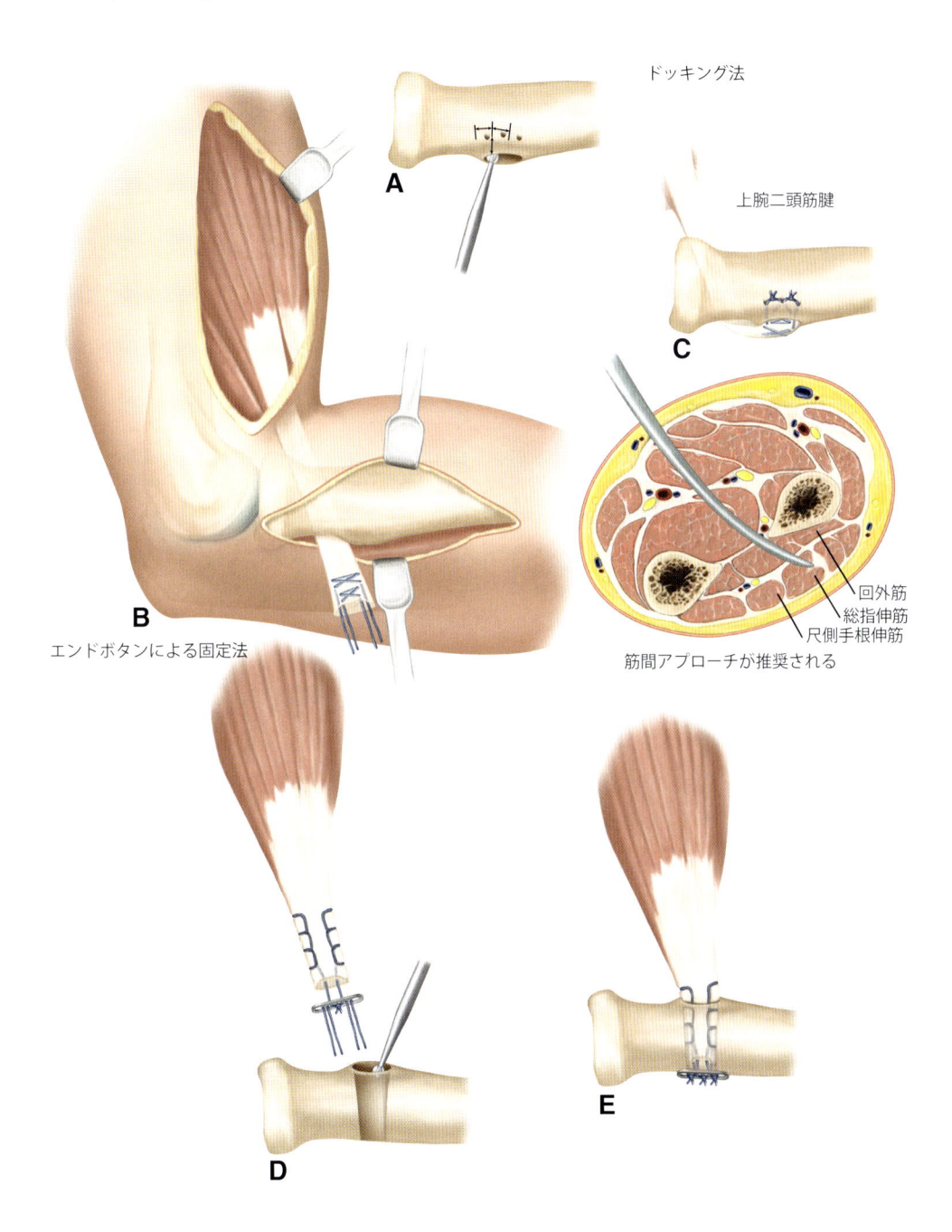

図27 上腕二頭筋の2皮切の手技による修復 A：ドッキング側の上腕二頭筋が停止する橈骨結節部にburrで骨孔を開け，そのすぐ横にドリル穴を3か所つくり腱の修復に備える．B：前方に皮膚切開をおき，上腕二頭筋腱の遠位を通しやすく形成したのちに，これを橈骨・尺骨間にKelly鉗子で通す．C：上腕二頭筋腱をドッキング側に通し，骨孔に挿入して糸をおのおのの小さな骨孔に通して橈骨上で縫合する（endbutton fixation technique）．D：上腕二頭筋腱の遠位側を前腕回内位にすることにより結節部を直接展開でき，エンドボタンを縦に入れて骨孔内に導く．E：縫合法に比べエンドボタンは修復腱のpull-outを予防する効果がある．

肘部管開放/尺骨神経前方移動術
Cubital Tunnel Decompression/Ulnar Nerve Transposition

適応と目的： 肘部管症候群は上肢の絞扼性神経障害（entrapment neuropathy）のなかで手根管症候群に次いで多く，痛み，当たると響く痛み（tingling：チクチク感），しびれ感だけでなく，肘，前腕，手の筋力低下もきたす。環指と小指のしびれと，前腕内側のしびれと"tingling"が典型的な症状であり，これらの症状はとくに夜間と肘屈曲の際に増強する。尺骨神経の運動麻痺は初期にはワルテンベルグ徴候（Wartenberg's sign）[*1]が生じ，進行するとフロマン徴候（Froment's sign）[*2]，また長期にわたる尺骨神経圧迫の結果，末期には鷲手変形に陥る。

　病因は，ストラザーズアーケード（Struthers arcade）[*3]，内側筋間中隔（上腕二頭筋と三頭筋），肘部管（Osborne靱帯），FCUの肘頭と上腕骨側への停止部間の腱膜，FDP近位部の腱膜性アーチ，滑車上肘筋による神経圧迫，と多彩である。外科的な神経除圧は装具や注射や理学療法などの保存療法に抵抗し，運動と知覚神経麻痺が進行性のものに適応がある。

[*1] 指伸展位での小指が第3掌側骨間筋の筋力低下により固有小指伸筋に負けて自然に外転してしまうアンバランスな肢位。
[*2] 母指の内転筋力の低下をFPLの筋力で補おうとする。
[*3] 内側上顆の8cm近位における烏口上腕筋筋膜

手術手技： 患者の体位は仰臥位とし，手台上で肩関節外転で上肢を外旋位とする。時に胸の上に腕を置いた体位にすることもある。肘頭のやや上，肘後内側に約10cmの皮膚切開をおく。尺骨神経をまずOsborne（オズボーン）靱帯の近位，筋間中隔の後方より確認し，中枢から末梢に向けて神経を剝離していくのが基本である。尺骨神経に対するあらゆる部位の圧迫を取り除くのが目的である。FCUの尺骨－上腕骨起始部間の腱膜により神経が圧迫されていることが多い。尺骨神経の圧迫を取り除いたら神経は前方皮下または筋層下に移動する。皮下前方移動術では回内筋の表層筋膜を用いて筋膜のslingを形成し，神経をその下に置くのが一般的である。筋層下前方移動術では上腕骨内上顆に起始する屈筋－回内筋の共同腱を挙上して内側側副靱帯（MCL）を注意深く温存しながら行う。尺骨神経は正中神経と平行に並ぶように無理のない走行とし移動，その上にかぶせるように余裕をもって屈筋－回内共同筋腱を内側上顆に再縫合する。

術後管理とリハビリテーション： 外来手術後のため早期からの肘関節の運動が重要である。愛護的な自動他動運動と同時に，神経の滑走（gliding）は神経再生の促進を促し，機能的可動域と除痛に効果がある。とくに決まった後療法はないが，術後6〜8週までの組織の治癒が完了するまでの期間，三角巾のような固定も1つの方法である。この期間，積極的な神経・筋に抵抗を加える後療法は当然ながら控えるべきである。自動抵抗運動は組織の状態を理解している術者の承諾を得てからはじめる。

予後： 通常，患者は早期より症状の寛解を得る。短期間で進行した運動知覚麻痺は完全に回復し，優れた結果を得ることができる。神経の除圧が不十分であったり，神経周膜の瘢痕を術後生じたものは症状が持続し寛解は得られない。また，術中に内側前腕皮神経の後枝を損傷すると前腕内側に知覚過敏，知覚障害と疼痛を残すので注意する。尺骨神経の脱臼は除圧のみの場合に生じる。肘MCL損傷は筋層下前方移動術の際に合併することがある。投球動作，挙上動作が必要な上肢のハイレベルなアスリートまたは労働者は，若干リハビリテーションをゆっくり行っていく。

競技復帰： 上述の合併症が生じなければ，術後3〜4か月で制限もなく競技へ復帰することが可能である。

文 献

Baek GH, Kwon BC, Chung MS. Comparative study between minimal medial epicondylectomy and anterior subcutaneous transposition of the ulnar nerve for cubital tunnel syndrome. *J Shoulder Elbow Surg*. 2006; 15(5);609–613.
Catalano LW 3rd, Barron OA. Anterior subcutaneous transposition of the ulnar nerve. *Hand Clin*. 2007; 23(3): 339–344, vi. Review.
Elhassan B, Steinmann SP. Entrapment neuropathy of the ulnar nerve. *J Am Acad Orthop Surg*. 2007; 15(11): 672–681.
Henry M. Modified intramuscular transposition of the ulnar nerve. *J Hand Surg [Am]*. 2006; 31(9): 1535–1542. Review.
Isaković E, Delić J, Bajtarević A, Davis GA, Bulluss KJ. Submuscular transposition of the ulnar nerve: Review of safety, efficacy and correlation with neurophysiological outcome. *J Clin Neurosci*. 2005; 12(5): 524–528.
Ruchelsman DE, Lee SK, Posner MA. Failed surgery for ulnar nerve compression at the elbow. *Hand Clin*. 2007; 23(3): 359–371, vi-vii.

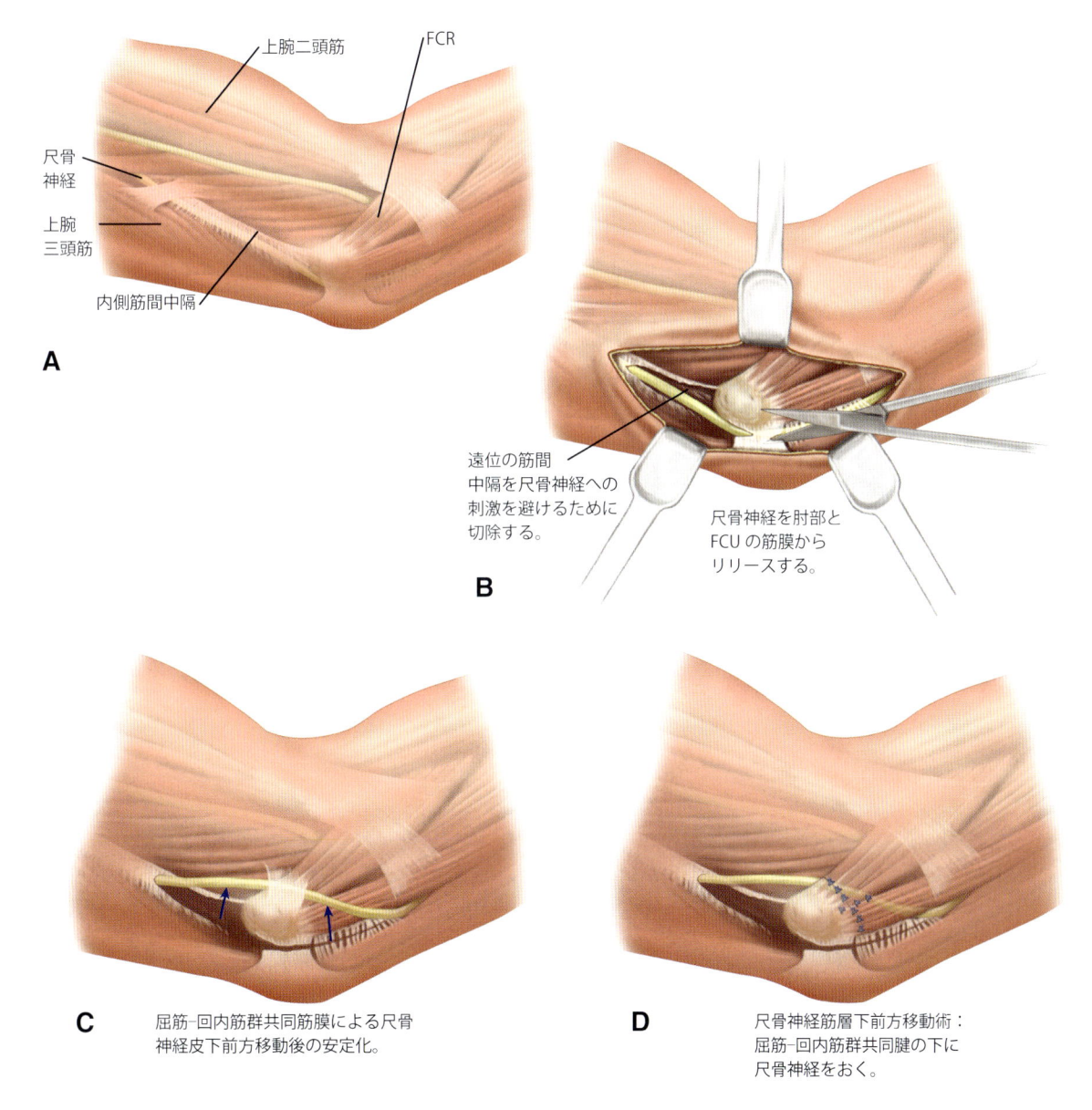

図28 A：尺骨神経移動術に必要な解剖。B：内側上顆を中心として尺骨神経を除圧する通常の手技：肘上の筋間中隔を切除し尺骨神経への刺激を避ける。肘部管およびFCU筋膜からの尺骨神経除圧。C：尺骨神経皮下前方移動術：屈筋-回内筋群の筋膜がfascial slingにより上腕骨内側上顆の前方に移動することにより神経の制動と安定化が得られる。D：尺骨神経筋層下前方移動術：屈筋-回内筋群共同腱の下に尺骨神経を移動後，共同腱の再縫着により神経の制動と安定化が得られる。

橈骨神経管/後骨間神経剝離
Radial Tunnel/PIN Release

適応と目的： 後骨間神経(posterior interosseous nerve：PIN)症候群は，後骨間神経に支配された筋群(回外筋，総指伸筋，尺側手根伸筋，固有小指伸筋，長母指外転筋，長母指伸筋，固有示指伸筋)のすべてか一部が，筋力低下を呈する絞扼性神経障害である。橈骨神経本幹に支配される長橈側手根伸筋，短橈側手根伸筋のために，患者が手関節伸展すると橈屈してしまう。

橈骨神経管症候群は，運動や知覚障害なしに肘外側から前腕橈側にかけて痛みを呈する。患者は，回外筋アーチ(mobile wad)触診での圧痛，回外抵抗運動や他動的前腕回内運動での痛み，上腕骨外側上顆遠位の痛みを典型的に認める。橈骨神経管への麻酔注射によって，それらの症状は下垂手とともに改善する。非常に多くの患者が，上腕骨外側上顆炎を併発している。

後骨間神経の圧迫場所は，橈骨神経管症候群，後骨間神経症候群とも同じで，腕頭関節前方の筋膜，橈側反回動静脈の Henry の反回網，短橈側手根伸筋腱の主要端，回外筋の近位端である Frohse のアーケイド，回外筋の遠位端である。装具療法，理学療法，NSAIDs 投与，活動性の調節などの保存療法が 1〜3 か月無効の場合には，すべての圧迫部位での外科的解除が適応になる。

手術手技： 腕橈骨筋縦割，腕橈骨筋と長橈側手根伸筋間，Thompson 法とよばれる後方の総指伸筋と長橈側手根伸筋間の 3 つの展開法が報告されている。Thompson 法は，より近位は腕橈骨筋と長橈側手根伸筋間アプローチを兼ねる。外側を皮膚切開すると，総指伸筋と短橈側手根伸筋腱間の筋膜の中隔が同定される。この中隔の尺側縁に沿って切開する。回外筋は，回外筋と短橈側手根伸筋が発達した面で切離され，Frohse のアーケイドに侵入したときに後骨間神経が目視できる。短橈側手根伸筋腱の深層面の筋膜を解除することで，見やすくなる。近位の解除は，腕橈骨筋と長橈側手根伸筋間の展開によって可能になる。

術後管理とリハビリテーション： これは通常，組織修復は行われず，それぞれの解除を行うような手術で，外来で行われる。それゆえ，術後早期のケアは，痛みのコントロール，創部管理，局所炎症のコントロール，穏やかで段階的な可動域訓練が重要である。初期に，手術箇所を包帯で保護し，さらに腫脹があれば最小限の圧迫を加える。患者は，初期に神経の滑走(gliding)と癒着予防を促進するために，可動域訓練を開始し，できるだけ早く自宅療法を指導する。

予後： 後骨間神経症候群に対する後骨間神経の外科的な除圧術は，通常良好に症状が改善する。しかしながら，橈骨神経管症候群に対する除圧術は，予測した結果を得られにくい。残存する痛みで，60〜70％の満足度である。労働者の補償や訴訟中患者は，さらに結果が不良である。潜在的な合併症は，後骨間神経領域の知覚麻痺と運動麻痺である。

競技復帰： 術後の症状と機能回復を指標としながら比較的早期に仕事や軽度のスポーツ活動は可能である。長くても平均 2〜3 か月で，完全復帰を果たす。

文献

Kim DH, Murovic JA, Kim YY, Kline DG. Surgical treatment and outcomes in 45 cases of posterior interosseous nerve entrapments and injuries. *J Neurosurg*. 2006; 104(5): 766-777.

Markiewitz A, Merryman J. Radial nerve compression in the upper extremity. *J Am Soc Surg Hand*. 2005; 5(2): 87-99.

Stanley J. Radial tunnel syndrome: A surgeon's perspective. *J Hand Ther*. 2006; 19(2): 180-184. Review.

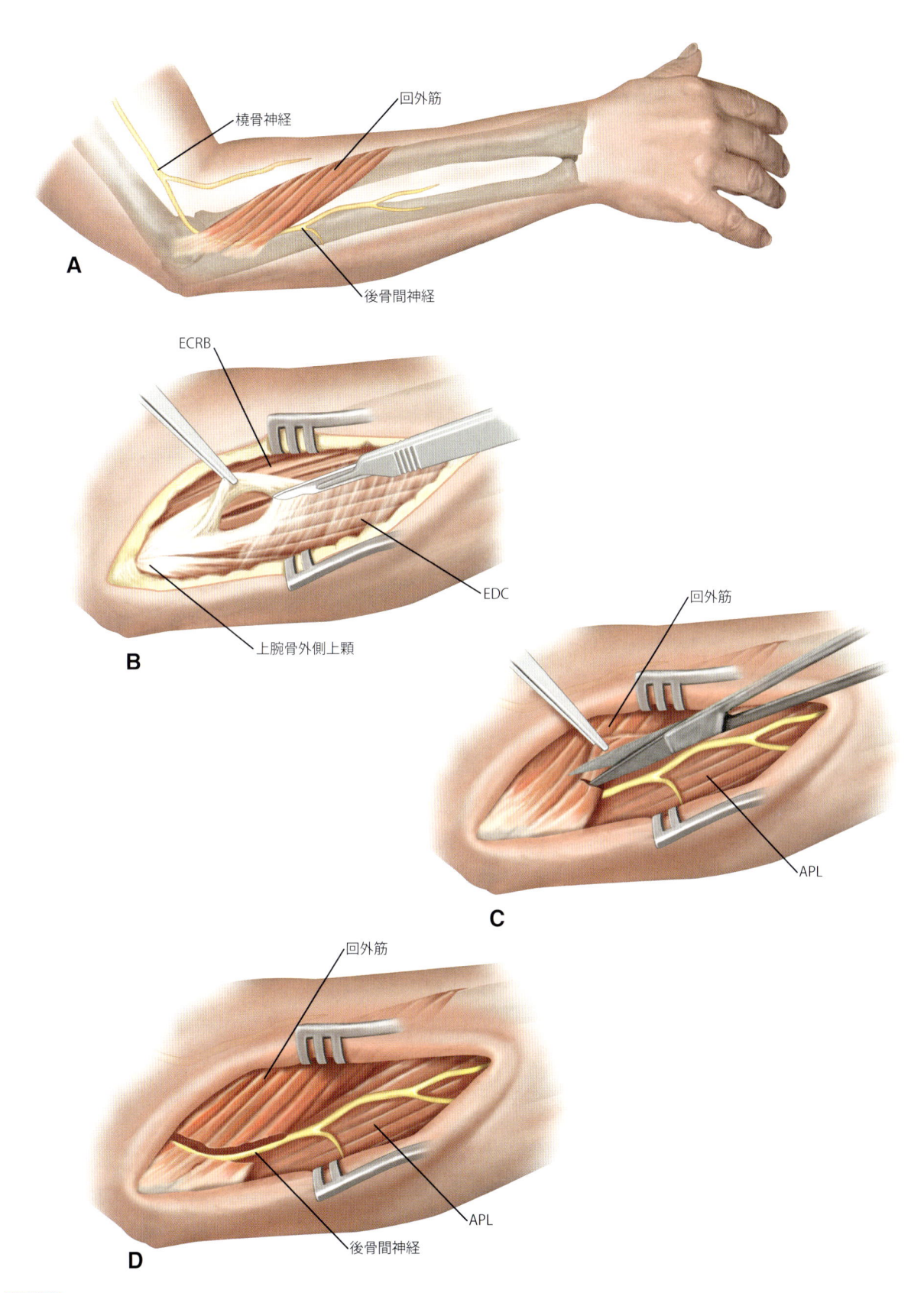

図 29　**橈骨神経管絞扼部**　A：橈骨神経は，外側上顆遠位で後骨間神経と浅橈骨知覚神経に分かれる。B：発達した総指伸筋と短橈側手根伸筋間の区画。短橈側手根伸筋の主要端を剥離する。C：後骨間神経を覆う圧迫した回外筋線維を切離。D：後骨間神経の走行に沿って剥離する。

上腕骨外側上顆炎と上腕骨内側上顆炎のデブリドマン/修復術
Lateral and Medial Epicondylitis Debridement/Repair

適応と目的： オーバーユースに関連したこの状態は，外側の共同伸筋腱と内側の共同屈筋腱の腱症である。短橈側手根伸筋は外側に及ぶ主要な腱で，円回内筋と橈側手根屈筋は内側に及ぶ主要な腱である。患者は，内側上顆，外側上顆の遠位に圧痛を示す。上腕骨外側上顆炎は，手関節背屈と握力が弱くなり，上腕骨内側上顆炎は回内抵抗運動と手関節掌屈で悪化する。上腕骨外側上顆炎は内側上顆炎よりも一般的であるが，上腕骨内側上顆炎は肘部管症候群によく併発してみられる。安静，NSAIDs，理学療法，装具療法，コルチゾン注射，血清注射やボツリヌス菌注射などの保存療法を行うが，難治性には手術も適応になる。

手術手技： 上肢を手台におき，手術台に仰臥位になる。外側上顆炎に対しては，外側上顆のすぐ後方に約7cmの縦方向の皮膚切開をおく。短橈側手根伸筋を同定し，その線維方向に沿って切開する。短橈側手根伸筋のなかに変性した灰色の組織が同定され除去される。もとの外側上顆は新鮮化され，残った腱が再縫着される。内側上顆炎に対しては，内側上顆のすぐ前方に約7cmの斜方向の皮膚切開をおく。屈筋と回内筋の共同腱を切開し，腱内の変性した組織を摘出すると，腱が再縫着される。また関節鏡視下の手技も報告されている。

術後管理とリハビリテーション： 観血的な切除や伸筋腱修復を行った場合には，約10日間の装具による固定を行う。その後，関節可動域訓練を開始し，筋力訓練は6週後に開始する。術後装具の装着は，筋力が回復するまで継続する。この手術手技を保証するために，本病態が繰り返しのオーバーユースで引き起こされたことを覚えておくべきである。

予後： 病態が再発しないように，適切な人間工学とバイオメカニクスをもとに患者教育をすることが重要である。通常，外科的処置は良好な成績をもたらすが，一部の患者に，活動性によって，軽度の間欠的な症状の再発がみられるかもしれない。潜在的な合併症は，筋力低下の残存，外側側副靱帯を過度なデブリドマンで損傷した医原性の後側方回旋不安定症，術後難治性疼痛か前腕の後方皮神経（腕橈骨筋筋膜上で外側上顆から1.5cm前方にある橈骨神経の皮神経枝）の神経腫である。

競技復帰： 患者は，段階的な前進をしながらも術後6週間以降に，ゴルフやテニスを含むスポーツや活動に漸進的に復帰すべきである。

文献

Calfee RP, Patel A, Dasilva MF, Akelman E. Management of lateral epicondylitis: Current concepts. *J Am Acad Orthop Surg*. 2008; 16(1): 19–29.

Cummins CA. Lateral epicondylitis: In vivo assessment of arthroscopic debridement and correlation with patient outcomes. *Am J Sports Med*. 2006; 34(9): 1486–1491. Epub 2006 May 9.

Dunn JH, Kim JJ, Davis L, Nirschl RP. Ten- to 14-year follow-up of the Nirschl surgical technique for lateral epicondylitis. *Am J Sports Med*. 2008; 36: 261–266.

Gabel GT, Morrey BF. Operative treatment of medical epicondylitis. Influence of concomitant ulnar neuropathy at the elbow. *J Bone Joint Surg Am*. 1995; 77(7): 1065–1069.

Jobe FW, Ciccotti MG. Lateral and medial epicondylitis of the elbow. *J Am Acad Orthop Surg*. 1994; 2(1): 1–8.

Smith AM, Castle JA, Ruch DS. Arthroscopic resection of the common extensor origin: Anatomic considerations. *J Shoulder Elbow Surg*. 2003; 12(4): 375–379.

Thornton SJ, Rogers JR, Prickett WD, Dunn WR, Allen AA, Hannafin JA. Treatment of recalcitrant lateral epicondylitis with suture anchor repair. *Am J Sports Med*. 2005; 33(10): 1558–1564.

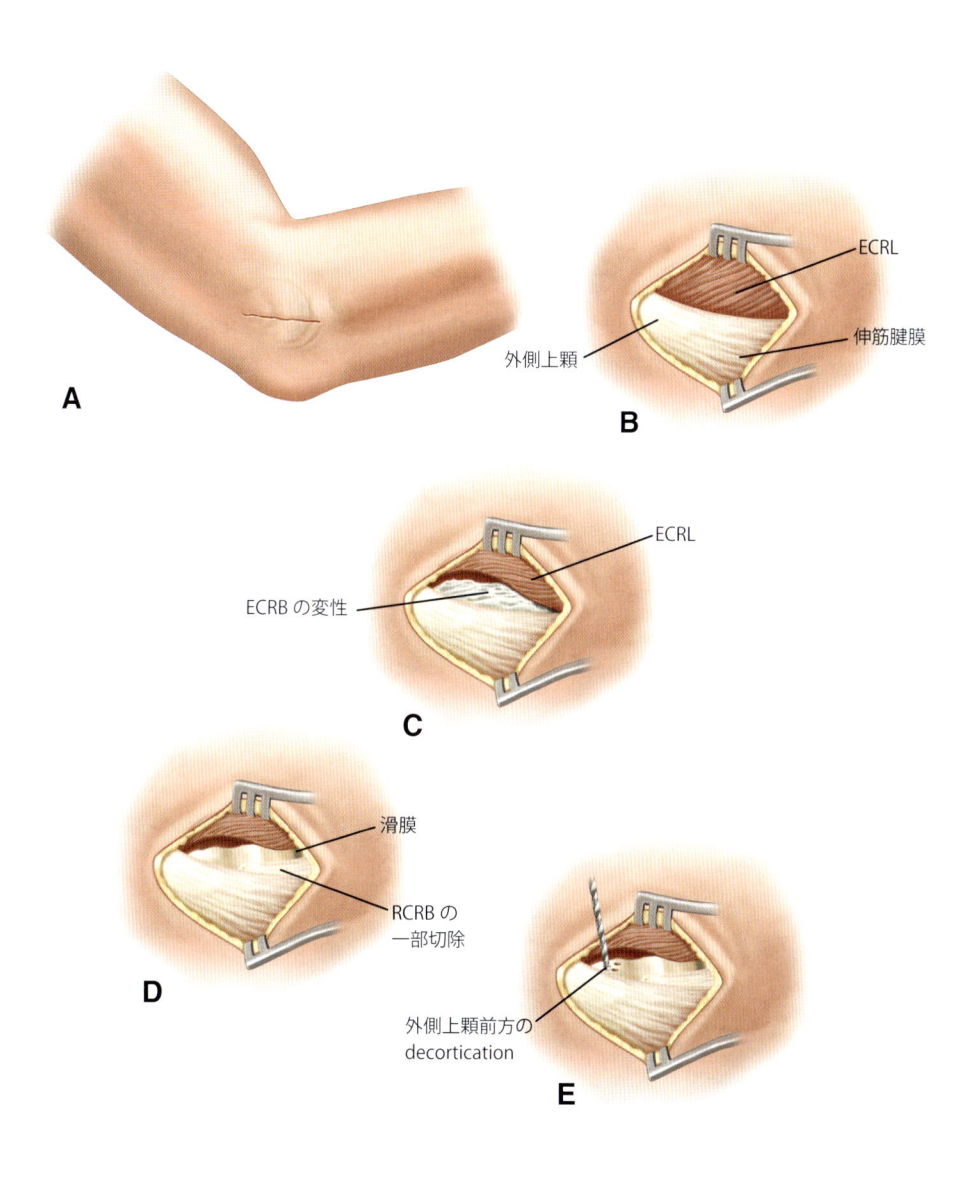

図30 **上腕外側上顆炎の観血的治療**　A：外側上顆上に沿って切開。B：伸筋腱膜を同定し，長橈側手根伸筋を短橈側手根伸筋から挙上する。C：変性した短橈側手根伸筋の腱付着部症が確認できる。D：変性した短橈側手根伸筋を切除。E：前外側上顆を新鮮化する。

可動域制限の解離術
Releases for Loss of Motion

適応と目的： 肘関節の可動域制限は，長期の関節固定，骨折，脱臼，熱傷，頭部外傷，頸椎損傷や関節症などのさまざまな要因の結果である。機能的可動域である30°〜130°が，最低限の目標である。注射療法，関節可動域訓練，ストレッチングの訓練，装具療法などの長期の保存療法に失敗した患者に手術適応がある。

手術手技： 前方関節包切除は，上腕筋と関節包の間を展開して，関節包を切除すると容易になる。困難な場合には，外側側副靱帯を切離するとよい。最終屈曲と伸展を改善するために，上腕筋と上腕三頭筋は，関節近くの上腕骨骨幹部から挙上する必要がある。

　鏡視下手術は，軟部組織に対する手術侵襲，拘縮再発のリスクになる前方構成体や関節包の術後瘢痕，術後疼痛と瘢痕のためにリハビリテーション開始が遅延するなどの，直視下手術によるいくつもの合併症を回避することができる。一方で，神経血管損傷が高リスクなために，鏡視下手術の経験が豊富な医師により行われるべきである。前方のデブリドマンと前方関節包切除は，外側，近位内側，前外側ポータルを使って施行する。骨棘や滑膜炎の後方デブリドマンと腕尺関節形成，遊離体除去は，後外側と経上腕三頭筋ポータルを使用する。

術後管理とリハビリテーション： 術当日から早速，管理下でのリハビリテーションを外来で行う。多少不快であるが，他動的な可動域訓練と補助的な関節授動は早期より頻回に必要である。この手技は，組織を修復するわけではないため，優れた成績を得るには痛みの範囲内での十分なリハビリテーション期間が機能的可動域制限の再発を予防するために必要である。

予後： この手技の結果は，肩甲上腕関節の拘縮授動術と似ている。関節授動を促進する漸進的リハビリテーションが，組織癒着の再発を予防する。患者のコンプライアンスが成功にとって重要である。

競技復帰： 適切なリハビリテーションによって運動が維持されれば，競技への復帰は4〜6週または稼働が再建され次第すぐにできる。

文献

Ball CM, Meunier M, Galatz LM, Calfee R, Yamaguchi K. Arthroscopic treatment of post-traumatic elbow contracture. *J Shoulder Elbow Surg.* 2002; 11(6): 624–629.

Gates HS 3rd, Sullivan FL, Urbaniak JR. Anterior capsulotomy and continuous passive motion in the treatment of post-traumatic flexion contracture of the elbow. A prospective study. *J Bone Joint Surg Am.* 1992; 74(8): 1229–1234.

Lindenhovius AL, Linzel DS, Doornberg JN, Ring DC, Jupiter JB. Comparison of elbow contracture release in elbows with and without heterotopic ossification restricting motion. *J Shoulder Elbow Surg.* 2007; 16(5): 621–625. Epub 2007 Jul 23.

Ring D, Adey L, Zurakowski D, Jupiter JB. Elbow capsulectomy for posttraumatic elbow stiffness. *J Hand Surg[Am].* 2006; 31(8): 1264–1271.

Ring D, Jupiter JB. Operative release of complete ankylosis of the elbow due to heterotopic bone in patients without severe injury of the central nervous system. *J Bone Joint Surg Am.* 2003; 85-A(5): 849–857.

Savoie FH. Arthroscopic management of the stiff elbow. In: Mcginty JB, et al., eds. *Operative Arthroscopy.* 3rd ed. Baltimore: Lippincott Williams & Wilkins; 2003; 708–717.

図31 関節鏡視下肘関節授動術

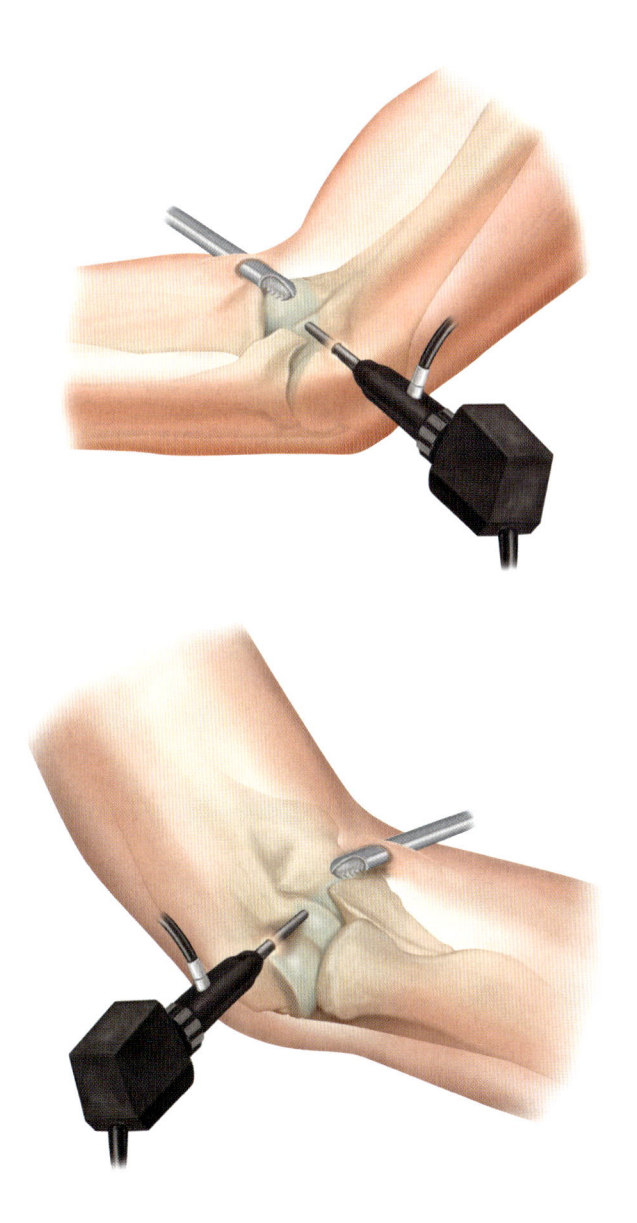

外反・過伸展による骨棘に対する関節形成術（デブリドマン）
Valgus Extension Overload Debridement

適応と目的： 本病態はオーバーヘッドスローをするアスリートに生じる。肘頭後内側に沿って圧迫力や剪断力が加わることで、肘頭に外反トルクを伴いながら肘頭と肘頭窩が繰り返しインピンジメントを起こすことが原因である。患者は徐々に進行する関節可動域制限を認め、れき音や圧痛を肘頭後内側に訴える。内側靱帯の緩みはさらに状態を悪化させる場合がある。単純Ｘ線撮影やCT, MRIなどにより後内側の骨棘形成や関節ねずみが確認できる。

手術手技： 多くは鏡視下でデブリドマンが施行されるが、とくに前方と後方の骨棘に対しては、時として直視下での手技が必要となる。仰臥位で胸の上を横切るように腕を置く。後方の骨棘に対して上腕三頭筋を縦割してアプローチする。さらに前方および後方の骨棘に対して外側Kocher(コッヘル)アプローチが選択される場合もある。また、肘関節前方に進入する際に肘筋と尺側手根伸筋の間からアプローチする。外側側副靱帯は温存し、伸筋群起始部は上腕骨から骨膜下に剥離反転する。後方の骨棘は横方向(transverse)と斜め方向(oblique)に切除され、肘頭や鉤状窩はエアトームでデブリドマンする。

　Outerbridge–Kashiwagi法は、後正中切開で上腕三頭筋を縦割して進入し、肘頭窩を通して後方から前方に骨孔を開け、関節前方にアプローチするもので、変形性肘関節症にも利用できる。肘頭や鉤状窩の骨棘を切除し、さらに関節ねずみも除去可能である。

術後管理とリハビリテーション： 原則として本手術は外来手術で行う。組織の修復をするものではないので、関節可動域訓練は術後直ちに可能である。患者は時として骨切りによる疼痛を訴えるが、疼痛は経時的に軽快する。骨性の可動障害因子はすべて取り除き、完全な可動域を獲得することが重要である。必要に応じて創と疼痛のマネージメントをしながら術後早期から抵抗運動訓練を開始する。通常はこのタイプの障害は仕事や競技などによる反復性の負荷が骨棘を形成した結果生ずるものであるため、競技には徐々に復帰することが求められる。

予後： このような病態に対する鏡視下デブリドマンの成績は今までのところ良好である。しかし、可動域の獲得に関しては直視下手術のほうが優位である。

競技復帰： 3～4週間で徐々に競技へ復帰する。控えめに競技に復帰することが再発予防に重要である。競技復帰後、骨切除による疼痛が残存していることもまれではない。疼痛の有無には個人差がある。

文献

Ahmad CS, ElAttrache NS. Valgus extension overload syndrome and stress injury of the olecranon. *Clin Sports Med.* 2004; 23(4): 665–676, x. Review.
Chen FS, Rokito AS, Jobe FW. Medial elbow problems in the overhead–throwing athlete. *J Am Acad Orthop Surg.* 2001; 9(2): 99–113.
Forster MC, Clark DI, Lunn Pg. Elbow osteoarthritis: Prognostic indicators in ulnohumeral debridement—the Outerbridge–Kashiwagi procedure. *J Shoulder Elbow Surg.* 2001; 10(6): 557–560.
Valkering KP, van der Hoeven H, Pijnenburg BC. Posterolateral elbow impingement in professional boxers. *Am J Sports Med.* 2008; 36: 328–332.

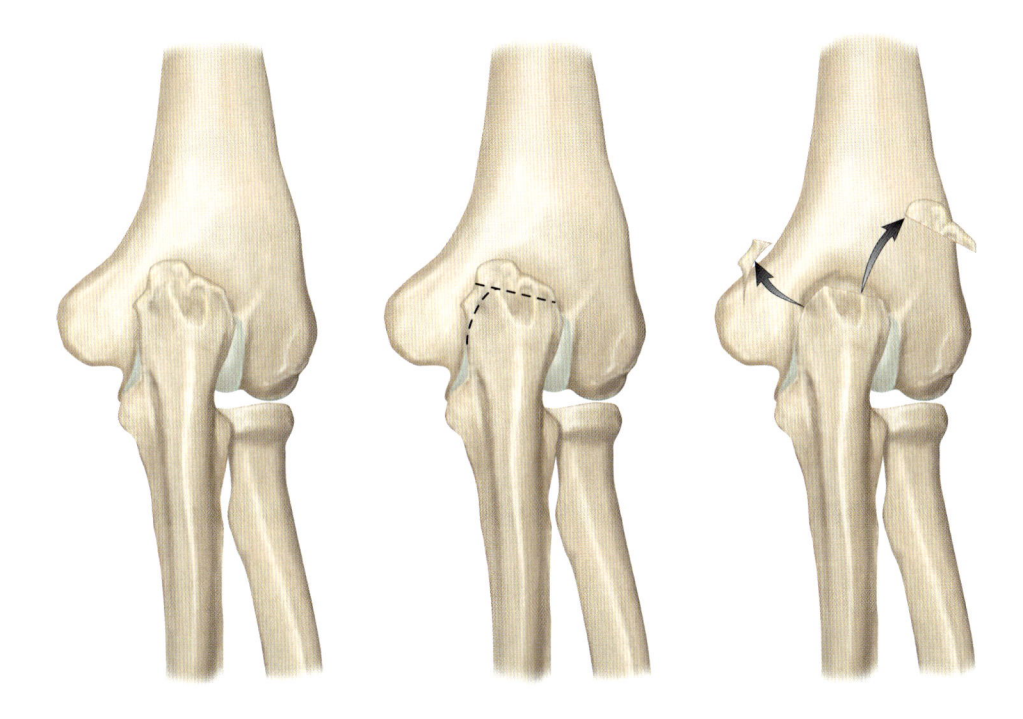

図32　肘外反・過伸展による後方骨棘に対する関節形成術

肘関節骨折に対する観血的整復固定術（ORIF）
ORIF Elbow Fractures

適応と目的： 転位のある肘関節内骨折は，関節可動の障害とならないよう，可能なかぎり解剖学的に整復固定すべきである。肘周辺骨折は，上腕骨遠位部骨折，肘頭骨折，橈骨頭骨折と多様である。

手術手技： 上腕骨遠位部骨折は，三頭筋(triceps)を温存するBryan–Morreyアプローチ，triceps-splittingアプローチ，肘頭骨切りアプローチなど，さまざまなアプローチ法で手術される。関節面の確認という点で最も視野がよいのは肘頭骨切りアプローチであり，関節面が高度に粉砕した症例では本アプローチが必要である。だが，骨切り部の癒合不全や骨切り部の内固定材料に伴う愁訴が生じる可能性がある。関節面(the "spool")を上腕骨遠位の内側および外側のコラムに戻すという解剖学的整復が観血的整復固定(ORIF)の最終的な目標である。高度に粉砕した関節内骨折に対してヘッドレスコンプレッションスクリュー(headless compression screw)が必要になるケースもある。解剖学的なロッキングプレート(locking plate)のテクノロジーは，重度の粉砕例や骨欠損が著しい場合の骨接合を可能とする。しかし，高齢者の関節内粉砕骨折は骨接合に難渋するケースもあり，術後の固定期間が長くなることで拘縮や外傷後の変性，さらに異所性骨化などをきたす場合があり，症例に応じて初めから人工肘関節全置換術が適応となるケースもある。

　腕橈関節は完全伸展時に前腕長軸方向の負荷の60％を受けるため，橈骨頭骨折は重要な骨折である。関節可動がメカニカルに制限されてしまうようであれば，本骨折は整復固定されねばならない。その際，近位橈尺関節に骨接合材料がインピンジメントされるのを避けるために，"セーフゾーン"といわれる前腕中間位の外側100°の範囲に骨接合材料を設置しなければならないが，ヘッドレスコンプレッションスクリューのような骨内埋め込み型の内固定材料はどこにでも設置可能である。橈骨頭関節面の25％以下の小さな骨片を摘除することは1つの選択肢であるが，このような小骨片でさえ肘関節安定性にとって重要であるかもしれない。もし橈骨頭がMason type 3のような高度に粉砕している場合は，人工橈骨頭置換術がよい適応かもしれない。橈骨頭骨折に対しては常に人工橈骨頭置換の準備をして骨接合術に臨むべきである。また，橈骨頭骨折はEssex-Lopresti損傷，内側側副靱帯損傷，terrible triad injury(肘関節脱臼，橈骨頭骨折，鉤状突起骨折)，Monteggia(モンテジア)骨折などに合併する。

　Essex-Lopresti損傷やacute longitudinal radioulnar dislocation(ALRUD)では遠位橈尺関節，骨間膜，橈骨頭のすべてに損傷を生じる。このようなケースでは橈骨の近位へのmigrationによる手関節での突き上げを予防するうえで，橈骨頭の置換をすることは重要である。

　鉤状突起骨折ではしばしばterrible triad injuryに関連して生じ，骨片が小さい場合でさえ肘関節の不安定性を惹起する場合がある。小骨片は肘頭を通してつくった骨孔にPull-Out縫合し，大きな骨片は尺側手根屈筋腱を分け内側からアプローチし，解剖学的なプレートやスクリューを用いて修復する。手術的に対処しても不安定性が残存するケースでは，ヒンジ付きの創外固定が必要な場合もある。

　転位した肘頭骨折はKワイヤーやスクリューを用いてのtension-bandテクニックや解剖学的にロッキングプレートを用い固定される。とくに粉砕骨折の場合，滑車との不適合による術後の不安定性を予防するという点で，肘頭関節面の曲率半径を小さくしないことが重要である。

術後管理とリハビリテーション： 術後の固定性や解剖学的な整復度に応じて，初期固定期間を決定する。ヒンジ付きのブレースは術後の可動域訓練の際に可動域を制限するために必要となることがあるが，その必要性に関しては手術法によるところが大きい。肩関節および手関節に対する可動域訓練は術後早期に開始され，肘関節および前腕の可動域訓練の開始時期などは執刀医が規定する。肘周囲筋の萎縮予防に対する等尺性訓練を，術後早期の外固定期間に施行する。

予　後：骨癒合が得られることにより関節可動域の改善が期待できるが，必要に応じて肘関節授動や軟部組織のリリースが必要となる．慢性的な反復する関節への高いストレスは，最終的には肘関節の疼痛や変形性肘関節症になりうる．

競技復帰：骨折の程度や解剖学的整復度にもよるが，最短でも競技への復帰は術後4〜6か月かかる．

文　献

Bryan RS, Morrey BF. Extensive posterior exposure of the elbow: A triceps-sparing approach. *Clin Orth Rel Res.* 1982; 166: 188-192.
Helfet DL, Kloen P, Anand N, Rosen HS. ORIF of delayed unions and nonunions of distal humeral fractures. Surgical technique. *J Bone Joint Surg Am.* 2004; 86-A(suppl 1): 18-29.
McCarty LP, Ring D, Jupiter JB. Management of distal humerus fractures. *Am J Orthop.* 2005; 34(9): 430-438. Review.
Moed BR, Ede DE, Brown TD. Fractures of the olecranon: An in vitro study of elbow joint stresses after tension-band wire fixation versus proximal fracture fragment excision. *J Trauma.* 2002; 53(6): 1088-1093.

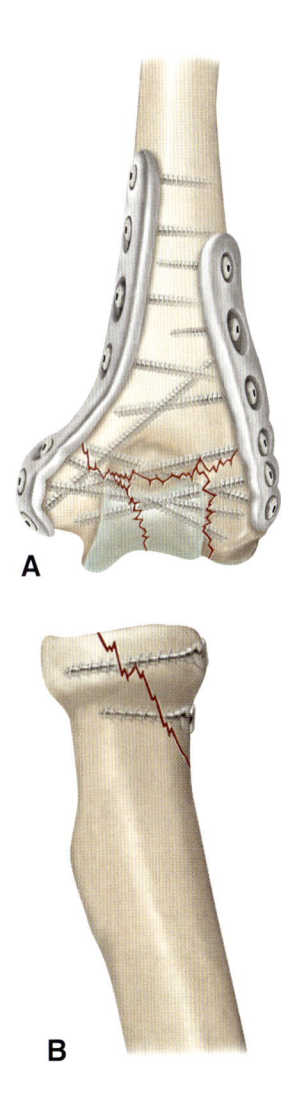

図33　肘関節骨折に対する観血的整復固定術（ORIF）　A：2枚の内外側への平行に設置したプレート固定（ORIF）．B：橈骨頭ORIF．

前腕骨骨折に対する観血的整復固定術（ORIF）
ORIF Forearm Fractures

適応と目的： 前腕骨骨折はしばしば経験するが，上肢の機能障害を防ぐという意味で，多くは手術が必要となる。手術の目的は，前腕長や橈骨の弯曲を保ち，早期の関節可動域訓練を可能にするだけの強固な初期固定をすることである。橈背側を頂点とする橈骨の弯曲は前腕の十分な回旋を獲得するうえでキーとなる。そのため，最終的に骨折部を固定する前に，術中の整復と確認が不可欠である。

手術手技： 橈骨は，骨折部の位置や術者の選択により前方アプローチ（Henry アプローチ）もしくは後方アプローチ（Thompson アプローチ）により展開される。Henry の前方アプローチは安全性が高く，ほとんどの骨幹端骨折に対してよく用いられる。近位は上腕二頭筋腱のすぐ外側に，遠位は橈骨の茎状突起にかけて長軸方向に皮膚切開をおく。近位の神経支配界面（internervous plane）は，腕橈骨筋（橈骨神経）と円回内筋（正中神経）間である。遠位の神経支配界面は，腕橈骨筋と橈側手根屈筋腱（正中神経）である。橈骨神経浅枝と橈骨動脈は腕橈骨筋より深部であり，しっかり確認し，保護する必要がある。通常，神経は腕橈骨筋とともに外側によけ，動脈は腕橈骨筋への分枝を結紮して内側によける。本アプローチの際は後骨間神経が術野から遠ざかるように最大回外位とする。もし，橈骨遠位 1/3 の骨折に対して用いる場合，後骨間神経を保護する目的で回外筋は骨膜下に剝離するべきである。患者によっては後骨間神経が橈骨頸部に接しており，最大限の注意を払う必要がある。骨幹部や遠位 1/3 の骨折は骨折部によって円回内筋，浅指屈筋，長母指屈筋，方形回内筋などを展開する必要がある。

後方の Thompson アプローチは直視下に後骨間神経を保護したい場合に有用であり，とくに近位 1/3 では有用である。近位は前方から外側顆にかけて，遠位は Lister（リスター）結節の尺側を長軸方向に展開する。近位の神経支配界面は橈側手根伸筋（橈骨神経）と総指伸筋（後骨間神経）の間である。筋間に共同腱（common tendon origin）をもつので，この境界は骨幹部のちょうど 1/2 あたりでよりはっきりと確認できる。中央骨幹部（mid shaft）レベルでは神経支配界面は橈側手根屈筋と長母指外転筋（後骨間神経）である。回外筋筋腹の遠位端から 1cm 近位で，浅頭と深頭の間に出現する後骨間神経を同定し，回外筋自体を支配する運動枝を注意深く展開せねばならない。後骨間神経を確実に同定，保護した後は前腕を最大外旋し，橈骨から回外筋の付着部を骨膜下に剝離する。ちょうど骨幹部真ん中あたりから遠位 1/3 あたりでの骨折の場合，骨折の部位によっては必要に応じて長母指外転筋や短母指伸筋を挙上して展開する。

尺骨はほぼ皮膚直下にあるので，アプローチは比較的直線的である。神経支配界面は尺側手根伸筋（後骨間神経）と尺側手根屈筋（尺骨神経）の間である。骨膜を切開，挙上し，プレートを好みに応じて掌側もしくは背側に設置する。橈骨も尺骨も 3.5mm のダイナミックコンプレッションプレート（dynamic compression plate）で固定する。

尺骨骨幹部骨折（nightstick fracture）は直達外力で単独に生じる。しかし，Monteggia（モンテジア）損傷（尺骨骨幹部骨折に橈骨頭脱臼を合併するもの）がない点を確認するため，近位橈尺関節の評価は必須である。通常は尺骨骨幹部を整復すると，橈骨頭は自然整復されるが，橈骨頭に亜脱臼傾向がある場合は輪状靱帯の修復が必要となるケースもある。同様橈骨が単独で骨折するケースもあるが，Galeazzi（ガレアッツィ）損傷（橈骨骨幹部骨折に遠位橈尺関節の破綻を合併したもの）の有無を確認するため遠位橈尺関節の詳細な評価を要する。とくに橈骨手根関節から 7.5cm 以内の骨折は要注意である。もし橈骨の骨折を解剖学的に整復しても遠位橈尺関節が不安定なら，尺骨茎状突起の骨折や三角線維軟骨複合体（triangular fibrocartilage complex: TFCC）の修復も要する。

術後管理とリハビリテーション： 手術でしっかりした内固定ができれば早期の可動域訓練がすすめられる。Monteggia 骨折であっても橈骨頭の安定性があれば，1 週間〜10 日間の外固定ののちに早期の関節可動域訓練を開始する。また，Galeazzi 骨折の場合も遠位橈尺関節の安定性が残っていれば早期の関節可動域訓練がすすめられる。しかし，遠位橈尺関節が不安定で修復が必要ならば中等度回外位で外固定する。いったん可動訓練が開始したあとの留意事項は近位および遠位橈尺関節であり，肘関節伸展のリハビリテーション同様に回内外のリハビリテーションが必要である。握力訓練は最初から開始し，肩関節可動訓練もリハビリテーション期間中は終始続ける。

予 後： とくに肘の屈曲は，日常生活動作に制限がない程度まで回復する。仕事や競技への完全復帰は 3〜4 か月程度かかる。術後は疼痛や前腕の可動域の低下，機能低下などの合併症が見込まれる。挫滅損傷(rush injury)，同じ高位での骨折，単独 1 皮切，頭部外傷，骨移植，骨間膜周囲の過剰な展開などは synostosis(前腕両骨の骨癒着)の危険因子となる。

競技復帰： 完全な骨癒合と解剖学的な回復によって 4〜6 か月で競技への復帰が可能である。コンタクトスポーツではプロテクターの着用が合理的であり，内固定材の抜去は再骨折を予防する見地から避けるべきである。

文 献

Moss JP, Bynum DK. Diaphyseal fractures of the radius and ulna in adults. *Hand Clin.* 2007; 23(2): 143-151.
Ortega R, Loder RT, Louis DS. Open reduction and internal fixation of forearm fractures in children. *J Pediatr Orthop.* 1996; 16(5): 651-654.
Ring D, Jupiter JB, Waters PM. Monteggia fractures in children and adults. *J Am Acad Orthop Surg.* 1998; 6(4): 215-224.
Smith VA, Goodman HJ, Strongwater A, Smith B. Treatment of pediatric both-bone forearm fractures: A comparison of operative techniques. *J Pediatr Orthop.* 2005; 25(3): 309-313.
Wilson FC, Dirschl DR, Bynum DK. Fractures of the radius and ulna in adults: An analysis of factors affecting outcome. *Iowa Orthop J.* 1997; 17: 14-19.

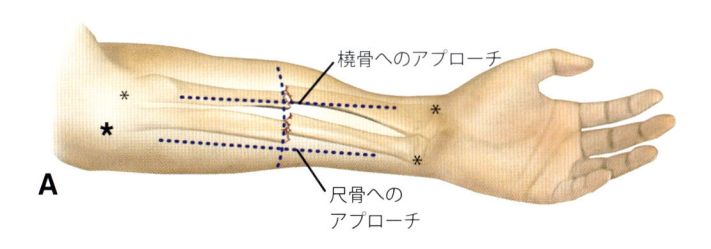

図34 前腕両骨骨折に対する観血的整復固定術(ORIF)　A：尺骨と橈骨はそれぞれ別の皮膚切開をおく。(続く)

橈骨骨折の術中整復操作

B

尺骨骨折の術中内固定

C

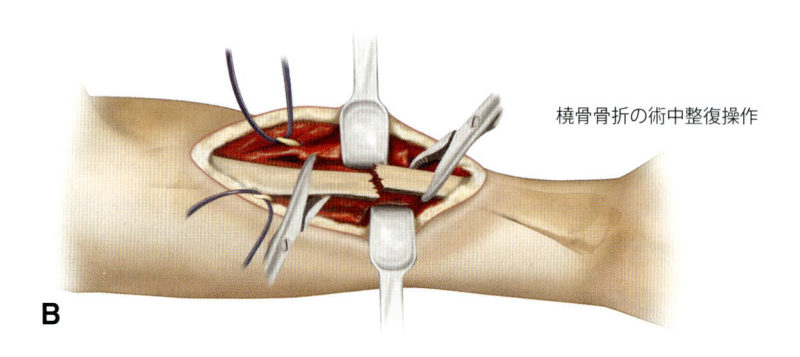

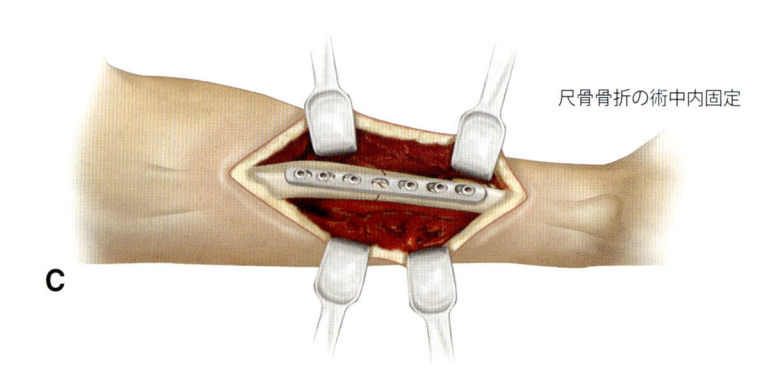

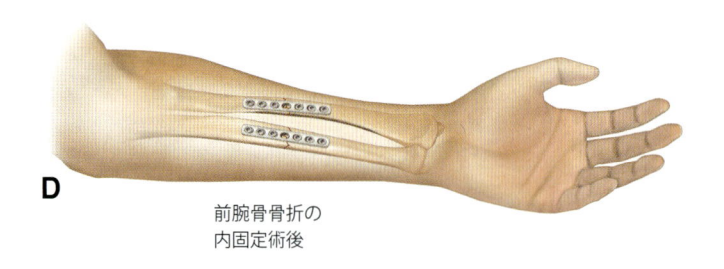

D
前腕骨骨折の
内固定術後

図34　前腕両骨骨折に対する観血的整復固定術（ORIF）（続き）　B：展開のうえ，骨折部を整復する。C：尺骨を前述のプレート，スクリューで固定する。D：最後に橈骨の弯曲や長さを調整して固定する。

Chapter 3

手関節，手

Wrist and Hand

鏡視下手関節手術
Wrist Arthroscopy

適応と目的： 手関節鏡は，種々の疾患に対する診断のみならず治療においても非常に有効であると認められている。そのため，より多くの施設で行われるようになってきた。適応は，手関節の靱帯損傷（とくに舟状月状骨靱帯，月状三角骨靱帯損傷）の評価，三角線維軟骨複合体(triangular fibrocartilage complex: TFCC)損傷に対するデブリドマンや修復術，関節内遊離体の摘出術，化膿性関節炎に対する洗浄，橈骨遠位端骨折に対する関節鏡下観血的整復固定術，尺骨頭切除術，ガングリオン摘出術などが挙げられる。

手術手技： 手術は牽引装置台を用い，示指・中指にフィンガートラップをかけて，およそ500～750gの牽引をかけて行う。通常は2.7mmの小関節用関節鏡を用いる[訳者注1)]。ポータルは原則，手関節背側のコンパートメントに作成する。手関節背側のポータルは10種類ある。すなわち，橈骨手根関節に5つ，手根中央関節に2つ，舟状大菱形小菱形骨間関節に1つ，遠位橈尺関節に2つである。

　まず初めに3-4ポータル［長母指伸筋腱と総指伸筋腱の間でLister(リスター)結節の1cm遠位部］を作成する。手関節内に5～10mLの生理食塩液を注入したのち，小皮切を加える。伸筋腱を損傷しないように注意して関節内に鈍棒を挿入する。橈骨遠位端は解剖学的に12°掌屈しているので，これに沿って挿入する。次に，4-5ポータル(総指伸筋腱と小指伸筋腱の間)を作成する。6Rポータルは尺側手根伸筋腱のすぐ橈側，6Uポータルは尺側手根伸筋腱のすぐ尺側である。1-2ポータル(短母指伸筋腱と長橈側手根伸筋腱の間)は，前腕外側皮神経と橈骨神経浅枝の枝および橈骨動脈深枝が近接しているので，その使用にあたっては注意が必要である。

　橈骨手根関節の鏡視では，橈側から尺側へと順次観察する必要がある。デブリドマンは必要に応じて行い，舟状月状骨靱帯も含めて靱帯組織を鏡視する。TFCCはプローブを用いてその緊張の具合やトランポリン効果を調べる。手根中央関節の鏡視は，舟状月状骨靱帯や月状三角骨靱帯の状態の評価には必須であり，プローブを舟状骨と月状骨間に挿入できるかどうかで靱帯の緊張程度を評価できる。手根中央関節鏡視のための橈側ポータルは3-4ポータルの1cm遠位で第3中手骨の橈側縁上であり，尺側ポータルは4-5ポータルの1cm遠位で第4中手骨縁上である。

訳者注1)　わが国では体格差から1.9mmの関節鏡を用いることが多い。

術後管理とリハビリテーション： 鏡視下手術の後療法は，組織を切除したのか修復したのかなどによってかわってくる。もし，組織切除やデブリドマンのみで修復術が行われていなければ，術後すぐの後療法は疼痛とポータル部の創部管理が主となる。術後の外固定は通常，次の外来日まで行われ，術後初回の外来で除去されて関節可動域訓練が開始される。副子は術後4週まで使われる。もし鏡視下で修復術が行われていれば，組織が安全に修復されるまでは，過度のストレスをかけないように注意する必要がある。後療法の進み具合は，修復された組織の性状および修復時の安定性による。

予後： 鏡視下手術で得られる結果は，基本的には行われた手術操作による。一般的には，周囲組織の損傷・侵襲が少なく，術後の疼痛が軽度で，競技復帰も早く，術後の合併症も少ないなどのメリットがある。考えられる合併症は伸筋腱損傷，橈骨動脈損傷，橈骨神経や尺骨神経の浅枝損傷などがある。鏡視下手術では，長母指伸筋腱損傷が最も生じやすく，これは術中あるいは術後にみられる。神経・血管損傷はどちらかというと尺側のポータルに多い。

競技復帰： 競技への復帰の時期は，どのような手術が行われたかによる。手関節の組織が損傷を受けていなければ，

数週間で競技復帰が可能である．多くの患者は 2 週間までには日常生活動作が可能になり，6 週間くらいで完全に回復すると予想される．

文　献

Atzei A, Luchetti R, Sgarbossa A, Carità E, Llusà M. Set-up, portals and normal exploration in wrist arthroscopy. *Chir Main*. 2006; 25(suppl 1): S131–S144. Review.
Chloros GD, Shen J, Mahirogullari M, Wiesler ER. Wrist arthroscopy. *J Surg Orthop Adv*. 2007; 16(2): 49–61. Review.
Culp RW, Osterman AL, Kaufmann RA. Wrist Arthroscopy: Operative Procedures. In: Green DP, et al., eds. *Green's Operative Hand Surgery*. 5th ed. Philadelphia, PA: Elsevier; 2005: 781–804.
McGinty JB, et al. eds. *The Wrist, in Operative Arthroscopy*. 3rd ed. Baltimore, MD: Lippincott Williams & Wilkins; 721–818.
Ricks E. Wrist arthroscopy. *AORN J*. 2007; 86(2): 181–188; quiz 189–192. Review.
Ruch DS, Poehling GG. Wrist Arthroscopy: Anatomy and Diagnosis. In: Green DP, et al., eds. *Green's Operative Hand Surgery*. 5th ed. Philadelphia, PA: Elsevier; 769–780.

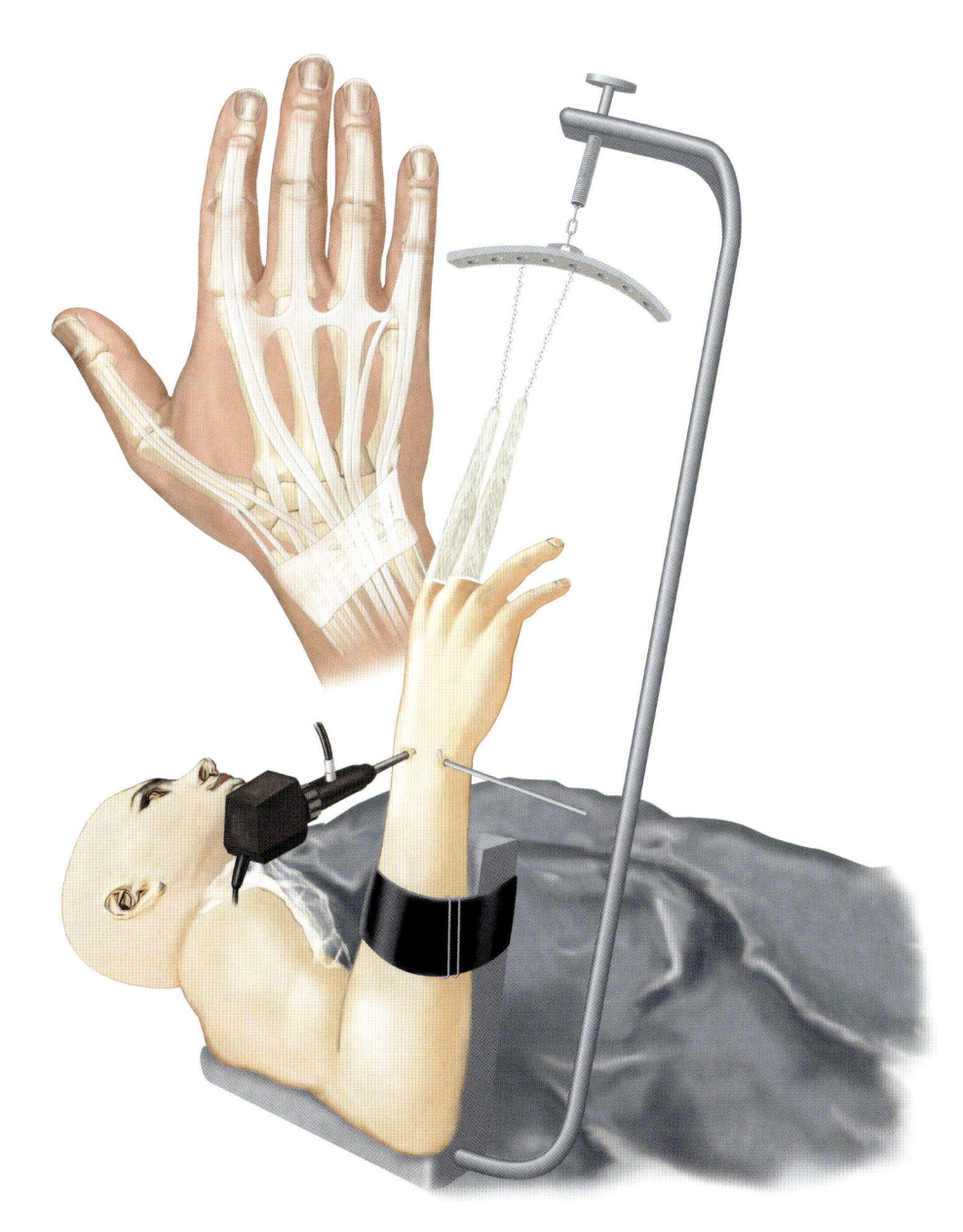

図 35　手関節鏡ポータル

舟状月状骨靱帯修復術
Scapholunate Ligament Repair

適応と目的： 舟状月状骨靱帯損傷は，受傷時に正しく診断されなかったり，単なる手関節捻挫として見逃され放置されていると，手関節にとって破壊的な損傷となる可能性がある。この疾患は，正常な手関節の運動を大きく変えてしまうことで，手関節痛，可動域制限，力が入りにくい，変形性関節症などを伴う手根不安定症を生じて障害を引き起こす。静的な不安定性は，通常の単純X線撮影で手根骨間の不適合などで明らかとなるが，動的な不安定性については，ストレス撮影によって手根骨間の不適合が明らかとなる。本疾患は，近位手根列背側回転型手根不安定症(dorsal intercalated segmental instability: DISI)を引き起こす。これは側面X線像で，舟状月状骨間角度が70°以上(正常は47°)となることで診断できる。正面X線像では舟状月状骨間距離が少し大きくなり(3mm以上)，両側の握りこぶし撮影で舟状月状骨解離が認められる。舟状骨の病的過掌屈が正面X線像で，リングサインを呈する。またWatson(ワトソン)テストが陽性になる。このテストは，掌側から舟状骨結節を，背側から舟状骨をはさんで手関節を尺屈から橈屈する際に"クリック"を感じると陽性となる。MRIは本疾患の診断に対して感度の高い検査であるが，手関節鏡が舟状月状骨靱帯損傷の診断のための検査としてはゴールドスタンダードである。

　もし舟状月状骨靱帯損傷が放置されると変形性関節症が進み"scapholunate advanced collapse(SLAC)"として知られている状態になる。これは初期には橈骨茎状突起と舟状骨がエッジローディング[訳者注1)]することで関節症変化が徐々に進み，さらに有頭骨が中枢に移動してきて，最終的には汎手根関節症となる。したがって，早期に診断してこの損傷の治療を行うことが治療目標となる。

訳者注1) 端部荷重ともいわれる。ここでは橈骨遠位部の舟状骨に対する関節面と舟状骨近位部の橈骨に対する関節面の不適合によって(端部荷重が生じて)最終的には変形性関節症へと進展していく原因となる動きのこと。

手術手技： 治療法は，不安定性の程度とタイプによる。舟状月状骨靱帯損傷の部分断裂で不安定性が顕著でなければ，鏡視下デブリドマンと外固定で十分である。鏡視下にKワイヤー[訳者注2)]を挿入して6～8週間の固定を薦める著者もいる。関節症変化のない舟状月状骨靱帯損傷の急性完全断裂の場合には，骨孔を作成して非吸収糸で一次修復を行い，舟状月状骨間をKワイヤーで固定する。一次修復術は，しばしばBlatt(ブラット)の関節包固定術や背側手根間靱帯を用いた背側関節包固定術などによって補強される。その他の修復方法には腱固定，骨靱帯複合体の自家移植，手根骨間固定などさまざまなテクニックがある。SLACになりつつある晩期の症例では，違ったアプローチが必要になる。橈骨手根関節，有頭月状関節は障害されるが，橈骨月状関節は障害を免れる。治療法は，有頭骨の関節軟骨の状態と橈骨舟状有頭骨靱帯の状態によって決まる。橈骨茎状突起切除術，近位手根列切除術，舟状骨摘出とfour-corner fusion，手関節全置換術などさまざまな方法がある。

訳者注2) 手外科の手術ではKワイヤーよりも短いCワイヤーが通常は用いられることが多い。しかし原書ではKワイヤーとあるので，本章では短いCワイヤーも含めKワイヤーと称していることを承知してほしい。

術後管理とリハビリテーション： 手術後の後療法はどんな手術をしたかによって異なってくるが，靱帯修復術や再建術が行われた場合には，より長い固定期間を要する。舟状月状骨靱帯の修復術では，手関節は中間位で肘上から母指ギプス包帯を8週間行ったのちに，Kワイヤーを抜去して自動運動を開始する。上腕母指ギプス包帯を2週間行った後Münster(ミュンスター)キャストを6週間以上行う方法もある。Kワイヤー除去後は前腕ギプス包帯を4週間行う。修復した靱帯に過度の負担をかけるような，激しく無理矢理に手関節を掌屈するような後療法は行わずに，日常生活動作で必要な機能的可動域を再獲得することに専念するべきである。修復された靱帯が十分に治るまでは，握力の強化などは慌てて行わないようにする。

予　後：治療結果は，文献によってさまざまである。握力の低下，可動域の減少（とくに掌屈，橈屈），術後 30 か月くらいまで続く日常生活動作での痛みが改善するには，時間がかかる。疼痛の改善やクリック感の消失，手関節機能の改善などが治療結果として報告されている。手関節背側関節包固定術によくみられる合併症は，掌屈制限である。掌屈制限は本質的には手術方法によるので，術後の固定後に生じる背側の瘢痕組織によるものではない。12°〜20°くらいの掌屈制限を改善しようとすると再建した組織は破断したり，弱くなったりする。

競技復帰：競技復帰には，靭帯が治癒して関節の安定性が得られていることが必要である。これには少な目に見積もっても，4〜6 か月間は要する。

文　献

Dagum AB, Hurst LC, Finzel KC. Scapholunate dissociation: An experimental kinematic study of two types of indirect soft tissue repairs. *J Hand Surg [Am]*. 1997; 22(4): 714–719.
Deshmukh SC, Givissis P, Belloso D, Stanley JK, Trail IA. Blatt's capsulodesis for chronic scapholunate dissociation. *J Hand Surg [Br]*. 1999; 24(2): 215–220.
Garcia-Elias M, Geissler WB. Carpal Instability. In: Green DP, et al., eds. *Green's Operative Hand Surgery*. 5th ed. Philadelphia, PA: Elsevier; 535–604.
Walsh JJ, Berger RA, Cooney WP. Current status of scapholunate interosseous ligament injuries. *J Am Acad Orthop Surg*. 2002; 10(1): 32–42.
Wintman BI, Gelberman RH, Katz JN. Dynamic scapholunate instability: Results of operative treatment with dorsal capsulodesis. *J Hand Surg [Am]*. 1995; 20(6): 971–979.
Wyrick JD, Stern PJ, Kiefhaber TR. Motion-preserving procedures in the treatment of scapholunate advanced collapse wrist: Proximal row carpectomy versus four-corner arthrodesis. *J Hand Surg [Am]*. 1995; 20(6): 965–970.
Wyrick JD, Youse BD, Kiefhaber TR. Scapholunate ligament repair and capsulodesis for the treatment of static scapholunate dissociation. *J Hand Surg [Br]*. 1998; 23(6): 776–780.

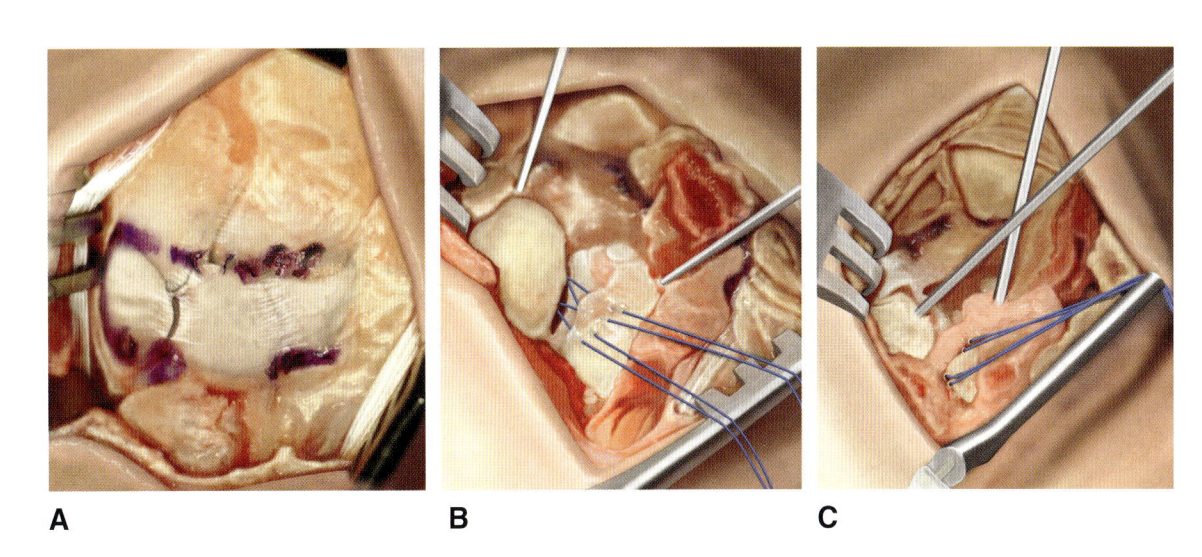

A　**B**　**C**

訳者注3）　舟状骨と月状骨にKワイヤーを刺入する。舟状骨にアンカーを2本挿入して，月状骨に付着している舟状月状骨靭帯を修復する(B)。縫合する際には，舟状骨と月状骨に刺入したKワイヤーをジョイスティックとして整復を行う(C)。

図36　新鮮例に対する舟状月状骨靭帯修復

手関節固定術
Wrist Fusion

適応と目的： 重度外傷後の関節症や変形性関節症で，ほかの可動域温存手術が不可能な際には，手関節固定術がしばしば行われる．炎症性疾患，感染性疾患，麻痺性・痙性麻痺性疾患，外傷，腫瘍などによって，関節破壊・骨欠損・関節拘縮を伴う例に，関節固定術は行われる．治療目標は，粗大握りのための確かな除痛と，手関節の安定性を得ることである．

手術手技： 最近の治療法は，外固定期間の短縮と偽関節の発生率を低下させるために，強固なプレートによる内固定術が好まれる．炎症性疾患や結合組織障害ではロッドやKワイヤーによる固定が行われていたが，これらの疾患でもプレートによる内固定が一般的に行われるようになってきた．手関節固定用に，あらかじめ曲げられてかさばらず，圧迫力もかけられるチタン製のプレートが開発されている．とくに薄くてかさばらないプレートは，プレート自体の皮下への突出が少なく，結果として圧痛や伸筋腱の違和感などが生じにくい．またあらかじめ手関節を軽度背屈・尺屈で固定できるように曲げられているプレートの使用は，時間のかかる術中でのプレートの曲げ伸ばしの操作が不要となる．骨移植術は骨癒合率を上げるため，橈骨遠位端部から採骨して，しばしば行われる．より大きな骨欠損には腸骨からの採骨が行われるが，頑固な採骨部痛，血腫，感染，神経損傷などに注意を要する．

　皮膚切開は，示・中指の中手骨間の遠位1/3からLister結節を通って橈骨骨軸上の長母指外転筋の中枢での縦切開で行う．できるかぎり皮神経および背側の静脈を温存するために，十分な厚さの皮膚・皮下組織をフラップ状に展開する．第3伸筋腱区画を開けて長母指伸筋腱を移動する．骨膜下に第2，4伸筋腱区画を剝離して持ち上げる．続いて第3中手骨，CM関節，有頭月状骨関節，橈骨手根関節を展開する．関節軟骨を鋭匙，破骨鉗子，ドリルなどで除去して海綿骨を露出する．術前の検査や単純X線検査などで，必要があれば三角有鈎骨関節，舟状大菱形小菱形骨間関節なども展開する．Lister結節を除去して，舟状骨・月状骨・有頭骨の背側面をプレートをあてやすくするために皮質骨を除去して平らにする．橈骨遠位部骨幹端で関節面から2cm中枢で，プレートをあてる部分に支障がないようにやや橈側から皮質骨を開窓して，海綿骨を採骨する．採骨時に骨折を生じないように，骨幹端部軟骨下骨の骨は1cm残すようにする．採骨した骨を海綿骨が露出した関節内にプレートの直下で移植する．プレートはあらかじめ曲げられているもの，あるいは術中に曲げるものを使用する場合でも，適切なものを選ぶ必要がある．プレートを第3中手骨に皮質骨スクリューを用いて固定する．時に，粗大握りをより強くする目的で尺屈位で固定するために，プレートを第2中手骨に固定する場合もある．プレートを橈骨に固定した場合に，手指の回旋異常が生じないように，ドリル穴は矢状面で正確に背側から掌側へ作成する．プレートは，プレートの遠位端部が伸筋腱の滑走を障害しないように，できるかぎり近位に設置する．さらに皮質骨スクリューを用いて有頭骨にプレートを固定する．圧迫固定のテクニックを用いてプレートを橈骨に皮質骨スクリューで固定し，第3伸筋腱区画を閉じる際に，長母指伸筋腱は伸筋支帯の上になるように移動する．

術後管理とリハビリテーション： 手術後の注意点として，最初は術後の疼痛管理と創部の治癒促進が焦点となる．関節固定部での動きは一切期待できないが，患者の状態が隣接関節の可動域訓練に耐えられる状態になったらできるかぎり早く，手指の他動運動とともに可動訓練を開始する．筋力訓練は術後6週間を経過したら開始する．6〜8週間は副子固定を続ける．通常は，創部が治癒して単純X線画像上骨癒合が得られる術後10〜12週で，上肢の運動制限はなくしてすべての運動を許可する．

予　後： この自家骨移植を併用した背側プレート固定による手関節固定術は，癒合率は90％を超えていて他の固定術に比べて良好な成績が得られる。

　除痛効果と外観上の改善に関しては，関節固定術に対する患者の主観的満足度は高い。握力，手指の可動域，前腕の回内・外可動域は術前と大きく変わることはない。関節症変化の患者では術後にピンチ力，握力が改善し，関節リウマチ患者では変化しないと報告されている。ほとんどの患者は，多少の工夫が必要になるかもしれないが，日常生活動作可能で仕事に復帰できる。手術後に完全な回外・回内可動域を得ることは現実的ではない。この手術後に得られる結果をよく理解してもらうために，患者にはこの手術で得られる機能的能力を術前に十分説明しておく必要がある。最大の改善効果を得るには1年以上の年月がかかる。

　この手技の考えられる合併症には，偽関節，伸筋腱の癒着・滑膜炎，手内筋の拘縮，プレートの圧痛，手根管症候群，感染，神経腫，尺骨突き上げ症候群，遠位橈尺関節症などが挙げられる。

競技復帰： 競技への復帰は，多くのアスリートで難しい。手術後4か月以内にできるようなアクティビティには，完全な骨癒合が得られたのちは復帰できる。

文　献

Jebson PJ, Adams BD. Wrist arthrodesis: Review of current technique. *J Am Acad Orthop Surg.* 2001; 9(1): 53–60.
Hayden RJ, Jebson PJ. Wrist arthrodesis. *Hand Clin.* 2005; 21(4): 631–640. Review.
Honkanen PB, Mäkelä S, Konttinen YT, Lehto MU. Radiocarpal arthrodesis in the treatment of the rheumatoid wrist. A prospective midterm follow-up. *J Hand Surg Eur Vol.* 2007; 32(4): 368–376. Epub 2007 Jun 4.
Markiewitz AD, Stern PJ. Current perspectives in the management of scaphoid nonunions. *Instr Course Lect.* 2005; 54: 99–113. Review.

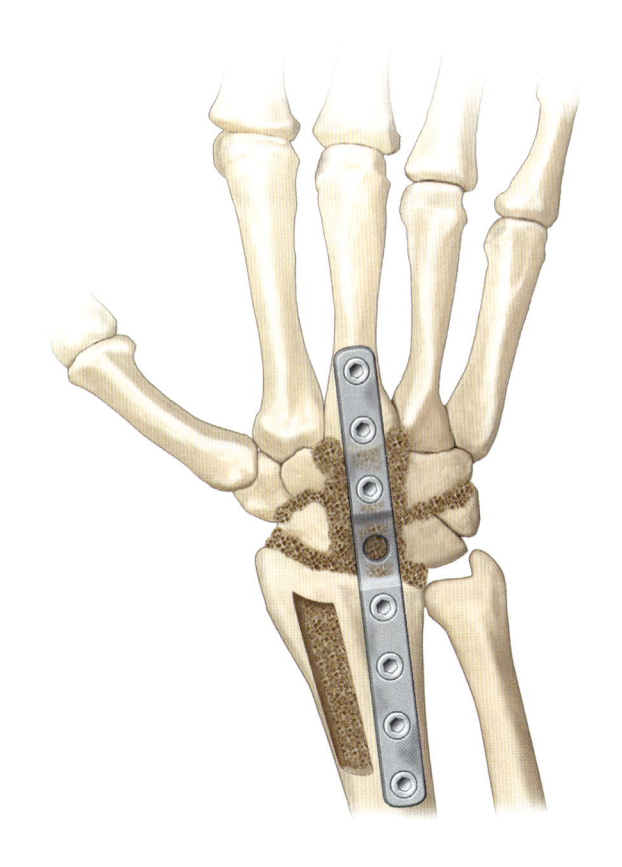

図37　手関節固定術

TFCCのデブリドマン/修復術
TFCC Debridement/Repair

適応と目的： 三角線維軟骨複合体(triangular fibrocartilage complex: TFCC)は，尺骨の遠位で手関節にある meniscus homologue(ディスクプロパー)で，遠位橈尺関節(distal radioulnar joint: DRUJ)を安定化している。(橈骨)尺側切痕から尺骨茎状突起基部に走行している背側・掌側橈尺靱帯によって縁取られ固定されている。TFCCは手関節にかかる荷重を伝える構造物で，尺骨ゼロ変異の患者では手関節にかかる荷重の 20% が TFCC にかかる。尺骨プラス変異の患者では，TFCC にはより大きな荷重がかかり，その中央部分は薄くなる。TFCC の中央部分や橈側側は，比較的血管に乏しくデブリドマンの適応となりやすいが，TFCC の尺側や周辺部は血流があるので修復術の適応となる。

TFCC 損傷は，外傷性でも変性によっても生じる。ひねるなどの回旋損傷後の急性外傷は，手関節尺側部痛を生じ，その断裂部位によって分類される。慢性の変性断裂は，通常は尺骨プラス変異の患者に生じやすい。尺骨プラス変異には，特発性，骨折後変形治癒や骨端損傷後の成長障害などの外傷，橈骨頭切除後などが原因として挙げられる。

手術手技： TFCC 損傷は，通常，関節鏡下に診断，治療される。TFCC のプローブによる触診は重要であり，正常であれば"トランポリン効果"がみられる。急性外傷における不安定性のない中央部の断裂では，安定性を維持するために必要な周辺 2mm を残してのデブリドマンが可能である。尺骨茎状突起基部の付着部損傷では，しばしば DRUJ の不安定性を伴うため，修復術をするべきである。もし尺骨茎状突起骨折を伴っていれば，観血的整復固定術を行うか，骨片切除後に TFCC の修復術を行うべきである。付着部損傷の修復術には，insaide-out 法と outside-in 法がある。outsaide-in 法のほうが，尺骨神経背側感覚枝に対する刺激症状が生じにくい。尺側手根伸筋腱のすぐ掌側で尺骨茎状突起の遠位に 1cm の皮膚切開をおく。腱を尺側へよけて，2 本の注射針を関節鏡視下に断裂部位直下に関節包を貫いて挿入する。ループ状にした軟鋼線を用いて注射針内を通した 2-0 の非吸収糸をもう 1 つの注射針に通す。断裂部位を修復するために，背側手関節包の部位で縫合する。もし TFCC が尺骨月状骨靱帯，尺骨三角骨靱帯，あるいは橈骨遠位端骨折に伴い尺側切痕から裂離している場合には，直視下か関節鏡下で修復する。

慢性期では，TFCC の病態に加えて尺骨プラス変異の治療も行わなければならない。尺骨突き上げ症候群に対しては，関節外で尺骨短縮術を行うか関節鏡下 wafer 手術が行われる。wafer 手術は，TFCC 断裂部位から尺骨頭を削り 1〜4mm 切除する方法である。もし TFCC が摩耗だけで穿孔していなければ，尺骨短縮術のみが行われる。もし月状骨の軟骨軟化症を伴う TFCC の穿孔があれば，TFCC のデブリドマンと尺骨短縮術が行われる。

術後管理とリハビリテーション： デブリドマン術後は，短期間の固定後，比較的早期に可動域訓練を開始する。修復術後は，2 週間の角砂糖はさみ型副子による固定後，さらに前腕のみの副子あるいは Münster キャストを 4 週間行う。その後に可動域訓練を行い，筋力トレーニングは 10 週目から行う。尺骨短縮術後は，単純 X 線像で骨切り部位の癒合がはっきりとするまでは，骨切り部位を保護しなければならない。

予後： TFCC 修復術の結果は，断裂の大きさ，修復術の技術能力，手関節の年齢による変性程度に左右される。多くの患者では，手術後に疼痛の軽減，握力の増加，日常生活動作の改善を認める。受傷後 3 か月以内の急性外傷に対する修復術では，可動域，筋力ともおよそ 80% までは回復する。関節鏡下修復術のほうが直視下手術に比べて，可動域，筋力とも回復は良好である。手関節の可動域制限，握力の低下，尺骨プラス変異は，良好でない結果に関係する因子である。しばしばみられる長期間続く主訴として手関節拘縮がある。

競技復帰： 競技への復帰の時期は，行われた手術がデブリドマンか修復術かによってさまざまである．通常は6〜12週で競技へ復帰する．

文 献

Chen AC, Hsu KY, Chang CH, Chan YS. Arthroscopic suture repair of peripheral tears of triangular fibrocartilage complex using a volar portal. *Arthroscopy*. 2005; 21(11): 1406.
Conca M, Conca R, Dalla Pria A. Preliminary experience of fully arthroscopic repair of triangular fibrocartilage complex lesions. *Arthroscopy*. 2004; 20(7): e79-e82.
Estrella EP, Hung LK, Ho PC, Tse WL. Arthroscopic repair of triangular fibrocartilage complex tears. *Arthroscopy*. 2007; 23(7): 729-737, 737. e1.
Gupta R, Bozentka DJ, Osterman AL. Wrist arthroscopy: Principles and clinical applications. *J Am Acad Orthop Surg*. 2001; 9(3): 200-209.
Ruch DS, Papadonikolakis A. Arthroscopically assisted repair of peripheral triangular fibrocartilage complex tears: Factors affecting outcome. *Arthroscopy*. 2005; 21(9): 1126-1130.
Yao J, Dantuluri P, Osterman AL. A novel technique of all-inside arthroscopic triangular fibrocartilage complex repair. *Arthroscopy*. 2007; 23(12): 1357. e1-e4.

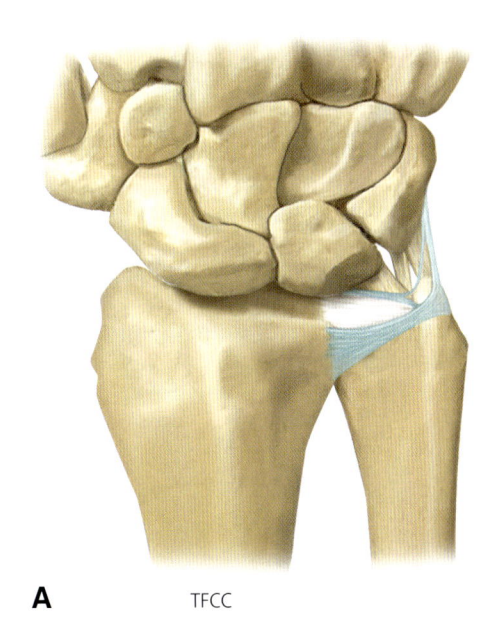

図38 関節鏡視下 TFCC デブリドマンと修復術　（続く）

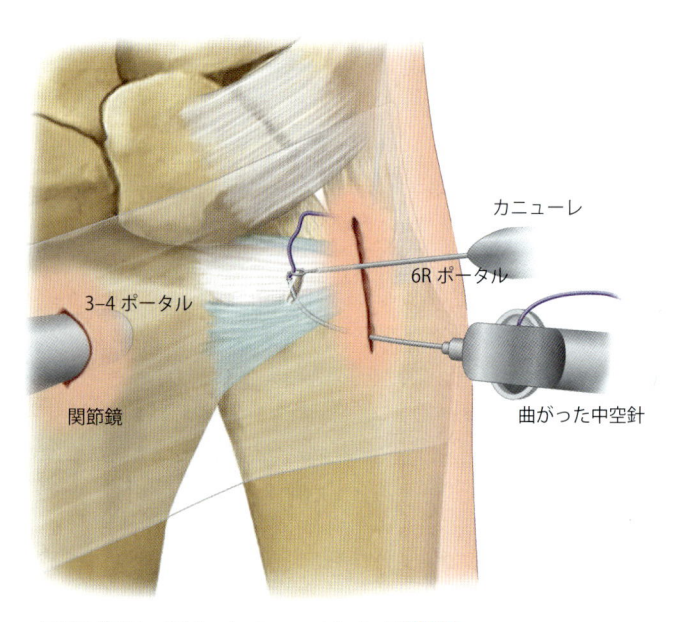

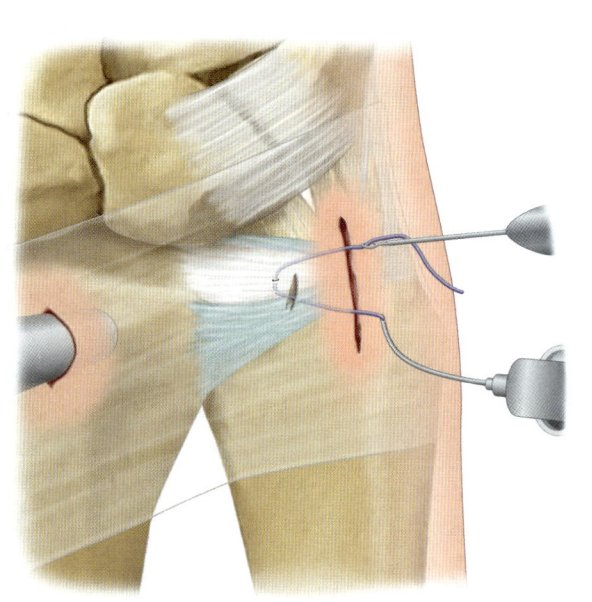

TFCC 修復：Whipple の outside-in 法訳者注1)

B

訳者注1) 3-4 ポータルから鏡視しながら，曲がった中空針を 6R ポータルから刺入して，断裂した TFCC に縫合糸をかける。さらにその縫合糸を 6R ポータルから刺入したカニューレを使って 6R ポータルの外へ誘導する。

図38 （続き）

Touhy 針
3-4 ポータル
4-5 ポータル
関節鏡

訳者注2) 4-5 ポータルから鏡視しながら，Touhy 針を 3-4 ポータルから刺入して，断裂した TFCC に縫合糸をかけ尺側に誘導する。さらに Touhy 針を用いて断裂した TFCC にもう1か所縫合糸をかけて尺側に誘導する。

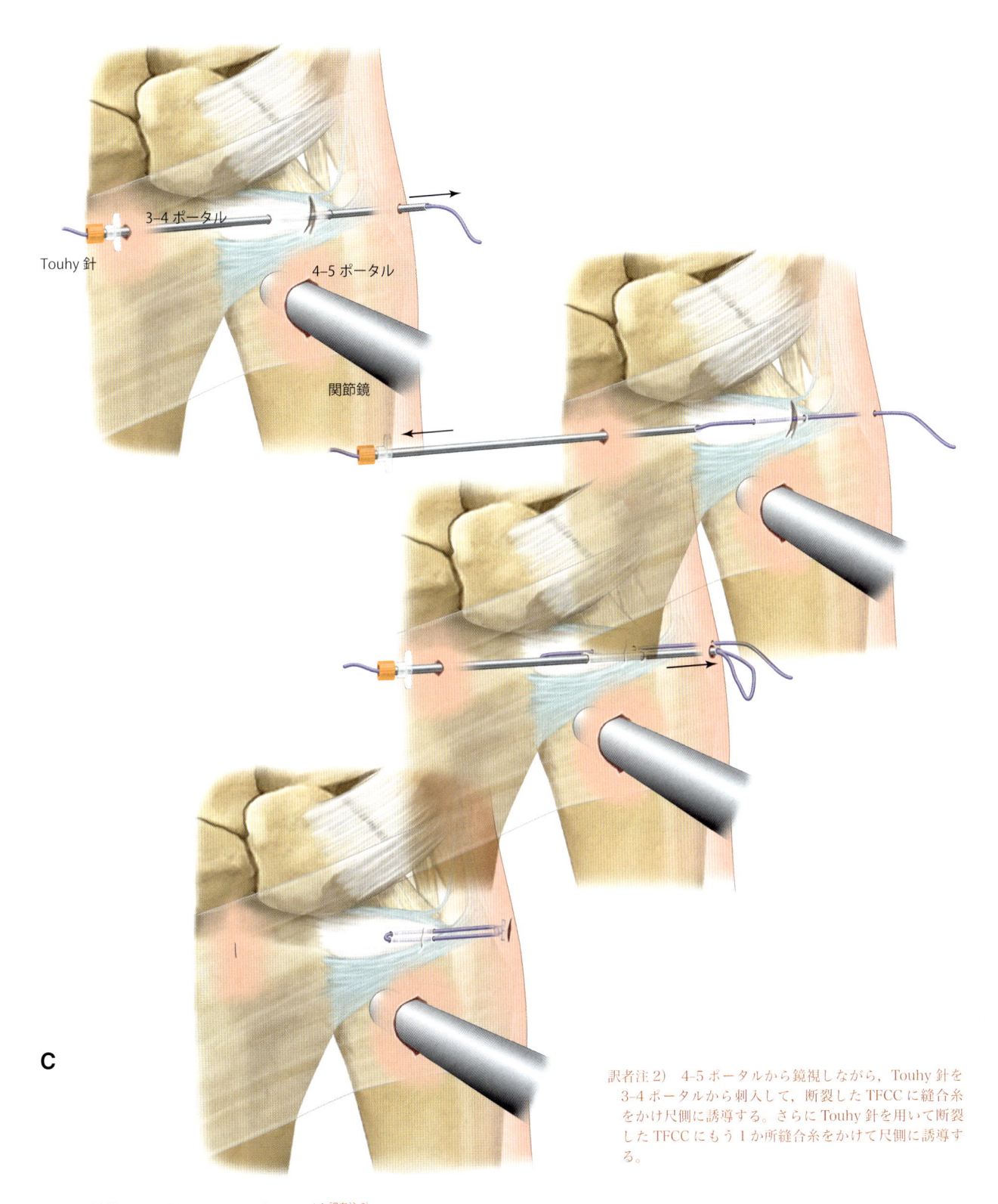

c

TFCC 修復：Poehling の inside-out 法[訳者注2]

図38 （続き）

腱鞘滑膜炎に対する除圧術
Tenosynovitis Decompression

適応と目的： 腱鞘滑膜炎は，第1，第2伸筋区画の腱停止部で生じる．典型的なのは第1伸筋腱区画(長母指外転筋腱，短母指伸筋腱)[de Quervain(ドゥケルヴァン)病]と，第2伸筋腱区画(長橈側手根伸筋腱と短橈側手根伸筋腱)と第1伸筋区画の腱交差部分(腱交差症候群)である．de Quervain病は，母指を拳に入れて手関節を尺屈するFinkelstein(フィンケルシュタイン)テスト[訳者注1]やMP関節に抵抗をかけながら伸展させると痛みが誘発されることで診断する．de Quervain病は，女性のほうが男性よりも6倍くらい多く罹患し，中年で利き手に発症する．手関節を尺屈しながら母指を外転するような動作を繰り返すことで悪化する．長時間のこのような動作は，伸筋支帯の線維骨性管を狭小化する．妊娠している患者や授乳している患者の一部は，自然に軽快する．

交差症候群は，ボートのこぎ手(oarsman's wrist)やゴルファーにしばしばみられる．手関節痛とLister結節の5cm中枢で軋音やきしむような音がある．どちらの病態も最初は，安静，NSAIDsの投与，注射，母指副子固定などの保存療法が行われる．交差症候群のほうが，de Quervain病に比べると保存療法で軽快しやすい．保存療法が長期間無効な例では，手術療法が行われる．

訳者注1)"母指を拳に入れて手関節を尺屈する"のはEichhoffテストであり，Finkelstein自身は"母指を外転した状態で手関節を尺屈する動作"で痛みが誘発されると記載している(Finkelstein H. Stenosing tendovaginitis at the radial styloid process. J Bone Joint Surg Am. 1930；12(3)：509-540.)．

手術手技： どちらの手術でも，患者は仰臥位として手の外科手術用台に手を乗せて行う．de Quervain病では，第1伸筋腱区画の直上で橈骨茎状突起の1cm中枢に，2cmの横方向の皮膚切開をおく．外側前腕皮神経，橈骨神経浅枝を同定して保護する．長母指外転筋腱と短母指伸筋腱の腱鞘を縦切開する．長母指外転筋腱は2〜4本あり，多くの例で短母指伸筋腱は別区画にある．背側伸筋支帯の一部を切除する．交差症候群に対しては，手関節中枢に，4cmの縦方向の皮膚切開をおき，第2伸筋腱区画を開放して，2つの伸筋腱区画の交差部にある滑液包を切除する．

術後管理とリハビリテーション： 伸筋腱が掌側へ落ちこまないように手関節を10°背屈して副子固定を2週間行うが，母指の可動域訓練は早期から開始する．術後1〜2週で抜糸を行い，手・指の伸展運動を徐々に開始する．瘢痕形成に注意して腱の滑走を行わせるような注意深い後療法が大切である．完全に回復するには数か月かかる．術後，徐々に疼痛や症状は改善していくが手術創部の圧痛は数か月は続く．

予後： de Quervain病に対する第1伸筋腱区画の開放手術の治療成績は良好である．しかし，短母指伸筋腱に隔壁があって同定できずに開放が不十分だったり，橈骨神経浅枝を損傷したりすると良好な治療成績は得られない．皮膚切開についても諸説あるが，縦方向の皮膚切開は瘢痕形成による外観上の問題，橈骨神経浅枝損傷，創部の癒合遅延などの問題がある．横方向に対して縦方向の皮膚切開の有利な点は，伸筋区画の種々の変異や橈骨神経浅枝の確認が容易な点である．

競技復帰： 手術後3〜4週以内で日常生活などの基本的動作は可能となる．仕事や競技になかなか復帰できない例では，3〜4か月かかることもある．

文　献

Gundes H, Tosun B. Longitudinal incision in surgical release of de Quervain disease. *Tech Hand Up Extrem Surg.* 2005; 9(3): 149-152.
Ilyas AA, Ast M, Schaffer AA, Thoder J. de Quervain tenosynovitis of the wrist. *J Am Acad Ortho Surg.* 2007; 15(12): 757-764.
Jackson WT, Viegas SF, Coon TM, Stimpson KD, Frogameni AD, Simpson JM. Anatomical variations in the first extensor compartment of the wrist. A clinical and anatomical study. *J Bone Joint Surg Am.* 1986; 68(6): 923-926.
Mellor SJ, Ferris BD. Complications of a simple procedure: de Quervain's disease revisited. *Int J Clin Pract.* 2000; 54(2): 76-77.
Wolfe SW. Tenosynovitis. In: Green DP, et al., eds. *Green's Operative Hand Surgery.* 5th ed. Philadelphia, PA: Elsevier; 2005: 2137-2158.
Yuasa K, Kiyoshige Y. Limited surgical treatment of de Quervain's disease: Decompression of only the extensor pollicis brevis subcompartment. *J Hand Surg* [*Am*]. 1998; 23(5): 840-843.

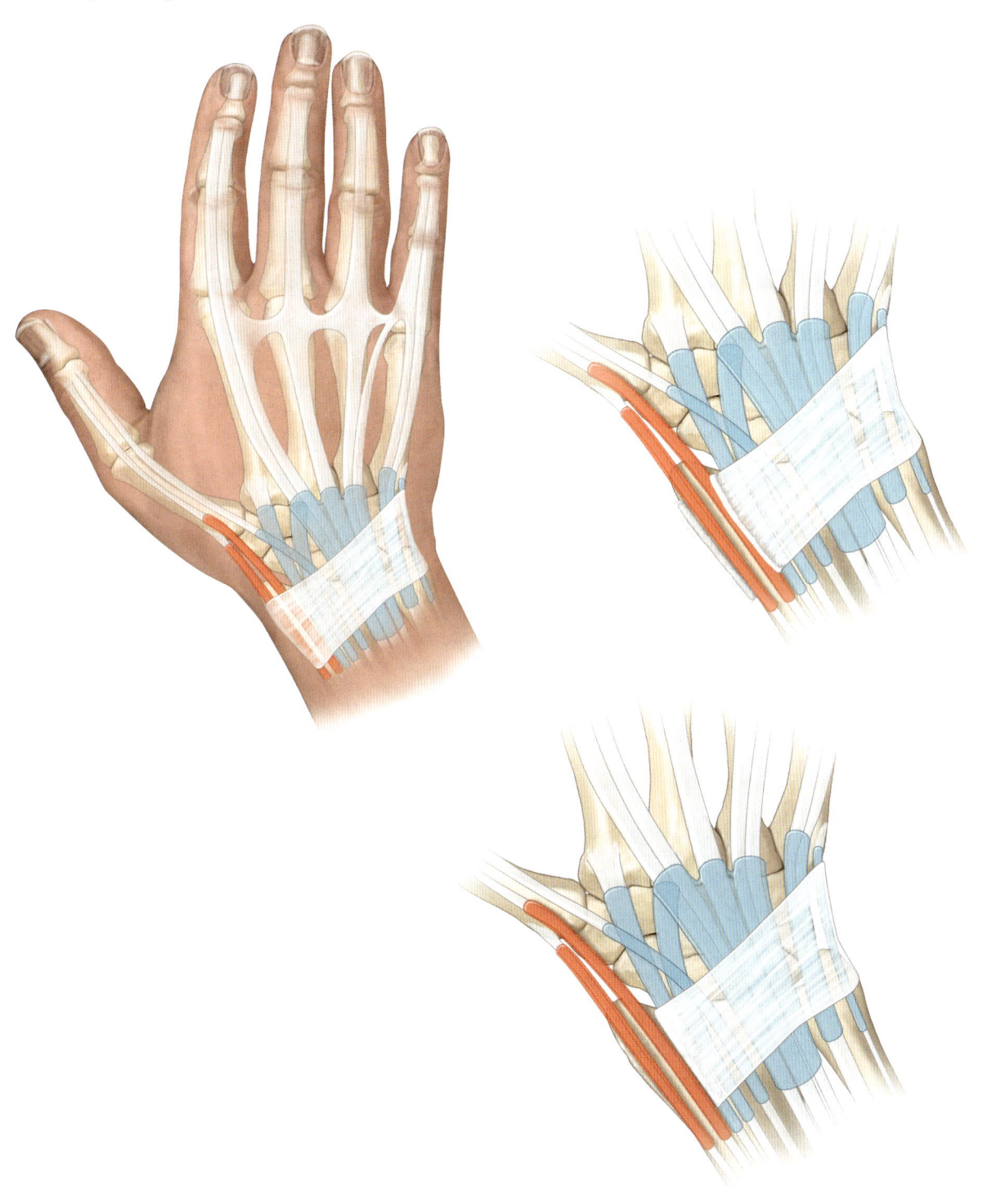

図39　de Quervain 病に対する外科的除圧手術

手関節ガングリオン摘出術
Wrist Ganglion Excision

適応と目的： ガングリオンは，最もよくみられる手の腫瘤である．この粘液嚢腫は通常，関節包，腱，腱鞘などに隣接して形成され，周囲組織を圧迫することで，疼痛を引き起こしている．10〜30歳代の女性に多く発生する．患者は，腫瘤の外観上の問題，痛み，力が入りにくい，悪性腫瘍の可能性などの理由から医療機関を受診する．先行する外傷は少なくとも10%の例にあり，繰り返す小外傷はガングリオン発生の1つの病因である．関節包と交通しているガングリオンは，一方向性の弁状機構によって生じるとされている．ガングリオンは通常，単発性で，好発部位はあるが，手指・手関節のどの関節からでも発生する．手関節背側ガングリオンは，手指・手関節発生の60〜70%を占める．舟状月状骨靱帯直上にしばしばみられるが，長い茎でこの部位から伸筋腱間のどこにでも突出する．この長い茎を同定できずに摘出しないと術後の再発率が上がる．経皮照明や穿刺は，術前に診断を確定できる．穿刺や注射による治療は，長期間にわたり症状の軽快をもたらすことがあり，20〜30%の患者では効果があると報告されている．掌側ガングリオンは，橈骨動脈に接していることがあり，穿刺の際には十分に注意して行うか，穿刺をしないほうがよい．痛みが執拗で長引く場合には，摘出術が行われる．

手術手技： 多くの背側関節包ガングリオンに対しては，近位手根列上に横方向の皮膚切開をおきアプローチするが，舟状月状骨靱帯の直上にガングリオンがない場合には，皮膚切開の位置を少し変更するか2か所の横方向の皮膚切開をおく．横方向の皮膚切開をおく前にガングリオンの診断がなされていないといけない．なぜなら，腫瘤が悪性腫瘍の場合には，この切開は患肢温存という手技には用いるべきではないからである．典型的な背側ガングリオンでは，長母指伸筋腱と総指伸筋腱の間から発生していて，それぞれの腱を橈側と尺側によける．ガングリオン内の主となる嚢腫とその茎は直下にある関節包上で，可動性がある．手関節を掌屈して橈骨と舟状骨 proximal pole の境界に沿って関節包を切離する．関節包を持ち上げて，舟状月状骨靱帯に付着している関節包を展開するために，遠位へよける．舟状月状骨靱帯に，より小さな関節内嚢腫がしばしばみつかる．ガングリオン周囲に連続する関節包は切除するが，舟状月状骨靱帯に付着している関節包は温存する．ガングリオンとガングリオン関節包付着部は舟状月状骨靱帯から摘出する．関節鏡下ガングリオン摘出術は，その再発率の低さと後療法の簡便さから，以前よりも多くの施設で行われるようになってきた．

術後管理とリハビリテーション： 前腕中枢からMP関節までの塊状圧迫包帯が行われ，患肢は挙上する．早期から手指の運動を行わせる．術後7〜10日で，包帯除去と抜糸が行われ，手関節の可動域訓練，とくに掌屈を開始させる．ハンドセラピーは，手関節の可動域制限がなくなるまで行う．手術創部の治癒のみ確認できれば，本質的には一切の制限を必要とせずとも，徐々に手関節の機能は回復し，活動レベルも上がる．

予後： ガングリオン摘出術は，手関節可動域や機能にほとんど影響を与えず効果のある治療法である．しかし，合併症がないわけではない．掌側ガングリオン摘出術は背側ガングリオン摘出術に比べて合併症が多く，橈骨神経浅枝損傷，正中神経掌側感覚枝損傷，橈骨動脈損傷などの合併症がある．不適切で不十分な摘出術では，早期の再発が最も頻度の高い合併症である．術後の早期運動，必要があれば理学療法，術直後の軽度掌屈での手関節副子固定などが，手関節拘縮を予防できる．なかでも術後早期の掌屈運動が重要である．ケロイドや肥厚性瘢痕を避けるために，縦方向の皮膚切開は行うべきでない．有効な治療法がない神経腫を生じないためには，橈骨神経や尺骨神経の感覚枝をしっかりと同定し保護する必要がある．

競技復帰： 理想的な環境下では，術後6〜8週で競技復帰が可能であり，再発率も高くない．アスリートによっては，この期間よりももっと早く競技復帰可能である．

文　献

Athanasian EA. Bone and Soft Tissue Tumors, In: Green DP, et al., eds. *Green's Operative Hand Surgery*. 5th ed. Philadelphia, PA: Elsevier; 2211-2264.
Dias J, Buch K. Palmar wrist ganglion: Does intervention improve outcome? A prospective study of the natural history and patientreported treatment outcomes. *J Hand Surg [Br]*. 2003; 28(2): 172-176.
Dias JJ, Dhukaram V, Kumar P. The natural history of untreated dorsal wrist ganglia and patient reported outcome 6 years after intervention. *J Hand Surg Eur Vol*. 2007; 32(5): 502-508. Epub 2007 Aug 6.
Geissler WB. Arthroscopic excision of dorsal wrist ganglia. *Tech Hand Up Extrem Surg*. 1998; 2(3): 196-201.
Ho PC, Law BK, Hung LK. Arthroscopic volar wrist ganglionectomy. *Chir Main*. 2006; 25(suppl 1): S221-S230. Review.

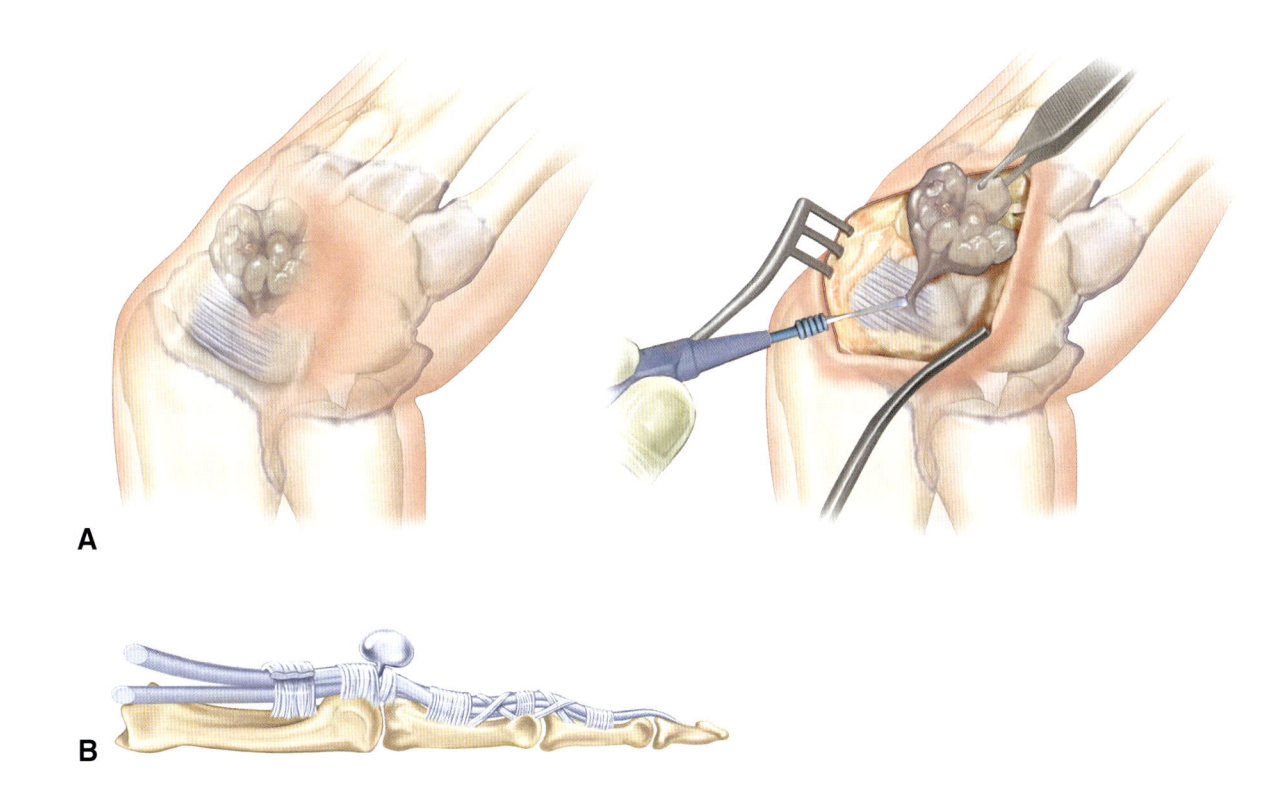

図40　直視下による手関節背側ガングリオン摘出術(A)，屈筋腱ガングリオン(B)

手根管開放術
Carpal Tunnel Release

適応と目的： 手根管症候群は，最もよくみられる圧迫性神経障害である。正中神経は，直達外力，繰り返す動作，解剖学的変異などによって手根管内で障害される。微小血管の圧迫や神経の阻血によって錯感覚が生じる。小径線維（温痛覚）よりも先に大径感覚線維（触覚，振動覚）が障害を受ける。圧迫が続くと，脱髄，線維化，軸索障害などの構造的な変化が生じる。これらの変化は，筋力低下や運動神経の麻痺を起こす。長期間にわたる圧迫は，2点識別覚の異常をもたらす。患者は，環指橈側1/2から橈側指へかけての指掌側での錯感覚と疼痛（とくに夜間痛）を訴える。病状が進むと筋力低下や運動麻痺がみられる。最も感度の高い誘発テストは，手根管を圧迫するテスト（Durkinテスト）である。ほかの誘発テストには，Tinel（ティネル）徴候やPhalen［フェイルン（ファーレン）］テストなどがある。早期の手根管症候群の診断には，Semmes-Weinstein（セメス・ワインシュタイン）テストが感度が高い。母指球筋の萎縮は，脱神経がひどくなるとみられる。これは自転車競技，ラケットを使う競技，車いすを使用する競技者にしばしばみられる。危険因子は，女性，肥満，妊娠，糖尿病，甲状腺機能低下症，慢性腎不全，炎症性関節炎，蓄積病，喫煙，アルコール，高齢，職業上手関節を繰り返し掌屈する動作などが挙げられる。手根管症候群の診断には，筋電図や神経伝導速度検査などは必ずしも必要ではないが，責任病巣がはっきりしない例では，診断を確定するのに役立つ。急性の手根管症候群は，橈骨遠位端骨折や手関節脱臼骨折などの重度な外傷によって生じる。活動性を控えたり，夜間副子固定やNSAIDsなどの保存療法が行われる。ステロイド注射は，患者の80％に症状の一時的な軽快をもたらすが，1年間有効なのは患者の22％のみである。もし，発症が1年以内で，母指球筋の筋萎縮や2点識別覚の異常がなく，筋電図で脱神経電位がなくて感覚・運動神経の潜時の延長が1～2msまでなら，40％の患者で，ステロイド注射は1年以上有効である。ステロイド注射が無効な例は，予後不良因子の1つで，手術の結果も思わしくない。

手術手技： 手術は，手の外科用手術台に手を乗せた仰臥位で行う。環指の橈側延長線上に沿って手掌皮線まで皮膚切開をおく。尺側に寄りすぎるとGuyon（ギヨン）管内の構造物を損傷し，橈側に寄りすぎると正中神経の運動神経である反回枝を損傷する。皮下組織と手掌腱膜を剝離して，横手根靱帯（屈筋支帯）を展開する。手根管内で開創鉤によって神経を保護しながら，横手根靱帯（屈筋支帯）を尺側（反回枝を保護するため）で切離して手根管を開放する。鏡視下手根管開放術は，この技術に熟練した医師によれば，選択枝の1つである。

術後管理とリハビリテーション： 手関節は術後3～4日間固定するが，手指は可能なかぎり早期に動かすようにさせる。術後の疼痛はほとんどなく，術前の症状はすぐに軽減していく。時に手指の腫脹がまれにみられる場合でも1週間以内で軽快する。日常生活動作で患側の手関節を使うように指示する。また患者の職場を作業上安全で人間工学にかなった環境にするよう考慮することで，比較的早期に仕事に復帰可能となる。

予後： 多くの患者は，術後速やかに症状が軽減する。ただ罹病期間の長かった症状はそれだけ長期間続く。鏡視下手根管開放術は，標準的な直視下手根管開放術にとってかわるものであるが，手根管の開放が不十分であるというのが最もよくみられる合併症である。また鏡視下手根管開放術は，仕事に早期復帰でき，術後早期の患者の満足度も高いが，合併症比率が高いという欠点もある。鏡視下手根管開放術と直視下手根管開放術の長期成績は同じである。合併症比率は，手術方法よりも術者の経験に最も関係している。通常の直視下による手根管開放術で，ピンチ力は術後6週で術前と同じレベルに戻り，握力は術後3か月で戻る。手術創部に隣接した手掌部のpillar painは，直視下による手根管開放術後3～4か月の間，よくみられる。手根管開放術後に執拗に症状が続く場合には，不十分な手根管開放術，医原性の正中神経損傷，重複圧迫症候群の見逃し，末梢神経障害の合併，占拠性病変など

の可能性がある．再手術を成功させるためには，これらの初回手術の失敗の原因を同定する必要がある．

競技復帰：手関節・手指の使用をある程度制限すれば，術直後に仕事や競技に復帰できる．理想的な環境下では，術後6〜8週以内に完全復帰可能となる．

文　献

Adams BD. Endoscopic carpal tunnel release. *J Am Acad Orthop Surg.* 1994; 2(3): 179-184.
Benson LS, Bare AA, Nagle DJ, Harder VS, Williams CS, Visotsky JL. Complications of endoscopic and open carpal tunnel release. *Arthroscopy.* 2006; 22(9): 919-924, 924. e1-e2. Review.
Cranford CS, Ho JY, Kalainov DM, Hartigan BJ. Carpal tunnel syndrome. *J Am Acad Orthop Surg.* 2007; 15(9): 537-548.
Pomerance J, Fine I. Outcomes of carpal tunnel surgery with and without supervised postoperative therapy. *J Hand Surg*〔Am〕. 2007; 32(8): 1159-1163; discussion 1164-1165.
Scholten RJ, Mink van der Molen A, Uitdehaag BM, Bouter LM, de Vet HC. Surgical treatment options for carpal tunnel syndrome. *Cochrane Database Syst Rev.* 2007;（4）: CD003905. Review.

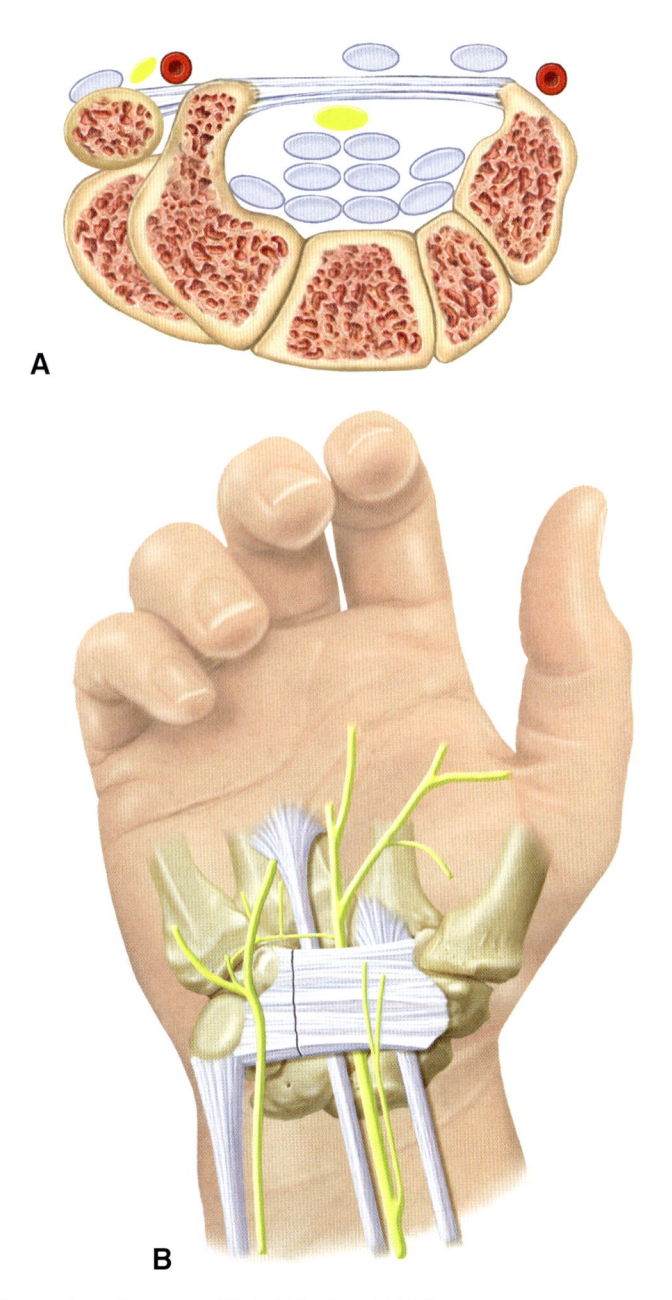

図41　横手根靱帯の解剖（A），直視下による手根管開放術の切離（B）

Guyon 管（尺骨管）開放術
Guyon's Canal (Ulnar Nerve Compression at the Wrist) Release

適応と目的： 尺骨管症候群は，Guyon（ギヨン）管での尺骨神経の圧迫性神経障害で，手根管症候群と比べてその頻度は少ない．Guyon 管の境界は，掌側手根靱帯（屋根に相当），横手根靱帯（屈筋支帯）（床に相当），有鉤骨の鉤（橈側），豆状骨と小指外転筋の筋腹（尺側）からなる．この管は 4cm の長さがあり，3 つの区画に分かれる．すなわち(1)尺骨神経が分岐するより中枢の部分，(2)大部分が運動枝である深枝の周囲部分，(3)大部分が感覚枝である浅枝の周囲部分の 3 つである．尺骨管症候群の原因のほとんどは，ガングリオンである（非外傷性の 80％）．その他の原因としては，有鉤骨鉤骨折の偽関節，尺骨動脈の血栓，直接の圧迫（自転車競技者のハンドルでの麻痺），肥大した短掌筋，破格筋などがある．治療の成功は，尺骨管症候群の原因がなんであるかを同定することにかかっている．有用な補助検査としては，有鉤骨鉤骨折の偽関節には CT 撮像が，ガングリオンや他の占拠性病変には MRI 撮像が，尺骨動脈の血栓には超音波 Doppler 法が挙げられる．どの部位での障害かによって，症状は，純粋な運動神経麻痺，純粋な感覚神経麻痺，両者の混合した麻痺などがありうる．疼痛と錯感覚は，環指尺側と小指にみられ，手内筋の筋力低下が生じる．確定診断には神経伝導速度検査が役に立つ．保存療法には，活動性の変更，副子固定，NSAIDs などが用いられる．手術療法では，前述した潜在している尺骨管症候群の原因に対処して尺骨神経の除圧を行うことになる．手根管症候群を併発している例では，横手根靱帯（屈筋支帯）の切離によっても Guyon 管は適度に除圧される．

手術手技： 手術は，手の外科用手術台に手を乗せた仰臥位で行う．尺側手根屈筋腱の橈側に 5cm の皮膚切開を手首皮線を横切る部分を曲線にするように行う．皮下組織と手掌腱膜を剝離し，尺側手根屈筋腱を尺側へよけて，豆状骨と豆状有鉤骨靱帯を同定する．深部へ潜る運動枝を同定して，掌側手根靱帯と豆状有鉤骨靱帯を切離し，尺骨神経の除圧を行う．

術後管理とリハビリテーション： 塊状圧迫包帯を手関節中間位で行い，術後 2 日でこの包帯は除去する．患者には，手指・手関節・前腕の運動を指導する．手関節中間位での夜間の副子固定をすることで患者は楽になる．術後 10〜14 日で抜糸を行う．

予後： 手根管開放術と同じように，多くの患者は，術後速やかに症状が軽減する．ただ罹病期間の長かった症状はそれだけ長期間続く．原因をしっかりと同定することが，完全な回復につながる．症状が長びく場合には，原因をしっかりと同定できなかったか，尺骨神経深枝の運動神経の開放がうまくいっていないか，ガングリオンが残存していて尺骨神経に圧迫を続けている可能性がある．

競技復帰： 手術後 6〜8 週でとくに制限もなく，ほぼ完全な活動性が得られ仕事や競技に復帰できる．

文　献

Black S, Hofmeister E, Thompson M. A unique case of ulnar tunnel syndrome in a bicyclist requiring operative release. *Am J Orthop*. 2007; 36(7): 377-379.

Capitani D, Beer S. Handlebar palsy—a compression syndrome of the deep terminal (motor) branch of the ulnar nerve in biking. *J Neurol*. 2002; 249(10): 1441-1445.

Cobb TK, Carmichael SW, Cooney WP. Guyon's canal revisited: An anatomic study of the carpal ulnar neurovascular space. *J Hand Surg [Am]*. 1996; 21(5): 861-869.

Elhassan B, Steinmann SP. Entrapment neuropathy of the ulnar nerve. *J Am Acad Orthop Surg*. 2007; 15(11): 672-681.

König PS, Hage JJ, Bloem JJ, Prosé LP. Variations of the ulnar nerve and ulnar artery in Guyon's canal: A cadaveric study. *J Hand Surg [Am]*. 1994; 19(4): 617-622.

Mackinnon SE, Novak CB. Compression Neuropathies. In: Green DP, et al., eds. *Green's Operative Hand Surgery*. 5th ed. Philadelphia, PA: Elsevier; 2005: 998-1046.

Posner MA. Compressive neuropathies of the ulnar nerve at the elbow and wrist. *Instr Course Lect*. 2000; 49: 305-317. Review.

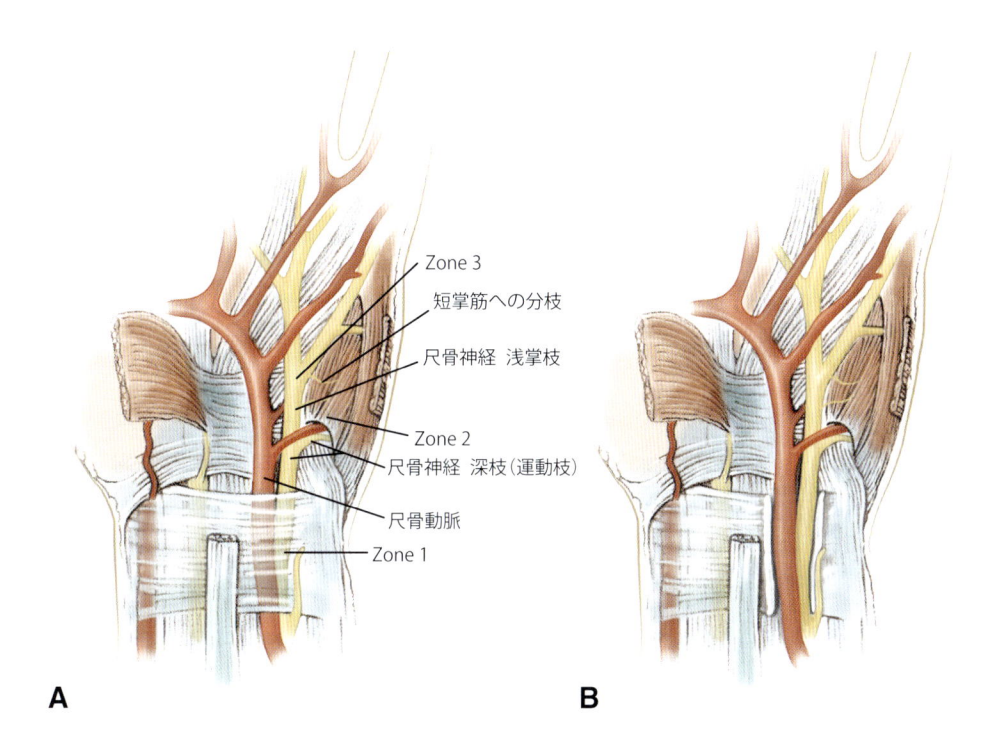

図42　Guyon 管の解剖（A），Guyon 管開放術（B）

ばね指手術
Trigger Finger Release

適応と目的： 狭窄性腱鞘炎（ばね指）は，母指も含めた手指の屈筋腱のスムーズな滑走を妨げる屈筋腱腱鞘の炎症によって生じる。これらに共通する初期の特徴は，A1 pulley（A1滑車）近傍の手掌遠位部の疼痛や圧痛である。このまま放置されていると，腱鞘炎が進んで屈筋腱の滑走するスペースが減じて，手指のひっかかり感やロッキング症状が出現する。Greenによる分類が最もよく用いられる。Stage 1はA1 pulleyの疼痛や圧痛，Stage 2は手指のひっかかり感，Stage 3は実際にロッキングが生じるが自己整復可能な状態，Stage 4はロッキングしたまま固定された状態である。環指が最も罹患しやすく（小児では母指），中高年の女性，糖尿病患者，関節リウマチの患者にしばしば発症する。これらは繰り返す握り動作の結果生じる。糖尿病患者を除いた大部分の患者では，ステロイドの腱鞘内注射に良好に反応し軽快する。保存療法に抵抗性の場合には，手術療法の適応となる。

手術手技： A1 pulleyの直上（通常は遠位手掌皮線の高位）に横方向の小切開を加える。皮下組織を剥離展開して，腱に隣接する神経血管束を保護するように注意する。腱鞘を確認して，単純に縦切開する。A2 pulleyの近位部分を損傷しないように注意する。もしこれを損傷してしまうと弓づる形成を生じて屈曲制限を生じる。手指を他動的に動かして，屈筋腱が引っかからないことを確認する。皮膚切開部分から屈筋腱を引き出して，屈筋腱に損傷や摩耗がないかを調べる。外来手術での経皮的切開術は，さまざまな器械を用いて行われており，良好な成績が報告されている。

術後管理とリハビリテーション： 典型的には，手術後にとくに注意深い後療法が必要になることはない。自宅での運動で，手術後の可動域は十分に確保される。加えて，日常生活動作を行うための動かし方を教えることが役に立つ。創傷瘢痕に対する管理は後療法開始時点から指導することは可能であるが，従順な患者には，自宅での運動のみで十分である。

予　後： 治療結果は，合併症の生じる率は全体的に低くおよそ1％で，皮膚癒合の遷延，伸展不全，こわばりの残存などである。A1 pulley切開後の再発率は10％以下である。Stage 4の患者では，高率に引っかかり感の残存や屈曲拘縮がみられる。

競技復帰： 競技復帰には，通常，手術後4〜6週で可能で，症例によってはもう少し早い。

文　献

Bae DS, Sodha S, Waters PM. Surgical treatment of the pediatric trigger finger. *J Hand Surg [Am]*. 2007; 32(7): 1043–1047.
Lim MH, Lim KK, Rasheed MZ, Narayanan S, Beng-Hoi Tan A. Outcome of open trigger digit release. *J Hand Surg Eur Vol*. 2007; 32(4): 457–459. Epub 2007 May 4.
Saldana MJ. Trigger digits: Diagnosis and treatment. *J Am Acad Orthop Surg*. 2001; 9(4): 246–252.
Wolfe SW. Tenosynovitis. In: Green DP, et al., eds. *Green's Operative Hand Surgery*. 5th ed. Philadelphia, PA: Elsevier; 2005: 2137–2158.

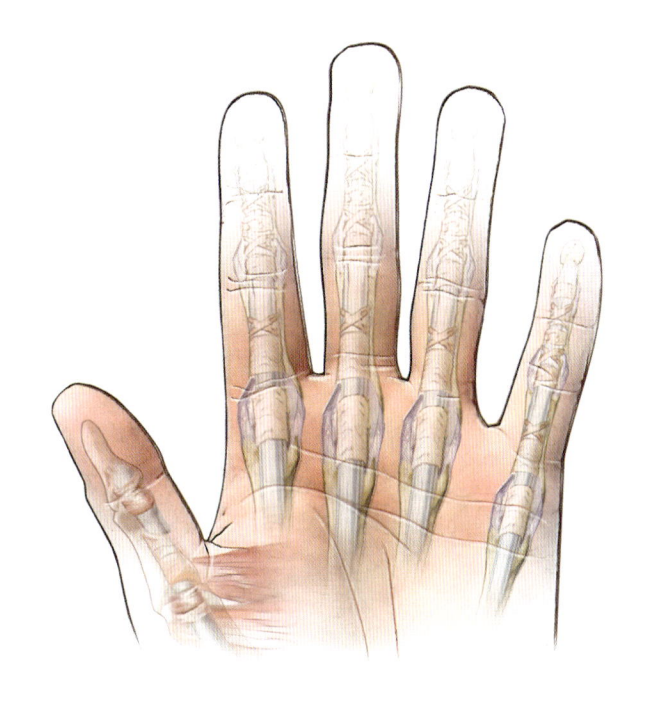

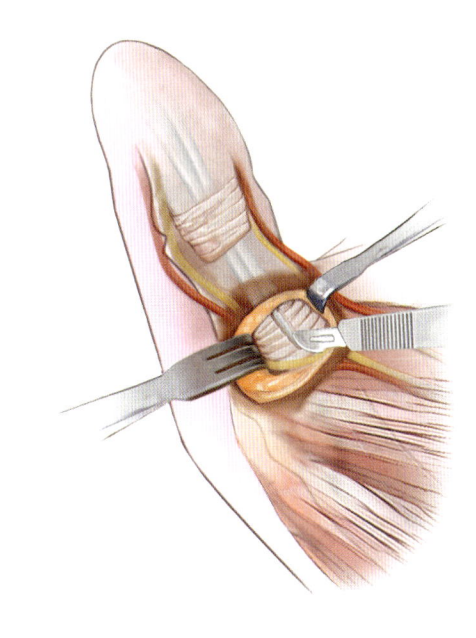

訳者注1） A1 pulleyの直上に横方向の小切開を加え，腱に隣接する神経血管束を神経鉤で保護してよける。腱鞘を確認して縦切開する。

図43 ばね指手術

ジャージー指/屈筋腱修復術
Jersey Finger/Flexor Tendon Repair

適応と目的： 深指屈筋腱裂離損傷は，屈筋腱損傷 Zone 1（浅指屈筋腱付着部より遠位）で，腱の破断や裂離が生じている。この損傷は，選手が他の選手のユニフォーム（ジャージ）をつかむ動作や，バスケットボール選手がスラムダンク（ダンクシュート）でリングをつかむような把持動作をする際に，DIP 関節が強制的に伸展され生じる。環指が最も罹患しやすい（75％）。検査所見としては PIP 関節伸展位で DIP 関節の自動屈曲ができないことである。さらに深指屈筋腱に沿っての圧痛がある。Leddy 分類は，断裂した屈筋腱断端がどの位置まで牽引されているかによる分類である。Type I は，断端が手掌まで牽引された状態で，腱の血流が遮断されていることから受傷後 7～10 日以内に修復しなければならない。Type II は，断端が A2 pulley まで牽引されている状態で，腱ひもが残存しているために A2 pulley に引っかかりこの位置にある。この腱ひもが残存しているため腱の血流は保持されているので，受傷後 6 週までは修復可能である。Type III は，裂離骨折となっている状態で，通常この骨片によって中枢への牽引は妨げられ，断端は A4 pulley にある。受傷後 3 か月までは観血的整復固定術が可能である。Type IIIA は，末節骨付着部の骨折はあるが深指屈筋腱に骨片が付着しておらず，断端は手掌まで牽引されている状態である。この場合には Type I と同じ状態なので，できるだけ早く修復されなければならない。陳旧例では，もし浅指屈筋腱が正常であれば，深指屈筋腱の修復や再建をするべきではなく，保存療法や DIP 関節固定術が選択される。

手術手技： 手術中の体位は仰臥位で，手の外科用手術台を使う。腱の断端が触れる場所に皮膚切開をおき，皮下組織を剥離して指神経を保護する。屈筋腱と腱鞘を観察するが，術後の癒着を生じないように愛護的操作で行う。手術後の腱浮き上がり現象を生じないように A4 pulley は残さなければならない。屈筋腱をもとの腱鞘内に通して，ミニスーチャーアンカーを用いるかボタンを使った引き抜き縫合/鋼線で末節骨に再逢着する。術後早期に可動域獲得のための運動を開始した際に，ギャップを生じないような十分な強度をもった修復を行うべきである。Type III や Type IIIA では，小皮質骨用スクリューなどを用いた内固定が行われる。

術後管理とリハビリテーション： 屈筋腱修復術後の後療法にはさまざまな方法がある。どの方法を選択するかは，修復した部位と屈筋腱にかかる緊張の度合いを考慮して決定する。一般的に，適切な保護のもとでの早期運動療法は，腱の滑走性を増やし癒着を減じて縫合部の引っ張り強度を増加する。術後 6 週間は，患指が完全伸展しないように背側に副子固定を行って腱縫合部を保護しなければならない。制動下訓練と他動的伸展運動を指導する。術後 6～8 週で徐々に制限を解除していき，術後 12～14 週を目途に制限なしの運動を許可する。腱修復期に注意深く腱を滑走させることは，腱周囲の癒着を最小限にして同時に腱の内因性の修復を促進する。術後の後療法の目標や方法は，Kleinert 変法，Duran 法，Indianapolis 法などのような実際に行われた修復方法に応じて，変える必要がある。

予後： 多くの研究で良好な成績が報告されているが，治療成績は修復された部位，患者のコンプライアンスなどによってさまざまである。DIP 関節の拘縮，修復した腱の癒着，再断裂などの合併症がある。A4 pulley や A2 pulley を損傷してしまうと腱浮き上がり現象が生じる。深指屈筋腱の 1cm 以上の前進術は DIP 関節の拘縮や四頭馬車現象を生じる可能性がある。深指屈筋腱は前腕部で共通の筋腹であるため，1 つの深指屈筋腱を前進させると隣接した指の屈曲を制限してしまう四頭馬車現象が生じて，前腕部の疼痛や握力低下を生じる。

競技復帰： 適切に患部を保護すれば，術後数週間以内に競技復帰が可能である。ただし，まったく制限なしに競技ができるようになるには 3～4 か月以上かかる。

文献

Boyer MI, Goldfarb CA, Gelberman RH. Recent progress in flexor tendon healing. The modulation of tendon healing with rehabilitation variables. *J Hand Ther*. 2005; 18(2): 80-85; quiz 86. Review.
Lilly SI, Messer TM. Complications after treatment of flexor tendon injuries. *J Am Acad Orthop Surg*. 2006; 14(7): 387-396. Review.
Luo J, Mass DP, Phillips CS, He TC. The future of flexor tendon surgery. *Hand Clin*. 2005; 21(2): 267-273. Review.
Pettengill KM. The evolution of early mobilization of the repaired flexor tendon. *J Hand Ther*. 2005; 18(2): 157-168. Review.
Strickland JW. Flexor tendon injuries: I. foundations of treatment. *J Am Acad Orthop Surg*. 1995; 3(1): 44-54.
Strickland JW. Flexor tendon injuries: II. operative technique. *J Am Acad Orthop Surg*. 1995; 3(1): 55-62.
Su BW, Solomons M, Barrow A, Senoge ME, Gilberti M, Lubbers L, Diao E, Quitkin HM, Grafe MW, Rosenwasser MP. A device for zone-II flexor tendon repair. Surgical technique. *J Bone Joint Surg Am*. 2006; 88(suppl 1 pt 1): 37-49. Review.

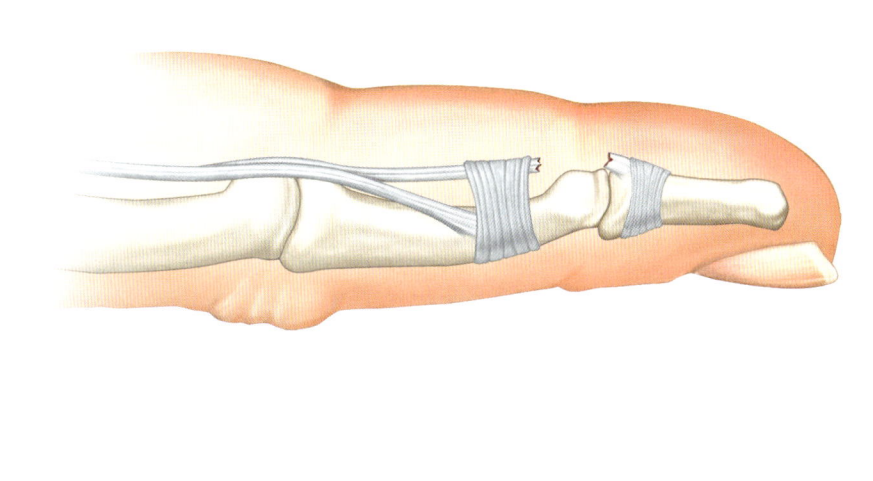

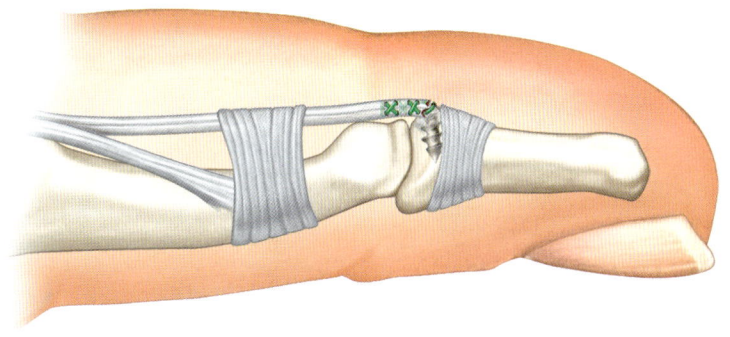

図44 ジャージー指の治療

手指伸筋腱修復術
Digital Extensor Tendon Repair

適応と目的： 手指伸筋腱損傷の治療は，損傷部位に基づき行う．中指が最も罹患しやすい．一般的に，腱幅の50％以下の部分損傷では患者が抵抗をかけても指の伸展が可能であれば，直接縫合するような治療は必要ない．このような損傷では，癒着を防止する目的で制動下での早期運動が行われる．

　Zone Iでの損傷，あるいはマレットフィンガーは，アスリートにはよくみられる損傷である．これは，指を伸ばしている状態でボールが当たって受傷するような，突然指を屈曲強制されたようなときに，DIP関節かそれ以遠で伸筋腱付着部が断裂して生じる．受傷後12週以内に診断された腱性マレットフィンガーの治療は，6〜8週間のDIP関節伸展位固定用スプリントで行われる．転位のない骨性マレットフィンガーでも同様にDIP関節伸展位固定用スプリントで治療される．開放損傷や，関節面の50％以上に及んで末節骨が掌側に亜脱臼している例や，陳旧例では手術療法の適応となる．陳旧性のマレットフィンガーとなり，DIP関節の屈曲が長く続くと掌側板と横支靱帯の菲薄化，側索の背側への偏位によってPIP関節が過伸展となりスワンネック変形を生じる．指三角靱帯の菲薄化や，靱帯の拘縮によってこの変形は持続する．

　Zone IIでの損傷は，示指から小指までの中節骨か母指基節骨で生じる．通常の受傷機転は，指背側の切創や圧挫によって生じる．50％未満の不全断裂例では，保存療法が行われ，創部の治療と早期運動が行われる．

　Zone IIIでの損傷は，示指から小指までのPIP関節高位か母指MP関節高位での中央索の断裂である．テーブルの角にPIP関節90°屈曲位にしておき，他動屈曲に抗してPIP関節を伸展させるElsonテストが行われる．PIP関節の伸展ができずにDIP関節が伸展位となる例では，中央索が断裂している．指三角靱帯の菲薄化と側索の掌側への亜脱臼によってPIP関節の屈曲とDIP関節の過伸展が急性のボタン穴変形を生じる．側副靱帯，掌側板，横支靱帯の拘縮によって，この変形は持続する．閉鎖性損傷での治療は，PIP関節を伸展位に保持する副子固定をしてDIP関節の自動屈曲を6週間行う．手術療法の適応は，開放性損傷や転位した骨片を伴う裂離骨折例である．

　Zone IVでの損傷は，示指から小指までの基節骨高位か母指の中手骨高位で生じる．治療はZone IIと同様である．よくあるこのZone IVでの合併症は，伸筋腱の癒着によって屈曲制限を生じることである．この場合には腱剥離術が必要となる．コントロールされた早期運動と動的副子がこの癒着形成を軽減できる．

　Zone Vでの損傷はMP関節(中手指節関節)高位で生じる．"咬傷"では，MP関節のデブリドマンや二期的に創部を閉鎖する必要がある．この高位での損傷では，中手骨骨頭・頸部骨折やMP関節の脱臼などを合併することがあり，これらに対しても適切な治療を行わなければならない．伸筋腱脱臼を伴った矢状索の断裂は，中指で生じることが多い．橈側の線維がしばしば断裂して，伸筋腱が尺側へ脱臼して伸展不全を生じる．急性期では，MP関節を伸展位に保持するような副子固定(MP関節の固定は屈曲位で行うべきという原則の，唯一の例外)を4〜6週間行う治療が行われる．保存療法がうまくいかなかった例や陳旧例では，矢状索の縫合や再建術などの手術療法を行う．

　Zone VIでの損傷は中手骨高位で生じ，最も頻度の多い損傷である．橈骨神経や尺骨神経の感覚枝の損傷を合併する．

　Zone VIIでの損傷は手関節高位で生じ，Zone VIIIでの損傷は前腕遠位の筋腱移行部で生じる．手関節高位での損傷では，通常は伸筋支帯も傷んでおり，手術後の癒着が生じやすい．

　Zone IXでの損傷は，前腕中枢の伸筋の筋腹で生じる．この損傷は通常，貫通創によって二次的に生じ，血管神経束損傷を合併していると予後不良である．

手術手技： 治療法やアプローチは，損傷高位によって異なる．原則として腱幅の50％以上の断裂があれば，縫合する．関節拘縮を避けるために，Brunerのジグザグ切開を用いる．損傷高位の伸筋腱を展開して，Kessler縫合を非吸収糸を用いて行う．

　Zone Iでの開放性損傷(腱性槌指)では腱を直接縫合するか腱皮膚固定(これは腱と皮膚とを同じ縫合糸で接合する方法)を行う．骨性槌指で，末節骨の掌側への亜脱臼が認められたら，安定化のためにDIP関節の経皮的鋼線刺入を行う．関節面の50％を超える骨片の場合には，観血的整復固定術を行う．これには，小径の両皮質骨スクリューやフックプレートなどの種々の方法が報告されている．受傷から12週間以上経過して診断された陳旧性の槌指は，典型的には手術療法を要する．DIP関節に拘縮や不適合がなく関節症変化もなければ，直接修復することも可能である．それ以外の方法としては，腱皮膚固定や螺旋斜支靱帯(SORL)の再建術などがある．スワンネック変形の矯正には，側索の腱固定，浅指屈筋腱の腱固定，Fowler法(中央索の腱切離)などがある．痛みがあり硬くなった変性性DIP関節症に対する最もよい方法は，関節固定術である．

　中央索高位のZone IIIでの損傷は，腱実質部の消失によって遊離腱移植や伸展機構を反転した皮弁が必要になる．陳旧性のボタン穴変形の治療は，PIP関節の他動運動での可動域制限が消失してから行うのが最もよい．中央索の再建術と拘縮した構造物を剥離して側索を元の位置に戻す．過伸展したDIP関節の治療には，終止伸筋腱の剥離を中節骨まで行う．痛みがあり硬くなった変形性PIP関節症に対する最もよい方法は，関節固定術である．

　伸筋支帯が損傷されるZone VIIとIIIでの損傷では，腱浮き上がり現象を防ぐために一期的に伸筋支帯を修復する必要がある．

　伸筋筋腹が損傷されるZone IXでは吸収糸を用いるか筋上膜を通した腱移植術で修復する．手術後の後療法では，肘・手関節を約4週間固定する．

図45 手指伸筋腱断裂の修復

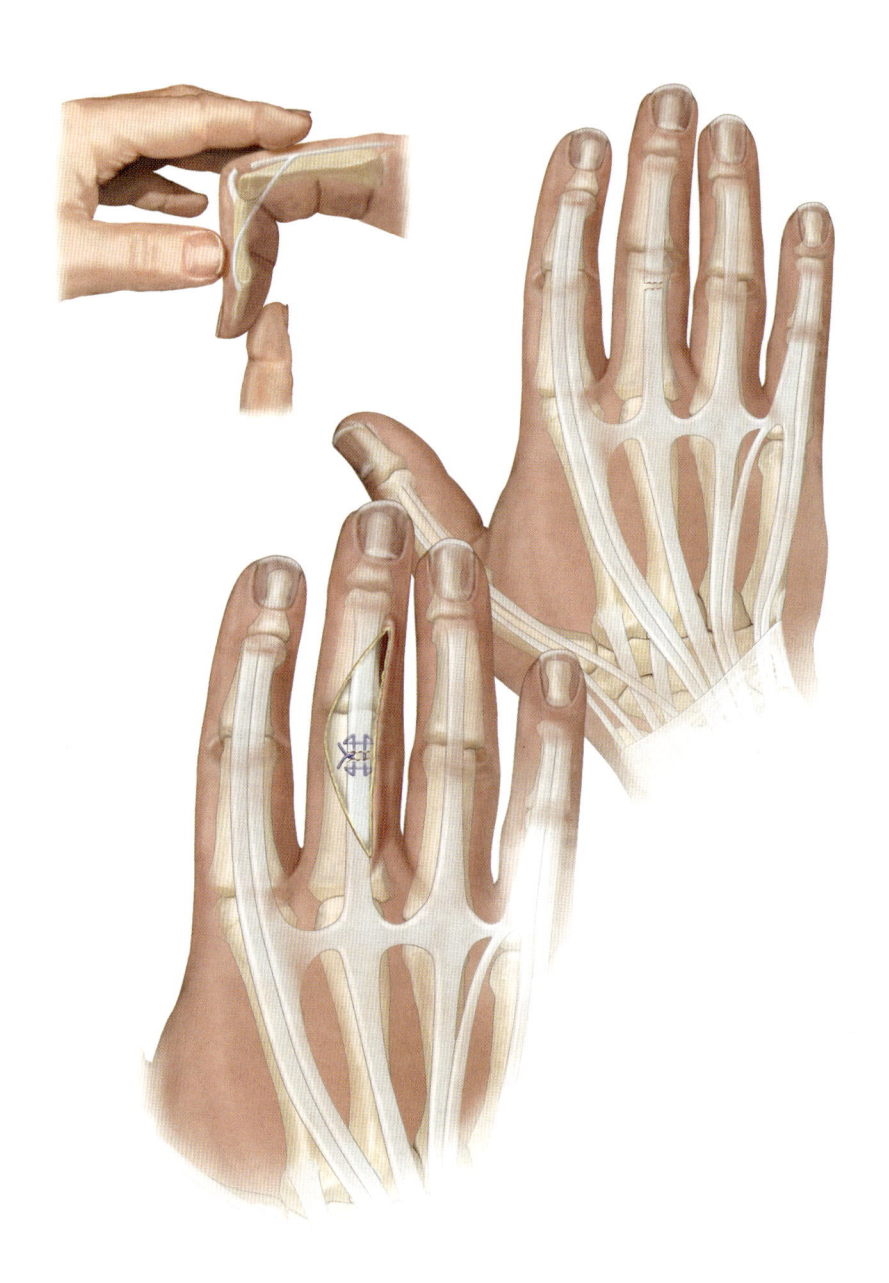

術後管理とリハビリテーション： 手術後の後療法は，伸筋腱損傷の高位による。原則として，MP 関節よりも中枢での損傷では，PIP 関節は術直後から固定しないで，1～2 週間は MP 関節を完全伸展位とした後，他動伸展と自動での屈曲が可能な副子を用いる。これとは対照的に，MP 関節より遠位での伸筋腱損傷では，約 4～6 週間の PIP 関節や DIP 関節の伸展位固定が必要となる。

予　後： 伸筋腱修復術の治療結果は，おおむね良好であるが，患者のコンプライアンスにもよる。合併症には，腱や骨の癒合不全のため自動伸展不全となることが挙げられる。修復術後の腱の癒着は，とくに Zone IV，VIIで生じやすく，腱剥離術を要する。Zone VIIやVIIIの手術の結果は，Zone IV，V，VIと比べると悪い。

競技復帰： 適当な保護のもと数週間以内には競技復帰が可能となる。しかし，まったく制限なしでの競技への復帰には 3～4 か月以上かかる。

文　献

Baratz ME, Schmidt CC, Hughes TB. Extensor Tendon Injuries. In: Green DP, et al., eds. *Green's Operative Hand Surgery*. 5th ed. Philadelphia, PA: Elsevier; 2005: 187-218.
Browne EZ Jr, Ribik CA. Early dynamic splinting for extensor tendon injuries. *J Hand Surg [Am]*. 1989; 14(1): 72-76.
Ip WY, Chow SP. Results of dynamic splintage following extensor tendon repair. *J Hand Surg [Br]*. 1997; 22(2): 283-287.
Kerr CD, Burczak JR. Dynamic traction after extensor tendon repair in zones 6, 7, and 8: A retrospective study. *J Hand Surg [Br]*. 1989; 14(1): 21-22.
Lovett WL, McCalla MA. Management and rehabilitation of extensor tendon injuries. *Orthop Clin North Am*. 1983; 14(4): 811-826.
Minamikawa Y, Peimer CA, Yamaguchi T, Banasiak NA, Kambe K, Sherwin FS. Wrist position and extensor tendon amplitude following repair. *J Hand Surg [Am]*. 1992; 17(2): 268-271.

母指尺側側副靱帯修復術
Thumb UCL Repair

適応と目的： 母指尺側側副靱帯(ulnar collateral ligament: UCL)の急性損傷はスキーヤー母指といわれ，陳旧性損傷はゲームキーパー(猟場番人)母指とよばれる。UCL は効果的なつまみ動作を行うためのカギとなる。受傷機転は通常，母指の過伸展と外転強制である。患者は，局所の痛みと腫れを訴えて来院する。理学検査からのみでUCL が完全断裂か不全断裂しているかを鑑別するのは難しい。ストレスX線撮影やMRI は診断の助けにはなるかもしれないが，ストレスをかけることで転位の少ない裂離骨折の骨片を転位させないように，あらかじめ単純X線撮影をしなければならない。もし骨折がなければ，MP関節を完全に屈曲した位置と完全に伸展した位置で基節骨を橈屈するようなストレスを加える。完全伸展位でも不安定性があれば，UCLと掌側板の両方が完全断裂している。完全屈曲位で30°未満の開きであれば不全断裂である。一方，30°を超えるか健側と比較して15°以上開く場合には，完全断裂が示唆される。完全断裂の80％にStener(ステーナー)損傷が存在している。これは，母指内転筋腱膜が，裂離したUCLと基節骨基部の靱帯付着部との間に介在してしまう状態である。このStener損傷があると断裂したUCLの自然治癒は阻害され，靱帯修復術が必要になる。不全損傷では，4～6週の母指スパイカキャスト固定によって治療される。

手術手技： 手術は，手の外科用手術台を用いた仰臥位で行う。母指中手骨の尺側縁からMP関節にかけて平行に走るゆるいS字状皮膚切開を用いる。鋭的に関節に沿って剥離して，尺側縁中央軸に平行に遠位に展開していく。皮膚切開の遠位部は，基節骨の基部と掌側板に容易に到達できるように，十分掌側になければならない。皮下組織の深部にある橈骨神経浅枝の分枝は，同定して保護する。内転筋腱膜の中枢端を同定する。Stener損傷があるとこの部位はわかりにくく浮腫状で丸く腫脹した塊のようにみえる。Stener損傷がなければ，この部位はわかりやすい。長母指伸筋腱尺側縁の約3mm掌側を平行に，内転筋腱膜を縦切開する。腱膜を掌側に飜転すると基節骨の基部を含むMP関節の尺側が展開される。ミニスーチャーアンカーを用いるか基節骨を通して引き抜き縫合して，靱帯を骨付着部に再逢着して修復する。指背腱膜腱帽と側側副靱帯を修復して内転筋も解剖学的に修復する。もし裂離した靱帯に骨が付いている場合は，この骨片の大きさによって治療法が決まる。もし骨片が小さい(関節面の10～15％よりも小さい)場合は，骨片を摘出して靱帯を小骨片裂離部に引き抜き縫合する。もし，骨片が大きい場合には何本かの小骨片用スクリューを用いて観血的整復固定する。陳旧性のUCL断裂例に対しては，隣接した関節包か腱移植を用いて，靱帯再建術を行う。

術後管理とリハビリテーション： 手術後の後療法は母指スパイカ副子やスパイカキャストによる固定を4週間したのち，さらに2週間は取りはずし可能な副子を1日中装着し，活動状況によっては3か月まで装着する。肩・肘・手関節および母指IP(指節間)関節の可動域運動は監視下のもと早期に行われるべきであるが，母指の外転運動は，術後少なくとも12週間は避けるべきである。患者が母指MP関節を痛みなく自信をもって使えるようになるまでの早期には，保護するような工夫をして注意しながら，仕事や競技へ復帰する。

予　後： 最終的には，母指MP関節の可動域は健側と比べて80～90％の回復が，IP関節はほぼ健側と同じくらいの回復が期待できる。つまみ力と握力は，通常，健側の5～10％以内に回復する。UCL損傷の治療で最もよくみられる合併症は，橈骨神経背側感覚枝の一過性神経伝導障害である。関節拘縮もよくみられる合併症で，靱帯の逢着部位が，基節骨の修復すべき位置よりも遠位，解剖学的な位置でない部位，アイソメトリックポイント(等尺点)でない部位，とくに関節軸よりも背側の位置にある場合に生じる。

競技復帰： およそ手術後4か月までにはコンタクトスポーツも含めて完全復帰できる。競技種類によっては，副子により保護することで術後3〜4週で早期復帰できることもある。

文 献

Barron OA, Catalano LW III, Glickel SZ. Dislocations and ligament injuries in the digits. In: Green DP, et al., eds. Green's *Operative Hand Surgery*. 5th ed. Philadelphia, PA: Elsevier; 2005: 343-388.

Doyle JR, Herber SC. Surgical approaches to the metacarpophalangeal joint of the thumb for repair and reconstruction of the collateral ligaments and capsule. *Tech Hand Up Extrem Surg*. 2004; 8(1): 7-10.

Draganich LF, Greenspahn S, Mass DP. Effects of the adductor pollicis and abductor pollicis brevis on thumb metacarpophalangeal joint laxity before and after ulnar collateral ligament reconstruction. *J Hand Surg [Am]*. 2004; 29(3): 481-488.

Firoozbakhsh K, Yi IS, Moneim MS, Umada Y. A study of ulnar collateral ligament of the thumb metacarpophalangeal joint. *Clin Orthop Relat Res*. 2002; (403): 240-247.

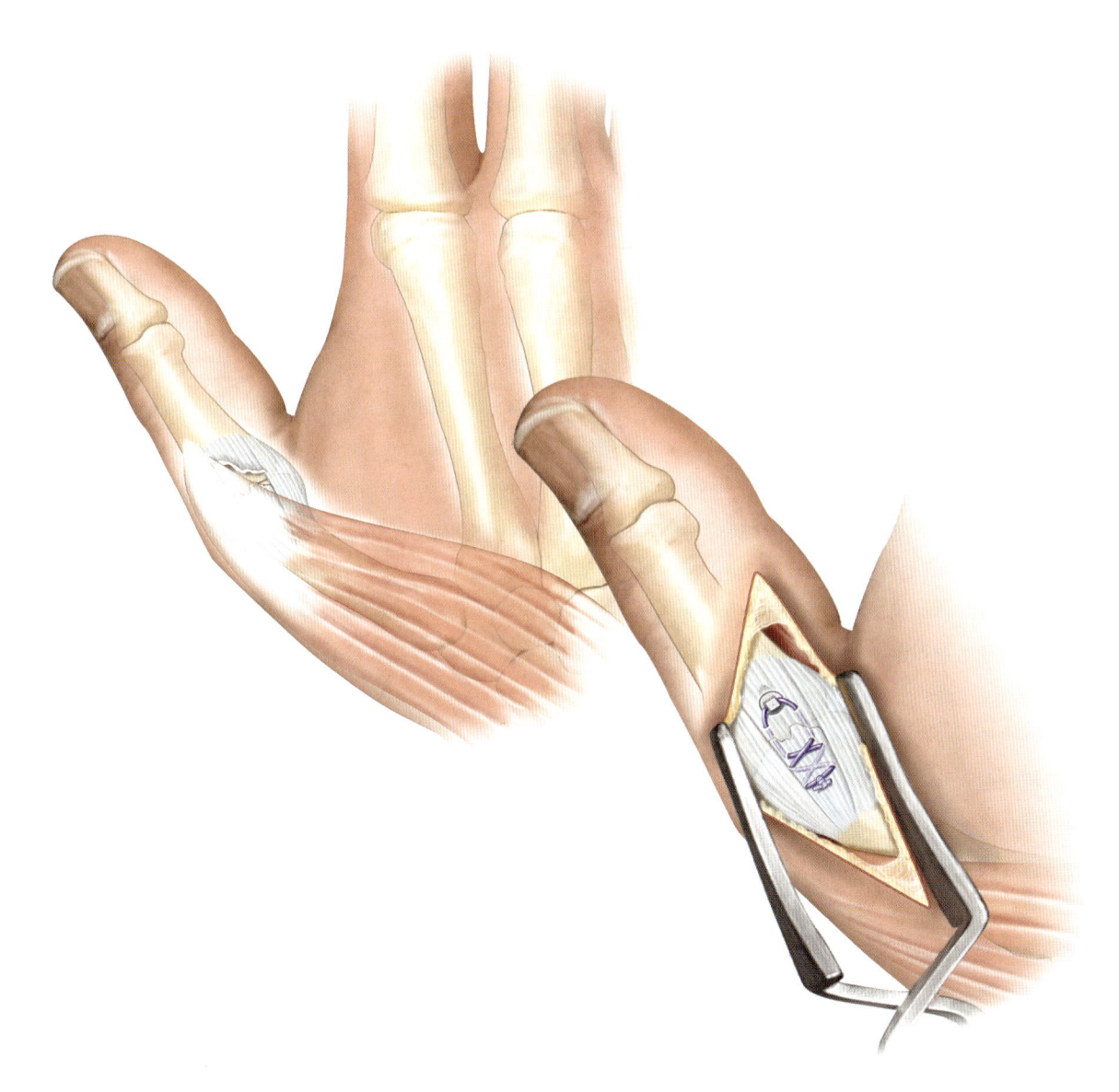

Glickel SZ. Thumb metacarpophalangeal joint ulnar collateral ligament reconstruction using a tendon graft. *Tech Hand Up Extrem Surg*. 2002; 6(3): 133-139.

Harley BJ, Werner FW, Green JK. A biomechanical modeling of injury, repair, and rehabilitation of ulnar collateral ligament injuries of the thumb. *J Hand Surg [Am]*. 2004; 29(5): 915-920.

Heyman P. Injuries to the ulnar collateral ligament of the thumb metacarpophalangeal joint. *J Am Acad Orthop Surg*. 1997; 5(4): 224-229.

図46 母指尺側側副靱帯修復術

橈骨遠位端骨折に対する観血的整復固定術（ORIF）
Open Reduction Internal Fixation (ORIF) Distal Radius Fractures

適応と目的： 橈骨遠位端骨折は，上肢のなかで最も頻度の高い骨折である．若い患者では高エネルギー外傷で，骨粗鬆症が基盤にある高齢者では転倒などの低エネルギー外傷で生じる．患者は手関節の痛み，腫脹，変形を主訴に来院する．徒手整復の前後で，正中神経の機能を評価しなければならない．頻度としては多くはないが，症例によっては急性の手根管症候群が生じて緊急で正中神経の除圧が必要なこともある．

　手術療法か保存療法かの指針となる骨折部の変形について，単純X線画像を詳細に検討する．関節面の1mm以上の骨片転位は早期に橈骨手根関節の変形性関節症を生じる．正面像では，橈骨の高さ（これは橈骨茎状突起先端に接して引かれた平行線と尺骨遠位表面の接線の距離として計測される）は正常では11～13mmである．橈骨短縮が5mm以上であれば，矯正しなければならない．橈骨遠位端尺側傾斜は正面像で計測され，正常では約22°である．この角度は，橈骨茎状突起先端に接して引かれた平行線と，橈骨関節面の最も尺側にある点と橈骨茎状突起先端部を結んだ線とのなす角度である．15°よりも大きければ許容できる．掌側傾斜は側面像で計測する．この角度は，橈骨遠位端の月状骨窩の掌側と背側を結んだ線と，橈骨骨軸に垂直な線とのなす角度で，平均で11°掌屈している．10°までの背屈や健側との差20°以内が一般的には許容範囲である．20°以上の背屈変形は，不安定性と非観血的治療の失敗と相関している．遠位橈尺関節は，側面像で尺骨の背側や掌側亜脱臼の有無によって評価する．手根骨についても同様に評価する．舟状骨骨折や舟状月状骨靱帯損傷は，3mm以上舟状月状骨間が離開していることで示され，多くは橈骨茎状突起骨折に合併してみられる．

　許容できない単純X線画像のパラメータがあれば，転位した骨折をまずは徒手整復すべきである．少なくとも橈骨の高さと掌屈角度は矯正されなければならない．整復操作によって患者に苦痛を与えないために，1％リドカインを背側から血腫内に注入する．徒手整復する前に，通常はチャイニーズフィンガートラップと上腕にカウンターとなる錘を下げて，靱帯性整復（ligamentotaxis）を得られるようにする．整復操作は，最初に牽引を緩めて変形をさらに増長するようにしてから，末梢骨片を橈骨骨軸上から整復を行う．3点支持を利用してのシュガータンキャストシーネをあてて，MP関節の動きは制限しないように固定する．

　整復位置を骨癒合まで保持するだけでなく，手指と手関節機能を維持し，初期の橈骨手根関節の変形性関節症を防ぐことが，治療のゴールになる．年齢や医学的全身状態，活動性，骨量，骨折部の安定性，他の部位の外傷などを考慮して治療を行わなければならない．ほとんど転位のない骨折や，徒手整復後にほぼ転位のなくなった骨折などの低エネルギー外傷で生じた例で，とくに活動性の低い患者に対しては，キャストで外固定する保存療法で十分である．最初の数週間は，整復位が保持されていることの確認のために，週1回の単純X線撮影を行う．最近の文献では，整復後の再転位と年齢との関係が示唆されている．外固定は，6～8週間行う．最初から転位の大きな骨折，整復ができない例，時間とともに整復後再転位する例では，手術適応となる．

手術手技： 手術療法には，多くの方法がある．関節外骨折に対しては，徒手整復後に1.5mmのKワイヤーによる経皮鋼線刺入で十分である．KapandjiのイントラホーカルピンニングK法は，末梢骨片を解剖学的な位置に整復する有用な操作法であるが，関節内骨折や骨質の悪い骨粗鬆骨に対しては禁忌である．これらのテクニックは創外固定によって補足される．遠位ピンを第2中手骨に設置するブリッジ型創外固定でも，遠位ピンを末梢骨片に設置するノンブリッジ型創外固定のいずれも，単独あるいは他の方法との組合せでも推奨されている．ブリッジ型創外固定では，掌側傾斜の維持と関節の牽引を避けることが技術的には難しい．

　観血的整復固定術は，複雑で不安定型関節内骨折に対して行われる．観血的整復固定術は上手に行われれば，関節面の再構築について最も信頼性の高い方法である．背側，掌側，あるいは骨片ごとに固定する方法などがあるが，それぞれに特有の利点と欠点がある．観血的整復固定術の一番の主要な利点は，手関節の早期運動が可能であ

ることである．
　背側プレートは，第 3, 4 コンパートメントの間から比較的単純なアプローチで行われる．関節面の整復は直視下で行える．より新しいロープロファイルのプレートが現在は使用できるが，背側アプローチの欠点については，伸筋腱への刺激，腱断裂の可能性，プレートを抜去しなければならない，などが過去に報告されている．これらの問題は，橈側手根屈筋腱と橈骨動脈の間から入る掌側 Henry アプローチによって避けられる．掌側プレートの古典的な適応は，Smith（スミス）型骨折や掌側 Barton（バートン）骨折である．より新しい角度固定型のロッキングプレートは，背側に転位した骨折の整復と維持を可能にした．Medoff によってポピュラーになった骨片特異的に固定する方法は，ロープロファイルの固定材料を使って解剖学的な位置を再建する方法であるが，何か所もの皮膚切開を要し，技術的には難しい．関節外の軽度な粉砕骨折を経皮的に固定する方法を簡単にするために，髄内釘による固定方法が開発された．しかし，その効果を証明するための，長期にフォローアップしたデータはまだ存在しない．
　関節内骨折の整復の補助として，関節鏡は使われる．また，三角線維軟骨複合体損傷や舟状月状骨・月状三角骨靱帯損傷などを合併している損傷の評価にも用いられる．これらの症例では，手関節包が断裂していて灌流液が手関節周囲の軟部組織に滲出するので，灌流液の圧には注意を払わなければならない．

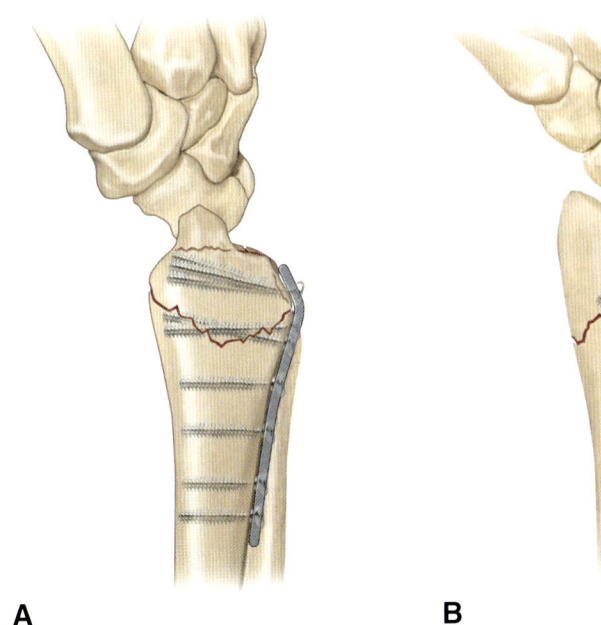

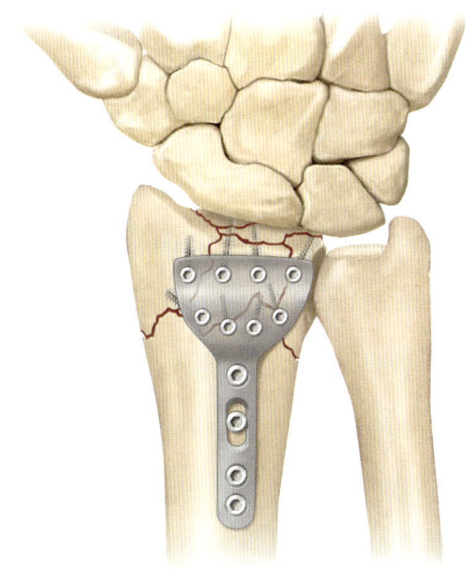

図47 橈骨遠位端骨折に対する観血的整復固定術（ORIF）　A：背側固定，B：掌側固定

術後管理とリハビリテーション： 手術後の後療法は，手術中に得られた骨折部の安定性しだいである。もしロッキングプレートが用いられて適切に固定されていれば，手関節掌側の副子固定を5〜7日間行う。腫脹を軽減するために，手術直後から手指の運動と患肢高挙を行う。外固定と創部のドレッシングは，術後最初に外来に通院した際に除去する。ハンドセラピストの慎重な管理のもと，手関節可動域訓練をはじめる。また取りはずし可能な副子固定を可動域訓練時以外では，装着させる。術後8週で単純X線画像で骨癒合が確認されれば，副子固定は終了とする。スポーツ活動時には，術後5か月くらい副子を装用させるべきである。

予後： 正常な解剖学的な位置の再建と関節面の整復の適合性が，良好な治療成績と関連する。偽関節，変形治癒，術後の変形性関節症，手根不安定症，長母指伸筋腱断裂，内固定材料のトラブル，関節拘縮，複合性局所疼痛症候群(CRPS)などが合併症としてある。偽関節例はまれで，活動性の低い患者の無症候性の変形治癒例はとくに治療を要さない。尺骨突き上げ症候群による活動性の低い患者の痛みには，尺骨遠位部を切除するDarrach(ダラック)法が有用である。活動性の高い患者では，橈骨の変形矯正骨切り術と骨移植術が適応となる。関節面のステップオフが1mm以上の場合は90％以上に，2mm以上の場合には100％に，橈骨手根関節に関節症変化を生じる。Jupiterは，これらの2/3は症候性になるとしている。治療中に長母指伸筋腱断裂が生じる例は，橈骨遠位端骨折のおよそ3％である。端々縫合が不可能な場合には，長掌筋腱移植か示指伸筋を長母指伸筋腱に腱移行する治療法が行われる。

競技復帰： 骨折部が完全に骨癒合し，手関節可動域も回復し，握力の左右差がなくなってから，競技へ復帰すべきである。通常は，手術後3〜4か月くらいである。

文献

Fernandez DL, Wolfe SW. Distal Radius Fractures. In: Green DP, et al., eds. *Green's Operative Hand Surgery*. 5th ed. Philadelphia, PA: Elsevier; 2005: 645–710.

Guofen C, Doi K, Hattori Y, Kitajima I. Arthroscopically assisted reduction and immobilization of intraarticular fracture of the distal end of the radius: Several options of reduction and immobilization. *Tech Hand Up Extrem Surg*. 2005; 9(2): 84–90. Review.

Putnam MD, Fischer MD. Treatment of unstable distal radius fractures: Methods and comparison of external distraction and ORIF versus external distraction-ORIF neutralization. *J Hand Surg [Am]*. 1997; 22(2): 238–251.

Westphal T, Piatek S, Schubert S, Winckler S. Outcome after surgery of distal radius fractures: No differences between external fixation and ORIF. *Arch Orthop Trauma Surg*. 2005; 125(8): 507–514. Epub 2005 Oct 22.

Wright TW, Horodyski M, Smith DW. Functional outcome of unstable distal radius fractures: ORIF with a volar fixed-angle tine plate versus external fixation. *J Hand Surg [Am]*. 2005; 30(2): 289–99. Erratum in: *J Hand Surg [Am]*. 2005; 30(3): 629.

舟状骨骨折に対する観血的整復固定術（ORIF）
ORIF Scaphoid Fractures

適応と目的： 舟状骨骨折は，手根骨骨折のなかでは最も頻度が高く，手関節の急性損傷の15％を占める。舟状骨のおよそ75％は関節軟骨に覆われている。おもな血流は舟状骨腰部背側から供給され，舟状骨中枢poleに逆向性に向かう。さらに遠位1/3部にも分枝がある。このような血管解剖のために，舟状骨腰部や舟状骨中枢poleの骨折では，偽関節や外傷後の無腐性壊死の危険がある。最も頻度の高い受傷機転は，手関節の過背屈と橈屈強制である。患者は解剖学的「嗅ぎタバコ入れ」［長母指伸筋腱（EPL）と短母指伸筋腱（EPB）との間で，橈骨茎状突起のすぐ遠位で背側のくぼみ］に圧痛があるが，さらに信頼性の高い徴候は舟状骨結節の掌側からの圧痛である。正面像，側面像，斜位像，舟状骨撮影（30°手関節背側，20°手関節尺屈位）が含まれる手関節外傷シリーズでの撮影がスタンダードであるが，最初の撮影では30％以上の例で骨折と診断されない。この通常の単純X撮影で骨折が明らかでないが臨床所見から舟状骨骨折が強く疑われる場合には，母指スパイカキャストを巻き，受傷後2〜3週で再度撮影する。2, 3週経過すると骨折部の骨吸収によって，骨折線がより明らかとなる。骨シンチグラフィ，CT，MRI撮像などすべてが，早期診断には有用である。とくにMRIは最も正確で費用対効果にすぐれている。最初の治療が受傷後4週以上経過して行われた場合の偽関節発生率は，5〜45％である。転位のない骨折例でキャストによる外固定を行う場合が，保存療法のベストである。より中枢での骨折は，骨癒合までの時間がかかり，偽関節発生率が高くなる。さらに，より中枢での骨折ほど固定範囲を広くすべきである。遠位1/3の骨折では2か月の，腰部骨折で3〜4か月の，近位1/3では4〜5か月間の外固定期間となる。手術療法の適応は，1mm以上の転位，15°以上の屈曲変形（円背変形），経舟状骨月状骨周囲脱臼などである。舟状骨proximal pole骨折は，急性期の手術療法の相対適応の代表例である。

手術手技： 転位のない骨折例に対するコンプレッションスクリューを用いた治療は，とくに活動性の高いアスリートで行われる。このコンプレッションスクリューを用いた手術のセットアップは，手の外科用の手術台と牽引タワーを用いる点で手関節鏡のセットアップと同様である。ただ，手関節鏡とは異なり，チャイニーズフィンガートラップには母指だけを入れる。この母指だけを入れることで，前腕軸が固定されて前腕の回旋が行え，スクリューの位置を確認するX線透視装置での画像確認が容易となる。Kワイヤーは経皮的に舟状骨のdistal poleから逆向性に挿入する。X線透視装置では，X線が直交する2方向で中央から中央に入っていることを確認するために使用する。ドリリングおよびスクリュー挿入時に骨片の回旋転位を防ぐために，もう1本Kワイヤーを挿入する場合もある。Kワイヤーの挿入部を中心に5mmの小皮切を行う。Kワイヤーを用いてドリリングを行い，コンプレッションスクリューを挿入する。コンプレッションスクリューは，手関節を回内，屈曲位にして順行性に挿入することもできる。屈曲変形などの転位のある例では，従来の観血的整復固定術によるコンプレッションスクリュー固定術が望ましい。手術のアプローチ方法は，骨折部位と執刀医の選択で決定される。掌側アプローチは舟状骨背側の血流を温存するために用いられるが，極度の中枢側の骨折では背側アプローチのほうがより易しい。掌側アプローチは円背変形に対する治療にも好んで用いられる。掌側アプローチは，橈側手根屈筋腱（FCR）の橈側に沿って4cmの縦方向の皮膚切開で行う。骨折部位によって多少変化するが，橈骨茎状突起の高位が皮膚切開の中心となる。橈骨動脈は橈側によけ，橈側手根屈筋腱は尺側によける。関節包は縦切開し，その下にある深掌側橈骨手根骨間靱帯の一部を分けるか完全に切離して，後で修復するために縫合糸をかけて印をつけておく。Kワイヤーあるいはコンプレッションスクリューは逆向性に挿入する。もし骨移植が必要なほどの円背変形があれば，中枢側・末梢側の両方の骨片に移植骨用のスペースを作成して，腸骨から採取した海綿骨をパッキングして円背変形を矯正する。通常，内固定は不要であるが，骨移植後も不安定性が続くような場合には，Kワイヤーで固定する。橈骨手根靱帯を修復して圧迫包帯固定し，手・手関節を上腕キャストで固定する。背側側方アプローチは，「解剖学的嗅ぎ

タバコ入れ」を中心にした曲線上の皮膚切開で行う．これは，母指中手骨の基部からこの解剖学的嗅ぎタバコ入れの3cm中枢までの切開であり，橈骨神経浅枝である感覚神経は同定して保護する．長母指伸筋腱と短母指伸筋腱の間の筋膜を切離して，橈骨動脈を同定して保護する．関節包を縦切すると舟状骨が現れる．ほかのアプローチ法としては，背側アプローチがあり，長母指伸筋の走行に沿って背橈側の曲線上に皮膚切開をおく．橈骨神経浅枝の分枝は，同定して保護する．長母指伸筋腱の腱鞘を切離して，長母指伸筋腱を移動する．背側横橈骨関節包を切離すると舟状骨が現れる．状況によって，コンプレッションスクリューかKワイヤーを用いて固定する．このアプローチは，血管柄付き骨移植術を行う際にも有用である．

術後管理とリハビリテーション： 通常は，上腕母指スパイカキャストを術後6週間行い，その後前腕母指スパイカキャストへ変更する．もし，手術中の固定がとても良好である場合や内固定を行った例では，最初から前腕母指スパイカキャスト固定でもかまわない．この方法でも外固定期間の合計は，平均4か月である．積極的な後療法は，通常，単純X線像で骨癒合が得られるまでは延期する．骨癒合の確認にはCTが必要なこともある．

予　後： 治療結果は，手術療法による骨癒合率は，一貫して90～95％を超えると報告されている．合併症には，偽関節，変形治癒，無腐性壊死，外傷後変形性関節症などがある．症候性の偽関節初期であれば，骨移植術を併用した観血的整復固定術が行われる．円背変形となった舟状骨偽関節に対しては，舟状骨長と骨軸角度を再建するために，くさび開き骨移植術(Fisk)が必要である．Russeの埋込み移植はあまり変形のない血流のある舟状骨 proximal pole 骨折によく用いられ，採骨は橈骨遠位部か腸骨から行われる．術中に骨穿孔部から出血があることが，舟状骨 proximal pole に血流がある最も信頼できる徴候である．血管柄付き骨移植術は，血流のない舟状骨 proximal pole の偽関節の治療によく用いられてきた治療である．採骨部は，第1, 2コンパートメント間上支靱帯動脈(1, 2 ICSRA)を含んだ橈骨遠位端部である．未治療の慢性化した舟状骨偽関節では，近位手根列背側回旋回転型手根不安定症(DISI)変形と特徴的な進み方をする変形性手関節症，いわゆる SNAC(scaphoid nonunion advanced collapse)wrist となる．SNAC wrist の治療の選択枝としては，その病期と術者の選択によるが，橈骨茎状突起切除術，近位手根列切除術，舟状骨切除と four-corner fusion，全手関節固定術などがある．

競技復帰： 競技への復帰は，単純X線画像で骨癒合がきちんと確認でき，可動域制限がなく，握力が戻ってからとなる．典型例では3～4か月かかるが，それよりも早い場合は装具をつけて復帰する．

文　献

Amadio PC, Moran SL. Fractures of the Carpal Bones. In: Green DP, et al., eds. *Green's Operative Hand Surgery*. 5th ed. Philadelphia, PA: Elsevier; 2005: 711-768.
Bushnell BD, McWilliams AD, Messer TM. Complications in dorsal percutaneous cannulated screw fixation of nondisplaced scaphoid waist fractures. *J Hand Surg [Am]*. 2007; 32(6): 827-33.
Park MJ, Ahn JH. Arthroscopically assisted reduction and percutaneous fixation of dorsal perilunate dislocations and fracture dislocations. *Arthroscopy*. 2005; 21(9): 1153.
Ring D, Jupiter JB, Herndon JH. Acute fractures of the scaphoid. *J Am Acad Orthop Surg*. 2000; 8(4): 225-231.
Rizzo M, Shin AY. Treatment of acute scaphoid fractures in the athlete. *Curr Sports Med Rep*. 2006; 5(5): 242-248. Review.

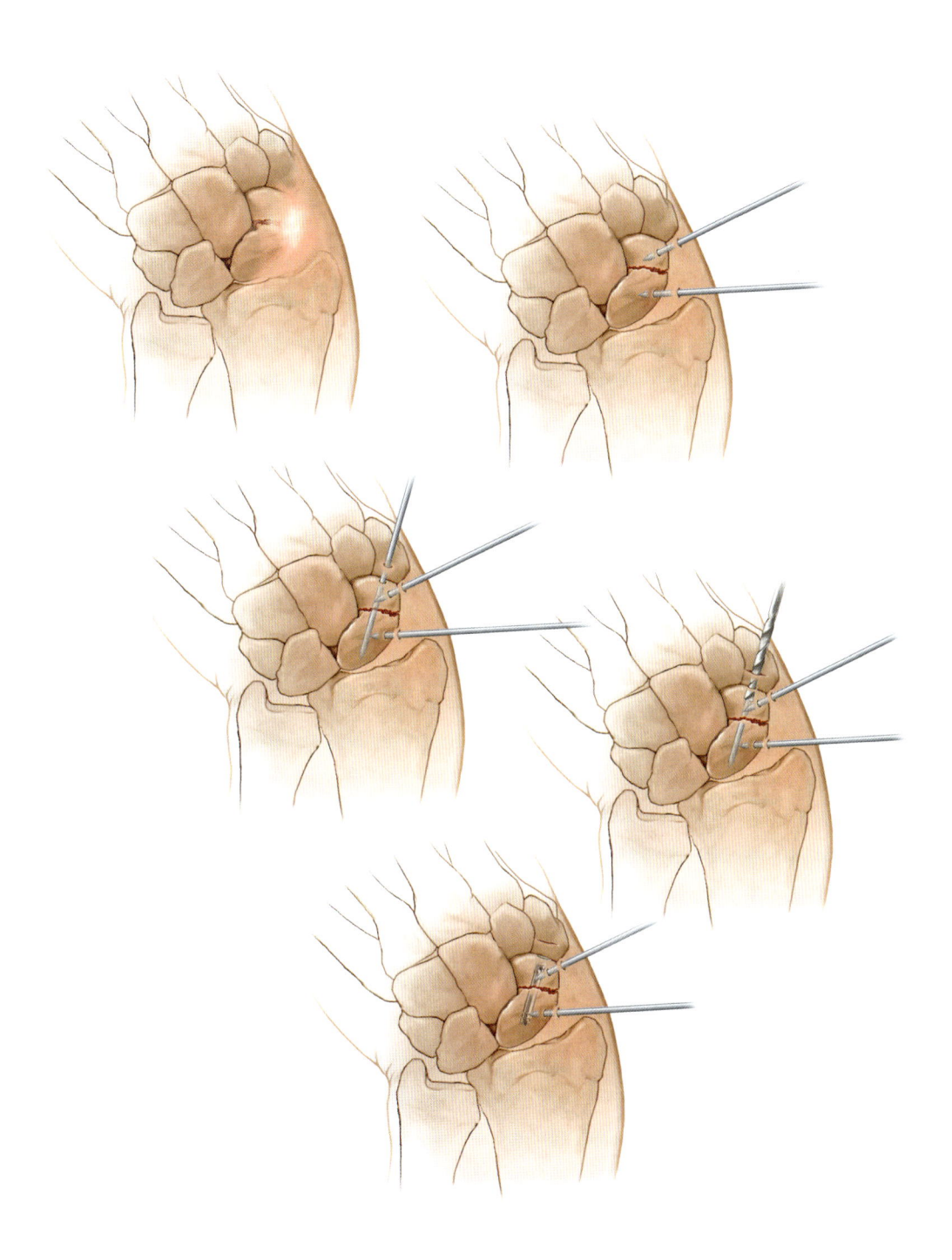

図48 舟状骨骨折に対する観血的整復固定術（ORIF）

有鉤骨鉤突起骨折に対する鉤突起切除術
Excision of Hamate Hook Fractures

適応と目的： 有鉤骨鉤突起骨折の患者は，ある種のスポーツ（ゴルフ・野球・ホッケー・ラケットスポーツなど）に関連した鈍い外傷を掌に受けた既往をしばしばもっている。Guyon管周囲の血腫によって環・小指の錯感覚を伴うこともよくみられる。屈筋腱断裂も鉤突起骨折部のギザギザした部分でこすられて起こりうる。手根管撮影で骨折は明らかとなるが，CTが診断を確定するには最もよい。治療されなければ，この骨折は典型的には偽関節となる。この偽関節になる理由として，血流に乏しいこと，グリップ操作で骨片が尺側に転位しやすくなる手根管内での屈筋腱の機械的な力とされている。早期に骨折の診断がついたら，キャスト固定による治療も可能である。受傷後数週間以上過ぎてから診断されると，キャスト固定では治らないので，骨片の切除術が行われるべきである。観血的整復固定術はより大きな骨片に対して報告されているが，合併症を併発するリスクが高く，臨床的にはメリットはほとんどない。二分有鉤骨（固有有鉤骨）と有鉤骨鉤突起骨折とは，皮質骨表面が滑らかであることから区別できることを知っておくべきである。

手術手技： 有鉤骨鉤突起には，その先端直上に小皮切を行うことでアプローチできる。近接している尺骨神経の運動神経の分枝を損傷しないように注意を払わなければならない。時に患者によっては，骨折部の同定が難しいことがあるが，骨膜下に剥離することと，有鉤骨鉤突起先端をやさしく動かすことによって偽関節部が明らかとなる。骨片を切除して，有鉤骨鉤突起基部を滑らかにし，骨膜を注意深く修復して骨折部を覆う。

術後管理とリハビリテーション： 手術後の外固定は，急性期の疼痛が落ち着いてくるまでの間だけ必要である。患者が痛がらなければ，やさしく可動域訓練を行い，屈筋腱を滑走させる。創部が治癒したら握力増強訓練を開始でき，徐々にスポーツへの復帰を許可する。瘢痕組織を生じないようにするには，軟らかい組織を維持して皮膚切開した部位の皮膚のダメージを最小限にすることが鍵である。

予後： 有鉤骨鉤突起骨折後の骨片切除術は，ほとんど合併症もない優れた結果を残す治療法である。時に，痛みや握力低下が長引くことがあるが，ほとんどの患者は，比較的早期に，スポーツあるいは仕事に完全復帰できる。

競技復帰： 競技復帰に骨癒合は必要ない。創部が治癒したら，比較的早期（2, 3週間以内）に競技へ復帰できる。

文献

Aldridge JM 3rd, Mallon WJ. Hook of the hamate fractures in competitive golfers: Results of treatment by excision of the fractured hook of the hamate. *Orthopedics*. 2003; 26(7): 717–719.

Amadio PC, Moran SL. Fractures of the Carpal Bones. In: Green DP, et al., eds. *Green's Operative Hand Surgery*. 5th ed. Philadelphia, PA: Elsevier; 2005: 711–768.

Fredericson M, Kim BJ, Date ES, McAdams TR. Injury to the deep motor branch of the ulnar nerve during hook of hamate excision. *Orthopedics*. 2006; 29(5): 456–458.

Scheufler O, Andresen R, Radmer S, Erdmann D, Exner K, Germann G. Hook of hamate fractures: Critical evaluation of different therapeutic procedures. *Plast Reconstr Surg*. 2005; 115(2): 488–497.

Scheufler O, Radmer S, Erdmann D, Germann G, Pierer G, Andresen R. Therapeutic alternatives in nonunion of hamate hook fractures: Personal experience in 8 patients and review of literature. *Ann Plast Surg*. 2005; 55(2): 149–154. Review.

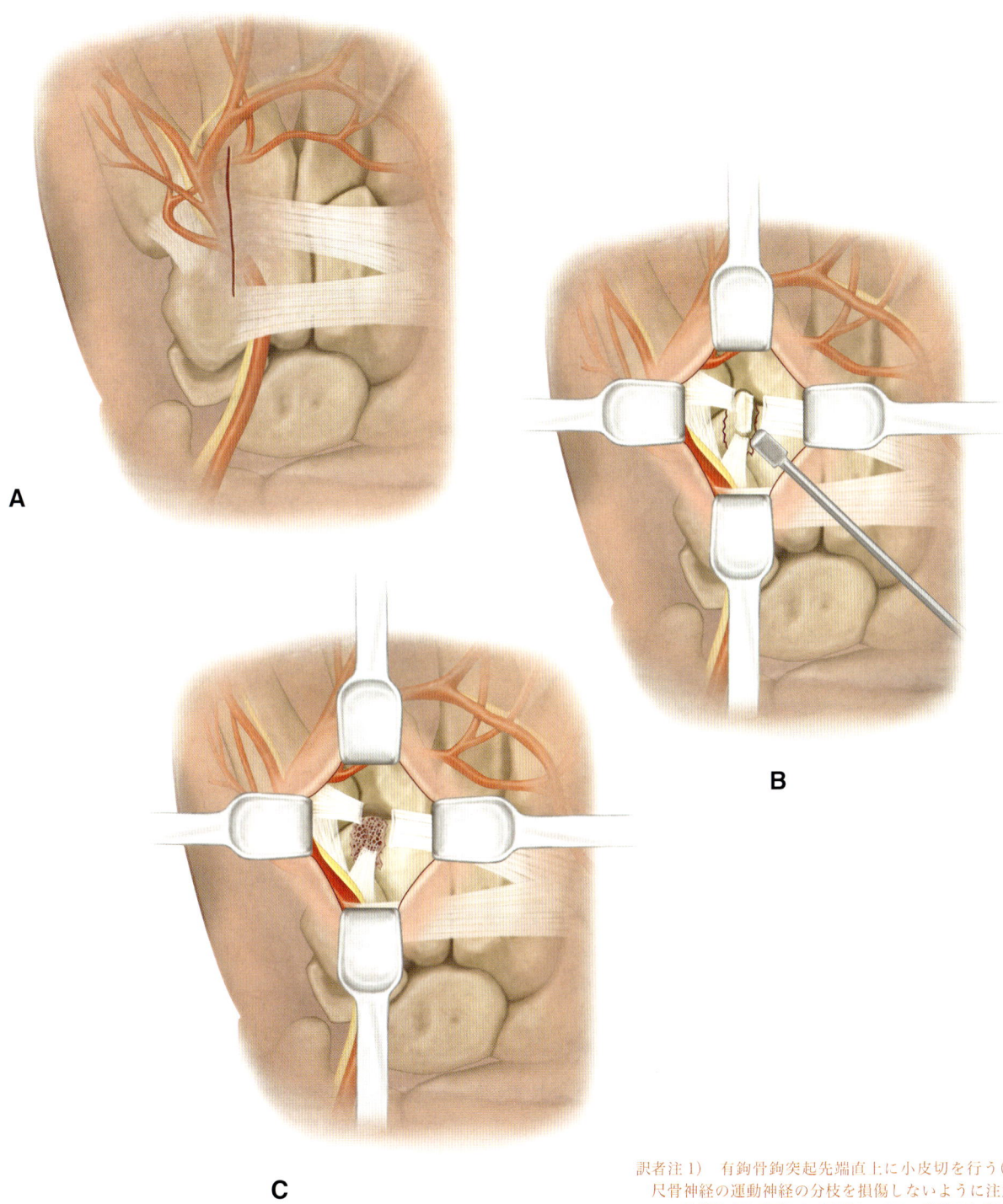

訳者注1）　有鉤骨鉤突起先端直上に小皮切を行う(A)。尺骨神経の運動神経の分枝を損傷しないように注意して，偽関節部を骨膜下に剝離する(B)。骨片を切除して有鉤骨鉤突起基部を滑らかにして(C)，骨膜を注意深く修復して骨折部を覆う。

図49　有鉤骨鉤突起切除術

中手骨骨折に対する観血的整復固定術（ORIF）
ORIF Metacarpal Fractures

適応と目的： 中手骨・指節骨骨折は外傷としては，最も頻度が高い。これらの外傷の多くは，保存療法で治療される。手を外固定する際には，IP（指節間）関節は完全伸展位で，MP（中手指節間）関節は70°～90°屈曲位で，手関節は30°伸展位で行う。この肢位は内在筋プラス位として知られ，外固定期間が長くなった場合に生じる関節拘縮の発生を防止するために，この肢位は側副靱帯を最大限緊張させる。一般的には3週間以上の固定は，すべきではない。開放骨折，関節内骨折，整復不能な骨折，回旋変形，多発骨折があるときなどは，手術療法の適応となる。治療のゴールは，安定した整復位を得て腫脹をコントロールし，早期に可動域訓練を行うことである。

中手骨頸部は，中手骨のなかで最も弱い部分であり，環・小指の骨折が最も頻度が高い。ボクサー骨折は，小指の中手骨頸部骨折である。これらの症例では，ケンカによる咬創などMP関節を注意深く調べるべきである。主として内在筋の力によって背側凸の屈曲変形となる。これらの多くは徒手整復（Jahss法）を行い，2～3週の外固定で治療される。示・中指中手骨では20°以内，環指中手骨では40°以内，小指中手骨では70°以内の屈曲変形であれば許容範囲内である。経皮鋼線固定が必要になることはほとんどない。変形治癒はよくみられるが，機能的にはほとんど問題とならない。

中手骨骨幹部骨折には，横骨折，斜骨折，螺旋骨折などがありうる。後2者の骨折型は，回旋変形を遺残する危険性が高い。骨幹部での屈曲変形角度は，示・中指では10°以内，環・小指では30°以内であれば，許容される。回旋変形治癒は，何度であっても許容されない。握りこぶしをした際にすべての指が舟状骨結節に向かわなければならない。たった5°の回旋変形で1.5cmの指の交差を生じる。中手骨の短縮は2mmで，7°の伸展不全を生じるが，5mmまでは重大な機能障害はなく許容範囲である。整復できない骨折では，観血的整復固定術が行われ，プレートとスクリューによる固定か髄内釘固定かの選択枝がある。多発性の中手骨骨折は，転位や回旋変形があろうとなかろうと，手術療法の適応である。

手術手技： 中手骨頸部骨折に対しては，経皮的に中手骨骨頭の関節面でない部位からKワイヤーを交差して刺入し，中手骨骨幹部にドリルする方法がしばしば用いられる。他の方法としては，骨折している中手骨の骨頭と隣接した骨折していない中手骨とをKワイヤー2本で横に串刺しする方法も用いられる。もし観血的な整復が必要な場合には，手術アプローチはほとんどまっすぐに縦皮切を骨折した中手骨上において，背側の静脈と感覚神経を可能なかぎり温存する。伸筋腱をよけて，中手骨を展開する。交差したKワイヤーか，背側に引きよせ鋼線締結して補強的にKワイヤーを入れるか，側面にミニプレートを用いて治療する。いずれの方法を用いるにせよ，これらの方法は，より剥離操作を必要とするため，MP関節拘縮を生じる危険がある。プレートは関節内に設置することになり，腱の滑走や側副靱帯の機能やMP関節の動きと干渉するので，最後に適応とすべきである。

中手骨骨幹部骨折も，しばしば，経皮的に治療される。Kワイヤーによる髄内釘も行われるが，回旋変形を適正に制御はできない。骨片を通して隣接指と横方向にKワイヤーで固定する方法も可能である。中手骨のおよそ10％は観血的整復固定術が必要となる。内固定は，Kワイヤーか引きよせ鋼線締結法で行われる。骨片間のコンプレッションスクリューによる固定は，長斜骨折や螺旋骨折に対して用いられる。骨折部の長さが，少なくとも骨の直径の2倍以上で，ラグスクリューテクニックを用いて固定する。スクリューホールは，骨片のさらなる骨折を生じないように，骨折線から少なくともスクリューの直径の2倍は離れた位置に置く。プレート固定は，より強固な固定ができ早期運動が可能となり，とくに隣接指の中手骨からの支持性が低く回旋変形をより生じやすい示指や小指に使われる。

術後管理とリハビリテーション： 術後5〜7日までは内在筋プラス位で外固定する．術中に強固な固定ができていれば，保護しながらの可動域訓練を開始する．経皮的鋼線固定術では，術後2〜3週は副子による外固定を通常は続ける．もしMC関節を鋼線固定した場合には，術後3週で鋼線を抜去するまで外固定を続ける．浮腫を弾力包帯でコントロールすることもすすめられる．副子固定や装具を除去したあとは，筋力訓練や可動域訓練を開始し，痛みが許容できるなら訓練をどんどん進める．

予　後： 中手骨骨折の治療結果は，通常は良好である．競技への復帰は，それぞれの活動性によるが，保護するような装具や強固な内固定によって，しばしばより早く復帰可能となる．合併症には，関節拘縮，偽関節，変形治癒（屈曲変形，回旋変形，短縮）などがある．背側に突出したプレートは，伸筋腱と干渉するので，骨癒合が得られた後は抜去する必要がある．

文　献

Ali H, Rafique A, Bhatti M, Ghani S, Sadiq M, Beg SA. Management of fractures of metacarpals and phalanges and associated risk factors for delayed healing. *J Pak Med Assoc.* 2007; 57(2): 64-67.
Hardy MA. Principles of metacarpal and phalangeal fracture management: A review of rehabilitation concepts. *J Orthop Sports Phys Ther.* 2004; 34(12): 781-799. Review.
McNemar TB, Howell JW, Chang E. Management of metacarpal fractures. *J Hand Ther.* 2003; 16(2): 143-151. Review.
Orbay J. Intramedullary nailing of metacarpal shaft fractures. *Tech Hand Up Extrem Surg.* 2005; 9(2): 69-73.
Roth JJ, Auerbach DM. Fixation of hand fractures with bicortical screws. *J Hand Surg [Am].* 2005; 30(1): 151-153.
Stern PJ. Fractures of the Metacarpals and Phalanges. In: Green DP, et al., eds. *Green's Operative Hand Surgery.* 5th ed. Philadelphia, PA: Elsevier; 2005: 277-342.
Zyluk A, Budzyński T. Treatment of metacarpal and phalangeal fractures—a review. *Chir Narzadow Ruchu Ortop Pol.* 2006; 71(4): 299-308. Review.

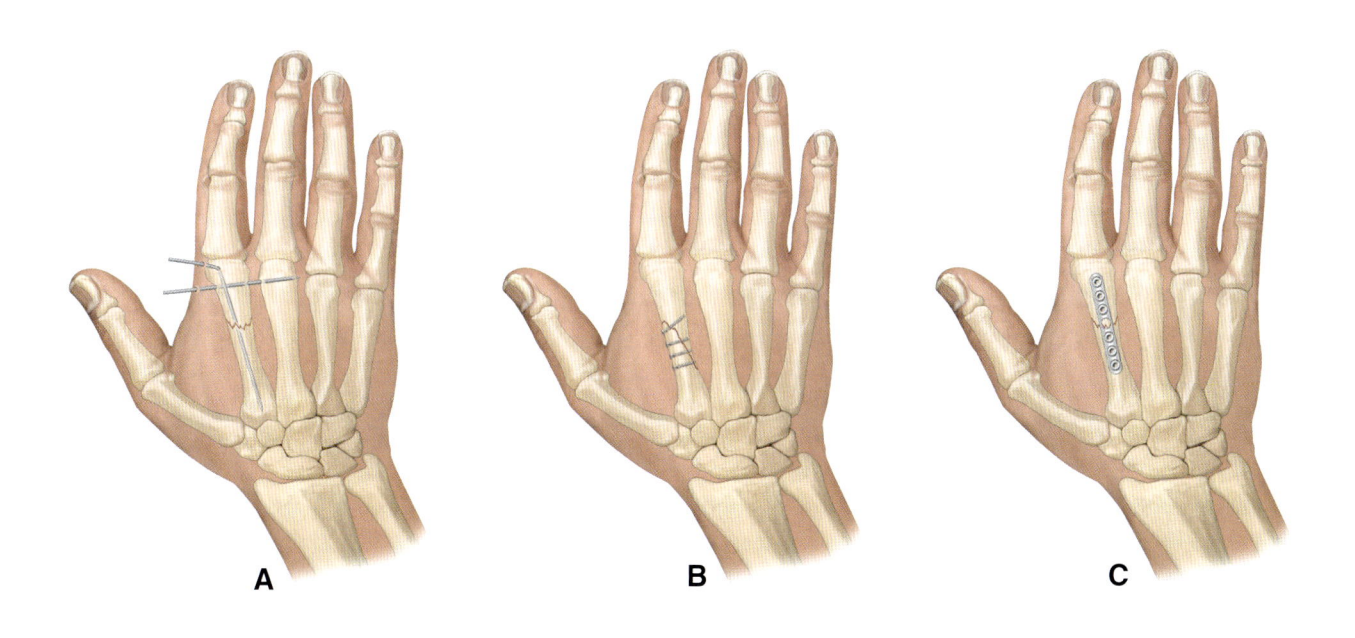

図50　**中手骨骨折に対する観血的整復固定術（ORIF）**　A：Kワイヤーによる，B：スクリューによる，C：プレートによる固定

指節骨骨折に対する観血的整復固定術（ORIF）
ORIF Phalangeal Fractures

適応と目的： 末節骨骨折は，手の骨折のなかで最も頻繁に遭遇する骨折である．この骨折は通常は挫滅損傷として生じ，爪床損傷や爪下血腫などをしばしば伴う．作業中に最も遠位にあるという理由で，母指や中指に頻繁に生じる．末節粗面粉砕骨折は，内固定を必要とする場合はほとんどなく，しばしば安定した線維性癒合によって治癒する．副子固定は PIP 関節よりも遠位に，およそ 3 週間行われる．

遠位指節骨幹部の不安定で転位した骨折は，爪床の修復を支えるために，しばしば経皮鋼線固定を必要とする．基節骨（P1）の骨折は，中枢骨片は骨間筋で牽引され，遠位骨片は中央索によって牽引されるため，掌側凸変形を生じる．中節骨（P2）の骨折は，骨折部位が浅指屈筋腱の付着部よりも中枢であれば背側凸変形に，浅指屈筋腱の付着部よりも遠位であれば掌側凸変形になる．これらの骨折の多くは，屈曲変形が 10°以内で回旋変形がなければ，保存療法が行われる．受傷後 3 週間の内在筋プラス位での外固定を行い，その後は積極的に可動域訓練を行う．単純 X 線画像上の骨癒合は数週間で得られる．臨床的な骨癒合に比べると遅れる．不安定なパターンを示す骨折では手術加療が必要となる．関節内骨折は，通常，本質的に不安定で，転位が続き治療成績が悪くなるのを避けるために，手術的に固定しなければならない．

手術手技： 末節骨骨折（P3）の挫滅損傷に対しては，細い吸収糸（6-0 のクロミックグートのような）で爪床を修復しなければならない．新しい爪が生えるのを妨げないように近位爪郭に癒着しないような被覆を行う．爪下血腫は，小さなドリル先，熱した紙クリップ，電動の焼却器などを用いて除圧しなければならない．転位のある末節骨骨幹部骨折に対しては，K ワイヤーを指尖部から経皮的に挿入し，爪床修復を支えるために骨幹部を整復する．

中節骨の頸部骨折に対しては，共同側索の橈側あるいは尺側からアプローチして整復し，1 本の K ワイヤーを末節骨から DIP 関節と骨折した中節骨骨頭を横切り中節骨へ挿入して鋼線固定する．基節骨の頸部骨折は，側索と中央索の間からアプローチして整復し，1〜2 本の K ワイヤーで中節骨基部を避けて固定する．

骨幹部骨折は，骨折形態に基づいて種々の方法で経皮的に K ワイヤーで固定される．しかし，完全な整復位を得ることはしばしば不可能で，鋼線の突出が早期可動域訓練を制限する．骨片間のラグスクリューやミニプレートを用いた観血的整復固定術は，より早期の運動を可能にする．基節骨，中節骨の骨幹部骨折に対しては背側か側索を切離する側方アプローチが用いられる．しかし，側方アプローチでは骨折部の反対側をみることは難しい．背側アプローチでは愛護的に皮弁を挙上して背側の静脈は可能なかぎり温存する．基節骨骨折では伸筋腱を縦切してアプローチする．中節骨骨折では横支靱帯を背側の組織に付着する部位で分けてアプローチするか，分割しないで背側の組織を動かすことによってアプローチする．骨膜は，縦切して骨折部を展開するために挙上する．創外固定は，汚染された開放骨折，とくに銃創などのような軟部組織損傷を合併している例，高度に粉砕された骨幹部骨折，高度に粉砕した関節面の骨折，骨欠損のある例などに適応となる．

関節内骨折に対しては，通常，多数の K ワイヤーかミニスクリューによる固定が行われる．基節骨遠位部の顆部骨折には背側の弓状皮切が用いられる．中央索と側索の間から関節内に入り，中央索は中節骨基部の付着部から剥がさず，顆部骨片からは側副靱帯を剥離しないようにすべきである．骨把持鉗子，K ワイヤー，骨片間のスクリューを用いて骨折部を整復する．

中節骨遠位の顆部骨折は共同側索を浮かして可動性を得て，背側側方からアプローチする．固定方法は基節骨顆部と同様である．基節骨，中節骨の掌側基部骨折は，A1 か A3 を分け屈筋腱を持ち上げて避けて，掌側板を縦切する必要がある．骨片を整復して固定し，掌側板を修復する．背側から関節内には，伸筋腱を分割してアプローチする．骨折部を直接展開しなくても適当な整復位が得られた場合には，経皮的鋼線固定が用いられる．中節骨基部の高度に粉砕されたパイロン型骨折では，曲げた K ワイヤーとゴムバンドを用いて長さを保持しながら早期運動

を可能にするSuzuki式動的牽引法で治療される。

術後管理とリハビリテーション： 手術後の後療法は，骨折部の位置と術中に得られた安定性による。もし強固な内固定が得られたら，3～5日間の外固定後に早期運動を開始する。Kワイヤーの突出はしばしば早期運動の妨げになり，通常は3～4週で抜去する。関節内骨折では，伸筋腱の伸展不全を生じないように関節は伸展位で副子固定する。

予　後： 指節骨骨折に対する観血的整復固定術は，一般的には良好な成績である。競技復帰や参加は個々の活動性によるが，保護する装具を用いることで，しばしば早く復帰できる。関節拘縮や伸展不全による関節可動域の減少，偽関節，回旋変形や屈曲変形などの変形治癒などが，合併症として挙げられる。末節骨骨折の合併症には，偽関節，冷感，感覚過敏，DIP関節の可動域制限，爪の変形などがある。

競技復帰： 競技復帰には，完全な骨癒合と関節可動域制限がなくなってから，およそ術後6週くらいとなる。競技種類によっては，骨折部を保護することで，より早い復帰が可能となる。

文　献

Agarwal AK, Karri V, Pickford MA. Avoiding pitfalls of the pins and rubbers traction technique for fractures of the proximal interphalangeal joint. *Ann Plast Surg.* 2007; 58(5): 489–495.
Cornwall R, Ricchetti ET. Pediatric phalanx fractures: Unique challenges and pitfalls. *Clin Orthop Relat Res.* 2006; 445: 146–156. Review.
Hamilton SC, Stern PJ, Fassler PR, Kiefhaber TR. Mini-screw fixation for the treatment of proximal interphalangeal joint dorsal fracture-dislocations. *J Hand Surg* [*Am*]. 2006; 31(8): 1349–1354.
Orbay JL, Touhami A. The treatment of unstable metacarpal and phalangeal shaft fractures with flexible nonlocking and locking intramedullary nails. *Hand Clin.* 2006; 22(3): 279–286.
Rafique A, Ghani S, Sadiq M, Siddiqui IA. Kirschner wire pin tract infection rates between percutaneous and buried wires in treating metacarpal and phalangeal fractures. *J Coll Physicians Surg Pak.* 2006; 16(8): 518–520.
Roth JJ, Auerbach DM. Fixation of hand fractures with bicortical screws. *J Hand Surg* [*Am*]. 2005; 30(1): 151–153.
Stern PJ. Fractures of the Metacarpals and Phalanges., In: Green DP, et al., eds. *Green's Operative Hand Surgery.* 5th ed. Philadelphia, PA: Elsevier; 2005: 277–342.
Suzuki Y, Matsunaga T, Sato S, et al. The pins and rubbers traction system for treatment of comminuted intraarticular fractures and fracture-dislocations in the hand. *J Hand Surg Br.* 1994; 19: 98–107.
Trevisan C, Morganti A, Casiraghi A, Marinoni EC. Low-severity metacarpal and phalangeal fractures treated with miniature plates and screws. *Arch Orthop Trauma Surg.* 2004; 124(10): 675–680. Epub 2004 Oct 28.

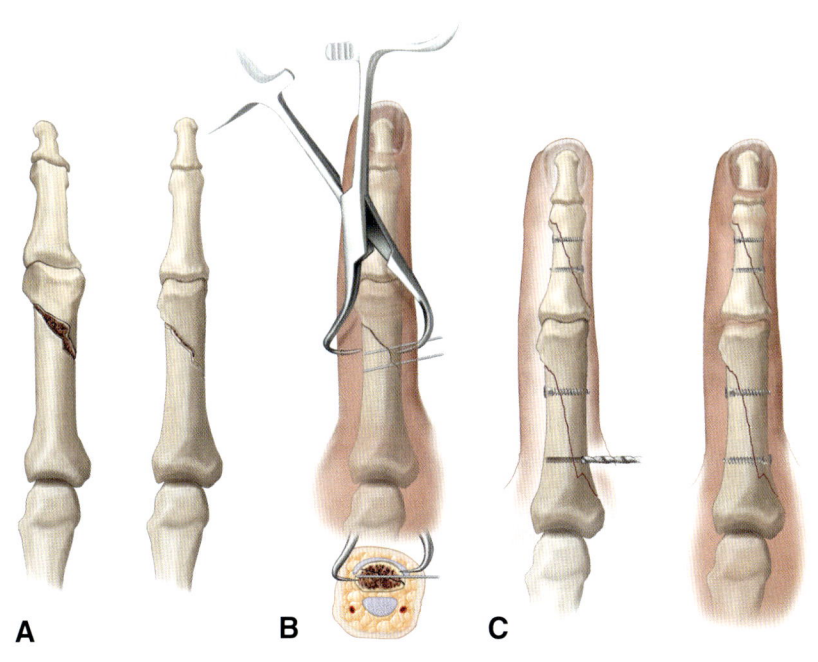

図51 指節骨骨折に対する観血的整復固定術（ORIF）　B：Kワイヤーによる，C：スクリューによる固定

母指骨折に対する観血的整復固定術（ORIF）
ORIF Thumb Fractures

適応と目的： 母指中手骨骨折は，中手骨基部近く（骨幹端と骨幹部の接合部）の関節外で最も頻繁に起きる。隣接した関節の代償性の動きがあるので，母指の骨折では，ほかの指の骨折よりもある程度の変形治癒は許容される。変形治癒によって問題が生じることはほとんどない。20°～30°の屈曲変形は，機能的な障害はなく許容範囲内である。しかし，過度な屈曲変形はMP関節の過伸展を生じるため，治療を要する。Bennett（ベネット）骨折は，母指中手骨基部の脱臼骨折である。長母指外転筋が中手骨基部の骨片を中枢橈背側に転位させる。母指内転筋が中手骨骨幹部を回外位，内転位にする。前斜走靱帯が掌尺側基部の骨片をもとの位置に保持する。経皮鋼線固定にするか観血的整復固定にするかは，骨片の大きさに基づいて選択する。Rolando（ローランド）骨折は，Y字型やT字型に粉砕した関節内骨折である。粉砕の程度によって，経皮鋼線固定，観血的整復固定いずれの治療にするかを決める。創外固定はすべてで有効な治療法である。

　中手骨骨幹部骨折は，まれな骨折で，その理由は骨の中枢部分にしっかりと付着する組織があまりなく，母指にストレスがかかっても，通常は中手骨の厚い皮質骨がその外力に十分に耐えられ，基部にある軟らかい海綿骨がその外力を散らすからである。母指の末節骨・基節骨の骨折は，他の指の同部位の骨折と同じような形態をとる。

手術手技： 治療法は，骨片が関節面の15～20%以下のBennett骨折では，徒手整復と母指CM関節の経皮鋼線固定で治療できる。整復位を保持しながら母指中手骨を回内位で牽引して，X線透視下にKワイヤーが大菱形中手骨関節を斜めに横切るように挿入する。骨片が関節面の25～30%以上の大きさのBennett骨折では，観血的整復固定術のほうが望ましい。関節へは，長母指外転筋と母指球筋の間の遠位部から中枢に延ばし，長橈側手根屈筋の橈側縁に沿う皮膚切開によりアプローチする。母指球筋は骨膜下に反転して，関節包を切離して骨折部を展開する。Bennett骨折の骨片を整復してラグスクリューかKワイヤーで固定する。整復位を保持するために，さらにKワイヤーで関節を固定したほうが，望ましい。

　Rolando骨折には，多数のKワイヤーによる固定，引きよせ鋼線締結法，プレート固定などが行われる。粉砕の程度が一番軽い2つの骨片があるときには，関節面の整復がうまくいけば，治療はほとんど成功である。手術展開は，Bennett骨折と同様である。プレート固定には，2.4～2.7mmのL型かT型のプレートが使える。粉砕骨折では，適当な位置に内固定材を設置し固定することが難しい場合には，創外固定による治療のほうがよい。創外固定にはいろいろな種類の方法がある。母指・示指の中手骨の間に四辺形のミニ創外固定をおく方法，橈骨遠位端と母指・示指の中手骨に創外固定ピンを設置して三角形のフレームを組む方法，大菱形骨に1本と母指に2本の創外固定ピンを設置して1平面でのフレームを組む方法などがある。海綿骨移植は空隙を埋めるために行われ，より大きな骨片はKワイヤーで固定する。

　もし基節骨骨折の観血的整復術が必要であれば，背側に"Y字型"に皮膚切開をおき展開する。皮膚切開の遠位部は爪床の中枢部分を避けるように弓状に曲げ，指節間関節部は横方向に交差するように行う。さらに基節骨の背側に沿って縦方向の皮膚切開をおく。長母指伸筋腱の付着部は，骨折部の展開・整復をする際に傷めないように注意してそのまま残す。内固定は，ラグスクリューやミニプレートなどを用いて行う。

術後管理とリハビリテーション： Bennett骨折では，もしスクリュー固定が行われていれば，5～10日と短い期間の母指ギプス包帯固定後に自動可動域訓練を開始する。鋼線固定の場合には，母指ギプス包帯を4週間行い，関節固定している鋼線を抜去する。骨片を固定している鋼線は，6週後に抜去する。粉砕が軽微なRolando骨折で強固な内固定がされていれば，短期間の母指ギプス包帯固定後に早期可動域訓練を開始できる。粉砕している場合には，6～8週の創外固定装着期間が必要で，その後，徐々に動きを増やしていく。同様に，指節骨骨折の固定

後の後療法は，術中に得られた固定性に基づいて決まる。

予　後： 母指骨折に対する観血的整復固定術は，一般的に良好である。個々の競技レベルに応じて復帰の時期は決まるが，しばしば骨折部を保護する装具を用いることによって，より早い復帰が可能となる。合併症には，創部感染，偽関節，変形治癒などがある。Bennett 骨折，Rolando 骨折の変形治癒は，大菱形中手骨関節の繰り返す亜脱臼や恒常的な亜脱臼を生じる。母指中手骨を内転位に固定してしまうと第 1 指間の拘縮を生じる。

競技復帰： 骨癒合が完成し可動域制限がなくなり，握力が戻ってから，通常は 2～3 か月のちに競技へ復帰する。競技によっては，もっと早い復帰が可能である。スキーのポールやホッケーのスティックなど，道具を使うような競技では，早すぎる復帰により骨折部にさらなるストレスがかからないように注意を払わなければならない。

文　献

Al-Qattan MM, Cardoso E, Hassanain J, Hawary MB, Nandagopal N, Pitkanen J. Nonunion following subcapital(neck)fractures of the proximal phalanx of the thumb in children. *J Hand Surg* [*Br*]. 1999; 24(6): 693–698.

Brüske J, Bednarski M, Niedźiedź Z, Zyluk A, Grzeszewski S. The results of operative treatment of fractures of the thumb metacarpal base. *Acta Orthop Belg*. 2001; 67(4): 368–373.

Edmunds JO. Traumatic dislocations and instability of the trapeziometacarpal joint of the thumb. *Hand Clin*. 2006; 22(3): 365–392. Review.

McGuigan FX, Culp RW. Surgical treatment of intra-articular fractures of the trapezium. *J Hand Surg* [*Am*]. 2002; 27(4): 697–703.

Soyer AD. Fractures of the base of the first metacarpal: Current treatment options. *J Am Acad Orthop Surg*. 1999; 7(6): 403–412. Review.

Stern PJ. Fractures of the Metacarpals and Phalanges. In: Green DP, et al., eds. *Green's Operative Hand Surgery*. 5th ed. Philadelphia, PA: Elsevier; 2005: 277–342.

Tan V, Beredjiklian PK, Weiland AJ. Intra-articular fractures of the hand: Treatment by open reduction and internal fixation. *J Orthop Trauma*. 2005; 19(8): 518–523.

Wiesler ER, Chloros GD, Kuzma GR. Arthroscopy in the treatment of fracture of the trapezium. *Arthroscopy*. 2007; 23(11): 1248. e1–e4. Epub 2007 Jan 5.

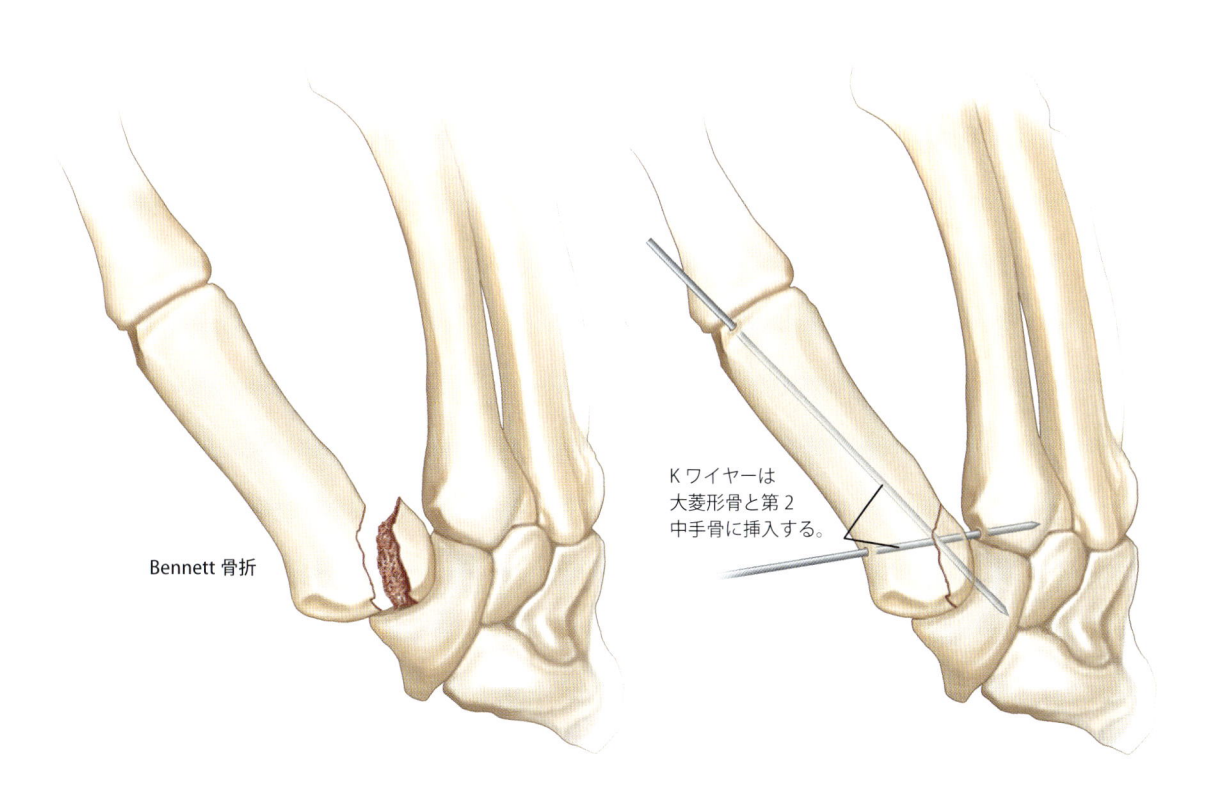

図52 母指骨折に対する観血的整復固定術（ORIF）　（続く）

Bennett 骨折

K ワイヤーは大菱形骨と第 2 中手骨に挿入する。

Rolando 骨折

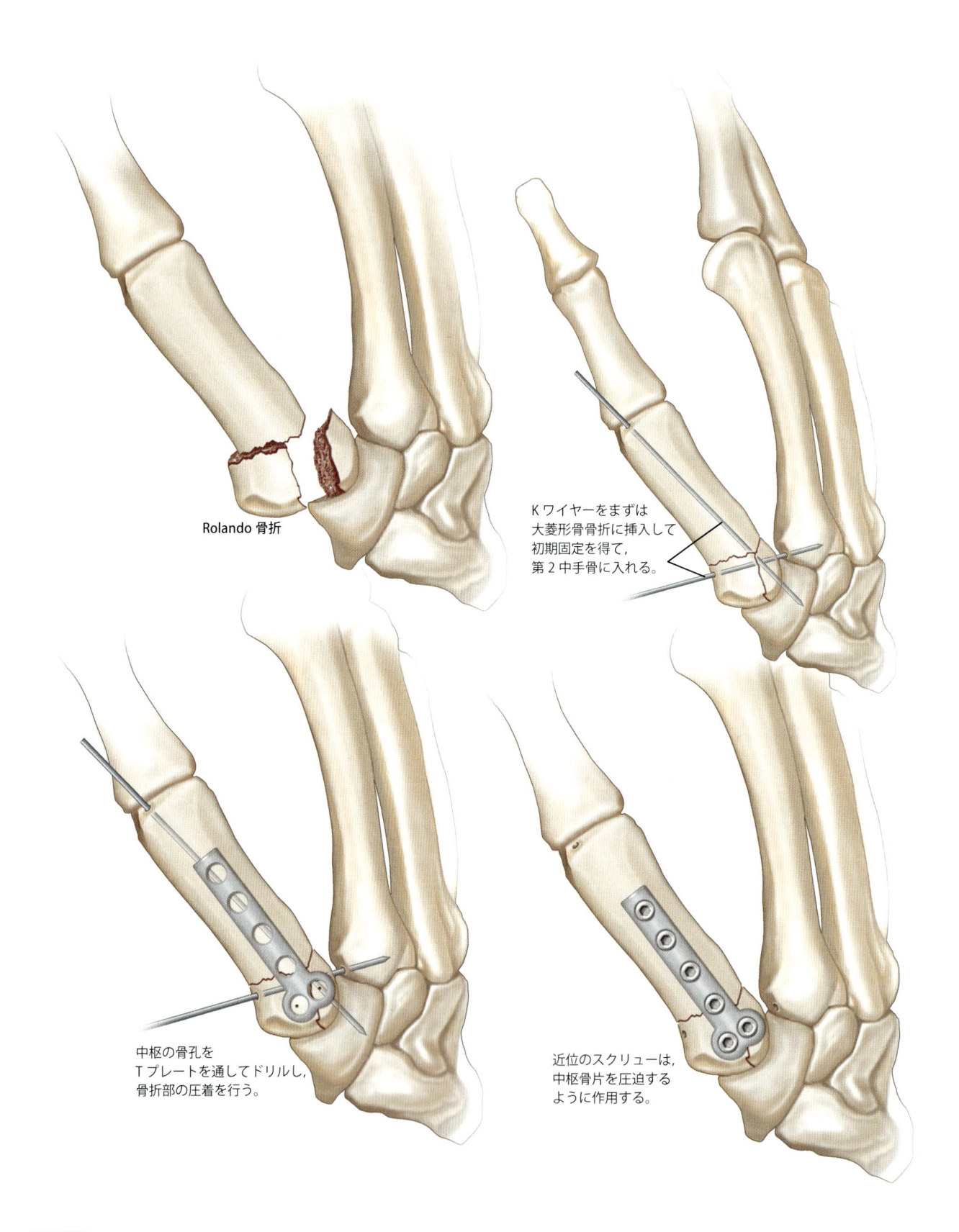

Kワイヤーをまずは
大菱形骨骨折に挿入して
初期固定を得て,
第2中手骨に入れる。

中枢の骨孔を
Tプレートを通してドリルし,
骨折部の圧着を行う。

近位のスクリューは,
中枢骨片を圧迫する
ように作用する。

図 52 (続き)

Chapter 4

脊椎
Spine

頸椎前方除圧術/椎間板切除術
Anterior Cervical Decompression/Discectomy

適応と目的： 頸椎前方除圧術や椎間板切除術は，症候性椎間板[*1]ヘルニアや脱出型椎間板ヘルニア，変形性頸椎症[*2]，脊髄自体に狭窄のある患者に対して適応がある．患者は，神経根障害（神経根機能障害），脊髄症（脊髄機能障害），または長索路症状（巧緻障害，脱力感，膀胱直腸障害）を呈する．手術は保存療法（各種療法，牽引，硬膜外注射など）で効果がなく，検査や画像で異常がある患者に対し適応がある．症候性椎間板ヘルニアの患者は，頸椎の高位に応じた[*3] 神経根症状[*4] をしばしば呈する．手術の目的は，すべての症状を除去し，アスリートを競技へ復帰させることである．この手術ではしばしば，罹患する椎間板の上下椎体の固定術も組み合わせて行われる（130頁の「頸椎固定術」を参照）．後弯（脊椎の前屈）のある患者には頸椎後方アプローチよりも前方アプローチが選択される．

* 1　椎体間のソフトクッション
* 2　変性と神経孔（神経根の出口）の狭窄（狭小化）
* 3　C5-6 椎間板ヘルニアは患側の C6 神経根が障害される．
* 4　腕から下行するピリピリとした痛みやしびれ，筋力低下，反射消失など

手術手技： 頸部のランドマークを頼りに皮膚切開の位置を決める．頸部罹患側の高位に横または斜め方向の皮膚切開を入れる（図 53A, B）．

骨/軟骨	高位
舌骨	C3-C4
甲状軟骨	C4-C5
輪状軟骨	C7

通常は適切な高位を術中単純 X 線撮影で確認し，必要があれば一時的に金属ピンを椎体に入れるか，椎体間に椎弓スプレッダーを入れて2椎体を伸延する．これにより椎間板への展開が容易になる（図 53C〜F）．罹患した椎間板を除去し（図 53G, H），2椎体間を移植骨で固定する（図 53I, J）．脊椎インストゥルメントによる固定を追加することで，骨癒合率の向上や機能の早期回復が期待できる．

術後管理とリハビリテーション： 理学療法の有無は，個々の患者の状態によって異なる．術直後に早期歩行が可能であれば入院は一晩でよい．また，ネックカラーを装着することもある．多くの患者は数週間続く嚥下と会話中の喉の不快感や圧迫感（嚥下障害）を経験する．理学療法は，肩と上肢周囲の一般的な関節可動域訓練，筋力強化，疼痛と局所の炎症の軽減，仕事や日常生活動作へ安全に復帰するための指導からなる．通常，鎮痛薬の処方をいったん止め，頸部の動きを再獲得してから日常生活へ復帰させる．軽いリフティング（挙上運動）は，種々の制限はあるものの，通常4〜6週間で開始してよい．より積極的なリフティングとスポーツ活動は，3〜6か月で再開することができる．本格的なリハビリテーションの間は，心血管系のコンディショニングを追加するだけでなく，姿勢訓練も行う．

予　後： 職務に関しては，術後の回復が良好で症状の再発が限定的な場合に，職場への復帰を検討する．

競技復帰： 競技への復帰は通常，固定された椎間数によって異なる（130頁の「頸椎固定術」を参照）．1椎間固定術を受けたアスリートは完全治癒後に競技へ復帰できる．通常，この手術はアスリートにとって治療に専念するシーズンとなる．脊椎の安定性の確認は，屈曲-伸展位での単純 X 線撮影で行う．複数椎間の固定術では，競技への復帰

は困難である。

文献

Erickson M, Fites BS, Thieken MT, McGee AW. Outpatient anterior cervical discectomy and fusion. *Am J Orthop.* 2007; 36(8): 429–432.
Fountas KN, Kapsalaki EZ, Nikolakakos LG, Smisson HF, Johnston KW, Grigorian AA, Lee GP, Robinson JS Jr. Anterior cervical discectomy and fusion associated complications. *Spine (Phila Pa 1976).* 2007(1); 32(21): 2310–2317. Review.
Mobbs RJ, Rao P, Chandran NK. Anterior cervical discectomy and fusion: Analysis of surgical outcome with and without plating. *J Clin Neurosci.* 2007; 14(7): 639–642.

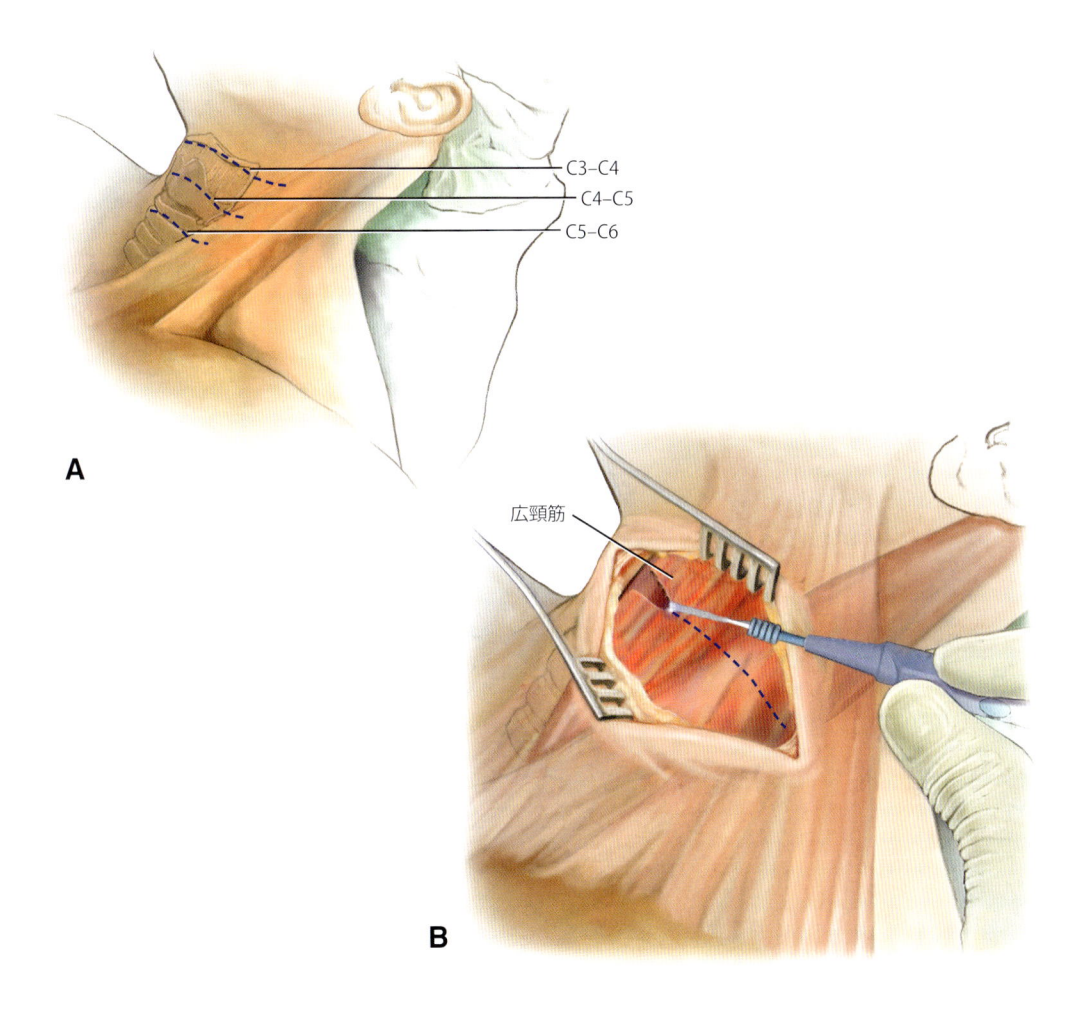

図53 頸椎前方アプローチ A：頸椎表層のランドマークは頸椎椎間板の高位に相当する。舌骨（C3-4），甲状軟骨（C4-5），頸動脈結節（C6）と輪状軟骨（C7）。B：頸椎前方アプローチではしばしば皮膚切開を左側におき，広頸筋を展開する。（続く）

鉤状突起の上向き勾配

高さ

C

深さ

D

伸延された
椎間板高

E

F

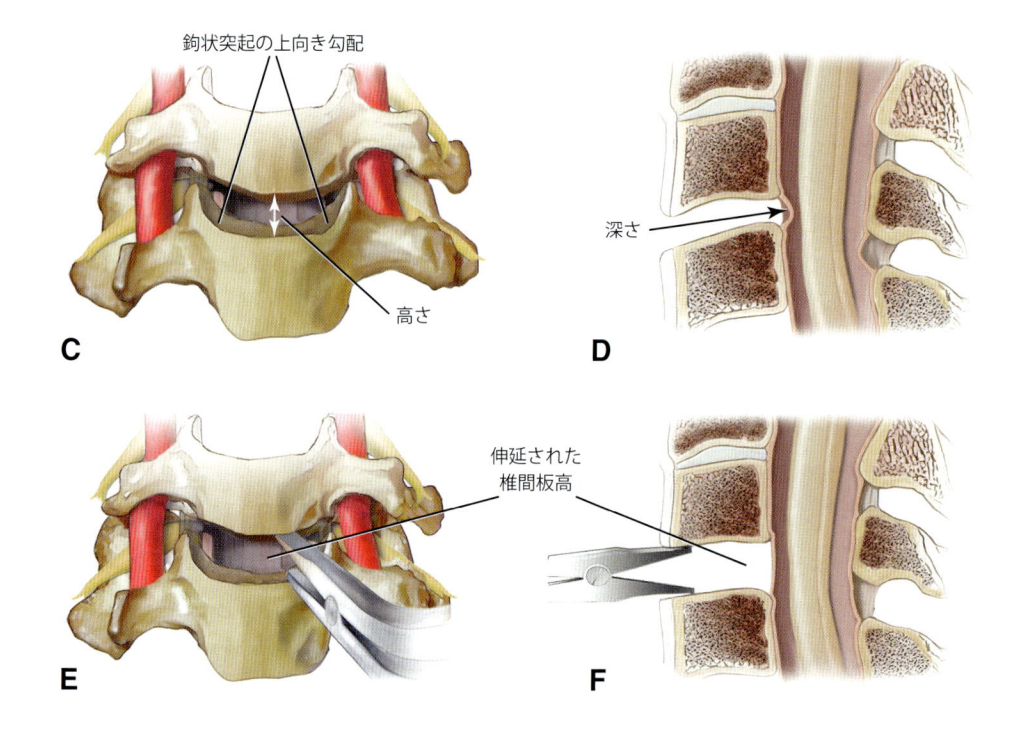

図53　**（続き）**　C：鉤状突起の上方傾斜は，椎間板切除術によって明瞭になる．D：椎間板は，後縦靱帯（posterior longitudinal ligament: PLL）の深さまで取り除く．E, F：椎間板スペースを伸延することで視野は改善し，神経孔の高さが回復し，後縦靱帯のたわみがなくなる．（続く）

後縦靱帯内の遺残ヘルニア 脱出した椎間板

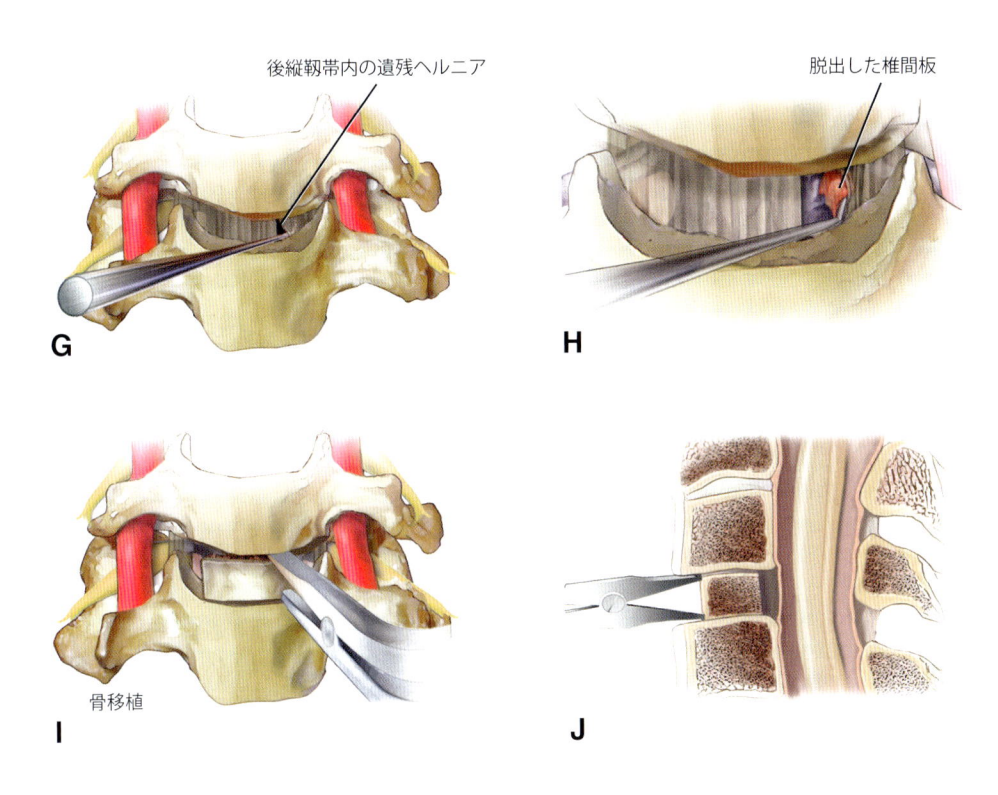

G H

骨移植

I J

図53 (続き) G, H：脱出型椎間板ヘルニアでは，後縦靱帯内の遺残ヘルニアを確認し，ヘルニア片を除去する。I, J：それから，移植骨のサイズを合わせて挿入する（インストゥルメントを併用する場合もある）。

頸椎後方除圧術/椎間板切除術
Posterior Cervical Decompression/Discectomy

適応と目的： 頸椎後方除圧術/椎間板切除術の適応は，頸椎前方除圧術/椎間板切除術に類似している。頸椎後方アプローチは，実質的な骨病変のない，より側方にある頸椎椎間板に対して一般的に選択される。この手技は通常，頸椎配列が正常か前弯（後屈）のある患者に対して行われる。より中央にヘルニアがある患者，あるいは前方の骨棘による狭窄のある場合は，頸椎前方除圧術/椎間板切除術を選択することもある。

手術手技： 罹患高位を中心に後正中切開を用いる（図54A, B）。予定している高位は通常，術中の単純X線撮影により確認する。傍脊柱筋を脊椎の後方要素から剥離し，椎弓と椎間孔の側面は種々のパンチとゲージで拡げる（椎弓椎間孔拡大術）（図54C, D）。これにより，障害されている神経根を観察して除圧することもできる。あるいは，多椎間の圧迫や後方での中心狭窄があれば，すべての骨性のアーチを切除する（椎弓切除術）。椎弓椎間孔拡大術を受ける患者では，もし椎間関節（2椎体間の関節）の50％が温存されていれば，固定術の必要性はない。椎弓切除術を受ける患者では，結果的に不安定性が生じて固定術が必要になり，骨移植と脊椎を固定するインストゥルメント（スクリューとロッド）を併用して実施される（130頁の「頸椎固定術」を参照）。

術後管理とリハビリテーション： 理学療法の有無は，個々の患者の状態により異なる。病院滞在期間は手術方法にもよるが数日であり，術後早期の歩行が推奨される。患者にとっては，術後，頸椎装具を装着したほうが快適である。正式なリハビリテーションは手術をした椎間数に基づき必要となり，それには患者教育も含まれる。可動域訓練は，治癒促進のために骨移植とインストゥルメントが使われると，術後早期は制限される。可動域訓練は管理のもとに段階的に行い，通常は術後4～6週間ではじめる。しかし，さらなる固定と治癒期間の短縮によって，早期の可動域訓練が可能になることもあるので，外科医とのコミュニケーションは重要である。

予後： 自動車運転のような動作は，6週間で可能になる。職場復帰は仕事内容によって，数週間～数か月間を要する。

競技復帰： 頸椎固定術の必要がない場合，軟部組織が修復されるとすぐに競技へ復帰できる。期間は一般的に6～8週間である。頸椎固定術を必要とした場合，手術する椎間数によって競技への復帰までの期間は変わってくる（130～133頁の「頸椎固定術」を参照）。

文 献

Dvorak MF, Fisher CG, Fehlings MG, Rampersaud YR, Oner FC, Aarabi B, Vaccaro AR. The surgical approach to subaxial cervical spine injuries: An evidence-based algorithm based on the SLIC classification system. *Spine* (*Phila Pa 1976*). 2007; 32(23): 2620-2629.

Liu P, Zhao J, Liu F, Liu M, Fan W. A novel operative approach for the treatment of old distractive flexion injuries of subaxial cervical spine. *Spine* (*Phila Pa 1976*). 2008; 33(13): 1459-1464.

A　後方縦切開

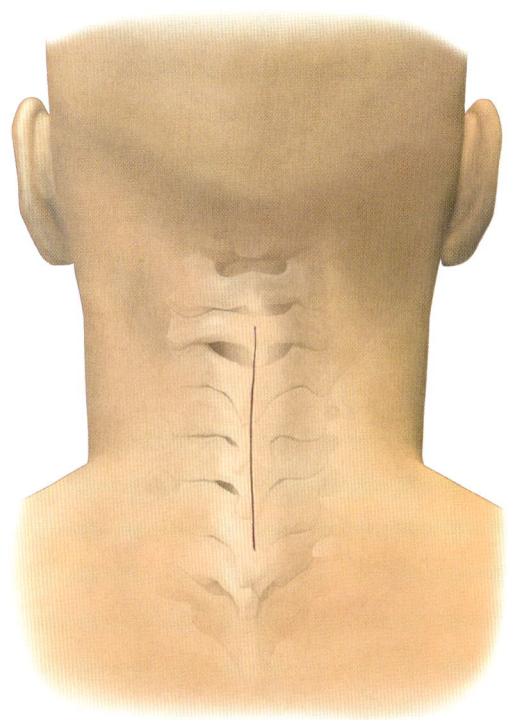

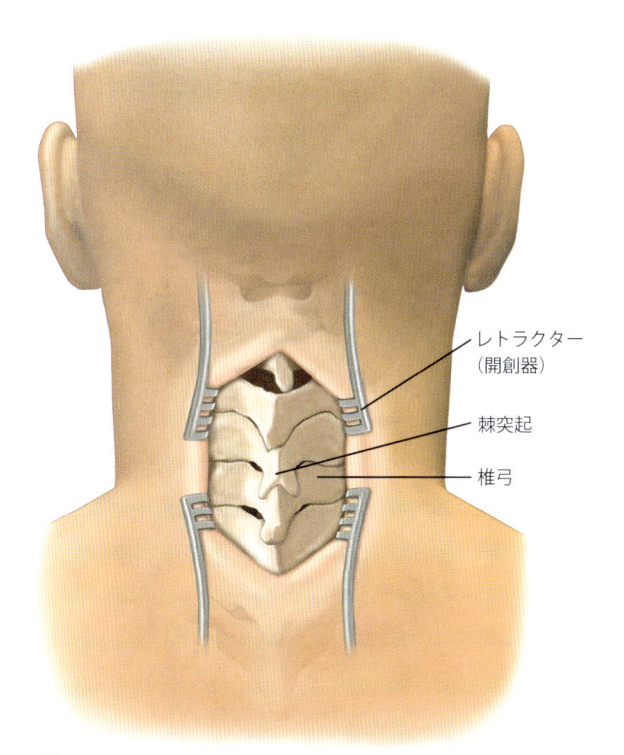

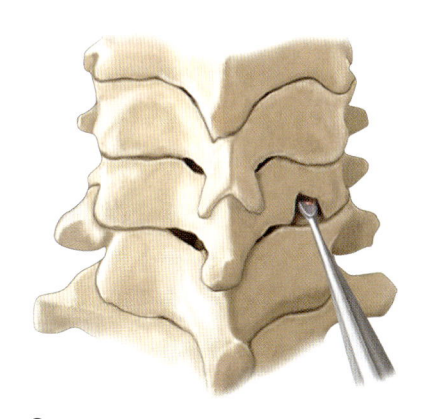

B　脊椎の露出
- レトラクター（開創器）
- 棘突起
- 椎弓

C　脊柱管へアプローチするための椎弓の掻爬

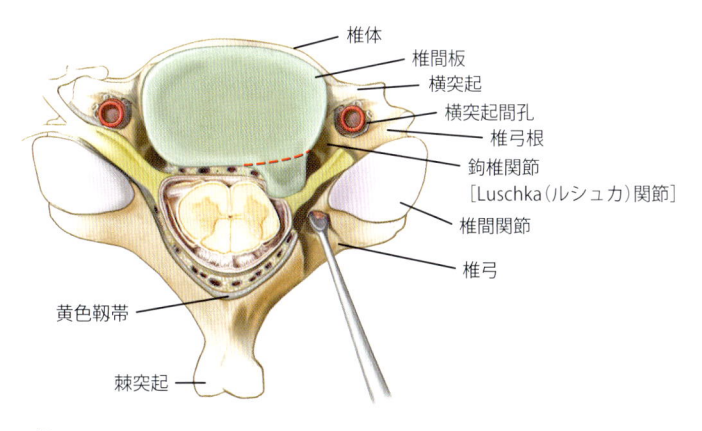

D　脊柱管へ到達し，椎間板のヘルニア部分を切除する。
- 椎体
- 椎間板
- 横突起
- 横突起間孔
- 椎弓根
- 鉤椎関節［Luschka（ルシュカ）関節］
- 椎間関節
- 椎弓
- 黄色靱帯
- 棘突起

図54　頸椎後方アプローチ　A：後正中切開を棘突起上に入れる。B：脊椎後方を露出する。C：キーホール椎弓椎間孔拡大術が椎弓と椎間関節の接合部で行われる。D：頸椎外側椎間板ヘルニアに対しては，注意深く神経根を除けて後方からアプローチすることができる。脊髄自体は操作すべきではない。

頸椎固定術
Cervical Fusion

適応と目的： 頸椎固定術は，脊柱変形，感染症，腫瘍切除後の再建，外傷や種々の破壊的過程（腫瘍，関節炎など）で生じる不安定な脊椎の固定と，手術に起因する不安定性に対して適応がある。その目的は，頸椎の動きを犠牲にして，関連する2椎体/椎間の強固な関節固定を達成することである。2つ目の目的は，できるかぎり固定する椎間数を少なくすることによって，脊椎の可動性を維持することである。頸椎固定術はさまざまな要因によって，前方，後方，または前方と後方アプローチの組み合わせのいずれかで行うことができる。

手術手技： 前方と後方のアプローチについては前述した（124～129頁「頸椎前方・後方除圧術」を参照）。頸椎前方固定術では，椎間板切除術や椎体切除術後に，作製されたスペースに骨移植をして固定する。椎間板切除術では，該当する椎間板上下方の軟骨終板も同様に除去する（図55A）。軟骨下骨は頸椎固定術にとっての骨性終板として，移植骨が沈み込むリスクを軽減するためにできるだけ温存する（図55B）。

　これは通常，自家全層腸骨稜移植［Smith-Robinson（スミス・ロビンソン）法］または同種移植のいずれかで行う（図55C）。多椎体切除術では，腓骨柱状同種移植が一般的である。非常に長い固定，患者の希望や外科医が術式を選択した症例では，自家移植骨を充填したケージを代わりに使用する。頸椎前方プレートの使用は，患者と病態によって個々に使用を検討する（図55D）が，複数椎間の除圧術ではより一般的である。しかし，単一椎間の固定術での使用は，患者をより迅速に日常生活に復帰させることができ，なおかつ，術後の外固定の必要性が減るか不要となる。後方固定術では，後方要素，とくに椎間関節および棘突起と椎弓は除皮質され，移植骨片が対側表面に置かれる。外側塊または棘突起，またはあまり一般的ではないが椎弓や椎弓根のどちらかに，インストゥルメントによる部分的固定を症例によっては行う（図56）。

術後管理とリハビリテーション： 頸椎固定術は早期癒合には数か月かかり，完全骨癒合には数年を要する。頸椎手術の術後ケアは，患者と実施された手術によって異なる。患者は，外科医の判断と手術の固定性により2～3か月間，ハロー型ベストか強固な頸椎装具を装着する必要がある。しかし，内固定することで，さらなる外固定の必要性がなくなるか軽減することができる。入院期間は1週間で，その間は頸椎の屈曲と回旋が制限される。管理のもとでのリハビリテーションは痛みや局所の炎症を軽減し，最初の6～8週間では可能な範囲で段階的に頸部の運動を開始するべきである。より負荷のかかる頸部の運動をはじめるかは，患者のリハビリテーションの進行状況によるので，理学療法士と医師の間での密接なコミュニケーションが必要になる。

予後： 術後の目標は堅固な骨癒合を達成し，脊椎配列の維持と機能を回復することである。骨癒合と骨折のリモデリングは1～2年かかるが，初期の骨癒合は一般的には約12～16週間を要する。しかしこれは，喫煙者，糖尿病患者，ステロイド使用患者またはその他の関連病態では遅延する。活動性の回復は固定術にインストゥルメントを用いた場合はより速くなるかもしれない。

競技復帰： 1椎間の固定術を受けたアスリートは，完全治癒後に競技へ復帰できる。通常，この手術はアスリートにとって治療に専念するシーズンとなる。脊椎の安定性の確認は，屈曲－伸展位での単純X線撮影で行われる。複数椎間の固定術では一般的には，競技への参加は見合わせる。

文　献

Floyd T, Ohnmeiss D. A meta-analysis of autograft versus allograft in anterior cervical fusion. *Eur Spine J*. 2000; 9(5): 398–403.
Fraser JF, Hartl R. Anterior approaches to fusion of the cervical spine: A metaanalysis of fusion rates. *J Neurosurg Spine*. 2007; 6(4): 298–303.
Liu P, Zhao J, Liu F, Liu M, Fan W. A novel operative approach for the treatment of old distractive flexion injuries of subaxial cervical spine. *Spine (Phila Pa 1976)*. 2008; 33(13): 1459–1464.
van Limbeek J, Jacobs WC, Anderson PG, Pavlov PW. A systematic literature review to identify the best method for a single level anterior cervical interbody fusion. *Eur Spine J*. 2000; 9(2): 129–136. Review.

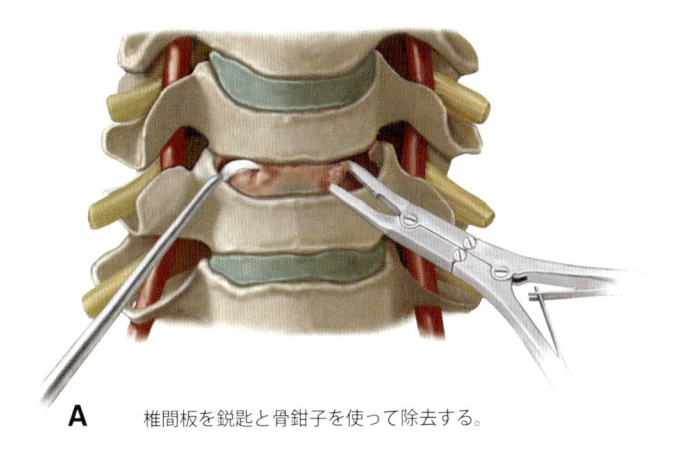

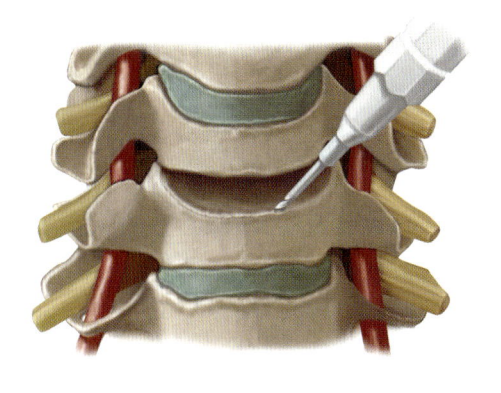

A　椎間板を鋭匙と骨鉗子を使って除去する。

B　軟骨終板を掘削し，前方と後方に縁をつくる。

図55　**頸椎前方除圧術と頸椎固定術（anterior cervical decompression and fusion: ACDF）**　A：椎間板を前方から鋭匙と骨鉗子で除去する。B：軟骨終板を掘削し，移植骨片設置の準備をする。（続く）

132　Chapter 4 ■ 脊　椎

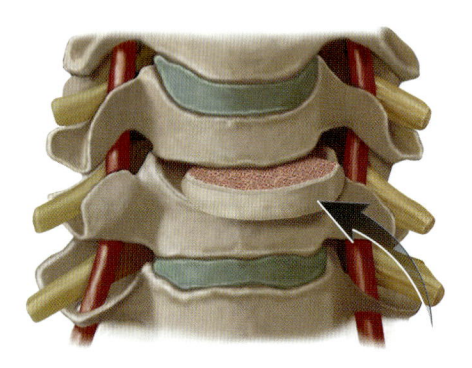

C　腸骨稜からの移植骨片を採型して作製された椎間板腔へ挿入する。

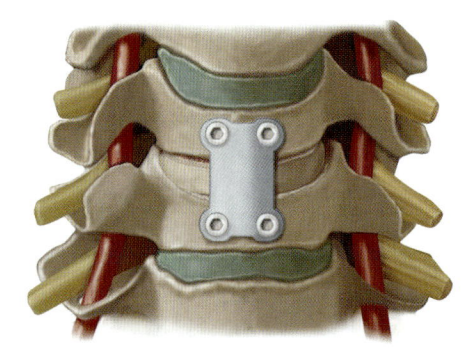

D　チタンプレートを4本のスクリューで移植骨片をまたいで固定する。

図55　（続き）C：移植骨を椎間板腔に挿入する。D：前方プレートとスクリューを設置して固定する。

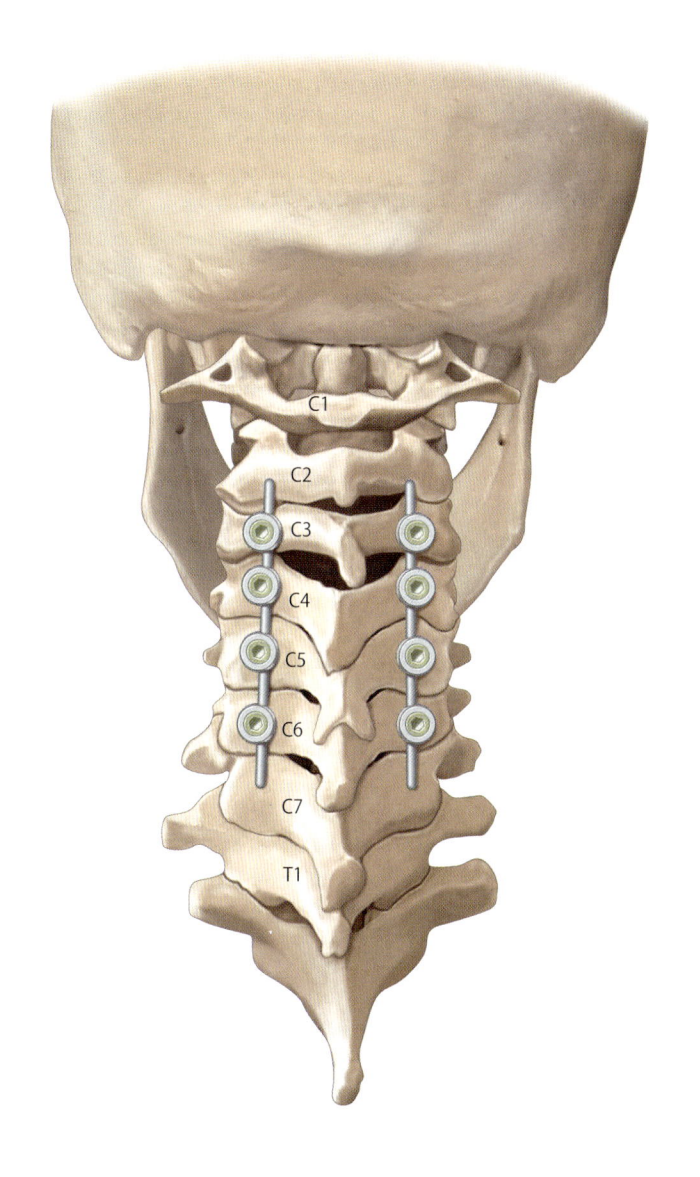

図56 C3〜C6頸椎後方インストゥルメント固定術

頸椎骨折に対する観血的整復固定術（ORIF）
Open Reduction and Internal Fixation (ORIF) of Cervical Fractures

適応と目的： 観血的整復固定術（ORIF）は非観血的整復ができず，頸椎骨折や脱臼と，非観血的整復が禁忌の患者[*1]に適応がある。目的は骨折部を整復し，何らかの方法（スクリュー，プレートなど）で固定することである。骨折をさらに安定化させるために骨移植が必要になることもある。骨折と脱臼は多様な外傷を合併しており，簡単に述べるのは難しい。整復は介達法[*2]によって行われることもあるが，その他の場合には観血的整復が必要になる。できるかぎり神経（脊髄と神経根）を直視，保護または除圧することは観血的整復固定術の主要な目的の1つである。

[*1] 椎間板ヘルニアや，非観血的整復操作で転位する骨片または脊髄が危険な状態にある患者
[*2] 牽引によって骨折/脱臼が伸延され，靱帯自体によって整復される（靱帯性整復）

手術手技： 前方，後方とその両方を組み合わせたアプローチは，脱臼骨折の部位，形態と個々の外傷の特徴，合併する神経の圧迫や損傷の程度，外科医の判断によるところが大きい。前方，後方進入法については前述した（124～129頁を参照）。

観血的整復は介達法か，神経を除圧するために損傷部位を直接外科的に切除してから骨折/脱臼を整復する，このいずれかの方法で行う（図57A, B）。

脊椎の整復，除圧と再配列が完全に行われたら，病態によって，スクリュー，プレート，ロッドやワイヤーを使用して固定を行う（図57C, D）。ハロー外固定を追加するか内固定の代わりに使うかは，症例によって必要性を考慮する。

術後管理とリハビリテーション： 頸椎の観血的整復固定術の管理は部位，病態，実施される術式によって異なる。強固な内固定ではハロー外固定は不要になる。しかし，極度の不安定型骨折や内固定が不可能なときは，2～3か月間ハロー型ベストを使ったのちに，もう1～2か月間の堅固なネックカラーが必要になることもある。

予後： 長期間の外固定を必要としない，強固な固定術が望まれる。神経機能の回復は損傷の形態，期間，部位によって大きく異なる。しかし，完全脊髄損傷[*3]の患者では，強固な固定術ができても，早期のリハビリテーションは難しい。可能性のある合併症は亜脱臼[*4]，創傷感染，筋力低下，嚥下障害と嗄声である。

[*3] 運動，感覚と固有感覚の永久的喪失
[*4] 解剖学的配列の喪失

競技復帰： スポーツの種類と損傷の程度により，競技への復帰が困難な場合もある。より小さな損傷では，完全治癒と安定性の維持が確保できたら競技復帰が期待できる。

文献

Scapinelli R, Balsano M. Traumatic enucleation of the body of the sixth cervical vertebra without neurologic sequelae: A case report. *Spine (Phila Pa 1976)*. 2002; 27(13): E321-E324.

Shapiro SA. Management of unilateral locked facet of the cervical spine. *Neurosurg*. 1993; 33(5): 832-837; discussion 837. Review.

Wang C, Yan M, Zhou HT, Wang SL, Dang GT. Open reduction of irreducible atlantoaxial dislocation by transoral anterior atlantoaxial release and posterior internal fixation. *Spine (Phila Pa 1976)*. 2006; 31(11): E306-E313.

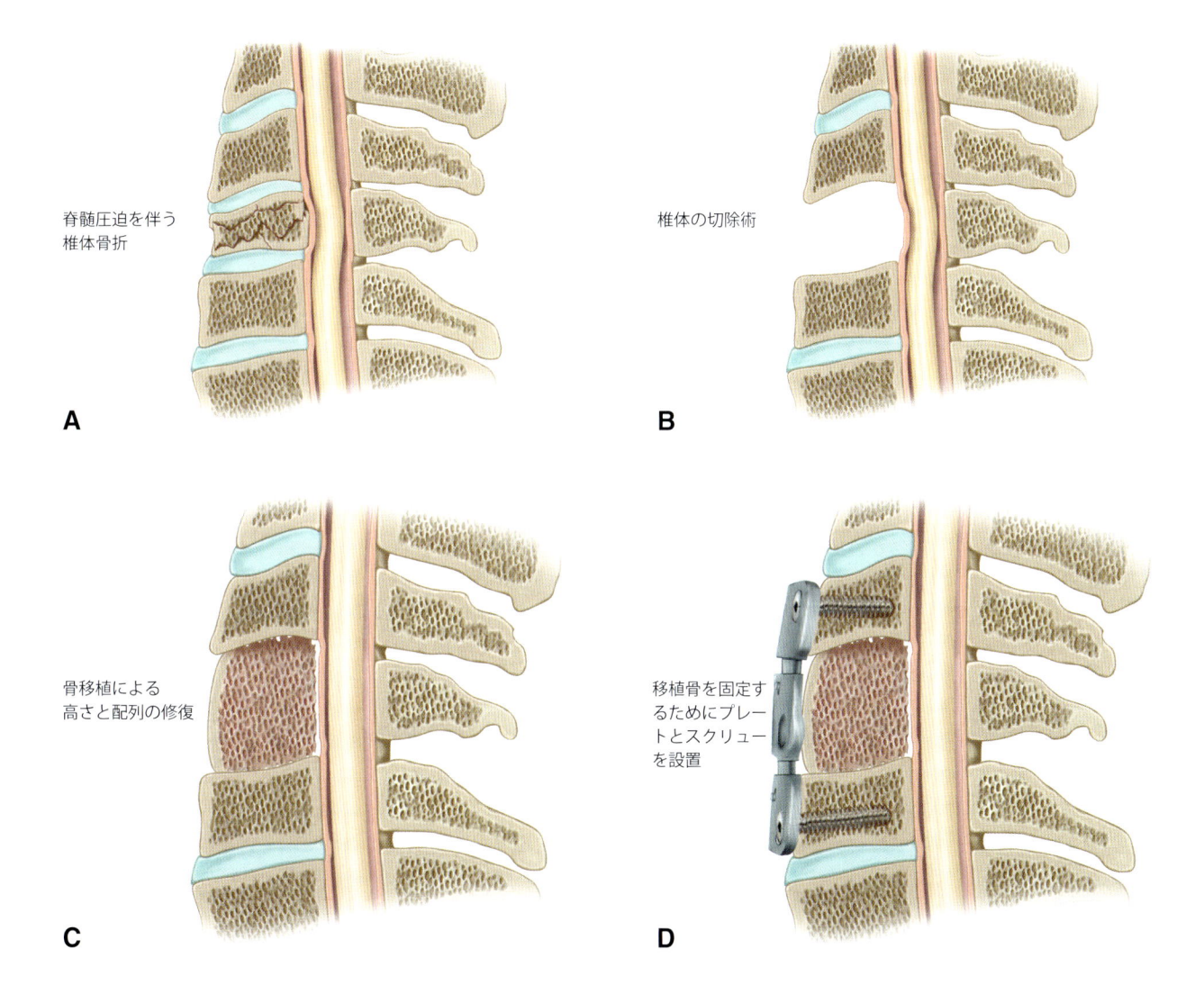

図57 頸椎前方椎体切除術とインストゥルメント固定術 A：頸椎骨折では脊髄圧迫がみられる。B：前方アプローチ後に頸椎椎体切除術を行う。C：移植骨のサイズを計測し，移植骨片を欠損部に挿入する。D：前方プレートとスクリューを設置して固定する。

胸腰椎除圧術
Thoracolumbar Decompression

適応と目的： 固定術併用の有無による胸腰椎除圧術は症候性脊椎症(脊椎変性症)で脊柱管および神経孔のどちらかに狭窄のある患者に適応があり，症状は圧迫された神経によって異なる．胸椎では，患者は脊髄症か神経根症のいずれか，またはその両方の症状を呈している．神経根症の患者では局所の疼痛，しびれまたは特定の神経根領域の脱力感があるのに対して，脊髄症の患者では，巧緻障害，運動失調，膀胱・直腸障害とそのほか長索路症状を呈する．脊髄は典型的には，胸腰椎移行部(Th12〜L1)に終止するので，症候性の腰部脊柱管狭窄症患者は神経根症の症状を呈する．まれに，重度の狭窄や大きなヘルニアがある患者では，馬尾症状[*1]を呈することがあり，脊髄専門医によって緊急手術の適応を評価する必要がある．

　症候性狭窄症の手術目的は障害された神経を除圧し，症状の進行を防止して，症状を軽減するか取り除くことである．手術のアプローチ方向は現在の症状，病巣部位と既存の合併疾患によって選択される．胸椎では，通常，ヘルニアが脱出したことによって神経が圧迫される．後方アプローチから直接，椎間板を除去するのは脊髄の操作を必要とするので，経胸的アプローチによる前方アプローチが一般的である．とくに最外側ヘルニアに対しては，最外側または胸腔外アプローチを選択するかは自由であるが，それは通常，経験のある外科医によってのみ行われる．後方圧迫がある多椎間狭窄例では，通常，固定術とインストゥルメント固定による後方胸椎椎弓切除術が考慮される．

　腰椎椎間板ヘルニアでは，脱出したヘルニアを展開するために神経根への注意深い操作が必要なため，通常，後方アプローチが用いられる．

[*1] 膀胱・直腸障害，肛門周囲のしびれ，直腸反射と機能の喪失

手術手技： 胸椎への前方経胸的アプローチでは，患者は側臥位で，標準的な開胸切開が上位罹患椎体の肋骨の中央に入る(図58)．術前画像の慎重な検討は，脱出または遊離したヘルニアを脊柱管から摘出するためには不可欠である．十分に展開するために肋骨をさまざまに切除し，肺を保護して，胸膜に進入する．肋骨を胸椎の後方へ引き，高位を確認するために術中単純X線撮影を行う(図59)．そして，罹患椎間板の線維輪切開をして，ヘルニアを摘出する(椎間板切除術)．圧迫の程度により，インストゥルメント併用の有無による固定術が通常は切除肋骨を用いて行われる．切除の程度と病態により，インストゥルメント併用の有無による補助的後方固定術が必要になることもある．

　胸腰椎への後方アプローチでは，標準的な正中切開で傍脊柱筋を脊椎の後方要素から剥離する(図60A, B)．適切な高位を確認するために術中単純X線撮影を行う(図60C)．胸椎では，椎弓切除術が脊椎後方要素を除去して実施され，続発性の変形を伴う手術による不安定性の危険性を減じるために，インストゥルメントを用いた固定術も通常，組み合わせて行われる(144頁の「胸腰椎固定術」を参照)．前述したように，脊髄の操作は胸椎では薦められないため，実質的な前方脊髄圧迫(椎間板ヘルニア，前方の骨棘などによる)が残るならば，別の前方アプローチが必要になる．胸椎椎間板への最外側または胸腔外アプローチかの選択は自由であるが，それは経験のある脊椎外科医によって行われるべきである．

　腰椎では，骨性のランドマークを皮膚切開のために触診で確認する(図61)．標準的な後方アプローチでは正中切開，傍脊柱筋の骨膜下剥離と主要な脊椎骨の展開を行う(図62A)．部分的椎弓切除術[*2]または椎弓切除術[*3]が障害部位を除圧するために行われる(図62B)．場合によっては，椎間板腔に達するために神経根を愛護的に後方へ引くこともできる．もし，椎間関節の50％が温存されるならば，固定術を不要にすることができる(図62C, D)．しかし，椎間関節突起間部，両側椎間関節の50％以上や片側椎間関節が100％切除されるなら，インストゥルメント併用の有無による固定術を強く考慮するべきである．顕微鏡や特殊な開創器の使用は最小侵襲脊椎手術

(minimally invasive spine surgery: MISS)の概念を発展させ，これらの技術はとくに腰椎では進化し続けている。症例によっては，これらの手技は軟部組織への侵襲を軽減し，術後の回復期間を短縮させ，競技活動への早期復帰を容易にすることができる。しかし，神経の除圧，骨靱帯構造と可動性を保持することが，脊椎手術の主要な目的であり，顕微鏡や特殊な開創器の使用によって本来の目的を見失うべきではないことも強調したい。

＊2　脊柱管を開窓するために椎弓を部分切除
＊3　椎弓を完全に切除

術後管理とリハビリテーション：　胸腰椎除圧術後のリハビリテーションは，従来よりもかなり進歩している。体幹固定装具は必要ないが，必要に応じて補助具を用いた，可能な範囲内での早期歩行が推奨される。適切な姿勢が重要であり，長時間の乗車，屈曲と回旋運動，長時間の坐位は，術後最初の1か月間は控えるべきである。2か月目からは，管理のもとでの柔軟性と筋力強化のリハビリテーションが，疼痛耐性[*4]を進行の指標として行われる。

＊4　痛みに耐えられる特性：痛みに耐えられるかどうか

予　後：　骨折固定術と神経除圧術の比較的新しい手術法は，術後の安静期間を短縮し，脊椎を瞬時に安定化させるので，早期復帰が可能になる。これにより早期の運動とコンディションの再調整が可能になる。

競技復帰：　1椎間の鏡視下椎間板切除術のほとんど(90％)では，十分な除痛とダメージの少ない関節可動域訓練によって，通常，非コンタクトスポーツでは6〜8週間，コンタクトスポーツでは少なくとも3か月で競技への復帰が可能である。

文　献

Cengiz SL, Kalkan E, Bayir A, Ilik K, Basefer A. Timing of thoracolumber spine stabilization in trauma patients; impact on neurological outcome and clinical course. A real prospective(rct)randomized controlled study. *Arch Orthop Trauma Surg.* 2008; 128(9): 959–966.

Chow GH, Nelson BJ, Gebhard JS, Brugman JL, Brown CW, Donaldson DH. Functional outcome of thoracolumbar burst fractures managed with hyperextension casting or bracing and early mobilization. *Spine*(*Phila Pa 1976*). 1996; 21(18): 2170–2175.

Heary RF, Salas S, Bono CM, Kumar S. Complication avoidance: Thoracolumbar and lumbar burst fractures. *Neurosurg Clin N Am.* 2006; 17(3): 377–388, viii. Review.

Mikles MR, Stchur RP, Graziano GP. Posterior instrumentation for thoracolumbar fractures. *J Am Acad Orthop Surg.* 2004; 12(6): 424–435. Review.

Seybold EA, Sweeney CA, Fredrickson BE, Warhold LG, Bernini PM. Functional outcome of low lumbar burst fractures. A multicenter review of operative and nonoperative treatment of L3-L5. *Spine*(*Phila Pa 1976*). 1999; 24(20): 2154–2161.

Singh K, Heller JG, Samartzis D, Price JS, An HS, Yoon ST, Rhee J, Ledlie JT, Phillips FM. Open vertebral cement augmentation combined with lumbar decompression for the operative management of thoracolumbar stenosis secondary to osteoporotic burst fractures. *J Spinal Disord Tech.* 2005; 18(5): 413–419.

Yi L, Jingping B, Gele J, Baoleri X, Taixiang W. Operative versus non-operative treatment for thoracolumbar burst fractures without neurological deficit. *Cochrane Database Syst Rev.* 2006; 18(4): CD005079. Review.

138　Chapter 4 ■ 脊　椎

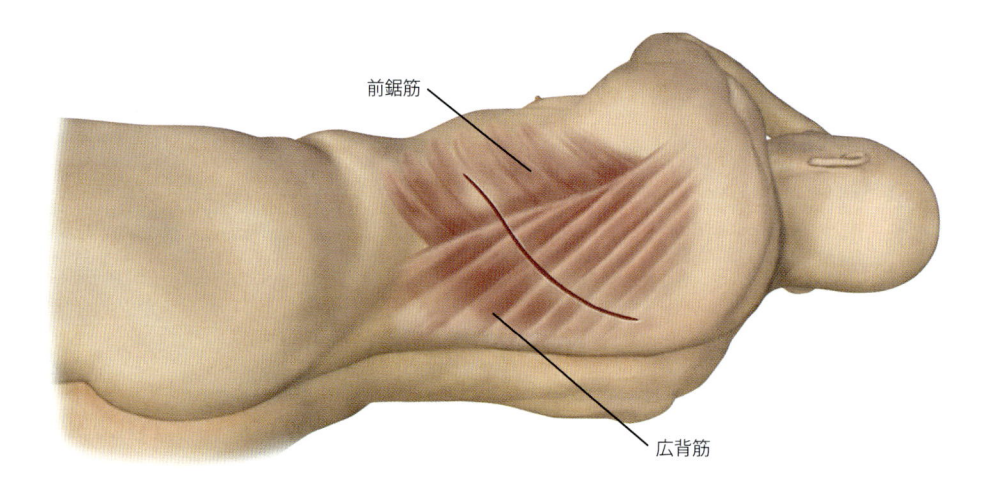

前鋸筋

広背筋

図 58　胸腰椎への前方アプローチは，通常，左側臥位で行われる。しかし，どちら側にするかは病態によって変わる。

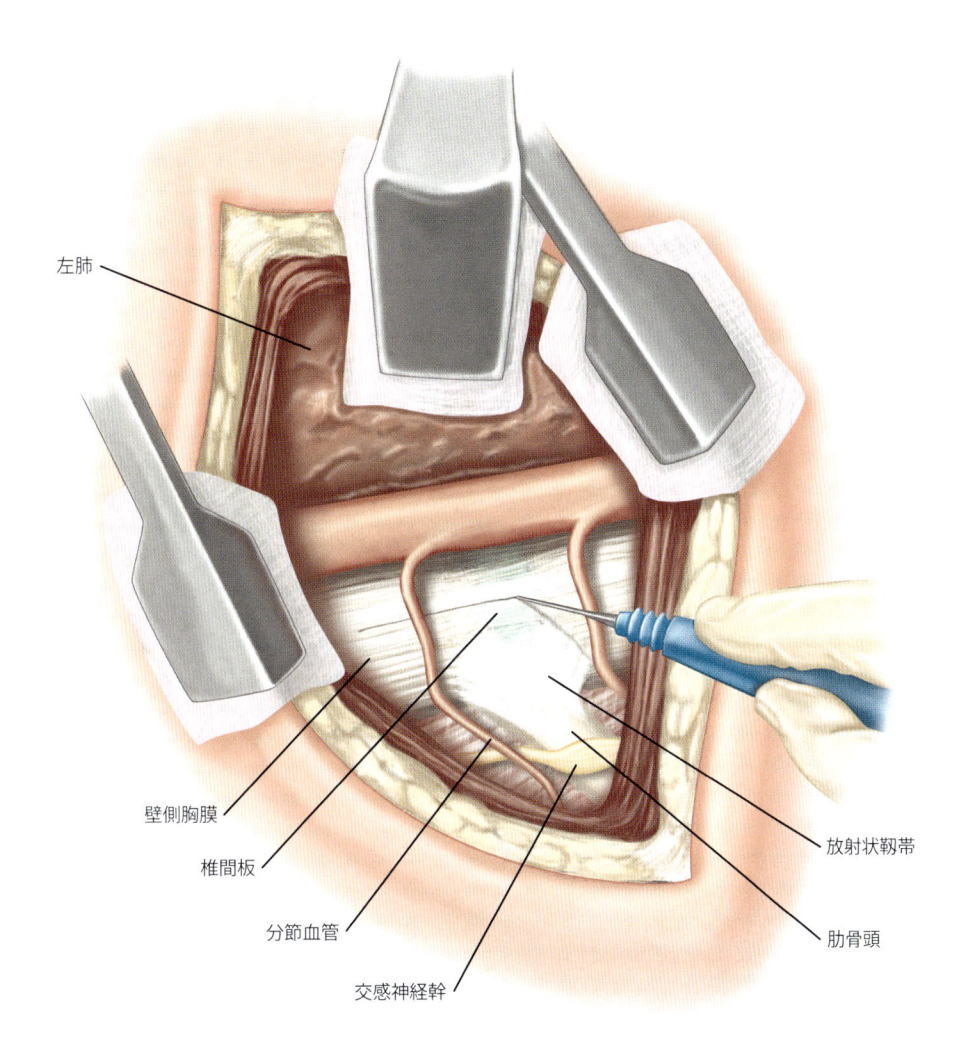

図 59　胸壁に入り，肺は後方へ引き，胸椎の外側面を露出する。椎間板腔は分節血管の間にある。

140　Chapter 4 ■ 脊　椎

A　標準的正中切開

胸腰椎筋膜
棘上靱帯

B

椎弓
椎間関節
肋骨
横突起

C

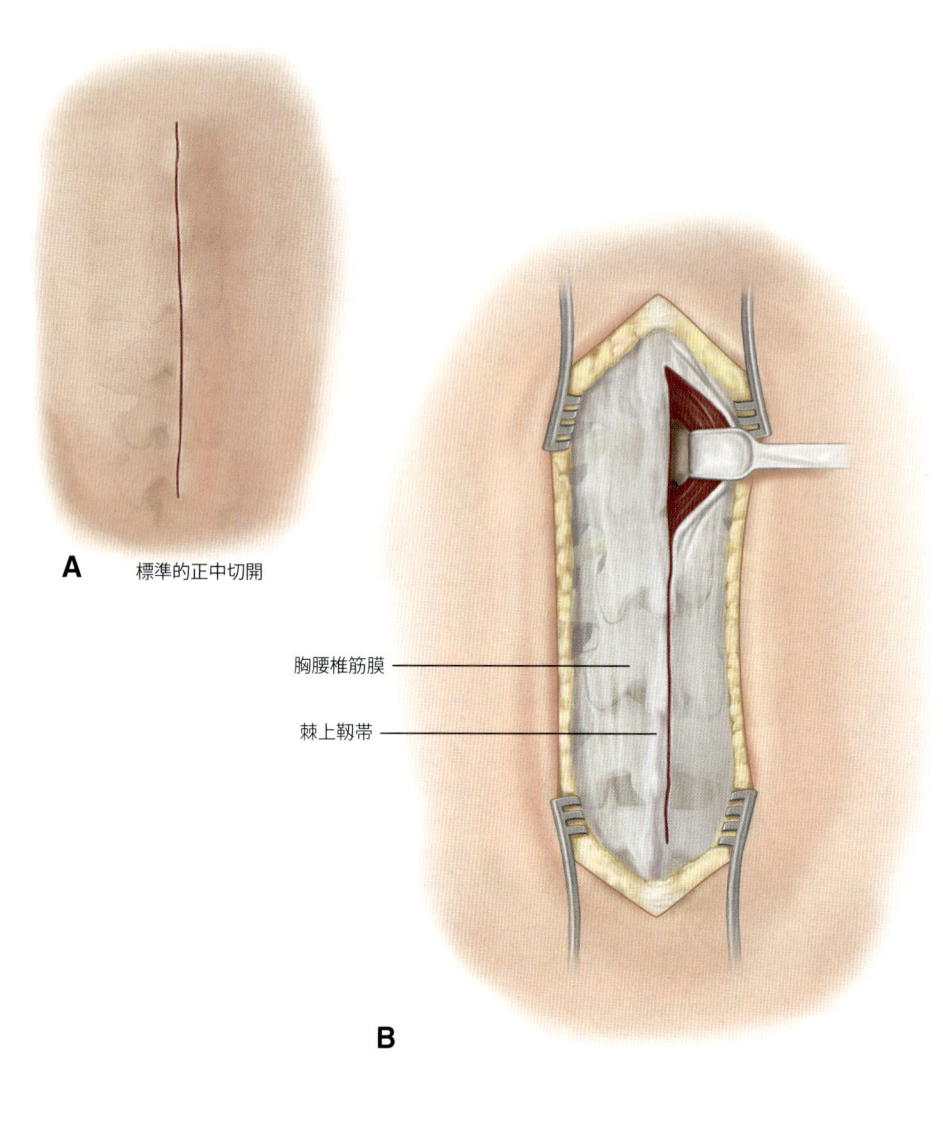

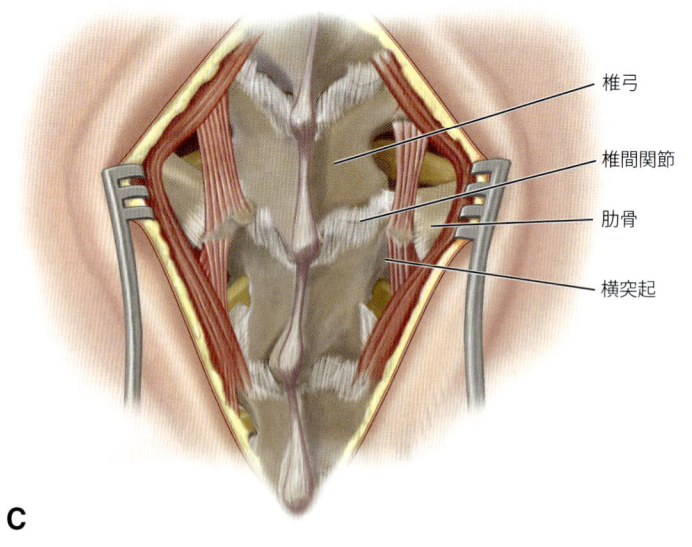

図60 **後方正中胸椎アプローチ**　A：正中切開を棘突起上に入れる。B：筋膜を露出し，次に傍脊柱筋を外側に骨膜下に剝離する。C：除圧または固定術のため，展開したあとにランドマークを確認する。

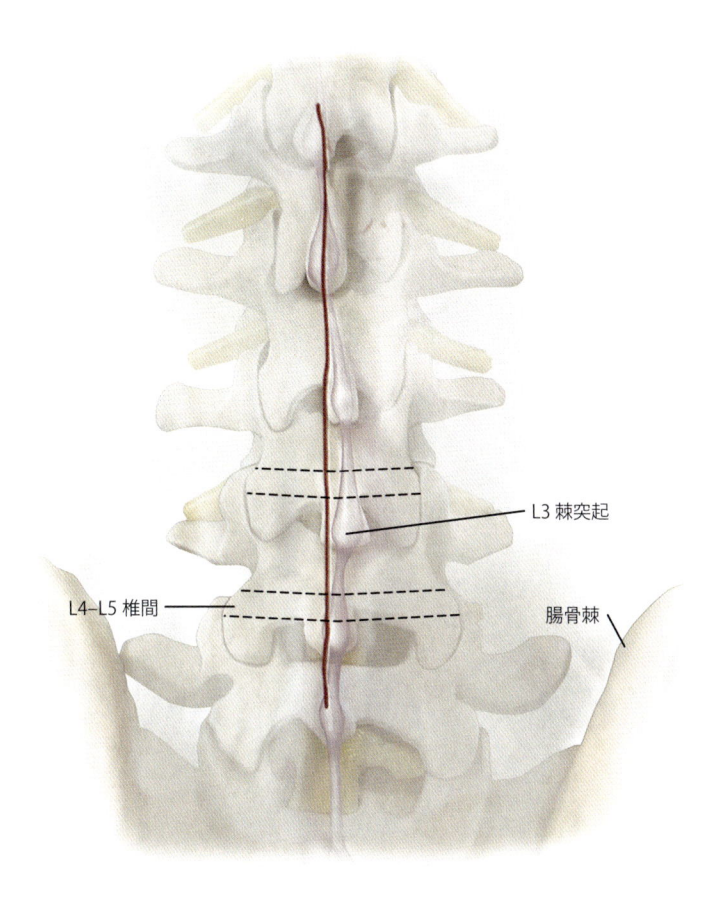

図61 後方正中腰椎アプローチ　椎間板腔を特定するための触診のランドマーク。L4-L5椎間は腸骨稜(内稜線)に相当する。

142　Chapter 4 ■ 脊　椎

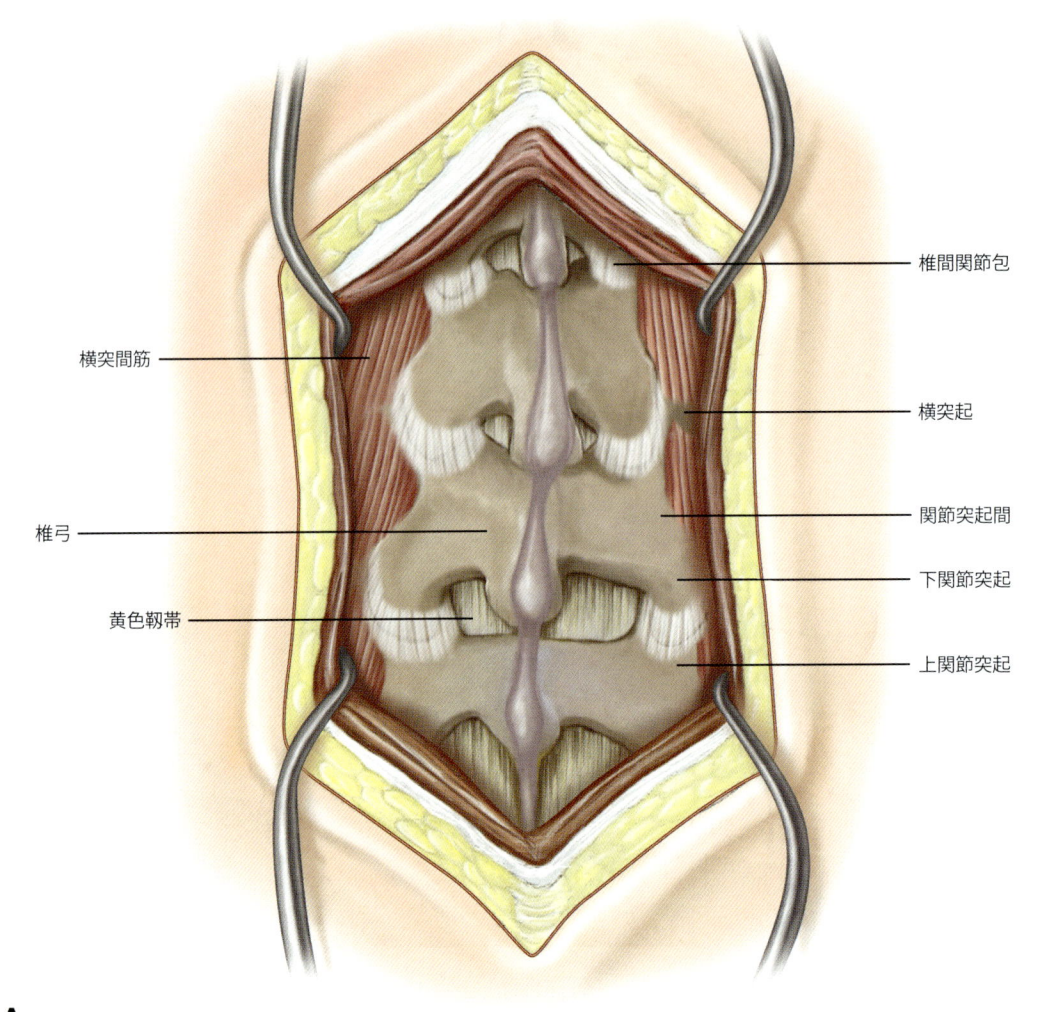

横突間筋

椎弓

黄色靱帯

椎間関節包

横突起

関節突起間

下関節突起

上関節突起

A

> 図62　**椎弓根スクリュー挿入**　A：露出した腰椎で除圧または椎弓根スクリュー挿入のためのランドマークを特定する。（続く）

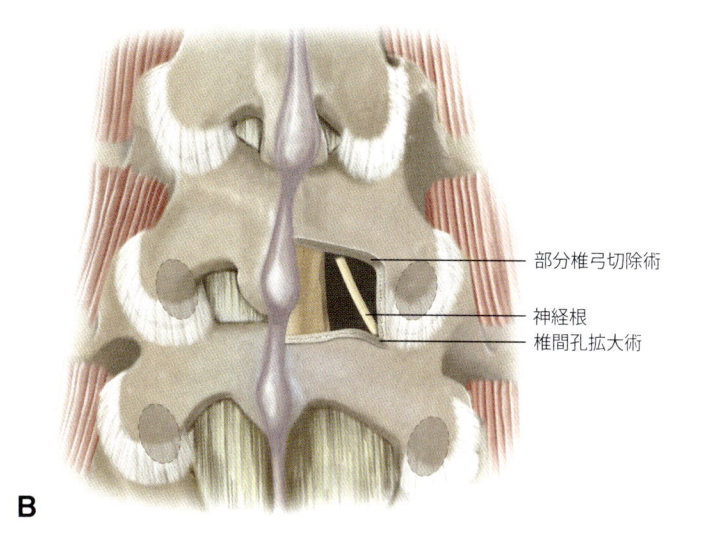

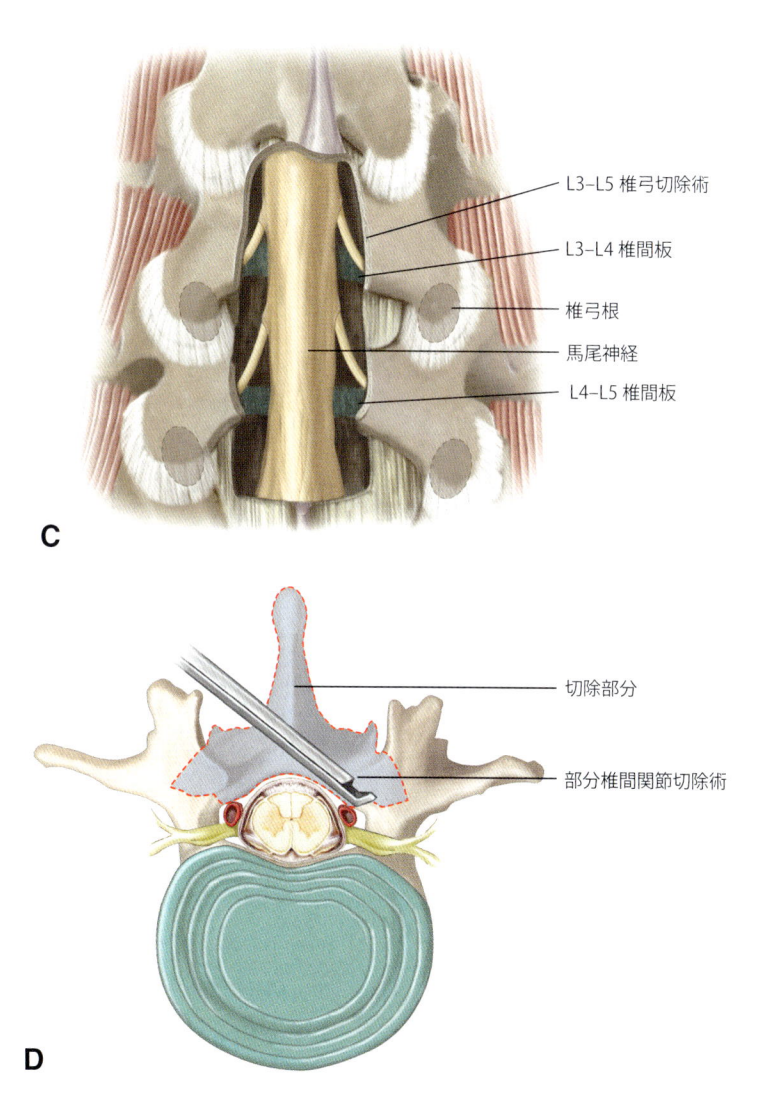

図62 （続き） B：腰椎片側部分椎弓切除術または，C：椎弓切除術。椎間板と椎弓根の関係と，横走する神経根と椎間板の関係に注意する。椎弓根の位置は破線で示されている。D：椎間関節の温存によって脊椎固定術を回避できる。

胸腰椎固定術
Thoracolumbar Fusion

適応と目的： 胸腰椎固定術は，症候性脊椎変形，感染，腫瘍切除後の再建，外傷や種々の破壊的病態（腫瘍，関節炎など）による不安定な脊椎の固定と，手術に起因する不安定性に対して適応がある．多くはインストゥルメントを使用することで骨癒合率は向上し，早期に競技活動への復帰も容易になる．目的の1つは，障害椎体間の強固な関節固定を行うこと，脊椎変形の進行を予防・軽減・停止することであるが，もう1つの目的は，可能なかぎり固定する椎体/椎間数を少なくすることで脊椎の可動性を保持することである．

手術手技： 前方と後方のアプローチは前述した（136頁を参照）．前方アプローチでは，関連する椎間板の椎間板切除術や椎体切除術を行い，作製したスペースに移植骨を入れて脊椎固定術を実施する．椎間板切除術では，該当する椎間板上下の軟骨終板も除去する．骨癒合のための骨性終板として，移植骨が沈み込む危険性を減じるために，軟骨下骨はできるだけ温存する．これは自家または同種移植のいずれかで行う．複数椎体の椎体切除術では，大腿骨柱状同種移植または自家骨を充填したケージが代わりに用いられる．前方の脊椎インストゥルメントの使用は患者と病態によって変わるが，骨癒合率が向上し，移植骨の沈み込みと転位のリスクが軽減され，競技活動への早期復帰が加速される．

　後方固定術では，後方要素，とくに椎間関節，棘突起と椎弓はもし残っていれば，皮質剝離し，移植骨を対側表面に置く．フックまたはロッドとスクリューのどちらかによる部分的固定が症例によっては追加される（図63）．

術後管理とリハビリテーション： 必要に応じて補助具を用い，可能な範囲内での早期歩行が推奨される．体幹固定装具の使用は，病態と実施された手術法によって異なる．適切な姿勢が重要であり，長時間の乗車，屈伸と回旋の運動，長時間の坐位は術後最初の1か月は控えるべきである．2か月目からは，管理のもとでの柔軟性と筋力強化のリハビリテーションを，疼痛耐性（痛みに耐えられる特性：痛みに耐えられるかどうか）を進行の指標として行う．

予後： 術後の目的は，強固な固定と，脊椎配列の維持，機能回復を獲得することである．癒合と骨折の再構築には1～2年かかるが，早期の癒合は通常12～16週間で起こる．しかしこれは，喫煙者，糖尿病患者，ステロイド使用患者またはその他の関連病態患者ではさらに延びる．競技活動への復帰は，インストゥルメントによる固定術が行われた例では，早くなる傾向にある．

競技復帰： とくに複数椎体/椎間の固定術では多くの場合，競技への復帰は不可能である．もし，復帰を考慮するならば，完全骨癒合，筋力と関節可動域の回復が必要で，少なくとも6か月を要する．

文　献

Acosta FL Jr, Buckley JM, Xu Z, Lotz JC, Ames CP. Biomechanical comparison of three fixation techniques for unstable thoracolumbar burst fractures. Laboratory investigation. *J Neurosurg Spine*. 2008; 8(4): 341–346.
Kuhns CA, Bridwell KH, Lenke LG, Amor C, Lehman RA, Buchowski JM, Edwards C 2nd, Christine B. Thoracolumbar deformity arthrodesis stopping at L5: Fate of the L5-S1 disc, minimum 5-year follow-up. *Spine (Phila Pa 1976)*. 2007; 32(24): 2771–2776.
Tan GH, Goss BG, Thorpe PJ, Williams RP. CT-based classification of long spinal allograft fusion. *Eur Spine J*. 2007; 16(11): 1875–1881. Epub 2007 May 12.
Wang T, Zeng B, Xu J, Chen H, Zhang T, Zhou W, Kong W, Fu Y. Radiographic evaluation of selective anterior thoracolumbar or lumbar fusion for adolescent idiopathic scoliosis. *Eur Spine J*. 2008; 17: 1012–1018.

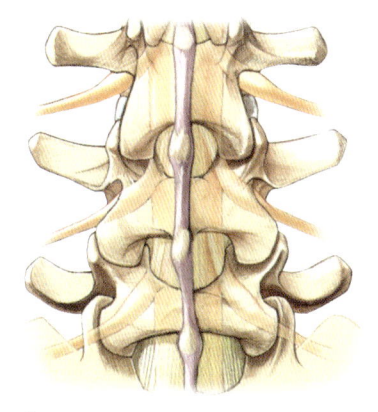

A　腰椎への後方アプローチ

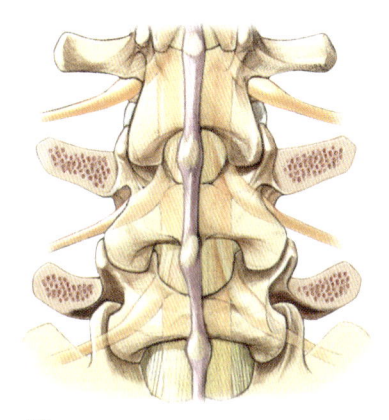

B　横突起の皮質剥離

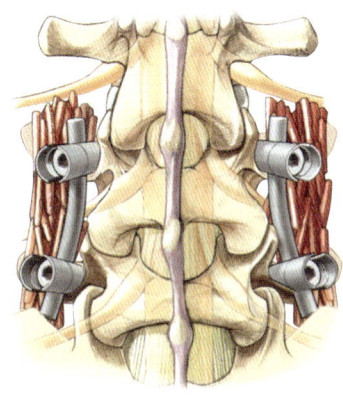

C　固定用のロッドと
スクリューによる骨移植

> **図63** **後側方インストゥルメント固定術**　A：後方進入が正中で行われる。B：ランドマークを特定し，スクリュー挿入の準備をする。C：椎弓根スクリューとロッドを後側方固定術の骨移植後に挿入する。

4

脊椎

胸腰椎骨折に対する観血的整復固定術(ORIF)
Open Reduction and Internal Fixation(ORIF)of Thoracolumbar Fractures

適応と目的： 胸腰椎に対する観血的整復固定術(ORIF)は，非観血的整復が不可能か禁忌[*1]の骨折・脱臼例に対して適応がある．非観血的整復と非観血的治療が奏功したかのようだが，変形が再発する危険性を孕んでいる患者にも適応がある．単純X線撮影に加え，CTやMRIが手術適応と術式の決定に補助的に役立つ．目的は，正常な部分の固定を最小限にして，脱臼を整復し，神経を除圧し，脊椎配列が正常な状態で骨折部を固定することである．

*1　椎間板ヘルニアや，整復操作で転位する骨片または非観血的整復で脊髄を損傷する危険性のある靭帯損傷を有する患者

手術手技： 脱臼骨折の部位，形態と個々の特徴，神経の圧迫，合併損傷により，前方/後方/それらを組み合わせたアプローチを外科医が選択する．前方，後方アプローチについては前述した(136頁を参照)．

　観血的整復は，介達法か，神経を除圧するために直接，損傷部位を外科的に切除して骨折/脱臼を整復するか，のいずれかの方法で行われる．

　脊椎の整復，除圧と再配列ができたら，スクリュー，プレート，ロッド，ワイヤーによる固定術が各病態により施行される．胸腰仙椎用装具(thoracolumbosacral orthosis: TLSO)のような外固定を追加するか，内固定の代わりに使うかは，症例によって判断する．

術後管理とリハビリテーション： 外科医の判断によっては体幹固定装具が必要になる．必要に応じて補助具を用い，可能な範囲内での早期歩行が推奨される．長時間の乗車，屈曲と回旋の運動，長時間の坐位は，術後最初の1か月間は控えるべきである．

予後： インストゥルメントの不具合と創部感染を含む合併症が報告されている．予後と期待される結果は，部位，病態，実施される手術によって異なる．しかし，神経学的に問題のない患者は通常，神経学的機能はかなりの確率で保持される．

　一方で，複数椎間の固定術では，通常，コンタクトスポーツへの復帰を推奨すべきではない．

競技復帰： 一般的には比較的小さな骨折でない限り，競技への復帰は不可能である．症例によっては，完全治癒と運動機能の回復後，少なくとも6か月後に競技復帰が期待できることもある．

文献

Benson DR, Burkus JK, Montesano PX, Sutherland TB, McLain RF. Unstable thoracolumbar and lumbar burst fractures treated with the AO fixateur interne. *J Spinal Disord.* 1992; 5(3): 335-343.

Nadeem M, Ghani E, Zaidi GI, Rehman L, Noman MA, Khaleeq-uz-Zaman. Role of fixateur interne in thoracolumbar junction injuries. *J Coll Physicians Surg Pak.* 2003; 13(10): 584-587.

Yosipovitch Z, Robin GC, Makin M. Open reduction of unstable thoracolumbar spinal injuries and fixation with Harrington rods. *J Bone Joint Surg Am.* 1977; 59(8): 1003-1015.

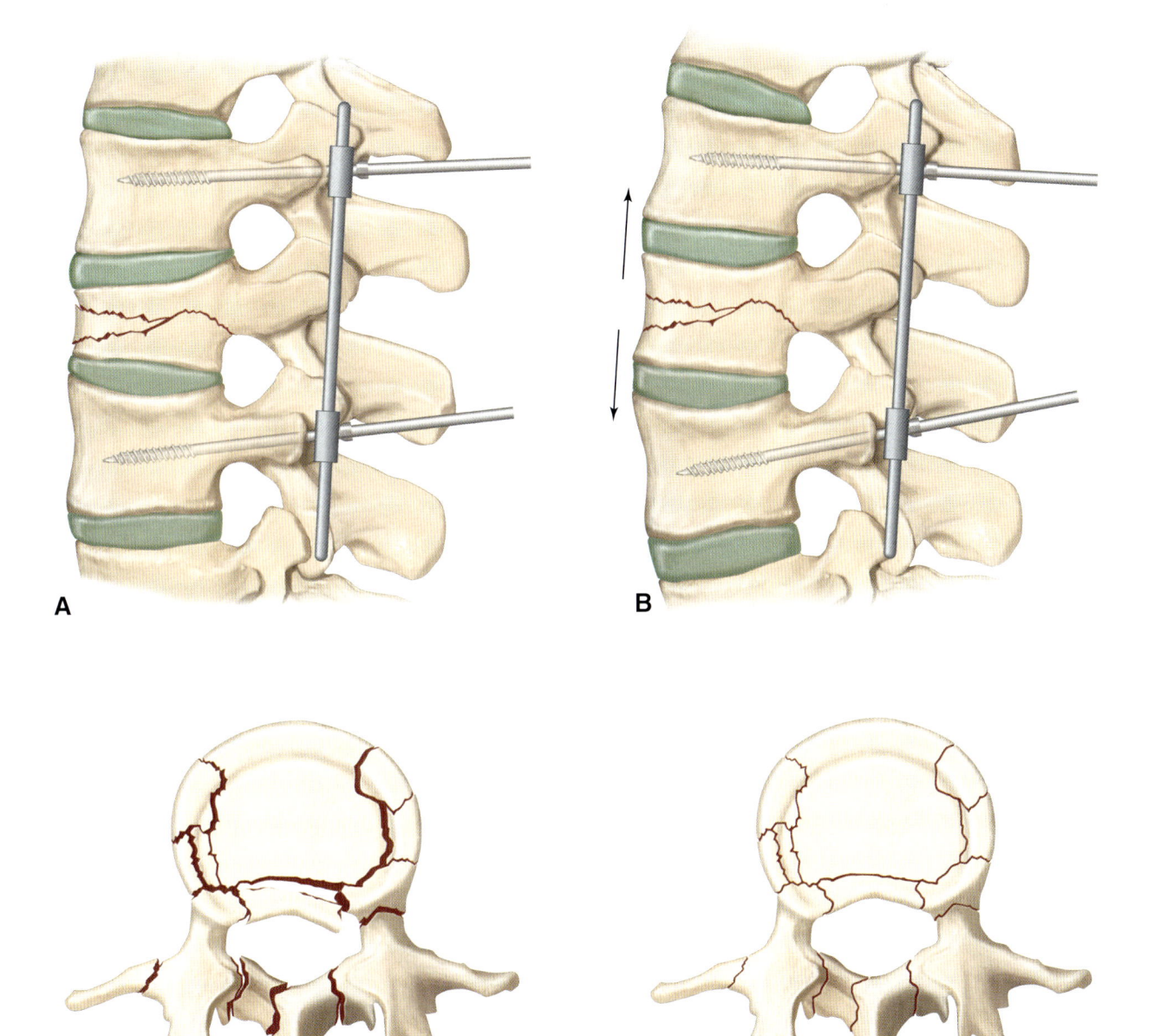

図64 **破裂骨折に対する観血的整復固定術（ORIF）**　A：腰椎用シャンツピンと縦のロッドを骨折椎体の上下に挿入する。B：矢状断の矯正はロッドに対する延長圧縮によって行われる。C：中央脊柱（ミドルコラム）の脊柱管への後方突出を伴う椎体粉砕骨折。椎弓骨折によって神経学的欠損を伴う神経根の絞扼を生じるかもしれない。D：整復後の靱帯性整復による後方突出骨片の間接的整復を示す。

Chapter 5

骨盤，股関節，大腿

Pelvis, Hip, and Thigh

鏡視下股関節手術
Hip Arthroscopy

適応と目的： 股関節鏡は，診断および治療の両者に有用である．手技の改善に伴い鏡視下股関節手術の適応は拡大している．一般的な手術適応は，関節唇断裂，滑膜疾患，軟骨損傷，骨壊死の初期，股関節の感染，円靱帯損傷および関節内型弾発股などである．強直性の股関節疾患や進行期の股関節症，股関節の開放創さらに下肢の牽引ができない症例などは適応外である．

手術手技： 鏡視下股関節手術は，仰臥位あるいは側臥位のいずれかの体位で施行する．骨折手術台あるいは下肢牽引装置を用いて下肢の牽引を行う．X線透視装置を使用すると手術を容易に行うことができる．また牽引開始後は，牽引時間をモニターする．下肢の牽引量は，カニューレおよび他の手術器具を関節内に十分に挿入できるまで股関節を伸長する強さとする．関節鏡は，30°および70°の斜視鏡を使用する．股関節を牽引したのち，経転子部ポータル（通常は大転子前方すなわち大転子部より1～2cm前方および上方）を作成し，関節鏡の挿入に使用する．続いて，スパイナル針またはコルポスコープ針を用いて刺入位置を確認したのち，前方ポータル（前上腸骨棘から下方へ伸ばす線と大転子から前方へ延長した線の交差する点）を作成する．手術は，専用の器具と関節シェーバーを使用して，必要な操作を行う．

術後管理とリハビリテーション： 鏡視下股関節手術後のリハビリテーションでは，荷重運動の厳密な管理のもとに，関節可動域訓練および筋力強化訓練を行うことが重要である．鏡視下で行う操作は多いため，組織修復の程度や関節機構にかかる負荷の程度により，リハビリテーションの進行を決定する．さらに手術に合併する腫脹や疼痛への対処，筋萎縮および神経筋の調整，心血管系の調節や歩行訓練などに考慮することも必要である．

予　後： 鏡視下股関節手術後のリハビリテーションにおけるゴールは，股関節の総合的な機能を維持することとアスリートが受傷前の活動レベルまで復帰すること，そして初期の関節症への進行を最小限にすることなどである．鏡視下手術における有害事象は少なく，その発生率は全体の5％以内である．

競技復帰： 競技への復帰は，施行した手術の内容により決定される．手術に際し軟部組織に対する操作を行った場合，競技復帰はおおむね1か月以内である．これに対しFAI（"FAI"については162頁を参照）などの骨の操作を行った場合は遅れて6か月以上を必要とする．

文　献

Enseki KR, Martin RL, Draovitch P, Kelly BT, Philippon MJ, Schenker ML. The hip joint: Arthroscopic procedures and postoperative rehabilitation. *J Orthop Sports Phys Ther*. 2006; 36(7): 516–525. Review.
Khanduja V, Villar RN. Arthroscopic surgery of the hip: Current concepts and recent advances. *J Bone Joint Surg Br*. 2006; 88(12): 1557–1566. Review.
McCarthy JC, Lee JA. Hip arthroscopy: Indications, outcomes, and complications. *Instr Course Lect*. 2006; 55: 301–308. Review.
Philippon MJ. New frontiers in hip arthroscopy: The role of arthroscopic hip labral repair and capsulorrhaphy in the treatment of hip disorders. *Instr Course Lect*. 2006; 55: 309–316. Review.
Robertson WJ, Kadrmas WR, Kelly BT. Arthroscopic management of labral tears in the hip: A systematic review of the literature. *Clin Orthop Relat Res*. 2007; 455: 88–92. Review.
Shetty VD, Villar RN. Hip arthroscopy: Current concepts and review of literature. *Br J Sports Med*. 2007; 41(2): 64–68; discussion 68. Epub 2006 Nov 30. Review.
Shindle MK, Voos JE, Heyworth BE, Mintz DN, Moya LE, Buly RL, Kelly BT. Hip arthroscopy in the athletic patient: Current techniques and spectrum of disease. *J Bone Joint Surg Am*. 2007; 89(suppl 3): 29–43. Review.
Smart LR, Oetgen M, Noonan B, Medvecky M. Beginning hip arthroscopy: Indications, positioning, portals, basic techniques, and complications. *Arthroscopy*. 2007; 23(12): 1348–1353. Epub 2007 Oct 3. Review.
Stalzer S, Wahoff M, Scanlan M. Rehabilitation following hip arthroscopy. *Clin Sports Med*. 2006; 25(2): 337–357, x. Review.

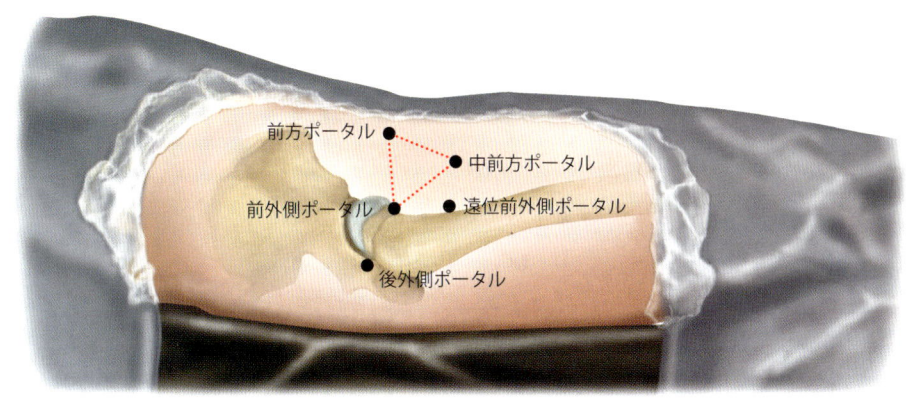

A 股関節鏡のポータル

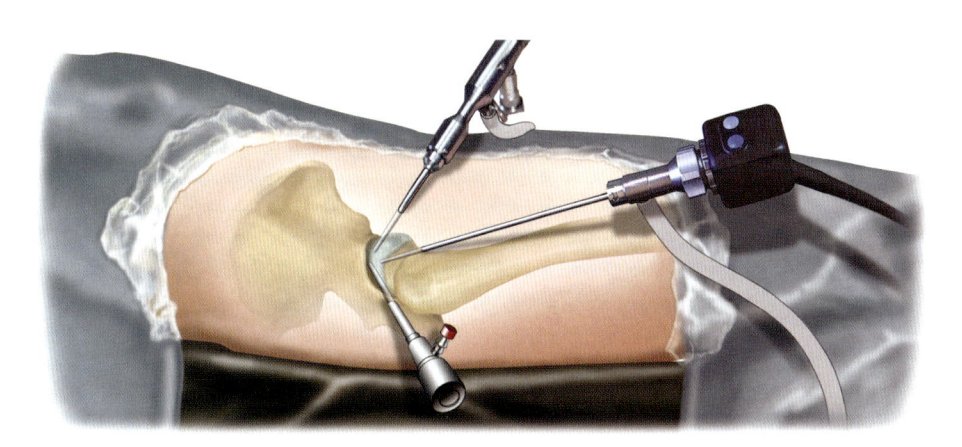

B 股関節鏡の配置

図65 一般的な股関節鏡ポータル A：最も一般的な関節鏡ポータルの作成部位は，前外側ポータル，前方ポータル（前上腸骨棘の後方から前方のライン）および中前方ポータルである．遠位前外側ポータルは，転子部周辺への到達に有用である．B：通常の設置位置は，股関節鏡を前外側ポータルから，操作器具を前方ポータルから挿入する．付属器具は，後外側ポータルに設置する．

スポーツヘルニアの修復術
Sports Hernia Repair

適応と目的： アスリートヘルニア，グローインペイン(Gilmore's groin)あるいはアスリート恥骨痛としても知られるスポーツヘルニアは，真の鼠径ヘルニアは存在せずに鼠径部あるいは恥骨領域に慢性の運動時痛を生じる疾患である。本疾患は股関節の過伸展損傷の結果発生すると考えられ，また股関節の内転筋群にも影響を及ぼす。本障害により，選手は鼠径部局所の痛みや内転筋のタイトネスと疼痛を自覚し，さらに加圧腹筋運動やクランチを行うことでも痛みが出現する。本疾患に有用な画像診断はないが，恥骨骨炎などの他の診断を除外するために画像検査を行う。保存的治療には，薬物療法，理学療法およびX線透視下の注射などがある。

手術手技： 手術は，腹直筋の外側下縁を恥骨および隣接する前方の靱帯に再縫合して骨盤底を修復する。さらに，横筋筋膜も重ね合わせて縫合する。また，恥骨付着部から約2〜3cmの部位で内転筋を剥離することが多い。

術後管理とリハビリテーション： 術後のリハビリテーションは，手術の内容と術者が定めるプログラムやガイドラインにより決定する。術後翌日〜1週間の範囲で移動を開始するが，下肢および腹部のトレーニングの開始を許可するまでの6週間以上は，スポーツ活動を最小限にとどめる必要がある。手術に際して内転筋群の剥離を行った場合は，股関節の外転運動を進めることは避けるように注意するとともに，組織の障害の程度により段階的な柔軟運動と筋力強化訓練も合わせて施行する。

予後： スポーツヘルニアの修復に関して，エビデンスベースで明確な結論のある見解や報告はない。いくつかの報告では7〜10週の回復期間が必要としているが，他の報告では6〜8週間は最小限の活動にとどめることを推奨している。文献上，開腹あるいは腹腔鏡下のいずれの修復術も優れた結果が得られているが，侵襲の少ない手術のほうが早期に競技復帰が可能とされている。また本手術の手技は比較的短時間で施行することが可能で，短期および長期ともに合併症の報告はほとんどない。また，スポーツヘルニアの修復術を受けた選手が，術後6か月〜2年後の範囲内に反対側の修復が必要とされたとする臨床報告もあるが，このような症例の理論的根拠を支持するエビデンスはほとんどない。

競技復帰： 術後の競技への復帰までの期間は遅く，通常2〜3か月が必要とされる。最新の手技で，さらに限られた範囲の手術を行った場合には，早期復帰も可能になると思われる。修復術を施行するタイミングが遅れるかあるいは手術における修復が不十分であった場合，超早期の競技復帰には注意が必要である。

文献

Ahumada LA, Ashruf S, Espinosa-de-los-Monteros A, Long JN, de la Torre JI, Garth WP, Vasconez LO. Athletic pubalgia: Definition and surgical treatment. *Ann Plast Surg*. 2005; 55(4): 393-396.
Diesen DL, Pappas TN. Sports hernias. *Adv Surg*. 2007; 41: 177-187. Review.
Edelman DS, Selesnick H. "Sports" hernia: Treatment with biologic mesh(Surgisis): A preliminary study. *Surg Endosc*. 2006; 20(6): 971-973. Epub 2006 Apr 19.
Swan KG Jr, Wolcott M. The athletic hernia: A systematic review. *Clin Orthop Relat Res*. 2007; 455: 78-87. Review.

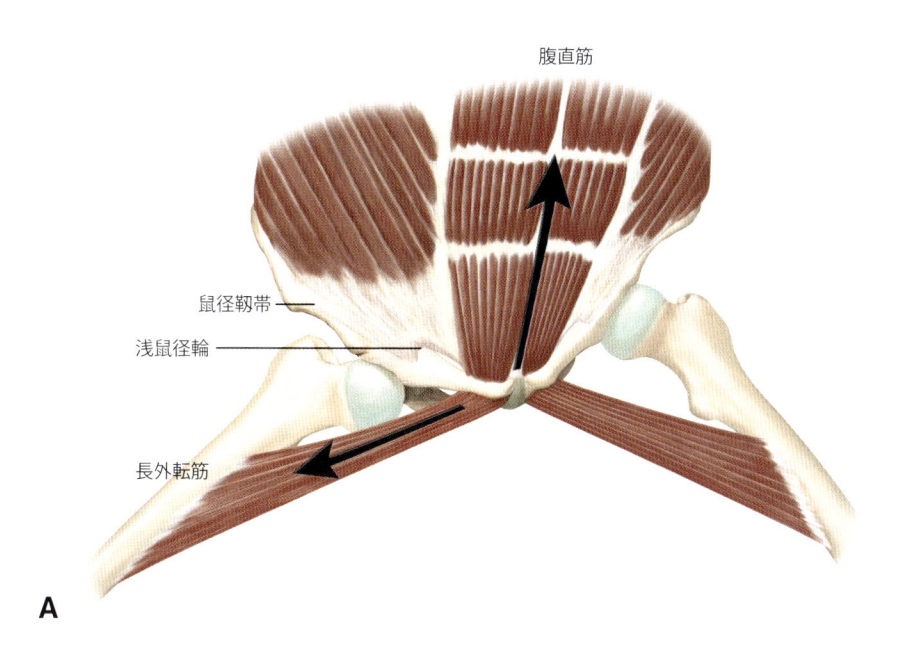

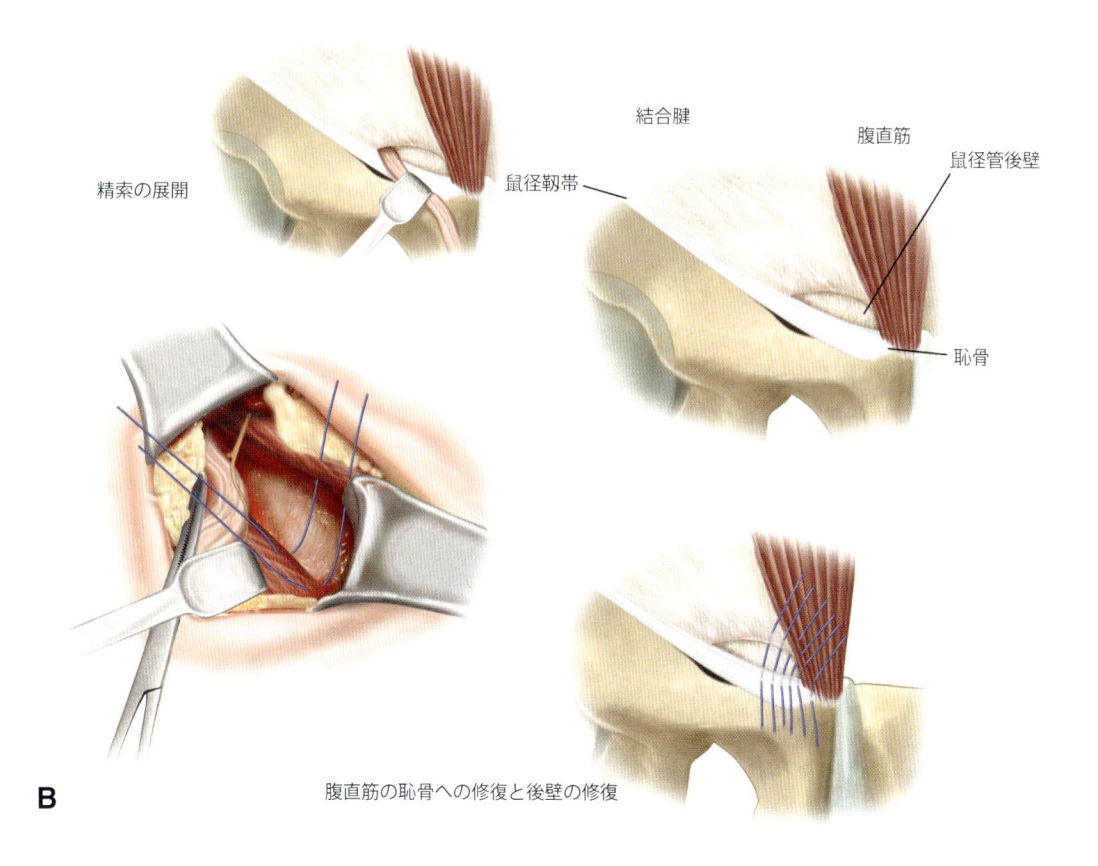

図66 スポーツヘルニア A：損傷のメカニズム：腹直筋と長外転筋が骨盤の付着部を支点に反対方向へ牽引される。B：腹部前壁の直接縫合による修復：本術式は，腹直筋の付着部と鼠径管後壁を直接縫縮する。精索を牽引展開して，鼠径管後壁の横筋筋膜とともに腹直筋の恥骨付着部を確認する。前壁が菲薄化している場合には，5〜6本の非吸収糸を用いて，腹直筋腱，結合腱および筋膜を恥骨付着部および腸骨鼠径靱帯棚の骨性粗面に重ね合わせて縫合し，前壁の構築を修復する。

弾発股解離術
Snapping Hip Release

適応と目的： "coxa saltans"としても知られる弾発股は，腸腰筋腱が腸恥隆起の上で弾発する関節内型と腸脛靱帯および大殿筋腱が単独または共に大転子の上で弾発する関節外型に分類される。弾発現象は，しばしば患者が自ら再現することができる。関節内型弾発股では，股関節を他動的に屈曲・伸展すると弾発現象を再現することが可能で，とくに外転屈曲位から内転伸展位にする際に弾発を生じる。腸腰筋腱の直上を圧迫すると弾発現象を止めることができるため，この手技は診断の確証にもなる。また診断には，動的滑液包造影や超音波診断装置も有用である。関節外型弾発股では，股関節を屈曲すると弾発を生じる。また，Ober（オーバー）テストが陽性となる[*1]。

*1　Oberテスト：患者を臥床させ，股関節を伸展外転位で患肢を挙上すると，この状態から股関節を内転することができない。

手術手技： 手術は，弾発現象に関与する腱の解離術を行う。関節内型弾発股では腱の部分的解離を行う。観血的手術は，鼠径部の約1cm中枢から小転子までの皮膚切開により施行するが，関節外進入による関節鏡視下で行うことも可能である。関節外型弾発股では，腸脛靱帯のZ延長術または腱解離術を行う。

術後管理とリハビリテーション： リハビリテーションの初期には，術後，創内での癒着を避けるために軽い関節可動域訓練を行うが，創縫合部の回復を優先する。腱解離部の関節可動域訓練を他動運動から自動運動へと段階的に進めることで，術後2～3週間で機能回復が得られる。競技への復帰は，あらかじめ必要とされるゴールを設定して決定する。股関節の自動屈曲運動とともに股関節の他動および自動伸展運動を開始する際には注意が必要で，とくに股関節の回旋を伴う運動には注意を要する。

予　後： 術後成績は観血的手術および関節鏡視下手術のいずれも同等で，結果は良好である。

競技復帰： 本術式は軟部組織の操作のため，競技への復帰は比較的早く4～6週である。

文　献

Byrd JW. Evaluation and management of the snapping iliopsoas tendon. *Instr Course Lect*. 2006; 55: 347–355. Review.
Flanum ME, Keene JS, Blankenbaker DG, Desmet AA. Arthroscopic treatment of the painful "internal" snapping hip: Results of a new endoscopic technique and imaging protocol. *Am J Sports Med*. 2007; 35(5): 770–779. Epub 2007 Mar 9.
Ilizaliturri VM Jr., Martinez-Escalante FA, Chaidez PA, Camacho-galindo J. Endoscopic iliotibial band release for external snapping hip syndrome. *Arthroscopy*. 2006; 22(5): 505–510.
Ilizaliturri VM Jr., Villalobos FE Jr., Chaidez PA, Valero FS, Aguilera JM. Internal snapping hip syndrome: Treatment by endoscopic release of the iliopsoas tendon. *Arthroscopy*. 2005; 21(11): 1375–1380.
Voos JE, Rudzki JR, Shindle MK, Martin H, Kelly BT. Arthroscopic anatomy and surgical techniques for peritrochanteric space disorders in the hip. *Arthroscopy*. 2007; 23(11): 1246. e1-e5. Epub 2007 Apr 5.
Wettstein M, Jung J, Dienst M. Arthroscopic psoas tenotomy. *Arthroscopy*. 2006; 22(8): 907. e1-e4.
White RA, Hughes MS, Burd T, Hamann J, Allen WC. A new operative approach in the correction of external coxa saltans: The snapping hip. *Am J Sports Med*. 2004; 32(6): 1504–1508. Epub 2004 Jul 20.

関節内型弾発股：股関節を伸展，内転，内旋するときに，腸腰筋腱が腸骨の腸恥隆起の上で弾発する。

A

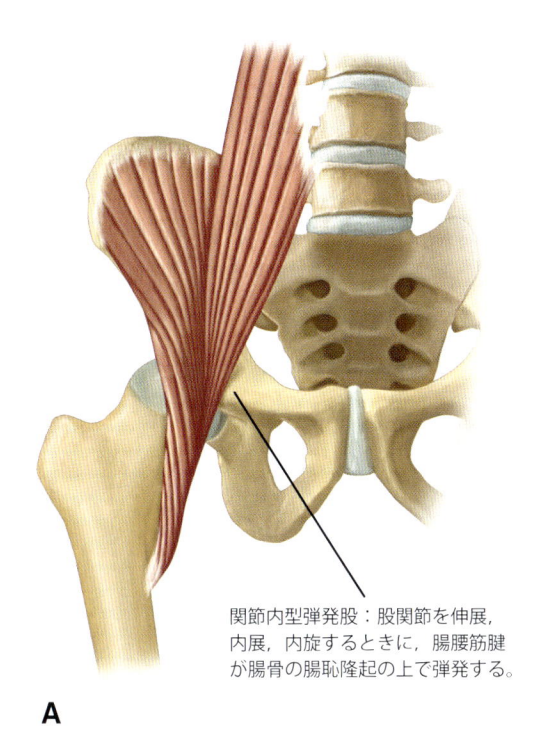

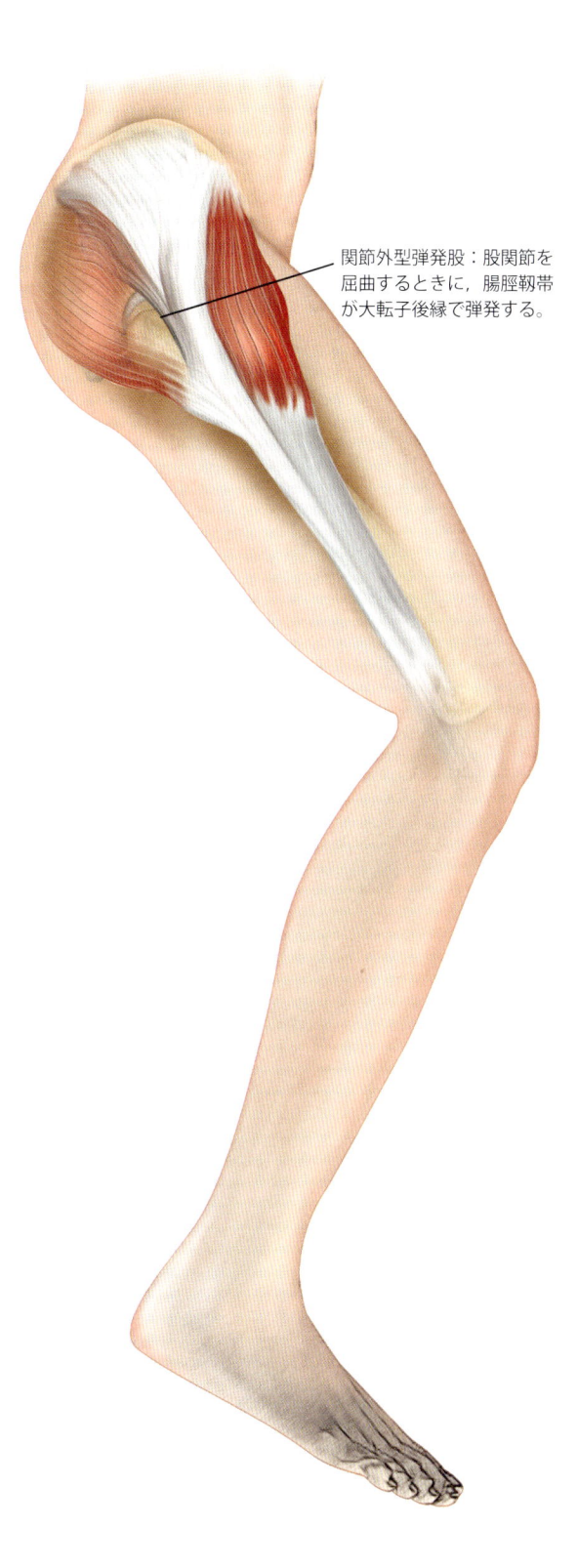

関節外型弾発股：股関節を屈曲するときに，腸脛靱帯が大転子後縁で弾発する。

図67 A：関節内型弾発股と関節外型弾発股 （続く）

156　Chapter 5 ■ 骨盤，股関節，大腿

関節内解離

関節外解離

B

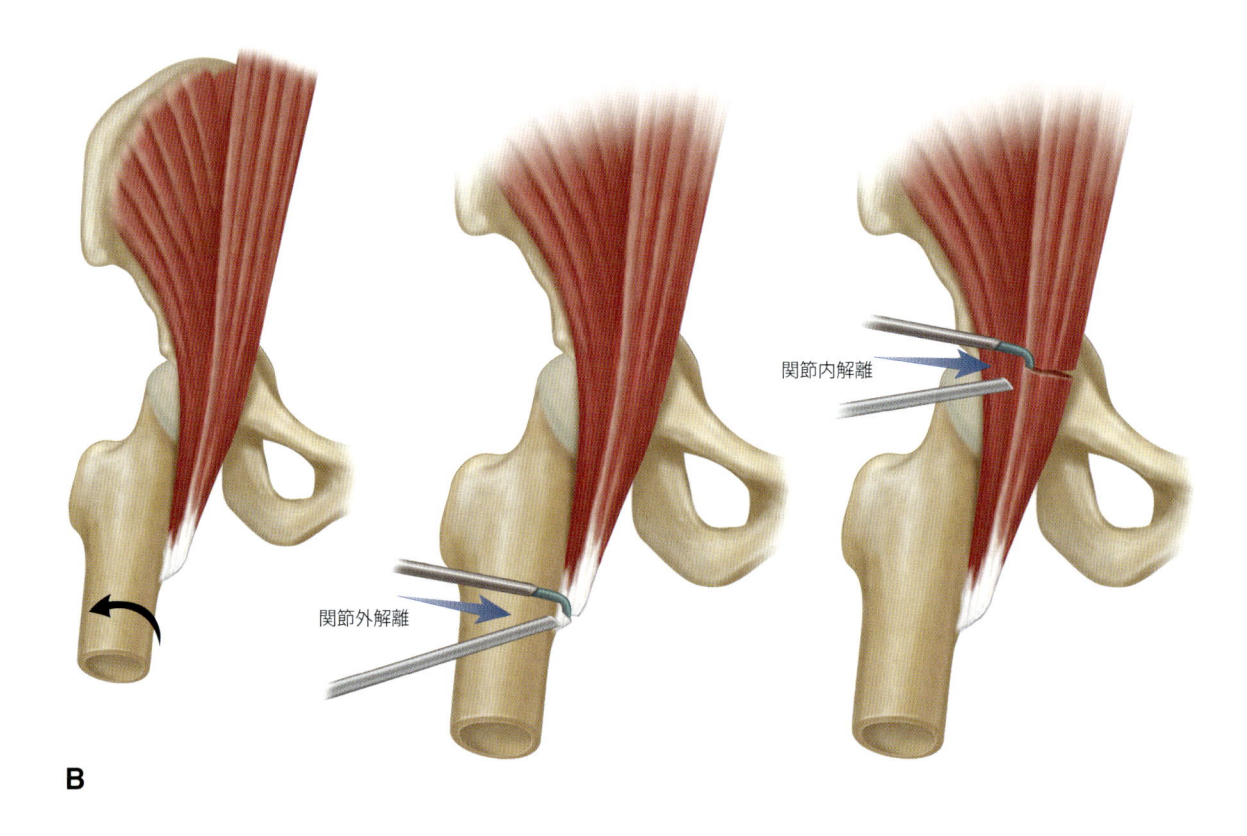

図67　**B：関節内型弾発股の鏡視下筋解離術**　股関節を外旋位にすると，腸腰筋の小転子付着への到達が容易となる。腸腰筋の解離術は，関節外解離では腱の付着部で行い，関節内解離では筋の中腹で施行する。（続く）

157

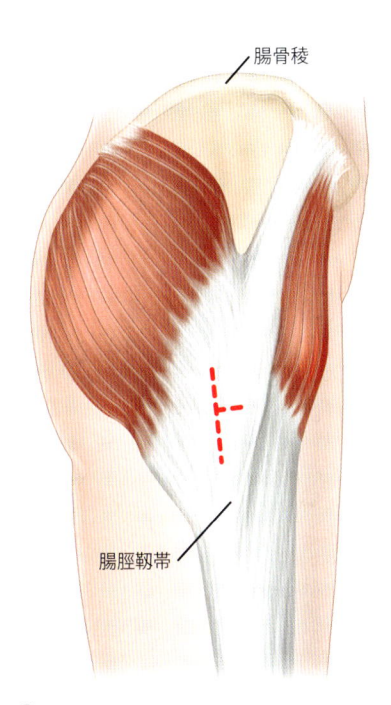

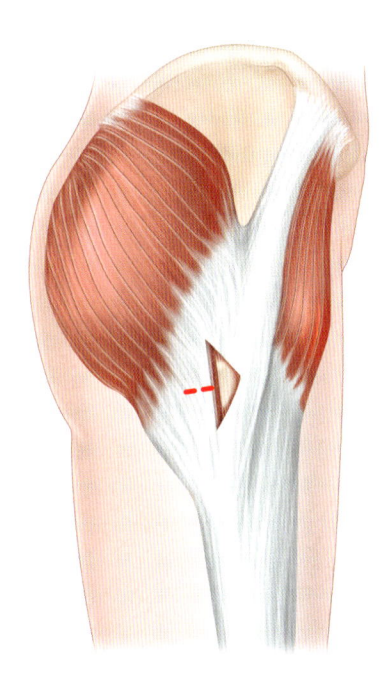

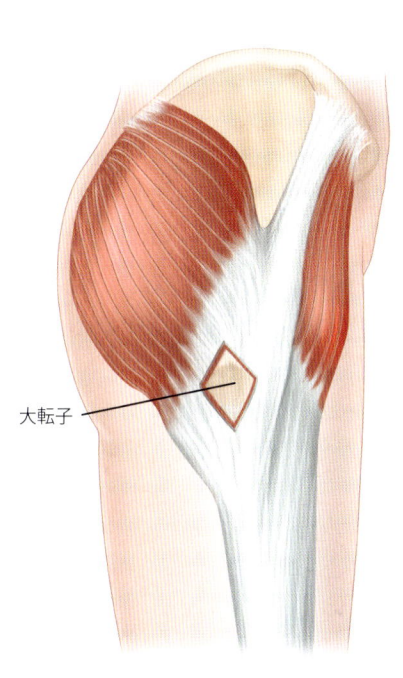

腸骨稜

腸脛靱帯

大転子

5 骨盤，股関節，大腿

図67 C：関節外型弾発股の筋解離術

神経剥離術
Nerve Releases

適応と目的： 神経が絞扼されると運動神経と知覚神経あるいは両者において，損傷を受けた神経に特有の障害が発生する。この絞扼性神経障害の初期治療には，神経を外部から圧迫する原因をすべて除去すること，経皮的神経電気刺激装置(transcutaneous electrical nerve stimulation: TENS)の使用やその他の保存療法がある。電気診断検査が絞扼部位の同定に有用である。

手術手技： 手術による除圧に際しては，障害された神経を同定したのち神経剥離が必要となる。股関節周囲の絞扼性神経障害として，坐骨神経は，梨状筋により絞扼されることがある(梨状筋症候群)。腸骨鼠径神経は，肥大した腹筋により圧迫され，閉鎖神経は大腿筋膜により圧迫されることがある。また大腿神経は鼠径部で絞扼されるが，本障害は体操選手，ダンサー，さらに体格のよい格闘家などに多くみられる。大腿外側皮神経の絞扼性神経障害は異常感覚性大腿神経痛(myalgia paresthetica)とよばれ，大腿部前外側のしびれや感覚異常あるいは股関節の伸展時の灼熱痛などが発生する。治療には鼠径部の筋膜や腸骨鼠径靱帯の剥離が必要である。

術後管理とリハビリテーション： 手術後直ちに関節可動域訓練を開始する。剥離した神経が動くのを補助するとともに，関節周囲に関連する動きを回復するため，他動的関節可動域訓練を施行する。また，術後の筋膜などの癒着を避けるため皮下組織の状況に注意を払うとともに，皮膚表層の障害にも注意して創部瘢痕の管理を行う。

予　後： 神経剥離術により，疼痛は術後直ちに軽減するため，早期の競技復帰が可能となる。術後まもなく痛みの軽減を自覚できるが，手術成績は，絞扼された根本的な原因と手術前の症状の継続期間に依存する。

競技復帰： 各競技への完全復帰は，術後4〜6週間で可能となる。しかし，サッカーやバスケットボール，ホッケーなど，股関節の過度な可動運動や筋力が必要とされる競技への復帰では，許容できる範囲内に痛みが軽減するまでには，若干長い時間が必要となる。

文　献

Benezis I, Boutaud B, Leclerc J, Fabre T, Durandeau A. Lateral femoral cutaneous neuropathy and its surgical treatment: A report of 167 cases. *Muscle Nerve.* 2007; 36(5): 659-663.
Dezawa A, Kusano S, Miki H. Arthroscopic release of the piriformis muscle under local anesthesia for piriformis syndrome. *Arthroscopy.* 2003; 19(5): 554-557. Review.
Issack PS, Toro JB, Buly RL, Helfet DL. Sciatic nerve release following fracture or reconstructive surgery of the acetabulum. *J Bone Joint Surg Am.* 2007; 89(7): 1432-1437.

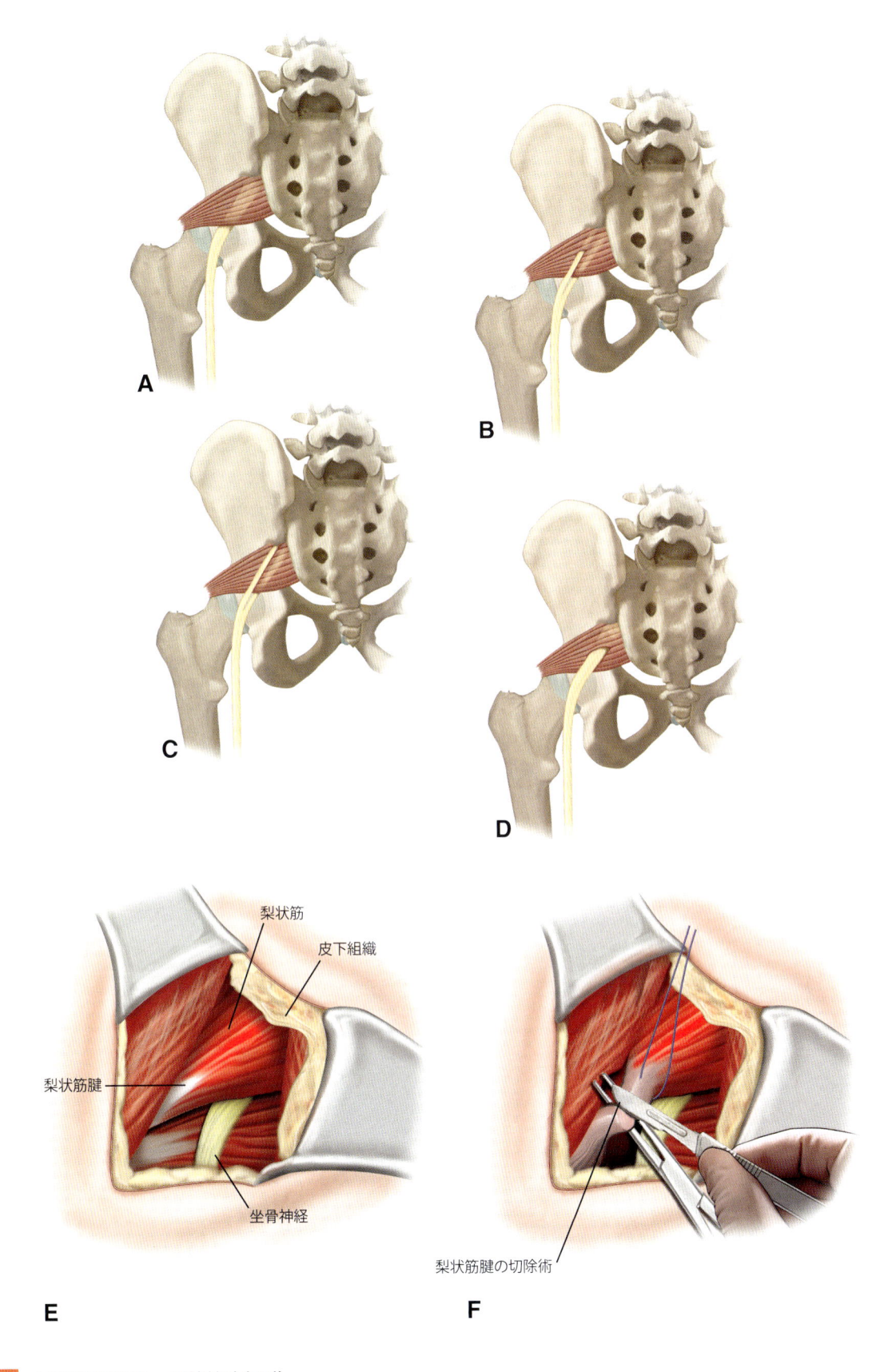

図68　神経絞扼部位：梨状筋症候群

近位ハムストリング裂離（骨折）に対する修復術
Repair of Proximal Hamstring Avulsions

適応と目的： 本外傷は，膝伸展位で股関節を過度に屈曲した際に発生し，とくに水上スキーにおける受傷が多い。診察に際して患者を腹臥位で寝かせると，裂離したハムストリングの起始部を触知することができる。診断の確定にはMRI検査が有用である。

手術手技： 手術は腹臥位で施行し，受傷した殿部の直上にやや長めの皮膚切開をおく。続いて，大殿筋の筋腹を分けて坐骨結節を展開する。裂離したハムストリングの腱を確認したのち，スーチャーアンカーを用い腱を骨に縫合して修復する。

術後管理とリハビリテーション： 通常，股関節中間位，膝軽度屈曲位で股関節から足を含む下肢装具を術後6週間装着する。この間，股関節の屈曲運動を制限するとともに，股関節伸展および膝関節屈曲の自動運動も避けなければならない。これらの運動は装具を除去したのちに徐々に開始する。自然経過とともに筋力が改善してきたら，関節可動域訓練に重点をおく。関節可動域が完全に回復した時点で，さらに各競技に特有の運動をできる範囲から組み入れる。

予後： 文献的に，競技への機能的な復帰が可能とされる術後6か月までに，ハムストリングの筋力の91％が回復するとされている。この結果は近位ハムストリング断裂の修復のタイミングにかかわらず，ほぼ相似している。

競技復帰： 競技への復帰は，修復部位の固定性や組織の伸張性が完全に回復した状況に至ったかにより決定する。一般に，競技復帰までの時間は，最も早くても術後3〜4か月を必要とする。股関節の屈曲や伸展に強い力が要求される競技では，さらに時間が必要となる。

文献

Gidwani S, Bircher MD. Avulsion injuries of the hamstring origin—a series of 12 patients and management algorithm. *Ann R Coll Surg Engl.* 2007; 89(4): 394–399.
Klingele KE, Sallay PI. Surgical repair of complete proximal hamstring tendon rupture. *Am J Sports Med.* 2002; 30(5): 742–747.
Orava S, Kujala UM. Rupture of the ischial origin of the hamstring muscles. *Am J Sports Med.* 1995; 23(6): 702–705.
Sallay PI, Friedman RL, Coogan PG, et al. Hamstring muscle injuries among water skiers: Functional outcome and prevention. *Am J Sports Med.* 1996; 24: 130–136.

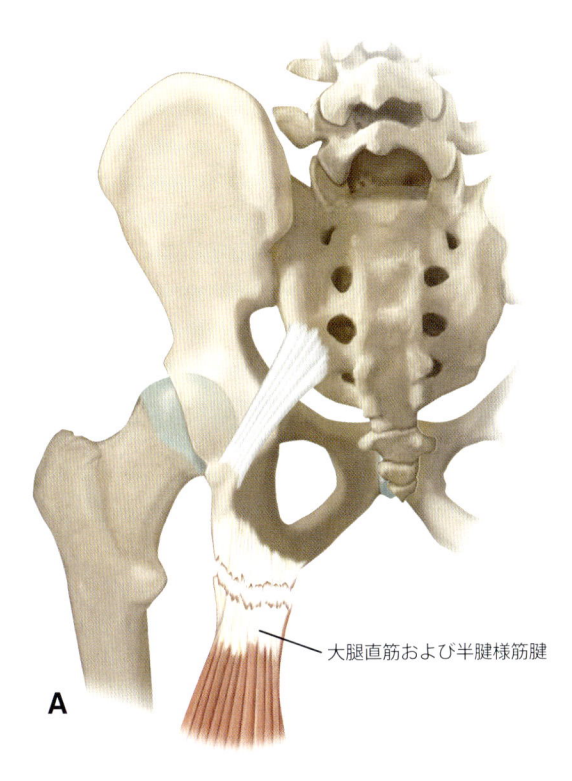

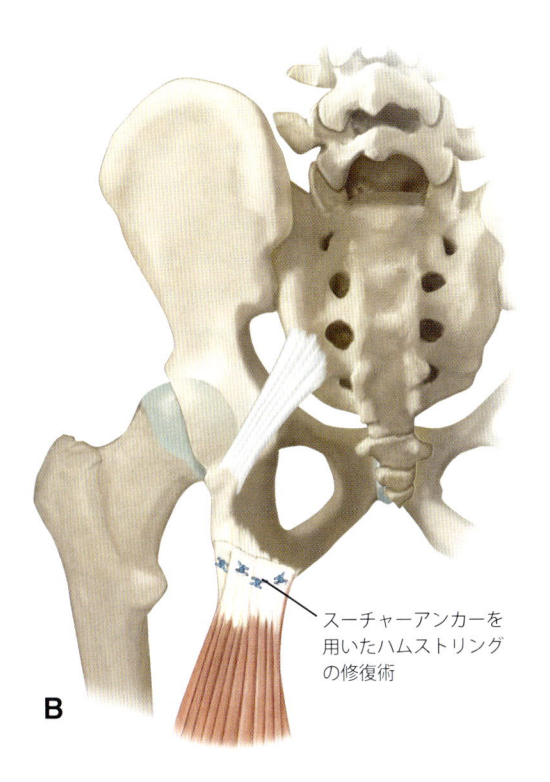

図69 A：後退した大腿直筋および半腱様筋腱の腱性裂離，B：スーチャーアンカーを用いた坐骨結節への直接修復

股関節インピンジメント（FAI）に対する手術
Femoral Acetabular Impingement（FAI）

適応と目的： femoral acetabular impingement（FAI）は，比較的新しい診断の概念であり，pincer type と cam type の 2 つに分類される。実際には，両者を混合している症例が多い。

手術手技： FAI の手術は，観血的あるいは関節鏡視下で施行する。cam type では，大腿骨上方の骨頭頸部移行部の骨隆起を切除し，すべての可動範囲でインピンジメントが消失するように骨を形成する。pincer type では，寛骨臼縁の形成を行う。

> 参考　股関節形成術には，いくつかの手術アプローチがある。骨のみなどで大腿骨頭を切除して摘出し，股関節を露出する。リーマーとラスプを使用して髄腔の準備を行い，メタルステムをプレスフィットかまたは骨セメントを使用して髄腔内に挿入する。メタルまたはセラミックのヘッドをメタルステムに装着し，専用のポリエチレンカップを掘削して形成した臼蓋に設置する。股関節を整復したのち，適切な安定性が得られるよう必要に応じて調整を行う。

術後管理とリハビリテーション： FAI の術後のリハビリテーションでは，初期に荷重制限を行うことと関節可動域訓練を監視することが大切である。荷重の程度や関節可動域訓練を進める速さは，股関節構造の障害の程度や手術の処置の内容により決定する。早期の荷重や歩行の調整には，症例により身長や体重も考慮する必要がある。荷重訓練や部分荷重歩行訓練とは別に，関節可動域訓練や重力に抗する筋力強化訓練は術後早期より開始し，さらにできる範囲で進めることが大切である。

予後： 一般に，FAI に対する大腿骨および臼蓋の骨形成術と関節鏡視下手術においては，軟骨損傷の重症度と術後の臨床成績の間に負の相関を認めるものの，優れた結果が報告されている。しかし，アスリートにおける FAI に対する手術はまれで，実際に症例によっては選手生命が早く終わることもある。また，本手術の術後は衝撃の強い運動は禁止される。

競技復帰： 股関節における骨構造に操作を加えた状況を考慮すると，競技への復帰には少なくとも術後 3 か月が必要とされる。

文献

Espinosa N, Beck M, Rothenfluh DA, Ganz R, Leunig M. Treatment of femoro-acetabular impingement: Preliminary results of labral refixation. Surgical technique. *J Bone Joint Surg Am.* 2007; 89(suppl 2 pt 1): 36–53.
Guanche CA, Bare AA. Arthroscopic treatment of femoroacetabular impingement. *Arthroscopy.* 2006; 22(1): 95–106.
Jaberi FM, Parvizi J. Hip pain in young adults: Femoroacetabular impingement. *J Arthroplasty.* 2007; 22(7 suppl 3): 37–42.
Khanduja V, Villar RN. The arthroscopic management of femoroacetabular impingement. *Knee Surg Sports Traumatol Arthrosc.* 2007; 15(8): 1035–1040. Epub 2007 May 30.
Laude F, Boyer T, Nogier A. Anterior femoroacetabular impingement. *Joint Bone Spine.* 2007; 74(2): 127–132. Epub 2007 Feb 5. Review.
Parvizi J, Leunig M, Ganz R. Femoroacetabular impingement. *J Am Acad Orthop Surg.* 2007; 15(9): 561–570.
Philippon MJ, Stubbs AJ, Schenker ML, Maxwell RB, Ganz R, Leunig M. Arthroscopic management of femoroacetabular impingement: Osteoplasty technique and literature review. *Am J Sports Med.* 2007 ; 35(9): 1571–1580. Epub 2007 Apr 9. Review.
Philippon M, Schenker M, Briggs K, Kuppersmith D. Femoroacetabular impingement in 45 professional athletes: Associated pathologies and return to sport following arthroscopic decompression. *Knee Surg Sports Traumatol Arthrosc.* 2007; 15(7): 908–914. Epub 2007 May 4.

A　正常

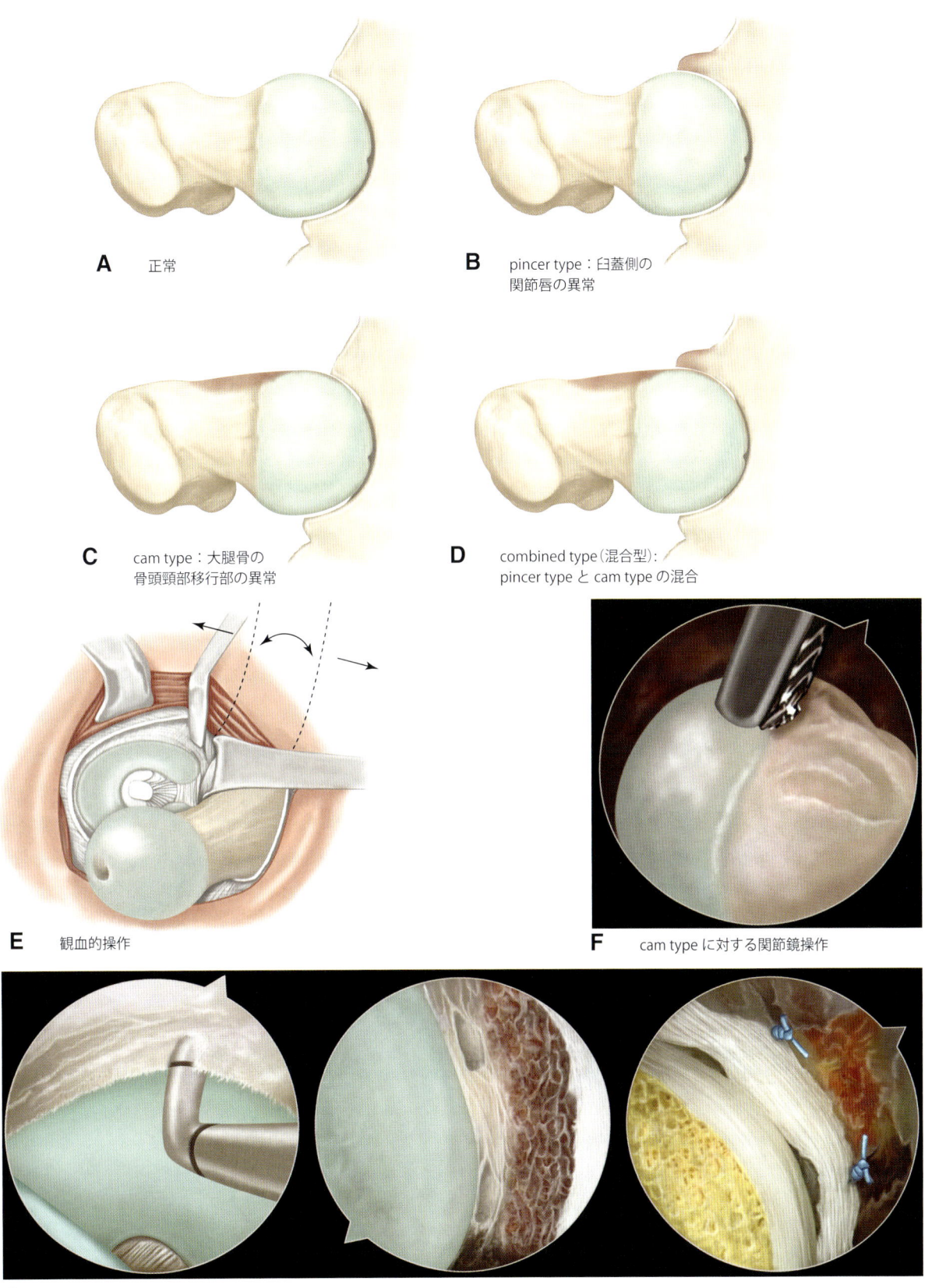

B　pincer type：臼蓋側の関節唇の異常

C　cam type：大腿骨の骨頭頸部移行部の異常

D　combined type（混合型）：pincer type と cam type の混合

E　観血的操作

F　cam type に対する関節鏡操作

G　pincer type に対する関節鏡操作，関節唇のトリミングと修復

図70　cam type および pincer type とその混合型 FAI に対する股関節鏡操作

股関節形成術
Hip Arthroplasty

適応と目的： 股関節形成術は，おもに関節症（変形性関節症，感染症，外傷後）や大腿骨無腐性壊死，大腿骨頸部骨折，骨腫瘍などによる関節障害に対して行われる．手術の目的は，股関節の機能的な回復と疼痛を除去することである．現在，大腿骨および臼蓋側の両側の置換術かまたは大腿骨側のみの置換術が行われている．大腿骨側の置換は，大腿骨頭の表面を再置換する方法かあるいは大腿骨コンポーネントを髄腔内に挿入して固定する方法で施行される．人工関節の摺動面には，メタルバックプラスプラスチックやメタルオンメタル，セラミックオンセラミック，さらにセラミックオンプラスチックなどさまざまな材質が使用される．また，金属製インプラントの材質も，クロム，コバルト，チタンあるいはタンタル合金などさまざまである．

手術手技： 股関節形成術では，後方，側方，前方などのいくつかの異なるアプローチが使用される．大腿骨の骨切りにより病的な大腿骨頭を切除して人工関節を挿入する．臼蓋側はコンポーネントを至適位置に設置するために，一連のリーミング操作を施行する．患者の骨質や術者の選択により，両サイドのコンポーネントをプレスフィットあるいは骨セメントのいずれかで固定する．

術後管理とリハビリテーション： 術後のリハビリテーションに最も影響するのは，術者が選択したアプローチ，患者の骨質さらにコンポーネントの適合性などである．一般に術後は全荷重を許可するが，人工関節の脱臼を回避するため，おのおののアプローチに特有の股関節脱臼肢位は避ける必要がある．また通常，深部静脈血栓症（deep vein thrombosis: DVT）を予防するためのいくつかの治療が行われる．関節可動域訓練と体幹筋および股関節周囲筋の筋力強化を行うためには，長い期間のリハビリテーションが必要とされる．

予　後： 股関節形成術の結果では，股関節機能の強化と，疼痛スコアが改善することが確実に証明されている．また有効な QOL 評価ツールを利用した多くの研究において，全般的な QOL が改善することも実証されている．人工関節全置換術（total hip arthroscopy: THA）の入院中および退院後において予想されるすべての合併症の発生率は 7％で，入院中に最も多い合併症は，骨折（0.6％）と深部静脈血栓症（0.6％）である．また，THA 患者の退院後に最も多い合併症は，出血や創部の壊死および感染などによる再手術である．

文　献

Cushner F, Agnelli G, Fitzgerald G, Warwick D. Complications and functional outcomes after total hip arthroplasty and total knee arthroplasty: Results from the Global Orthopaedic Registry (GLORY). *Am J Orthop*. 2010; 39(9 suppl): 22-28.
Heisel C, Silva M, Schmalzried TP. Bearing surface options for total hip replacement in young patients. *Instr Course Lect*. 2004; 53: 49-65.
Saleh KJ, Kassim R, Yoon P, Vorlicky LN. Complications of total hip arthroplasty. *Am J Orthop*. 2002; 31(8): 485-488.

165

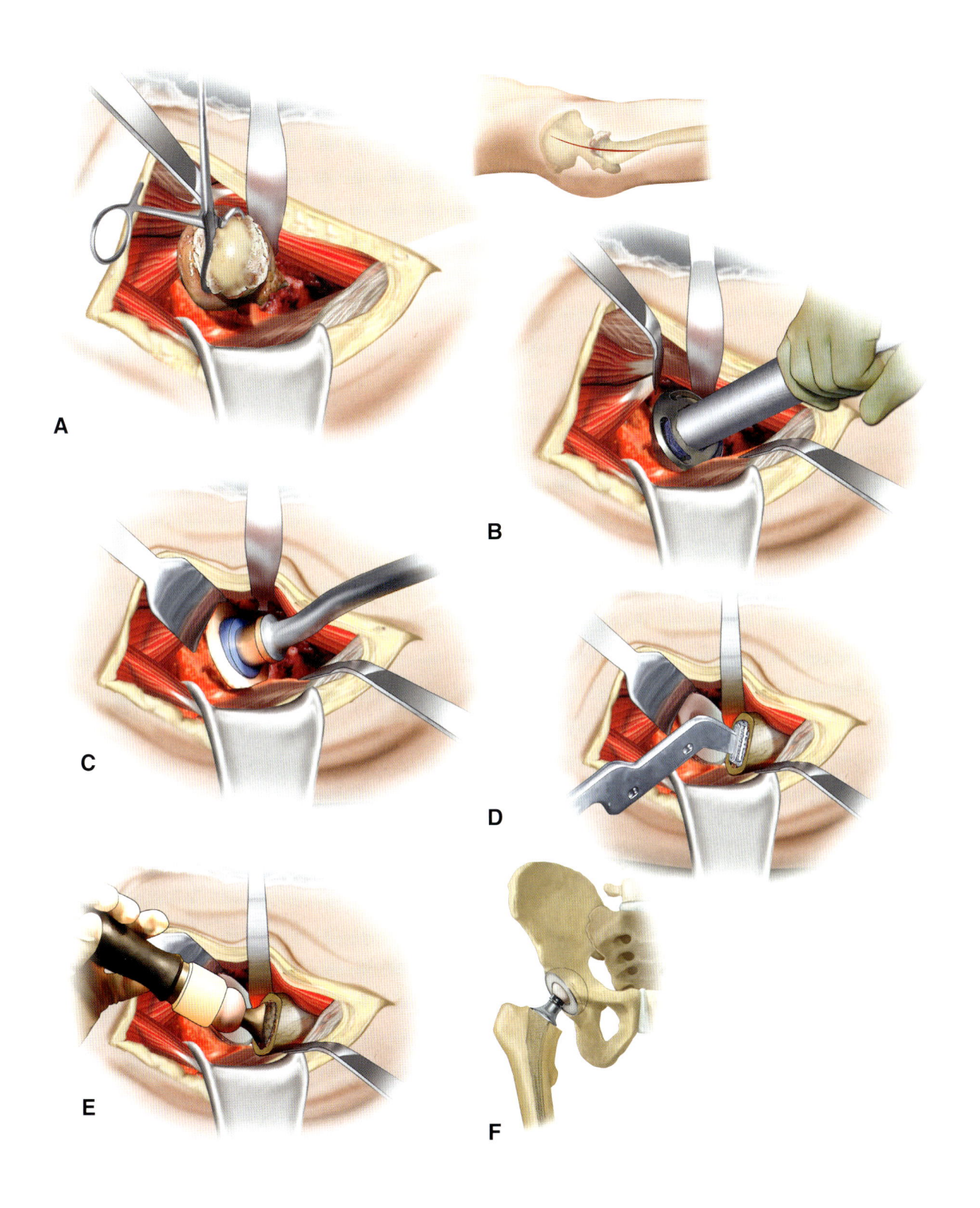

図71 **股関節側方アプローチ** A：罹患した大腿骨頭の摘出，B：臼蓋側の準備とリーミング，C：臼蓋インプラントの圧着固定，D：大腿骨髄腔の形成とブローチング，E：大腿骨ステムの髄腔内への挿入，F：人工股関節全置換術の完成

5 骨盤，股関節，大腿

股関節骨折に対する観血的整復固定術（ORIF）
ORIF Hip Fractures

適応と目的： アスリートにおける股関節骨折はまれであるが，股関節の疲労骨折は比較的よくみられる。大腿骨頸部の上方に亀裂を生じる tension-side stress fracture は，完全骨折を引き起こすリスクがあるため，予防的に内固定が行われる。本骨折の手術は，中空スクリューを使用して固定を行う。また，転子間および転子下の股関節骨折は，通常コンプレッションスクリューおよびサイドプレートによるコンプレッションヒップスクリュー（compression hip screw: CHS）または髄内釘により内固定を行う。

手術手技： 手術は骨折手術台を使用し，仰臥位で施行する。中空スクリューによる手術の場合，大腿骨の近位に皮膚切開を加え，大腿骨頭にガイドワイヤーを刺入する。通常，刺入部が三角形となるように3本のスクリューを挿入する。CHSを挿入する場合は，さらに長い皮膚切開で施行する。大腿骨頭の中心にガイドワイヤーを刺入した後，オーバードリルを行う。こののち大腿骨頭にコンプレッションスクリューを挿入し，このスクリューにサイドプレートを連結する。髄内釘は大腿骨骨折の手術と同様の手技で挿入する。

術後管理とリハビリテーション： 整復の程度や内固定の状況により荷重制限をするかあるいは非荷重で訓練を開始するか決定する。術後早期に歩行や移動が可能となるかが，早期の退院と社会復帰に最も重要な要素となる。このため，バランス訓練や股関節周囲筋の筋力強化は術後直ちに開始することが大切である。年齢や体調の不良とともに再受傷や転倒のリスクが増加するため，リハビリテーションの進行もまた患者の年齢や健康状態により決定する必要がある。

予後： 関節内骨折に対する観血的整復と保存的整復による治療成績のエビデンスに関しては，無作為試験で妥当な結論は得られていない。にもかかわらず観血的整復においては，偽関節や再骨折のリスク，さらに無腐性壊死などが術後合併症として認められる。全体的にみれば，受傷前の動作レベルまで回復した場合，ほとんどの患者で機能的な予後は良好である。

競技復帰： 本骨折では，重度の転位がある場合または解剖学的な整復固定が得られなかった場合には，競技への復帰は困難と思われる。また，骨折に関与する根本的な原因の治療も同時に必要である。完全な骨癒合が得られ，筋力が回復したのち，ウォーキングを開始し，最終的に痛みなくランニングができるまで回復すれば，少なくとも術後6か月で負担の少ないスポーツへの復帰は可能となる。

文献

Dobbs RE, Parvizi J, Lewallen DG. Perioperative morbidity and 30-day mortality after intertrochanteric hip fractures treated by internal fixation or arthroplasty. *J Arthroplasty*. 2005; 20(8): 963–966.

Macaulay W, Yoon RS, Parsley B, Nellans KW, Teeny SM; DFACTO Consortium. Displaced femoral neck fractures: Is there a standard of care? *Orthopedics*. 2007; 30(9): 748–749. Review.

Molnar RB, Routt ML Jr. Open reduction of intracapsular hip fractures using a modified Smith-Petersen surgical exposure. *J Orthop Trauma*. 2007; 21(7): 490–494.

Parker MJ, Banajee A. Surgical approaches and ancillary techniques for internal fixation of intracapsular proximal femoral fractures. *Cochrane Database Syst Rev*. 2005; 18(2): CD001705. Review.

Upadhyay A, Jain P, Mishra P, Maini L, Gautum VK, Dhaon BK. Delayed internal fixation of fractures of the neck of the femur in young adults. A prospective, randomised study comparing closed and open reduction. *J Bone Joint Surg Br*. 2004; 86(7): 1035–1040.

Wang JW, Chen LK, Chen CE. Surgical treatment of fractures of the greater trochanter associated with osteolytic lesions. Surgical technique. *J Bone Joint Surg Am*. 2006; 88(suppl 1 pt 2): 250–258.

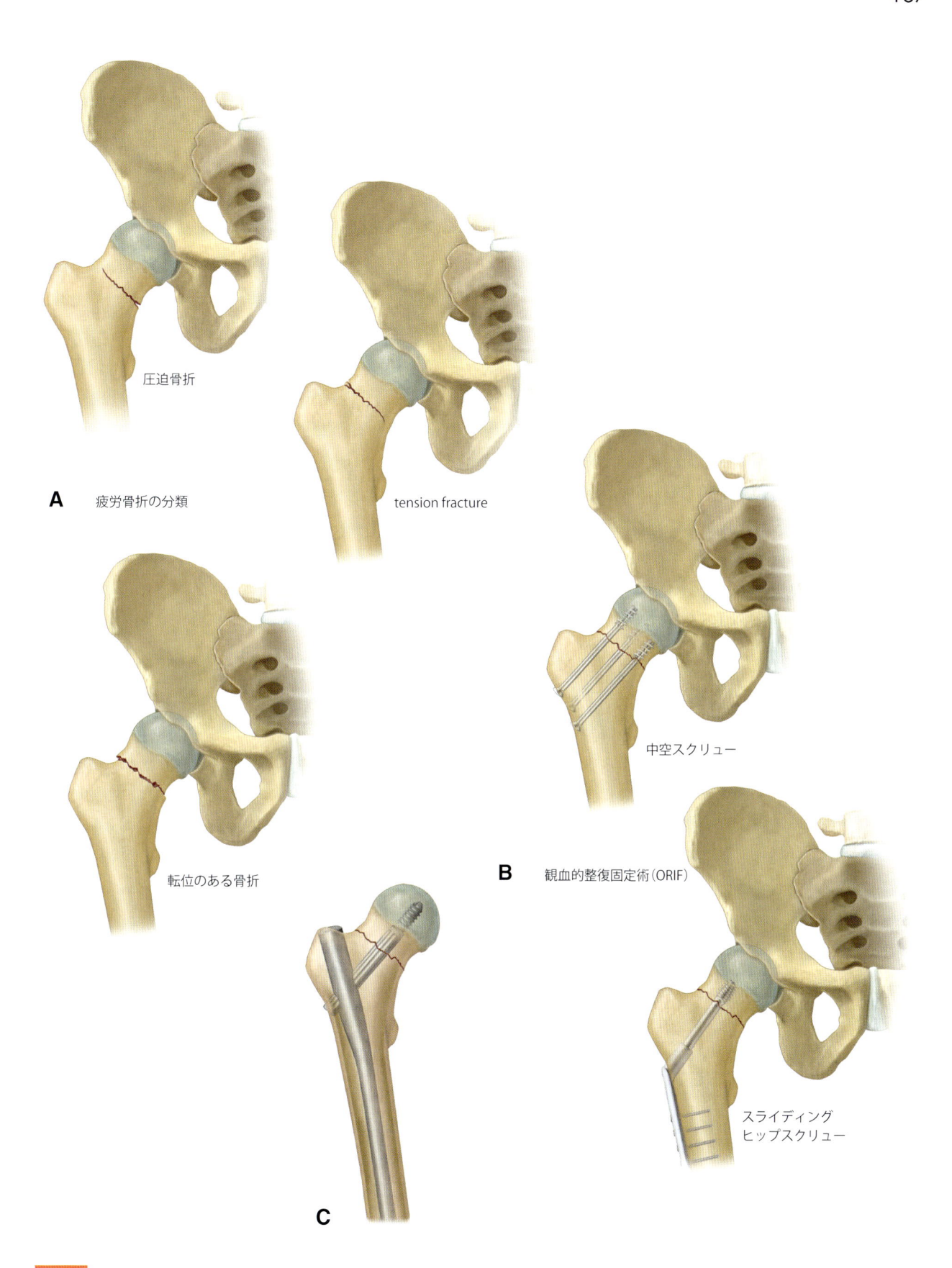

図72　**大腿骨頸部骨折**　A：疲労骨折の分類，B：中空スクリューとスライディングヒップスクリュー，C：髄内釘固定

大腿骨骨折に対する観血的整復固定術（ORIF）
ORIF Femur Fractures

適応と目的： 大腿骨骨折は，大腿骨に鈍的な外力が加わることにより発生する。通常，本骨折は強度な外力により発生し，自動車事故が原因の大きな割合を占めている。本骨折の分類は，骨折の部位と粉砕の程度により行われる。また治療に際しては，大腿骨の長さとアライメントの修復が必要となる。

手術手技： 手術には骨折手術台を使用し，下肢を牽引しながら骨折部の整復を行う。順向性の髄内釘を使用する場合は大転子に隣接して作成したスタートホールから，逆行性の髄内釘を使用する場合は膝関節の直上の大腿骨顆間部に作成したドリル穴から，髄腔内に長いガイドワイヤーを挿入する。ここからフレキシブルドリルを用いて髄腔内をリーミングしたのち，金属製のロッドを髄腔内に挿入する。さらに挿入した金属製のロッドの近位および遠位の上下端を，インターロッキングスクリューで固定する。

術後管理とリハビリテーション： リハビリテーションの初期には補装具を使用し，患者が許容できる範囲内で軽度の関節可動域訓練と荷重訓練を開始する。この段階のリハビリテーションでは，股関節および膝関節の可動域運動，大腿四頭筋および殿筋の等張性運動とともに膝蓋骨のモビリゼーションなども施行する。またバランス運動および固有感覚運動は，体重移動の形式で開始する。膝の屈曲運動が可能な補装具を使用して，コーン上の歩行運動へ移行する。大腿四頭筋および股関節外転筋の筋力が十分に回復し50％荷重が可能となれば，第2段階に進行する。通常術後4週間を要する。50％荷重による歩行訓練とともに，筋力増強訓練も併せて進める。さらにヒールスライドやウォールスライドなどの関節可動域訓練は，最大の可動域が得られるまで継続する。この結果，術後8週間までに全荷重歩行が可能となる。また，歩行訓練ではサイドステップや逆行歩行なども併せて行う。全荷重歩行とともに，筋力強化訓練，バランス運動，固有感覚運動，そしてコンディショニングなども施行するが，この際，荷重の程度は骨折の整復と内固定の状況により決定する。一般に，本骨折は治癒までに術後3か月を必要とする。

予後： 術後成績は，患者の年齢，骨の栄養状態，そして手術による内固定の状況に大きく依存する。また，術前術後の股関節周囲筋の筋強度やバランスの状況が，術後の好成績が得られる高い要因となっている。

競技復帰： 本外傷では完全に骨癒合が得られた場合のみ，競技への復帰が可能となる。これには最低でも6か月を必要とする。年齢や体調の不良とともに再受傷のリスクは増加するため，競技復帰が可能になるかもまた患者の年齢や健康状態に依存する。

文 献

Haidukewych GJ, Berry DJ, Jacofsky DJ, Torchia ME. Treatment of supracondylar femur nonunions with open reduction and internal fixation. *Am J Orthop.* 2003; 32(11): 564–567.

Hartin NL, Harris I, Hazratwala K. Retrograde nailing versus fixed-angle blade plating for supracondylar femoral fractures: A randomized controlled trial. *ANZ J Surg.* 2006; 76(5): 290–294.

Paterno MV, Archdeacon MT, Ford KR, Galvin D, Hewett TE. Early rehabilitation following surgical fixation of a femoral shaft fracture. *Phys Ther.* 2006; 86(4): 558–572.

Zlowodzki M, Bhandari M, Marek DJ, Cole PA, Kregor PJ. Operative treatment of acute distal femur fractures: Systematic review of 2 comparative studies and 45 case series (1989 to 2005). *J Orthop Trauma.* 2006; 20(5): 366–371. Review.

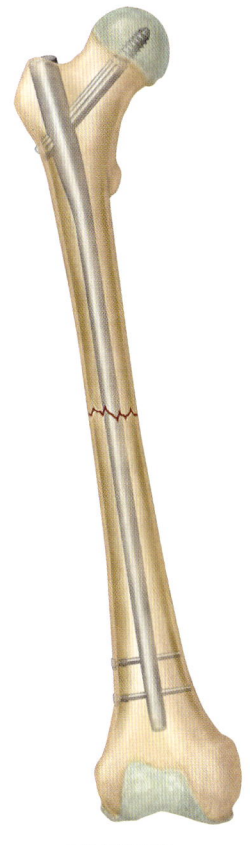

大腿骨髄内釘

図73 大腿骨骨幹部骨折に対するロッキングネイル

5 骨盤，股関節，大腿

Chapter **6**

膝関節，下腿

Knee and Leg

鏡視下膝関節手術
Knee Arthroscopy

適応と目的： 鏡視下膝関節手術は現在，さまざまな膝の傷害に対する一般的な治療法となっている。鏡視下半月板部分切除術は整形外科で行われる手術のなかで最も普及している。ほかの鏡視下手術としては十字靱帯再建術や関節軟骨損傷に対する手術，滑膜切除術，遊離体切除術をはじめさまざまな手術が含まれ，膝関節の鏡視下手術はほかの部位に比べ先駆的な役割を担ってきた。

手術手技： 鏡視下膝関節手術は通常，仰臥位で行われる。また，オプションとして，レッグホルダーなどを用いることがある。ほとんどの鏡視下手術は2つのポータルから行われる。主にカメラを挿入するポータルは，膝蓋腱の外側端で関節ラインの直上である"膝蓋下外側ポータル"である。主に器具の操作を行うポータルは，膝蓋腱の内側端で関節ラインの直上である"膝蓋下内側ポータル"である。他のポータルとしては，膝蓋上外側ポータル，経膝蓋腱ポータル，後内側ポータルなどがある。内外側の関節裂隙，顆間部を含め膝関節のすべてのコンパートメントを鏡視およびプロービングを行う。必要があれば膝関節の後内側と後外側の鏡視も行う。膝関節にストレスをかけると関節鏡や器具が入りやすくなる。さまざまな機能をもったパンチ，グラスパー，シェーバーを必要に応じて用いる。

術後管理とリハビリテーション： 術後のリハビリテーションは，どのような手術が行われたかによって異なる。鏡視下手術は滑膜切除から半月板修復術，関節軟骨移植まで広範囲に及び，リハビリテーションの指標は術者の選択や該当組織の修復因子などにより異なる。リハビリテーションは，腫脹の軽減や大腿四頭筋萎縮の予防，膝蓋大腿関節および大腿脛骨関節の可動域の回復，関節の固有感覚の回復に焦点がおかれ，術後経過によって変わる。

予後： 一般的に，鏡視下手術の術後成績は良好である。しかしながら，術後成績のより具体的な評価は，各手術手技により異なる。

競技復帰： 競技への復帰は，軟部組織のデブリドマンや関節液の吸引などの手技を受けただけのプロのアスリートの場合は数日後であるが，関節軟骨修復術を受けた場合は6か月からそれ以上とさまざまである。

文献

Crawford R, Walley G, Bridgman S, Maffulli N. Magnetic resonance imaging versus arthroscopy in the diagnosis of knee pathology, concentrating on meniscal lesions and ACL tears: A systematic review. *Br Med Bull.* 2007; 84: 5-23.

Goodyear-Smith F, Arroll B. Rehabilitation after arthroscopic meniscectomy: A critical review of the clinical trials. *Int Orthop.* 2001; 24(6): 350-353. Review.

Siparsky P, Ryzewicz M, Peterson B, Bartz R. Arthroscopic treatment of osteoarthritis of the knee: Are there any evidence-based indications? *Clin Orthop Relat Res.* 2007; 455: 107-112. Review.

Steadman JR, Ramappa AJ, Maxwell RB, Briggs KK. An arthroscopic treatment regimen for osteoarthritis of the knee. *Arthroscopy.* 2007; 23(9): 948-955.

Tauber M, Fox M, Koller H, Klampfer H, Resch H. Arthroscopic treatment of a large lateral femoral notch in acute anterior cruciate ligament tear. *Arch Orthop Trauma Surg.* 2007; 128(11): 1313-1316.

Widuchowski W, Widuchowski J, Trzaska T. Articular cartilage defects: Study of 25, 124 knee arthroscopies. *Knee.* 2007; 14(3): 177-182. Epub 2007 Apr 10.

173

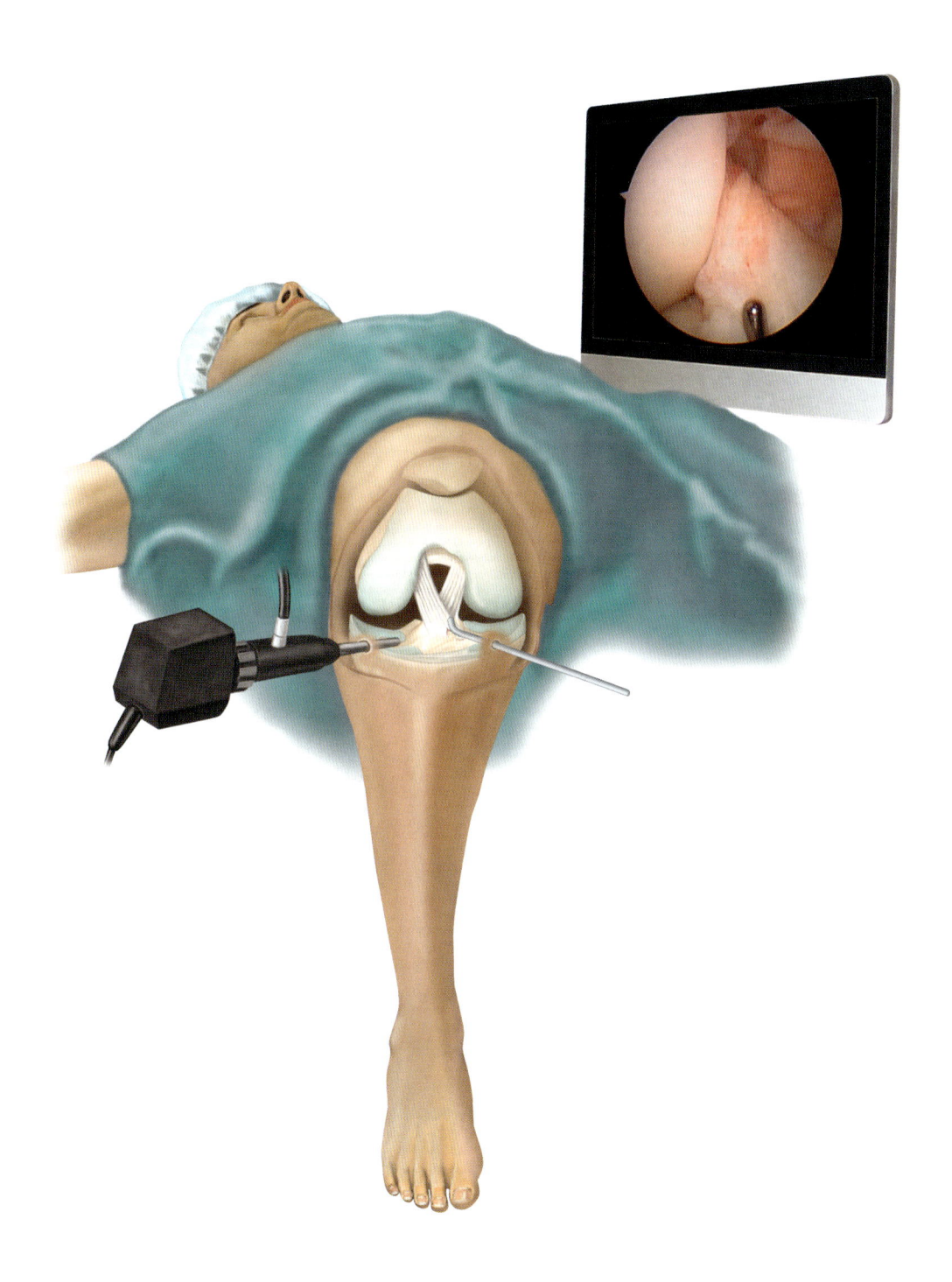

図74　鏡視下膝関節手術　鏡視ポータル（前外側ポータル）と操作ポータル（前内側ポータル）

6　膝関節，下腿

鏡視下滑膜切除術と外側支帯解離術
Arthroscopy Synovectomy and Lateral Release

適応と目的： 鏡視下滑膜切除術（膝関節包表層の切除）は，鏡視下に6つのポータルを用いて関節全体にアプローチできるため，関節切開による方法と同等のことができる．手術適応は，色素性絨毛結節性滑膜炎（pigmented villonodular synovitis: PVNS）や滑膜軟骨腫症，関節リウマチなど，さまざまな疾患が含まれる．滑膜の肥厚による滑膜ヒダ（plicae synovialis）は，関節表面，とくに大腿骨内顆内側表面の摩耗を引き起こす．滑膜ヒダ障害（タナ障害：plica syndrome）はまれであるが切除すべきである．外側支帯解離術は比較的適応の限られた術式である．その適応は難治性の膝前方痛や膝蓋骨の外側傾斜の強い症例（外側膝蓋骨圧迫症候群 lateral patellar compression syndrome）などに限定される．

手術手技： 鏡視下滑膜切除術は，大きなシェーバーを用いて行う．滑膜を全体的にシェーバーで切除する．病的な滑膜は比較的暗い色を呈し，切除すべき部位は比較的識別しやすい．基本的には，初めに膝蓋上囊（上内側と上外側ポータルを用いる），次に内外側の関節裂隙，膝の前方部分の順に行う．膝後内側および後外側部分の郭清には追加のポータルが必要である．これらのポータルは，予定位置からスパイナル針を顆間部に挿入し，鏡視して確認することにより位置を決め，作成する．内側では，伏在静脈と神経の枝に，外側では，総腓骨神経に注意し，ポータルをその前方に作成することによりそれらを保護する．滑膜ヒダはパンチやシェーバーを組み合わせることによって簡単に切除できる．外側支帯解離術は通常電気焼灼器を用いて直視下で行う．外側上膝動脈を損傷しないよう注意する必要がある．

術後管理とリハビリテーション： 滑膜切除単独の場合は，直ちに可動域訓練を行い，段階的に荷重歩行訓練を行う．ポイントは，術後腫脹の軽減と神経筋機能の再獲得である．外側支帯解離術が行われた場合，術後気をつけるポイントは，大腿四頭筋の筋活動と関節固有感覚である．早期には何らかの膝蓋骨の安定化をはかる装具などの使用を考慮する必要がある．また，姿勢を評価し，回内足を回避することも重要である．回内足を回避する足の装具は，膝の過剰な外反を最小限に抑えることができ，外側支帯解離後に有用である．

予後： 術後2年の評価で，膝関節の前方痛は術前と比べ大半の患者で消失するという報告がされている．しかしながら，膝蓋骨外側支帯解離術単独では，膝蓋骨不安定性を軽減するという長期成績は示されていない．外側支帯解離術を受けた患者で，大腿四頭筋の筋力を維持していない場合は，数年後に不安定感や痛みの訴えを繰り返すことが少なくない．

競技復帰： 競技への復帰は，滑膜切除術のみが行われた場合には数日〜数週間で可能である．しかし，外側支帯解離術が行われた場合，大腿四頭筋の筋力や機能回復が競技復帰に先立ち重要である．期間は早くて術後1か月程度であるが，しばしば長期化する．

文献

Lattermann C, Drake GN, Spellman J, Bach BR Jr. Lateral retinacular release for anterior knee pain: A systematic review of the literature. *J Knee Surg.* 2006; 19(4): 278-284. Review.

Lattermann C, Toth J, Bach BR Jr. The role of lateral retinacular release in the treatment of patellar instability. *Sports Med Arthrosc.* 2007; 15(2): 57-60. Review.

Shannon BD, Keene JS. Results of arthroscopic medial retinacular release for treatment of medial subluxation of the patella. *Am J Sports Med.* 2007; 35(7): 1180-1187. Epub 2007 Mar 16.

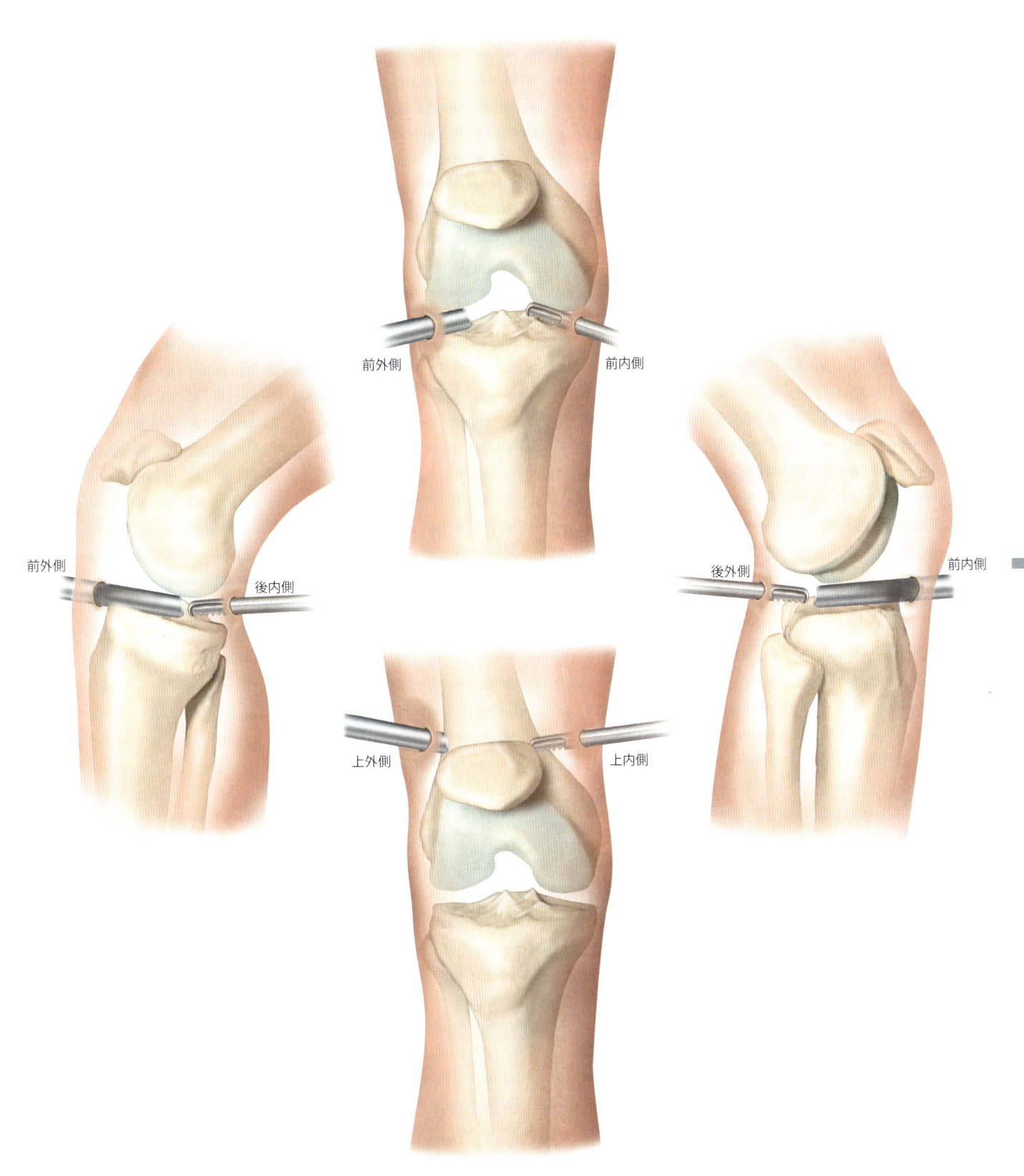

図75 **鏡視下滑膜切除では多数のポータルが使われる** 前外側（anterolateral: AL），前内側（anteromedial: AM），後内側（posteromedial: PM），後外側（posterolateral: PL），上外側（superolateral: SL），上内側（superomedial: SM）

半月板切除術
Meniscectomy

適応と目的： 半月板切除術は修復不可能な半月板断裂に適応される。これらの断裂には複合型や変性断裂，ほとんどの弁状断裂，横断裂が含まれる。患者は膝をひねって損傷した病歴があり，ロッキング，キャッチング，ポッピングなどの臨床症状を訴える。診察所見では，関節裂隙の圧痛と誘発手技［McMurray(マクマレー)テスト，Apley(アプレー)の圧迫テスト，あひる歩行など］で痛みが生じる。単純X線撮影(立位の画像が必須)では変形性膝関節症と関連がある関節裂隙の狭小化などを評価する。MRIは診断に最も有用な検査であり，半月板損傷が修復可能か否かについての情報も得られる。

手術手技： 部分半月板切除術はさまざまなバスケットパンチ(biter)やシェーバーを用いて行われる。術後の関節症の発症には半月板の切除量が直接関係するため，安定した辺縁を残すような最小限の切除が望まれる。手術する半月板側の関節軟骨はストレスをかけて関節を十分に開き，適切な手技と小さなシェーバーを用いることにより保護すべきである。半月板囊胞がある場合はinside-out法で切除する。

術後管理とリハビリテーション： 半月板切除術における正常機能の回復に必要な，正しいリハビリテーションについての文献的エビデンスは意外と少ない。しかし半月板部分切除術後に正しくリハビリテーションが行われることは，患者が競技へ復帰するまでの回復時間を短縮するため重要である。リハビリテーションのおもなポイントは，最良の結果を得るために，関節水症を最小限にすること，関節可動域を回復させること，大腿四頭筋の能力を再獲得すること，荷重負荷をゆっくりと増やすことである。半月板切除単独では，組織の修復過程を待機する必要がないため，リハビリテーションでは術後早期から比較的積極的に神経筋統合トレーニングを行う。松葉杖は用いられる場合もあるが，用いても数日である。とくに問題がなければ，全荷重歩行でかまわない。

予後： 部分半月板切除術後の予後は比較的良好である。しかし，大きく半月板を切除した場合や，単純X線撮影で変形性膝関節症の疑いが予想される女性の場合，術後数年で変形性関節症を発症することがある。さらに，手術時に認められた関節軟骨の変性の程度や半月板切除のサイズ，前十字靱帯損傷による関節不安定性の程度，膝関節手術の既往歴などが半月板切除後の予後不良因子である。単純X線画像上，外側半月板切除術後のほうが変形性関節症変化が認められるが，予後は内側と外側の半月板切除術で変わりはない。一部の患者では良好な予後が予測できる。内側半月板断裂では，以下の1つまたはそれ以上が当てはまれば予後は良好である――35歳未満，縦断裂(longitudinal tear)，軟骨損傷なし，切除後に正常な半月板辺縁が残っている，など。外側半月板断裂では，患者年齢が若く，半月板切除後に正常な半月板辺縁が残っている場合，良好な予後が期待できる。

競技復帰： 筋緊張の回復や術後関節水症のコントロールができれば，患者自身が求める機能にもよるが，競技への復帰は意外と早く，数週間～数か月程度である。

文 献

Bin SI, Kim JM, Shin SJ. Radial tears of the posterior horn of the medial meniscus. *Arthroscopy*. 2004; 20(4): 373-378. Review.
Brindle T, Nyland J, Johnson DL. The meniscus: Review of basic principles with application to surgery and rehabilitation. *J Athl Train*. 2001; 36(2): 160-169.
Chatain F, Adeleine P, Chambat P, Neyret P. A comparative study of medial versus lateral arthroscopic partial meniscectomy on stable knees: 10-year minimum follow-up. *Arthroscopy*. 2003; 19(8): 842-849. Review.
Fabricant PD, Jokl P. Surgical outcomes after arthroscopic partial meniscectomy. *J Am Acad Orthop Surg*. 2007; 15(11): 647-653.
Good CR, Green DW, Griffith MH, Valen AW, Widmann RF, Rodeo SA. Arthroscopic treatment of symptomatic discoid meniscus in children: Classification, technique, and results. *Arthroscopy*. 2007; 23(2): 157-163.

Goodwin PC, Morrissey MC. Physical therapy after arthroscopic partial meniscectomy: Is it effective? *Exerc Sport Sci Rev.* 2003; 31(2): 85-90. Review.
Hegedus EJ, Cook C, Hasselblad V, Goode A, McCrory DC. Physical examination tests for assessing a torn meniscus in the knee: A systematic review with meta-analysis. *J Orthop Sports Phys Ther.* 2007; 37(9): 541-550.
McDermott ID, Amis AA. The consequences of meniscectomy. *J Bone Joint Surg Br.* 2006; 88(12): 1549-1556. Review.

A 外側半月板斜断裂

B 断裂部を大きく切除するための
バスケットパンチ（biter）

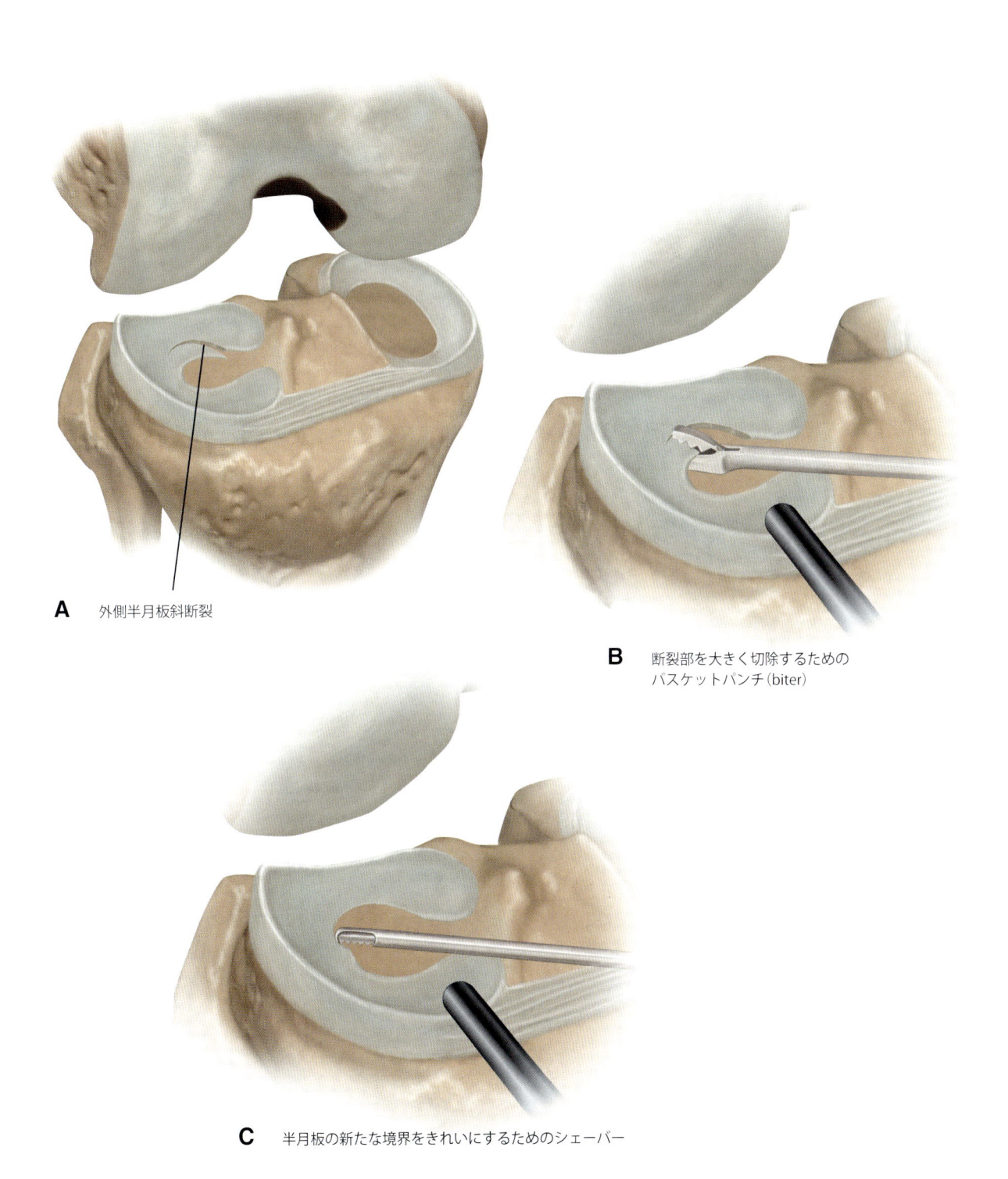

C 半月板の新たな境界をきれいにするためのシェーバー

図76　部分半月板切除術　A：外側半月板斜断裂。B：部分半月板切除にはバスケットパンチ（biter）を用いる。C：シェーバーは残存部位の端を滑らかにするために用いる。

半月板縫合術
Meniscal Repair

適応と目的： 半月板断裂に対する治療は，切除よりもよい結果が見込めるのであれば，半月板縫合術を選択すべきである。理想的な半月板縫合術の適応は，前十字靭帯（ACL）再建術と同時に行う半月板辺縁の縦断裂である。診察および画像所見は，「半月板切除術」の項(176, 177頁)で述べたものと同様である。目的は，半月板の形状と機能を温存し，術後変形性関節症の発症を予防することである。

手術手技： 開創直視下手術や関節鏡を用いたinside-out法，outside-in法，all-inside法など，半月板縫合術の方法はいくつかある。最も標準的な半月板縫合の方法は，inside-out法であり，この方法は，半月板の形状を修復すべき損傷が疑われるすべての場合に適応となる。inside-out法では特別な形状のカニューレに通した長い針を用いる。半月板断裂部より膝関節外へ出てくる針をとるための後内側または後外側の皮切を作成する。all-inside法は，さまざまな半月板縫合を簡便にするために開発されているが，関連する合併症のため，患者にとって有益とは限らない。新しい器具は，術者に修復術への興味をもたらすが，これら新しい器具による半月板縫合の成績はinside-out法の成績と同等ではない。ラスピングやフィブリンクロット（血餅）を用いる方法は，半月板縫合の治癒率を改善する補助的な方法として用いられている。

術後管理とリハビリテーション： 半月板縫合術後のリハビリテーションは，関節腫脹の軽減や膝関節可動域の改善，大腿四頭筋の強化訓練を主とする。いずれも術後1日目より開始できる。過度な荷重や関節を圧迫するような力は縫合半月板の治癒を妨げるため避けるべきであり，しばしば4週間以上松葉杖などを使用することが望ましい。半月板断裂のタイプや大きさ，位置に加え，付随する手術などによりリハビリテーションプロトコールは異なる。全荷重による活動に復帰するには4～6か月を要することが多い。

予後： 縫合の大きさや半月板縫合に用いた器具，患者の修復能力，そして早い段階での荷重や関節圧迫力の制限をきちんと守れたかなどの，リハビリテーションプログラムにかかわる全体的なコンプライアンスにより，術後成績は変化する。術後成績不良例や再断裂は5～45％と報告されており，外側半月板と比較し内側半月板縫合術で高率にみられる。競技復帰までの期間は長くなるが，半月板縫合が可能な場合は，ほかの術式より半月板縫合術を選択するべきである。

競技復帰： 半月板縫合後，安全な競技への復帰は6か月を要することが多い。選手はより早い段階で復帰の「準備」ができていると感じることは珍しいことではない。しかしながら，完全な半月板縫合部の治癒に至っていない可能性があり，競技スポーツへの復帰は膝関節への圧迫負荷を増し，成績不良のリスクとなる。とくに，サッカーのような膝の過屈曲を繰り返す動きのあるスポーツでは，半月板の再受傷のリスクが増す。

文献

Farng E, Sherman O. Meniscal repair devices: A clinical and biomechanical literature review. *Arthroscopy*. 2004; 20(3): 273-286. Review.
Forster MC, Aster AS. Arthroscopic meniscal repair. *Surgeon*. 2003; 1(6): 323-327. Review.
Harris B, Miller MD. Biomedical devices in meniscal repair. *Sports Med Arthrosc*. 2006; 14(3): 120-128. Review.
Heckmann TP, Barber-Westin SD, Noyes FR. Meniscal repair and transplantation: Indications, techniques, rehabilitation, and clinical outcome. *J Orthop Sports Phys Ther*. 2006; 36(10): 795-814. Review.
Lindenfeld T. Inside-out meniscal repair. *Instr Course Lect*. 2005; 54: 331-336. Review.
Lozano J, Ma CB, Cannon WD. All-inside meniscus repair: A systematic review. *Clin Orthop Relat Res*. 2007; 455: 134-141. Review.
Miller MD, Hart JA. All-inside meniscal repair. *Instr Course Lect*. 2005; 54: 337-340. Review.
Voloshin I, Schmitz MA, Adams MJ, DeHaven KE. Results of repeat meniscal repair. *Am J Sports Med*. 2003; 31(6): 874-880.

179

A　半月板断裂を30°ラスプで新鮮化する。

B

C

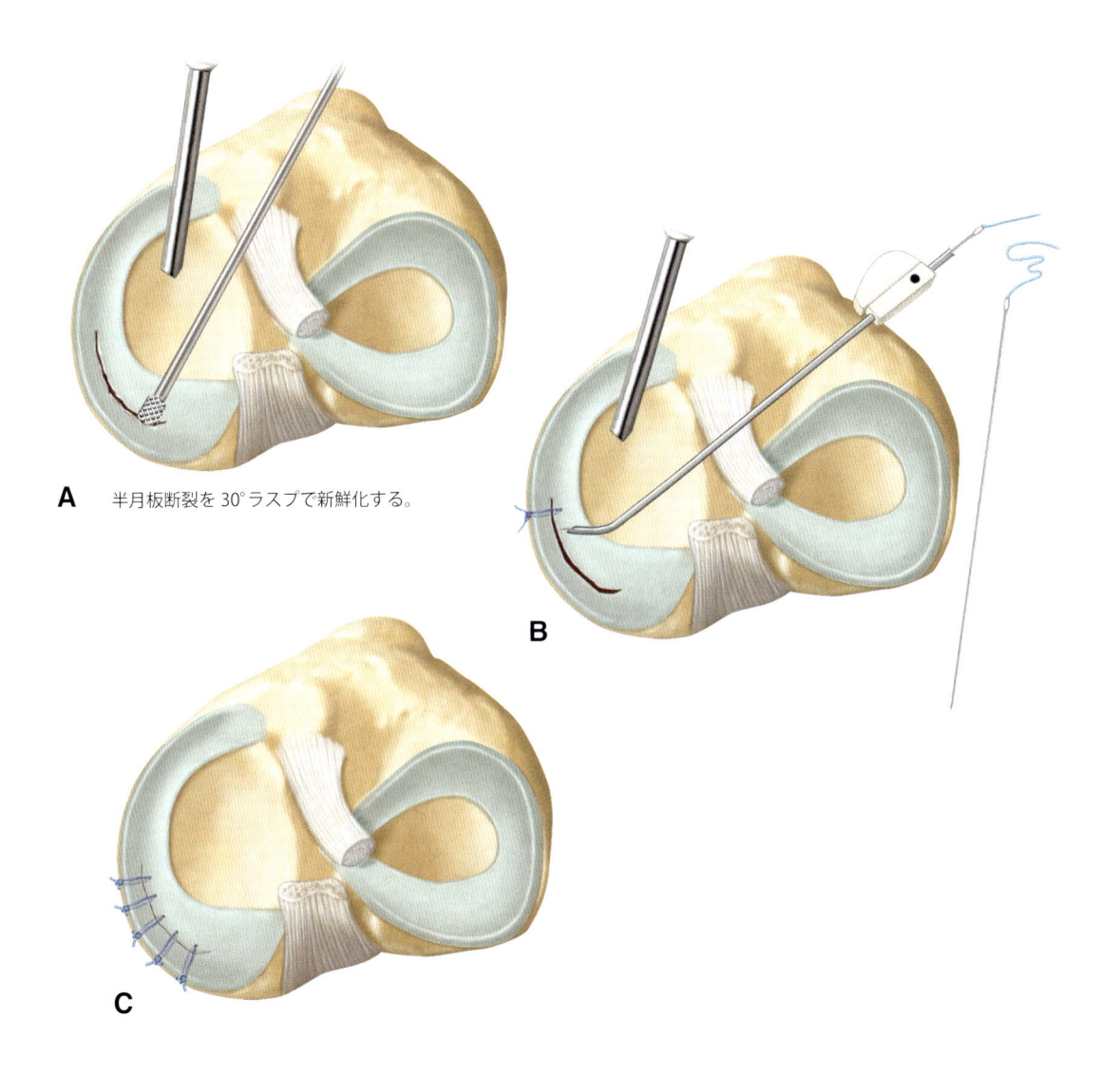

図77 **半月板縫合術**　A：ラスプは半月板縦断裂を縫合する場合に用意する。B：長いフレキシブルな針を用意し，inside-out 法を行う。C：断裂の端に垂直マットレス縫合を行う。

6 膝関節，下腿

半月板移植術
Meniscal Transplantation

適応と目的： 半月板同種移植術は論文にて少数の長期成績のみが発表されている、いまだ信頼性に乏しい難しい手技である。移植された半月板の寿命にはかぎりがあり、術後に生じる関節症の発症を遅らせることしかできない。しかしそれでも、とくに外側半月板の全切除術後に症状の出現した若い患者が、半月板移植術を受けることは有益である。メカニカルアライメントと膝の安定性が手術前および移植術時、ともに正常に保たれていることを確認することが重要である。

手術手技： 2つの異なる手術方法が発表されている。トラフまたはキーホール法(外側半月板移植で一般的に用いられる)は半月板の前後角間の骨をブロックとして温存し、そのグラフトに合わせてつくられたドナー側の溝にスライドさせる方法である。ボーンプラグ法(内側半月板移植で一般的に用いられる)は、前・後角におのおの小さな骨柱を別々に作成し、それをドナー側につくったトンネルに入れる方法である。両方法ともに半月板の角の付着部を正常な解剖学的な位置に再建することが大切である。前・後角の位置を確保したのちに半月板縫合術に記した方法にて半月板を縫合する。

術後管理とリハビリテーション： 半月板移植術のリハビリテーションの経過は半月板縫合術と類似する。おもな点は、関節にかかる圧迫力を減少させることや関節可動域を回復し、関節水症を少なく保つことである。筋力の減少は術後1日目からはじまる。半月板断裂のタイプやほかの付随する手術によってリハビリテーションプログラムの変更が必要である。全荷重にて行う活動に戻るには、4～6か月を要する。治癒過程にある組織に関節圧迫の負荷が増加しないように、早期の荷重を患者に急がせないようにすることが重要である。

予　後： 膝関節機能の改善、痛みの軽減は期待することができ、半月板移植術による半月板機能の回復は変形性関節症の発症を遅くすることができる。この手技の進歩は、長期的にみて良好な術後成績を得る可能性がある。術後成績は、正常のアライメントと膝関節の安定性が確保できたか、また安定したグラフト固定ができたか、患者がどの程度のスポーツ活動に復帰するかによって、予後は異なる。

競技復帰： この方法はサルベージオプション、最終的な選択肢と考えられ、アスリートには一般的に薦められない。レクリエーションレベルの選手の競技復帰は少なくとも術後6か月は要し、半月板前・後角の骨の完全な癒合と半月板辺縁の治癒を得たのちとなる。

文　献

Alford W, Cole BJ. The indications and technique for meniscal transplant. *Orthop Clin North Am*. 2005; 36(4): 469-484. Review.
Heckmann TP, Barber-Westin SD, Noyes FR. Meniscal repair and transplantation: Indications, techniques, rehabilitation, and clinical outcome. *J Orthop Sports Phys Ther*. 2006; 36(10): 795-814. Review.
Khetia EA, McKeon BP. Meniscal allografts: Biomechanics and techniques. *Sports Med Arthrosc*. 2007; 15(3): 114-120. Review.
Lubowitz JH, Verdonk PC, Reid JB 3rd, Verdonk R. Meniscus allograft transplantation: A current concepts review. *Knee Surg Sports Traumatol Arthrosc*. 2007; 15(5): 476-492. Epub 2007 Feb 28. Review.
Matava MJ. Meniscal allograft transplantation: A systematic review. *Clin Orthop Relat Res*. 2007; 455: 142-157. Review.
Sekiya JK, Ellingson CI. Meniscal allograft transplantation. *J Am Acad Orthop Surg*. 2006; 14(3): 164-174. Review.
Verdonk R, Almqvist KF, Huysse W, et al. Meniscal allografts: Indications and outcomes. *Sports Med Arthrosc*. 2007; 15(3): 121-125. Review.
Verdonk PC, Demurie A, Almqvist KF, Veys EM, Verbruggen G, Verdonk R. Transplantation of viable meniscal allograft. Surgical technique. *J Bone Joint Surg Am*. 2006; 88(suppl 1 pt 1): 109-118. Review.

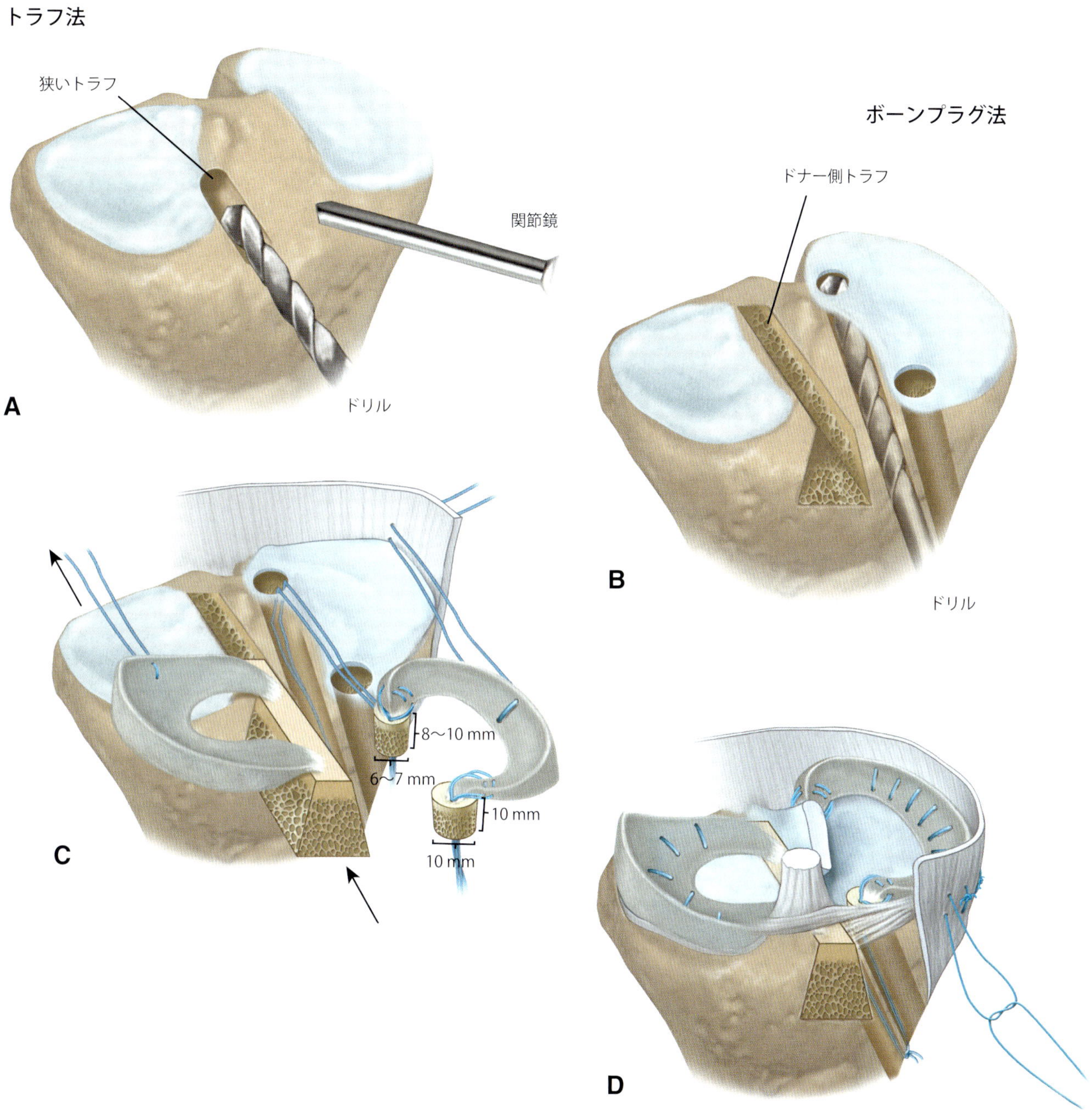

図 78 **半月板移植術** A：外側半月板グラフトの骨ブロックをぴったりと入れるためのトラフをドリルして作成し，半月板グラフトを縫いつける部分をラスピングする。B：内側半月板グラフトの骨柱を入れるためのトンネルを斜めにドリルして作成。C：内-外側半月板の設置。D：最終固定と半月板縫合。

関節軟骨損傷に対する手術
Articular Cartilage Procedures

適応と目的： 局所的な軟骨損傷を治療する方法はいくつもある。この疾患の患者は特別な外傷歴がある時もない時もある。痛みやキャッチングなどの症状，関節水症が臨床所見である。単純 X 線画像は正常であり，関節裂隙の狭小化や，広範囲な関節変化が出現している場合はこの手術の適応外である。MRI の感度はよくなってはいるが，MRI で局所的な軟骨の損傷を術前に見つけることはまだ限界がある。

手術手技： 一般に行われている方法は，マイクロフラクチャー法（ドリリング法），モザイクプラスティー（自家骨軟骨柱移植術），自家関節軟骨細胞移植術（autologous chondrocyte implantation: ACI），同種骨軟骨移植術の 4 つである。

マイクロフラクチャー法（ドリリング法）： 微小骨折作成による骨髄刺激法であり，軟骨下骨への穿刺により，多機能骨髄細胞を遊出させ，骨表面を"スーパークロット"として覆う方法である。この方法では時間をかけて線維軟骨が形成される。初めに，石灰化軟骨層（通常はキュレットやシェーバーを用いて）を取り除き，その後角度のついたオウルにより 2〜3mm 間隔で軟骨下骨に穴を開けることが重要である。穴はオウルにより関節表面に垂直に，血液や骨髄液が遊出する程度に深く作成する。

モザイクプラスティー（自家骨軟骨柱移植術）： この方法は，関節軟骨の必要性の低い部分（接触圧の低い部位）の関節軟骨を軟骨損傷部へ移動する方法である。初めに損傷部を計測し，移植する骨柱の大きさを決める。シリンダー状にカットできる器具を用いてドナー側の骨軟骨柱を採取し（一般的には大腿骨外顆上外側部），ドナー側と適合する器具でレシピエント側も円柱状に切り抜き，骨軟骨柱を作成したレシピエント側に挿入する。骨柱を垂直に採取し，移植することが重要である。損傷部を骨柱で埋めた間の部分は，マイクロフラクチャー法などを用いて，石畳の間を埋めるようにグラフト（移植部）を安定化させる。

自家関節軟骨細胞移植術（ACI）： この手術は 2 段階で行われる。まず，接触圧の低い部位より関節軟骨を採取し，次に軟骨細胞の処理・培養を行い，次の段階として骨膜パッチの下にその培養軟骨を注入する。骨膜は通常脛骨近位部より採取し，損傷部を細かい吸収糸にて縫合し保護する。フィブリンゲルに密封された培養軟骨細胞をパッチの下に注射する。これら軟骨細胞は新生軟骨となる。

同種骨軟骨移植術： この手術は新鮮な同種移植片を利用することを除いてモザイクプラスティーと同様である。通常大きな軟骨損傷に適応される。

術後管理とリハビリテーション： 関節軟骨修復後のおもなゴールは修復反応を促進すること，過剰に関節にかかる力から関節軟骨を保護しながら，できるかぎり早急に完全な機能の回復を得ることである。持続的他動運動（continuous passive motion: CPM）は，文献上はその効果について賛否両論があるが，術後早期にはとても有益である。リハビリテーションプログラムは関節軟骨損傷の位置や損傷のタイプ，患者の最終目標やコンディション，どのタイプの手術手技が行われたかによって変わる。通常，全荷重してのランニングのような運動を安全に開始するには 6 か月以上かかり，完全な治癒状態を得るには 1 年以上かかる。良好な成績を得るために患者のコンプライアンスが，とくに術後早期に重要である。

予 後： これらすべての手術手技は，最近の論文において，成功率は85〜96％と高く，満足のいく結果が報告されている．マイクロフラクチャー法（ドリリング法）は，活動的な患者において長期成績は低くなるが，比較的活動性の低い患者では，小さな損傷の場合最もよい成績をあげている．論文の数は少ないが，前向き無作為調査においてこれらの手術が比較されているが，どの手術も特筆して他の手術を上回るものはなかった．術後成績を決定する最も確かな要因は，注意深い患者選択と，患者のケースごとに適切な治療を行うことである．

競技復帰： 一般的に，競技への復帰は早くても術後4〜6か月かかり，ほとんどのケースでは6〜12か月くらいを要する．損傷の大きさや行った手術手技が競技への復帰を決める大きな要因となる．

文 献

Farr J. Autologous chondrocyte implantation improves patellofemoral cartilage treatment outcomes. *Clin Orthop Relat Res.* 2007; 463: 187-194.
Frisbie DD, Bowman SM, Colhoun HA, Dicarlo EF, Kawcak CE, McIlwraith CW. Evaluation of autologous chondrocyte transplantation via a collagen membrane in equine articular defects-results at 12 and 18 months. *Osteoarthritis Cartilage.* 2007; 16(6): 667-679.
Gill TJ, Asnis PD, Berkson EM. The treatment of articular cartilage defects using the microfracture technique. *J Orthop Sports Phys Ther.* 2006; 36(10): 728-738. Review.
Knutsen G, Drogset JO, Engebretsen L, Grøntvedt T, Isaksen V, Ludvigsen TC, Roberts S, Solheim E, Strand T, Johansen O. A randomized trial comparing autologous chondrocyte implantation with microfracture. Findings at five years. *J Bone Joint Surg Am.* 2007; 89(10): 2105-2112.
Reinold MM, Wilk KE, Macrina LC, Dugas JR, Cain EL. Current concepts in the rehabilitation following articular cartilage repair procedures in the knee. *J Orthop Sports Phys Ther.* 2006; 36(10): 774-794. Review.
Siparsky P, Ryzewicz M, Peterson B, Bartz R. Arthroscopic treatment of osteoarthritis of the knee: Are there any evidence-based indications? *Clin Orthop Relat Res.* 2007; 455: 107-112. Review.
Vanlauwe J, Almqvist F, Bellemans J, Huskin JP, Verdonk R, Victor J. Repair of symptomatic cartilage lesions of the knee: The place of autologous chondrocyte implantation. *Acta Orthop Belg.* 2007; 73(2): 145-158. Review.
Wasiak J, Clar C, Villanueva E. Autologous cartilage implantation for full thickness articular cartilage defects of the knee. *Cochrane Database Syst Rev.* 2006; 3: CD003323. Review.

A 軟骨損傷

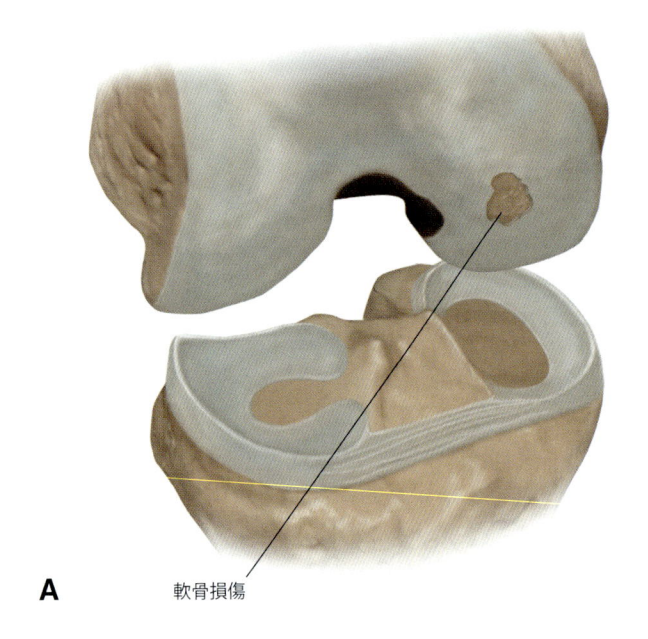

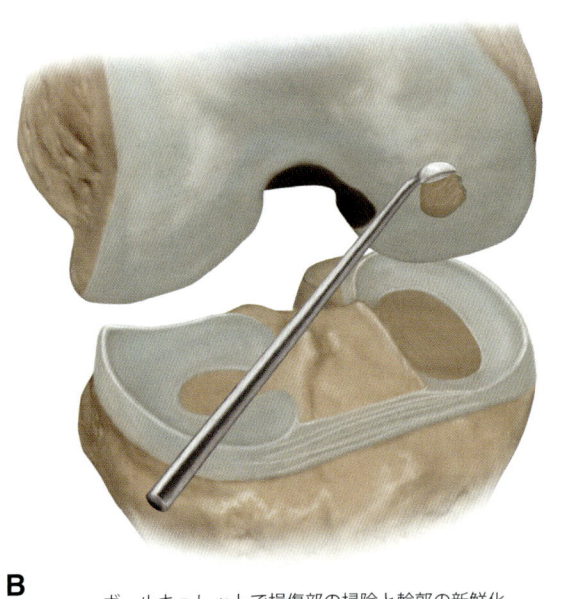

B ボールキュレットで損傷部の掃除と輪郭の新鮮化

図79 **全層局所軟骨損傷の治療の選択** A：大腿骨顆部の軟骨損傷を観察・計測する。B：キュレットで石灰化軟骨層の清掃と輪郭の新鮮化を行う。（続く）

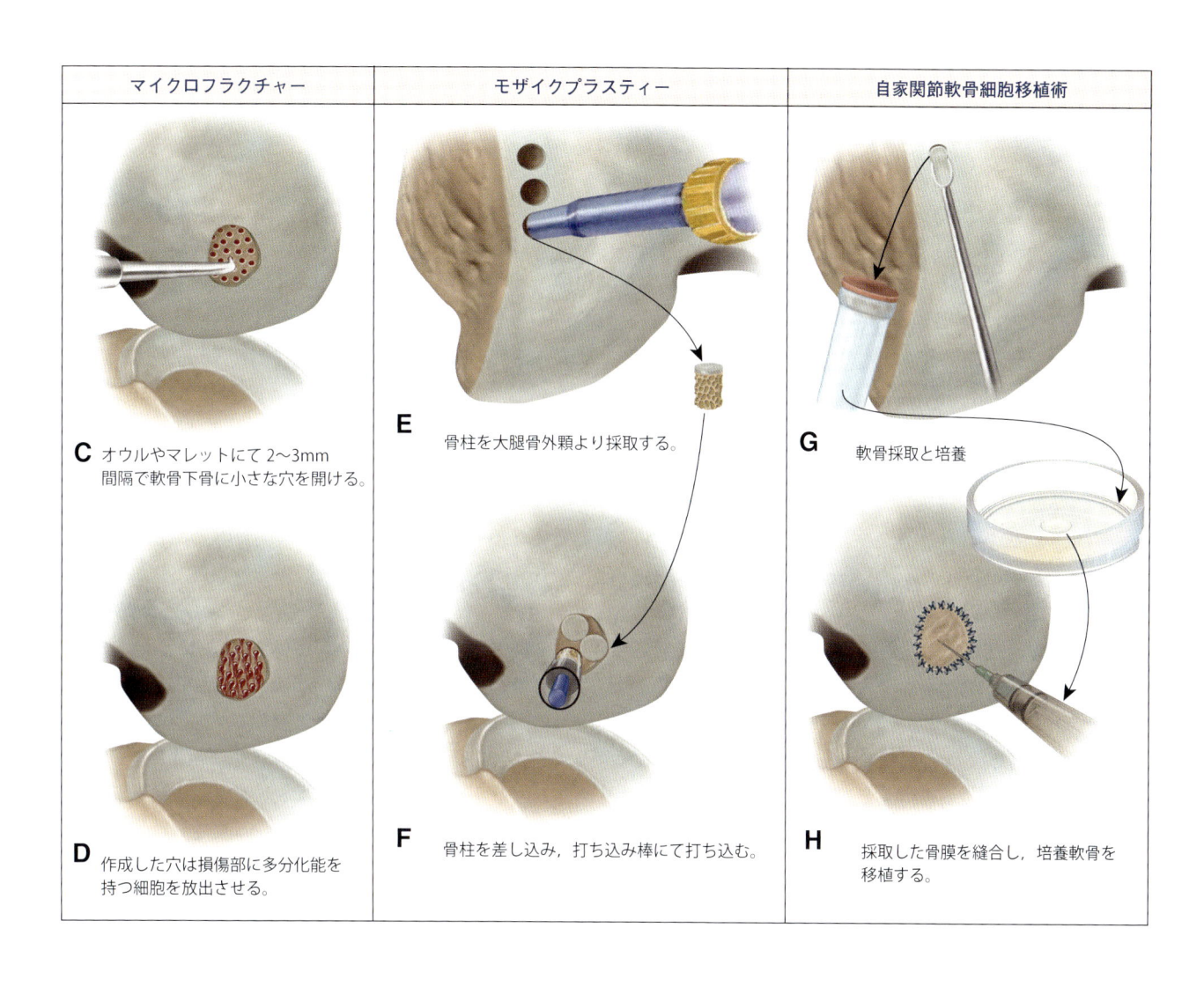

マイクロフラクチャー	モザイクプラスティー	自家関節軟骨細胞移植術
C オウルやマレットにて2～3mm間隔で軟骨下骨に小さな穴を開ける。	**E** 骨柱を大腿骨外顆より採取する。	**G** 軟骨採取と培養
D 作成した穴は損傷部に多分化能を持つ細胞を放出させる。	**F** 骨柱を差し込み，打ち込み棒にて打ち込む。	**H** 採取した骨膜を縫合し，培養軟骨を移植する。

図79　全層局所軟骨欠損の治療の選択（続き）　C,D：マイクロフラクチャー法はオウルを用いて軟骨下骨に小さな穴を穿刺する方法である。E,F：モザイクプラスティーは大腿骨外顆上外側部の非接触部より骨軟骨柱を採取し，損傷部に移植する方法である。G,H：自家関節軟骨細胞移植術（ACI）は2段階で行う。初回手術では，軟骨を採取する。続いて，軟骨を培養し，その後，培養した軟骨を骨膜パッチを作成し，下の損傷部に移植する。

前十字靭帯（ACL）再建術
Anterior Cruciate Ligament (ACL) Reconstruction

適応と目的： 前十字靭帯（ACL）損傷は一般的に非接触・方向転換時の損傷である。患者は"ポップ音"を聞いたり，感じたりする。直ちに関節は腫脹することが多い（関節血症）。未治療のまま放置すると，患者は，とくに方向転換動作を伴うスポーツを行うとき，反復する関節の不安定性（膝くずれ：giving way）を生じる。診断は一般的にLachman（ラックマン）テスト陽性とピボットシフトテスト陽性によってなされる。

手術手技： いくつかのグラフトの選択肢はあるが，自家ハムストリングまたは骨-膝蓋腱-骨（bone-tendon-bone：BTB）グラフトを用いることが多い。断裂したACL線維を清掃後，移植靭帯のためのトンネルを脛骨および大腿骨にドリルして開ける。いくつもの論議があるが，ほとんどの術者は脛骨側のトンネルはACLの付着部の後内側部分につくり，大腿骨側のトンネルは顆間部後壁より1～2mmで10時から10時半の位置（右膝で時計の文字盤による位置）につくることを好む。正確なトンネル作成のための専用の器具が用いられる。大腿骨側に2つのトンネル（それに伴って脛骨側にも2つのトンネル）を開ける2重束再建術が報告されているが，一般的に普及しているとはいえない[訳者注1]。

訳者注1） 日本では比較的よく行われている。

術後管理とリハビリテーション： ACL再建術にはいくつかの異なる方法があるが，リハビリテーションのコースは，グラフトの固定に用いたものの種類やACLの単独損傷か複合損傷かなどによって多少異なる。また，患者の目標とするレベルによっても変わる。リハビリテーションは，関節接触面の生体力学的原理と同様に，組織修復に関する生理的反応も考慮すべきである。一般的に，ACLリハビリテーションは時期ごとに分けられる。術後早期には，痛みや創部管理，関節腫脹の軽減，大腿四頭筋の随意運動の管理制御，膝関節および膝蓋大腿関節の緩やかな可動域訓練に重点をおく。荷重負荷は術直後より開始でき，個人の神経筋制御や固有知覚の回復によって，1～2週で松葉杖を離脱できる。創部が治癒したあとは，浮力によって関節への力学的負荷を減らし，段階的に荷重負荷を増すことができる水中でのリハビリテーションが可能となる。神経筋制御を改善させる訓練は，膝伸展抵抗運動のようなグラフトへのストレスを与えないかたちで，術後1週から段階的に開始できる。文献による報告ではいろいろな意見があるが，機能的膝装具の装着は術者の判断による。しかし，選手はスポーツに特有の動きを行うリハビリテーションの時期には機能的膝装具を装着したほうが，信頼感と安定性を感じていることが多い。

予後： ACL再建術は総合的に判断して術後成績はおおむね良好である。術後成績をいつどのように評価しているかによって，術後成績は多少異なる。今までの報告では，自家ハムストリング腱を用いた再建術は，術後の膝関節前方部分の痛みの軽減に優れており，一方，自家BTB腱による再建術のほうが膝関節の安定性が高いと報告されている。グラフトを固定するための金属の抜去の必要性や，関節拘縮の割合はBTB再建術のほうがやや高い。合併症（膝蓋骨骨折や再受傷）がなければ，競技によっては3～4か月の早期の競技復帰を許可している。復帰を6か月～1年まで遅らせて慎重にリハビリテーションしてもよい。

競技復帰： もとの競技への復帰は，競技の強度や患者の神経筋制御能力，固有知覚，競技復帰への患者の自信に応じて，4～6か月の間に開始することができる[訳者注2]。

訳者注2） 日本では6～9か月を推奨する医師が多い。

文献

Baer GS, Harner CD. Clinical outcomes of allograft versus autograft in anterior cruciate ligament reconstruction. *Clin Sports Med.* 2007; 26 (4): 661-681. Review.

Freedman KB, D'Amato MJ, Nedeff DD, Kaz A, Bach BR Jr. Arthroscopic anterior cruciate ligament reconstruction: A metaanalysis comparing patellar tendon and hamstring tendon autografts. *Am J Sports Med.* 2003; 31(1): 2-11.

Lawhorn KW, Howell SM. Principles for using hamstring tendons for anterior cruciate ligament reconstruction. *Clin Sports Med.* 2007; 26(4): 567-585. Review.

Myer GD, Paterno MV, Ford KR, Quatman CE, Hewett TE. Rehabilitation after anterior cruciate ligament reconstruction: Criteriabased progression through the return-to-sport phase. *J Orthop Sports Phys Ther.* 2006; 36(6): 385-402. Review.

Poolman RW, Abouali JA, Conter HJ, Bhandari M. Overlapping systematic reviews of anterior cruciate ligament reconstruction comparing hamstring autograft with bone-patellar tendon-bone autograft: Why are they different? *J Bone Joint Surg Am.* 2007; 89(7): 1542-1552. Review.

Prodromos CC, Han Y, Rogowski J, Joyce B, Shi K. A meta-analysis of the incidence of anterior cruciate ligament tears as a function of gender, sport, and a knee injury-reduction regimen. *Arthroscopy.* 2007; 23(12): 1320-1325. e6. Review.

Schoderbek RJ Jr, Treme GP, Miller MD. Bone-patella tendon-bone autograft anterior cruciate ligament reconstruction. *Clin Sports Med.* 2007; 26(4): 525-547. Review.

Smékal D, Kalina R, Urban J. Rehabilitation after arthroscopic anterior cruciate ligament reconstruction. *Acta Chir Orthop Traumatol Cech.* 2006; 73(6): 421-428. Review.

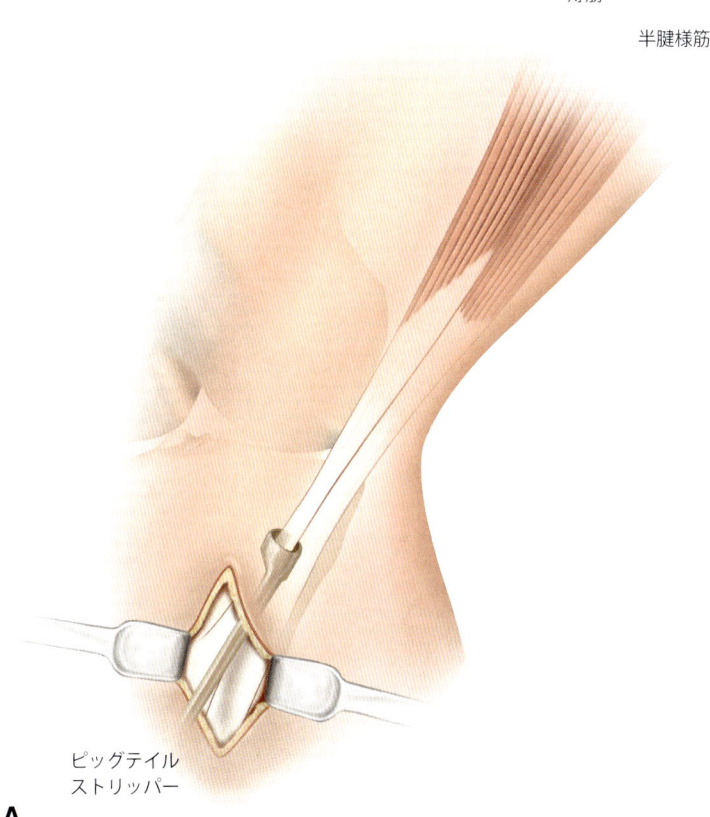

図80 ACL再建術　A：自家ハムストリング腱の採取。（続く）

Kワイヤー

関節鏡

B

ドリル

C

D

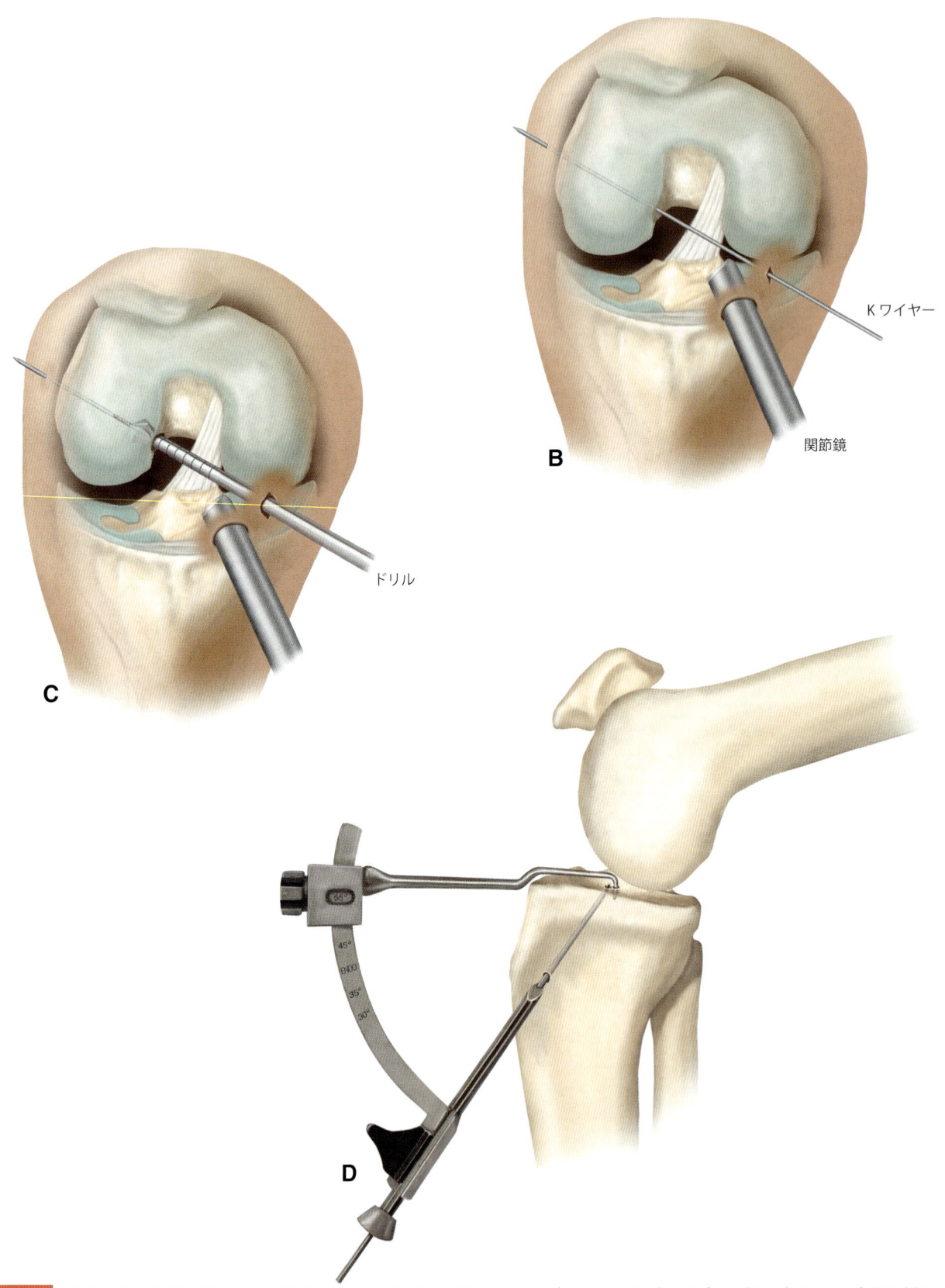

図80 **ACL再建術（続き）** B：大腿骨側のACL付着部を同定し，内側ポータルよりガイドピンを挿入する。C：大腿骨側トンネルをドリルで掘る。D：脛骨側ガイドを用いて脛骨側トンネルの位置を決める。（続く）

189

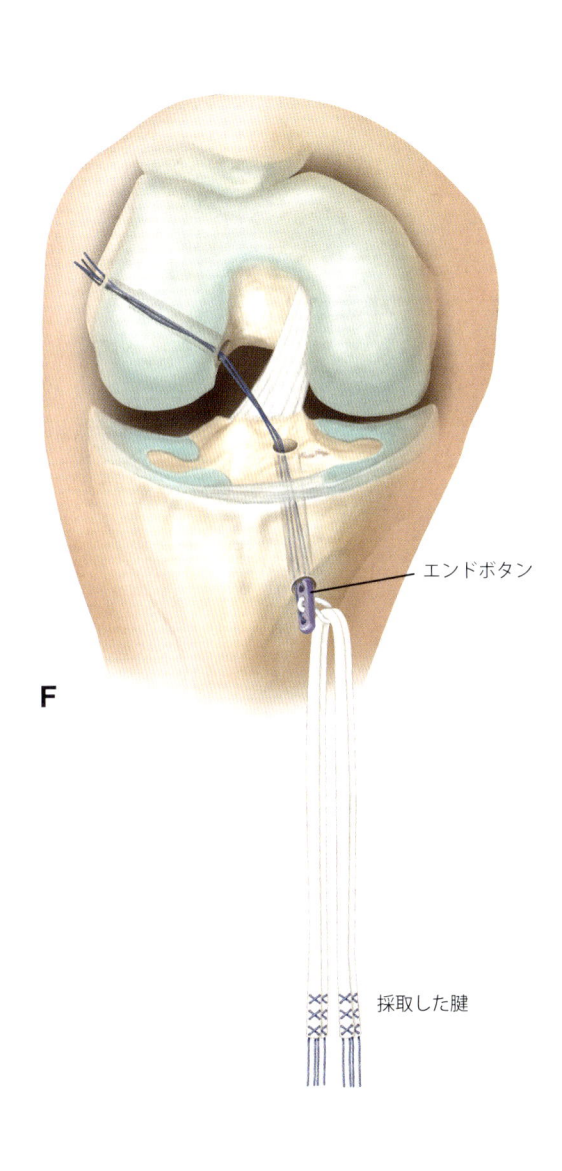

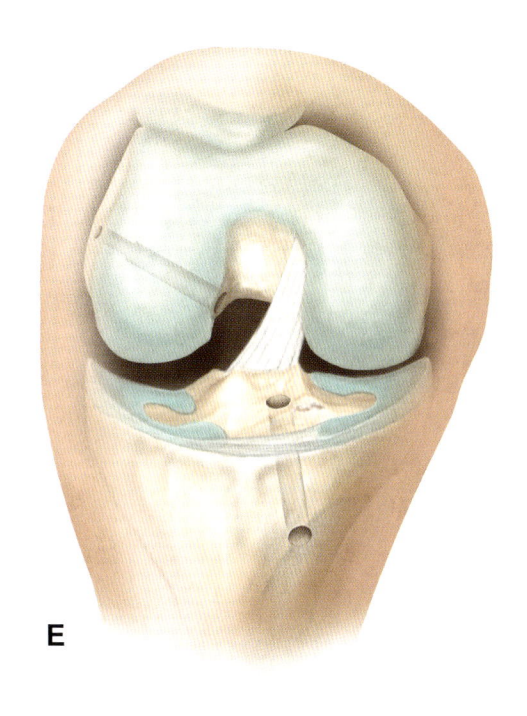

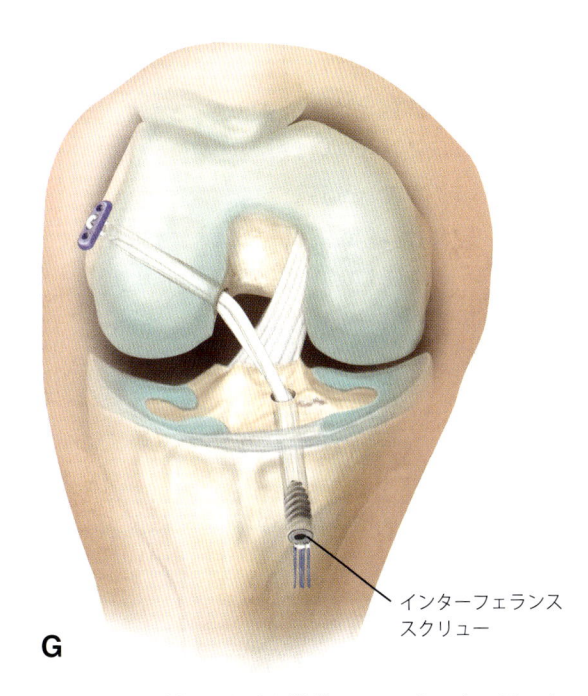

図80 ACL再建術（続き） E：完成した大腿骨側および脛骨側のトンネル．F：採取した腱を準備し，トンネル内に挿入する．G：大腿骨側をエンドボタン，脛骨側をインターフェランススクリューで固定する（固定方法にはいろいろある）．

6 膝関節，下腿

後十字靱帯(PCL)再建術
Posterior Cruciate Ligament (PCL) Reconstruction

適応と目的: 後十字靱帯(PCL)損傷は前十字靱帯(ACL)より頻度が低く,手術適応も限定される。この損傷は典型的には脛骨近位の打撲(前方からの強い力学的負荷)に伴って損傷し,または他の靱帯損傷と合併して膝関節脱臼時に高頻度に損傷しやすい。ポイントとなる診断手技は後方引き出しテストである。この手技は,膝関節70°～90°屈曲位で脛骨を後方に押し込むことによる不安定性を,左右を比べて判断する。有意な後方不安定性はPCL損傷と後外側支持機構(PLC)損傷を示唆する。手術適応は複合損傷の場合と保存療法に抵抗するPCL単独損傷の場合である。単独PCL損傷は通常は保存療法が適応される。

手術手技: PCL再建術にはさまざまな方法がある。脛骨前方から後方へ向けてトンネルをつくる経脛骨法と,脛骨後方にPCLグラフトを直接固定する脛骨インレイ法がある。どちらも1つか2つのトンネルを大腿骨側に作成する。グラフトをトンネルに通し,膝屈曲位で脛骨に前方引き出しをかけて整復後固定する。

術後管理とリハビリテーション: 通常,膝装具を完全伸展位で術直後から初めの2週間装着する。自動膝関節屈曲運動は避け,大腿四頭筋をコントロールし,膝関節を完全伸展位に保つようにする。他動的には,可動域訓練を0°～60°の範囲で開始し,同時に膝蓋骨モビリゼーションも行う。下肢伸展挙上も股関節の自動伸展を避けながら開始する。疼痛管理と術後の関節水症の軽減にも務める。2週間後からは,膝装具のロックをはずし,90°までの屈曲を許可して,緩やかなハムストリングの自動運動を開始する。初期の目標としては,術後8週で110°屈曲位を目標とする。8週までに荷重と固有知覚に対する訓練を進め,8週後から緩やかなスクワットのような訓練を開始する。膝装具は6～8週くらいで装着の必要性はなくなる。12週後,四頭筋とハムストリングの力の85%程度の回復をもって,直線的なランニングを開始し,術後の関節安定性や神経筋制御の回復度合いをみて,その後のリハビリテーションを進めていく。

予後: PCL再建に用いたグラフトや手術手技についてはまだ検討されている段階ではあるが,先行研究による報告では術後成績は,関節安定性と機能回復に関して満足のいくものである。

競技復帰: 競技への復帰は,どのような手術手技を用いたかと,競技の種目によって異なる。一般的には,復帰の目安は6～9か月くらいである。3～4か月で復帰できるアスリートもいれば,機能的な問題や競技種目により1年以上かかる場合もある。

文献

Campbell RB, Jordan SS, Sekiya JK. Arthroscopic tibial inlay for posterior cruciate ligament reconstruction. *Arthroscopy*. 2007; 23(12): 1356.e1-e4. Epub 2007 Apr 24.

Höher J, Scheffler S, Weiler A. Graft choice and graft fixation in PCL reconstruction. *Knee Surg Sports Traumatol Arthrosc*. 2003; 11(5): 297-306. Epub 2003 Aug 26. Review.

Johnson DH, Fanelli GC, Miller MD. PCL 2002: Indications, double-bundle versus inlay technique and revision surgery. *Arthroscopy*. 2002; 18(9 suppl): 40-52.

Peccin MS, Almeida GJ, Amaro J, Cohen M, Soares BG, Atallah AN. Interventions for treating posterior cruciate ligament injuries of the knee in adults. *Cochrane Database Syst Rev*. 2005; (2): CD002939. Review.

St. Pierre P, Miller MD. Posterior cruciate ligament injuries. *Clin Sports Med*. 1999; 18(1): 199-221.

Weiler A, Jung TM, Strobel MJ. Arthroscopic assisted posterior cruciate ligament reconstruction and posterolateral stabilisation using autologous hamstring tendon grafts. *Unfallchirurg*. 2006; 109(1): 61-71. Review. German.

Weimann A, Wolfert A, Zantop T, Eggers AK, Raschke M, Petersen W. Reducing the "killer turn" in posterior cruciate ligament reconstruction by fixation level and smoothing the tibial aperture. *Arthroscopy*. 2007; 23(10): 1104-1111.

Wiley WB, Owen JR, Pearson SE, Wayne JS, Goradia VK. Medial femoral condyle strength after tunnel placement for single- and double-bundle posterior cruciate ligament reconstruction. *J Knee Surg*. 2007; 20(3): 223-227.

Wind WM Jr, Bergfeld JA, Parker RD. Evaluation and treatment of posterior cruciate ligament injuries: Revisited. *Am J Sports Med*. 2004; 32(7): 1765-1775. Review.

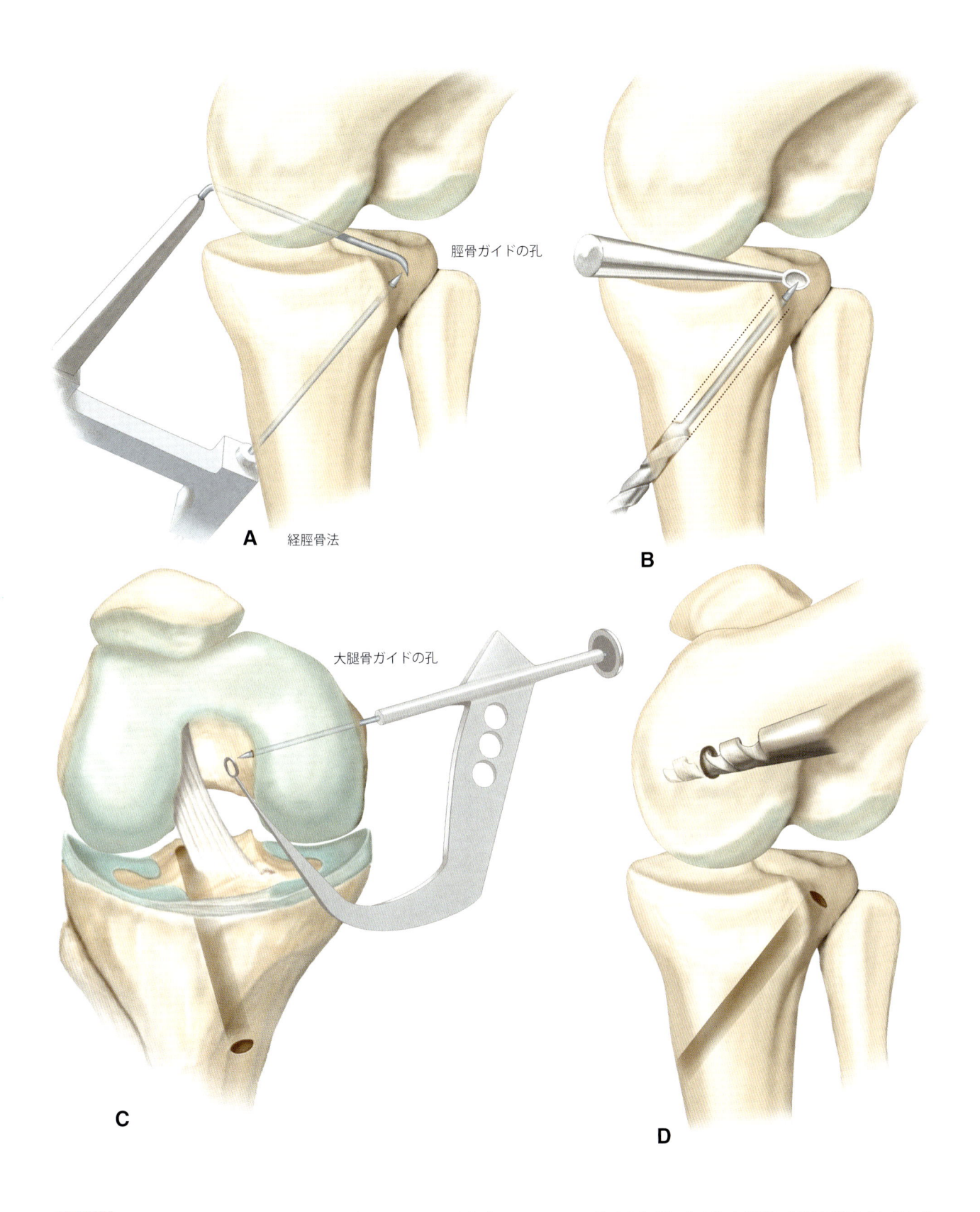

図81 **PCL再建術** A：経脛骨ドリルガイドを脛骨骨孔作成に用いる。B：ドリル先端による後方組織の損傷を避けるために保護する。C,D：大腿骨側付着部を確認し大腿骨をドリリングし，トンネルを作成する。（続く）

骨片

E

F

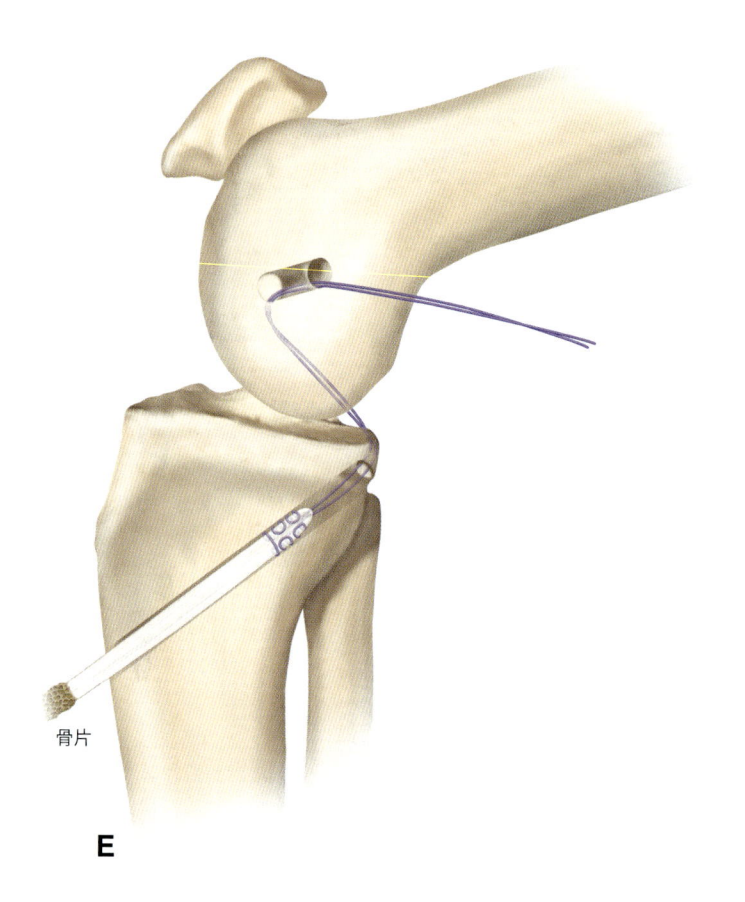

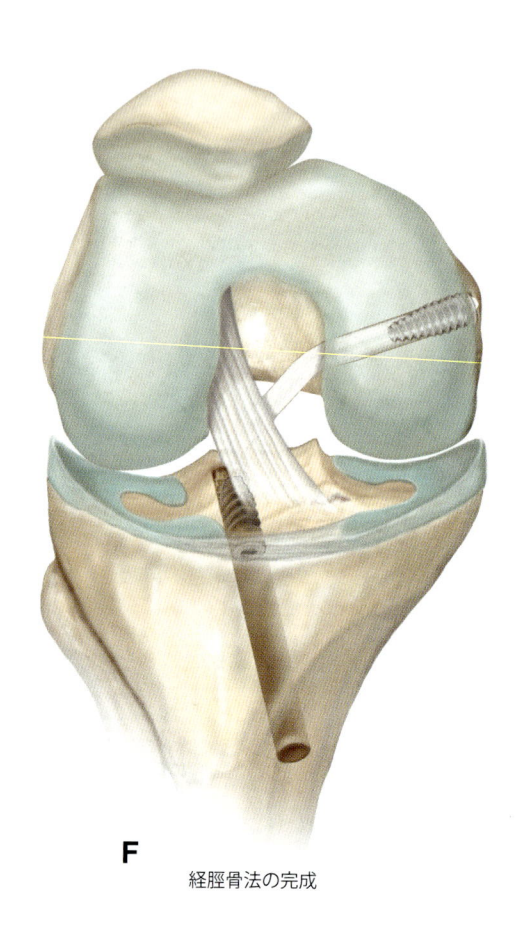

経脛骨法の完成

図81 PCL再建術（続き） E, F：骨片のついたグラフトを骨孔に通し，固定する。（続く）

G 脛骨インレイ法

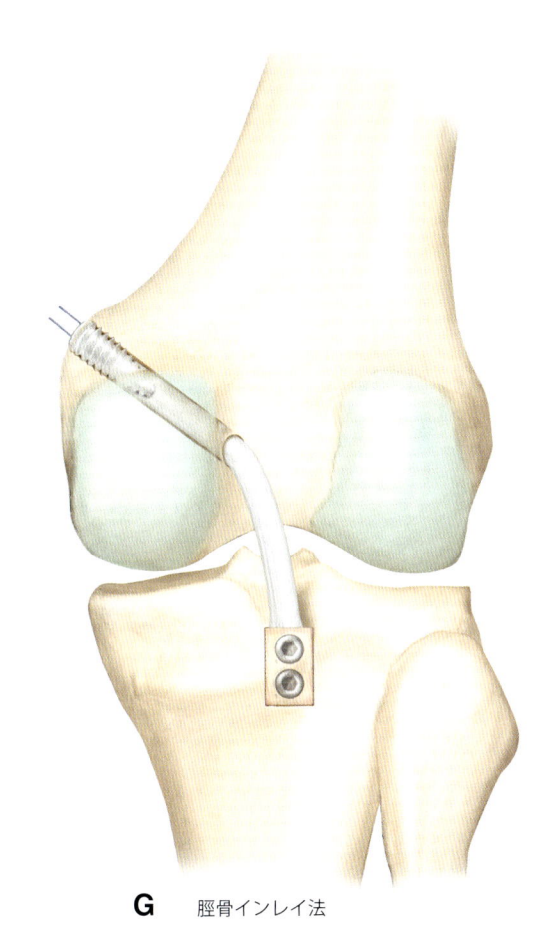

図81 **PCL再建術（続き）** G：他の方法として，脛骨インレイ法も用いられる。

外側側副靱帯(LCL)/後外側支持機構(PLC)再建術
Lateral Collateral Ligament (LCL) /Posterolateral Corner (PLC) Reconstruction

適応と目的： 外側側副靱帯(LCL)と後外側支持機構(PLC)の単独損傷はまれである。一般的に回旋力や膝関節脱臼により損傷する。診察は外旋の可動域の異常(dial test)や後外側引き出しテストにより行う。LCL および PLC の完全損傷は手術適応となる。

手術手技： PLC 損傷の一期的修復は解剖学的修復を行う。剥離骨折を伴う損傷はスーチャーアンカーやドリル孔を用いて骨片を元の位置に修復する。外旋を制限するため人工靱帯による補強が必要なこともある。慢性期の再建術はさまざまな手技があり，人工靱帯を用いて再建する。Larson Figure 8 法はグラフトを腓骨頸部に通し，前方から後方へ8の字になるように外側大腿骨上顆で固定する方法である。Müller popliteal bypass 法はグラフトを脛骨に前方から後方に向けて通し，前方に向け，外側大腿骨上顆部分に固定する方法である。これらの方法は組み合わせて行われる。ほかには，より解剖学的な再建を目指して大腿骨側を2か所で固定する方法などがある。

術後管理とリハビリテーション： 術後早期は，疼痛管理と膝関節水症を軽減し，緩やかな関節可動域訓練をはじめることに焦点をおく。膝装具は伸展位で固定し，およそ6週後まで部分荷重時に用いる。下肢伸展挙上訓練は術後早期から股関節伸展を避けて開始し，股関節伸展の開始は4か月後まで待つようにする。3か月後より，神経筋制御を回復させるため，荷重をかけた筋力訓練を開始する。直線のランニングはおよそ術後4～6か月後まで待つ必要があり，その時期は患者の目標や下肢筋力，固有知覚の回復，神経筋制御，可動域，患者の信頼度の程度によって変わる。

予後： 膝窩筋や膝窩腓骨靱帯，LCL の同種グラフトを介した PLC 再建術は，優れた，安定した再建術である。術後，単独 PLC 損傷患者は，複合靱帯損傷患者に比べて，大きな可動域の確保が可能であり，術後成績が不良となることが少ない。

競技復帰： PLC 損傷を含む複合靱帯損傷の患者は，本当の意味で以前の競技レベルにまで戻ることは不可能である。一般的なスポーツへの復帰は可能であるが，術後1年以上かかる。

文献

Arciero RA. Anatomic posterolateral corner knee reconstruction. *Arthroscopy*. 2005; 21(9): 1147.
Bicos J, Arciero RA. Novel approach for reconstruction of the posterolateral corner using a free tendon graft technique. *Sports Med Arthrosc*. 2006; 14(1): 28-36.
Cooper JM, McAndrews PT, LaPrade RF. Posterolateral corner injuries of the knee: Anatomy, diagnosis, and treatment. *Sports Med Arthrosc*. 2006: 14(4): 213-220.
Markolf KL, Graves BR, Sigward SM, Jackson SR, McAllister DR. How well do anatomical reconstructions of the posterolateral corner restore varus stability to the posterior cruciate ligament-reconstructed knee? *Am J Sports Med*. 2007; 35(7): 1117-1122.
Sanchez AR II, Sugalski MT, LaPrade RF. Anatomy and biomechanics of the lateral side of the knee. *Sports Med Arthrosc*. 2006; 14(1): 2-11.
Stannard JP, Brown SL, Robinson JT, et al. Reconstruction of the posterolateral corner of the knee. *Arthroscopy*. 2005; 21(9): 1051-1059.

図82 LCLとPLC再建術

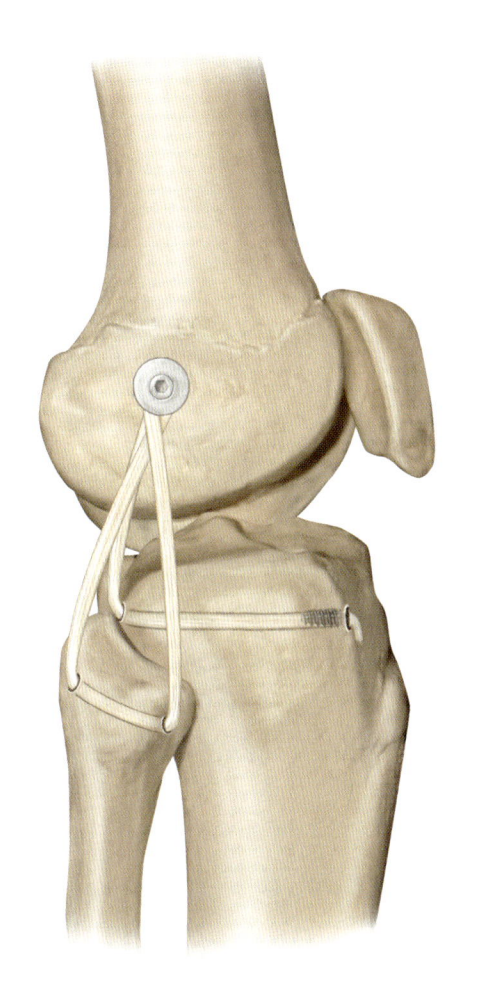

内側側副靱帯(MCL)/後内側支持機構(PMC)再建術
Medial Collateral Ligament (MCL) / Posteromedial Corner (PMC) Reconstruction

適応と目的： 内側側副靱帯(MCL)損傷は頻度が高いが，手術を必要とすることは少ない．この損傷は膝に外反力が加わった結果として生じる．膝の診察は屈曲30°と完全伸展位で行われる．屈曲位で外反不安定性がある場合は典型的な単独MCL損傷であり，6〜8週のヒンジ装具装着の保存療法で治癒する．完全伸展位での外反不安定性はより深刻なサインであり，MCLとACL/PCLの複合損傷である可能性が高い．MCL損傷の手術適応は通常，膝関節脱臼か慢性のMCL不安定性があるときのみとなる．

手術手技： 一期的修復とそれに付随する手術は，とくに急性期のときのみに行われる．スーチャーアンカーやステープル，スクリューとワッシャーが使われる．後斜走靱帯(MCL後方の関節包の肥厚)は，その構造にゆるみが生じている場合，前方に前進させ，重ね合わせて縫合する必要がある．修復術はBosworth変法を用いて，腱で補強する．この手技は，まず，半腱様筋腱の遠位端を付着させたまま採取する．次に，筋線維などを除去し，フリーとなっている近位端にかがり縫い(whip stitch)をおく．そして，腱は大腿骨内顆に挿入したスクリューとワッシャーに引っかけてループ状にし，遠位でスクリューまたはステープルで固定する．グラフト固定前に大腿骨のスクリューがアイソメトリックな位置に挿入されていることを確認することが重要である．アイソメトリックポイントは，スクリューの打つ位置を仮に設定し，その場所にグラフトを回し，膝関節の屈曲と伸展を行い，過剰なグラフトの動きが生じない場所のことである．

術後管理とリハビリテーション： 術後リハビリテーションの重要な点は，可動域訓練をするときに過剰な外反力をかけないようにすることである．術直後は長下肢装具(long leg brace)を装着し，30°屈曲位でロックし，歩行する．しかしながら，可動性改善のため，自動および他動可動域訓練は，術後1日目より慎重に，ブレースをはずして行ってよい．マイルドな指圧-マッサージ(cross-friction massage)は創部の感覚を回復し，アイシングや圧迫，挙上は術後の腫脹を軽減する．術後4〜6週以内に膝関節の伸展と90°屈曲の獲得を目指し，同時期に回復に応じて杖をはずしていく．大腿四頭筋とハムストリングの筋力を12〜16週で評価し，直線のランニングは関節可動域，筋力，固有知覚の機能的回復が一定レベルに達したとき開始される．膝関節への外反力が加わる運動は，内外側のコンパートメントへのストレスを増す動きであるため，リハビリテーションの最終段階で回復されるべき動きである．

予後： 外反不安定性がある程度残存していることはあるが，術後成績はおおむね良好である．局所の痛みが続いたりすることもあるが，最も注意を払うべき合併症は早期に可動性が獲得できないことによる関節拘縮である．

競技復帰： 競技への復帰は外傷の程度による．完全なMCL断裂においても手術を行わない場合もある．手術例では，とくに膝関節への外反力が加わる動きの多いスポーツ(バレーボール，アイスホッケー，バスケットボール，サッカーなど)に復帰する場合は，ほぼ完全に競技に復帰するまでに6か月以上必要である．複合靱帯損傷では，競技復帰はチャレンジであり，もとの競技レベルに復帰することは難しい．

文献

Azar FM. Evaluation and treatment of chronic medial collateral ligament injuries of the knee. *Sports Med Arthros*. 2006; 14(2): 84-90.

Edson CJ. Conservative and postoperative rehabilitation of isolated and combined injuries of the medial collateral ligament. *Sports Med Arthrosc*. 2006; 14(2): 105-110.

Indelicato PA. Nonoperative management of complete tears of the medial collateral ligament. *Orthop Rev*. 1989; 18(9): 947-952.

Pressman A, Johnson DH. A review of ski injuries resulting in combined injury to the anterior cruciate ligament and medial collateral ligaments. *Arthroscopy*. 2003; 19(2): 194-202.

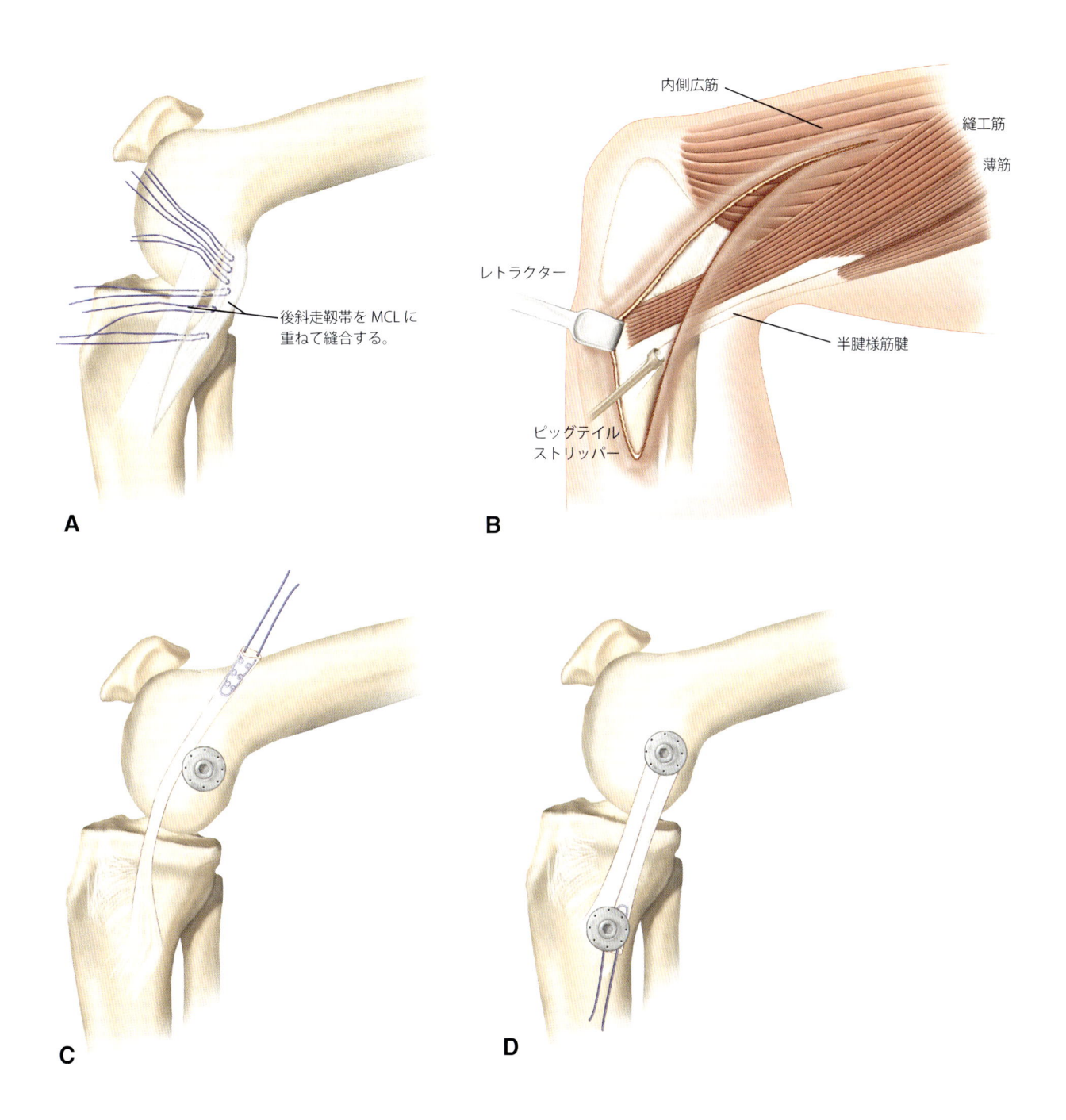

図83　A：後内側支持機構（PMC）の修復。B：膝内側アプローチ。縫工筋を分けるかフラップ上にして展開し，半腱様筋を採取する。C, D：Bosworth変法を用いたMCL再建術

剥離骨折
Avulsion Fracture

適応と目的： 膝関節にはさまざまな剥離骨折がある。その多くは急性期に固定されるが，固定を必要としない例や，ほかにとくに粉砕骨折など，再建を必要とする例もある。目標は，可能なかぎりの解剖学的整復である。次に一般的な膝関節剥離骨折を示す。

骨 折	名 前	治 療
顆間隆起骨折（ACL 付着部）	―	転位があれば一次修復（小児は成長軟骨板に注意）
脛骨側 PCL 付着部剥離骨折	―	一次修復（後方から前方へスクリュー固定）
大腿骨側 PCL 付着部剥離骨折（peel-off lesion）	―	一次修復：大腿骨内顆に開けた穴を通しての縫合
大腿骨側 MCL 付着部剥離骨折（Pellegrini-Stieda disease）	―	通常は手術を必要としない
腓骨側 LCL 付着部剥離骨折	Arcuate サイン	スクリュー/縫合による一次修復
脛骨外側関節包付着部剥離骨折	Segond 骨折	ACL 断裂とともに再建

手術手技： 手術手技は剥離骨折の型によって変わる。通常，解剖学的整復が望まれる。縫合・スクリュー固定・ステープル固定・スーチャーアンカー固定ほか，さまざまな固定具が剥離した腱や靱帯の固定に用いられる。

術後管理とリハビリテーション： 術後リハビリテーションは，剥離骨折の場所や骨折型，固定に何を用いたかによりさまざまである。初期には最適な安定性を維持することに焦点を置き，同時に，許容範囲内で関節を動かし，腫脹や痛みの軽減をはかり，固定性を損なわない範囲内で周囲筋の筋力訓練を促す。

予 後： 予後は剥離骨折の場所や骨折型，行われた手術手技により異なる。

競技復帰： 競技への復帰は，骨折部の安定性，固定方法，局所の回復度などにより異なる。剥離骨折とその修復に関してはさまざまな方法があり，競技復帰への確立されたガイドラインを作ることはできない。

文 献

Ahn JH, Lee YS, Lee DH, Ha HC. Arthroscopic physeal sparing all inside repair of the tibial avulsion fracture in the anterior cruciate ligament: Technical note. *Arch Orthop Trauma Surg*. 2007; 128(11): 1309-1312.

Edwards MR, Terry J, Gibbs J, Bridle S. Proximal anterior cruciate ligament avulsion fracture in a skeletally immature athlete: A case report and method of physeal sparing repair. *Knee Surg Sports Traumatol Arthrosc*. 2007; 15(2): 150-152. Epub 2006 Aug 26.

Ozkan I, Nakata K, Nakagawa S, Toritsuka Y, Natsu-ume T, Shino K. Avulsion fracture of the anteromedial bundle of the anterior cruciate ligament. *Arthroscopy*. 1997; 13(6): 767-769.

Sasaki SU, da Mota e Albuquerque RF, Amatuzzi MM, Pereira CA. Open screw fixation versus arthroscopic suture fixation of tibial posterior cruciate ligament avulsion injuries: A mechanical comparison. *Arthroscopy*. 2007; 23(11): 1226-1230.

Tohyama H, Kutsumi K, Yasuda K. Avulsion fracture at the femoral attachment of the anterior cruciate ligament after intercondylar eminence fracture of the tibia. *Am J Sports Med*. 2002; 30(2): 279-282.

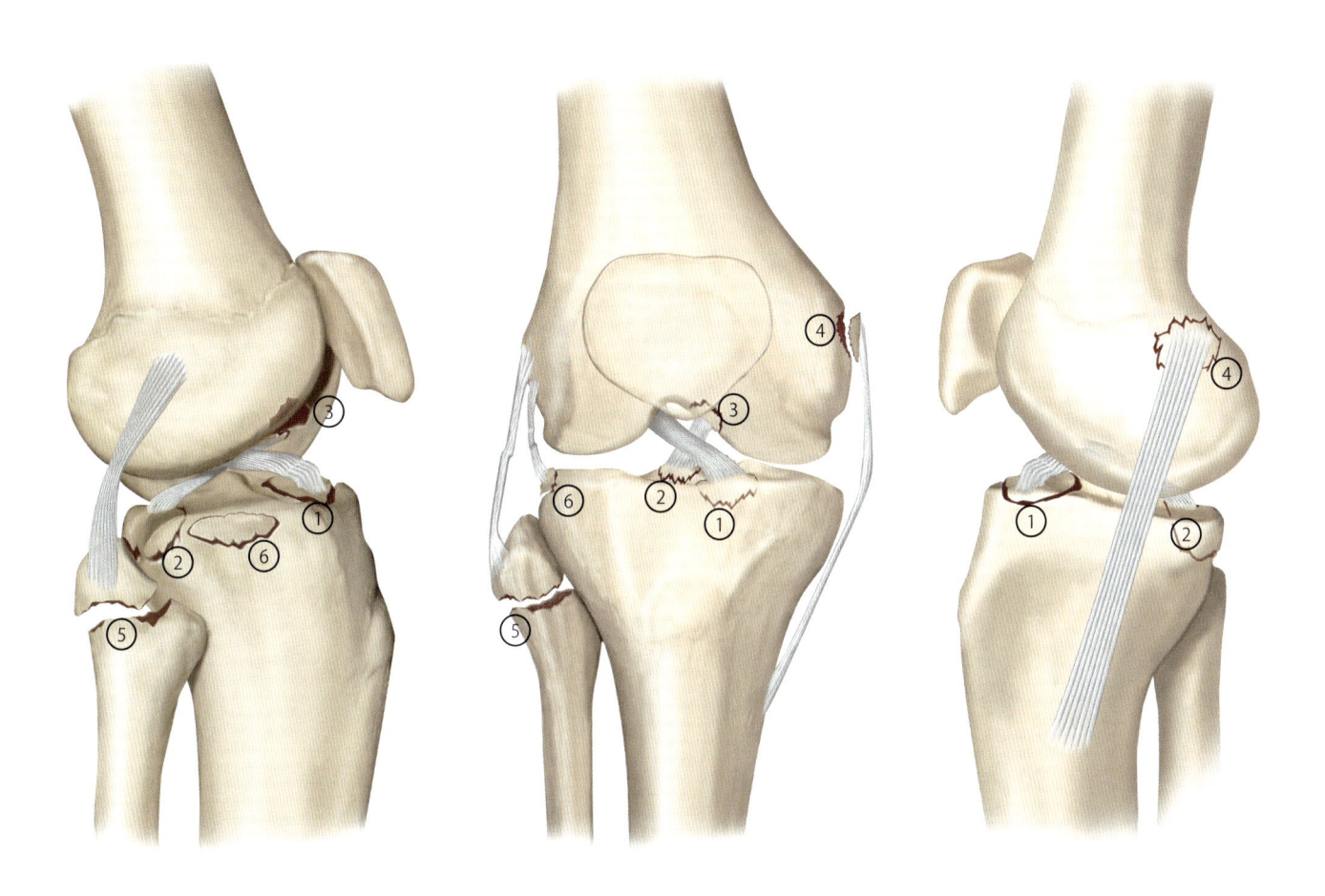

図84 **剝離骨折** (1)顆間隆起骨折(ACL付着部)，(2)脛骨側PCL付着部剝離骨折，(3)大腿骨側PCL付着部剝離骨折(peel-off lesion)，(4)大腿骨側MCL付着部剝離骨折(Pellegrini-Stieda disease)，(5)腓骨側LCL付着部剝離骨折(急性期像)，(6)脛骨外側関節包付着部剝離骨折(Segond骨折)

癒着剥離/麻酔下授動術
Lysis of Adhesions/Manipulation Under Anesthesia

適応と目的： 癒着剥離と麻酔下授動術は，通常膝関節内の術後に生じる関節拘縮に適応がある。幸いにも，手術前に可動域を得る必要性や術後早期に理学療法を開始する必要性が強調されたことにより，関節拘縮の件数は明らかに減っている。一般的に，この手術手技は理学療法や非手術的方法による関節可動域改善が達成されなかった症例に適応となる。

手術手技： 鏡視下手術は標準的なポータルを用いて行われる。硬く癒着した組織から，顆間窩の前の領域へ関節鏡と電動シェーバーを挿入し「窓」を作るようにしてはじめなければならないこともある。次に，この窓を電動シェーバーやパンチなどを用いて拡大する。膝関節前方の瘢痕組織の厚いベールを完全に切離することが必要である。脛骨前面から膝蓋腱の下の瘢痕組織を剥がすために，Cobbエレベーターが使われる。また，膝蓋上囊は空間を作るように剥離する。癒着剥離に続き，残存癒着を取るようにゆっくりと圧力をかけ，膝関節を徒手的に動かす。術前と術後で可動域の写真を撮っておくことは有用である。この写真は，患者に手術直後の可動域を維持するためのモチベーションとなる。

術後管理とリハビリテーション： 膝関節の癒着剥離後のリハビリテーションは，直ちに行う。とくに伸展を重視し，随意的および不髄的動きを含め，他動的可動域訓練を積極的に行う。リハビリテーションをより有効にするために，痛みに対する管理は必須である。毎日または日に2回のリハビリテーションにより，柔軟な可動域の増加，獲得が重要である。関節腫脹の制御や筋力の回復は可動域回復の次のゴールとして実施される。持続的他動運動機器（CPM）は文献上，その利益とコストの関係で議論が行われているが，ある程度の補助的効果はある。

予後： デブリドマンの成功と術後早期のコンプライアンスと疼痛管理ができれば，癒着剥離は膝関節の機能的な関節可動域を増加させることができる。術前の外傷の大きさ，関節可動域制限の程度（とくに伸展制限），創部周囲の痛みと術後の関節拘縮の発生は相関していると報告されている。

競技復帰： 関節拘縮は外傷や術後の二次的合併症として発症する。癒着剥離による関節運動の回復は，個人により異なり，機能的回復まで数週間～数か月かかる。また，競技復帰は，それぞれの競技種目やレベルによっても異なる。

文 献

Cosgarea AJ, DeHaven KE, Lovelock JE. The surgical treatment of arthrofibrosis of the knee. *Am J Sports Med*. 1994; 22(2): 184-191.
DeHaven KE, Cosgarea AJ, Sebastianelli WJ. Arthrofibrosis of the knee following ligament surgery. *Instr Course Lect*. 2003; 52: 369-381.
Magit D, Wolff A, Sutton K, Medvecky MJ. Arthrofibrosis of the knee. *J Am Acad Orthop Surg*. 2007; 15(11): 682-694.
Vaquero J, Vidal C, Medina E, Baena J. Arthroscopic lysis in knee arthrofibrosis. *Arthroscopy*. 1993; 9(6): 691-694.
Wang JH, Zhao JZ, He YH. A new treatment strategy for severe arthrofibrosis of the knee. Surgical technique. *J Bone Joint Surg Am*. 2007; 89 (suppl 2 pt. 1): 93-102.

201

癒着

シェーバー

30°関節鏡

A

パンチ

膝蓋下および内外側谷部分の癒着剝離

B

膝蓋上囊の剝離

C

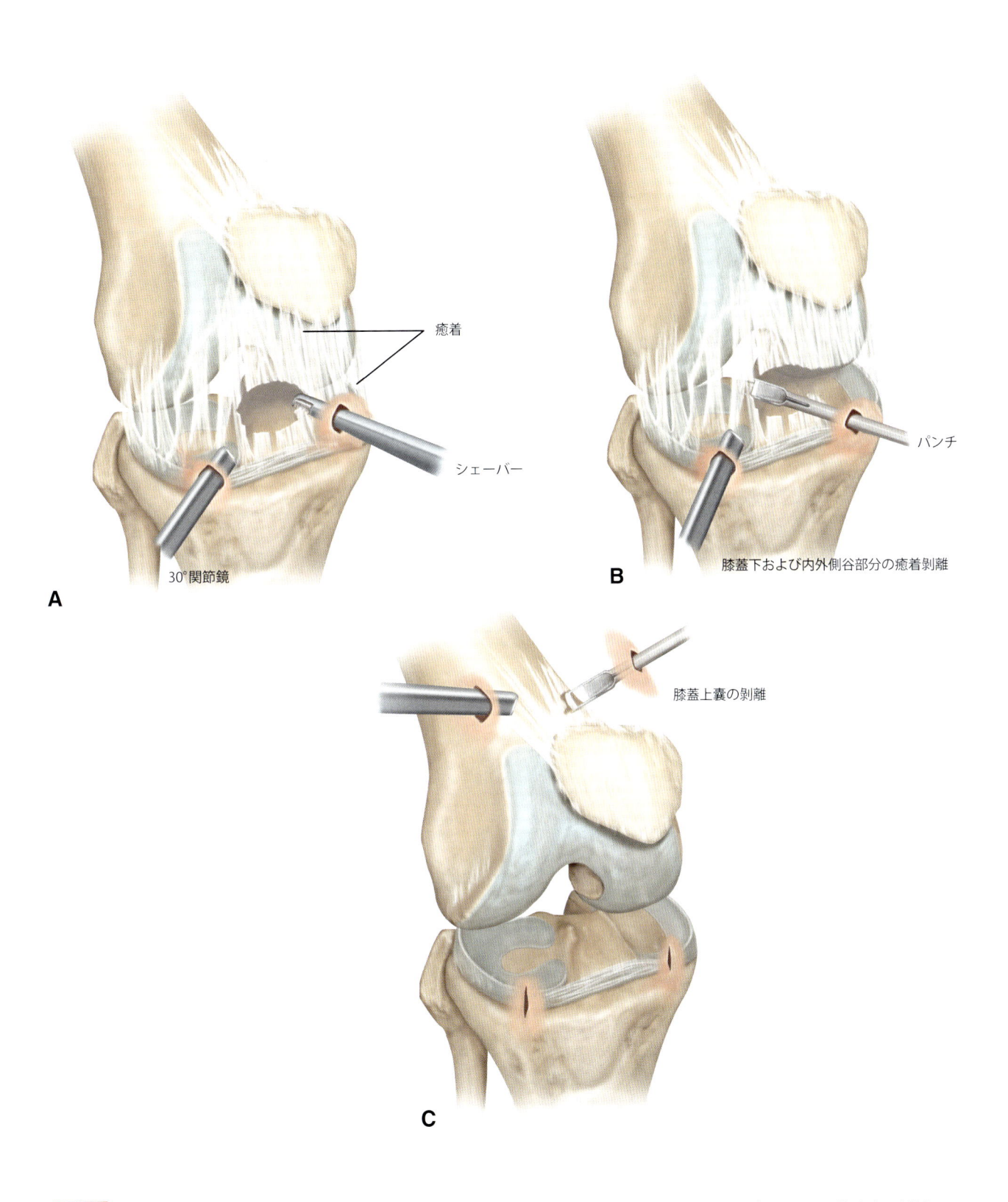

図85 関節鏡とシェーバーによる鏡視下癒着剝離術(A)と，パンチによる癒着剝離術(B)。膝蓋上ポータルは関節上囊の剝離に用いる(C)。

6 膝関節，下腿

骨切り術
Osteotomy

適応と目的： 骨切り術は，半月板や関節軟骨への手術とともに，関節機能軸または関節の荷重部位の変更を行いたいときに行われる。正常な関節機能軸はちょうど膝関節の中心を通る。目標は，障害部位をできるだけ非荷重にするように機能軸が62%，つまり膝の対側のコンパートメントを通るようにアライメントを動かし，関節の荷重負荷を変更することである。

手術手技： ほとんどの骨切り術は内反膝に行われ，機能軸を外側コンパートメントに移すことを目標としている。この手術は，脛骨の閉鎖式または開大式楔状骨切り術によって行われる。閉鎖式楔状骨切り術では，楔状に骨を切り取り，関節の機能軸，骨切りの角度を保持するために脛骨外側からプレートとスクリューで固定する。開大式楔状骨切り術では，脛骨に骨切りを行い，開大させ，そこに楔状の骨を挿入し，骨癒合まで支えるようにする。専用のプレートと器具が，どちらの方法にも利用されている。開大式楔状骨切り術では，適切な開大量を制御できるように，中心に金属のブロックがついたプレートが開発されている。時には反対に，機能軸を内側にシフトさせる必要性が生じることもある。これは一般的に大腿骨側の骨切りで行われる。閉鎖式楔状骨切り術を内側に行い，プレートで固定する。開大式楔状骨切り術では，外側に行い，中央部に金属ブロックのある開大式のプレートを用いる。

術後管理とリハビリテーション： 術後リハビリテーションは，数日の間，専門家の指導の下，病院内で行われることが多い[訳者注1)]。適切な他動的関節可動域を得るために持続的他動運動機器(CPM)を用いる。リハビリテーションの目標は，疼痛と関節腫脹の軽減とともに等尺性大腿四頭筋筋力の回復である。退院後は，部分荷重時の関節の安定性を確保するため，膝装具を装着し，松葉杖か歩行用補助具を術後6週以上使用する。初期に注意する点は，適切な骨癒合をなるべく早く得ることであるが，6か月程度必要なことがある。術後早期には関節に加わる荷重を避ける必要がある。非荷重筋力訓練は効果的で，大腿四頭筋とハムストリングに重点をおき，通常術後4〜6週で開始する。

訳者注1)　日本ではほとんどの場合，入院しながらリハビリテーションを行う。

予後： 高位脛骨骨切り術は膝の機能を改善し，膝関節周囲の痛みを軽減する。術後およそ9年程度良好な手術成績が保たれる[訳者注2)]。

訳者注2)　日本ではさらに長期にわたる良好な手術成績が報告されている。

競技復帰： 骨切り術を受けた患者は，ある程度の制限を受けることが多く，アスリートにとって最終選択肢の1つとなる。この手術はしばしば進行した変形や関節症に適応され，痛みや不安感なく日常生活活動に復帰することが現実的なゴールである。

文献

Brouwer RW, Raaij van TM, Bierma-Zeinstra SM, Verhagen AP, Jakma TS, Verhaar JA. Osteotomy for treating knee osteoarthritis. *Cochrane Database Syst Rev*. 2007; 18(3): CD004019. Review.

Giffin JR, Shannon FJ. The role of the high tibial osteotomy in the unstable knee. *Sports Med Arthrosc*. 2007; 15(1): 23-31. Review.

Jackson DW, Warkentine B. Technical aspects of computer-assisted opening wedge high tibial osteotomy. *J Knee Surg*. 2007; 20(2): 134-141. Review.

Preston CF, Fulkerson EW, Meislin R, Di Cesare PE. Osteotomy about the knee: Applications, techniques, and results. *J Knee Surg*. 2005; 18(4): 258-272. Review.

Puddu G, Cipolla M, Cerullo G, Franco V, Giannì E. Osteotomies: The surgical treatment of the valgus knee. *Sports Med Arthrosc*. 2007; 15(1): 15-22. Review.

Wright JM, Crockett HC, Slawski DP, Madsen MW, Windsor RE. High tibial osteotomy. *J Am Acad Orthop Surg*. 2005; 13(4): 279-289. Review.

203

ガイドピンを
近位脛骨に挿入

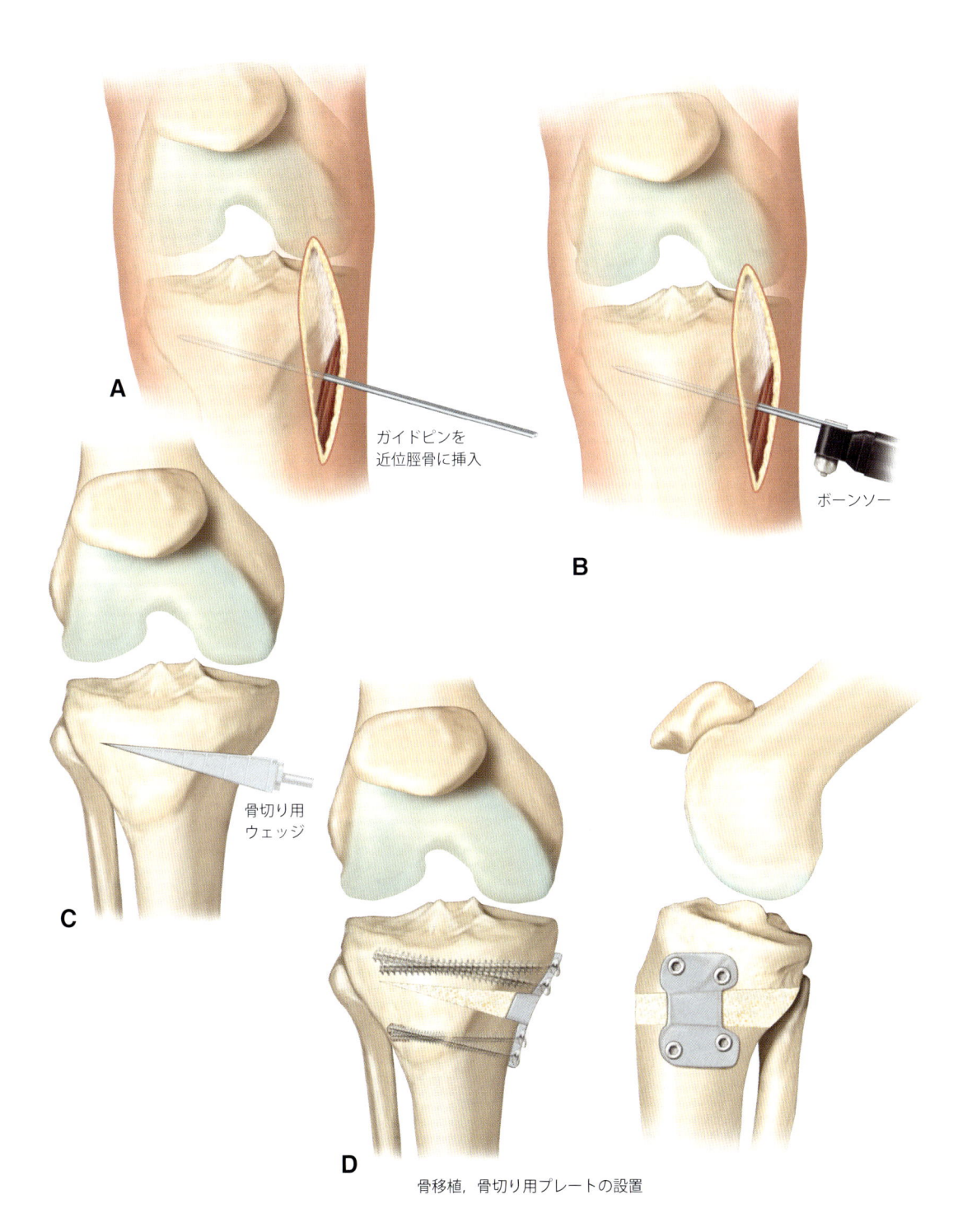

ボーンソー

骨切り用
ウェッジ

骨移植，骨切り用プレートの設置

図86　開大式楔状高位脛骨骨切り術　ガイドピンを挿入し(A)，続いて，近位脛骨を骨切りする(B)。ウェッジを挿入して，計画した整復位を得る(C)。次に，特殊なプレートを用いて新しい角度を維持する(D)。

人工膝関節形成術（置換術）
Knee Arthroplasty (Knee Replacement)

適応と目的： 人工膝関節置換術はいわゆる膝関節をすべて取り換えるというよりむしろ実際は，接触する関節面の表面を付け替えるものである。この手術は，保存療法で回復しない関節症に適応がある。人工関節単顆置換術は1つのコンパートメントを置換するものであり，通常内側のコンパートメントに行われる。人工関節全置換術はすべてのコンパートメント（内側，外側，膝蓋大腿関節）を置換する[訳者注1]。この手技は，障害されている関節表面を金属やチタン，超高分子プラスチックでカバーし，関節面の表面を付け替える方法である。

訳者注1）膝蓋骨の置換は行わないことも多い。

手術手技： 一連の骨切りのためのサイズごとの器具を用いて，すべての膝関節表面に適切な骨切りを行う。トライアルのインプラントを設置し，適切なサイズが選択されているかを確認する。軟部組織の「バランス」がこの手技の重要なところである。最終的にインプラントはポリメチルメタクリレートでできた骨セメントで固定されることが多い。

術後管理とリハビリテーション： 術直後は，創の治癒と関節癒着を防ぐことに重点をおく。術後の状態により，患者によっては数日入院が必要なこともあるが，当日に退院する患者もいる[訳者注2]。松葉杖や杖，または歩行器，場合（両側同時に手術を受けた場合）によっては車椅子が，個々の患者の機能的歩行状態や痛みの程度により，6週程度必要である。初めの数週間のリハビリテーションでは，膝関節可動域訓練と大腿四頭筋筋力訓練が重視される。荷重訓練は，監視下で術直後より開始し，創部の治癒後は，水中での訓練も行われる。患者は通常，人工関節全置換術後3〜6週間以内に，通常の生活に戻ることができる。回復期に膝関節に過剰な負荷を加えないことが重要である。

訳者注2）日本ではほとんどの場合，入院しながらリハビリテーションを行う。

予後： 人工関節置換術を受けた患者は，身体機能が改善する。歩行では跛行がなくなり，大腿四頭筋も強くなる。ほとんどの患者は発病前の健全な生活や活動に戻ることができる。ランニングのような強い衝撃のかかるスポーツは避けるべきであるが，ウォーキングやサイクリング，スイミングなどのスポーツは推奨される。

競技復帰： 人工関節置換術は競技スポーツへの復帰を目的としては行われない。しかしながら，通常，術後6か月以上で制限はあるがレクリエーションレベルのスポーツに復帰できることもある。

文献

Dorr LD, Chao L. The emotional state of the patient after total hip and knee arthroplasty. *Clin Orthop Relat Res*. 2007; 463: 7-12. Review.

Griffin T, Rowden N, Morgan D, Atkinson R, Woodruff P, Maddern G. Unicompartmental knee arthroplasty for the treatment of unicompartmental osteoarthritis: A systematic study. *ANZ J Surg*. 2007; 77(4): 214-221. Review.

Kane RL, Wilt T, Suarez-Almazor ME, Fu SS. Disparities in total knee replacements: A review. *Arthritis Rheum*. 2007; 57(4): 562-567. Review.

McClelland JA, Webster KE, Feller JA. Gait analysis of patients following total knee replacement: A systematic review. *Knee*. 2007; 14(4): 253-263. Epub 2007 May 24. Review.

Minns Lowe CJ, Barker KL, Dewey M, Sackley CM. Effectiveness of physiotherapy exercise after knee arthroplasty for osteoarthritis: Systematic review and meta-analysis of randomised controlled trials. *BMJ*. 2007; 335(7624): 812. Epub 2007 Sep 20. Review.

Widuchowski W, Widuchowski J, Reszka P. Postoperative treatment and rehabilitation after total knee arthroplasty. *Ortop Traumatol Rehabil*. 2002; 4(6): 766-772.

Yoshida Y, Mizner RL, Ramsey DK, Snyder-Mackler L. Examining outcomes from total knee arthroplasty and the relationship between quadriceps strength and knee function over time. *Clin Biomech (Bristol, Avon)*. 2008; 23(3): 320-328.

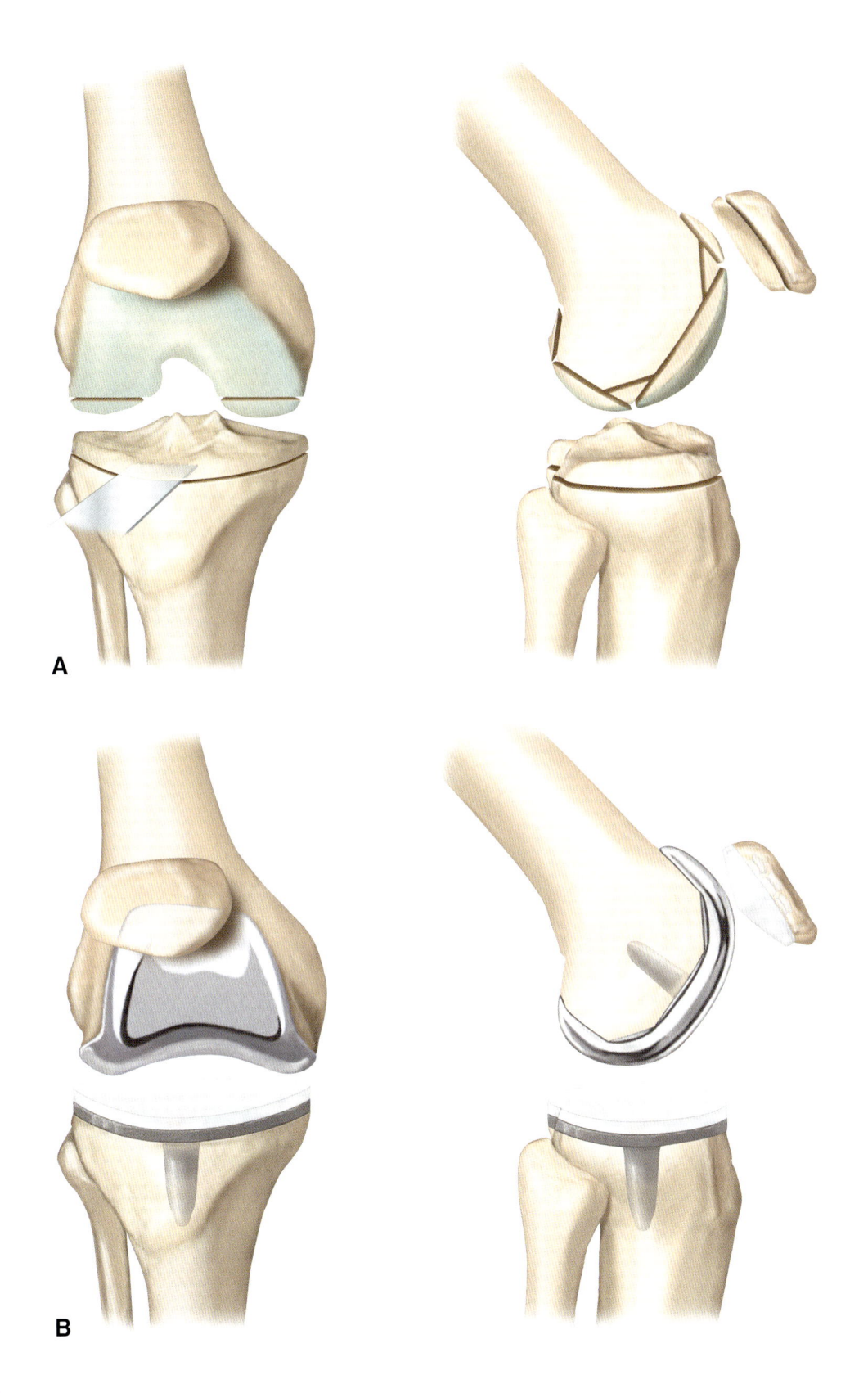

図87　A：人工膝関節置換術で通常に行われる骨切り，B：後十字靱帯温存型(cruciate retaining design: CR型)人工膝関節置換術

膝蓋骨近位リアライメント術（脱臼制動術）
Proximal Patellar Realignment

適応と目的： この手術は，大腿四頭筋と膝蓋腱のなす角（Q角）に異常がなく，保存療法（大腿四頭筋，特に内側広筋斜頭の筋力訓練）で治療効果が得られない膝蓋骨脱臼の患者に適応される。

手術手技： 通常2つの手術方法に分けられる：一期的修復術とグラフトによる再建術である。双方ともに膝蓋骨の外側への偏位をおもに制御している内側膝蓋大腿靱帯（medial patellofemoral ligament: MPFL）を修復または再建する方法である。修復は，通常，内側上顆のすぐ前方で，大腿内転筋結節のすぐ下にある，MPFLの大腿骨付着部付近で縫合や固定が行われる。スーチャーアンカーを用いることが多く，修復はおよそ膝関節40°屈曲位のテンションで行われる。再建術は遊離グラフト（自家半腱様筋腱または同種前脛骨筋腱）を用いて行われる。遊離グラフトを用いる場合，グラフトは膝蓋骨の上半分に開けられたドリル孔を通し，MPFLの大腿骨付着部で固定する。最終的な固定の前に，膝関節屈伸時にグラフトの両端を保持し，アイソメトリックポイントとなっているかを確認する。

術後管理とリハビリテーション： 術後早期は再整復位となった組織の修復に注意することである。術後は，膝関節の屈曲を0°〜30°までに制限するために，最初の3週間は膝固定装具で固定し，非荷重位で松葉杖を使う。監督下で他動的膝蓋骨モビリゼーションと緩やかな他動的膝関節可動域訓練を装具の可動域範囲内で行い，膝周囲筋の伸展位でのアイソメトリックな運動を許可する。続く2週ごとに，装具のロックをはずし，30°ずつ屈曲可動域を増加させ，25％ずつ部分荷重を行っていく。およそ術後6〜8週で，装具をはずし，また杖なしの全荷重歩行が可能となる。筋力訓練は膝関節の神経筋制御が回復するまで6か月以上継続すべきであり，全荷重時の固有知覚の回復も重視すべきである。

予後： 近位リアライメント術は有意に膝蓋大腿関節適合角（congruence angle）と外側膝蓋大腿角（lateral patellofemoral angle）を改善する。術後膝蓋骨再脱臼を生じた報告は少ない。鏡視下膝蓋骨リアライメント術は，開創手術より，合併症も少なく，リハビリテーション期間も早いとされる。しかしながら，MPFL縫合または遊離グラフトによる再建術は鏡視下手術より確実であり安全性も高く，より普及している手術方法である。

競技復帰： 近位リアライメント術は，患者に高い術後のコンプライアンスが要求される手術である。最良の術後経過の場合でも，競技復帰までの期間は術後6か月かそれ以上である。軽度の膝蓋骨脱臼不安感が残存することは珍しくなく，術後6か月以降も大腿四頭筋筋力訓練の継続を要する。

文 献

Ali S, Bhatti A. Arthroscopic proximal realignment of the patella for recurrent instability: Report of a new surgical technique with 1 to 7 years of follow-up. *Arthroscopy*. 2007; 23(3): 305-311.

Halbrecht JL. Arthroscopic patella realignment: An all-inside technique. *Arthroscopy*. 2001; 17(9): 940-945.

Shen HC, Chao KH, Huang GS, Pan RY, Lee CH. Combined proximal and distal realignment procedures to treat the habitual dislocation of the patella in adults. *Am J Sports Med*. 2007; 35(12): 2101-2108. Epub 2007 Aug 27.

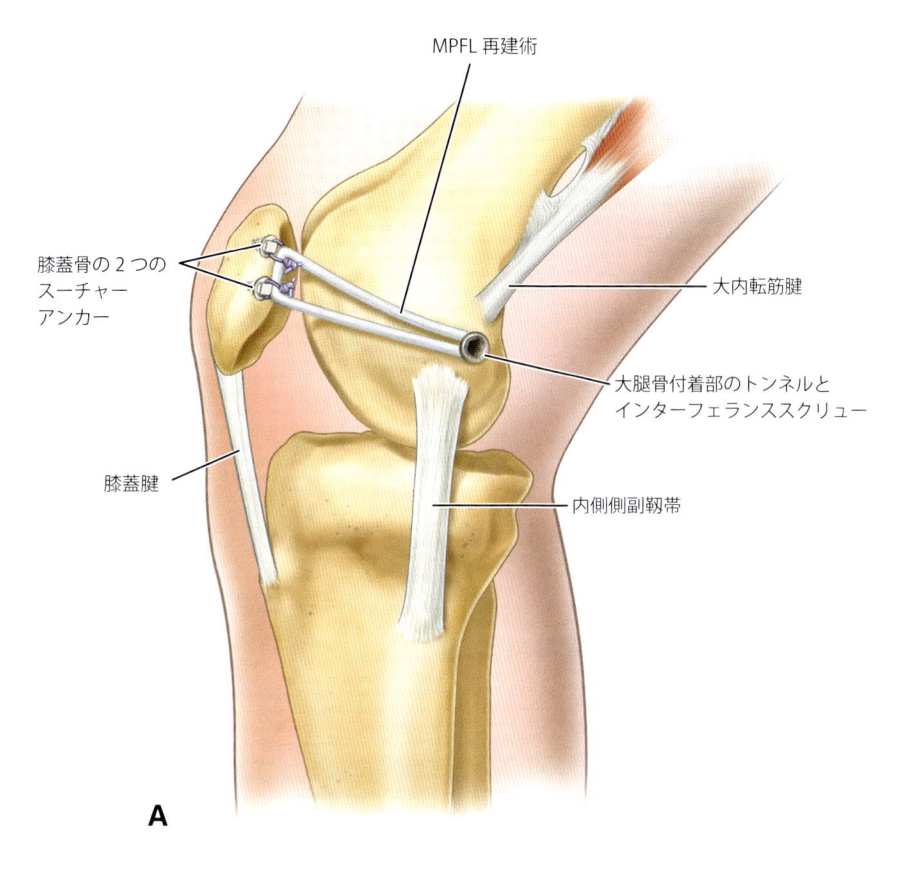

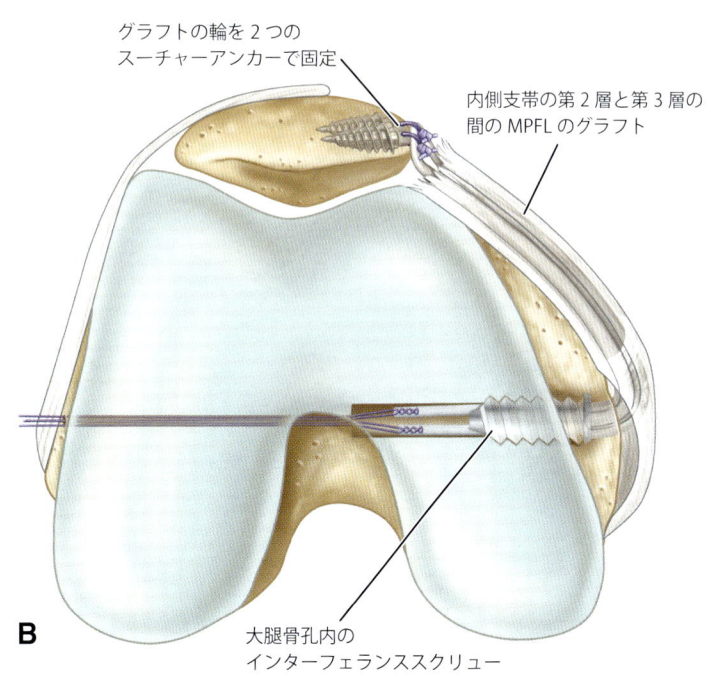

図88 A：MPFL再建による近位膝蓋骨リアライメント法。B：インターフェランススクリューとスーチャーアンカーをグラフトの固定に用いる。

膝蓋骨遠位リアライメント術（脱臼制動術）
Distal Patellar Realignment

適応と目的： この手術は反復性膝蓋骨脱臼と大腿四頭筋-膝蓋腱アライメント異常（Q角の高値）の患者に適応される。しかし，膝蓋骨上内側の接触圧が上がるため，この領域の骨軟骨症があるときはこの手術は禁忌と考える術者もいる。近位または遠位リアライメント術のどちらか（または両方）の選択に関してはいまだ議論の余地があり，多くは術者の選択にゆだねられる。

手術手技： さまざまな方法が報告されているが，最も普及している手術はFulkersonによる，脛骨粗面を前内側に移動する方法である。脛骨の膝蓋腱付着部に斜めの骨切りを行い，脛骨粗面を前，内側にシフトさせる。そしてその骨を新しい位置に前後方向へスクリューで固定する。

術後管理とリハビリテーション： 膝蓋骨遠位リアライメント術のリハビリテーションは，膝蓋骨近位リアライメント術のリハビリテーションと類似しており，おもな違いは装具内での可動域訓練が比較的早く開始されることである。術後早期は再整復位となった組織の修復に注意する。術後は，膝関節の屈曲を0°〜30°に制限し，最初の3週間は膝固定装具を用い，非荷重位で松葉杖を使用する。監督下で他動的膝蓋骨モビリゼーションと緩やかな他動的膝関節可動域訓練を装具内で行い，膝関節周囲筋の伸展位でのアイソメトリック運動を許可する。およそ術後4週で，単純X線撮影で骨癒合の状態を確認後，装具のロックをはずして0°〜90°の可動域を許可し，25％ずつ部分荷重を行っていく。およそ術後6〜8週で，装具をはずし，また杖なしの全荷重歩行が可能となる。筋力訓練は膝関節の神経筋制御が回復するまで6か月以上継続すべきである。

予後： 術後成績は満足のいく結果が報告されている。臨床成績と年齢，性，体重，身長，術前疼痛，Lysholmスコア間に相関はないという報告が多い。しかしながら，臨床的予後は，関節損傷の程度，必要であった膝蓋骨リアライメントの量に相関する。

競技復帰： 競技への復帰は，通常完全な骨癒合と可動域，筋制御が回復した，術後4〜6か月後である。軽度の膝蓋骨脱臼不安感が残存することは珍しくなく，術後6か月以降も大腿四頭筋筋力訓練の継続を要する。

文献

Gibson WK, Dugdale TW. A trigonometric analysis of distal patellofemoral realignment. *Orthop*.1995; 18(5): 457-460.

Mangine RE, Eifert-Mangine M, Burch D, Becker BL, Farag L. Postoperative management of the patellofemoral patient. *J Orthop Sports Phys Ther*. 1998; 28(5): 323-335.

Post WR, Fulkerson JP. Distal realignment of the patellofemoral joint. Indications, effects, results, and recommendations. *Orthop Clin North Am*. 1992; 23(4): 631-643. Review.

Wang CJ, Chan YS, Chen HH, Wu ST. Factors affecting the outcome of distal realignment for patellofemoral disorders of the knee. *Knee*. 2005; 12(3): 195-200. Epub 2004 Oct 19.

209

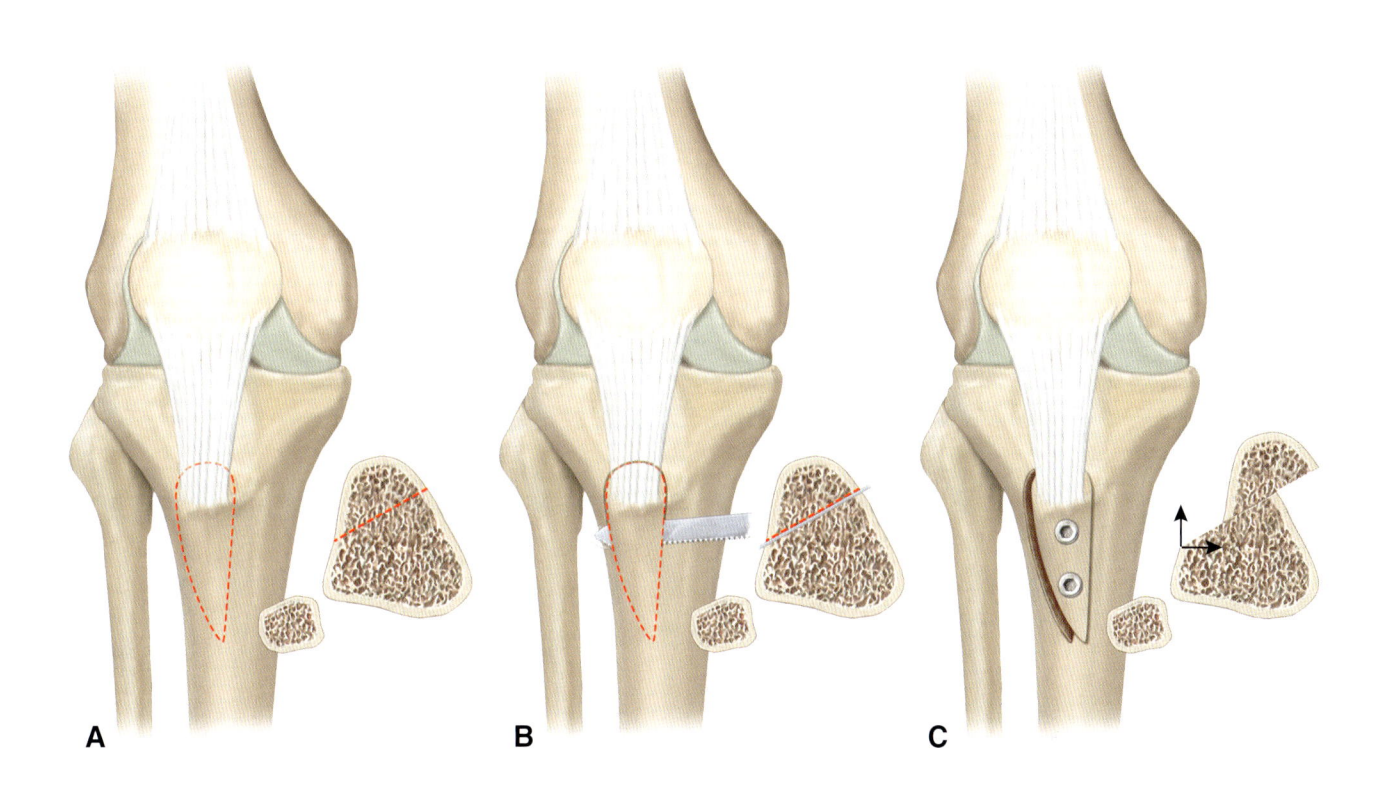

6 膝関節，下腿

図89 **膝蓋骨遠位リアライメント術**　A〜C：脛骨粗面を斜めに骨切りし，前内側にシフトさせる。

大腿四頭筋と膝蓋腱のデブリドマン/修復術
Quadriceps and Patellar Tendon Debridement/Repair

適応と目的： 膝蓋腱デブリドマンとあまり一般的ではないが大腿四頭筋腱デブリドマンは，保存療法で改善が得られない難治性腱炎の患者に適応される．腱断裂は先行する腱炎がなくても発症する．膝蓋腱断裂は一般的に 40 歳以下に生じ，大腿四頭筋腱断裂は 40 歳以上に生じる．修復術は，手術を回避するほかの理由（健康状態や歩行状態など）がないかぎり，すべての断裂に適応となる．

手術手技： 腱のデブリドマンは腱を楕円状に一部切除する手術である．腱炎の部位は通常膝蓋骨に接した部分である．最近，関節鏡のシェーバーを用いて膝蓋骨下極のデブリドマンを行う方法が報告されている．膝蓋腱および大腿四頭筋腱断裂は強くロックのできる縫合（Bunnell 縫合か Krackow 縫合）を断端に行い，膝蓋骨に開けたドリル孔へ通して，膝蓋骨反対側で締結する方法である．

術後管理とリハビリテーション： 手術手技によってリハビリテーションは異なる．組織のデブリドマンでは，必要に応じて長下肢装具（long leg brace）を用い，術者が決定した荷重による穏やかで愛護的なケアが行われる．デブリドマンした組織にストレスを与えないように機能的可動域や神経筋制御回復に努める．修復術では，術後リハビリテーションは，デブリドマンのときと比べ，注意深く行う必要がある．どのような修復を行ったかによるが，術後早期に長下肢装具を装着し，術後 4 週は非荷重としてリハビリテーションを行う．装具内での運動を制限し，他動的可動域訓練は監視下のリハビリテーションで行う．組織修復が適切に進み，組織の張力が改善した後，自動訓練を中心として，他動および自動可動域訓練を増加し，積極的荷重を進め，装具をはずしていく．

予　後： 予後は手術手技やデブリドマン，修復術の程度により異なる．ほとんどの患者は，行われた手術にかかわらず，術後 6 か月程度で術前の活動レベルにまで回復する．膝関節伸展制限が残存することも珍しくないため，リハビリテーションの早期には，組織に過剰なストレスが加わらないように注意することが大切である．

競技復帰： 一般的に，競技への復帰は術後 4〜6 か月以上かかる．この疾患は難治性であり，手術を行っても術前と同様のレベルまで復帰できないアスリートもいる．

文　献

Greis PE, Holmstrom MC, Lahav A. Surgical treatment options for patella tendon rupture, Part I: Acute. *Orthop*. 2005; 28(7): 672-679; quiz 680-1. Review.
Greis PE, Lahav A, Holmstrom MC. Surgical treatment options for patella tendon rupture, Part II: Chronic. *Orthop*. 2005; 28(8): 765-769; quiz 770-1. Review.
Hardy JR, Chimutengwende-Gordon M, Bakar I. Rupture of the quadriceps tendon: An association with a patellar spur. *J Bone Joint Surg Br*. 2005; 87(10): 1361-1363. Erratum in: *J Bone Joint Surg Br*. 2006; 88(6): 837.
Kaeding CC, Pedroza AD, Powers BC. Surgical treatment of chronic patellar tendinosis: A systematic review. *Clin Orthop Relat Res*. 2007; 455: 102-106. Review.
Moonot P, Fazal MA. Traumatic patella tendon rupture: Early mobilisation following surgical repair. *Inj*. 2005; 36(11): 1385. Epub 2005 Sep 26.

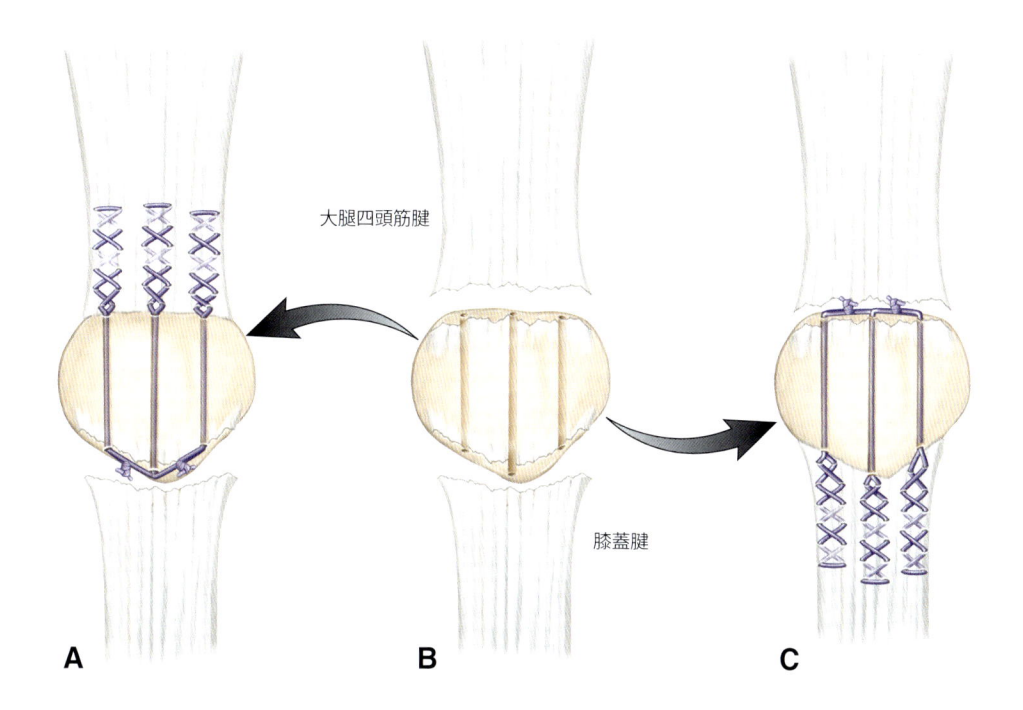

図90 膝蓋骨に縫合糸を通すための縦のドリル孔(B)をあけ,大腿四頭筋腱(A)と膝蓋腱(C)を修復

神経除圧術
Nerve Decompression

適応と目的： 下肢の神経はさまざまな場所で圧迫される。代表的なものを下記に示す。

神　経	絞扼部位
伏在神経	内転筋管
総腓骨神経	腓骨頭
浅腓骨神経	外果の遠位端より近位 10～12cm の部位の筋膜
後脛骨神経	内果後方の足根管
内側足底神経	内果遠位（ジョガーズフット）
外側足底神経（ADQ）	母趾外転筋筋膜（Baxter 神経）
趾神経	趾間 ［Morton（モートン）神経腫］

症状は典型的には，しびれやジンジンした感じ，チクチク感や，神経支配領域の筋力低下である。筋電図検査および神経伝導速度検査は確定診断の補助として有用である。

手術手技： 手術療法は，罹患神経を同定し，絞扼部位を開放することである。神経剥離術が一般的に行われる。

術後管理とリハビリテーション： 神経除圧術後のリハビリテーションは，創部の閉鎖に注意を払い，術後短期間は活動を控えめにして下肢の腫脹をまねくようなストレスの強い筋活動は避ける。経過が順調であり患者がしっかり状態を把握していれば，理学療法士などによるリハビリテーションの特別な指導は必要ない。

予　後： 神経除圧術は，感覚の回復や筋力の増強，疼痛の軽減が得られ，比較的安全で効果的な手術である。

競技復帰： 競技復帰は，剥離に必要な手術の大きさにもよるが通常，2～4 か月を要する。

文　献

Humphreys DB, Novak CB, Mackinnon SE. Patient outcome after common peroneal nerve decompression. *J Neurosurg*. 2007; 107(2): 314-318.
Malavolta M, Malavolta L. Surgery for superficial peroneal nerve entrapment syndrome. *Oper Orthop Traumatol*. 2007; 19(5-6): 502-510.
Morganti CM, McFarland EG, Cosgarea AJ. Saphenous neuritis: A poorly understood cause of medial knee pain. *J Am Acad Orthop Surg*. 2002; 10(2): 130-137. Review.
Oh SJ, Meyer RD. Entrapment neuropathies of the tibial(posterior tibial)nerve. *Neurol Clin*. 1999; 17(3): 593-615, vii. Review.

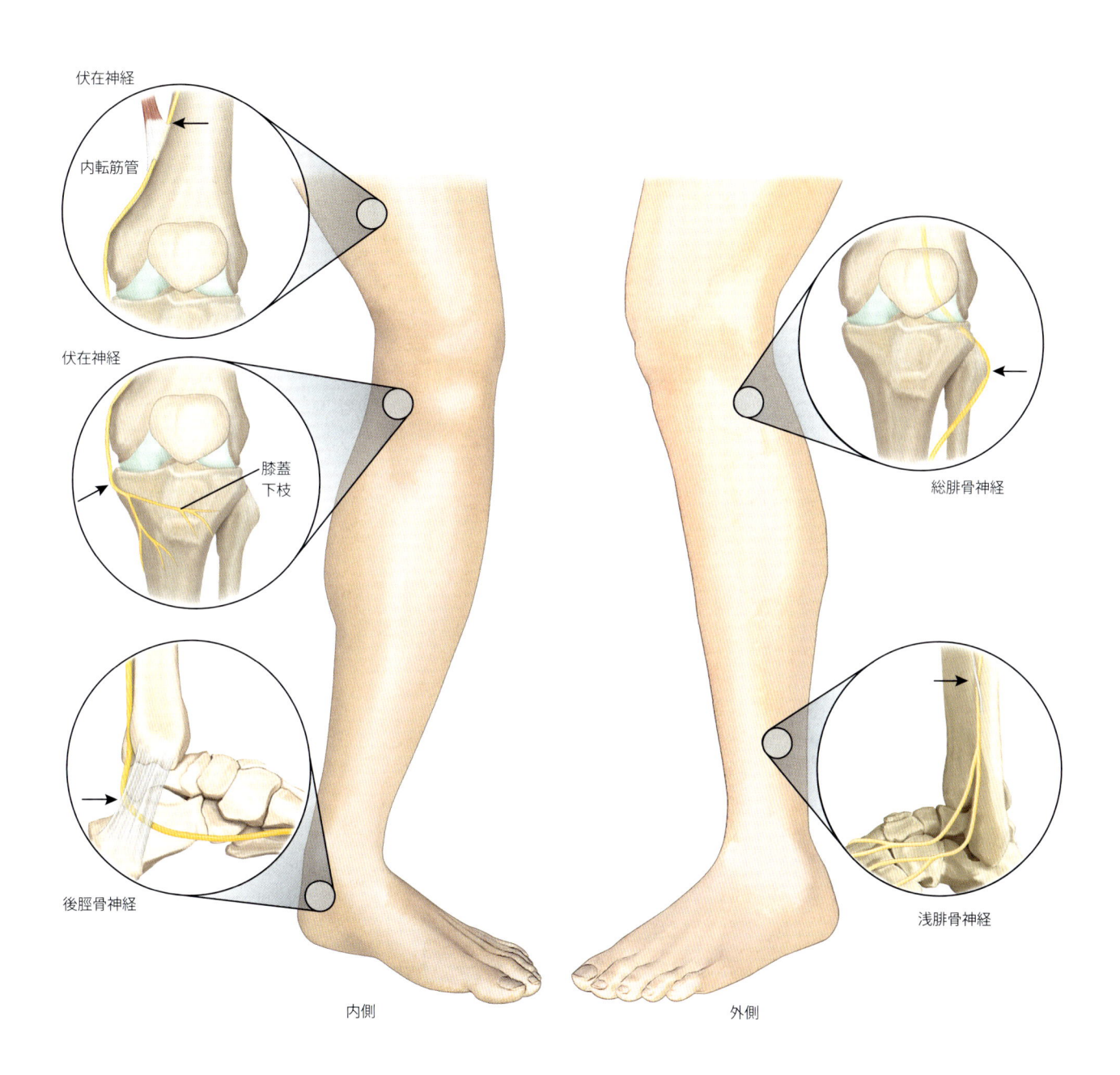

図91 神経の絞扼は伏在神経および後脛骨神経に生じる。外側では総腓骨神経も絞扼される。すべての障害となる軟部組織を剥離し，除圧する。

筋膜切開術
Fasciotomy

適応と目的： 筋膜切開術は急性または慢性コンパートメント症候群に適応される。急性コンパートメント症候群に対するコンパートメント開放術の適応基準は，コンパートメント内圧が毛細血管圧の20～30mmHg以上となったときである。慢性コンパートメント症候群に対する筋膜切開術の適応は，コンパートメント内圧が以下のようなときである。

安静時圧	＞15mmHg
運動1分後の圧	＞30mmHg
運動5分後の圧	＞20mmHg

前方コンパートメントが慢性コンパートメント症候群で最も頻度が高く，筋膜切開術により軽快することが多い。

手術手技： 急性コンパートメント症候群では，長い皮膚切開を内側と外側におく。前方と外側のコンパートメントは外側の皮膚切開から開放する。足関節外果の近位，10～12cmの筋膜を通る浅腓骨神経を同定し，保護して行う。後方と深後方コンパートメントは内側の皮膚切開から行う。慢性コンパートメント症候群は一般的に小さな皮膚切開で行われる。典型的な場合，2つの外側皮膚切開を用いる。1つは足関節外果の近位10～12cmの中心で，2つ目は下方の皮膚切開のおよそ10cm近位におく。

術後管理とリハビリテーション： 術後リハビリテーションの初期には，皮膚切開部位を注意深く観察する。とくに感覚の正常化と腫脹の軽快に注意を払う。術後早期は非荷重とする。短期間，安静と下肢挙上を行い，のちに徐々に荷重を増やす。

予後： 筋膜切開術の成績は，症状の出現から除圧までの時間や術後のコンプライアンス，的確な診断か否か，適切な筋膜の切開が行われたかにより大きく異なる。

競技復帰： 筋膜切開術後の競技への復帰は，一般的に術後8～12週である。しかしながら，前述のような因子に加え競技によってかかる圧迫力も異なるなど，いろいろな因子が介入するため，復帰期間はさまざまである。

文献

Brennan FH Jr, Kane SF. Diagnosis, treatment options, and rehabilitation of chronic lower leg exertional compartment syndrome. *Curr Sports Med Rep.* 2003; 2(5): 247-250. Review.
Olson SA, Glasgow RR. Acute compartment syndrome in lower extremity musculoskeletal trauma. *J Am Acad Orthop Surg.* 2005; 13(7): 436-444. Review.
Shah SN, Miller BS, Kuhn JE. Chronic exertional compartment syndrome. *Am J Orthop.* 2004; 33(7): 335-341. Review.

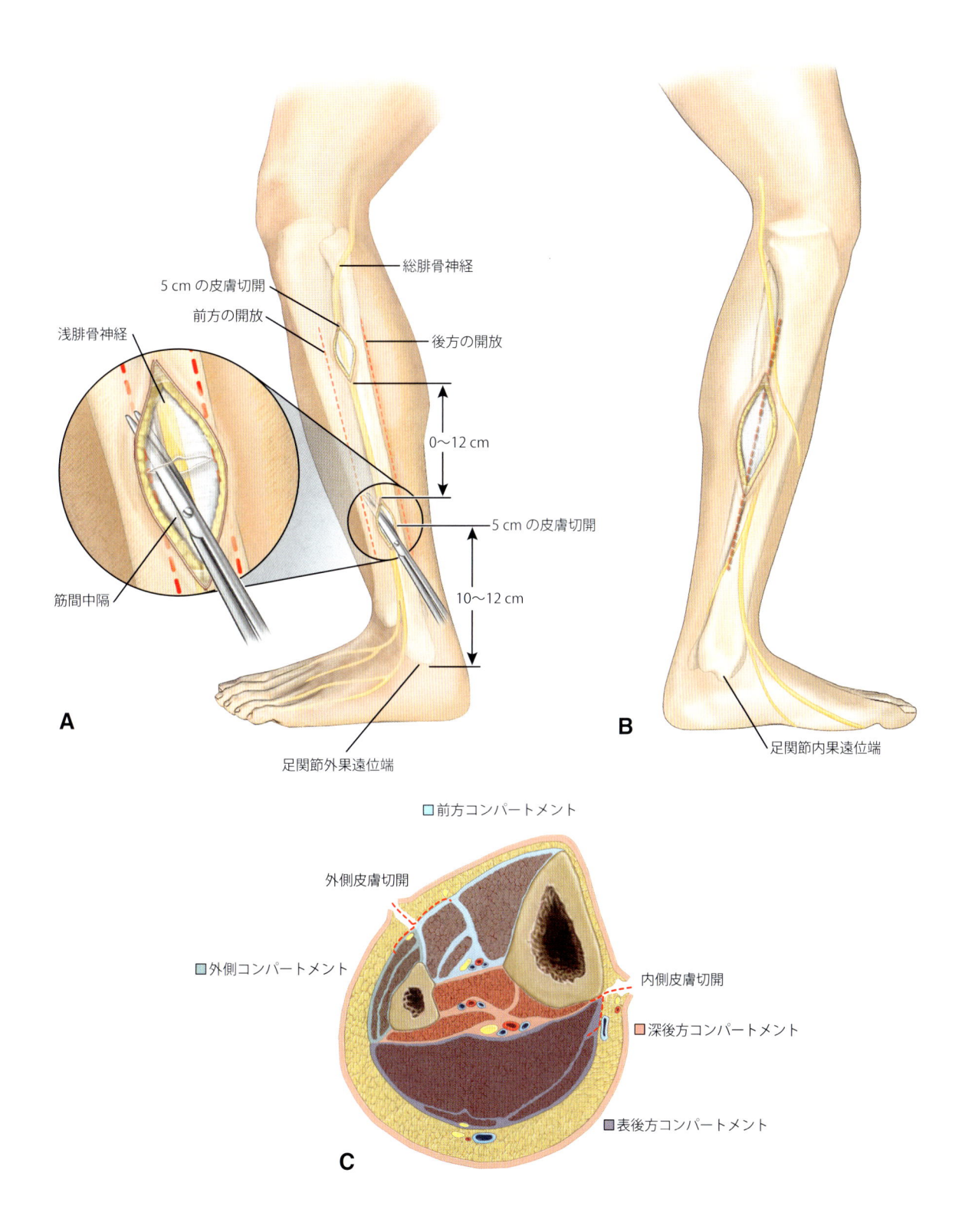

図92 **慢性コンパートメント症候群に対する筋膜切開術** A：外側除圧と関連するランドマークと神経血管の構造，B：内側からの筋膜切開術と注意すべき解剖，C：横断面からみたコンパートメント開放術

膝蓋骨骨折に対する観血的整復固定術（ORIF）
ORIF Patella Fracture

適応と目的： 膝蓋骨骨折は通常，転倒時の直達外力によって生じるが，介達外力によって生じることもある．局所の腫脹と歩行障害がおもな症状であり，患者は重力や抵抗に対して膝関節の伸展をすることができない．観血的整復固定術（ORIF）は膝蓋骨骨折が転位しており，重力に対して膝関節伸展ができない患者に適応となる．膝蓋骨骨折は転倒によって生じることが多いが，骨折は実際に転ぶ前に生じているときもある．

手術手技： 膝蓋骨の典型的な骨折型は横骨折である．通常，行われるテンションバンドテクニックは，2本のワイヤーか中空スクリューを骨折部に垂直に挿入し，16～18ゲージのワイヤーで，先に垂直に挿入したワイヤー（またはスクリュー）の周囲を円または8の字に回して固定する方法である．遠位の膝蓋骨骨折では，膝蓋骨を通して縫合する，膝蓋腱断裂と同様の方法を用いる．関節鏡が最終的固定の前に骨折の整復位を確認するために用いられることもある．

術後管理とリハビリテーション： 術後およそ8週間は，監視下での持続的他動運動がすすめられる．膝蓋骨にかかる大腿四頭筋の牽引力を減少させるために，歩行補助具を用い，免荷歩行を開始する．単純X線撮影で骨癒合がほぼ確認できれば，伸展位でのアイソメトリックな筋力訓練を開始し，徐々に荷重や可動域訓練，神経筋制御の訓練を進める．

予後： 術後成績はおおむね良好である．臨床的に骨癒合は術後平均8週で生じ，術後13週になると多くの場合は単純X線撮影で骨癒合を確認することができる．

競技復帰： 競技への復帰は，骨折の程度や関節の適合性の回復の度合いによるが，通常3か月かそれ以上かかる．

文献

Berg EE. Open reduction internal fixation of displaced transverse patella fractures with figure-eight wiring through parallel cannulated compression screws. *J Orthop Trauma*. 1997; 11(8): 573-576.

Carpenter JE, Kasman RA, Patel N, Lee ML, Goldstein SA. Biomechanical evaluation of current patella fracture fixation techniques. *J Orthop Trauma*. 1997; 11(5): 351-356.

Klassen JF, Trousdale RT. Treatment of delayed and nonunion of the patella. *J Orthop Trauma*. 1997; 11(3): 188-194.

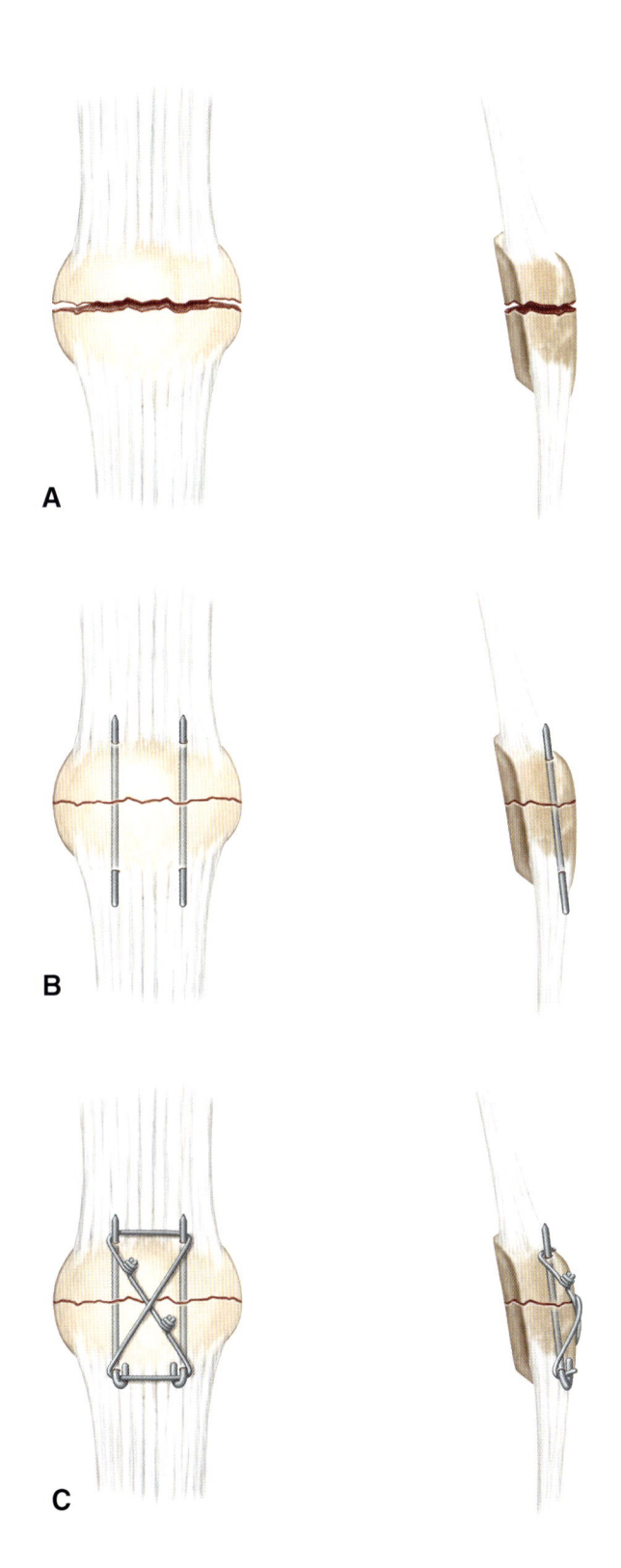

図93　A：膝蓋骨横骨折，B：Kワイヤーで整復固定，C：テンションワイヤリングで骨折部を圧迫

大腿骨遠位部骨折に対する観血的整復固定術（ORIF）
ORIF Distal Femoral Fractures

適応と目的： 大腿骨遠位部骨折は通常，強い外力を受けた若年者や高齢者（とくに女性）に発生する。この骨折は部位（関節外/関節内）と，粉砕の程度（骨片数）で分類される。

手術手技： 通常，観血的整復固定術が行われる。主骨片を元の位置に（ジグソーパズルのように）整復し，プレートとスクリューで固定する。新しいインプラントであるロッキングシステム（スクリューがプレートにロックされる）の開発によりこれらの複雑な骨折に対する固定力は大いに改善した。

術後管理とリハビリテーション： 観血的整復固定術を行った大腿骨遠位部骨折に対する統一されたリハビリテーションプロトコールはない。骨折型，行った手術，骨癒合の程度により，歩行開始や機能訓練，最終的な仕事や競技への復帰などを決める。

予後： 治療方法が最終的な予後に影響を与える。骨端線が損傷した場合，合併症の発生率は高い。Salter-Harris分類や骨折の転位と，予後との相関は統計学的には必ずしも有意ではないが，最終的な予後の予測因子となる。

競技復帰： 完全な骨癒合と筋力の回復後，術後4〜6か月で競技へ復帰できることが多いが，症例によりさまざまである。

文 献

Haidukewych GJ, Berry DJ, Jacofsky DJ, Torchia ME. Treatment of supracondylar femur nonunions with open reduction and internal fixation. *Am J Orthop*. 2003; 32(11): 564-567.

Rademakers MV, Kerkhoffs GM, Sierevelt IN, Raaymakers EL, Marti RK. Intra-articular fractures of the distal femur: A long-term follow-up study of surgically treated patients. *J Orthop Trauma*. 2004; 18(4): 213-219.

Zlowodzki M, Bhandari M, Marek DJ, Cole PA, Kregor PJ. Operative treatment of acute distal femur fractures: Systematic review of 2 comparative studies and 45 case series (1989 to 2005). *J Orthop Trauma*. 2006; 20(5): 366-371. Review.

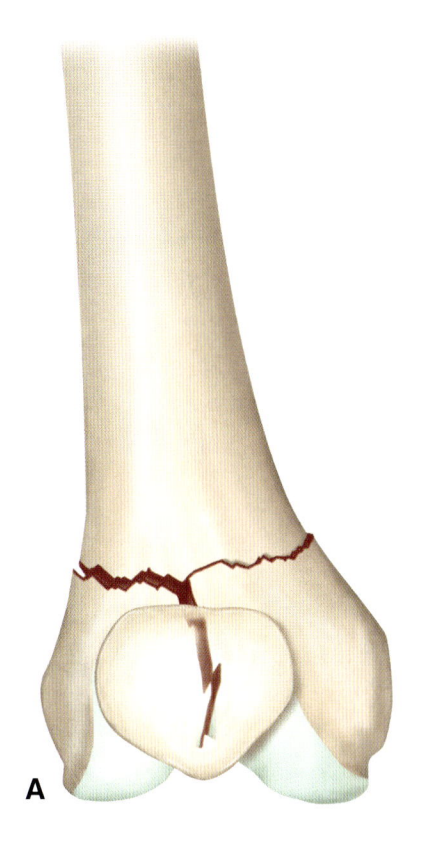

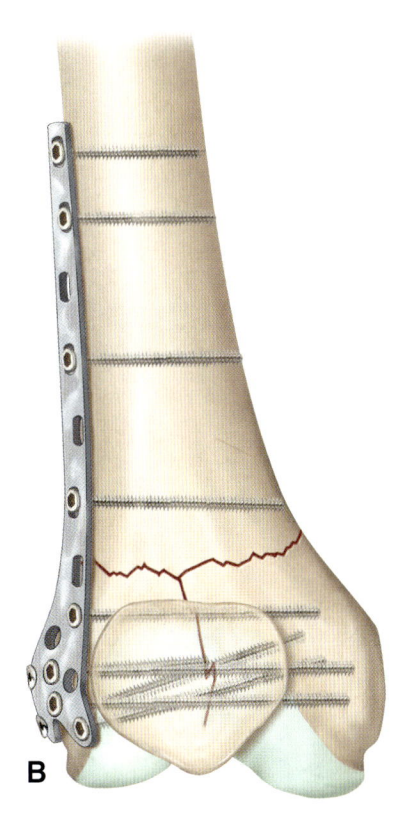

図94　A：顆間部にも骨折を伴う大腿骨遠位部骨折，B：外側プレートによる固定術。

脛骨高原骨折に対する観血的整復固定術（ORIF）
ORIF Tibial Plateau Fractures

適応と目的： この骨折は通常，側方から強い外力を受けたり，垂直の方向に強い圧迫力が加わったり，またその両方外力が加わったときに発症する。骨折しているコンパートメント（内側か外側か）と圧迫/粉砕の程度，当該コンパートメントの皮質骨の骨折があるかどうかで分類する。外側型の骨折が圧倒的に多い。

手術手技： 観血的整復固定術が行われることが多い。しばしば，骨折している脛骨高原の関節面を持ち上げ，その骨片を支えるために骨移植を要する。骨折を安定化するためにプレートとスクリューが用いられる。また，ロッキングプレートの開発により複雑な骨折に対する固定力は大いに改善した。

術後管理とリハビリテーション： 観血的整復固定術後のリハビリテーションの重要点は，膝関節，とくに大腿脛骨関節に加わる外力から関節を保護することである。患者は長期間，膝装具や松葉杖などの歩行補助具を用いて，患肢は免荷となる。術後早期の持続的他動運動機器（CPM）は有用である。単純 X 線撮影により骨癒合の所見が認められるようになってから，段階的に荷重を増やし，関節に負荷のかかる抵抗をかけた大腿四頭筋力訓練を開始する。

予　後： 脛骨高原骨折に対する観血的整復固定術は，遷延治癒や骨癒合不全（再手術や骨移植が必要となる）の報告もあるが，通常，骨癒合は良好である。機能的予後は術後 3 年以上の報告では良好であるが，機能軸の異常や複合損傷の患者の予後はよくない。長期経過をみると単純 X 線撮影で外側コンパートメントに変形性変化を認めることが多い。最大 8 週間，荷重が加わる職業への復帰は制限する。

競技復帰： 関節適合性が完全に回復すれば，術後 3～6 か月で競技へ復帰できる。しかしながら，外傷後関節拘縮の発生頻度は高く，競技へ復帰できないケースもある。

文　献

Canadian Orthopaedic Trauma Society. Open reduction and internal fixation compared with circular fixator application for bicondylar tibial plateau fractures. Results of a multicenter, prospective, randomized clinical trial. *J Bone Joint Surg Am.* 2006; 88(12): 2613-2623.

Chin TY, Bardana D, Bailey M, Williamson OD, Miller R, Edwards ER, Esser MP. Functional outcome of tibial plateau fractures treated with the fine-wire fixator. *Inj.* 2005; 36(12): 1467-1475. Epub 2005 Oct 21.

Ebraheim NA, Sabry FF, Haman SP. Open reduction and internal fixation of 117 tibial plateau fractures. *Orthop.* 2004; 27(12): 1281-1287.

Rademakers MV, Kerkhoffs GM, Sierevelt IN, Raaymakers EL, Marti RK. Operative treatment of 109 tibial plateau fractures: Five- to 27-year follow-up results. *J Orthop Trauma.* 2007; 21(1): 5-10. Erratum in: *J Orthop Trauma.* 2007; 21(3): 218.

Toro-Arbelaez JB, Gardner MJ, Shindle MK, Cabas JM, Lorich DG, Helfet DL. Open reduction and internal fixation of intraarticular tibial plateau nonunions. *Inj.* 2007; 38(3): 378-383.

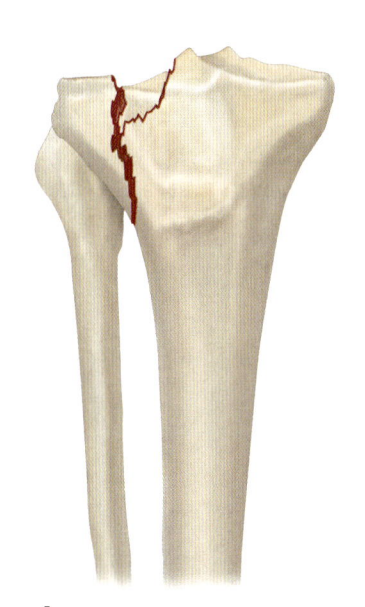

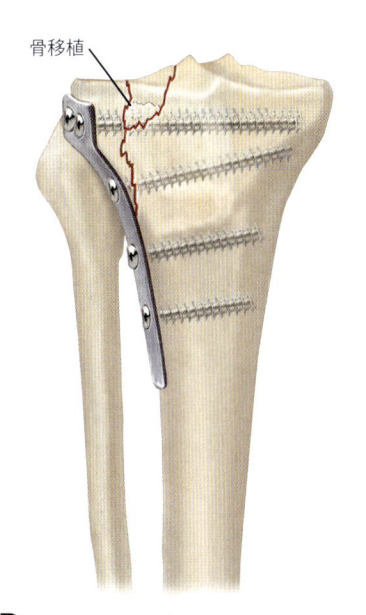

図95 A：脛骨高原骨折，B：バットレスプレートによる再建と骨移植による関節陥凹部の挙上

脛骨骨幹部骨折に対する観血的整復固定術（ORIF）
ORIF Tibial Shaft Fractures

適応と目的： 脛骨骨折は比較的頻度が高く，治癒の遅い外傷である。捻転応力や直達外力が加わった転倒・転落によって発症する。この骨折では，早期の段階で患者にコンパートメント症候群（軟部組織への出血がコンパートメント内圧をあげ，緊急の圧迫解除を要することがある）が発症していないか，注意する必要がある。骨折は，位置，転位，骨折型，粉砕の程度によって分類される。

手術手技： この骨折の一部はギプスと骨折用装具を用いて治療可能であるが，脛骨骨幹部骨折の治療の主軸は髄内釘固定である。膝蓋腱内側に皮膚切開をおき，膝蓋腱を外側によけて，刺入口を脛骨近位に作成する。長いガイドワイヤーを刺入口に入れ，脛骨骨幹部内に通す。フレキシブルリーマーを挿入し，適切なサイズまで髄腔を広げる。次に，中空のチタン製髄内釘を叩き込み，骨折部を安定化させる。ロッキングスクリューは髄内釘を安定化させるために用いる。

術後管理とリハビリテーション： 膝関節と足関節の可動域訓練は術後早期から開始する。単純X線撮影による，治癒傾向の所見が得られるまで，荷重は4〜6週間，制限することが多い。その後は，経過に応じて荷重を増やしていく。12週経過後もほとんど骨折の治癒傾向が認められないときは，ダイナマイゼーション（遠位のインターロッキングスクリューの抜去）を考慮する。

予　後： 髄内釘固定で加療した脛骨骨幹部骨折の治癒率は98％以上であり，予後は良好である。徒手整復とギプス固定で加療した場合と比べると，髄内釘固定は，骨癒合不全や変形治癒，短縮の発生率が明らかに低い。髄内釘の耐久性は高く，インプラントを抜去する追加手術が必要となることはまれである[訳者注1]。

訳者注1）　日本においては，インプラントを抜去することも多い。

競技復帰： 完全な骨癒合と機能的な筋力の回復後，競技への復帰は術後4か月くらいで可能である。

文　献

Bhandari M, Guyatt GH, Tornetta P 3rd, Swiontkowski MF, Hanson B, Sprague S, Syed A, Schemitsch EH. Current practice in the intramedullary nailing of tibial shaft fractures: An international survey. *J Trauma*. 2002; 53(4): 725-732.

Littenberg B, Weinstein LP, McCarren M, Mead T, Swiontkowski MF, Rudicel SA, Heck D. Closed fractures of the tibial shaft. A meta-analysis of three methods of treatment. *J Bone Joint Surg Am*. 1998; 80(2): 174-183.

Reuss BL, Cole JD. Effect of delayed treatment on open tibial shaft fractures. *Am J Orthop*. 2007; 36(4): 215-220.

Tang P, Gates C, Hawes J, Vogt M, Prayson MJ. Does open reduction increase the chance of infection during intramedullary nailing of closed tibial shaft fractures? *J Orthop Trauma*. 2006; 20(5): 317-322.

A 脛骨斜骨折 B 骨折整復 C 刺入口よりガイドワイヤーを挿入する。 D ガイドワイヤーに沿って髄内釘を挿入する。

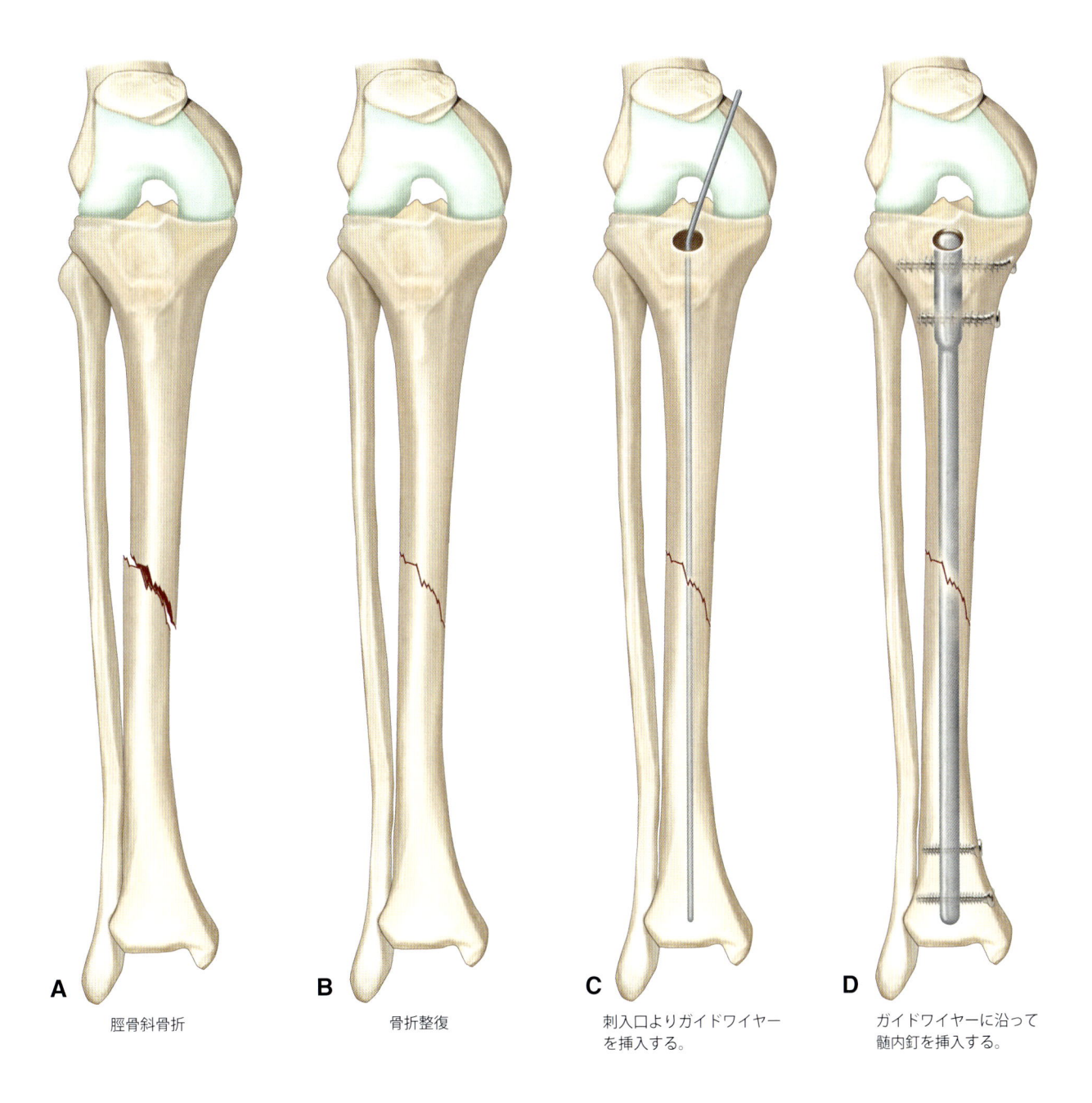

図96　インターロッキング髄内釘固定で安定化させた脛骨骨幹部骨折　A：脛骨斜骨折，B：骨折整復，C：ガイドワイヤーの挿入，D：ガイドワイヤーに沿って髄内釘を挿入する。

Chapter 7

足関節, 足
Ankle and Foot

鏡視下足関節手術
Ankle Arthroscopy

適応と目的： 鏡視下足関節手術（足関節鏡）の適応は，今なお発展中である．遊離体摘出術，滑膜切除術（いわゆるメニスコイド病変の切除を含む），足関節前方インピンジメントに対する骨棘切除術，距骨（骨）軟骨病変に対するデブリドマン/マイクロフラクチャー法，三角骨切除術などが主体となるが，他の種々の病変に対しても行われている．

手術手技： 大部分は仰臥位で牽引器を用いる．三角骨切除術など後方病変に対しては腹臥位で行われる．通常，4mmの関節鏡が用いられるが，関節内病変に対するアプローチには2.7mm関節鏡が必要となることも多い．足関節鏡のポータル作成時にはいくつかの注意点がある．前内側ポータルは前脛骨筋腱のすぐ内側で伏在静脈の外側に作成するが，これらの組織を損傷しないよう注意する必要がある．前外側ポータルは第3腓骨筋腱のすぐ外側に作成するが，浅腓骨神経の分枝を損傷しやすいため十分な注意を要する．後方ポータルは，アキレス腱のすぐ内外側に作成することで，外側では腓腹神経の，内側では後脛骨動脈の損傷を避けることができる．皮膚のみを切開し，鈍的に皮下組織を剥離するニック・アンド・スプレッド法（nick and spread method）により，神経や血管の損傷を防ぐことができる．目的の術式を行う前に，すべての部位の基本鏡視を順次行い，病変を確認する．

術後管理とリハビリテーション： 行われた術式，切除に対する組織修復の程度，患者の年齢，活動性やゴール設定などに応じて，リハビリテーションの進め方はさまざまである．多くは術後4〜6週間の免荷歩行が施される．

予　後： 足関節に対する鏡視下手術は多岐にわたる．結果は損傷のタイプや程度，術式，合併損傷の有無，患者のコンプライアンスにより左右される．

競技復帰： 復帰の時期は，行われた鏡視下手術によりさまざまである．距骨（骨）軟骨損傷に対する鏡視下手術では，術後6週間の免荷期間が必要となるのに対し，軟部組織に対する手術や骨切除術では術後4週間程度の免荷となる．競技への復帰は，創の治癒，関節可動域の回復や腫脹の状態により決定される．

文　献

Golanó P, Vega J, Pérez-Carro L, Götzens V. Ankle anatomy for the arthroscopist. Part II: Role of the ankle ligaments in soft tissue impingement. *Foot Ankle Clin*. 2006; 11(2): 275–296, v–vi. Review.
Golanó P, Vega J, Pérez-Carro L, Götzens V. Ankle anatomy for the arthroscopist. Part I: The portals. *Foot Ankle Clin*. 2006; 11(2): 253–273, v. Review.
Lui TH. Arthroscopy and endoscopy of the foot and ankle: Indications for new techniques. *Arthroscopy*. 2007; 23(8): 889–902. Epub 2007 May 7. Review.
Niek van Dijk C. Anterior and posterior ankle impingement. *Foot Ankle Clin*. 2006; 11(3): 663–683. Review.
Philbin TM, Lee TH, Berlet GC. Arthroscopy for athletic foot and ankle injuries. *Clin Sports Med*. 2004; 23(1): 35–53, vi. Review.
Tasto JP. Arthroscopy of the subtalar joint and arthroscopic subtalar arthrodesis. *Instr Course Lect*. 2006; 55: 555–564. Review.

図97 足関節鏡ポータル

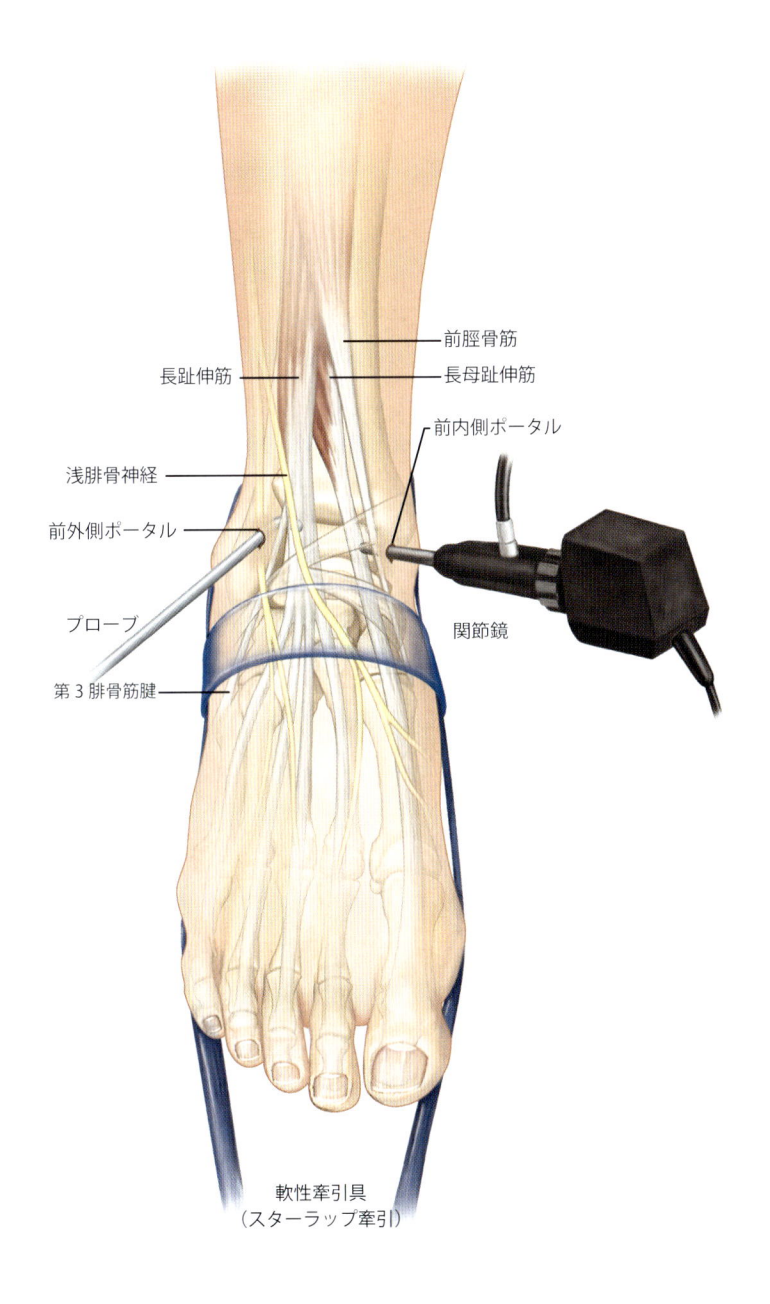

足関節前方インピンジメントに対する鏡視下骨切除術
Tibiotalar Impingement Decompression

適応と目的： 足関節前方インピンジメントは"フットボーラーズアンクル(footballer's ankle)"としても知られており、カットやジャンプ動作を伴う競技のアスリートに多くみられる。患者は足関節前方の疼痛と背屈可動域制限を訴え、荷重時の単純X線背屈側面像が評価に最も役立つ。しかし、この手術は広範囲にわたる変形性足関節症には適応とならない。

手術手技： 前内側および前外側ポータルによるアプローチが用いられる。一方から関節鏡、もう一方からシェーバーやアブレーダーを挿入して、脛骨と距骨に形成された不要な骨棘を切除する。また同時に十分な滑膜切除術も行う。術中のX線透視により十分な骨切除が行われているかどうか確認を行う。

術後管理とリハビリテーション： 骨棘のタイプや部位、骨切除量により関節内の骨性治癒に至る期間は異なるが、比較的短期間の荷重制限を必要とすることが多い。自動・他動可動域訓練により正常可動域を獲得することが最も必要とされるが、関節内の腫脹と疼痛を最小限に抑えることも重要である。圧迫包帯固定は術後早期の関節圧迫と固有受容性フィードバックに効果的である。

予後： 術後4年までの報告では、本法による術後成績は良好とされている。足関節不安定性を伴うアスリートや、足関節捻挫の発症リスクが高い競技種目では、サポーターの装着やテーピングが推奨される。

競技復帰： 本法では関節内組織の修復期間を必要としないため、最短で術後2週間での競技復帰が可能となる。関節鏡ポータルの創治癒と疼痛・腫脹の消失、可動域の回復が得られれば競技への復帰は可能である。

文献

Frigg A, Frigg R, Hintermann B, Barg A, Valderrabano V. The biomechanical influence of tibio-talar containment on stability of the ankle joint. *Knee Surg Sports Traumatol Arthrosc.* 2007; 15(11): 1355–1362. Epub 2007 Jul 13.

Mosier-La Clair SM, Monroe MT, Manoli A. Medial impingement syndrome of the anterior tibiotalar fascicle of the deltoid ligament on the talus. *Foot Ankle Int.* 2000; 21(5): 385–391.

Tol JL, van Dijk CN. Etiology of the anterior ankle impingement syndrome: A descriptive anatomical study. *Foot Ankle Int.* 2004; 25(6): 382–386.

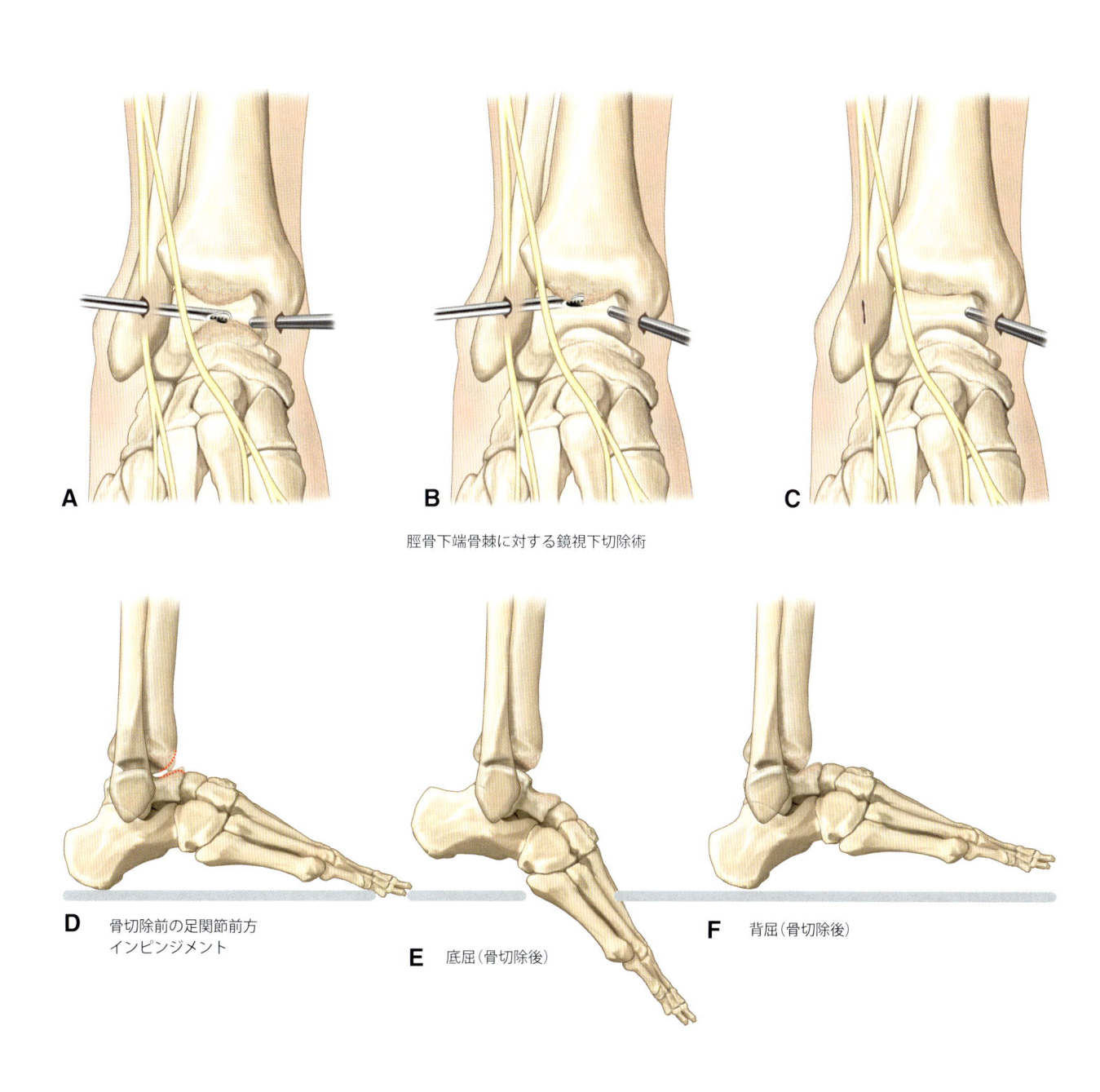

A

B

C

脛骨下端骨棘に対する鏡視下切除術

D 骨切除前の足関節前方インピンジメント

E 底屈（骨切除後）

F 背屈（骨切除後）

図98 足関節前方インピンジメントに対する鏡視下骨切除術

距骨（骨）軟骨損傷に対する鏡視下手術
Talar Articular Cartilage Procedures

適応と目的： 距骨（骨）軟骨損傷は比較的よくみかけられる疾患である。一般に距骨滑車の内・外側に好発する。内側病変は慢性の経過をたどることが多く，より後方に位置し深層まで至ることが多い。これに対し外側病変は急性の経過をたどることが多く，より前方に位置し浅層に限局した病変であることが多い。

手術手技： 最も一般的な術式はドリリング法とマイクロフラクチャー法である。膝関節での手技と同様に，不安定軟骨病変をすべて取り除き，線維組織と石灰化軟骨層を鋭匙により掻爬する。続いてKワイヤーまたはオウルを用いて2〜3mmの間隔で母床を穿孔する。内側病変に対してはしばしば経内果的ドリリング法が行われる。ACLガイドのようなターゲティングデバイスが有用であり，足関節を底背屈させることでいくつか穿孔することが可能である。難治性病変に対しては骨軟骨移植術が行われてきているが，内側病変に効果的にアプローチするには内果の骨切りを要する。骨軟骨柱は通常，同側の膝関節から採取される。

術後管理とリハビリテーション： 距骨（骨）軟骨損傷の術後には，通常，松葉杖による4〜6週間の免荷歩行が必要となる。術後シーネ（副子）固定も行うが，早期から徐々に可動域訓練を行う。足関節は解剖学的に四肢末梢にあるため重力の影響を受けやすいが，術後できるだけ早期に疼痛と腫脹の緩和を得ることが重要となる。徐々に筋力強化訓練を開始し，併せて歩行時の荷重量も増やしていく。全荷重を許可しての完全復帰には数か月を要する。

予後： 近年の骨軟骨移植術の進歩により，術後の疼痛緩和と機能回復は良好であると報告されている。軟骨面の修復にもかかわらず，術後違和感が残存することもめずらしくない。長期成績は足関節安定性にも影響を受けると考えられている。

競技復帰： 競技への復帰には術後約3か月を要する。安定した完全復帰のためには，十分な骨軟骨欠損部の充填または移植骨の癒合が必要であり，可動域の完全回復，腫脹の消失に加え，疼痛なくランニングできることが要求される。

文献

Hunt SA, Sherman O. Arthroscopic treatment of osteochondral lesions of the talus with correlation of outcome scoring systems. *Arthroscopy.* 2003; 19(4): 360-367. Review.

Muir D, Saltzman CL, Tochigi Y, Amendola N. Talar dome access for osteochondral lesions. *Am J Sports Med.* 2006; 34(9): 1457-1463. Epub 2006 Apr 24.

Nelson SC, Haycock DM. Arthroscopy-assisted retrograde drilling of osteochondral lesions of the talar dome. *J Am Pediatr Med Assoc.* 2005; 95(1): 91-96.

Schachter AK, Chen AL, Reddy PD, Tejwani NC. Osteochondral lesions of the talus. *J Am Acad Orthop Surg.* 2005; 13(3): 152-158. Review.

Takao M, Ochi M, Naito K, Uchio Y, Kono T, Oae K. Arthroscopic drilling for chondral, subchondral, and combined chondral-subchondral lesions of the talar dome. *Arthroscopy.* 2003; 19(5): 524-530. Review.

A 骨軟骨病変の鋭匙による掻爬

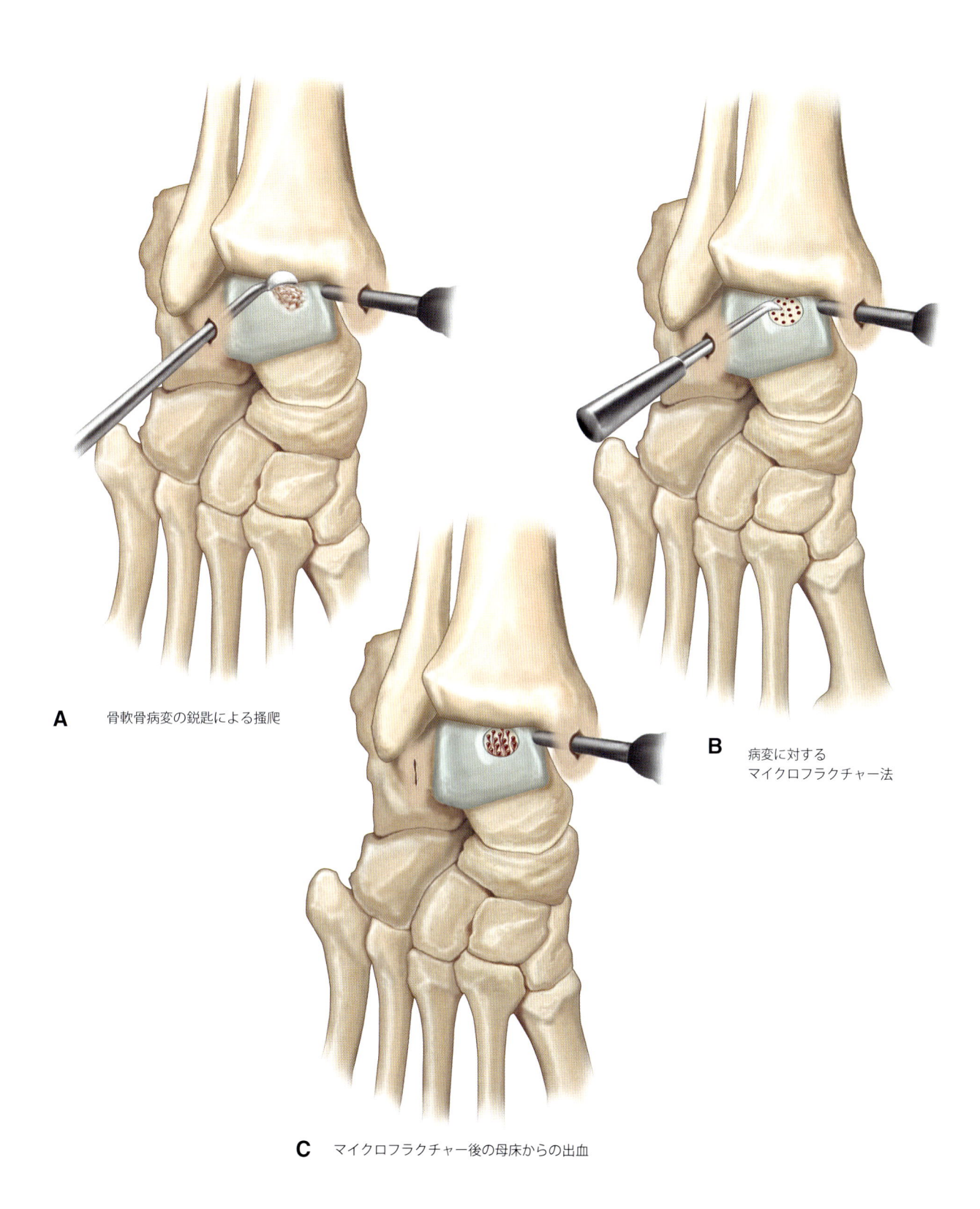

B 病変に対する
マイクロフラクチャー法

C マイクロフラクチャー後の母床からの出血

図99 距骨(骨)軟骨損傷に対する鏡視下手術

足関節不安定症に対する手術
Ankle Stabilization Procedures

適応と目的： 足関節捻挫は最も頻度の高いスポーツ外傷であるが，手術療法を要することはごくまれである．装具療法や腓骨筋筋力強化訓練などの保存療法を行ったにもかかわらず，ストレス撮影による不安定性が明瞭な場合には，手術療法による安定性獲得を検討することになる．一般に，足関節捻挫を繰り返すことにより前距腓靱帯（底屈，内がえし損傷時），踵腓靱帯（背屈，内がえし損傷時）が脆弱化する．診断には前方引出しテスト（anterior drawer test）や内がえしストレステスト（talar-tilt test）が有用である．"high ankle sprain" といわれる syndesmosis 損傷は，ポジティブスクイーズテスト（positive squeeze test：近位脛腓間を強くつかむことで疼痛を生じる）や外旋テスト（external rotation test：足部を外旋させることで疼痛が生じる）で診断することができる．

手術手技： 足関節不安定症に対する手術についてはこれまで多くの術式が報告されている．そのなかのいくつかは半切した短腓骨筋腱を，作成した骨孔に（遊離）移植固定する方法であるが，最も多く行われている方法はより解剖学的な Broström-Gould 法である．この方法は前距腓靱帯と踵腓靱帯を層状に縫縮（pants-over-vest）し，さらに下伸筋支帯を用いて補強することで（the Gould modification）距骨下関節の動きも制限する方法である．全身性靱帯弛緩を伴う症例や，Broström-Gould 法後の不良症例に対しては，同種腱移植による外側靱帯再建術が必要となることもある．

術後管理とリハビリテーション： 術後 2 週間は，軽い外がえし肢位にて副子または下腿ギプス固定を行い免荷歩行させる．この時期には疼痛と腫脹の軽減を目標とする．3～6 週にかけて walking boot（歩行ブーツ）による荷重と，内がえしを除いた監視下での可動域訓練を始める．足関節不安定症に対して手術を行ったアスリートにとって，リハビリテーションによる腓骨筋筋力の強化と完全な背屈可動域の獲得は必須である．術後 7 週になると walking boot を除去しつつ，軽い内がえし運動と固有受容感覚訓練（proprioceptive exercise）によりバランス機能と筋力の回復を目指す．

予　後： 足関節の外側不安定性を有する患者は，高率に関節内病変を伴っていることが知られている．鏡視下手術により関節内病変に対する治療を行うとともに，Broström 変法による足関節の機械的安定性が得られた症例では良好な成績が期待できる．

競技復帰： 術後 12 週間以内に日常生活動作への復帰，術後 5 か月までに競技への完全復帰が期待できる．腓骨筋筋力と背屈可動域が健側とほぼ同じ状態に回復すれば，リハビリテーションプロトコールに従ってカッティング動作の習得を目指す．

文　献

Baumhauer JF, O'Brien T. Surgical considerations in the treatment of ankle instability. *J Athl Train*. 2002; 37(4): 458–462.
Coughlin MJ, Schenck RC Jr, Grebing BR, Treme G. Comprehensive reconstruction of the lateral ankle for chronic instability using a free gracilis graft. *Foot Ankle Int*. 2004; 25(4): 231–241.
Ferkel RD, Chams RN. Chronic lateral instability: Arthroscopic findings and long-term results. *Foot Ankle Int*. 2007; 28(1): 24–31.
Janis LR, Kittleson RS, Cox DG. Chronic lateral ankle instability: Assessment of subjective outcomes following delayed primary repair and a new secondary reconstruction. *J Foot Ankle Surg*. 1998; 37(5): 369–375.
Kerkhoffs GM, Handoll HH, de Bie R, Rowe BH, Struijs PA. Surgical versus conservative treatment for acute injuries of the lateral ligament complex of the ankle in adults. *Cochrane Database Syst Rev*. 2007; 18；(2): CD000380. Review.
Messer TM, Cummins CA, Ahn J, Kelikian AS. Outcome of the modified Broström procedure for chronic lateral ankle instability using suture anchors. *Foot Ankle Int*. 2000; 21(12): 996–1003.
Roos EM, Brandsson S, Karlsson J. Validation of the foot and ankle outcome score for ankle ligament reconstruction. *Foot Ankle Int*. 2001; 22(10): 788–794.
Wasserman LR, Saltzman CL, Amendola A. Minimally invasive ankle reconstruction: Current scope and indications. *Orthop Clin North Am*. 2004; 35(2): 247–253. Review.

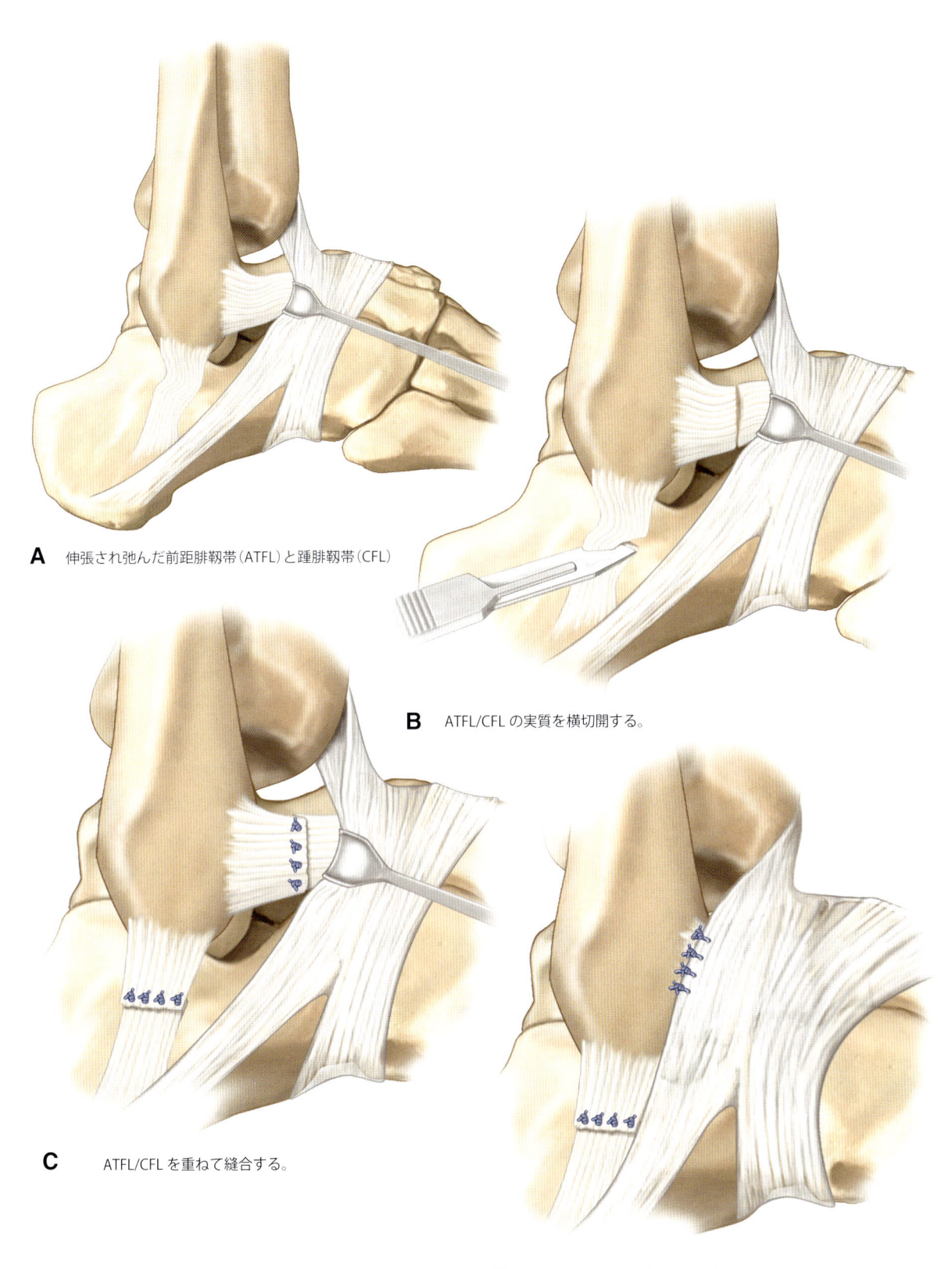

A 伸張され弛んだ前距腓靱帯（ATFL）と踵腓靱帯（CFL）

B ATFL/CFLの実質を横切開する。

C ATFL/CFLを重ねて縫合する。

D 下伸筋支帯前進法にて補強する。
（Gould変法：the Gould modification）

図100 Broström法

アキレス腱に対する手術
Achilles Tendon Surgery

適応と目的： アキレス腱症とアキレス腱断裂は，ランニングやジャンプ動作を伴う競技に多くみられる．腱症(腱実質の変性)はしばしばオーバーユース障害により発生する．腱症における圧痛部位は，足関節の底背屈により腱実質とともに移動するのに対し，腱周囲炎では圧痛部位は移動しないことで鑑別することが可能である．腱症に対する治療は，安静，アイシング，ストレッチング，消炎鎮痛薬の投与が一般的であるが，難治性の症例では時にデブリドマンなど手術療法が必要となる．

アキレス腱断裂は通常，駆け出す際などに足関節を底屈させる力が最大になるときに発生する．断裂の際に，"パン"とはじけるような，または突かれるような感じを訴えることや，後方から踵を蹴られたような感覚を訴えることが多い．断裂はアキレス腱の踵骨への付着部から2〜6cm近位に好発するが，この部位の血流が乏しいことが要因の1つとなっていると考えられている．完全断裂ではThompson(トンプソン)テストが陽性となる(腹臥位で腓腹部を掴むと正常では足関節が底屈する現象が観察されるのに対し，断裂している場合にはみられない)．手術による縫合後には，保存療法と比べ再断裂率は低いとされているが，手術創の治癒不全のリスクを忘れてはならない．

手術手技： 腱症に対しては変性した腱実質の切除と縦亀裂の修復など，デブリドマンを行う．腱断裂に対する縫合は，太い非吸収糸によるロッキング・コア縫合(locking core suture)と，細い吸収糸による腱周囲の連続縫合(running suture)により行う．陳旧性腱断裂では，VY延長や中央1/3のターンダウン(turn down)フラップによる補強術を行い，必要に応じて長母趾屈筋腱移行術を追加する．

術後管理とリハビリテーション： 術後6週間はwalking boot(歩行ブーツ)を用いる．足関節は軽度底屈位にして縫合部への負荷を軽減させる．術直後より手術創のケアを行い，術後4〜6週で他動可動域訓練を始める．6週までは中間位〜背屈を制限した自動可動域訓練を行い，walking bootでの歩行を行う．それ以降，徐々に抵抗運動を加えるとともに，通常の荷重歩行へと移行させる．

予 後： 手術による縫合後には保存療法と比べ再断裂率は低い．多くの症例で術後1年以内に受傷前への機能回復が可能となる．

競技復帰： 競技への復帰は通常，術後6か月ごろとなる．術後6週間の免荷歩行と早期からの中間位〜背屈位を制限した自動運動が行われる．広範囲に再建を行った症例では，復帰の予測が難しい．日常生活動作の回復は十分に望めるが，ジャンプや切り返し動作には十分な注意が必要である．

文献

Bhandari M, Guyatt GH, Siddiqui F, Morrow F, Busse J, Leighton RK, Sprague S, Schemitsch EH. Treatment of acute Achilles tendon ruptures: A systematic overview and metaanalysis. *Clin Orthop Relat Res*. 2002; (400): 190–200. Review.

Lynch RM. Achilles tendon rupture: Surgical versus non-surgical treatment. *Accid Emerg Nurs*. 2004; 12(3): 149–158. Review.

Rippstein PF, Jung M, Assal M. Surgical repair of acute Achilles tendon rupture using a "mini-open" technique. *Foot Ankle Clin*. 2002; 7(3): 611–619. Review.

Suchak AA, Spooner C, Reid DC, Jomha NM. Postoperative rehabilitation protocols for Achilles tendon ruptures: A meta-analysis. *Clin Orthop Relat Res*. 2006; 445: 216–221.

Wong J, Barrass V, Maffulli N. Quantitative review of operative and nonoperative management of Achilles tendon ruptures. *Am J Sports Med*. 2002; 30(4): 565–575. Review.

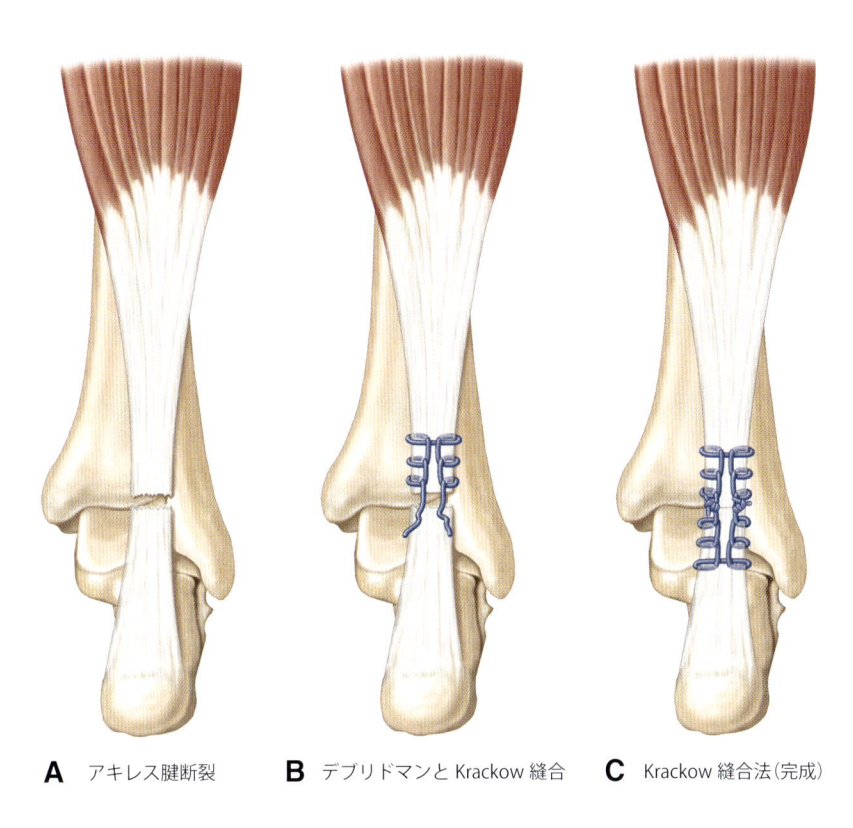

A アキレス腱断裂　　B デブリドマンと Krackow 縫合　　C Krackow 縫合法（完成）

図 101　アキレス腱縫合術

後脛骨筋腱に対する手術
Posterior Tibialis Tendon Surgery

適応と目的： 通常，足関節内側痛を訴える中高年層のアスリートにみられることが多い疾患として知られている。アキレス腱障害の病態と同様に，腱症（変性）から断裂に至るまでの病像を呈する。荷重動作時の足部回内が繰り返されることが負荷となり発症する。腱に変性や断裂といった病変が生じる部位は，血流が乏しい部位であるとされる内果のすぐ遠位に位置する。そのまま放置されるといわゆる後天性扁平足変形を呈するようになる。後方から観察すると後足部の外反変形と"too many toes sign"が明瞭となる。つま先立ちが不可能であったり，抵抗下での内がえし強制にて疼痛を訴えることもある。初期治療は安静，アイシング，消炎鎮痛薬の投与，活動性の改善やアーチサポートのインソール着用など保存療法が中心となる。短期間のギプス固定も有用なことがある。保存療法に抵抗する場合には，デブリドマン，修復術，腱移行術といった手術療法が必要となる。Kidner法（外脛骨切除後に後脛骨筋腱を前進させ再縫着させる方法）を行うこともある。腱修復術は期待できないことが多く，長趾屈筋腱移行術が最も頻繁に行われる。

手術手技： 腱内の瘢痕組織や変性・損傷した部分を切除するデブリドマンを行う。まれであるが急性の剥離病変に対しては舟状骨結節への一期的な再錨着が適応となる。腱実質の完全損傷に対しては長趾屈筋腱移行術が有効である。長期経過例に対しては踵骨の内方移動骨切り術や外側支柱延長術が必要となる。移行した長趾屈筋腱の負荷を軽減させ，術後長期にわたり再建効果を持続させるためには，アライメント矯正が不可欠である。

術後管理とリハビリテーション： 手術による（究極の）ゴールは，足部を安定した位置に戻し疼痛を軽減させることである。腱デブリドマンのみを行った場合には術後3週間の免荷下腿ギプス固定とさらに3週間の装具療法を行う。長趾屈筋腱移行術のようなより進んだ手術を行った場合には，底屈・内がえし肢位で4週間，さらに中間位で2週間の下腿ギプス固定が必要である。ギプス除去後には，監視下での自他動可動域訓練から始め，経過により筋力強化訓練や固有受容感覚訓練（proprioceptive exercise）を開始する。荷重調整の時期については，行われた術式や足部の安定性や組織修復の状態に応じて術者により決定される。踵骨骨切り術では術後6週間の免荷が必要である。

予後： 最近の報告によると術後成績はおおむね良好であるが，目標とする活動レベルによって異なるが，すべての患者で術前レベルへの復帰が可能というわけではない。

競技復帰： 中高年層のアスリートにみられる疾患のため，競技レベルへの復帰は困難であることが多い。踵骨骨切り術や腱移行術の術後には少なくとも6週間の免荷を守る必要がある。

文献

Ceccarelli F, Faldini C, Pagkrati S, Giannini S. Rupture of the tibialis posterior tendon in a closed ankle fracture: A case report. *Chir Organi Mov.* 2008; 91(3): 167–170. Epub 2008 May 21.

Duffield P, Sinha U. Tibialis posterior tendon rupture. Early diagnosis can prevent long-term problems. *Adv Nurse Pract.* 1997; 5(8): 39–40, 78. Review.

Marcus RE, Goodfellow DB, Pfister ME. The difficult diagnosis of posterior tibialis tendon rupture in sports injuries. *Orthopedics.* 1995; 18(8): 715–721.

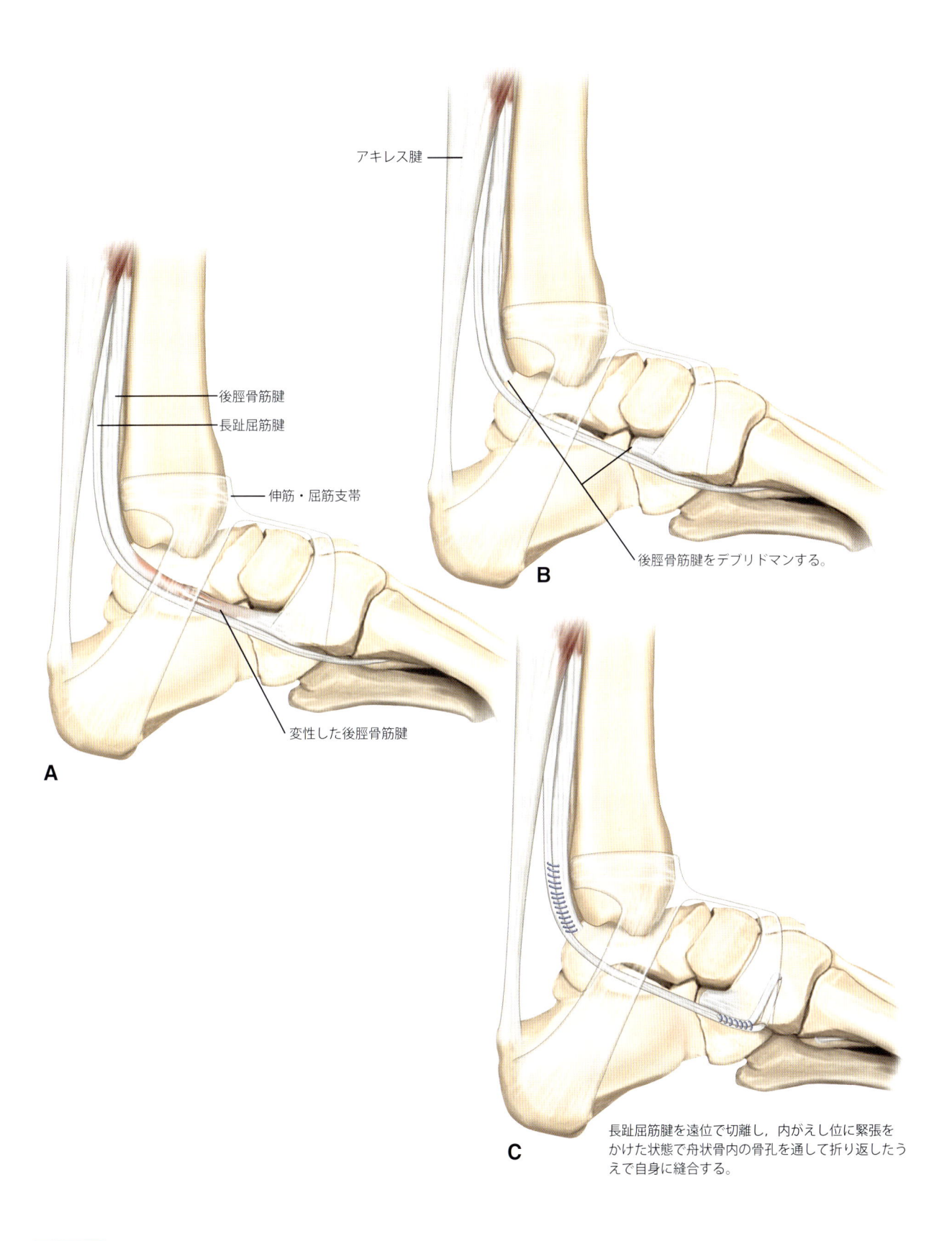

図 102　後脛骨筋腱機能不全に対する手術法（長趾屈筋腱の移行術）

A
- アキレス腱
- 後脛骨筋腱
- 長趾屈筋腱
- 伸筋・屈筋支帯
- 変性した後脛骨筋腱

B
- 後脛骨筋腱をデブリドマンする。

C
- 長趾屈筋腱を遠位で切離し，内がえし位に緊張をかけた状態で舟状骨内の骨孔を通して折り返したうえで自身に縫合する。

腓骨筋腱に対する手術
Peroneal Tendon Surgery

適応と目的： 腓骨筋腱断裂はごくまれであるのに対し，変性による腓骨筋腱症や腱の亜脱臼・脱臼はよくみられる疾患である。腓骨筋腱症はオーバーユースにより発生し，安静，アイシング，消炎鎮痛薬の投与，アーチサポートといった保存療法で治療される。腓骨筋腱亜脱臼・脱臼は足部が外がえし・背屈位にある状態で急激に収縮が起こることで発生し，その結果，上腓骨筋腱支帯の断裂や脆弱化が起こる。スキー選手やサッカー選手に多くみられる。圧痛と腓骨筋収縮時の腱脱臼を確認することで診断する。保存療法として軽度底屈・外反位での5～6週間の短下肢ギプス固定が行われるが，抵抗例には腱を安定化させる手術が必要となる。

手術手技： 圧痛部位の腱鞘を切開した後，腱剝離術を行う。症例によっては，剝離した線維軟骨性リム(fibrocartilaginous rim)を腓骨に縫着することで正常な解剖学的構造の修復を行うことができる。腓骨後面の腓骨筋腱溝が平坦または凹状を呈している場合には，腱溝形成術(腱溝を形成し深くする)が必要となることもある。短腓骨筋腱の縦亀裂を伴っていることが多く，同時に連続縫合により修復する。腱の断裂が50％を超える場合には，残存した腓骨筋腱への腱固定術や同種腱移植術を行う必要がある。短腓骨筋の筋性部分が通常より遠位にまで及ぶ場合や，第4腓骨筋(peroneus quartus)がある場合には切除する。

術後管理とリハビリテーション： 修復術では多くの場合，術後4～6週間のギプス固定を行い，そののちに可動域訓練を開始する。ギプスを除去した後，自・他動運動や補助下での自動運動を行うが，内がえしの自・他動運動や外がえしの自動運動については十分に注意する必要がある。ギプス固定中は松葉杖を使用しつつ疼痛の自制内での荷重歩行を許可するが，除去後は速やかに進めていく。低負荷での早期の反復抵抗運動は筋持久性を回復させる。バランス訓練や固有受容感覚訓練もギプス除去後に開始し，徐々により高度な動きで行うようにする。

予後： 腓骨筋腱断裂に対する手術療法は，臨床上問題となる合併症も少なく良好な成績が期待できる。しかしながら，ステロイド注射を受けたことのある症例や，術前の経過期間が12か月以上に及ぶ症例では成績は劣る。亜脱臼の再発を予防することが復帰への可能性を最大限に高めてくれる。

競技復帰： スポーツにおけるほぼすべての足関節運動は解剖学的構造に大きく関連している。そのため安全に競技復帰するためには，手術加療後6か月以降が望ましい。腱縦亀裂(longitudinal split)の修復後には，腱の瘢痕形成を防ぎ修復を円滑に進める目的で，早期からの可動域訓練を約3か月間行う。同種腱移植による再建術や，腱固定術を行った症例では，しばしば競技復帰までに6か月間を要する。腱溝形成術ではよく引き続いて行われるBroström法を行った場合と同様に，術後5か月までに競技へ復帰することが可能である。

文献

Adachi N, Fukuhara K, Tanaka H, Nakasa T, Ochi M. Superior retinaculoplasty for recurrent dislocation of peroneal tendons. *Foot Ankle Int.* 2006; 27(12): 1074-1078.

Dombek MF, Lamm BM, Saltrick K, Mendicino RW, Catanzariti AR. Peroneal tendon tears: A retrospective review. *J Foot Ankle Surg.* 2003; 42(5): 250-258.

Krause JO, Brodsky JW. Peroneus brevis tendon tears: Pathophysiology, surgical reconstruction, and clinical results. *Foot Ankle Int.* 1998; 19(5): 271-279.

Ogawa BK, Thordarson DB, Zalavras C. Peroneal tendon subluxation repair with an indirect fibular groove deepening technique. *Foot Ankle Int.* 2007; 28(11): 1194-1197.

Safran MR, O'Malley D Jr, Fu FH. Peroneal tendon subluxation in athletes: New exam technique, case reports, and review. *Med Sci Sports Exerc.* 1999; 31(7 suppl): S487-S492. Review.

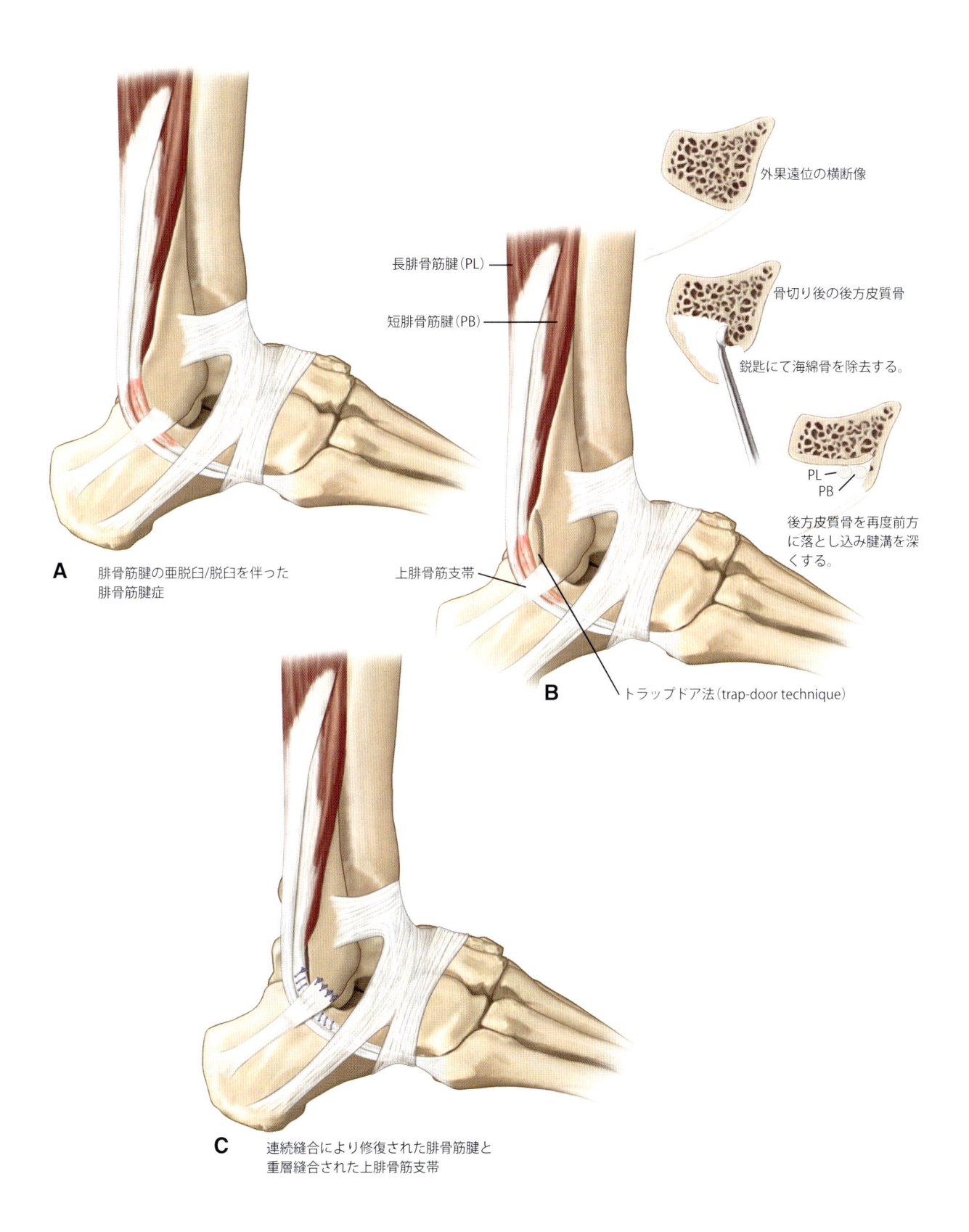

A 腓骨筋腱の亜脱臼/脱臼を伴った腓骨筋腱症

長腓骨筋腱(PL)
短腓骨筋腱(PB)

外果遠位の横断像

骨切り後の後方皮質骨

鋭匙にて海綿骨を除去する。

PL
PB

後方皮質骨を再度前方に落とし込み腱溝を深くする。

上腓骨筋支帯
B トラップドア法(trap-door technique)

C 連続縫合により修復された腓骨筋腱と重層縫合された上腓骨筋支帯

図103 腓骨筋腱溝形成術（腓骨筋支帯修復と短腓骨筋腱修復を伴った）

蹠側板損傷/ターフトウ
Plantar Plate Injuries/Turf Toe

適応と目的： 母趾を極度に背屈させることで蹠側板損傷が起こる。蹠側板損傷はアメリカンフットボールのオフェンシブラインの選手が攻撃姿勢から地面を蹴る際に起こりやすいとされている。またこの損傷は，ビーチバレーの選手が極度に母趾を底屈強制される際にも発生する(sand toe)。母趾MTP関節の圧痛と腫脹が著明であり，他動的に底屈させると疼痛を訴える。また母趾MTP関節の不安定性［内・外反および膝のLachman(ラックマン)テストのような前後方向の不安定性］と抵抗下での底背屈筋力の低下がみられる。重症になると母趾MTP関節の外傷性の骨性突出変形(bunion deformity)や関節症性変化をきたすようになる。ストレス撮影では背屈側面像が有用であり，患側種子骨の近位への偏位が確認される。MRIも有用である。初期治療として安静，アイシング，消炎鎮痛薬の投与，テーピング，リハビリテーションなどによる保存療法が行われる。靴に硬性のメタターサルバー(metatarsal bar)をつけることで再受傷予防になる。急性期の治療としてはギプスやwalking boot(歩行ブーツ)が有用である。第2趾の蹠側板損傷も同じ機序により発生することがある。

手術手技： 手術による解剖学的修復が行われる。通常，蹠側板複合体，種子骨，まれに短母趾屈筋の一次修復術が行われる。内側J字切開により進入するが，底内側皮神経を損傷しないように注意する。外側から内側に向けて関節包と蹠側板の解剖学的修復を行い基節骨に縫着する。アンカーを用いて縫着することもある。

術後管理とリハビリテーション： 術後7～10日間は免荷で副子(シーネ)を用いて，足部(足関節を含め)の固定を行う。術後早期には創のケアと足趾遠位の腫脹をコントロールすることが重要となる。術後3～4週までは自動背屈運動は中間位までに制限し，蹠側板への負荷を回避する。荷重歩行は術後数週より術者の監視下に開始するが，歩行中の踏み返し動作は制限しMTP関節の過度の背屈を行わないように注意する。モートン・エクステンション・スプリントを装着して背屈を制限することもある。

予後： 蹠側板修復術の術後成績は良好である。患者の年齢，活動性，術前の関節内病変の程度，コンプライアンスなどにより修復術後の機能回復レベルは左右される。完全な治癒に至るには1年を要する。診断が遅れると強剛母趾に至ることもあり，これまで多くのエリート選手が早期に引退を余儀なくされている。

競技復帰： 損傷部位は非常に小さい範囲に限られているが，踏み返し動作時の荷重の大部分はこの関節にかかっている。そのため安全に競技復帰するためには少なくとも6か月～1年を要する。

文献

Blitz NM, Ford LA, Christensen JC. Plantar plate repair of the second metatarsophalangeal joint: Technique and tips. *J Foot Ankle Surg*. 2004; 43(4): 266-270.

Ford LA, Collins KB, Christensen JC. Stabilization of the subluxed second metatarsophalangeal joint: Flexor tendon transfer versus primary repair of the plantar plate. *J Foot Ankle Surg*. 1998; 37(3): 217-222.

Good JJ, Weinfeld GD, Yu GV. Fracture-dislocation of the first metatarsophalangeal joint: Open reduction through a medial incisional approach. *J Foot Ankle Surg*. 2001; 40(5): 311-317.

Watson TS, Anderson RB, Davis WH. Periarticular injuries to the hallux metatarsophalangeal joint in athletes. *Foot Ankle Clin*. 2000; 5(3): 687-713. Review.

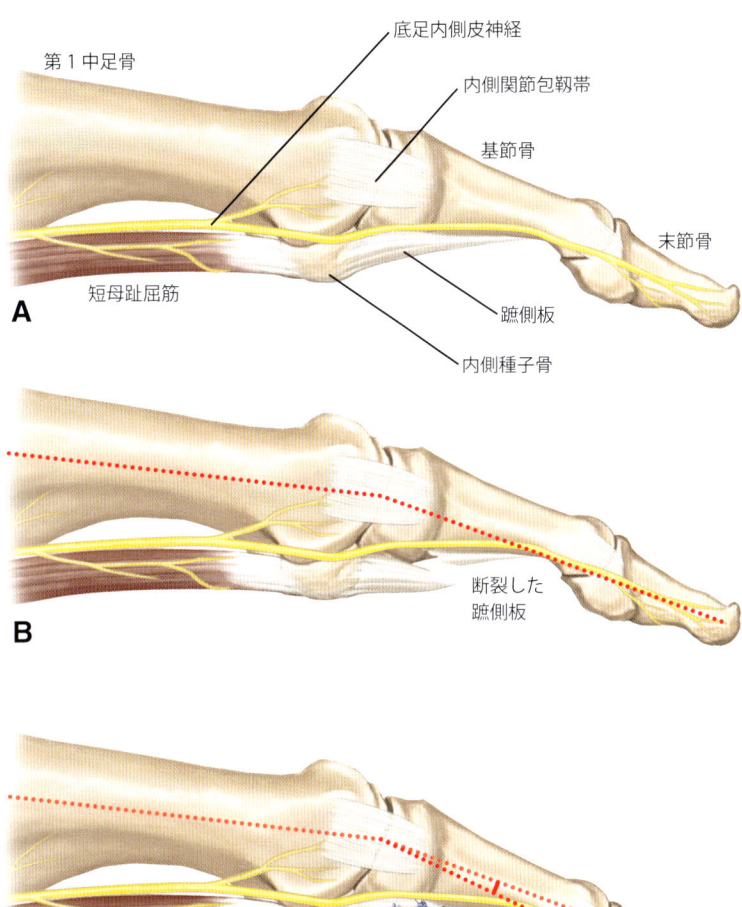

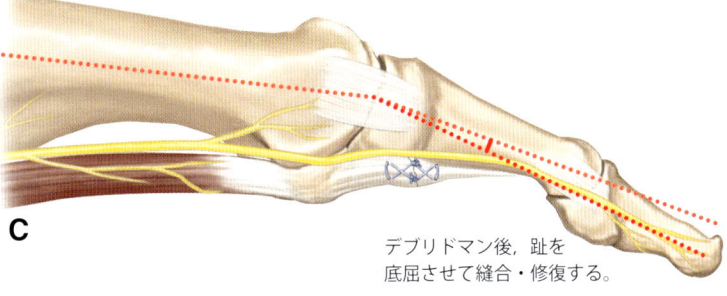

図104 蹠側板 (plantar plate) の解剖と修復術

バニオン（外反母趾）/バニオネット（内反小趾）手術
Bunion/Bunionette Surgery

適応と目的： バニオン（外反母趾）は内的要因に加え，靴による前足部の圧迫が要因となる。バニオネット（内反小趾）は Tailor's bunion としても知られているが，足部外側での過度の圧迫によって起こる。いずれの疾患も足部の疼痛を伴う骨性突出（バニオンでは内側，バニオネットでは外側）を呈し，遺伝的要因も関連している。患者の半数以上は骨性突出部の疼痛を訴え，初期には幅広の靴やパッドによる保存療法が有用である。単純 X 線撮影での外反母趾角（hallux valgus angle: HVA）や中足骨間角（intermetatarsal angle: IMA）の評価が治療方針を立てるうえで有用となる。

手術手技： 中足骨遠位または近位での手術法が報告されている。多くは中足骨または基節骨での骨切り術を要する。比較的小さいバニオン（外反母趾）/バニオネット（内反小趾）手術については，Chevron（シェブロン）法と外側解離または重層縫合による遠位手術で十分矯正することができる。IMA が大きい場合には，近位手術による矯正が必要となることが多い。

術後管理とリハビリテーション： 外反母趾手術の術後リハビリテーションは中足骨の骨切り部位により異なるが，疼痛と腫脹を緩和させることがゴールとなる。Chevron 法術後は踵での荷重歩行が許可される。中足骨の近位骨切り術後では 6 週間の免荷が，特に Lapidus（ラピドゥス）法では術後 8 週間の免荷が必要となる。その後すぐに足関節および足部のすべての筋力強化訓練を開始し，固有受容感覚を改善するための荷重運動を追加する。日常生活動作の制限はなるべく行わず，術後 8〜10 週間でよりスポーツ要素の強い運動への復帰を促し始める。

予後： バニオン切除術（バニオネクトミー）は合併症も少なく良好な成績が期待できる。IMA 角を良好に矯正し前足部の幅を狭くすることで再発率を抑えることができる。復帰レベルは患者の全身健康状態やゴール設定によるが，術前の機能レベルより改善することが多い。成人アスリートでは成績がより不安定となる傾向がある。

競技復帰： 骨癒合が完成し疼痛なくランニングすることができるようになれば，競技への復帰は可能となるが，通常は術後 3 か月以上を要する。

文献

Barouk LS, Barouk P, Baudet B, Toullec E. The great toe proximal phalanx osteotomy: The final step of the bunionectomy. *Foot Ankle Clin.* 2005; 10(1): 141-155. Review.

Coughlin MJ, Shurnas PS. Hallux valgus in men. Part II: First ray mobility after bunionectomy and factors associated with hallux valgus deformity. *Foot Ankle Int.* 2003; 24(1): 73-78.

Dayton P, Glynn A, Rogers WS. Use of the Z osteotomy for Tailor bunionectomy. *J Foot Ankle Surg.* 2003; 42(3): 167-169.

Gill LH. Distal osteotomy for bunionectomy and hallux valgus correction. *Foot Ankle Clin.* 2001; 6(3): 433-453. Review.

243

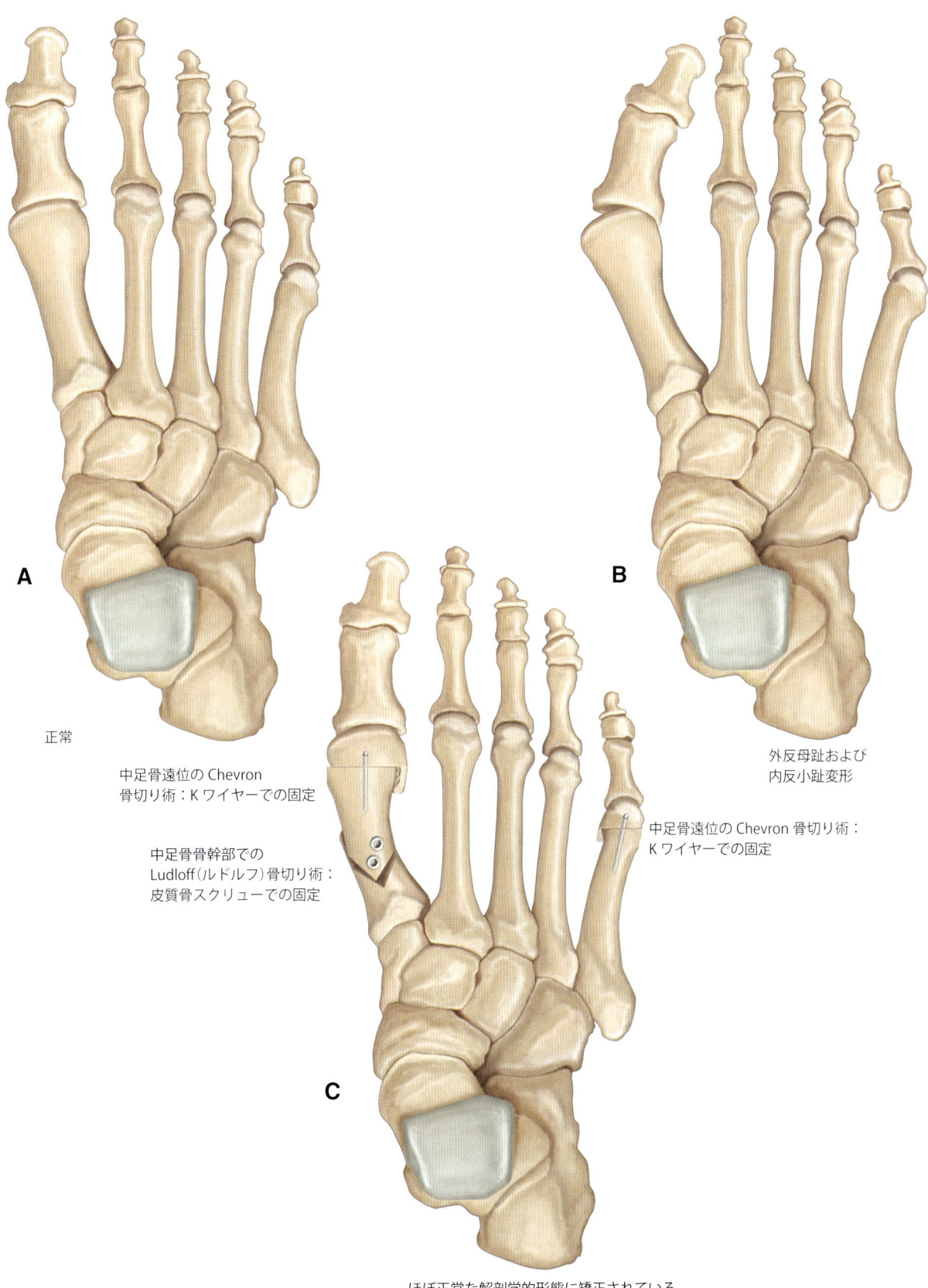

A 正常

B 外反母趾および内反小趾変形

中足骨遠位の Chevron 骨切り術：K ワイヤーでの固定

中足骨骨幹部での Ludloff（ルドルフ）骨切り術：皮質骨スクリューでの固定

中足骨遠位の Chevron 骨切り術：K ワイヤーでの固定

C ほぼ正常な解剖学的形態に矯正されている。

図 105　一般的なバニオン（外反母趾）とバニオネット（内反小趾）手術

7　足関節，足

カイレクトミー(強剛母趾に対する)
Cheilectomy (for Hallux Rigidus)

適応と目的： 強剛母趾(第1基節骨背側の骨増殖)とは母趾MTP関節の疼痛により活動が制限される疾患である。スポーツ選手では，ターフトウや離断性骨軟骨炎が慢性化することでも発生する。臨床症状は母趾背屈可動域の減少と関節背側の骨性隆起の触知であり，この骨棘は単純X線側面像で明瞭に確認できる。保存療法として消炎鎮痛薬の投与，パッドによる除圧，硬めの足底挿板の使用などがあるが，抵抗例にはカイレクトミーが適応となる。さらに進行した症例にはMTP関節固定術など他の手術法が行われる。

手術手技： 母趾MTP関節背側の縦切開で侵入し，エクステンサーフード(extensor hood)と関節包を展開する。滑膜と遊離体を切除したのち関節内を観察する。ボーンソーまたは骨ノミを用いて中足骨頭の背側20〜30%を切除する。周囲の骨棘をすべて切除し不整になっている部分を平坦化したのち関節包，皮膚を縫合する。Cアームによる透視側面像により背屈可動域が完全に回復していることを確認する。

術後管理とリハビリテーション： 術後は硬めの靴(術後装具)を装着させ，術後早期の荷重負荷の軽減をはかる。術後すぐあるいは数日後に，術者の判断により監視下での可動域訓練を始める。術後の疼痛に対しては投薬や他の鎮痛処置で対応する。通常，自制内での可動域訓練を積極的に進めつつ，術後2週間の踵荷重歩行を行う。

予　後： カイレクトミーの術後成績は良好で，疼痛の軽減と機能の改善が期待できる。合併症としては背側皮神経内側枝の損傷や創治癒不全に注意する。カイレクトミーは重度の軟骨欠損がみられない骨棘形成が主体となる症例に対する治療法として良好な成績が期待できる方法であるとされている。重症例に対しては関節固定術が行われる。

競技復帰： 通常，術後2〜3か月での競技への復帰が可能となるが，関節症が進行している症例では復帰は望めない。

文献

Beertema W, Draijer WF, van Os JJ, Pilot P. A retrospective analysis of surgical treatment in patients with symptomatic hallux rigidus: Long-term follow-up. *J Foot Ankle Surg.* 2006; 45(4): 244-251.
Coughlin MJ, Shurnas PS. Hallux rigidus. Grading and long-term results of operative treatment. *J Bone Joint Surg Am.* 2003; 85-A(11): 2072-2088.
Debnath UK, Hemmady MV, Hariharan K. Indications for and technique of first metatarsophalangeal joint arthroscopy. *Foot Ankle Int.* 2006; 27(12): 1049-1054.
Dereymaeker G. Surgical treatment of hallux rigidus. *Orthopade.* 2005; 34(8): 742-744,746-747. Review.
Keiserman LS, Sammarco VJ, Sammarco GJ. Surgical treatment of the hallux rigidus. *Foot Ankle Clin.* 2005; 10(1): 75-96. Review.
Lau JT, Daniels TR. Outcomes following cheilectomy and interpositional arthroplasty in hallux rigidus. *Foot Ankle Int.* 2001; 22(6): 462-470.

245

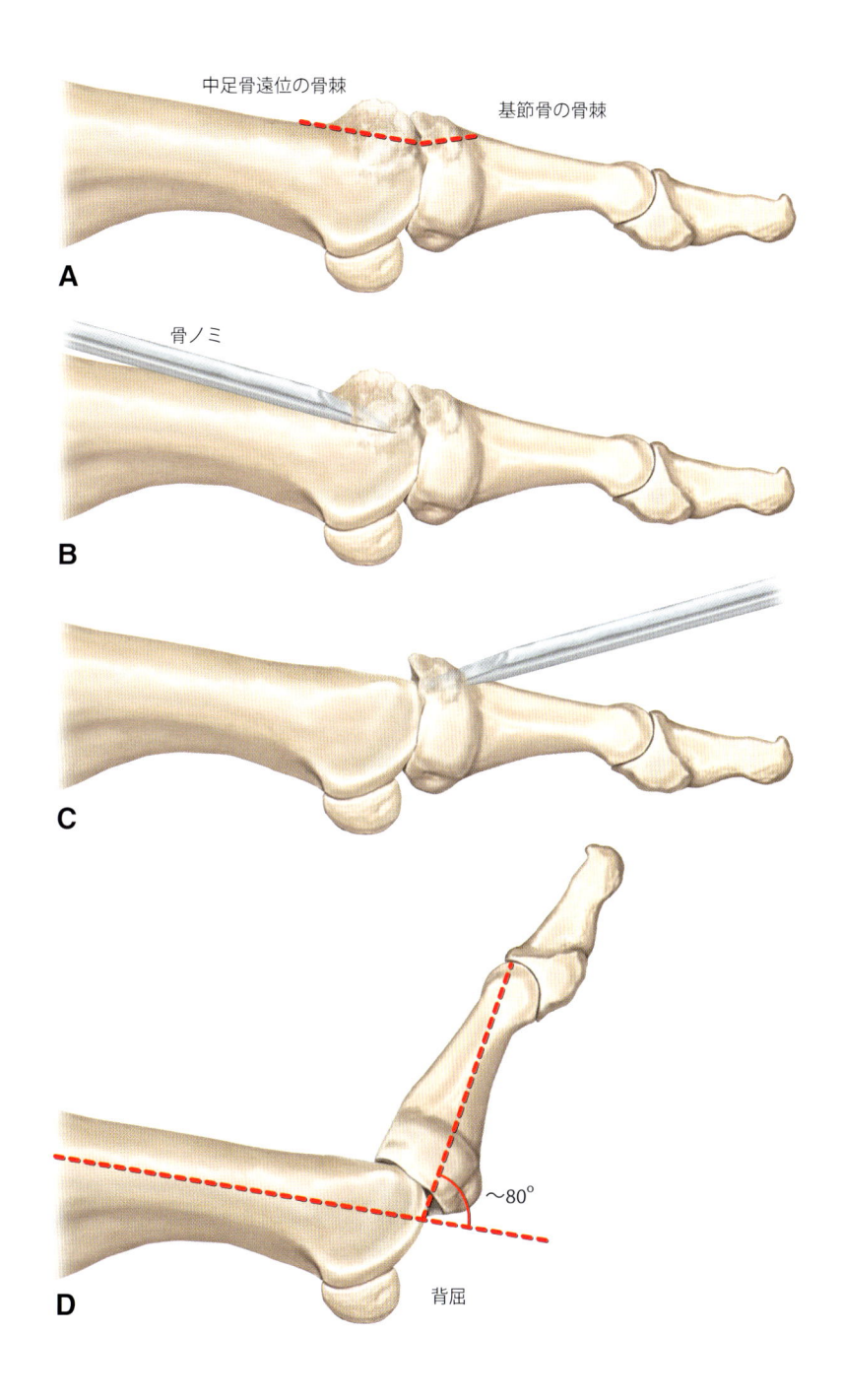

中足骨遠位の骨棘　基節骨の骨棘

A

骨ノミ

B

C

~80°
背屈

D

図106　カイレクトミー

7 足関節，足

三角骨切除術
Os Trigonum Excision

適応と目的： 距骨後面にある分離した三角骨は，バレエダンサーが足関節を過底屈させる際(いわゆるバレリーナのポアント肢位)にしばしば問題となる。この肢位で三角骨は脛骨遠位と衝突し疼痛をきたす。保存療法に抵抗する症例では，切除術が必要となる。三角骨は足関節後方の長母趾屈筋腱のすぐ外側に位置する。

手術手技： 切除術は後外側または後内側アプローチにより行われる。後外側アプローチでは内側の神経血管束の損傷を回避することができる。また腹臥位での傍アキレス腱アプローチ(アキレス腱の内・外側縁にポータルを作成)による鏡視下手術では良好な成績が得られている。

術後管理とリハビリテーション： 三角骨切除後の術後リハビリテーションは直後より行う。疼痛，腫脹の軽減と可動域の改善が重要な鍵になる。通常，術直後からの荷重歩行は一般的ではないが，荷重開始時期については術者の判断による。自制内での全荷重歩行への移行や固有受容感覚の改善，筋力強化訓練が行われる。

予後： 3か月間の保存療法に抵抗を示す有痛性症例に対し，手術療法が行われる。切除術の成績は良好であり，ほとんどのアスリートは術前の競技レベルまで復帰することができる。手術による合併症としては，腓腹神経障害，手術創の表在感染や反射性交感神経性ジストロフィー(reflex sympathetic dystrophy: RSD)が挙げられる。

競技復帰： 競技への完全復帰は通常，術後6〜8週間とされる。

文献

Abramowitz Y, Wollstein R, Barzilay Y, London E, Matan Y, Shabat S, Nyska M. Outcome of resection of a symptomatic os trigonum. *J Bone Joint Surg Am*. 2003; 85-A(6): 1051–1057.

Chao W. Os trigonum. *Foot Ankle Clin*. 2004; 9(4): 787–796, vii. Review.

Mouhsine E, Crevoisier X, Leyvraz PF, Akiki A, Dutoit M, Garofalo R. Post-traumatic overload or acute syndrome of the os trigonum: A possible cause of posterior ankle impingement. *Knee Surg Sports Traumatol Arthrosc*. 2004; 12(3): 250–253. Epub 2004 Jan 28.

図 107　鏡視下三角骨切除術

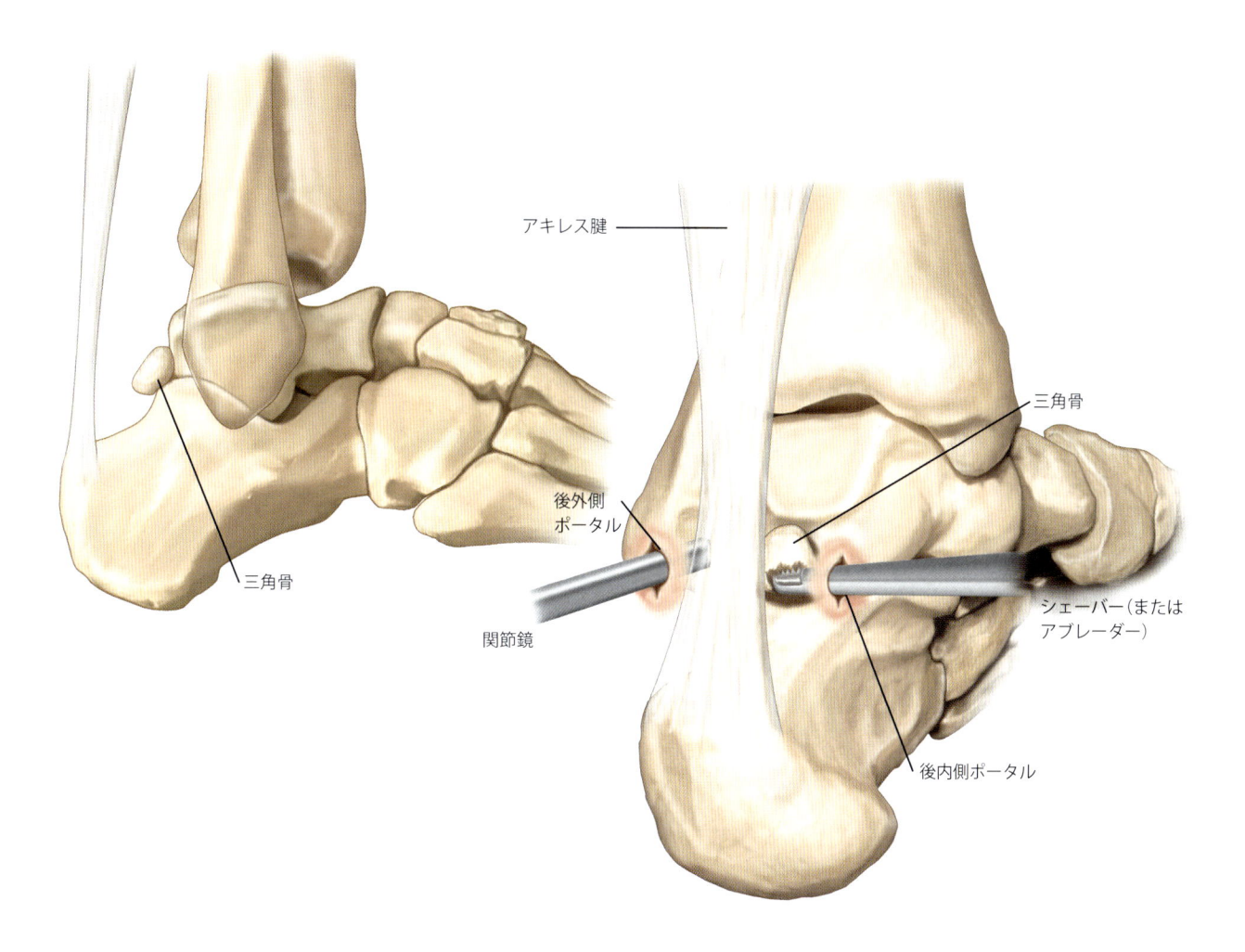

足底腱膜切離術
Plantar Fascia Release

適応と目的： 足底腱膜炎は，足底腱膜の踵骨付着部中央〜内側での炎症により発生する。ランナーに多いことで知られ，回内足変形で助長される。初期治療は安静，装具療法，消炎鎮痛薬の投与，ストレッチングなどがある。1日数回のアキレス腱ストレッチング(heel cord stretching)が有効とされている。難治性病変に対しては腱膜切離と神経剥離が有用とされているが，保存療法に抵抗する症例に対してのみ行われるべきである。症例によっては症状の軽減に10か月以上を要するものもある。ステロイドの局所注入を繰り返すことは，足底腱膜断裂や皮膚・脂肪組織の萎縮をきたすため避けるべきである。

手術手技： 踵部の足底腱膜付着部内側に斜切開を入れる。外側足底神経が絞扼されていることも多く，剥離したうえで避ける必要がある。母趾外転筋の表層筋膜を切離し近位に避けたのち，足底腱膜を切離する。鏡視下手術で行われることもある。

術後管理とリハビリテーション： 足底腱膜切離術後の早期リハビリテーションでは，荷重を注意深く徐々に増やしていくことが重要である。創瘢痕に対する処置と軟部組織のモビライゼーションを積極的に行う。足底面のクッショニングが有用である。術後1〜2週にかけて疼痛を指標として荷重を徐々に増やしていく。

予後： ほとんどの症例で術後機能は改善が得られるが，術前に2年以上症状を有していた症例では成績が劣る。術後約3か月で復帰となる。BMI 27以上のアスリートでなければ肥満が術後成績に影響を与えることはないとされている。アーチ保持と正常な足部バイオメカニクス維持のためには，腱膜の40%以下の部分切離術が推奨されている。合併症としては疼痛の残存，内側アーチの低下，手術創の問題などが考えられる。

競技復帰： 小手術ではあるが，術後成績や競技への復帰はまちまちである。手術が問題なく行われれば，競技復帰は通常，術後8〜12週間とされている。

文献

Bazaz R, Ferkel RD. Results of endoscopic plantar fascia release. *Foot Ankle Int.* 2007; 28(5): 549–556.
Brugh AM, Fallat LM, Savoy-Moore RT. Lateral column symptomatology following plantar fascial release: A prospective study. *J Foot Ankle Surg.* 2002; 41(6): 365–371.
Cheung JT, An KN, Zhang M. Consequences of partial and total plantar fascia release: A finite element study. *Foot Ankle Int.* 2006; 27(2): 125–132.
Hogan KA, Webb D, Shereff M. Endoscopic plantar fascia release. *Foot Ankle Int.* 2004; 25(12): 875–881.
Jerosch J, Schunck J, Liebsch D, Filler T. Indication, surgical technique and results of endoscopic fascial release in plantar fasciitis(E FRPF). *Knee Surg Sports Traumatol Arthrosc.* 2004; 12(5): 471–477. Epub 2004 Apr 14.
Saxena A. Uniportal endoscopic plantar fasciotomy: A prospective study on athletic patients. *Foot Ankle Int.* 2004; 25(12): 882–889.

内下方の切開：
足底腱膜の切離

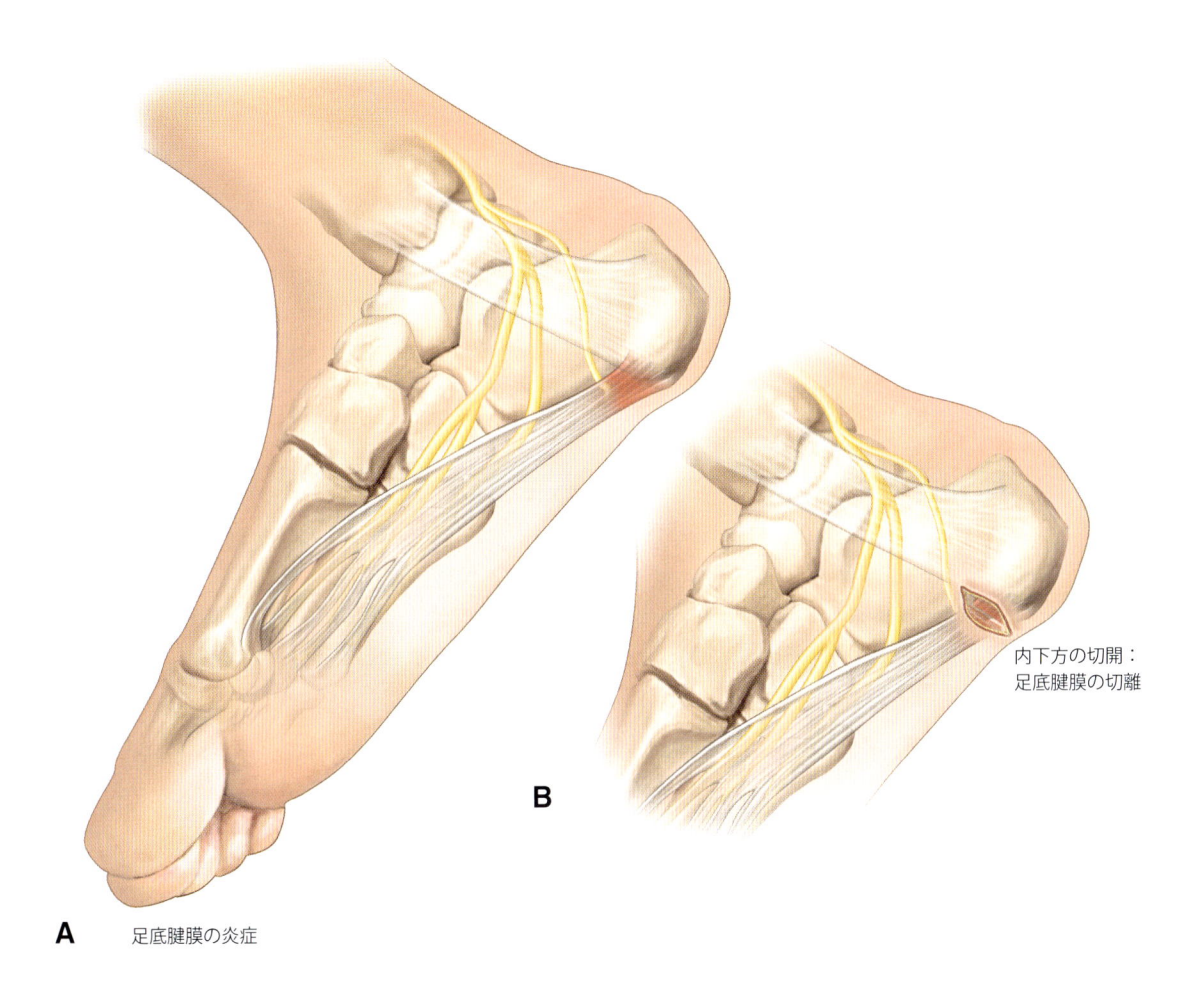

A 足底腱膜の炎症

B

図108 足底腱膜切離術

絞扼性神経障害に対する神経剥離術
Release of Nerve Entrapment

適応と目的： 解剖学的部位に起因するいくつかの絞扼性神経障害が報告されている。筋電図検査や神経伝導速度検査といった電気生理学的検査が診断に有用である。絞扼性神経障害として，一般に以下のようなものがある。

神経	部位
伏在神経	Hunter（ハンター）管と縫工筋/薄筋間
総腓骨神経	腓骨の頸部
浅腓骨神経	外果先端から12cm近位
深腓骨神経	下伸筋支帯（前足根管）
後脛骨神経	内果後方（足根管）
内側足底神経	長趾屈筋と長母趾屈筋の交差部（knot of Henry）（ジョガーズ・フット）
腓腹神経	アキレス腱外側
趾神経	第3・4中足骨頭間（時に第2・3中足骨頭間）Morton神経腫

手術手技： 絞扼を起こしている組織の切除または切離による手術を行う。これに対し，Morton（モートン）神経腫では，骨頭間背側から進入し神経切除術を行う。

術後管理とリハビリテーション： 絞扼性神経障害の神経剥離術後のリハビリテーションは比較的進行性（progressive）である。剥離した神経の部位によって，荷重や処置の手順は多様である。しかし，いったん手術創が治癒すると，可動域訓練，腱や神経の滑走（gliding），そして軽い筋力強化訓練を速やかに始める。注意深い手術操作と解剖に熟知することで，神経損傷や合併症の危険性を回避することができる。

予後： 手術による効果は，剥離される神経，術者の経験，目標とする機能，患者の健康状態により左右される。一般的に約2年後の成績は，手術創の状態，疼痛の軽減，機能改善という面で優れている。ほとんどの患者は，これまでの日常生活や職場への復帰をきたすが，日常生活環境や靴の修正，変更が望まれる。

競技復帰： 一般にスポーツ活動への完全復帰は術後2〜3か月とされるが，手術の程度により左右される。競技への復帰には，いかなる神経症状の残存も許されない。

文献

Gondring WH, Shields B, Wenger S. An outcomes analysis of surgical treatment of tarsal tunnel syndrome. *Foot Ankle Int*. 2003; 24(7): 545-550.

Hort KR, DeOrio JK. Adjacent interdigital nerve irritation: Single incision surgical treatment. *Foot Ankle Int*. 2002; 23(11): 1026-1030.

Kim JY, Choi JH, Park J, Wang J, Lee I. An anatomical study of Morton's interdigital neuroma: The relationship between the occurring site and the deep transverse metatarsal ligament (DTML). *Foot Ankle Int*. 2007; 28(9): 1007-1010.

Krishnan KG, Pinzer T, Schackert G. A novel endoscopic technique in treating single nerve entrapment syndromes with special attention to ulnar nerve transposition and tarsal tunnel release: Clinical application. *Neurosurgery*. 2006; 59(1 suppl 1): ONS89-100; discussion ONS89-100.

Lui TH. Endoscopic decompression of the first branch of the lateral plantar nerve. *Arch Orthop Trauma Surg*. 2007; 127(9): 859-861. Epub 2007 Jun 21.

Sammarco GJ, Chang L. Outcome of surgical treatment of tarsal tunnel syndrome. *Foot Ankle Int*. 2003; 24(2): 125-131.

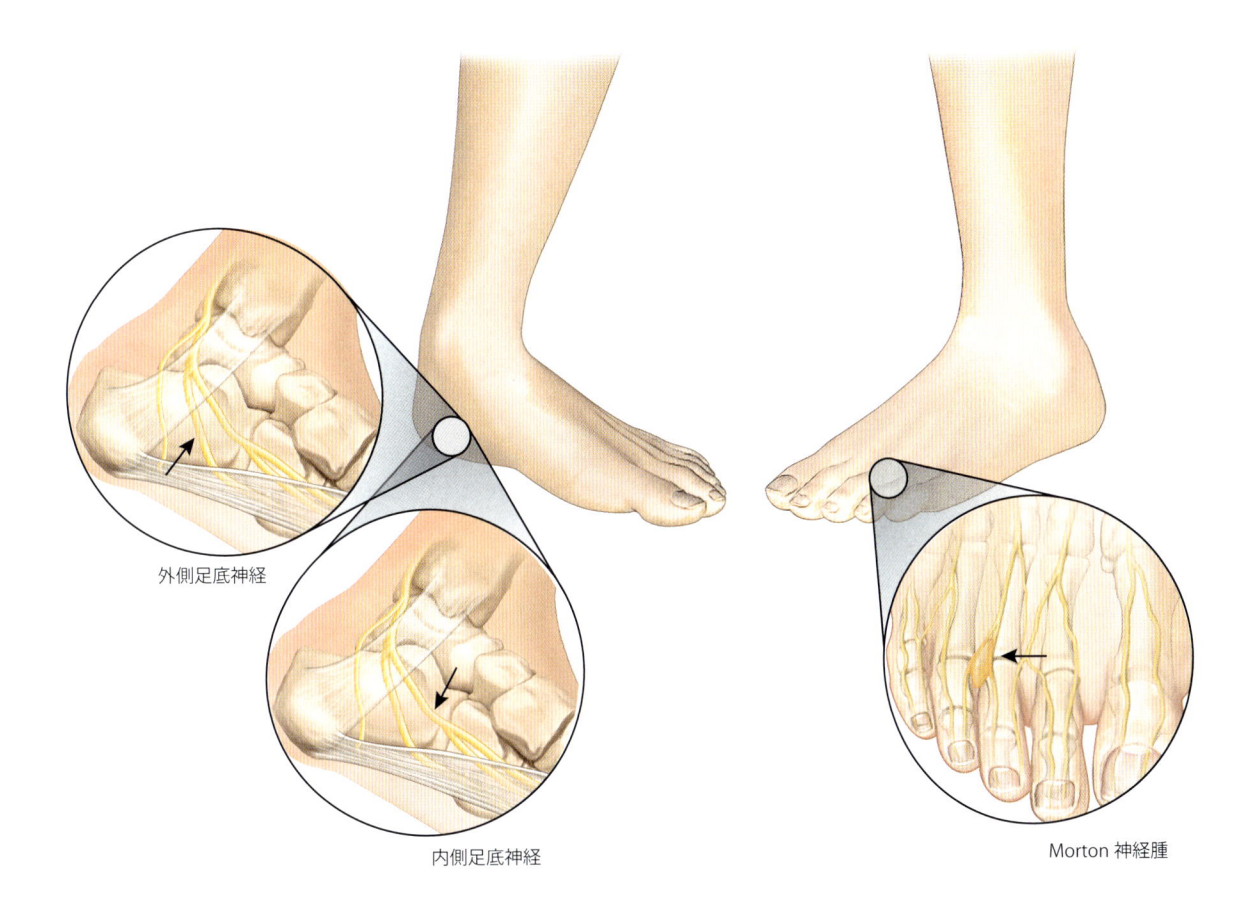

図109 絞扼性神経障害の発生部位

外側足底神経

内側足底神経

Morton神経腫

遠位脛腓間離開(脛腓靱帯損傷)に対する観血的整復固定術(ORIF)
Open Reduction Internal Fixation of Syndesmotic Injuries

適応と目的: 遠位脛腓間離開(脛腓靱帯損傷)は"high ankle sprain"ともよばれ,時には不安定性や症状が残存し手術による整復固定術が必要となる疾患である。本疾患は一般的な足関節捻挫(前距腓靱帯損傷や三角靱帯損傷を伴う)とは区別され,より疼痛部位が近位(高位)にあることや,"スクイーズテスト(squeeze test)"や"外旋ストレステスト(external rotation stress test)"により疼痛が誘発されることが特徴である。外旋ストレステストではストレス負荷時の不安定性の有無を,X線透視など画像により確認する必要がある。もしこのテストが陽性であれば,観血的整復固定術(ORIF)の適応となる。スクワット姿勢時の遠位脛腓靱帯の疼痛は,軽度の靱帯損傷の診断に役立つ。

手術手技: 本疾患に対する理想的な固定法については,いまだ議論されている。骨皮質を3か所ないしは4か所貫通させての,長さの異なる1本または2本のスクリューによる固定法が提案されている。関節面の約2cm近位のレベルに,足関節を中間位にした状態で脛骨と腓骨にドリル穴を作成し,腓骨遠位の限られた部位に1〜2本のスクリューを刺入する。ラグスクリューは用いない。少なくとも術後3か月まではスクリューの抜釘は行わないが,とくにそれまでに荷重負荷をかけてしまうことでスクリューの折損が高率に発生する。単純X線撮影で明瞭な脛腓間離開がないにもかかわらず,遠位脛腓靱帯に疼痛が持続するアスリートに対しては,脛腓間の関節鏡視下デブリドマンと縫合術による安定性獲得を考慮する。

術後管理とリハビリテーション: 術後リハビリテーションは脛腓間離開(脛腓靱帯損傷)の重症度により異なる。脛腓間の離開や不安定性が著しい症例では,術後6週間の免荷が行われる。より軽度な損傷に対しては術後約2週間より早期の可動域訓練と筋力強化訓練が開始される。隣接する関節の正常な運動回復に重点を置いた訓練が行われる。軽く荷重負荷をかけながらの足底の固有受容感覚訓練を開始し,徐々に片脚でのミニスクワットへと移行させる。

予後: 本疾患に対する観血的整復固定術を行った患者では,良好な機能回復とX線学的整復が得られるとされている。合併症としては,遠位脛腓間離開の再発,整復不良,スクリューの折損などが挙げられる。Grade III 脛腓靱帯損傷であっても,脛腓間の整復固定術後6週間で競技への完全復帰が可能となる症例もみられる。

競技復帰: この手術法による術後の競技復帰の時期については,いまだ論議を要する。脛腓間へ再度緊張を負荷することでスクリューの折損をきたす恐れがある。最新の強度のある縫合システム(suture construct)により抜釘の必要性が回避できるようになりつつある。術後6〜8週間で競技復帰が可能となるアスリートもいるなかで,完全復帰までに術後6か月を要する症例もある。完全復帰前には,アスリートが疼痛なく片脚スクワットができ,疼痛・腫脹なくジャンプ動作が可能なことを確認する必要がある。

文献

Kaukonen JP, Lamberg T, Korkala O, Pajarinen J. Fixation of syndesmotic ruptures in 38 patients with a malleolar fracture: A randomized study comparing a metallic and a bioabsorbable screw. *J Orthop Trauma*. 2005; 19(6): 392-395.

Kukreti S, Faraj A, Miles JN. Does position of syndesmotic screw affect functional and radiological outcome in ankle fractures? *Injury*. 2005; 36(9): 1121-1124.

Moore JA Jr, Shank JR, Morgan SJ, Smith WR. Syndesmosis fixation: A comparison of three and four cortices of screw fixation without hardware removal. *Foot Ankle Int*. 2006; 27(8): 567-572.

Takao M, Uchio Y, Naito K, Fukazawa I, Kakimaru T, Ochi M. Diagnosis and treatment of combined intra-articular disorders in acute distal fibular fractures. *J Trauma*. 2004; 57(6): 1303-1307.

Taylor DC, Tenuta JJ, Uhorchak JM, Arciero RA. Aggressive surgical treatment and early return to sports in athletes with grade III syndesmosis sprains. *Am J Sports Med.* 2007; 35(11): 1833-1838. Epub 2007 Jul 20.
Weening B, Bhandari M. Predictors of functional outcome following transsyndesmotic screw fixation of ankle fractures. *J Orthop Trauma.* 2005; 19(2): 102-108.

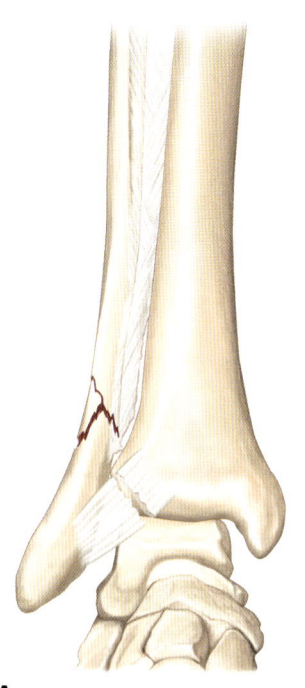

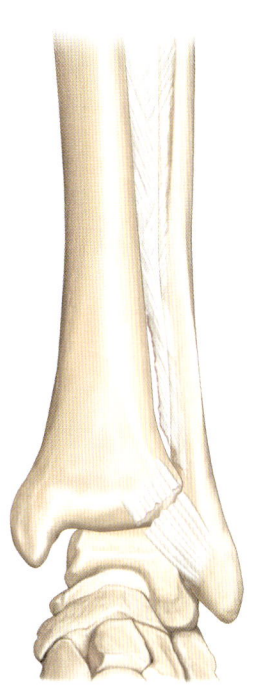

A 遠位脛腓間離開（脛腓靱帯損傷）は足関節の不適合性をきたす（骨折の有無にかかわらず）。

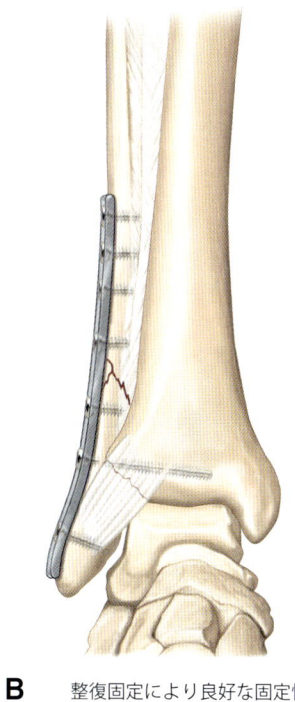

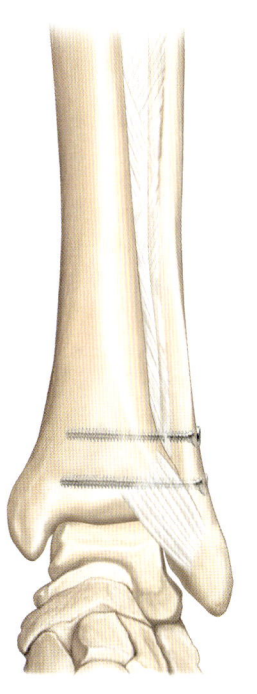

B 整復固定により良好な固定性と足関節の機能回復が得られる。

図110 遠位脛腓間離開（脛腓靱帯損傷）に対する観血的整復固定術（ORIF）

足関節骨折に対する観血的整復固定術（ORIF）
ORIF Ankle Fractures

適応と目的： 足関節骨折は通常，地面に固定された足部に対し回旋が加わり発生する。一般には腓骨の骨折部位により分類される。足関節内での距骨のわずかな転位は，接触面の圧変化をきたすため手術の適応となる。転位のある骨折は観血的整復固定術（ORIF）の適応である。

手術手技： 腓骨遠位端の骨折に対しては縦方向の皮膚切開をおき，浅腓骨神経を確認し避けることに注意する必要がある。腓骨を骨膜下に展開し鉗子により整復する。内果骨折を合併している場合は整復後一時的にKワイヤーで固定しておく。腓骨の斜骨折に対する整復はスクリューとプレートにより最終的な腓骨の固定を行う。内果は通常，2本のスクリューで最終的に固定する。内側の整復を行ったKワイヤーを有効に活用することで中空スクリューも用いられる。後果骨折に対しては，関節面の25％以上に及ぶか2mm以上のステップオフがなければ，通常，固定する必要はないとされている。ストレス画像にて脛腓間離開が確認されれば，脛腓間のスクリュー固定が必要となる。

術後管理とリハビリテーション： 術後は約6〜8週間のギプス固定またはwalking boot（歩行ブーツ）を用い完全免荷とする。仮骨形成が確認されれば監視下での可動域訓練，筋力強化訓練と足底の固有受容感覚訓練を開始し，疼痛の自制内で進めていく。足関節・足部バイオメカニクスを回復するために，隣接関節の可動域訓練を行うことが重要である。

予　後： 着脱可能なギプス固定を用いた早期からの可動域訓練を行うことで，より高い機能改善が得られ早期からの復帰が可能となる。

競技復帰： 完全な骨癒合，腫脹の軽減，可動域の機能的な改善と固有受容感覚が得られたのちに競技復帰へ移行する。

文　献

Honigmann P, Goldhahn S, Rosenkranz J, Audigé L, Geissmann D, Babst R. Aftertreatment of malleolar fractures following ORIF—functional compared to protected functional in a vacuum-stabilized orthesis: A randomized controlled trial. *Arch Orthop Trauma Surg*. 2007; 127 (3): 195-203. Epub 2006 Dec 30.

Vioreanu M, Dudeney S, Hurson B, Kelly E, O'Rourke K, Quinlan W. Early mobilization in a removable cast compared with immobilization in a cast after operative treatment of ankle fractures: A prospective randomized study. *Foot Ankle Int*. 2007; 28(1): 13-19.

A 足関節両果骨折

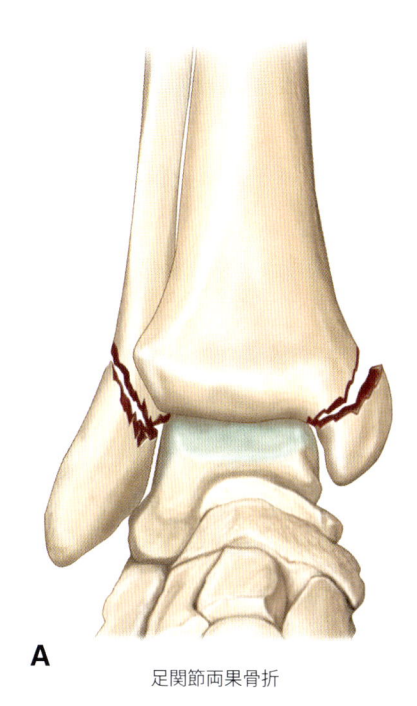

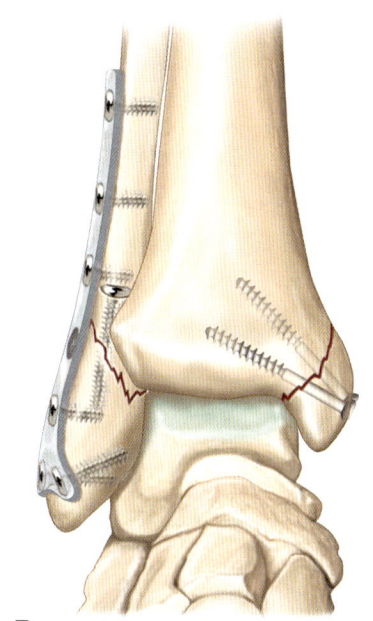

B ラグスクリューとプレートによる腓骨の整復固定および部分的にスレッドのある海綿骨スクリューによる内果の整復固定術

図111 足関節両果骨折に対する観血的整復固定術（ORIF）

距骨骨折に対する観血的整復固定術(ORIF)
ORIF Talar Fractures

適応と目的： 距骨頸部骨折は距骨骨折のなかでも最も一般的な骨折である．転位を有する骨折は距骨の乏しい血流のため，整復固定を行っても高率に無腐性壊死をきたす．解剖学的整復ののち，観血的整復固定術(ORIF)が必要となる．距骨体部骨折や距骨結節骨折(外側＞内側)では，転位が著しい場合のみ整復固定が必要となる．距骨外側突起骨折は，"スノーボーダーズ骨折(snowboarder's ankle)"ともいわれている．距骨下脱臼(バスケットボールフットともよばれる)は通常内側に転位することが多く，徒手整復により良好な安定性が得られる．

手術手技： 距骨頸部骨折に対しては解剖学的整復固定術が要求される．内・外側の2つの切開を用いて整復操作を行うことが多く，後方から前方への2本の中空スクリュー(内側および外側に1本ずつ)を用いて固定される．粉砕が著しい症例に対してはプレート固定も行われることがある．

術後管理とリハビリテーション： 治癒傾向が確認されるまで完全免荷を行う．Hawkins(ホーキンス)徴候(軟骨下骨の透亮像)は血流再開を意味する軟骨下骨領域の吸収像であり，肯定的な(期待のもてる)所見である．一方，こういった所見が認められない場合には距骨壊死を考慮する必要がある．ギプス固定や歩行装具の使用は術者により選択される．可動域訓練，筋力強化訓練，足底の固有受容感覚訓練は，術後の症状に応じて許容範囲内(自制内)で開始し，徐々に増加していく．

予後： 転位のある距骨頸部骨折や体部骨折に対しては，一般に緊急での整復固定術が推奨されているが，待機手術が術後成績，骨癒合，骨壊死の発生には影響しないという報告も散見されている．外傷性変形性関節症や無腐性壊死は，解剖学的に整復固定された症例においても転位を有する骨折後の合併症として発生しうる．

競技復帰： 競技への復帰は骨折部位，重症度，整復固定術の完成度に左右される．転位を有する距骨頸部骨折では，無腐性壊死をきたすこともあり競技復帰は困難となることも少なくない．

文 献

Cronier P, Talha A, Massin P. Central talar fractures–therapeutic considerations. *Injury.* 2004; 35(suppl 2): SB10–SB22. Review.
Frawley PA, Hart JA, Young DA. Treatment outcome of major fractures of the talus. *Foot Ankle Int.* 1995; 16(6): 339–345.
Lindvall E, Haidukewych G, DiPasquale T, Herscovici D Jr, Sanders R. Open reduction and stable fixation of isolated, displaced talar neck and body fractures. *J Bone Joint Surg Am.* 2004; 86-A(10): 2229–2234.
Tezval M, Dumont C, Stürmer KM. Prognostic reliability of the Hawkins sign in fractures of the talus. *J Orthop Trauma.* 2007; 21(8): 538–543.
Vallier HA, Nork SE, Benirschke SK, Sangeorzan BJ. Surgical treatment of talar body fractures. *J Bone Joint Surg Am.* 2004; 86-A(suppl 1 pt 2): 180–192.

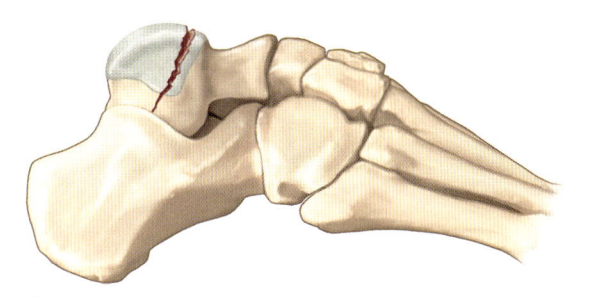

A 距骨体部骨折（側面）

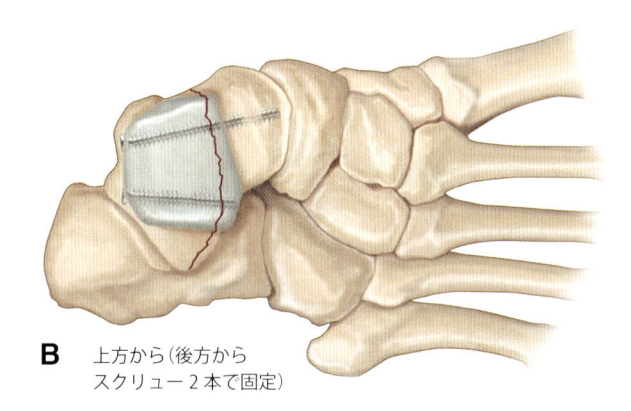

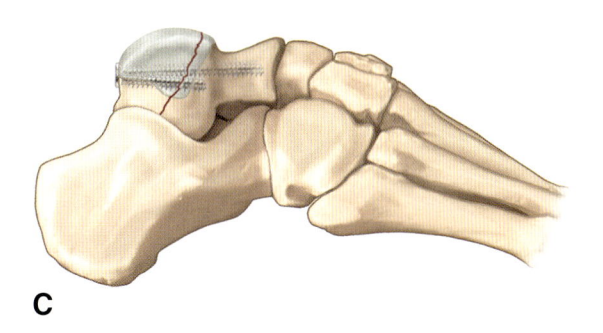

B 上方から（後方から
スクリュー2本で固定）

C

図112 距骨体部骨折に対する観血的整復固定術（ORIF）

踵骨骨折に対する観血的整復固定術（ORIF）
ORIF Calcaneal Fractures

適応と目的： 踵骨骨折は一般に強い軸圧により生じ，ときに他の下肢の骨折や脊椎骨折を伴う。踵骨骨折により踵は短縮，扁平（幅が広くなる），内反変形をきたす。分類と治療法の選択にはCT撮像が有用である。転位を有する骨折では観血的整復固定術（ORIF）が必要となる。良好に治療された場合でも合併症（創の遷延治癒，コンパートメント症候群，外傷性関節症など）を呈することが少なくない。

手術手技： 踵骨骨折に対しては延長可能な外側からの切開を用いた観血的整復固定術が行われる。深層まで至るフラップを作成し皮膚を温存する。踵骨用プレートによる最終的な固定を行う前に，Kワイヤーによる初期（仮）固定を行うとよい。関節面を整復したのち，踵骨結節と後距踵関節面，前方突起を結合させるペリメタープレートにより固定する。

術後管理とリハビリテーション： 治癒傾向が確認されるまで完全免荷を行う。ギプス固定や歩行装具の使用は術者により選択される。可動域訓練，筋力強化訓練，足底の固有受容感覚訓練は，術後の症状に応じて許容範囲内（自制内）で開始し，徐々に増加していく。荷重は一般的には術後6〜8週で開始する。

予後： 踵骨骨折に対する観血的整復固定術の術後成績は，転位が少なく単純な骨折型を呈する症例でのみ良好とされている。多くの症例で治癒にもかかわらず距骨下関節の可動域は制限される。多くの症例は術後約4か月で治癒に至ると報告されている。術後約5年の機能成績と軸位アライメントは良好との報告もある。合併症としては偽関節，癒合不良，感染，関節症性変化などが挙げられる。関節症性変化が進行した場合には，のちに距骨下関節固定術が行われる。最も多い合併症としては，縫合不全や離開といった創の問題がある。距骨下関節の可動域制限は，不整地での歩行機能不全をきたす。

競技復帰： 競技への復帰は骨折部位と程度，整復固定術の完成度に左右される。ほぼ解剖学的整復が可能であった症例では術後6か月以内での競技復帰が可能となることもある。より重症の骨折では競技への復帰は困難となる。

文献

Bajammal S, Tornetta P 3rd, Sanders D, Bhandari M. Displaced intra-articular calcaneal fractures. *J Orthop Trauma*. 2005; 19(5): 360–364. Review.
Carr JB. Surgical treatment of the intra-articular calcaneus fracture. *Orthop Clin North Am*. 1994; 25(4): 665–675. Review.
Germann CA, Perron AD, Miller MD, Powell SM, Brady WJ. Orthopedic pitfalls in the ED: Calcaneal fractures. *Am J Emerg Med*. 2004; 22(7): 607–611. Review.
Harvey EJ, Grujic L, Early JS, Benirschke SK, Sangeorzan BJ. Morbidity associated with ORIF of intra-articular calcaneus fractures using a lateral approach. *Foot Ankle Int*. 2001; 22(11): 868–873.
Howard JL, Buckley R, McCormack R, Pate G, Leighton R, Petrie D, Galpin R. Complications following management of displaced intra-articular calcaneal fractures: A prospective randomized trial comparing open reduction internal fixation with nonoperative management. *J Orthop Trauma*. 2003; 17(4): 241–249.
Hüfner T, Geerling J, Gerich T, Zeichen J, Richter M, Krettek C. Open reduction and internal fixation by primary subtalar arthrodesis for intraarticular calcaneal fractures. *Oper Orthop Traumatol*. 2007; 19(2): 155–169. Review.
Rammelt S, Zwipp H. Calcaneus fractures: Facts, controversies and recent developments. *Injury*. 2004; 35(5): 443–461. Review.

A 踵骨骨折（後方）による亜脱臼

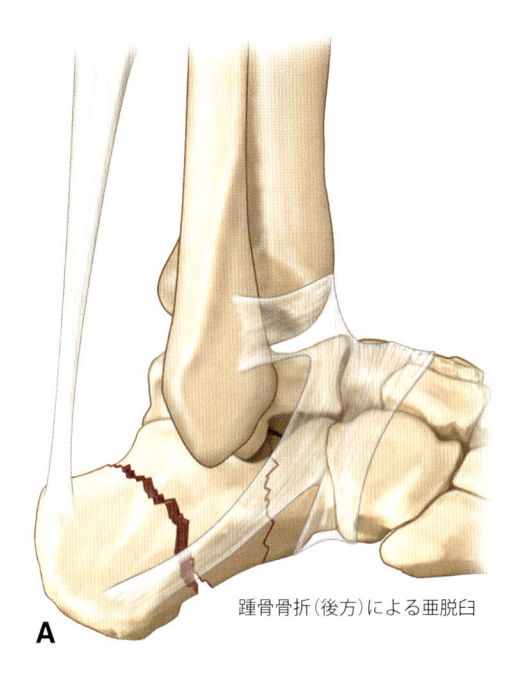

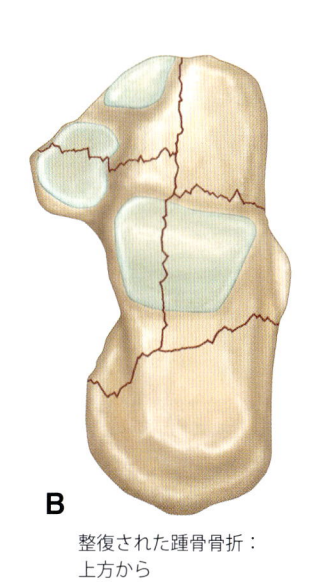

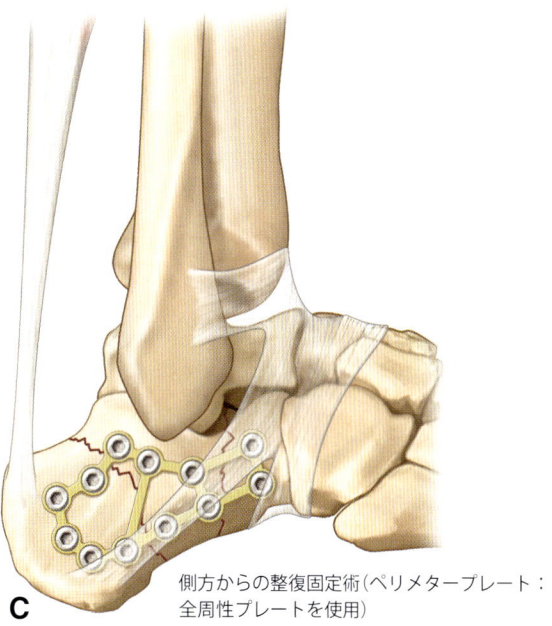

B 整復された踵骨骨折：上方から

C 側方からの整復固定術（ペリメタープレート：全周性プレートを使用）

図113 踵骨骨折に対する観血的整復固定術（ORIF）

第5中足骨骨折(Jones 骨折)に対する観血的整復固定術(ORIF)
ORIF Fifth Metatarsal(Jones) Fractures

適応と目的： Jones 骨折は第5中足骨の骨幹端と骨幹の境界に発生する骨折であり，より近位に発生するいわゆる"pseudo-Jones 骨折"とは区別されるべきである．真の Jones 骨折が非常に治癒しにくい骨折であることから，正確に区別することは重要であり，少なくとも競技スポーツに従事する選手にとっては，早期復帰を考慮すると手術療法を検討すべきである．Jones 骨折の保存療法はまず免荷することから始まる．

手術手技： Jones 骨折に対する治療は，X 線透視下での経皮的髄内スクリュー固定により行われる．通常のスクリューによる固定を行う際でも，ポータルを作成するために中空スクリューシステムを用いるとよい．一般にスクリューは大きいほどよく，非中空スクリューが用いられる．このことはこれまでにスクリューの折損が報告されていることによる．近年，ヘッドレスコンプレッションスクリューも用いられている．

術後管理とリハビリテーション： 術後3～4週間は Cam walker を用いての免荷歩行を行う．自制内での全荷重への移行は術者の判断によるが，早期の競技への復帰は再骨折(再発)の要因になるとされている．足底の固有受容感覚訓練は，荷重歩行とともに開始する．

予後： 術後6～8週での復帰が期待される．後足部内反変形によるアライメント不良のため外側支柱への過負荷が誘発されたことによる再発や癒合不全がしばしばみられる．こういった症例には装具や第1中足骨の dorsiflexion osteotomy，またときには Dwyer 踵骨骨切り術で対処する必要がある．

競技復帰： 単純 X 線撮影で骨癒合，運動時痛がないこと，不快感なくランニングおよびカッティング動作ができることなどを確認したうえで競技への復帰時期を検討するのが理想とされている．画像上で骨癒合は早ければ術後6～8週で確認できる．完全な骨癒合を確認するには CT 撮像が行われる．

文献

Johnson JT, Labib SA, Fowler R. Intramedullary screw fixation of the fifth metatarsal: An anatomic study and improved technique. *Foot Ankle Int.* 2004; 25(4): 274-277.

Mologne TS, Lundeen JM, Clapper MF, O'Brien TJ. Early screw fixation versus casting in the treatment of acute Jones fractures. *Am J Sports Med.* 2005; 33(7): 970-975. Epub 2005 May 11.

Porter DA, Duncan M, Meyer SJ. Fifth metatarsal Jones fracture fixation with a 4.5-mm cannulated stainless steel screw in the competitive and recreational athlete: A clinical and radiographic evaluation. *Am J Sports Med.* 2005; 33(5): 726-733. Epub 2005 Feb 16.

Reese K, Litsky A, Kaeding C, Pedroza A, Shah N. Cannulated screw fixation of Jones fractures: A clinical and biomechanical study. *Am J Sports Med.* 2004; 32: 1736-1742.

Rehman S, Kashyap S. Proximal fifth metatarsal stress fracture treated by early open reduction and internal fixation. *Orthopedics.* 2004; 27(11): 1196-1198.

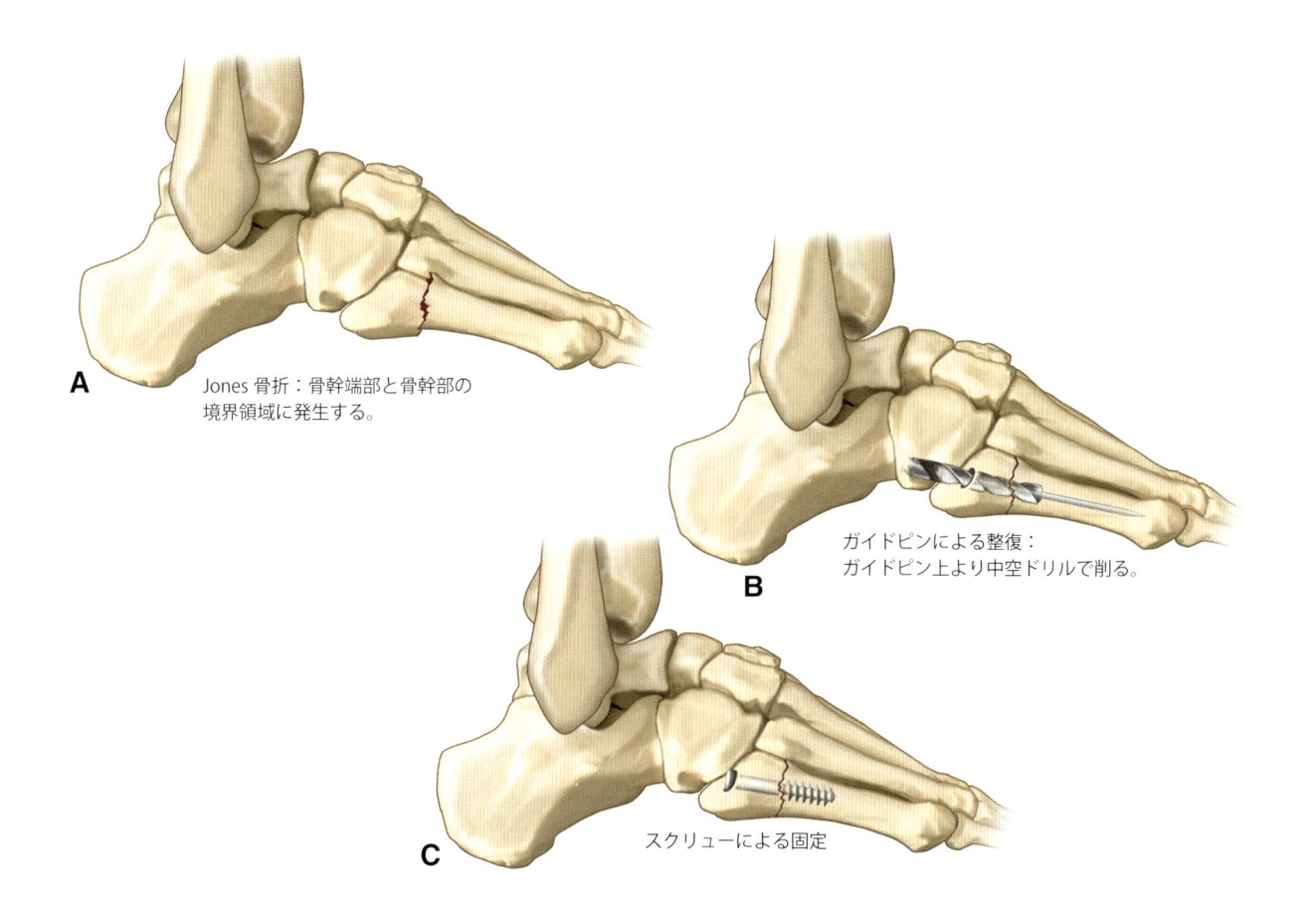

A　Jones骨折：骨幹端部と骨幹部の境界領域に発生する。

B　ガイドピンによる整復：ガイドピン上より中空ドリルで削る。

C　スクリューによる固定

図114　Jones骨折に対する観血的整復固定術（ORIF）

7　足関節，足

リスフラン関節損傷に対する観血的整復固定術（ORIF）
ORIF Lisfranc Injuries

適応と目的： 足根中足関節脱臼骨折［リスフラン（Lisfranc）関節損傷］は前足部を地面に接地した状態で捻転することにより生じる。リスフラン靱帯（第2中足骨基部から内側楔状骨に走行する）の損傷もよくみられる。立位足部単純X線撮影で足根中足関節の適合不良（アライメント不良）が明瞭となる。リスフラン関節損傷は、転位形態により "homolateral（同側に転位）"、"isolated（1つの関節のみが損傷）"、"divergent（異なる方向に転位）" に分類される。転位のある損傷に対しては観血的整復固定術（ORIF）が行われる。

手術手技： 観血的な整復により解剖学的整復が可能となる。足根中足関節の固定には中空スクリューやKワイヤーが用いられる。著明な転位を有する症例や高エネルギー損傷例では関節固定術も考慮する。

術後管理とリハビリテーション： この損傷に対する観血的整復固定には技術を要する（challenging）。解剖学的整復を要するが、関節症性変化の発生を抑えるには至らない。術後早期からの足関節可動域訓練を監視下で行う。術後リハビリテーションとして抵抗下での足部筋力強化訓練を開始する。術後の腫脹は正常な足部機能回復のため最小限に抑える必要がある。部分荷重から全荷重への移行は足底の固有受容感覚訓練とともに進められる。

予　後： リスフラン関節損傷に対する一時的な強固なスクリュー固定は解剖学的整復を維持することができ、機能成績を最大限に引き出すとされている。著明に転位した症例では他の症例に比べ成績は不良である。高エネルギー損傷による受傷や、同側に合併損傷のある症例では術後成績は不良である。合併症として外傷性変形性関節症、内固定器械による疼痛、整復不良や神経損傷が挙げられる。

競技復帰： 競技への復帰は正常な足部アライメントの再獲得による。ほぼ解剖学的な整復が得られている症例では、術後4～6か月で競技復帰が可能となる。競技への復帰を希望するアスリートに対しては、スクリューの折損や中足部痛を回避するため術後4か月で抜釘を行う。

文献

Aronow MS. Treatment of the missed Lisfranc injury. *Foot Ankle Clin.* 2006; 11(1): 127-142, ix. Review.
Desmond EA, Chou LB. Current concepts review: Lisfranc injuries. *Foot Ankle Int.* 2006; 27(8): 653-660. Review.
Hatch RL, Alsobrook JA, Clugston JR. Diagnosis and management of metatarsal fractures. *Am Fam Physician.* 2007; 76(6): 817-826. Review.
Owens BD, Wixted JJ, Cook J, Teebagy AK. Intramedullary transmetatarsal Kirschner wire fixation of Lisfranc fracture-dislocations. *Am J Orthop.* 2003; 32(8): 389-391. Review.
Perron AD, Brady WJ, Keats TE. Orthopedic pitfalls in the ED: Lisfranc fracture-dislocation. *Am J Emerg Med.* 2001; 19(1): 71-75.

A 足部背側の靱帯構造

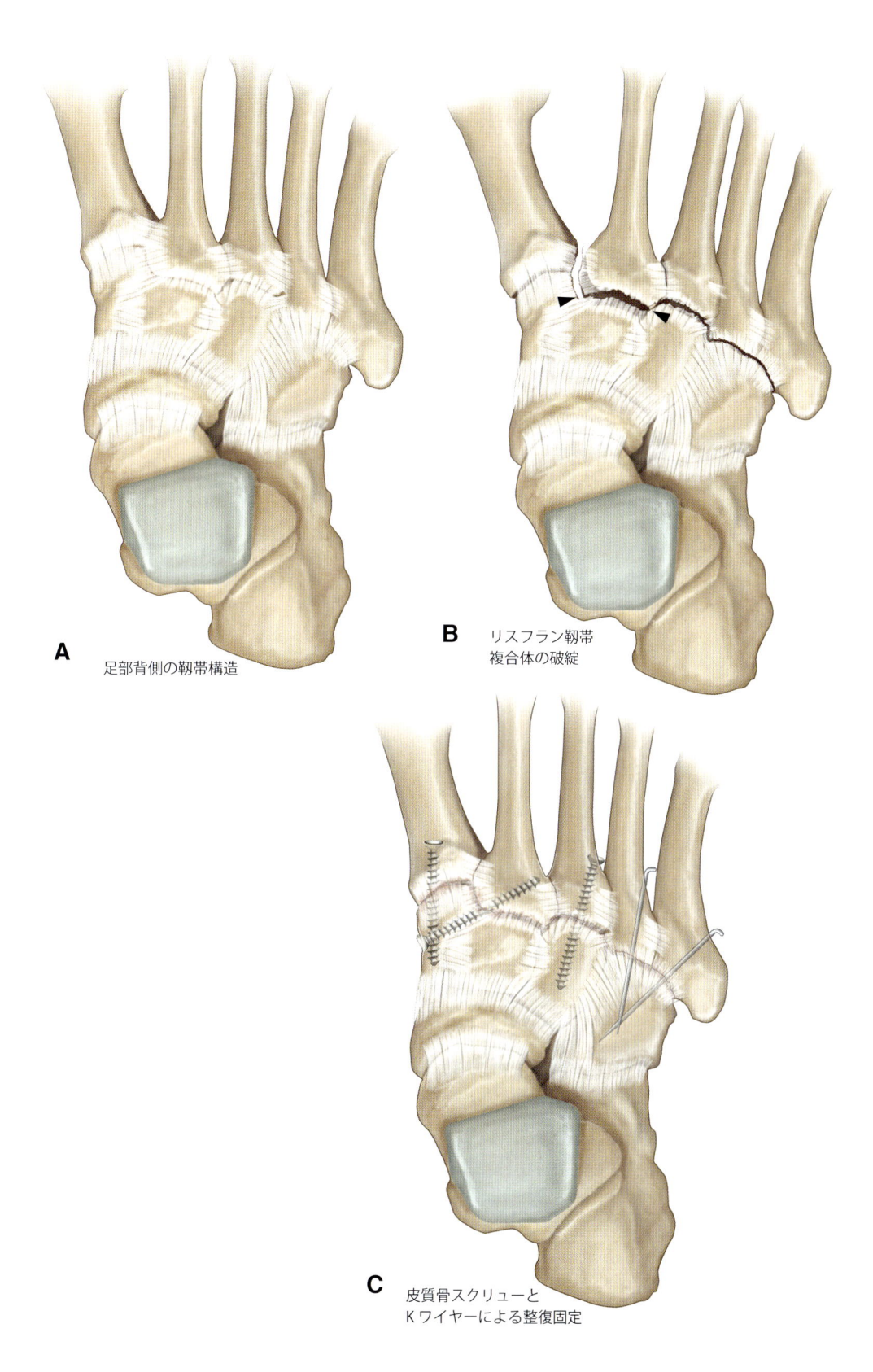

B リスフラン靱帯複合体の破綻

C 皮質骨スクリューとKワイヤーによる整復固定

図115 リスフラン関節損傷に対するスクリュー固定とKワイヤー固定

中足骨/趾節骨骨折に対する観血的整復固定術（ORIF）
ORIF Metatarsal and Phalangeal Fractures

適応と目的： ほとんどの症例は非観血的に治療される。解放骨折，第1または第5中足骨骨折，多発中足骨骨折，母趾関節内骨折に対しては手術が必要となる。

手術手技： より小さいスクリューやプレートシステムの開発により，手の骨折と同様に中足骨・趾節骨骨折に対する解剖学的整復固定が簡便になりつつある。骨折部直上に縦方向に皮膚切開をおくアプローチで展開し，整復・固定する。症例によってはKワイヤーによる髄内固定や水平固定（internal splintとしての）が行われる。

術後管理とリハビリテーション： 歩行装具やギプスによる固定は，骨折の重症度や固定方法により約4〜8週間行われる。除去後は局所の可動域訓練が行われる。

予後： 中足骨・趾節骨の長さ，回旋が良好に整復され強固に固定されていれば，成績は良好である。ランニングやジャンプの反復動作を必要とするアスリートではさらに長期のリハビリテーションが必要とされる。

競技復帰： 完全な骨癒合，荷重歩行，ランニング，機能回復ののち競技への復帰となる。通常，術後3〜4か月を要する。

文献

Galuppo LD, Stover SM, Willits NH. A biomechanical comparison of double-plate and Y-plate fixation for comminuted equine second phalangeal fractures. *Vet Surg.* 2000; 29(2): 152–162.

Mereddy PK, Molloy A, Hennessy MS. Osteochondral fracture of the fourth metatarsal head treated by open reduction and internal fixation. *J Foot Ankle Surg.* 2007; 46(4): 320–322.

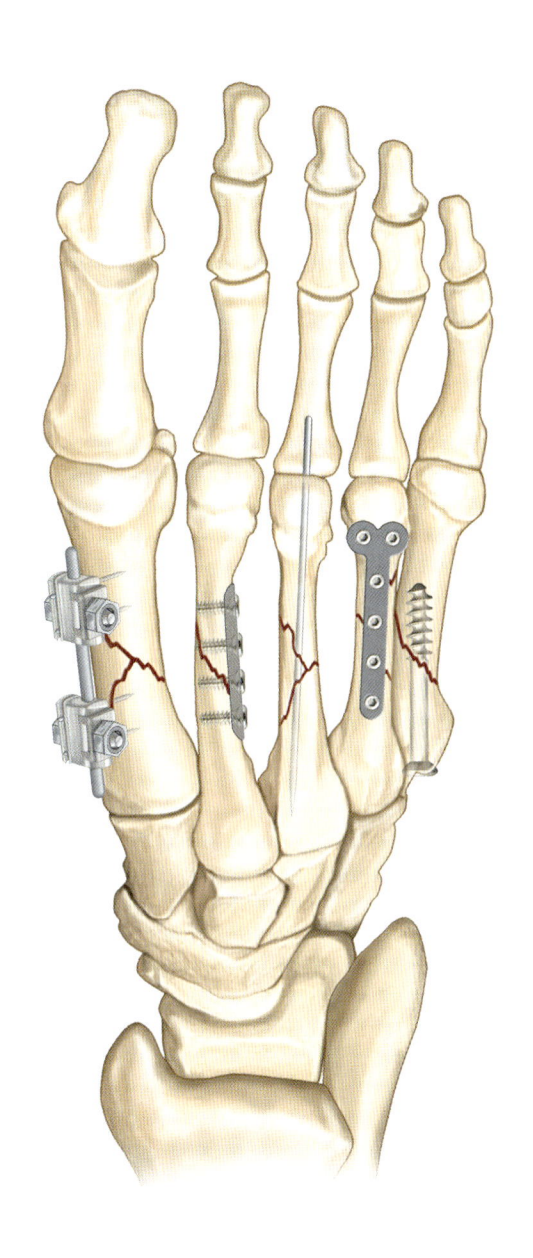

図 116　中足骨に対する観血的整復固定術（ORIF）

Chapter 8 プライマリケア

Section 1 耳	268
耳介血腫	268
細菌性外耳炎	268
中耳炎	270
めまい	271
Section 2 目	274
結膜炎	274
眼瞼疾患	275
角膜上皮剝離	276
翼状片	278
外傷性前房出血	279
網膜剝離	280
Section 3 鼻	283
急性副鼻腔炎	283
アレルギー性鼻炎	284
鼻の外傷	286
鼻出血	286
鼻骨骨折	288
鼻中隔弯曲症	289
Section 4 口	291
歯牙損傷	291
口腔内潰瘍	292
溶連菌性咽頭炎/扁桃腺炎	294
伝染性単核球症	295
扁桃蜂巣炎/膿瘍	298
Section 5 呼吸と循環	301
労作時呼吸困難	301
運動誘発性気管支攣縮	301
奇異性声帯運動, 声帯運動機能不全	303
インフルエンザ	305
急性気管支炎	307

気胸	309
失神	313
高血圧	317
マルファン症候群	322
Section 6 腹部・骨盤内臓器	326
Part 1：腹部	326
胃食道逆流症 (GERD)	326
過敏性腸症候群 (IBS)	330
実質臓器損傷	332
スポーツヘルニア	336
Part 2：骨盤内臓器	339
尿道炎	339
尿路感染症	340
Section 7 皮膚	343
Section 8 神経	353
頭痛	353
脳振盪	357
顎関節症	363
Section 9 骨格筋	366
筋損傷	366
肋軟骨炎	367
Section 10 内分泌	370
女性アスリートの3主徴	370
Section 11 血液	374
アスリートにおける貧血	374
鎌状赤血球症形成傾向	378
Section 12 環境	382
運動による熱中症	382
低体温症	388
アナフィラキシー	392

Chapter 8

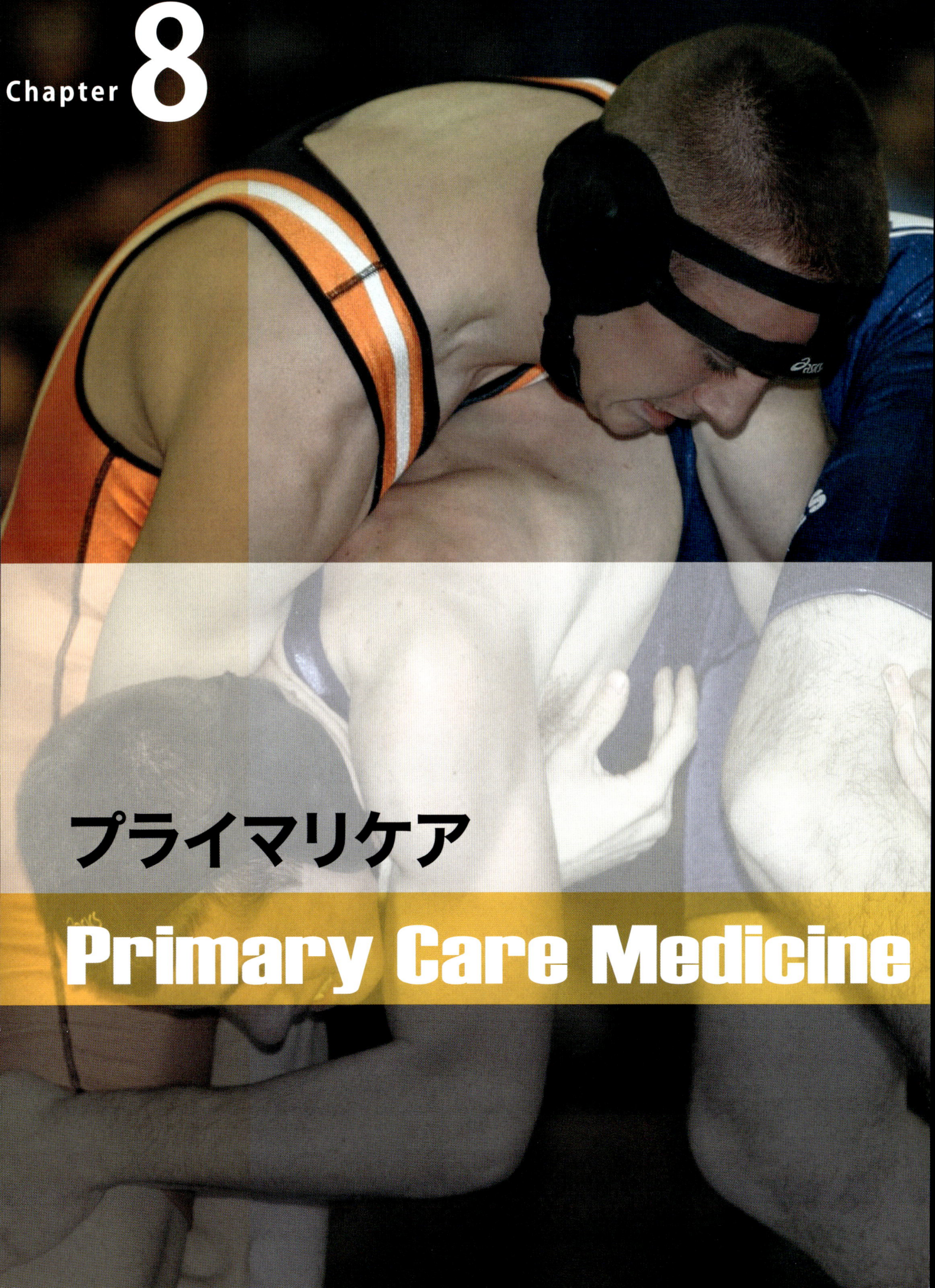

プライマリケア
Primary Care Medicine

Section 1　耳
Ears

耳介血腫　Auricle Hematoma

はじめに(定義と分類)： 軟骨壊死，出血塊の不完全な排出，または感染による線維化は，カリフラワー様の変形をきたし，いわゆるカリフラワーイヤー(cauliflower ear)という表現の由来となっている。耳介への外傷の結果として，耳介血腫はボクシング，ラグビー，格闘技，レスリングなどのコンタクトスポーツのアスリートでよくみられる。

病歴と身体所見：
- 病歴：耳介への強い衝撃(外傷)
- 身体所見：
  - 柔らかく，変動性のある耳介の腫脹
  - 疼痛，腫脹，色調の変化
  - 未治療のまま放置されると，耳は線維性腫脹を呈する部位を伴い変形する。

診　断：
- 身体所見における徴候と症状

治　療：
- 急性期(血腫)：
  - 圧を軽減して軟骨壊死と変形を予防するためにドレナージが推奨される。
    - 局所麻酔下の切開とドレナージ
    - 血液や組織液の再貯留を予防する目的で厚手の包帯で圧迫固定する。
  - 皮弁のマットレス縫合，ドレナージのための切開部の開放と，抗菌薬の軟膏による治療などの処置（この処置には厚手の包帯は不要）。
  - 耳介の易感染性を考慮し，経口抗菌薬の投与が推奨される。
- 慢性期(線維化)：
  - 不可逆的変化が特徴
  - 形成外科的手術の考慮

その他の留意事項：
- 耳介上部にピアスの穴をあけた後に感染を併発し，カリフラワーイヤーが生じることがある。
- カリフラワーイヤーは，アスリートの経験や強さの勲章としてとらえられることが多く，個人により治療方針が異なる場合がある。
- 予防にはスクラムキャップなどの保護を目的としたヘッドギアの装着が有効

競技復帰：
- 発熱している場合と耳介が感染している場合を除き，制限はない。

文　献

Prasad K, Karthik S, Prasad S. A comprehensive study on lesions of the pinna. *Am J Otolaryngol*. 2005; 26(1): 1-6.
Roy S, Smith L. A novel technique for treating auricular hematomas in mixed martial artists(ultimate fighters). *Am J Otolaryngol*. 2010; 31(1): 21-24.
Vuyk H, Bakkers E. Absorbable mattress sutures in the management of auricular hematoma. *Laryngoscope*. 1991; 101: 1124-1126.

細菌性外耳炎　Bacterial External Otitis

はじめに(定義と分類)： 外耳道の細菌感染が，外耳炎のなかで最も多い。一般的な病原菌は，緑膿菌や黄色ブドウ球菌である。素因として以下が挙げられる。

- 過剰に湿った状態……外耳道皮膚の防御機構である耳垢バリアを変化させ，耳道の pH を上昇させることにより細菌感染を生じやすくさせる。

- 過度な外耳道の掃除……防御機能をもつ耳垢バリアの減少，外耳道の摩耗をきたし，深層への細菌侵入を容易にする。

病歴と身体所見： 典型的な症例としては再発を繰り返す外耳炎があり，鼓膜穿孔や耳の手術の既往をもつ場合もある。一般的な症状には，耳だれ，耳痛，かゆみと聴力の変化がある。重症例では，耳鳴りやめまいが出現する場合がある。典型的な身体所見としては以下が挙げられる。

- 外耳道の発赤は重症度に応じて変化し，白，灰色，茶色に変色した組織片を伴う。
- 鼓膜に発赤と湿潤がみられる場合があるが，損傷はなく可動性はある。
- 耳介にまで炎症が及んだ場合には，より強い疼痛が生じる。
- 発熱，耳周囲リンパ節腫脹，または耳周囲の発赤が重症例ではみられる。

診　断：
- 身体所見における徴候と症状
- 培養は一般的には不要。多量の耳漏，発熱，耳周囲リンパ節腫脹，耳周囲の発赤，身体所見にて壊死性外耳炎を除外する必要がある耳痛などの場合は，培養，白血球分画を含む血算，血沈，画像検査(CT または MRI)を考慮する。

治　療：
- 治療を開始する前に必ず診察する。
- 鼓膜が見えて問題のない場合に限り，3％過酸化水素水でやさしく洗浄し，組織片を除去する。
- 酢酸を含有した外用薬は pH を低下させ，一般的な病原菌の繁殖を抑制する。
- 副腎皮質ステロイドと，酢酸もしくは抗菌薬を含有した外用薬は，より高い治癒効果がある。
- 外用薬と抗菌薬の全身投与では，臨床における効果に差はない。
- ポリミキシンとネオマイシンのさまざまな組み合わせの外用薬が使え，かつ有効である。
- ネオマイシンは鼓膜穿孔があるときには耳毒性となる可能性があり，細菌性外耳炎の治療後の接触性皮膚炎の一般的な原因となる。
- シプロフロキサシン，オフロキサシンなどのニューキノロン系の外用薬は，1日1〜2回の使用で済むので，最低1日3回使用する必要があるポリミキシンとネオマイシンの組み合わせの外用薬に比べ，コンプライアンスが向上する可能性がある。
- 治療期間は一般的に 2〜7 日で，疾患の重症度，患者のコンプライアンスや治療への反応性に応じて異なる。
- 再発を防ぐための患者指導は，ドライイヤー(dry ear)の予防，酸性の点耳薬を常用する，イヤホンや補聴器を避けること，水泳の際の耳栓使用などである。

その他の留意事項：
- 頻繁にイヤホンや補聴器を使用する患者や，抗菌薬に抵抗性の場合には，カンジダなどの真菌感染症の可能性を考慮する。
- 鼓膜が侵されている場合には，耳鼻咽喉科を紹介する。
- 多量の耳漏，発熱，耳周囲リンパ節腫脹，耳周囲の発赤や，身体所見からは説明がつかない強い耳痛を訴えるなどの場合には，細菌性外耳炎の併発症である，生命を脅かす可能性のある壊死性外耳炎を除外する目的で，耳鼻咽喉科を紹介する。

競技復帰：
- 症状が改善に向かい，聴力が正常な場合
- 身体所見上，多量の耳漏，発熱，耳周囲リンパ節腫脹，耳周囲の発赤，身体所見から説明がつかない強い耳痛がない場合

文　献

Clark WB, Brook I, Bianki D, Thompson DH. Microbiology of otitis externa. *Otolaryngol Head Neck Surg*. 1997; 116: 23–25.
Cohen D, Friedman P. The diagnostic criteria of malignant external otitis. *J Laryngol Otol*. 1987; 101: 216–221.
Goffin FB. pH as a factor in external otitis. *N Engl J Med*. 1963; 268: 287–289.
Kaushik V, Malik T, Saeed SR. Interventions for acute otitis externa. *Cochrane Database Syst Rev*. 2010; (1): CD004740.
Rosenfeld RM, Brown L, Cannon CR, et al. Clinical practice guideline: acute otitis externa. *Otolaryngol Head Neck Surg*. 2006; 134: S4–S23.
Russell JD, Donnelly M, McShane DP, Alun-Jones T, Walsh M. What causes acute otitis externa? *J Laryngol Otol*. 1993; 107: 898–901.
van Balen FA, Smit WM, Zuithoff NP, Verheij TJ. Clinical efficacy of three common treatments in acute otitis externa in primary care: Randomised controlled trial. *BMJ*. 2003; 327: 1201–1205.
Van Ginkel CJ, Bruintjes TD, Huizing EH. Allergy due to topical medications in chronic otitis externa and chronic otitis media. *Clin Otolaryngol*. 1995; 20: 326–328.
Yelland MJ. The efficacy of oral cotrimoxazole in the treatment of otitis externa in general practice. *Med J Aust*. 1993; 158: 697–699.

中耳炎 Otitis Media

はじめに(定義と分類)： 中耳の粘膜感染または炎症。耳管の閉塞または機能不全は，感染や炎症のきっかけとなる中耳の液体貯留を引き起こす。肺炎球菌は成人に発症する最も一般的な細菌である。いくつかのウイルスは子どもの中耳炎を誘発する可能性がある。さまざまな病理学的形態は以下のようである。

- 滲出液の有無による中耳炎：
  - 滲出液があるもの
    - 通常はアレルギーまたは気圧障害を伴う。
    - 伝音性難聴を伴う。
- 慢性中耳炎：
  - 漿液性
  - 化膿性

病歴と身体所見： 典型的な症例は季節的なアレルギーや上気道の感染があり，次のような症状や徴候が先行する。

- 耳　痛
- 耳　漏……漿液性または化膿性で鼓膜穿孔を伴う。
- 伝音性難聴
- 鼓膜液の境界線
- 通常，発熱はない。

診　断：

- 身体所見における徴候と症状
- 耳鏡による診察により，鼓膜の膨隆，発赤，疱疹(水疱性鼓膜炎)。不透明性または可動性の低下などが明らかになることもある。
- 炎症所見の欠如，内陥を伴った鼓膜の可動性低下，または鼓膜の液の部分と空気の部分との液面(air-fluid level)の所見は，通常，滲出性中耳炎を意味する。
- Weber(ウェーバー)試験は罹患した耳の二次的伝音性難聴を示し，病態の左右差がわかる。
- Rinne(リンネ)試験(512Hz)は，二次的伝音性難聴を起こしている耳の骨導が気導よりも大きいことを明らかにする可能性がある。

治　療：

- 成人はすべて抗菌薬で治療をする。
- 鼓膜が正常の場合：
  - 第一選択薬は，アモキシシリン
  - ペニシリンアレルギーの場合は，マクロライド(アジスロマイシンまたはクラリスロマイシン)
  - 第一選択の抗菌薬が効果がない場合は，アモキシシリン-クラブラン酸または第二世代のセフェム系(セフジニル経口またはセフトリアキソンナトリウムの筋注)
- 鼓膜が穿孔した場合：
  - オフロキサシン耳科用液
  - 鼓膜穿孔があるときは，酸性で殺菌作用があるネオマイシンを含有した耳科用液は，耳毒性があるので使用は避ける。
  - 再発を防ぐための患者指導は，ドライヤーの予防を行う。
- 滲出性中耳炎において，抗ヒスタミン薬，充血改善薬や鼻腔への副腎皮質ホルモンなどは補助的治療として有効であろう。

その他の留意事項：

- 耳介の後ろに腫脹や疼痛があれば乳頭突起炎を考慮する。
- 以下に示すような場合は，すべて耳鼻咽喉科に紹介する。
  - 耳介の後ろの痛み
  - 感染が改善しても難聴が持続する。
  - 持続的な，または再発性の鼓膜穿孔
  - 発　熱

- 持続的な痛みを伴った耳漏
- 航空機に乗る予定がある(鼓膜切開術や鼓膜チューブの挿入を考慮する)。

競技復帰:
- 難聴を伴わずに症状が改善して鼓膜が正常な場合
- 乳頭突起炎に関連する発熱,症状や徴候を示さない場合

文 献

Chole RA, Cook GB. The Rinne test for conductive deafness. A critical reappraisal. *Arch Otolaryngol Head Neck Surg.* 1988; 114: 399–403.
Chonmaitree T, Revai K, Grady JJ, et al. Viral upper respiratory tract infection and otitis media complication in young children. *Clin Infect Dis.* 2008; 46: 815–823.
Ginsburg CM, Rudoy R, Nelson JD. Acute mastoiditis in infants and children. *Clin Pediatr.* 1980; 19: 549–553.
Gray BM, Converse GM 3rd, Dillon HC Jr. Serotypes of *Streptococcus pneumoniae* causing disease. *J Infect Dis.* 1979; 140: 979–983.
Luxford WM, Sheehy JL. Myringotomy and ventilation tubes: A report of 1,568 ears. *Laryngoscope.* 1982; 92: 1293–1297.

めまい Vertigo

はじめに(定義と分類): 身体は動いていないにもかかわらず,"回転している","揺れている",または"傾いている"感覚のフラフラした感じを伴う。これは病気ではなく,前庭機能(均衡と平衡)に影響を与える数多くの障害を背景に有する症状である。通常は女性に2〜3倍多くみられる。健康な人にこのような症状がみられる一般的な原因として,以下のようなものがある。

- 良性発作性頭位めまい症(benign paroxysmal cephalo-positional vertigo: BPPV)……最も多い原因で,半規管結石により二次的に生じる。
- メニエール病(Ménière病)……特発性,内リンパ水腫(内耳に過量の液体貯留)
- 前庭神経炎……ウイルスで誘発される前庭神経の炎症
- 内耳炎……感染,ストレス,外傷,薬物,または自己免疫疾患により誘発される内耳の炎症
- その他の原因……外傷後,乗り物酔い,中耳炎,聴神経鞘腫,多発性硬化症,椎骨脳底動脈の梗塞

病歴と身体所見: 良性発作性頭位めまい症(BPPV)以外では,通常は悪心・嘔吐を伴う。

- BPPV……**再発性**があり,**短時間**(1分未満)であり,体位の変化を伴う。
- メニエール病:数時間から数日間持続し,進行性があり,通常**片側性**のTHEREを伴う。THERE = Tinnitus(耳鳴),Hearing loss(聴力障害),Episodic vertigo(突発性めまい),Recurrent(再発性),Ear fullness(耳の閉塞感)
- 前庭神経炎:数日から数週間持続する単発性(または突発性)の聴力障害を伴わない急性のめまい(SAW)。SAW = Single or Sudden(単発性または突発性の),Acute vertigo(急性のめまい),Without hearing loss(聴力障害を伴わない)
- 内耳炎:突然の片側性(US)難聴と前庭機能障害。US = Unilateral(片側性),Sudden(突然の)

診 断:
- 病歴と身体所見に加えて:
  - 良性発作性頭位めまい症(BPPV)……Dix-Hallpike試験
  - メニエール病……Weber試験(音は健側耳に限局する)
  - 前庭神経炎……聴力検査(通常は正常)
  - 内耳炎……症例により,側頭骨のCTまたはMRIを考慮する。

治 療:
- 前庭症状を抑制するための一般的な治療薬として,抗ヒスタミン薬(ジフェンヒドラミン,メクリジン),鎮吐薬(プロメタジン,オンダンセトロン),ベンゾジアゼピン(ジアゼパム)が挙げられる。
- 良性発作性頭位めまい症(BPPV):
  - Epley法(耳石の位置修正)
  - 前庭のリハビリテーション(早期開始が推奨される)
- メニエール病:
  - 低ナトリウム食
  - 中耳内デキサメタゾンまたはゲンタマイシン投与
- 前庭神経炎:

- 抗ウイルス薬(バラシクロビル)よりもステロイドのほうが優れている可能性がある。
- 内耳炎：
  - 第一選択の方法：床上安静と水分補給
  - 難治例では，短期のステロイド治療
  - 抗ウイルス薬の効果は不明である。

その他の留意事項：
- めまいを伴うときには，脳MRI/MRAを考慮する。
  - 聴神経鞘腫……同側の感音喪失，難聴，および(または)耳鳴
  - 多発性硬化症……特徴的な神経症状
  - 椎骨脳底動脈梗塞……複視，嚥下障害，構音障害，および(または)筋力低下
- 一般的な処置で症状が改善しない場合，耳鼻咽喉科または神経科に紹介する。
- 治療薬に関する注意点として，下記が挙げられる。
  - なるべく短期間のみの処方とする。
  - プロメタジンは，QTを延長し，致死性不整脈をきたす可能性がある。
  - めまいの治療薬には，口渇や尿閉など，望ましくない副作用を有するものがある。

競技復帰：
- 競技の特性に応じた，正常な平衡感覚・聴力・視力が回復していること。
- 悪心・嘔吐がない。

文　献

Furman JM, Barton J. Approach to the patient with vertigo. *UpToDate*, Accessed September 1, 2010.
Herraiz C, Plaza G, Aparicio JM, Gallego I, Marcos S, Ruiz C. Transtympanic steroids for Ménière's disease. *Otol Neurotol*. 2010; 31(1): 162–167.
Mark AS, Seltzer S, Nelson-Drake J, Chapman JC, Fitzgerald DC, Gulya AJ. Labyrinthine enhancement on gadolinium-enhanced magnetic resonance imaging in sudden deafness and vertigo: Correlation with audiologic and electronystagmographic studies. *Ann Otol Rhinol Laryngol*. 1992; 101(6): 459–464.
Neuhauser HK, Lempert T. Vertigo: Epidemiologic aspects. *Semin Neurol*. 2009; 29(5): 473–481.
Schuknecht HF, Kitamura K. Second Louis H. Clerf Lecture. Vestibular neuritis. *Ann Otol Rhinol Laryngol Suppl*. 1981; 90(1 Pt 2): 1–19.
Strupp M, Zingler VC, Arbusow V, et al. Methylprednisolone, valacyclovir, or the combination for vestibular neuritis. *N Engl J Med*. 2004; 351(4): 354–361.

273

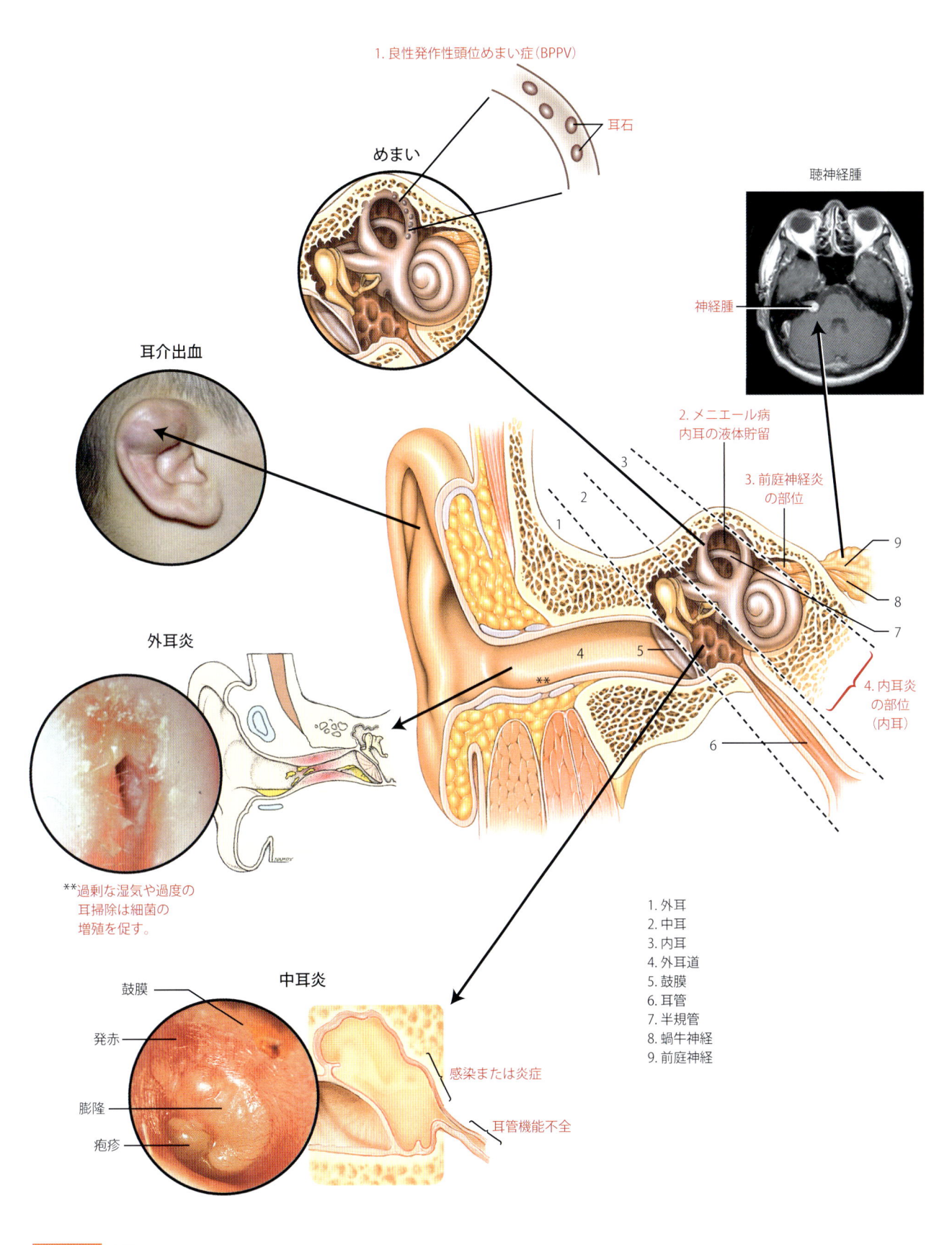

1. 良性発作性頭位めまい症（BPPV）

耳石

めまい

聴神経腫

神経腫

耳介出血

2. メニエール病
内耳の液体貯留

3. 前庭神経炎
の部位

4. 内耳炎
の部位
（内耳）

外耳炎

**過剰な湿気や過度の
耳掃除は細菌の
増殖を促す。

1. 外耳
2. 中耳
3. 内耳
4. 外耳道
5. 鼓膜
6. 耳管
7. 半規管
8. 蝸牛神経
9. 前庭神経

中耳炎

鼓膜
発赤
膨隆
疱疹

感染または炎症

耳管機能不全

図117　耳

8 プライマリケア／1 耳

Section 2　Eyes

結膜炎　Conjunctivitis

はじめに（定義と分類）： 眼球を覆い眼瞼の内側にある"結膜"の炎症により起こる，一般的に"ピンクまたは赤い眼"として知られている。病因としては，以下が含まれる。
- 非感染性……アレルギー性，化学的刺激，機械的刺激
- 感染性……ウイルス性（多い）と細菌性

病歴と身体所見： 結膜浮腫，発赤，排出物，朝"目がくっついている"，"まぶたが覆われている"などは典型的な特徴であるが，結膜炎の種類の判別には役立たない。結膜炎の区別ができる特徴は以下のようである。
- 季節性または環境アレルギーの既往があり，両眼のかゆみと，水様性の排出物がある場合……**アレルギー性**
- とくに眼瞼縁における片眼または両眼の痛みと，濃い化膿性分泌物……**細菌性**
- 上気道感染において，2日間以上続く片眼または両眼の，"砂だらけの，砂のような，または焼けている"感覚，または粘液を伴う水様性の排出物……**ウイルス性**

診　断：
- 身体所見での徴候，症状
- 基本的に培養は不要
- 淋菌性結膜炎の除外のために，グラム染色を考慮
- アデノウイルスには，迅速10分テスト（RPS Adeno Detector）を考慮
  - 抗菌点眼薬の投与を避けることで，医療費を節約でき，耐性菌を減らせる。
- 症例に応じて視力検査を考慮

治　療：
- 治療開始する前に必ず診察を行う。
- アレルギー性およびウイルス性結膜炎は通常は自己限定的である。
  - 市販の抗ヒスタミン薬と充血除去の点眼薬は症状を軽減するが，疾患の治療にはならない。
  - 必要以上の点眼薬の使用は，毒性や刺激性になる。
  - 保存料が入っていない点眼薬は，難治性の疾患にしばしば有効であり，長期使用による毒性や刺激性を減少させることができる。
- 細菌性結膜炎には，種々の点眼薬や軟膏を使用する。
  - スルファセタミド，アジスロマイシン，またはFQ点眼薬……FQ点眼薬は緑膿菌にとくに効果的
  - バシトラシン，ポリミキシン……バシトラシン，またはスルファセタミド眼軟膏
  - 眼軟膏使用後に視界のぼやけを訴える患者では使用を控える。
- コンタクトレンズの使用を中止する。
- 副腎皮質ステロイドは無効。強い毒性や，種々の合併症をきたす恐れがある。
- 接触感染の患者指導を行う。寝具，タオル，コップや食器類の共用を避ける。
- 抗菌薬治療に反応を示さない場合，視力に変化が生じた場合，開眼することが困難になった場合，持続的で重症な異物感，悪心，頭痛，ひどい羞明，瞳孔機能不全，角膜混濁を生じたときには眼科へ紹介する。

その他の留意事項：
- 12時間以内に急性出現した化膿性分泌物，眼瞼浮腫，著明な結膜浮腫，耳周囲リンパ節腫脹（ない場合もある）や尿道炎の併発などがある場合は，淋菌性結膜炎を考慮する。淋菌性結膜炎は重症であり，治療が遅れた場合には失明する可能性がある。
- "異物感"を感じる，急性の視覚の変化，およびペンライトによる角膜の診察では観察が難しい角膜浸潤などがある場合は，角結膜炎（アデノウイルス）を考慮する。角結膜炎は重症化することがあり，治療が遅れた場合には失明する可能性がある。
- 抗菌薬の点眼に治療抵抗性を示す慢性症状がある場合は，クラミジア誘発性結膜炎を考慮する。

- コンタクトレンズ使用者では角膜炎を考慮する。角膜炎を除外せずに結膜炎の経験的治療を行うと，眼球穿孔をきたす可能性がある。
- 局在性で三角形の結膜肥厚，または内眼角から角膜縁の中心まで伸びる発赤が認められる場合は翼状片を考慮する。

競技復帰：
- 症状が改善し，視力に問題がない。
- 細菌性結膜炎では，最低でも24時間以上の抗菌薬治療を行う。
- コンタクトレンズ使用者で結膜炎の回復期にコンタクトレンズを使用できない患者には，その他の視力矯正器具使用を指示する。

文　献

Cheng KH, Leung SL, Hoekman HW, et al. Incidence of contact-lens-associated microbial keratitis and its related morbidity. *Lancet.* 1999; 354: 181–185.
Jernigan JA, Lowry BS, Hayden FG, et al. Adenovirus type 8 epidemic keratoconjunctivitis in an eye clinic: Risk factors and control. *J Infect Dis.* 1993; 167: 1307–1313.
Rietveld RP, ter Riet G, Bindels PJ, Sloos JH, van Weert HC. Predicting bacterial cause in infectious conjunctivitis: Cohort study on informativeness of combinations of signs and symptoms. *BMJ.* 2004; 329: 206–210.
Udeh BL, Schneider JE, Ohsfeldt RL. Cost effectiveness of a point-of-care test for adenoviral conjunctivitis. *Am J Med Sci.* 2008; 336: 254–264.
Ullman S, Roussel TJ, Culbertson WW, et al. Neisseria gonorrhoeae keratoconjunctivitis. *Ophthalmology.* 1987; 94: 525–531.
Wan WL, Farkas GC, May WN, Robin JB. The clinical characteristics and course of adult gonococcal conjunctivitis. *Am J Ophthalmol.* 1986; 102: 575–583.

眼瞼疾患　Eyelid Diseases

はじめに（定義と分類）： アスリートでよくみられる眼瞼疾患として下記が挙げられる。
- 麦粒腫：
  - 外　部……いわゆる"麦粒腫（ものもらい）"。眼瞼の皮脂腺または汗腺の細菌感染により起こる。最も多い病原菌は黄色ブドウ球菌。眼瞼（眼窩周囲，眼窩隔膜前）の蜂窩炎と関連している場合がある。
  - 内　部……マイボーム腺の炎症
- 霰粒腫：
  - 眼瞼の皮脂腺またはマイボーム腺の閉塞に続発する，慢性で非感染性の炎症性病変

病歴と身体所見：
- 眼瞼内の異物感を伴う眼瞼の痛み
- 流涙の増加
- 視覚低下
- **麦粒腫**……内眼瞼の点状の腫脹。眼瞼を反転させるとわかりやすい。
- **霰粒腫**……内または外眼瞼縁に認められる点状の膿疱または丘疹
- 中部，下部の眼瞼腫脹……涙囊（涙囊炎）または涙腺（涙腺炎）の感染を考慮する。
- 眼窩隔膜前蜂巣炎を呈する患者では，以下の点を観察する。
  - びまん性の眼瞼の発赤と浮腫
  - 眼瞼縁の膿疱または丘疹の欠如
  - 眼窩周囲，顎下または頸部のリンパ節腫脹
- 眼球運動の障害，視覚の変化，眼球の膨張（眼球突出），瞳孔反射の異常，または眼底検査で視神経腫脹と網膜静脈の怒張が認められる場合は眼窩蜂巣炎を考慮する。

診　断：
- 身体所見における徴候，症状
- 一般的な治療に抵抗性がある場合は，麦粒腫の組織液の培養を行う。
- 症例により白血球分画とともに血球検査をする。
- 下記のような症状と徴候がある場合は，眼窩CTを考慮する。
  - 涙囊炎
  - 涙腺炎
  - 眼窩蜂巣炎

治 療：
- 治療開始前に必ず診察を行う。
- 10～15分の温罨法を1日4回まで行う。
- 麦粒腫と霰粒腫に対し，やさしくマッサージを1日4回まで行う。びまん性の眼瞼発赤または浮腫がある場合にはマッサージは行わない。
- バシトラシンまたはエリスロマイシンを含む抗菌薬の点眼薬
- 眼窩周囲蜂巣炎を伴う場合は経口抗菌薬を考慮する。
  - 第一選択抗菌薬……アモキシシリン-クラブラン酸または第一世代セファロスポリン
  - 第一選択抗菌薬に抵抗性の場合……セフトリアキソン筋注またはオキサシリン筋注
  - 48～72時間で症状が改善しない場合は，抗菌薬(オキサシリンまたはナフシリン)の静脈投与を考慮する。
- 培養でMRSAと診断された場合には，クリンダマイシンまたはバクトリムを考慮する。
- 患者に眼瞼の衛生について助言をする……定期的に眼瞼縁を数滴のベビーシャンプーでやさしく洗浄し清潔にする。

その他の留意事項：
- どのようなときに眼科医へ紹介するか？
  - 再発性または難治性の霰粒腫では，生検により悪性疾患の除外診断とコルチコステロイド注射/搔爬術による治療のとき
  - 抗菌薬の経静脈投与が考慮されたとき
  - 眼窩蜂巣炎を除外するとき……眼球運動の障害，視覚の変化，眼球の突出，瞳孔反射の異常，または眼底検査で視神経腫脹および網膜静脈の怒張が認められる場合
- 一般的な治療に抵抗性の場合は，MRSA感染を考慮する。

競技復帰：
- 症状が改善し視覚が正常な場合
- 発熱がなく，眼窩蜂巣炎を疑う症状や所見がない。

文 献
Goawalla A, Lee V. A prospective randomized treatment study comparing three treatment options for chalazia: Triamcinolone acetonide injections, incision and curettage and treatment with hot compresses. *Clin Experiment Ophthalmol.* 2007; 35: 706–712.
Mueller JB, McStay CM. Ocular infection and inflammation. *Emerg Med Clin North Am.* 2008; 26: 57–72.
Wald ER. Periorbital and orbital infections. *Pediatr Rev.* 2004; 25: 312–320.

角膜上皮剥離　Corneal Abrasion

はじめに(定義と分類)：
角膜上皮の脱落。アスリートでは次のような原因で発生する。
- 外 傷
- コンタクトレンズの長期間の使用
- 異 物

病歴と身体所見：
- 著明な眼の痛み
- 異物感
- 日常生活に支障が出るほどに，眼瞼の開閉が困難になる。
- 流涙の増加，目のかすみ，角膜の浮腫(灰色になる)
- 再発性の角膜上皮剥離では，夜間および早朝の痛みを引き起こす。
- 穿通性損傷を除外するため，眼の検査を十分に行う。
  - ペンライトによる眼の検査で異物の確認を行う。
  - 排出物，透過性低下，浸潤物の確認を行う……角膜上皮剥離では症状は流涙のみのときもある。
  - 瞳孔を確認する。
    - 小さい(角膜上皮剥離)
    - 大きく，反応しない(穿通性損傷を考慮する)。

- 眼瞼の異物の有無を確認する。
- 前房の血液や膿の有無を確認する。
- 視力はまったく問題ないことが多い。
- 眼底検査で赤色反射を確認する(網膜剥離では欠落する)。

診 断：
- 身体所見における所見と症状
- 身体所見の確認が完了(仮の診断)してからフルオレセイン染色による検査を行う。コバルトブルー光で角膜を観察すると，病変部位は緑色の変色を呈する。
- 染色された剥離部位は，肉眼では黄色に見える。

治 療：
- 必要に応じて，生理食塩液でやさしく洗浄し，異物を除去する。
- 毎時の，市販の潤滑薬による眼の潤滑は有用な場合がある(保存料を含まない人工涙点眼など)。
- 全身麻薬または NSAIDs を用いて鎮痛する。
- 局所性抗菌薬を選択する(スルファセタミド，エリスロマイシン，シプロフロキサシン，オフロキサシン，ポリミキシン/トリメトプリム)。
  - 適量は……1日4回，3〜5日間
  - 眼軟膏は角膜の潤滑を促進する。使用が望ましい。
- 24時間の眼帯使用は，角膜上皮の治癒と症状緩和に補助的に役立つ可能性がある。
  - 眼帯による症状の緩和や治療の改善を実証するデータはない。
  - 非感染性の角膜上皮剥離，二次的な外傷(コンタクトレンズによる上皮剥離を除く)および異物除去後に起こる上皮剥離は眼帯なしで治療できる。
  - 眼帯を適切に装着することで瞬きを防ぐ。
  - 眼帯はコンタクトレンズにより引き起こされた上皮剥離に対しては禁忌である。コンタクトレンズにより引き起こされた角膜上皮剥離に眼帯を使用すると，視力障害の原因となる感染症を引き起こすことがある。
- 局所ステロイドや局所麻酔薬は使用を控える(治癒が遅れる)。

その他の留意事項：
- いつ眼科に紹介するか？
  - 3mm以上の上皮剥離
  - 3mm以下の上皮剥離でも，一般の治療開始後24時間で改善がない場合
  - 穿通性損傷の臨床所見［大きく，対光反射がない瞳孔，前房に出血(前房出血)，前房に膿(前房蓄膿)，眼内容物の突出］
  - 視力の変化，および/または角膜の感染が疑われる場合(角膜の変色および角膜浸潤)，とくに睡眠中に長期間にわたりコンタクトレンズを使用しているとき
    - コンタクトレンズは角膜穿孔に合併した感染性緑膿菌角膜炎を引き起こすことがある。
  - 生理食塩液での柔らかな洗浄で除去できない異物がある場合
- 過度の瞳孔縮瞳による痛みを和らげられる調節麻痺点眼薬の短期使用を考慮する。
- シクロペントレートまたはホマトロピン
  - 眼科紹介前の使用は避ける。
  - 穿通性損傷に対しては，破傷風予防を考慮する。
- 遠近感が変化するので，眼帯を装着したままの車の運転は避けるよう指導する。

競技復帰：
- 症状が改善に向かい，視覚が正常である。
- 鎮痛目的の麻薬の使用が終了している。

文 献
Benson WH, Snyder IS, Granus V, Odom JV, Macsai MS. Tetanus prophylaxis following ocular injuries. *J Emerg Med.* 1993; 11: 677–683.
Clemons CS, Cohen EJ, Arentsen JJ, Donnenfeld ED, Laibson PR. Pseudomonas ulcers following patching of corneal abrasions associated with contact lens wear. *CLAO J.* 1987; 13: 161–164.

Jacobs DS. Corneal abrasions and corneal foreign bodies. *UpToDate*. Accessed October 10, 2010 and October 27, 2012.
Kaiser PK. A comparison of pressure patching versus no patching for corneal abrasions due to trauma or foreign body removal. Corneal abrasion patching study group. *Ophthalmology*. 1995; 102: 1936–1942.
www. ncemi. org. Accessed October 27, 2012.

翼状片 Pterygium

はじめに(定義と分類)：
原因不明の翼状または三角形の結膜の増殖。病因は遺伝性体質，ウイルス(ヒトパピローマウイルス)，紫外線(UV)，および免疫学的異常である。日光や風に長時間さらされたアスリートに多い。

病歴と身体所見：
- 角膜輪部から成長が始まり(数か月から数年を要する)，角膜まで拡大する。
  - "眼裂斑"とは反対に，結膜から発生して結膜に留まる。
- 最も多い症状は，刺激と発赤である。
- もし角膜まで進行した場合：
  - 軽度〜中等度……視覚のぼやけが起こる場合がある(乱視により誘発される)。
  - 重　度……視力を低下させる場合がある。

診　断：
- 臨床上の，特徴的な外観に基づく。

治　療：
- 対症療法：
  - 紫外線遮蔽効果のあるサングラスを使用する。
  - 可能であれば，日光と風への過剰な曝露を避ける。
  - 市販の充血緩和剤，NSAIDs，ステロイドが有効な場合がある。
    ・眼圧を上昇させることがあるステロイドは，眼科医が処方するべきである。
    ・どの薬物も長期間慢性的に使用すると，とくに症状が悪化する"リバウンド"などの副作用を引き起こすことがある。
    ・これらの治療では，翼状片の増殖抑止や治癒を示すデータは示されていない。
- 病変の増殖や安定性を記録するために，規則的で定期的な診療が必要。
- 大きく，再発性で，臨床的に問題となる翼状片の外科的切除は，下記のような場合である。
  - 乱　視
  - 視力の変化

その他の留意事項：
- "治癒よりも予防を"指導する。
  - 風と太陽光に曝露するアスリートには，予防的なサングラスの使用を勧める。
  - 翼状片が進展している場合，紫外線の予防は増殖の抑制とはならない。
- 良性であることが多いが，増殖が角膜の視軸まで進展する場合には問題となり，視覚の変化をきたすことがある。
- 下記の場合，眼科医，検眼医への紹介を行う。
  - 急速な増殖
  - 治療不可能な刺激症状
  - 眼球運動の制限
  - 見え方にぼやけがある場合は乱視を除外する。
  - 視力の変化
  - 美容的理由
- 下記に関してアスリートを指導する。
  - 外科的切除後の高い再発率
  - 年齢が高いと再発率が減少する。したがって，最良の方法は外科的切除は遅らせることである。

競技復帰：
- 乱視の矯正

- 視力に問題がない。
- 手術後の症例は，鎮痛薬としての睡眠薬を中止する。

文献

Bradley JC, Yang W, Bradley RH, Reid TW, Schwab IR. The science of pterygia. *Br J Ophthalmol*. 2010; 94: 815–820. en. wikipedia. org. Accessed October 10, 2010 and October 27, 2012.
Hirst LW. The treatment of pterygium. *Surv Ophthalmol*. 2003; 48: 145–180.
Jacobs DS. Pterygium. *UpToDate*. Accessed October 10, 2010 and October 27, 2012.
Threlfall TJ, English DR. Sun exposure and pterygium of the eye: A dose-response curve. *Am J Ophthalmol*. 1999; 128: 280–287.

外傷性前房出血　Traumatic Hyphema

はじめに（定義と分類）： 外傷により引き起こされる眼球前房内の出血

病歴と身体所見：
- 眼窩や頭部への鈍い外傷の病歴
- 第一に眼球開放創の検索を行う。
    - BEET に加え，
    ［Blood(出血) ＋ Eccentric pupil(瞳孔不整) ＋ Extrusion of ocular contents(眼内容物が出ている) ＋ Tenting of sclera(強膜のテンティング)］
- PEA に加え，
    ［明るい光に対する縮瞳(瞳孔の収縮：直接および共感性)に続発する羞明(Photophobia) ＋ 眼痛(Eye pain) ＋ 視力低下(Decreased visual Acuity)］
- 前房内の**出血**
    - 肉眼で観察できる，または
    - 肉眼で観察できない(スリット検査でのみ観察される；微小前房出血)。
- その他の症状および徴候
    - 臥位になると視覚が悪化する。
    - 瞳孔の拡張(散瞳)
- その他の合併症を検索する。
    - 根部での虹彩の裂け目(虹彩離断)
    - 水晶体の亜脱臼または位置異常
    - 網膜裂孔
- 眼窩の身体診察検査
    - 階段状変形……眼窩下縁
    - 捻髪音
    - 痛みを伴い，減少した眼球外運動
    - 眼窩の腫脹
    - 異物の検索

診　断：
- 身体所見での徴候と症状(特徴的な外観)
- その他の血液検査：
    - 鎌状赤血球の溶解度(鎌状赤血球症体質のスクリーニング)
    - ヘモグロビンの電気泳動法(鎌状赤血球症の体質の確認。とくに民族性により高リスクなアスリートの場合)
    - 血算，PT, PTT, INR……出血性疾患の評価
- 細かいスライス(1〜2mm)のCTを下記の除外のために行う。
    - 眼内異物
    - 眼球破裂
    - 顔面(眼窩)骨折

- 角膜剥離が疑われる場合のフルオレセイン検査は，眼球破裂が除外されてから施行する．
- 二次的な縮瞳のため，眼底検査は困難なことがある．

治　療：
- 眼科へ早急に紹介する！　早い時期からの認識と迅速な紹介は，視覚の温存のために重要（たとえ出血が肉眼的に見えなくても，臨床的に強い疑いがある場合）
- 活動の制限や治療に関してのすべての結論は，眼科医によりなされるべきである．
- 運動制限は非常に重要である．
- ベッド上安静や30°の頭部挙上が，運動制限よりも有利であると示されてはいない．
- 非常に活動力があり，若いアスリートでは，鎮静や入院も考慮する．
- 読書を制限する．
- 現場での対応：
  - 眼球を圧迫しないように，眼球保護帯を装着する．
  - 眼帯は避ける．
  - タイレロールやオピオイドで鎮痛する．
  - さらなる出血を起こさないよう，NSAIDs は避ける．
  - いかなる点眼薬も使用しない．
  - 悪心・嘔吐はオンダンセトロンで迅速に管理をして，眼圧の上昇を予防する．

その他の留意事項：
- 前房出血の重症度に応じた予後：
  - 微小前房出血および Grade Ⅰ（＜33％）では，視力が20/50またはこれ以上である予後は90％である．
  - Grade Ⅱ（33〜50％）の前房出血では，視力が20/50またはこれ以上である予後は70％である．
  - Grade Ⅲ（＞50％）および Grade Ⅳ（100％）の前房出血では，視力が20/50またはこれ以上である予後は50％である．
- 鈍い外力による眼窩外傷で眼球突出症を呈する場合，眼窩出血または眼窩コンパートメント症候群を考慮する．
  - これらの状態は，きわめて迅速に恒久的な失明の原因となることがある．
- 特発性前房出血を呈するアスリートでは，鎌状赤血球症，出血性疾患，または糖尿病について検査を行う．
- 下記のような状態では入院をする．
  - Grade Ⅲ，Ⅳの前房出血
  - 出血性疾患および鎌状赤血球症

競技復帰：
- 眼科で完全に終診となった．
- 視力に問題がないこと
- 術後の場合……鎮静薬の使用が終了していること

文　献
Andreoli CM, Gardiner MF. Traumatic hyphema: Clinical features and management. *UpToDate,* Accessed September 1, 2010 and October 27, 2012.
Brandt MT, Haug RH. Traumatic hyphema: A comprehensive review. *J Oral Maxillofac Surg.* 2001; 59: 1462–1470.
Walton W, Von Hagen S, Grigorian R, Zarbin M. Management of traumatic hyphema. *Surv Ophthalmol.* 2002; 47: 297–334.
Wright KW, Sunalp M, Urrea P. Bed rest versus activity ad lib in the treatment of small hyphemas. *Ann Ophthalmol.* 1988; 20: 143–145.

網膜剥離　Retinal Detachment

はじめに（定義と分類）：　網膜色素上皮および脈絡膜の感覚網膜層からの剥離で，その結果，網膜虚血，進行性の光受容体の変性および視力の喪失をきたす．下記の2つの原因で起こる．
- 網膜の裂け目または孔が，硝子体液の網膜下部への流出を引き起こし，剥離の原因となる．
  - 特発性：最も一般的である．1年間に1万人に1人の割合で起こる．
  - 外傷性：頻度はより低い．
- 硝子体による網膜の牽引：
  - 鎌状赤血球症または糖尿病性網膜症のアスリートでみられる．

- "眼球穿孔"を伴う外傷に続発する。

病歴と身体所見：
- 症状は突然起こり，数時間から数日，数週間で進行する。
  - "片目の周辺視野の変化"を含む視覚の変化
  - 視力の喪失
- よく訴える症状：
  - "クモの巣"や"ハエ"と例えられる"浮遊物"
  - 病側眼の，"進行性"の周辺視野の喪失
  - 病側眼を動かした時の短時間(1秒未満)の"光のフラッシュ"
  - 黒い点がシャワーのように降ってくる。
  - "目の前にカーテンがかかったみたい"

診　断：
- 身体所見での徴候と症状
- 評価するため視力検査を行う：
  - 視覚の変化(競技に参加する前に評価をした視覚と比較する)
  - 視力の喪失(網膜裂傷を強く疑わせる所見)
- 視野検査
- 眼底検査では，網膜の"皺がよった様子"または"やぶれ"が観察されることがある。
- ***Key point*** 両眼とも検査すること

治　療：
- 迅速な発見と眼科への紹介が視力を保つために重要
- 下記のいずれかがみられたアスリートは，すべて必ず紹介する。
  - 視力の喪失
  - 視覚の変化
  - 視野の喪失
- 症候性の網膜のやぶれや裂孔が認められるアスリートでは，予防的網膜復位術が有益となる可能性がある(レーザーまたは凍結)。

その他の留意事項：
- 未治療で症候性の，完全な厚みの裂孔が網膜剥離に進行するリスクは30%であるが，網膜復位術後に網膜剥離に進行するリスクは1%である。

競技復帰：
- 視力に問題がない。
- 視野検査で問題がない。
- 眼科医で終診となった場合

文　献
Arroyo JG. Retinal detachment. *UpToDate*. Accessed October 11, 2010 and October 27, 2012.
Byer NE. Natural history of posterior vitreous detachment with early management as the premier line of defense against retinal detachment. *Ophthalmology*. 1994; 101: 1503–1513.
Hollands H, Johnson D, Brox AC, Almeida D, Simel DL, Sharma S. Acute-onset floaters and flashes: Is this patient at risk for retinal detachment? *JAMA*. 2009; 302: 2243–2249.
Wilkes SR, Beard CM, Kurland LT, Robertson DM, O'Fallon WM. The incidence of retinal detachment in Rochester, Minnesota, 1970–1978. *Am J Ophthalmol*. 1982; 94: 670–673.

角膜上皮剥離

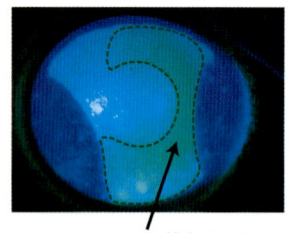

フルオレセイン染色ののちコバルトブルー光で角膜を観察すると傷害を受けた角膜は緑色に変色する。

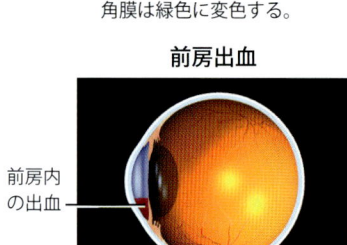

前房出血

前房内の出血

結膜炎

炎症　　結膜浮腫（結膜のむくみ）

眼の解剖

- 強膜
- 角膜
- 網膜（黄色）
- 視神経
- 水晶体
- 黄斑
- 虹彩
- 脈絡膜（暗赤色）
- 結膜（灰色）

眼瞼の解剖

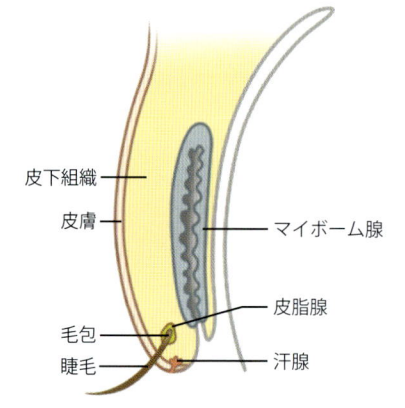

- 皮下組織
- 皮膚
- マイボーム腺
- 毛包
- 皮脂腺
- 睫毛
- 汗腺

眼瞼疾患：霰粒腫

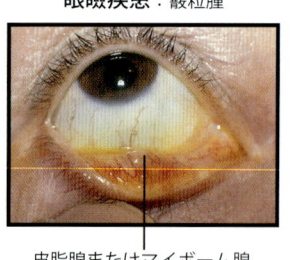

皮脂腺またはマイボーム腺の非感染性の閉塞

翼状片（左眼）

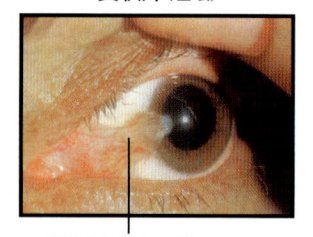

翼状または三角形の結膜の増殖

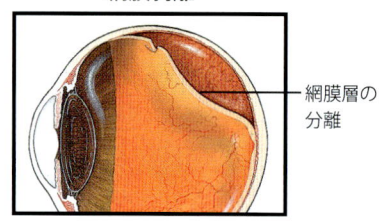

網膜剥離

網膜層の分離

眼瞼疾患：麦粒腫

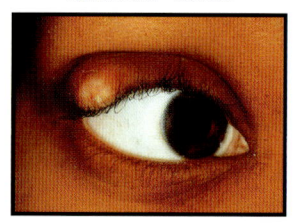

外部……皮脂腺または汗腺の感染
内部……マイボーム腺の炎症

図118　目

Section 3 鼻
Nose

急性副鼻腔炎 Acute Sinusitis

はじめに(定義と分類)： 発症から4週間以内の副鼻腔と鼻の粘膜の炎症。したがって，より適切な名称は鼻副鼻腔炎である。以下のように分類される。
- ウイルス性……最も一般的
- 細菌性……0.5～2％を占め，典型的にはウイルス性の副鼻腔炎後に二次的に感染する。
- 原因菌としては，肺炎球菌，インフルエンザ菌，モラクセラ・カタラーリス(*Moraxella catarrhalis*)が多い。

病歴と身体所見：
- ウイルス性および細菌性副鼻腔炎の最も特徴的な症状は以下のようなものである。
  - 膿性の鼻汁に副鼻腔や耳の圧迫感，痛みと鼻粘膜の充血
- その他の症状には以下のようなものがある。
  - F's……顔面痛(Facial pain：片側の歯や上顎の痛み，とくに前傾で増強する)，発熱(Fever)，倦怠感(Fatigue)
  - H's……頭痛(Headache：水中で悪化する)，口臭(Halitosis)，嗅覚の低下(Hyposomnia)
- ウイルス性と細菌性を鑑別するのは重要である。以下の場合は細菌性の可能性が高い。
  - 10日以上症状が続く。
  - 発病当初からの38.9℃以上の発熱，顔面痛，膿性鼻汁
  - ウイルス性副鼻腔炎の改善後，徴候や症状が増悪
- 警戒すべき徴候と症状：治療にもかかわらず永続するまたは重度の頭痛，高熱，視覚異常(複視，視力低下)，眼窩周囲の浮腫，または精神状態の変動が出現した場合は，以下の合併症の可能性がある。
  - 眼窩周囲/眼窩の蜂窩炎
  - 脳膿瘍
  - 髄膜炎

診 断：
- 身体所見に基づく徴候と症状
- 再発例や抗菌薬治療に反応しない例を除いて，培養は一般的に必要ではない。
- 鼻鏡検査では，鼻甲介の肥厚，粘膜浮腫，膿性鼻汁を確認できることがある。
- 前頭洞や上顎洞の単純X線撮影はウイルス性と細菌性の鑑別には有用でない。
- 以下のような例では，その他の合併症を鑑別するためにCTを考慮する。
  - 上記に挙げた警戒すべき症状を伴う場合
  - 治療にもかかわらず症状が再発した場合

治 療：
- 副鼻腔炎は自然治癒することが多いが，85～90％の症例が抗菌薬を投与されている。
- 症状が軽症の症例では，補助的な治療を7～10日間行う。
  - 痛みのコントロール
  - 高張の生理食塩液で洗浄する
  - オキシメタゾリンを3日間に限り使う。
  - 症例によっては，3～5日間の充血除去薬の投与が有効なこともある。
- 症状が7～10日を超えても残存する場合は，抗菌薬の投与を行う。
  - アモキシシリン-クラブラン酸を5～7日間投与。
  - ペニシリンアレルギーの場合は，ドキシサイクリンやニューキノロン系(レボフロキサシン，モキシフロキサシン)を使用する。
  - トリメトプリム，**スルファメトキサゾール**，マクロライド，セファロスポリンは避ける(薬剤抵抗性となる)。
- アレルギー性鼻炎を伴った症例ではステロイド点鼻薬が有効なことがある。

- 全身的なステロイド投与を推奨するような研究結果は出ていない。さまざまな合併症の原因となる可能性がある。
- 患者指導：
  - 鼻をすするとウイルスを鼻粘膜から副鼻腔に押し込むことになり，細菌性副鼻腔炎に移行しやすくなる。
  - オキシメタゾリンを3日間以上使用すると，反対に鼻粘膜がうっ血する(薬剤性鼻炎)。
  - 気温が高い時期や他の薬物(まだ確定されていない薬物もあるが，多動性障害に使う刺激性薬剤，甲状腺ホルモン補充剤，気管支拡張薬など)を服用中は，経口の**充血除去薬**の内服は制限する。
  - 抗ヒスタミン薬は鼻の粘膜を乾燥させて，不快感を解消させる。
  - 無嗅症(嗅覚の低下)では亜鉛が有効な場合がある。

その他の留意事項：
- 前述した警戒すべき徴候や症状がある場合は耳鼻科を受診させる。
- 鑑別診断として以下が挙げられる(二次的に重複している症状もある)。
  - アレルギー性鼻炎
  - 神経痛
  - 種々の頭痛(片頭痛，筋緊張性頭痛，群発頭痛)
  - 顎関節症
  - 歯科疾患

競技復帰：
- 徴候や症状改善が得られたら。
- 水泳やダイビングの選手では数日間競技の運動量を変更することが必要なときもある。

文 献
Ah-See KW, Evans AS. Sinusitis and its management. *BMJ*. 2007; 334: 358–361.
Chow AW, Benninger MS, Brook I, et al. IDSA clinical practice guideline for acute bacterial rhinosinusitis in children and adults. *Clin Infect Dis*. 2012; 54: e72–e112.
Hwang PH, Getz A. Acute sinusitis and rhinosinusitis in adults: Clinical manifestations and diagnosis. *UpToDate*. Accessed August 9, 2010 and October 27, 2012.
Meltzer EO, Hamilos DL, Hadley JA, et al. Rhinosinusitis: Establishing definitions for clinical research and patient care. *Otolaryngol Head Neck Surg*. 2004; 131: S1–S62.
Osguthorpe JD, Hadley JA. Rhinosinusitis. Current concepts in evaluation and management. *Med Clin North Am*. 1999; 83: 27–41.
Rosenfeld RM, Andes D, Bhattacharyya N, et al. Clinical practice guideline: Adult sinusitis. *Otolaryngol Head Neck Surg*. 2007; 137: S1–S31.
www.fda.gov/Safety/MedWatch/SafetyInformation/SafetyAlertsforHumanMedicalProducts/ucm166996.htm. Accessed October 28, 2012.

アレルギー性鼻炎 Allergic Rhinitis

はじめに(定義と分類)： 発作的なくしゃみ，鼻炎症状，目のかゆみが特徴的な鼻粘膜の炎症
- おもな誘因は，環境によるアレルゲン，ペットの落屑，カビ，ダニなど
- 有病率は9〜42％である。

病歴と身体所見：
- 病 歴：
  - 経過(持続性，季節性，一時的なもの/職業起因性)
    - 持続性……症状は毎日2時間以上で，年に9か月以上ある。
    - 季節性……毎年発症する季節が決まっている。
    - ばら熱(rose fever)：草や木の花粉が春に飛散する。
    - 枯草熱(hay fever)：ブタクサの花粉が秋に飛散する。
    - 一時的/職業起因性……一定の原因物質に対して即座に反応が起こる(動物，コーヒー豆，タバコなど)。
  - アレルギーや喘息の家族歴がある。
  - 発症のきっかけになる物質への曝露
- 症 状：継続期間，重症度，原因物質への曝露や治療について確認する。
  - 鼻 水
  - くしゃみ

- 眼，鼻，喉，口蓋のかゆみ
- 後鼻漏
- 倦怠感，易刺激性
- 咳嗽
- 身体所見：
  - 通常は口呼吸
  - 鼻：粘膜の青色変化，鼻甲介の腫脹，鼻茸，透明な鼻汁，鼻のヒダ
  - 喉頭：敷石様変化
  - 目：結膜炎，眼瞼周囲の浮腫/黒色変化（アレルギー性の目の周りの黒ずみ）
  - 耳：鼓膜内の液体貯留
- その他の所見：アトピーを示唆するような皮疹や喘息

診　断：
- 臨床的に
  - 身体所見による徴候と症状
  - 病歴（既往歴と家族歴）
- アレルギー検査：
  - 経皮テスト……決められた量のアレルゲンを皮下に注入し反応を観察する（即時型，遅延型，異常なし）。
  - IgE 特異アレルゲン（radioallergosorbent test: RAST）……アレルゲンに特異的な IgE の存在を血液検査で調べる。
- その他：
  - 経皮テストに加えて，鼻鏡検査や鼻粘膜細胞検査

治　療：
- アレルゲンを避ける。
- 薬物治療（最も一般的）：
  - 鼻腔へのステロイドの投与：
    ・維持療法として最も効果がある。
    ・喘息や皮膚炎に対してコルチゾールの局所投与や吸入を行っている場合は，慎重に併用する。
    ・他の投薬より優れている。
  - 抗ヒスタミン薬：
    ・多くの経口内服と局所投与（スプレー）が使える。
    ・ステロイドの鼻投与と抗ヒスタミン薬を組み合わせることにより，難治性の症例にも効果がある。
    ・第一世代（ジフェンヒドラミン，クロルフェニラミン，ヒドロキシジン）は続発性に催眠作用があるので推奨できない。
    ・第二世代（セチリジン，ロラタジン）や第三世代（フェキソフェナジン）は効果がある。
    ・まだ証明されていないが，第三世代のほうが眠気などの中枢神経系の副作用が少ないと考えられている。
    ・クロモリンより効果がある。
  - 肥満細胞安定薬（クロモリン）：
    ・市販薬（OTC）として入手可能
    ・抗ヒスタミン薬で効果がない場合に加える。
  - ロイコトリエン調整薬（モンテルカスト）：
    ・抗ヒスタミン薬と同等の効果があり，抗ヒスタミン薬と組み合わせることでさらに効果が増す。
    ・鼻茸や喘息を併発している症例で効果が期待できる。
- 難治性の症例：
  - アレルギーの専門医へ紹介受診し，アレルゲンの検査や免疫療法を検討する。
  - 喘息の評価を行う。

その他の留意事項：
- ステロイド点鼻薬の指導：
  - 鼻中隔への直接スプレーは避ける。

- 鼻出血や鼻穿孔を起こす可能性はあるが，基本的には長期投与を安全に行える。
- 慢性症状がある場合，数時間以内に効果が表れることが多いが，効果が完全に出るまで数日～数週間の投与を要することもある。
- 副作用の指導：
  - アスリートは市販薬(OTC)を服用する前に医療スタッフに相談すべきである。
  - 市販薬や医薬部外品のなかにはシュードエフェドリン(PSE)を含むものがあり，不眠症や苛立ち，高血圧などを起こすことがあるため，アスリートは服用を避けるべきだと考えている(著者の私見)。
  - 抗ヒスタミン薬は，眠気，フラッシング，発熱や電解質異常などを起こすことがある。
  - ロイコトリエン調整薬は，アナフィラキシーや行動の過激化を起こすことがある。
- 水泳競技では鼻クリップを使用することで，塩素水による鼻粘膜の曝露や過敏性を予防する。
- 国際競技に参加するアスリートへ：
  - ステロイドの経口内服，PSEを含む薬物の内服中は，大会への参加が認められない。
  - 吸入ステロイドを使用しているアスリートは，"使用申告書"がドーピング検査時に必要であることが米国アンチ・ドーピング機構(United States Anti-doping Agency: USADA)とDoping Control Official Record(DCOR)のホームページに記載されている。

競技復帰：
- アスリートが快適と自覚して，息苦しさがない。
- 十分な治療と，呼吸器疾患や呼吸の状態(喘息)がコントロールされている。

文献

Carr W, Bernstein J, Lieberman P, et al. A novel intranasal therapy of azelastine with fluticasone for the treatment of allergic rhinitis. *J Allergy Clin Immunol*. 2012; 129: 1282–1289.
Cingi C, Ozlugedik S. Effects of montelukast on quality of life in patients with persistent allergic rhinitis. *Otolaryngol Head Neck Surg*. 2010; 142: 654–658.
deShazo RD, Kemp SF. Allergic rhinitis: Clinical manifestations, epidemiology, and diagnosis. *UpToDate*. Accessed October 28, 2012.
Dykewicz MS, Fineman S, Skoner DP, et al. Diagnosis and management of rhinitis: Complete guidelines of the Joint Task Force on Practice Parameters in Allergy, Asthma and Immunology. American Academy of Allergy, Asthma, and Immunology. *Ann Allergy Asthma Immunol*. 1998; 81(5 pt 2): 478–518.
Gelardi M, Ventura MT, Fiorella R, et al. Allergic and non-allergic rhinitis in swimmers: Clinical and cytological aspects. *Br J Sports Med*. 2012; 46: 54–58.
http://www.usantidoping.org/files/pdfs/wallet-card.pdf. Accessed October 28, 2012.
Nayak A, Langdon RB. Montelukast in the treatment of allergic rhinitis: An evidence-based review. *Drugs*. 2007; 67: 887–901.
Patel D, Garadi R, Brubaker M, et al. Onset and duration of action of nasal sprays in seasonal allergic rhinitis patients: Olopatadine hydrochloride versus mometasone furoate monohydrate. *Allergy Asthma Proc*. 2007; 28: 592–599.
Salib RJ, Howarth PH. Safety and tolerability profiles of intranasal antihistamines and intranasal corticosteroids in the treatment of allergic rhinitis. *Drug Saf*. 2003; 26: 863–893.
Settipane RA, Charnock DR. Epidemiology of rhinitis: Allergic and nonallergic. *Clin Allergy Immunol*. 2007; 19: 23–34.
van Bavel J, Findlay SR, Hampel FC Jr, Martin BG, Ratner P, Field E. Intranasal fluticasone propionate is more effective than terfenadine tablets for seasonal allergic rhinitis. *Arch Intern Med*. 1994; 154: 2699–2704.

鼻の外傷 Nasal Trauma

はじめに(定義と分類)：
鼻は顔のなかでも最も損傷を受けるところである。それゆえ，コンタクトスポーツでは鼻の外傷が起きやすい。損傷は以下のようである。
- 鼻の出血(鼻出血)
- 鼻骨骨折
- 鼻中隔の偏位

鼻出血 Epistaxis

病歴と身体所見：
- 病　歴：
  - 機序：一般的に受傷により起こり，競技中は持続する。
  - 再発と管理が難しい例：遺伝性出血性毛細血管拡張症，血小板減少症，血小板機能低下症または凝固能障害
  - 内服と薬物：ワルファリン，アスピリン，ステロイドの鼻投与(フルチカゾン)，アルコール，コカインの乱用

- その他：気温が低く湿度が低下した環境，副鼻腔炎，アレルギー性鼻炎，鼻中隔弯曲症，鼻をほじくる癖，以前の頭部や頸部の手術歴
- 身体所見：
  - 十分な光源による直視，鼻鏡，バイオネット鉗子により出血源は明らかになる。吸引も効果的である。
  - 鼻出血の90％以上はキーゼルバッハ部位を含む前鼻腔の血管からの出血である。残り10％が後鼻腔からの出血である。
  - とはいえ，鼻出血の場所を特定するのは難しいこともある。前鼻腔を圧迫しても出血が持続するときは，鼻腔後方の出血を疑う。

治療：
- まずは，鼻骨骨折の除外を。
- 一般的な処置：
  - 鼻をかむと血塊を鼻の外に出すことができるが，反対に止血までの時間が延長する。
  - 患者の頭を高くし，座らせる(血液を飲み込まないための予防)。
  - 座位で前傾姿勢をとり，鼻を10分間一定の力でつまむ。
  - 鼻内にオキシメタゾリンを2回スプレーする。
  - 冷やして圧迫する。
- 専門的な処置：
  - 焼灼術
  - 処置の前に，局所麻酔薬(エピネフリン入りキシロカイン)やオキシメタゾリン，および(または)抗不安薬(ロラゼパム)の内服を行う。
  - まずはじめに，前鼻腔からの鼻出血を処置する。
  - 化学的(硝酸銀)または電気的な方法がある。効果は同等だが，焼灼の前の止血が処置の成功に最も重要である。
- パッキング：
  - ワセリンではなく抗菌薬が塗布された合成素材のタンポン(Merocel®)でパッキングする［毒素性ショック症候群(toxic shock syndrome: TSS)の予防のため］。
  - 古典的なガーゼによるパッキングに比べ，Merocel®を用いた場合は，黄色ブドウ球菌の感染のリスクが減る可能性がある。
  - 酸化セルロースやゼラチンなどの止血薬。使用は2〜3日間まで。
- 難治性出血の場合：
  - 後鼻腔からの出血の可能性を考慮する。
  - 緊急に耳鼻科医を紹介し，後鼻腔のパッキング(バルーンカテーテルやFoleyカテーテルなど)や，塞栓術，または手術などの処置を依頼
- その他の治療に関する情報：血栓形成のためのゲルやフォームも開発中である。

その他の留意事項：
- NSAIDsの日常的な使用は鼻出血のリスクの増加とは関連はない。
- 少量のオキシメタゾリンの使用は，血圧増加のリスクにはならないとされている。
- 後鼻腔出血は大量の出血をきたす。とくに中国系や南アジア系の人種では後鼻腔の鼻咽頭癌除外診断が大切である。
- 一時的な鼻出血の場合は凝固能検査を必ず行う必要はない。
- 鼻腔のパッキングを行ったアスリートでは，毒素性ショック症候群の発症に注意する(発熱，低血圧，皮膚症状など)。
- 健常なアスリートでは，毒素性ショック症候群を予防するための抗菌薬の投与についての研究はなく，二次的に発症する副鼻腔の予防にも有益ではない。
- 血腫が軟骨とその上の鼻粘膜の間にできることがある。この場合は，軟骨の虚血性壊死，鼻中隔穿孔，またはその他不可逆性の鼻の障害などの合併症の予防のために，迅速に耳鼻科医に手術適応などについての相談をする。

競技復帰：
- 止血ができたとき
- 血行動態が安定している。
- 競技に特有の運動を行っても再発しない場合

鼻骨骨折 Nasal Fracture

- アスリートに多い。鼻の解剖学的特徴(顔から隆起している)からみて，損傷や骨折を起こしやすい。

病歴と身体所見：

- 病　歴：
    - 顔面の強い衝撃(外傷)
    - 目撃者から受傷時の状況を確認する。
- 身体所見：
    - 全般的な診察からはじめる。
        ・頭部，目，耳，鼻，口(歯も含めて)，喉をすべて診る。
        ・神経学的所見を診る。
    - 鼻の偏位，腫脹，礫音は鼻骨骨折の疑いが強い。
    - 診察のときは，鼻骨骨折は顔面の他部位の骨折を合併しやすいことを念頭におく。
    - 重要な身体所見　→直ちに専門医の紹介が必要
        ・開放骨折や鼻中隔の血腫
        ・鼻梁のへこみ，眼裂の拡大，目と目の間の距離が拡大している場合は，鼻骨，眼窩，篩骨の骨折の可能性がある。
        ・Halo(ハロー)テスト：鼻や耳の透明な分泌物をガーゼに滴下したときに，液の外側に血液の輪ができる場合は髄液瘻の可能性がある。唾液など，他の体液でも陽性になることがある。
        ・顔面の感覚低下……三叉神経損傷の可能性がある。
        ・顔面の麻痺……顔面神経損傷の可能性がある。
        ・発声障害……気道周囲の血腫または上顎骨や下顎骨骨折によるものの可能性がある。
        ・耳の後ろの斑状出血(バトルサイン)……頭蓋底骨折の可能性がある。受傷後2日を過ぎないと現れないこともある。

診　断：

- 診察による徴候や症状による。
- 画像検査：
    - 単純X線撮影
    - 呼吸が楽にできていて，鼻の変形や鼻中隔血腫がない場合は必要ない。
    - 必要がなくても，はじめの治療方針は変わらない。
    - CT
    - 3DCTは，合併している可能性がある顔面骨骨折の診断に適している。

治　療：

- 急性期には
    - 競技への参加を中止して，腫脹と合併する出血を最小限にするために冷却パックを使う。
    - 髄液瘻が疑わしいが，状態が安定している場合：
        ・頭を40°〜50°の角度に上げ，頭蓋内圧を下げる。
        ・早急に耳鼻科医に紹介をして，骨折の鑑別や整復術の検討を依頼する。
    - 非開放性骨折で髄液瘻がない場合：
        ・受傷後3〜6時間以内に耳鼻科医に紹介する。
        ・受傷後3〜6時間以上経つと，浮腫のため整復術の妨げになる。その場合は整復まで5日間待つ。
        ・ほとんどの鼻骨骨折は，受傷後10日以内に計画的な整復ができる。

その他の留意事項：

- 裂傷を伴う箇所は清潔にドレッシングする。
- 鼻中隔血腫は鼻の軟骨と軟骨上の粘膜の間を分けるように広がり，その圧による虚血性の粘膜の壊死，鼻中隔穿孔や感染などの原因となる。これらは重篤な合併症となるので，早期発見して速やかに耳鼻科医に紹介する。
- 汚染創の場合はすべて破傷風予防を考慮する。
- 鼻軟骨が露出している鼻骨骨折では抗菌薬の予防投与を考慮する。

競技復帰：
- 症例によって異なるため，耳鼻科医の判断で復帰時期を決定する。
- 耳鼻科医の多くは競技復帰後しばらくの間フェイスマスクの着用を勧めている。

鼻中隔弯曲症 Nasal Septal Deviation
- 先天的な変形が多いが，スポーツ外傷やその他の顔面外傷の結果生じる場合もある。鼻中隔弯曲症は，鼻閉を起こし，呼吸苦が生じることがある。

病歴と身体所見：
- 病歴：完璧に直線的な鼻中隔の人は少ない。弯曲の程度で症状の重症度や特徴が決まる。下記のような質問をする。
  - 鼻呼吸がしづらい。
  - 片側（閉塞）か両側（粘膜の浮腫）の症状
  - 顔　痛
  - 嗅覚の低下
  - 副鼻腔炎や外傷の既往
  - 刺激物の可能性
    ・薬　物
    ・煙への曝露
    ・アレルゲンがある。
- 身体所見：
  - 注意深く鼻と中咽頭を光源を使用して観察する。
    ・構造的な異常がないか。
    ・腫瘍や鼻茸，腫脹を除外する。
  - 呼吸パターンを観察する（いびき音，口呼吸など）。

診　断：
- 診察における徴候や症状に基づく。

治　療：
- 自覚症状が強くあるときには，外科的治療の適応について耳鼻科医に紹介する。
- 約90％の症例で鼻中隔矯正術により症状が改善する。

その他の留意事項：
- 鼻中隔矯正術を行うと鼻呼吸による鼻の中の気流が変化するので，慢性的な鼻の充血感が生じることがある。
- 年齢に伴う鼻軟骨の変形が，弯曲症を増悪させることがある。
- 鼻炎や副鼻腔炎を伴う場合は鼻の閉塞症状が増悪するため，随伴症状の適切な治療が必要。

競技復帰：
- 主訴が十分にコントロールされ，徴候，呼吸困難の症状がなければ制限はない。

文　献
Alter H. Approach to the adult with epistaxis. *UpToDate*. Accessed October 28, 2012.
Bhattacharyya N. Clinical presentation, diagnosis, and treatment of nasal obstruction. *UpToDate*. Accessed October 29, 2012.
Biswas D, Mal RK. Are systemic prophylactic antibiotics indicated with anterior nasal packing for spontaneous epistaxis? *Acta Otolaryngol*. 2009; 129: 179–181.
Breda SD, Jacobs JB, Lebowitz AS, Tierno PM Jr. Toxic shock syndrome in nasal surgery: A physiochemical and microbiologic evaluation of Merocel and NuGauze nasal packing. *Laryngoscope*. 1987; 97: 1388–1391.
Fractures and dislocations—midface. *Marx: Rosen's Emergency Medicine*. 7th ed. Elsevier; 2009. Retrieved from http://www.mdconsult.com. Accessed January 15, 2011.
Gandomi B, Bayat A, Kazemei T. Outcomes of septoplasty in young adults: The Nasal Obstruction Septoplasty Effectiveness study. *Am J Otolaryngol*. 2010; 31: 189–192.
Krempl GA, Noorily AD. Use of oxymetazoline in the management of epistaxis. *Ann Otol Rhinol Laryngol*. 1995; 104: 704–706.
Kucik CJ, Clenney T. Management of epistaxis. *Am Fam Physician*. 2005; 71: 305–311.
McKay MP, Mayersak RJ. Facial trauma in adults. *UpToDate*. Accessed October 28, 2012.
Nasal obstruction. *Essential Evidence Plus*. Retrieved from http://www.essentialevidenceplus.com. Accessed January 6, 2011.
Ruhl, Terry S. Epistaxis and nosebleeds. *Essential Evidence Plus*. Retrieved from http://www.essentialevidenceplus.com. Accessed January 6, 2011.
Tay HL, Evans JM, McMahon AD, MacDonald TM. Aspirin, nonsteroidal anti-inflammatory drugs, and epistaxis. A regional record linkage case-control study. *Ann Otol Rhinol Laryngol*. 1998; 107: 671–674.
Wilson SW, Milward TM. Delayed diagnosis of septal haematoma and consequent nasal deformity. *Injury*. 1994; 25(10): 685–686.

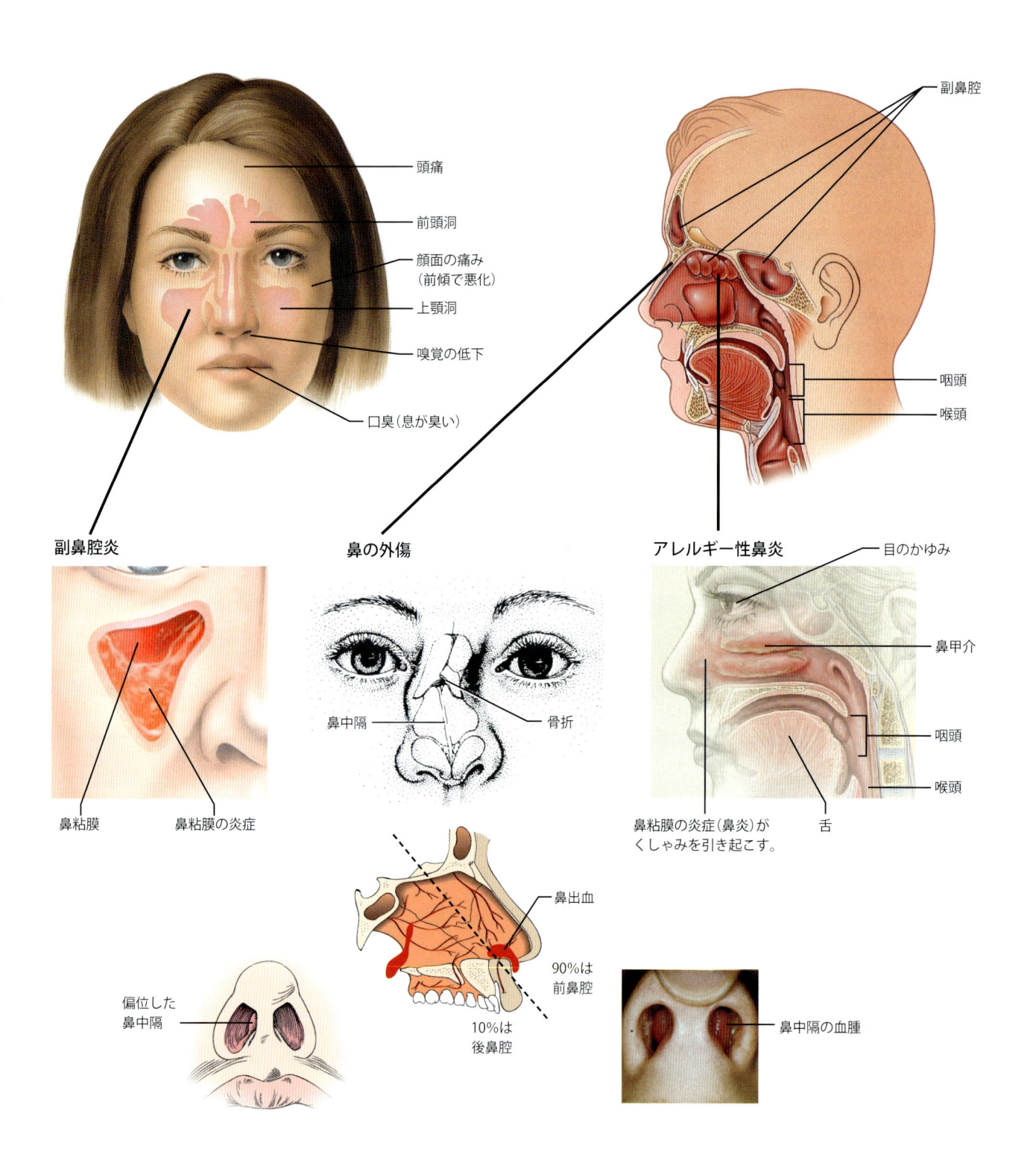

Chapter 8 ■ プライマリケア

- 副鼻腔
- 頭痛
- 前頭洞
- 顔面の痛み（前傾で悪化）
- 上顎洞
- 嗅覚の低下
- 口臭（息が臭い）
- 咽頭
- 喉頭

副鼻腔炎
- 鼻粘膜
- 鼻粘膜の炎症

鼻の外傷
- 鼻中隔
- 骨折
- 偏位した鼻中隔
- 鼻出血
- 90%は前鼻腔
- 10%は後鼻腔

アレルギー性鼻炎
- 目のかゆみ
- 鼻甲介
- 咽頭
- 喉頭
- 舌
- 鼻粘膜の炎症（鼻炎）がくしゃみを引き起こす。
- 鼻中隔の血腫

図119　鼻

Section 4　Mouth

歯牙損傷　Common Dental Injuries

はじめに(定義と分類)： コンタクトスポーツでは顔面や歯牙の外傷のリスクがあり，骨折，歯牙の欠損・脱臼やその後の膿瘍形成などを起こしうる。歯牙損傷の治療では，治療までの時間が重要である。

病歴と身体所見：
- 病　歴：
  - 受傷機転を問診し，症状や徴候が出現した時間軸を把握する。
  - 意識消失，脳振盪，顔面損傷の有無を確認する。
  - 神経学的所見をはじめ，頭部，目，耳，鼻，咽頭喉頭部，頸部，呼吸器系までしっかりと診察する。
  - 弁膜症や中隔欠損症などの，先天性/後天性心疾患が既往にないか確認する。
- 身体所見：所見を確認する前に，気道が確保されているか，顔面骨/頭蓋骨の骨折がないかを確認する。
  - 歯肉に裂傷や斑状出血，異物(欠けた歯など)が刺さっていないか確認する。
  - 歯髄の露出や炎症がないかを，熱いまたは冷たい液体や空気を吹きかけることに対する反応で確認する。
  - 歯が折れていないか，欠けていないか，変形がないか評価する。
  - 舌圧子を噛んでもらって，歯の移動や転位がないか確認する。
  - 歯を舌圧子で打診し，刺激に対する反応を評価する(正常にみえる歯での神経血管系のダメージは，のちに歯髄の退縮を引き起こすことがある)。
  - 歯を触診し周囲支持組織のダメージや腫脹がないか，動揺性がないか評価する。

診　断：
- 歯の骨折は以下のように分類される。
  - Class 1：エナメル質のみの破折(通常痛みを伴わない)
  - Class 2：エナメル質と象牙質の破折(色が黄色。痛みを伴う)
  - Class 3：歯髄の露出を伴う破折(赤色の線や点が見える。非常に強い痛みを伴う)
- 歯牙裂傷，歯牙脱臼，膿瘍形成：臨床的に診断される。
- 発熱，悪寒，冷汗，嘔吐などの全身性の症状が出現した場合は，血液培養と心エコー検査を行うことを考慮する(感染の全身播種を除外するため)。

治　療：
- 歯牙骨折：治療は重症度によって異なる。
  - Class 1, 2：緊急度は高くない。清潔にドレッシングし(水酸化カルシウムなど)，アルミ箔をかぶせる。
  - Class 3：歯科医あるいは専門医による早期評価
- 膿瘍形成：医学的な評価を行い，外科的ドレナージや歯根管治療の必要がないか鑑別する。
  - 可能なら，膿瘍腔の培養をとる［嫌気性菌，化膿性連鎖球菌(*S. pyogenes*)，黄色ブドウ球菌(*S. aureus*)など］。
  - 抗菌薬投与(多くは経口薬)
  - 温水でうがいをする。
  - 鎮痛薬……市販薬または処方薬。
  - アスピリンを創部に置くことは粘膜への刺激があるため行わない。
- 歯牙脱臼：できるかぎり早く歯を元の位置に戻すことにより，治癒率があがる。再移植は完全脱臼の場合に行う。
  - 再移植は永久歯が損傷を受けた場合のみ行う。
  - 歯槽の障害を最小限に抑える。
  - 歯はやさしくすすぐ(こすらない)。
  - 歯槽に戻す(くぼんでいる部分にはめ込む)。もし外れたまま保存する場合は，培養液か室温の牛乳に入れて保存する。
  - 牛乳がない場合は唾液でもよい。唾液をカップに溜めて歯を入れて保存する。
  - 専門医に診せるまで，歯が動かないようにしておく。診察を受けるまで，濡れたガーゼを噛んで抑える。

- 歯肉と再接着したかの判断には数週間を要し，X線検査での経過観察が必要である。
- 不完全脱臼：動かさず，整復も試みない。迅速に専門家に紹介する。予後は歯の支持組織の状況による。

その他の留意事項：
- 不完全脱臼が歯の背面で目立つ場合は，脱落して誤嚥する可能性があるため歯を除去することを考慮する。外した歯は室温の生理食塩液に入れて保管する。
- 抜けた歯が見つからない場合は，位置を確認するために胸部の単純X線撮影をする。
  - 気管や食道にある場合：取り除く必要がある。
  - 横隔膜より下にある場合：取り除く必要はない。
- マウスガードの使用は口腔内損傷の可能性を減少させる。高校生のバスケットボール選手では，マウスガードを使用しなかった者のうち31％に口腔内損傷が起きたのに対し，マウスガードを使用していた者では1％以下だった。
- 大学男子バスケット1部リーグでの調査では，個人用にカスタムメイドしたマウスガードの使用は口腔内軟部組織の損傷は減らさないものの，歯牙損傷の発生率を減らし，医療費削減につながるという結果が出ている。
- マウスガードの有用性をスタッフやコーチにも教育する。
- 循環器疾患の既往がある場合や現在も合併している場合は，症例に応じて抗菌薬の予防投与が必要になる。
- 症例に応じて破傷風に対する予防策が必要になる。
- 専門医への打診はどのような場合に行うべきか？
  - 軟部組織の損傷
  - 歯や顎の咬合が変わったとき
  - 温度に対して歯が過敏になっているとき
  - 歯の前面や後面の歯牙欠損
  - 歯髄の曝露
  - 歯の動揺性，位置異常，脱落が認められたとき

競技復帰：
- 医学的に安定しており，激痛や不快感がなく，専門医への受診が必要ない場合は，そのまま競技を続けてもよい。
- Class 3の歯牙骨折，部分的な歯牙脱臼がある場合や歯の再接着を行う場合は，競技を中断し専門医診察を受け，許可が出るまで復帰しない。
- 膿瘍の治療を行った場合は，解熱し発熱に伴う全身症状が改善するまで休養する。

文献
Cohenca N, Roges R, Roges R. The incidence and severity of dental trauma in intercollegiate athletes. *J Am Dent Assoc.* 2007; 138; 1121-1126.
Fractures and dislocations—dental and alveolar trauma. *Marx: Rosen's Emergency Medicine.* 7th ed. Elsevier; 2009. Retrieved from http://www.md-consult.com. Accessed January 15, 2011.
Labelle C, Smith B, Sigurdsson A. Effect of mouthguards on dental injuries and concussions in college basketball. *Med Sci Sports Exerc.* 2002; 34(1): 41-44.
Maestrello-deMoya MG, Primosch RE. Orofacial trauma and mouth-protector wear among high school varsity basketball players. *ASDC J Dent Child.* 1989; 56(1): 36-39.
McTigue DJ. Evaluation and management of dental injuries in children. *UpToDate.* Accessed October 16, 2012.
Schatz J, Hasher C, Joho J. A retrospective clinical and radiologic study of teeth re-implanted following traumatic avulsion. *Endod Dent Traumatol.* 1995; 11: 235-239.

口腔内潰瘍　Aphthous Ulcers

はじめに（定義と分類）：
アフタ性口内炎や口腔内びらんは20～40歳代に多くみられ，強い不快感を伴う。接触感染や性交渉で感染することはない。多くは2週間以内に自然軽快する。

病歴と身体所見：
- 病歴：関連するものはあるが，明確な原因は判明していない。
  - ストレス（肉体的なストレスも含む）
  - 外　傷
  - 腸疾患：セリアック病，Crohn（クローン）病
  - 薬物：NSAIDs，メトトレキサートの使用
  - 葉酸，鉄，ビタミンB_{12}不足

- 月経周期やホルモンバランス
- 自己免疫疾患［Behçet(ベーチェット)病］
- 免疫不全
- 食物アレルギー
- 禁　煙
- 遺　伝
- 身体所見：口腔内に限局する病変と，以下の所見を認める。
  - 小さい(直径2〜4mm)黄色または灰色がかった丸い潰瘍
  - 境界が明瞭
  - 周囲に紅斑や浮腫を伴う。
  - おもに非角質化組織(唇，口腔粘膜，口腔底，舌の裏や側面)に生じる。

診　断： 臨床所見で判断する。
- アスリートでは関連疾患を除外するために，以下の項目の検査結果を参照することがある。
  - 血　算
  - ヘモグロビン
  - 鉄関連の検査
  - ビタミンB_{12}
- セリアック病を除外するために，抗筋内膜抗体，トランスグルタミナーゼの測定

治　療： 薬物療法で再発が減るというエビデンスはほとんどない。
- 対症療法：
  - 局所的：
    ・ステロイド(コハク酸ヒドロコルチゾン錠)
    ・トリアムシノロンアセトニド軟膏
    ・テトラサイクリン
  - うがい薬：
    ・リン酸ベタメタゾンナトリウムうがい液
    ・グルコン酸クロルヘキシジンうがい液
- 関連するもののうち，不足があれば補い，原因と思われるものは避ける。
- 硫酸ナトリウム(歯磨き粉に含まれる)は，創傷治癒を遅らせるため避ける。

その他の留意事項：
- Behçet病を鑑別する。好中球性の自己免疫疾患で，口腔内と性器の潰瘍の再発を繰り返す。
- ヘルペス(Herpes simplex virus: HSV)によるアフタは形態的な特徴が似ている。診断により治療が異なるため除外診断を行う。
- ステロイドの局所投与は，HSVを除外してから行う。
- とくにマウスガードの使用が必要な競技では，適切な疼痛コントロールが必要になる。

競技復帰：
- 制限はない。

文　献

Aphthous ulcers. In: *Kumar: Robbins and Cotran Pathologic Basis of Disease, Professional Edition.* 8th ed. Saunders; 2009. Retrieved from http://www.mdconsult.com. Accessed January 5, 2011.
Goldstein B, Goldstein A. Oral lesions. *UpToDate.* Accessed January 13, 2011 and October 16, 2012.
Scully C. Aphthous ulcers. Retrieved from http://emedicine.medscape.com. Accessed January 5, 2011.
Tilliss T, McDowell J. Differential diagnosis: Is it herpes or aphthous? *J Contemp Dent Pract.* 2002; (3)1: 1-15.

溶連菌性咽頭炎/扁桃腺炎　Streptococcal Pharyngitis/Tonsillitis

はじめに(定義と分類)："strep throat"として知られ，おもにA群β溶血性連鎖球菌(group A β-hemolytic streptococcus: GAS)によって引き起こされる咽頭と扁桃腺の炎症である。C群やG群によるものは少ない。未治療の場合は，2〜5日間で自然軽快する。

病歴と身体所見：患者はさまざまな症状を呈するため，溶連菌感染による症状かどうかを鑑別することが重要である。以下のうち2つ以上あてはまる場合は，溶連菌感染の可能性が高い(FEATを考える)。

- Fever(発熱)：過去24時間以内の38℃以上の発熱
- Enlarge(肥大)：扁桃腺の肥大，咽頭の発赤/Exude：滲出液
- Absence of cough：咳嗽を伴わない。
- Tender(圧痛)：頸部リンパ節の圧痛

以下の症状を認める場合はウイルス性の感染症の可能性が高くなる。

- 咳　嗽
- 下　痢
- 結膜の充血
- 鼻風邪症状
- かすれ声

合併症には以下のものがある。

- 急性リウマチ熱：気道系にGAS感染が持続することによりリウマチ熱の発生率が高くなる(とくに小児)。症状が出現しはじめて9日間以内の抗菌薬投与は予防に効果がある。関節炎，心炎，舞踏病，皮下結節，輪状紅斑などが出現する。
- 溶連菌性急性糸球体腎炎：糸球体の血管系の炎症により血尿，蛋白尿，高血圧が現れる。抗菌薬投与の有用性ははっきりしていない。
- PANDAS(Pediatric Autoimmune Neuropsychiatric Disorder Associated with group A Streptococci：A群溶連菌感染症に関連した小児自己免疫性神経精神疾患)：チック症状や強迫性障害などを認める。突如発現したチックではA群溶連菌感染を原因の1つとして考慮する。抗菌薬投与の有効性に対するエビデンスはない。
- 猩紅熱：落屑を伴う散在性，丘状，"紙やすり様"の発疹，口周囲の蒼白化，イチゴ舌を伴う。
- 毒素性ショック症候群(toxic shook syndrome: TSS)：感染が全身に広がり，多臓器不全に陥る。
- 咽頭扁桃蜂巣炎・膿瘍：喉頭炎の1%以下
- その他の合併症：副鼻腔炎，中耳炎，壊死性筋膜炎

診　断：
- 臨床所見でGAS感染による咽頭扁桃炎が疑わしい場合は，迅速抗体検査が有用である。陽性なら治療を開始する。
- 陰性でも，確認のため咽頭拭い液の培養を提出する。
- 伝染性単核球症の検査も必要に応じて行う。

治　療：
- 臨床所見上高確率に疑われる場合は，検査結果を待たずに抗菌薬の投与を開始する。
- 培養が陰性だった場合は治療方針を変更する。
- 抗菌薬投与によって，有症状期間が約1日短くなり，また伝染力が低下する。
- 抗菌薬の投与は以下のように行う。
  - ペニシリンアレルギーがない場合：ペニシリンが第一選択
  - ペニシリンアレルギーだがアナフィラキシーは呈さない場合：狭域スペクトラムのセファロスポリン(セファレキシン，セファドロキシル)
  - 真のペニシリンアレルギーの場合：マクロライド系(エリスロマイシン，クラリスロマイシン)
- サルファ剤，ニューキノロン系，テトラサイクリン系は治療に失敗することが多く，また耐性菌が出現する可能性があるため避ける。
- 10日間投与する。
- 対症療法：
  - 発熱，咽頭痛：NSAIDs，アセトアミノフェン(伝染性単核球症では血小板減少症や肝炎を引き起こすため，疑わしい

- 咽頭痛：液体や，柔らかい食べ物がよい。
- その他：水分補給と休養
- 指　導：
  - 接触感染：濃厚接触者への感染は最大35％である。抗菌薬投与は感染率を減らすが，手指消毒の徹底，歯ブラシや寝具，生活用品の共有を避けることが求められる。
- 現時点ではワクチンは存在しない。
- 予防投与はリウマチ熱を防ぐ場合のみ望ましい。

その他の留意事項：

- 咽頭炎が5日以上続くようであれば，他の病態の可能性がある［ウイルス：エプスタイン-バーウイルス(EBV)，サイトメガロウイルス(CMV)／微生物：マイコプラズマ／クラミジア：真菌症］。
- 以下の場合を除いて，抗菌薬治療の効果判定(迅速抗体検査の再検など)は必要ない。
  - リウマチ熱の既往がある。
  - 溶連菌性糸球体腎炎やリウマチ熱の罹患中に急性の咽頭炎が発症した場合
- C群，G群溶連菌ではリウマチ熱を起こしにくいため，抗菌薬投与は5日間でよい。

競技復帰：

- 抗菌薬投与後24時間以上経過
- 症状の改善……解熱薬を使用せずに24時間以上発熱がない。
- 明らかな呼吸器合併症を認めない。

文　献

Bisno A, Lichtenberger P. Evaluation of acute pharyngitis in adults. *UpToDate*. Accessed October 16, 2012.
Bisno AL, Gerber MA, Gwaltney JM Jr, Kaplan EL, Schwartz RH. Practice guidelines for the diagnosis and management of group A streptococcal pharyngitis. *Clin Infect Dis*. 2002; 35: 113-125.
Catanzaro FJ, Stetson CA, Morris AJ, et al. The role of the streptococcus in the pathogenesis of rheumatic fever. *Am J Med*. 1954; 17: 749-756.
Del Mar CB, Glasziou PP, Spinks AB. Antibiotics for sore throat. *Cochrane Database Syst Rev*. 2000; (4): CD000023.
Gerber MA, Baltimore RS, Eaton CB, et al. Prevention of rheumatic fever and diagnosis and treatment of acute Streptococcal pharyngitis: A scientific statement from the American Heart Association Rheumatic Fever, Endocarditis, and Kawasaki Disease Committee of the Council on Cardiovascular Disease in the Young, the Interdisciplinary Council on Functional Genomics and Translational Biology, and the Interdisciplinary Council on Quality of Care and Outcomes Research: endorsed by the American Academy of Pediatrics. *Circulation*. 2009; 119(11): 1541-1551.
Gerber MA. Treatment failures and carriers: Perception or problems?. *Pediatr Infect Dis J*. 1994; 13: 576-579. Micromedex. Accessed February, 2011.
Webb KH, Needham CA, Kurtz SR. Use of a high-sensitivity rapid strep test without culture confirmation of negative results: 2 Years' experience. *J Fam Pract*. 2000; 49: 34-38.

伝染性単核球症　Infectious Mononucleosis

はじめに(定義と分類)：
"mono"や"kissing disease"として知られる伝染性単核球症(IM)は，唾液によって伝染する感染症である。原因の多くをエプスタイン-バーウイルス(EBV)が占める。感染率のピークは10～24歳である。合併症はさまざまな臓器に起こりうるが，以下のものが重要である。

- 脾　臓……脾腫／脾破裂
- 血液疾患……好中球減少症，血小板減少症，再生不良性貧血，播種性血管内凝固症候群(DIC)，溶血性尿毒症症候群
- 神経学的疾患……ギラン・バレー症候群，神経炎，髄膜炎
- 心疾患……心筋炎，心臓突然死のリスクとなる。
- 呼吸器系……気道感染

病歴と身体所見：

- 倦怠感，疲労感，食思不振，悪寒が最も多くみられ，曝露後4～6週以内に現れる。これらの症状は，以下のような特徴的な3徴が出現する数日前から現れる(溶連菌性扁桃炎として経過観察される場合もある)。
  - 38℃～40℃の発熱
  - 頸部リンパ節腫脹
  - 咽頭炎／扁桃腺炎……紅斑，滲出性のこともあり。
- その他の症状として以下のものがみられる。

- 易疲労感
- 脾腫が50～60%にみられる：触診でわかるのは20～50%
- 肝腫大……多くはない。
- 発疹……点状出血，斑状丘疹：抗菌薬投薬前後にみられる。
- 口蓋の斑状出血：頸部リンパ節腫脹と脾腫を伴う場合は伝染性単核球症の可能性が高い。

診　断：臨床所見と検査所見を組み合わせて判断する。

- 身体所見に伴い，以下のような検査所見を認める。
  - "monospot" 試験や "異種血球凝集反応(Paul-Bunnell)" で陽性
    - 感度85%，特異度100%
    - 伝染性単核球症の身体所見を認め，検査が陽性であればこれ以上の検査は必要としない。
    - 若いアスリートになるほど感度・特異度ともに低下する。
  - EBV抗体検査……必要な症例で行う。現疾患の診断の確定，および既感染か再活性化かを鑑別する。
    - EBV VCA［ウイルスカプシド抗原(viral capsid antigem)］IgM：急性感染を示唆する。
    - EBV VCA IgG：過去の感染，抗体があることを示唆する。
    - EBNA［エプスタイン-バー核抗原(Epstein-Barr nuclear antigen)］：典型的には感染後6週以降に出現するため，既感染を示唆する。
- その他：
  - 白血球増加症または白血球減少症
  - 白血球分画で50%以上のリンパ球増加
  - 10%以上の異型リンパ球増加
  - 軽度で一過性の好中球減少症，血小板減少症
  - 肝機能検査：
    - 咽頭炎の患者で，伝染性単核球症が強く疑われる場合に行う。
    - 初期に高値であれば，週ごとに経過を追っていく（筆者の私見）。
- 末梢血液塗抹標本……臨床上/検査所見上，隠れた血液疾患を疑う場合は診断のために行う。

治　療：

- 症状は長くても3週間以内に消失する。
- 対症療法：
  - 発熱，倦怠感，喉の痛み……NSAIDsを効果のある最小量で使用
  - アセトアミノフェンは肝機能障害を避けるために投与しない。とくに肝機能異常がある症例では注意を要する。
  - 適切な食事……脂質の多いものは避ける。
- 効果のある抗ウイルス薬やワクチンは開発されていない。
- ステロイドの効果については議論が分かれている。
  - 生命にかかわるような気道閉塞症状を有する症例か，劇症の臓器不全(肝臓)を有する患者での使用は根拠があるといえる。しかし実際はより安易に使用されている。
  - 病期を短縮し，重症化を防ぐと考えられている。
  - 症状緩和のために使用されることが多い。ただし症状緩和のためには中等量必要になる。
  - EBV感染中の投与は，自己免疫力の低下を招き，悪性化と関連があるとも考えられている。
- 患者指導：
  - 接触感染：
    - 濃密な接触を避け，歯ブラシ，タオル，シーツ，生活用品を分けて使用する。
    - EBVは健常者の唾液内でも頻繁に認められ生涯にわたりキャリアとなるため，感染を防ぐのはほぼ不可能に近い。
    - 空気や血液を介しての感染はほとんどない。
    - 症状が改善した後も数週間は感染力の強い状態が続く。
  - ステロイドの副作用……胃炎の発生率を減少させるために，ステロイド投与中はアルコールと鎮痛解熱薬は避ける。

その他の留意事項：

- 伝染性単核球症の症状を呈する患者のうち，約 10％は EBV 以外が原因である。原因としては，サイトメガロウイルス，アデノウイルス，トキソプラズマが挙げられる。
- 脾破裂：
  - 頻　度：全体の 0.1％
  - 時　期：一般的には発症 2〜21 日後に起こる。発症 7 週以降の脾破裂の報告はない。
  - 外傷性の脾破裂と違いはない。
  - 伝染性単核球症の重症度と脾破裂発生のリスクは相関関係がない。
  - 類伝染性単核球症(EBV 以外による伝染性単核球症様の症状)でも起こりうる。
  - 伝染性単核球に罹患したアスリート全員に病中と復帰前に腹部エコー検査は必要ない。以下の考え方に基づいている。
    - ・1 回の超音波検査で得られる所見には限りがある。
    - ・一連の腹部エコー検査にかかるコストは高額であり，伝染性単核球に罹患した選手すべてに実施すると 100 万ドルで 1 例の脾破裂しか防ぐことができない。
    - ・30 日以上経過すると伝染性単核球症患者と健常者では脾臓の大きさに差がないという研究結果がある。
  - ただし，一部の症例では脾臓が小さくなったかをエコーで確認することを考慮する……コンタクトスポーツの選手で，罹患後 8 週を超えても脾腫が存在した場合，など。
  - 脾破裂の診断には CT や MRI を施行する。
- 伝染性単核球症と溶連菌性咽頭炎では多くの症状がオーバーラップしている。正しい診断をすることが速やかな治療につながり，合併症を減らし，"競技に復帰するまでのタイムロス"を減少させる。伝染性単核球症と溶連菌性咽頭炎を同時に発症することもありえる。以下の身体所見や検査所見を認める場合は，伝染性単核球症を強く疑う。
  - 強い倦怠感
  - 後頸部リンパ節腫脹
  - 肝脾腫
  - 伝染性単核球症に特異的な検査(前述の診断の項を参照)の陽性，肝機能の悪化，リンパ球増加症(リンパ球数あるいは異形リンパ球)，好中球減少症，血小板減少症
- EBV は特定の細胞内で休眠状態になり，一定の状況になると再活性化する。
- HIV 感染の急性ウイルス血症の症状はしばしば伝染性単核球症と類似する。伝染性単核球症を疑うアスリートのうち，以下の場合は HIV の検査を行うことが奨励される。
  - 皮膚粘膜病変がある，または
  - 発熱後 72 時間以内に紅斑が出現(伝染性単核球症が疑われた時点で抗菌薬投与がなされていない症例で)，かつ
  - 異種血球凝集反応で陰性

競技復帰：

- 検査所見，身体所見がほぼ正常値になり，栄養状態が改善し，その他の合併症がない場合は，軽い，非接触競技からはじめ 4 週かけて徐々に復帰していく。
- 軽い運動をはじめたら，週 1 回，再評価をする。
- 通常，競技に完全復帰するまで 6〜8 週間かかる。

文　献

Aronson MD, Auwaerter PG. Infectious mononucleosis in adults and adolescents. *UpToDate*. Accessed October 29, 2012.
Asgari MM, Begos DG. Spontaneous splenic rupture in infectious mononucleosis: A review. *Yale J Biol Med*. 1997; 70: 175–182.
Burroughs KE. Athletes resuming activity after infectious mononucleosis. *Arch Fam Med*. 2000; 9: 1122–1123.
Candy B, Hotopf M. Steroids for symptom control in infectious mononucleosis. *Cochrane Database Syst Rev*. 2006; (3): CD004402.
Dommerby H, Stangerup SE, Stangerup M, Hancke S. Hepatosplenomegaly in infectious mononucleosis assessed by ultrasonic scanning. *J Laryngol Otol*. 1986; 100: 573–579.
Ebell MH. Epstein-Barr virus infectious mononucleosis. *Am Fam Physician*. 2004; 70: 1279–1287.
Epstein-Barr Virus and Infectious Mononucleosis. Retrieved from www.cdc.gov/ncidod/diseases/ebv.htm. Accessed August 14, 2010.
Evans AS, Niederman JC, Cenabre LC, West B, Richards VA. A prospective evaluation of heterophile and Epstein-Barr virus-specific IgM antibody tests in clinical and subclinical infectious mononucleosis: Specificity and sensitivity of the tests and persistence of antibody. *J Infect Dis*. 1975; 132: 546–554.
Haines J Jr. When to resume sports after infectious mononucleosis. How soon is safe? *Postgrad Med*. 1987; 81: 331–333.
Hosey RG, Mattacola CG, Kriss V, Armsey T, Quarles JD, Jagger J. Ultrasound assessment of spleen size in collegiate athletes. *Br J Sports Med*. 2006; 40: 251–254.
Kinderknecht JJ. Infectious mononucleosis and the spleen. *Curr Sports Med Rep*. 2002; 1: 116–120.

Luzuriaga K, Sullivan JL. Infectious mononucleosis. *N Engl J Med*. 2010; 362: 1993–2000.
Maki D, Reich R. Infectious mononucleosis in the athlete. diagnosis, complications, and management. *Am J Sports Med*. 1982; 10(3): 162–173.
Niu MT, Stein DS, Schnittman SM. Primary human immunodeficiency virus type 1 infection: Review of pathogenesis and early treatment intervention in humans and animal retrovirus infections. *J Infect Dis*. 1993; 168: 1490–1501.
Roy M, Bailey B, Amre DK, Girodias JB, Bussières JF, Gaudreault P. Dexamethasone for the treatment of sore throat in children with suspected infectious mononucleosis: A randomized, double-blind, placebo-controlled, clinical trial. 2004; 158: 250–254.

扁桃蜂巣炎/膿瘍　Peritonsillar Cellulitis/Abscess

はじめに（定義と分類）： 成人における頭頸部の感染症として扁桃周囲膿瘍（PTA）は一般的に遭遇する疾患である。急性咽頭炎は局所の炎症や蜂窩炎を起こし，膿瘍に発展する。原因菌の多くはA群β溶血性連鎖球菌を主とした複数の細菌が関与するが，思春期から成人では，考えられていた以上にフゾバクテリウム・ネクロフォーラム（*Fusobacterium necrophorum*）の感染が広がっている。

病歴と身体所見： 咽頭炎や扁桃炎に続発することが多い。扁桃の感染を繰り返していないか，扁桃周囲膿瘍の既往，気道障害の有無を確認する。

- 起こりうる症状や身体所見：
  - 喉の痛み，片側性のことが多い。
  - 押し殺したような"熱いポテトが口に入っているような"声
  - 開口障害
  - 嚥下障害/嚥下痛
  - 耳痛（同側）
  - 流涎/唾液の貯留
  - 口蓋垂の対側偏位
- 合併症：
  - 気道の圧迫・閉塞
  - 膿瘍が破裂すると，誤嚥性肺炎，肺膿瘍の原因となる。
  - 菌血症
  - 血管系の合併症：内頸静脈血栓症，頸動脈鞘のびらん，出血
  - 溶連菌感染後の合併症：リウマチ熱，毒素性ショック症候群（TSS），腎盂腎炎
  - *F. necrophorum* はレミエール（Lemmiere）症候群の原因になる（嫌気性菌による敗血症はリウマチ熱より罹患率・死亡率が高い）。
  - 縦隔炎
  - 壊死性筋膜炎

診　断： 限られた身体所見のなかから，喉頭蓋炎や後咽頭膿瘍がないか，気道合併症がないか，蜂巣炎なのか膿瘍なのかの判断をしていく。

- 画像検査：
  - 単純X線撮影：喉頭蓋炎を除外するために側面像を撮影
  - 超音波：経皮的/経口腔的
  - 造影CT：扁桃周囲膿瘍から蜂窩炎に至っているかの鑑別，病巣範囲を確認
  - MRI：血管障害（血栓や浮腫）が疑われる場合にはCTに勝る。呼吸器合併症に関しては利点がない。
- 検体検査：
  - 左方移動を伴う白血球の増加（多核白血球優位）
  - 嚥下障害の結果経口摂取が減ると電解質異常が起こる。
  - 溶連菌の咽頭培養
  - 穿刺吸引してグラム染色，好気性・嫌気性培養，感受性検査

気道合併症が認められない場合には，蜂窩炎かPTAかを鑑別するために24時間の抗菌薬投与を行うこともある。

治　療：
- 重篤な合併症を防ぐために，早期からの治療が必要である。
- 抗菌薬……14日間投与

- 経静脈投与：
  - アンピシリン・スルバクタム
  - クリンダマイシン
    （効果が薄ければバンコマイシンを加える）
- 症状が改善したり解熱した場合は内服薬に切り替える。
  - アモキシシリン・クラブラン酸
  - クリンダマイシン
    （バンコマイシンを必要とした場合はリネゾリドを加える）
- F. necrophorum の場合：抗菌薬を用いて積極的に治療を行う。マクロライドは避ける。
- 対症療法：
  - 補液
  - 疼痛コントロール：アセトアミノフェン
- 扁桃周囲膿瘍の確定診断がついたら
  - 針による吸引
  - 切開排膿
  - 扁桃摘出術：少ない。
- ステロイド投与により病期が短縮するかどうかについては結論が出ていない。

その他の留意事項：
- 喉頭蓋炎，後咽頭膿瘍，咽頭周囲膿瘍/蜂巣炎，重症の扁桃咽頭炎を鑑別する。
- ドレナージ術を行わないと 10～15％が再発する。
- 小児や若年成人の場合は，もともと喉頭部が小さく，より気道合併症を起こしやすい。入院加療を考慮する。

競技復帰：
- 症状が完全に改善し，解熱が得られ，適した内服抗菌薬が投与されていれば，競技が再開できる。
- 頸部腫脹の消退後も呼吸器合併症の再発がないか注意する。新たな気道過敏性の出現や咳嗽は，寛解していないかあるいは再発を示唆する。

文献

Brodsky L, Sobie SR, Korwin D, Stanievish JF. A clinical prospective study of peritonsillar abscess in children. *Laryngoscope*. 1988; 98: 780-783.
Centor R. Expand the pharyngitis paradigm for adolescents and young adults. *Ann Intern Med*. 2009; 151(11): 812-815.
Galioto NJ. Peritonsillar abscess. *Am Fam Physician*. 2008; 77(2): 199-202.
Goldenberg D, Golz A, Joachims HZ. Retropharyngeal abscess: A clinical review. *J Laryngol Otol*. 1997; 111(6): 546-550.
Johnson RF, Stewart MG, Wright CC. An evidence-based review of the treatment of peritonsillar abscess. *Otolaryngol Head Neck Surg*. 2003; 128(3): 332-343.
Ozbek C, Aygenc E, Tuna EU, Selcuk A, Ozdem C. Use of steroids in the treatment of peritonsillar abscess. *J Laryngol Otol*. 2004; 118(6): 439-442.
Page C, Biet A, Zaatar R, Strunski V. Parapharyngeal abscess: diagnosis and treatment. *Eur Arch Otorhinolaryngol*. 2008; 265(6): 681-686.
Steyer TE. Peritonsillar abscess diagnosis and treatment. *Am Fam Physician*. 2002; 65(1): 93-96.
Wald ER. Peritonsillar cellulitis and abscess. *UpToDate*. Accessed October 16, 2012.
Yellon RF. Head and neck space infections. In: Bluestone CD, Casselbrant ML, Stool SE, et al. eds. *Pediatric Otolaryngology*. 4th ed. Philadelphia, PA: Saunders; 2003, 1681-1701.

図120

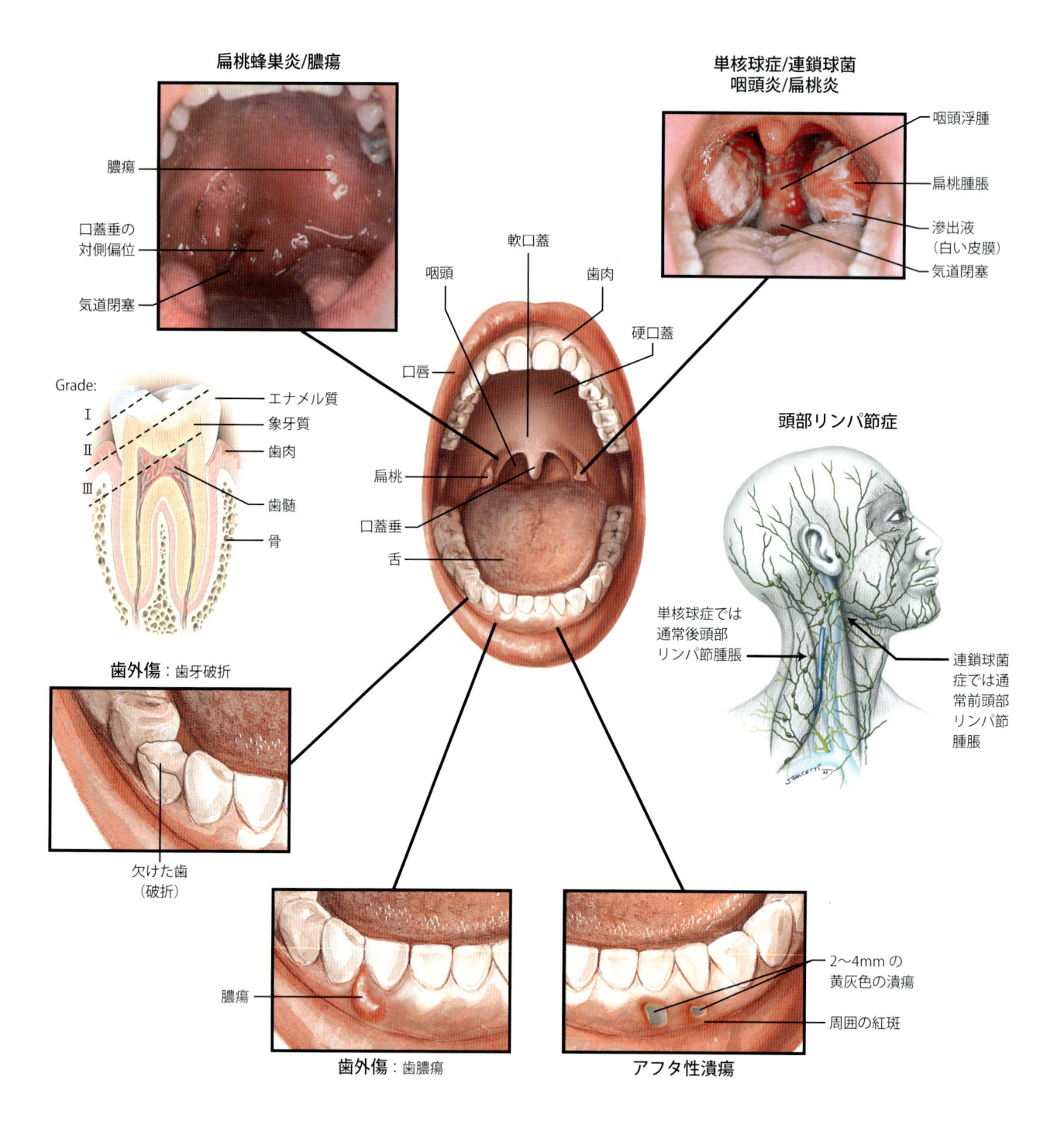

Section 5 呼吸と循環
Cardiopulmonary

労作時呼吸困難　Exertional Dyspnea

はじめに(定義と分類)：
- 運動強度の増加に伴って出現する不快な呼吸もしくは呼吸困難である。
- 心理的・生理学的・環境的・社会的要素に影響される共通の症候である。
- 心血管系・呼吸器・消化器・骨格筋・代謝系の機能障害に続発することがある。
- アスリートに生じる労作時呼吸困難の原因はおもに次の2点が挙げられる。
  - 運動誘発性気管支攣縮(EIB)：
    - 気道の収縮で，潜在的な喘息が伴ったり伴わなかったりする。
    - 背景に喘息がある場合は運動が運動誘発性気管支攣縮の引き金となる。
    - 持久性競技，とりわけクロスカントリーやフィギュアスケート，アイスホッケーなどの冬季競技のエリートアスリートによくみられる。
  - 奇異性声帯運動(PVCM)/声帯機能不全(VCD)：
    - 吸気や呼気時における声帯の不適切な運動(内転)の結果，気道狭窄を生じる。
    - 20～40歳の女性に多い。
- これら2疾患はどちらも臨床徴候が似通っているため，その鑑別が疾患管理を適切に行っていくうえで重要である。
- これら2疾患を潜在的な先天性または後天性の心疾患と鑑別することは，アスリートの心臓突然死を防ぐうえで重要である。

運動誘発性気管支攣縮　Exercise-induced Bronchoconstriction

病歴と身体所見：
- 病　歴：
  - 既往歴：
    - 運動誘発性気管支攣縮，気管支喘息，アレルギー性鼻炎，胃食道逆流症(GERD)，喫煙歴(受動喫煙を含む)，刺激物吸入
      - アスリートの喘息は長期の罹患歴をもちながら，きちんと診断されておらず，不適切な管理をされていることが多い。
      - アレルギー性鼻炎を有する約40～50％のアスリートが運動誘発性気管支攣縮を有する。
    - 運動誘発性気管支攣縮の10％は，喘息やアトピーの既往をもたない。
  - 家族歴：
    - 先天性心疾患，呼吸器疾患，50歳未満の親戚の心臓突然死の有無を確認する。
  - 症　状：
    - 症状は，まったく機能障害を有さないものから著しく気管支攣縮を伴うものまで幅広い。
    - 咳嗽，胸部絞扼感，息切れ，喘鳴，運動回避，運動耐容能の低下などを認める。
    - 症状の出現
      - 典型的には運動開始3～8分後に出現し，運動中止10～15分後にピークを認め，場合によっては30分続く(俗にロッカールーム咳ともよばれる)。
    - 不応期：
      運動終了後4時間程度，症状が緩解したり，完全に消失する。
- 身体所見：
  - 心臓：頻脈
  - 呼吸：頻呼吸と呼気喘鳴を認めるが，安静時はしばしば特記すべき所見がみられない。
  - 眼科・耳鼻咽喉科：水っぽく浮腫状の粘膜を認め，アトピーを有するものではより顕著である。

診　断：

- 病歴と身体所見から予測しにくい。
  - 運動誘発性気管支攣縮を有するアスリートの61％は，質問票で正常のアスリートの45％を占める。
  - 運動誘発性気管支攣縮が疑われるアスリートに対しては肺機能検査の実施が勧められる。
- 運動誘発試験(トレッドミル運動を最大心拍数の80〜85％程度で6分間行う)：
  - 1秒量で15％以上の低下は運動誘発性気管支攣縮を示唆する。
  - β刺激薬吸入前後で肺機能検査を実施する。
  - 偽陰性の多くは環境的ストレスや不適切な運動強度の設定に由来する。
- 気管支誘発試験(喘息を疑う症状があって，肺機能検査が正常で，気管支拡張薬に対する反応が不良なアスリートにおいて実施)：
  - 薬剤誘発法：
    ・マンニトール吸入試験
    ・メサコリン吸入試験
  - 正炭酸ガス自発過呼吸法(EVH)：
    ・薬剤誘発で陰性のアスリートに行う。
    ・IOC医事委員会で本試験での検証を推奨
- 鑑別診断：
  - 運動誘発性気管支攣縮の診断が確定的でない状況では，気管支喘息とは異なる心血管疾患，呼吸器疾患，消化器疾患による労作性呼吸困難の可能性も検討する。
  - 潜在的な心疾患では突然死(不整脈，心内シャント，心筋症)を起こす可能性もある。
  - そのほか，奇異性声帯運動やアレルギー性鼻炎，胃食道逆流症，喉頭機能障害(気管軟化症，喉頭軟化症)，心理的障害，競技能力向上物質の要求行為も本症とよく似ている。
  - 運動誘発性気管支攣縮と胃食道逆流症の関連は賛否両論あるが，おそらく否定的である。

治　療：

- 非薬物治療：
  - 誘因の除去：乾燥した冷気の吸入，塩素(プール)，花粉，動物のフケ，カビ，ハウスダスト，喫煙，大気汚染/化学物質
  - 乾燥した冷気ではマスクの着用
  - 運動前の適切なウォームアップ
  - 鼻呼吸の推奨，薬効を最大化する吸入薬の使用
  - ω3脂肪酸の多い食事は，運動誘発性気管支攣縮をもつ喘息患者に抗炎症効果をもって保護的に作用しうる。
- 薬物治療：
  - β刺激薬：
    ・間欠的な予防的使用は，運動誘発性気管支攣縮に対して最も有効である。
    ・短時間作用型β刺激薬(アルブテロールやホルモテロールなど)は運動開始10分前の吸入が予防に効果的である。
    ・長時間作用型β刺激薬(サルメテロールやホルモテロールなど)は連日運動を行うアスリートは間欠的に用いる。
    　・単剤の長期使用は効果的ではないかもしれない。
    　・ゆえに糖質コルチコイド吸入やクロモグリク酸，ロイコトリエン拮抗薬の併用が望ましい。
  - 糖質コルチコイド吸入：
    ・難治性の運動誘発性気管支攣縮に対しては有効である。
    ・運動誘発性気管支攣縮を急速には改善させない。しかし，薬物を継続することで，週から月の単位で症状をコントロールできる。
  - 肥満細胞安定薬(クロモグリク酸)：
    ・厳しい環境で高いパフォーマンスを有するアスリートに対しては，β刺激薬と併用すると効果的である。
    ・単独では気管支攣縮を改善しない。
  - ロイコトリエン拮抗薬：
    ・1日に一度の使用で運動誘発性気管支攣縮を12時間程度予防する。

・投与後2時間以内に運動誘発性気管支攣縮の予防効果を発揮する。
・運動後の回復を早める。
・長時間作用型β刺激薬より有効である。

その他の留意事項：

- 種々の重要ポイント：
  - 運動誘発性気管支攣縮は重篤な喘息の症状悪化を伴うばかりか，救急治療を要する呼吸不全状態を生じることがある。
  - 医療従事者は救急医療の準備を前もってしておく必要がある。呼吸機能をモニターする器具や吸入薬，ネブライザーなどは緊急時にいつでも使用できるよう準備すべきである。
  - 喘鳴のない速い呼吸は労作性虚脱や潜在的な心疾患の徴候かもしれない。ゆえに，すべての早い呼吸が運動誘発性気管支攣縮によるものではない。
  - 薬物の相互作用について：
    ・交感神経作用薬の潜在的な付加作用に注意する。
    ・β刺激薬，注意欠陥多動性障害(attention deficit hyperactivity disorder: ADHD)に処方される興奮薬(アンフェタミンなど)，店頭販売の鼻づまり薬(プソイドエフェドリンなど)は不整脈を誘発する可能性がある。
- ドーピングの考慮：
  - 米国アンチ・ドーピング機関(USADA)や世界アンチ・ドーピング機関(WADA)のガイドラインに注意すること。毎年Webサイトを閲覧してその変更を確認すること。
    ・USADA(www. usada. org)
    ・WADA(www. wada-ama. org)
  - 救急キット内にすぐに参照できるように "USADA Wallet Card" を入れておくことを勧める。
    ・http://www/usada.org/files/active/athlete/wallet_card.pdf
  - 疑わしい場合，USADAの資料を参照すること。
    ・www. GloalDRO. com で検索
    ・USADAの『Drug Reference Department』(drugreference@usada.org)に確認する。
  - 薬物使用に関する要約は以下の通りである。
    ・β刺激薬：
      ・多くは競技会・競技会外で禁じられている。
      ・アルブテロール(24時間で1600μgまで)，ホルモテロール(24時間で54μgまで)，サルメテロールは競技会・競技会外で吸入療法が認められている。
  - 糖質コルチコイド：
    ・吸入に関しては競技会・競技会外で認可されている。
    ・経口に関しては競技会・競技会外で禁じられている。
  - 肥満細胞安定化薬(クロモグリク酸)：
    ・競技会・競技会外で認可されている。
  - ロイコトリエン拮抗薬：
    ・競技会・競技会外で認可されている。

競技復帰：

- 診断が確定して，病状安定の管理手順が確立した場合
- 呼吸困難なく運動が可能な場合
- 最大呼気流量が個人ベストの80％となるまで運動強度が調整された場合
- 競技会前には必要に応じてUSADAやWADAへTUE申請を行っておくことを勧める。

奇異性声帯運動，声帯運動機能不全 Paradoxical Vocal Cord Motion or Vocal Cord Dysfunction

病歴と身体所見：

- 病　歴：
  - 既往歴：
    ・奇異性声帯運動は不安障害，小児期性的虐待，PTSD，抑うつ，または人格障害を含む潜在的な社会心理的な障害と

関連することが報告されている。
- その他，胃食道逆流症(GERD：咽喉頭酸逆流の異型)，刺激物(喫煙，埃，化学物質)の吸入，最近の外傷，または術後などの関連もありうる。
- とくに誘因と考えられるものがなくても，運動自体が唯一の原因となりうることもある。

- 症　状：
  - 安静時はたいてい異常がない。
  - 咳嗽(最も多い)，窒息感，呼吸困難，嚥下困難，咽喉絞扼感，不安，口周囲のチアノーゼ，発声障害，吸呼気喘鳴などがある(運動誘発性気管支攣縮で呼気時に喘鳴があるのとは異なる)。
- 症状の出現と持続：
  - 症状は運動とともに出現し，運動中にピークを迎える。
  - 典型的には運動の中止後数分以内に症状は鎮静化する。
- 身体所見：
  - 心　臓：頻脈
  - 呼　吸：促迫。輪状軟骨上部で最強点を有し肺野にかけて減弱する喘鳴を吸気時に聴取する。
  - 皮　膚：発作時を通じて口周囲のチアノーゼを認めることもある。

診　断：
- 喉頭鏡による評価が確実であるが，実際には救急搬送の点より，発作中の観察は難しい。一般的に声帯の内転
  - 奇異性声帯運動はおもに発作中のみに観察される。
  - アスリートに奇異性声帯運動の発作を模擬させて誘発されうる。
  - 喉頭鏡下にてメサコリン吸入試験を実施
  - 奇異性声帯運動に伴う不適切な気流を確認する。
- ピークフローテスト：
  - 通常の肺機能テストは多くのアスリートで問題を認めない。
  - フローボリューム曲線の評価：
    - 奇異性声帯運動発作中であっても典型的には異常を認めない。
    - 吸気ループが平坦化することもありうる。
    - 肺活量の半分の点において強制吸気流量に対する強制呼気流量の比率が増加する。
- 動脈血ガス，胸部単純X線撮影，肺容積などは異常を認めない。
- 鑑別疾患：
  - 気管支喘息：
    - 典型的には気管支喘息はβ刺激薬に反応する。
  - アナフィラキシーによる喉頭の血管性浮腫：
    - 関連した症状や徴候を確認する。
  - 声帯麻痺：
    - 単純ヘルペス感染による多発性の脳神経障害
    - 迷走神経や反回神経障害

治　療：
- 非薬物治療：
  - 安心させたり，協力的に接するだけでたいていは十分である。
  - 浅速呼吸は発作の中止に役立つかもしれない。
  - 連続的陽圧呼吸(CPAP)や間欠的陽圧呼吸(IPPV)も役立つときがある。
  - 治療より予防が望ましい。
    - 言語聴覚療法は90％の反応率をみる。
      - リラックスや呼吸運動を通じて
      - 適応があれば心理学的カウンセリング
- 薬物治療：
  - まだ十分なデータがない。

- Heliox(酸化ヘリウム)吸入が効果的かもしれない。
- 心理社会的な背景を有するアスリートに対して，バスパー(非ベンゾジアゼピン系抗不安薬)が有効である。
- 十分なデータはないが，予防的な抗コリン薬(イプラトロピウム)の使用も効果的かもしれない。
- 重症例ではA型ボツリヌス毒素の喉頭内注入も検討する。

その他の留意事項：
- まれに，気管挿管を要するほど，重症の呼吸促迫を生じるケースがある。
- 気管支喘息の発作と一緒に発生しうる。
- 吸気流を制限するフェイスマスクの着用は吸気喘鳴を軽減するかもしれず，身体的・心理的に有効と考えられる。

競技復帰：
- 診断が確定して病状安定の管理手順が確立した場合
- 突然死を引き起こす心疾患が除外された場合
- 運動中の呼吸困難や不快感が軽減した場合

文献

Anderson SD, Argyros GJ, Magnussen H, Hozer K. Provocation by eucapnic voluntary hyperpnoea to identify exercise induced bronchoconstriction. *Br J Sports Med.* 2001; 35(5): 344–347.
Archer GJ, Hoyle JL, Cluskey AM. Inspiratory vocal cord dysfunction, a new approach in treatment. *Eur Respir J.* 2000; 15: 617–618.
Corren J, Newman KB. Vocal cord dysfunction mimicking bronchial asthma. *Postgrad Med.* 1992; 92: 153–156.
Doshi DR, Weinberger MM. Long-term outcome of vocal cord dysfunction. *Ann Allergy Asthma Immunol.* 2006; 96: 794–799.
Edelman JM, Turpin JA, Bronsky EA, et al. Oral montelukast compared with inhaled salmeterol to prevent exercise-induced bronchoconstriction. A randomized, double-blind trial. Exercise Study Group. *Ann Intern Med.* 2000; 132: 97–104.
Gavin LA, Wamboldt M, Brugman S, Roesler TA, Wamboldt F. Psychological and family characteristics of adolescents with vocal cord dysfunction. *J Asthma.* 1998; 35: 409–417.
Inman MD, O'Byrne PM. The effect of regular inhaled albuterol on exercise-induced bronchoconstriction. *Am J Respir Crit Care Med.* 1996; 153: 65–69.
Irwin CG. Bronchoprovocation testing. *UpToDate.* Accessed March 2, 2013.
Maillard I, Schweizer V, Broccard A, Duscher A, Liaudet L, Schaller M. Use of botulinum toxin type to avoid tracheal intubation or tracheostomy in severe paradoxical vocal cord movement. *Chest.* 2000; 118(3): 874–876.
Mickleborough TD, Lindley MR, Ionescu AA, Fly AD. Protective effect of fish oil supplementation on exercise-induced bronchoconstriction in asthma. *Chest.* 2006; 129: 39–49.
National Asthma Education and Prevention Program: Expert panel report Ⅲ: Guidelines for the diagnosis and management of asthma. Bethesda, MD: National Heart, Lung, and Blood Institute, 2007. NIH publication no. 08-4051. www. nhlbi. nih. gov/guidelines/asthma/asthgdln. htm. Accessed on September 10, 2012.
O'Byrne PM. Exercise-induced bronchoconstriction. *UpToDate.* Accessed March 2, 2013.
Pitchenik AE. Functional laryngeal obstruction relieved by panting. *Chest.* 1991; 100: 1465–1467.
Powell SA, Nguyen CT, Gaziano J, Lewis V, Lockey RF, Padhya TA. Mass psychogenic illness presenting as acute stridor in an adolescent female cohort. *Ann Otol Rhinol Laryngol.* 2007; 116: 525–531.
Saxon KG, Shapiro J. Paradoxical vocal cord motion. *UpToDate.* Accessed March 2, 2013.
Sullivan MD, Heywood BM, Beukelman DR. A treatment for vocal cord dysfunction in female athletes: An outcome study. *Laryngoscope.* 2001; 111: 1751–1755.
United States Anti-doping Agency. www. usada. org　Accessed March 2, 2013.
Weir M. Vocal cord dysfunction mimics asthma and may respond to heliox. *Clin Pediatr(Phila).* 2002; 41: 37–41.
World Anti-doping Agency. www. wada-ama. org　Accessed March 2, 2013.

インフルエンザ　Influenza

はじめに(定義と分類)： A型/B型インフルエンザによる急性で，通常は自然治癒性のウイルス感染である。

病歴と身体所見：
- 上気道，下気道症状のどちらか，または両方を呈する。
- 潜伏期は1～4日である。
- 症状は突然に出現し，発熱(37.8℃)，頭痛，悪寒，筋肉痛(背部・頸部)，咽頭痛，咳嗽(喀痰は必須でない)などを認める。
- 熱は別として，合併症のないインフルエンザであれば身体所見はたいてい良性である。観察されるものは，咽頭粘膜の発赤や頸部リンパ節の腫脹などである。
- 5～7日経過後，持続性の熱，排痰を伴う咳嗽，頻呼吸，頻脈，チアノーゼや全身性症状があれば，ウイルス性(重症)/細菌性肺炎を二次的に併発したことを示す。
  - いったん軽快後に再度発熱や膿性痰，胸部単純Ｘ線撮影で浸潤影がみられた場合は，MRSAによる二次性の肺炎を考

慮する。

診断：
- 流行時期に身体所見でインフルエンザを疑う所見や徴候
- 検　査：
  - 迅速インフルエンザ診断キット：
    - 感度：40〜70％，特異度：90〜95％で，偽陰性はつきものである。
    - 流行時期では感度は臨床診断とほぼ同程度となり，低リスクで健康な患者においておおむね検査は不要である。
- 他の検査法：
  - 逆転写ポリメラーゼ転写法，ウイルス培養，免疫染色法は正確だが，検査に時間を要する。
- いったん軽快後に増悪した患者で，37.8℃以上，呼吸数24回/分以上，心拍数100回/分以上を認める場合は，胸部単純X線撮影を行う。
- 胸部単純X線撮影で二次性の肺炎を疑う所見を認めた患者以外では，喀痰培養は不要である。

治療：
- 予　防……アスリートが望むのであればワクチンの接種を行う。
  - ワクチン接種に関しては賛否両論があるため，CDCのインフォメーションを参考にする(http://www.cdc.gov/mmwr/preview/mmwrhtml/mm6132a3.htm)。
- 多くの症例は解熱鎮痛薬(アセトアミノフェン，NSAIDs)，鎮咳薬，鼻づまり薬などによる対症療法で軽快する。
- 抗ウイルス薬：
  - 抗ウイルス薬開始にあたって，検査結果を待たない。
  - 症状，とくに発熱出現後24〜30時間以内の使用が効果的である。
  - 合併症や死亡率を減らすであろう。
  - 高リスク患者に対してオセルタミビル(タミフル®75mg，1日2回)，ザナミビル(リレンザ®10mg，1日2回吸入)の5日間投与を行う。
  - 高リスク患者については，『CDCのインフォメーション』を参考にする。
  (http://www.cdc.gov/flu/professionals/antivirals/summary-clinicians.htm)
  - 喘息の可能性のある患者に対してはザナミビルを使用しない。
  - 薬剤感受性の点より，アマンタジンとリマンタジンは米国では使用しない。
- 必要に応じて喀痰のグラム染色を行い，二次性細菌性肺炎に抗菌薬投与を行う。
  - MRSA感染でない外来患者の場合，
    - アジスロマイシンやクラリスロマイシン：最近の抗菌薬使用や地域的な薬剤抵抗性，QT間隔延長のリスクがないことを確認する。
    - モキシフロキサシンやレボフロキサシンの単剤投与，もしくはβラクタム系とドキシサイクリンの組み合わせ(妊娠や最近の抗菌薬使用，地域的な薬剤抵抗性，QT間隔延長のリスクがないことを確認すること)が検討される。
  - MRSA肺炎であれば，バンコマイシンを用いる。
- 患者指導：
  - インフルエンザに関する情報はCDCのWebサイトを参照する(http://www.cdc.gov/flu/index.htm)。
  - 医療従事者は週に1回，インフルエンザの流行に関するアップデートを参照すること(http://www.cdc.gov/flu/weekly/fluactivitysurv.htm)。
  - オセルタミビルやザナミビルによる治療は"治癒"を目指すものではなく，1〜3日程度罹病期間を"短縮"するものである。
  - 曝露前後における予防方法に関してもCDCのWebページを参照する(http://www.cdc.gov/flu/professionals/antivirals/antiviral-use-influenza.htm)。処方内容はオセルタミビル(75mg，1日1回)，またはザナミビル(10mg，1日2回吸入)の使用を含む。
  - オセルタミビルは，せん妄や自傷行為など一過性の神経精神病的な症状を引き起こしうる。
  - 罹病2日目までは，ウイルスの喀出飛散のピーク状態である。
  - 感染経路は飛沫に由来するため，咳嗽時には口をおおう必要がある。
  - 症状が軽快するまでは在宅療養を勧め，罹病してから5日間はマスクの着用を指示する。

- 17歳未満の小児に対してはライ症候群の発生防止にアスピリンの使用を避ける。
- 経口鼻づまり薬について，高い外気温下での使用や他剤併用（制限はないが，ADHDに対する興奮薬や甲状腺ホルモン，気管支拡張薬など）を避ける。

その他の留意事項：
- 二次性ウイルス性および細菌性(MRSA)肺炎は成人でも生命の危機に直結する可能性がある。二次性肺炎は非MRSAでも起こる（そのなかでも肺炎球菌によるものが多い）。
- CURB-65スコアを用いて肺炎による入院適応を判断する。0～1点（低リスク）……外来治療，2点（中等度リスク）……入院を検討，3～5点（高リスク）……絶対入院
  - Confusion：精神障害（新規の失見当識，またはメンタルテストによる評価を含む）
  - Urea：血中 BUN > 20mg/dL
  - Respiratory：呼吸数 > 30/分
  - BP：血圧 < 90/60mmHg
  - 年齢 > 65歳
- 筋肉痛・腫脹，筋力低下，CK上昇などを認める若年の患者では筋炎の可能性も考慮する。採尿して尿中ミオグロビンや基礎代謝物から腎機能を評価する。
- インフルエンザはそのほかにも合併症を生じうる。
  - 中枢神経系……無菌性髄膜炎，脳炎，ギラン・バレー症候群
  - 心血管系……心膜炎，心筋炎
  - 毒素性ショック症候群

競技復帰：
- 症状や所見が改善した場合
- 咳嗽，発熱，頻脈，頻呼吸を認めない。
- 筋・骨格系に異常を認めない。

文 献
Centers for Disease Control and Prevention(CDC). Severe methicillin-resistant *Staphylococcus aureus* community-acquired pneumonia associated with influenza—Louisiana and Georgia, December 2006-January 2007. *MMWR Morb Mortal Wkly Rep.* 2007; 56: 325-329.
Dolin R. Clinical manifestations of seasonal influenza in adults. *UpToDate.* Accessed November 4, 2012.
File TM Jr. Treatment of community-acquired pneumonia in adults in the outpatient setting. *UpToDate.* Accessed August 30, 2010 and November 4, 2012.
Fiore AE, Fry A, Shay D, et al. Antiviral agents for the treatment and chemoprophylaxis of influenza—recommendations of the Advisory Committee on Immunization Practices(ACIP). *MMWR Recomm Rep.* 2011; 60: 1-24.
Fiore AE, Shay DK, Broder K, et al. Prevention and control of influenza: Recommendations of the Advisory Committee on Immunization Practices (ACIP), 2008. *MMWR Recomm Rep.* 2008; 57: 1-60.
Gamboa ET, Eastwood AB, Hays AP, Maxwell J, Penn AS. Isolation of influenza virus from muscle in myoglobinuric polymyositis. *Neurology.* 1979; 29: 1323-1335.
http://www.cdc.gov/flu/index.htm. Accessed November 4, 2012.
Jefferson T, Demicheli V, Rivetti D, Jones M, Di Pietrantonj C, Rivetti A. Antivirals for influenza in healthy adults: Systematic review. *Lancet.* 2006; 367: 303-313.
Lim WS, van der Eerden MM, Laing R, et al. Defining community acquired pneumonia severity on presentation to hospital: An international derivation and validation study. *Thorax.* 2003; 58: 377-382.
Zachary KC. Treatment of seasonal influenza in adults. *UpToDate.* Accessed August 30, 2010 and November 4, 2012.

急性気管支炎　Acute Bronchitis

はじめに（定義と分類）：
感染による気管支の炎症である。下記に分類される。
- ウイルス性（頻度高い）
- 細菌性やその他の病原体（頻度は高くない）

病歴と身体所見：
- 咳　嗽……5日以上続く。たいてい2～3週間残存する。
- 膿性痰……～50％の症例で認める。膿性であることが必ずしも細菌性とは限らない。
- 発　熱……頻度は高くないが，排痰や頻呼吸，頻脈を伴う。全身症状はインフルエンザや肺炎の前兆である。
- 身体所見：

- 咳嗽による胸壁の圧痛
- 一般的に，喘鳴や水泡音(咳嗽により，これらは消失する)
- 一般的でないものとして，ラ音，ヤギ音(胸水貯留による)，胸膜摩擦音

診　断：
- 症状・所見は身体所見をもとに評価する。
- 血液検査
  - 通常白血球数は軽度増加
  - 白血球の左方移動は細菌性肺炎を示唆
  - プロカルシトニン検査は細菌性かそれ以外かを鑑別するのに有用
- 胸部単純X線撮影で肺炎と診断された症例以外では，通常喀痰培養は不要である。
- 37.8℃以上，呼吸数24回/分以上，心拍数100回/分以上を認める場合は，胸部単純X線撮影を行う。

治　療：
- 多くのケースにおいて，蒸気吸入やアセトアミノフェン，NSAIDs，鎮咳薬，鼻づまり薬などの対症療法で改善する。
- グアイフェネシンは気道分泌物の量や粘度を変化させないが，気道からの排泄を容易にする。
- ***Two key points***
  - β_2刺激薬(アルブテロール)は気道狭窄の病歴を有するアスリートには有効かもしれないが，常用は勧めない。
  - 抗菌薬は過剰に処方されているきらいがあるが，たいてい不要であり，健康なアスリートには勧められない。
- 下記に関連した気管支炎においては，ガイドライン上特別な治療が勧められている。
  - 百日咳：
    - クラリスロマイシンやアジスロマイシン
    - 後天性QT延長症候群をきたすため，エリスロマイシンは避ける。
  - インフルエンザ(詳細は前項「インフルエンザ」を参照のこと)
    - 高リスク患者においてはオセルタミビルやザナミビルを5日間使用する。
  - 肺炎クラミジア・マイコプラズマ(局所流行)：
    - ドキシサイクリン，アジスロマイシン/クラリスロマイシン，ニューキノロン系(モキシフロキサシン/レボフロキサシン)
- 患者指導：
  - 咳嗽が続く間はマスクを着用したり，口を覆うよう指導する。
  - 経口鼻づまり薬について，高い外気温下での使用や他剤併用(制限はないが，ADHDに対する興奮薬や甲状腺ホルモン，気管支拡張薬など)を避けること。

その他の留意事項：
- アスリートに対する助言：
  - 気管支攣縮は6週間続きうること
  - 喘息の既往がなければ急性気管支炎はたいてい6週間で改善すること
- インフルエンザ流行時期においては，インフルエンザやそれに関連した合併症を確認すること
- 百日咳を除外する。
  - 鼻咽頭粘液の培養やPCRで確定診断
  - 咳嗽後嘔吐や痙攣性吸気などがなくても，2週間以上咳嗽が続く患者においては百日咳を除外
- 6週間以上喘鳴が残る場合は，肺機能検査や画像検査を検討
- 治療による改善を認めない咳嗽の場合は，胃食道逆流症(GERD)も考慮

競技復帰：
- 症状や所見の改善
- 発熱，頻呼吸，頻脈などを認めない。

文　献
Becker LA, Hom J, Villasis-Keever M, van der Wouden JC. β_2-agonists for acute bronchitis. *Cochrane Database Syst Rev*. 2011; (7): CD001726.
Braman SS. Chronic cough due to acute bronchitis: ACCP evidence-based clinical practice guidelines. *Chest*. 2006; 129: 95S–103S.
File TM Jr. Acute bronchitis in adults. *UpToDate*. Accessed August 30, 2010 and November 4, 2012.

Gonzales R, Bartlett JG, Besser RE, et al. Principles of appropriate antibiotic use for treatment of uncomplicated acute bronchitis: Background. *Ann Intern Med.* 2001; 134: 521–529.
Gonzales R, Sande M. What will it take to stop physicians from prescribing antibiotics in acute bronchitis? *Lancet.* 1995; 345: 665–666.
National Quality Forum(NQF). Avoidance of antibiotic treatment in adults with acute bronchitis. Available at http://www.qualityforum.org/MeasureDetails.aspx. Accessed November 5, 2012.
Schuetz P, Chiappa V, Briel M, Greenwald JL. Procalcitonin algorithms for antibiotic therapy decisions: A systematic review of randomized controlled trials and recommendations for clinical algorithms. *Arch Intern Med.* 2011; 171: 1322–1331.
Snow V, Mottur-Pilson C, Gonzales R. Principles of appropriate antibiotic use for treatment of acute bronchitis in adults. *Ann Intern Med.* 2001; 134 (6): 518–520.

気　胸　Pneumothorax

はじめに(定義と分類):

- 頻度は高くないが，胸腔に空気が蓄積することで呼吸器系や循環器系を破綻させ，生命の危機へ転じる可能性がある．
- 発生機序はおもに2つに分類される．
  - 自然発症:
    - 原発性自然気胸(PSP):器質的な呼吸器疾患がない場合
    - 続発性自然気胸(SSP):呼吸器疾患ないし肺に影響を及ぼす全身性疾患を有する場合
  - 外傷性気胸(TP):
    - 医原性:内科的および外科的処置に伴う場合
    - 胸壁外傷
- 緊張性気胸:
  - 鈍的・貫通性外傷で一方向弁が形成される．
  - 吸気時に空気が胸腔内に流入し呼気時に排出されないため，胸腔内圧が大気圧を上回って緊張性気胸を生じる．
- 対側の健側肺を圧排すると呼吸不全に陥る．

病歴と身体所見:

- 病　歴:
  - 現病歴:
    - 原発性自然気胸(PSP):
      - 20歳代が多く，40歳以上はまれである．安静時に発症
      - 突然の息切れと気胸側と同側の肩に放散する胸膜性胸痛が特徴的
    - 続発性自然気胸(SSP):
      - 多くは既存の肺機能障害により重篤となる．
    - 外傷性気胸(TP):
      - 外傷の病歴が明らかで(肋骨骨折，刺創，銃創)，自然気胸と同様の病状を呈する．
  - 既往歴(自然気胸では重要である):
    - 危険因子:
      - 喫　煙
      - 原発性ではコカインやマリファナ
      - 強い衝撃(外傷)を胸壁に生じやすいアスリート(モトクロス，スキー，マウンテンバイク，サッカー，ラクロス，ラグビーなど)では外傷性気胸の危険がある．
    - 原発性自然気胸(PSP):
      - 薬物乱用
      - 胸腔内圧を上昇させる競技:パワーリフティングやValsalva(バルサルバ)負荷を要するその他のパワー系競技，ダイバー，パイロット
    - 続発性自然気胸(SSP):
      - 基礎疾患として多いもの(ただし，アスリートでは少ない):COPD(50～70%を占める)，嚢胞性線維症，肺炎，結核，肺癌
      - まれなものとして，マルファン症候群(Marfan syndrome)，気管支喘息，最近の肺感染症，胸郭子宮内膜症(月経随伴性気胸)，サルコイドーシス，関節リウマチ，強直性脊椎炎，ヒスチオサイトーシスX，多発性筋炎，皮膚筋

炎，異物吸入，悪性腫瘍，ホモシスチン尿症
- 家族歴：
  - Birt-Hogg-Dubé(バート・ホッグ・デュベ)症候群は皮膚の良性新生物と腎癌が特徴であり，原発性気胸の素因となる。
  - マルファン症候群は続発性気胸を起こしうる。

身体所見：
- 微小で合併症のない気胸では，アスリートの症状は比較的に少ない。
- 呼吸困難と低血圧，頻呼吸を認めた場合は緊張性気胸の可能性を考える。
- 眼科的耳鼻科的身体所見：
  - リンパ節腫脹，鼻漏，中咽頭発赤：感染が原発性自然気胸の原因と考えられる場合
  - 水晶体下方偏位：マルファン症候群やホモシスチン尿症
  - 口蓋垂の偏位や口蓋垂裂：結合組織病
- 頸部：頸静脈の拡張，気管偏位(終末期)
- 呼吸器
  - 病側肺の呼吸音低下や頻呼吸，共鳴亢進，胸郭可動域の減少，病側肺の振盪音消失などが挙げられる。
  - そのほか，外傷を負った所見(開放性骨折，擦過傷，胸郭動揺)を認める。
- 心臓：頻脈
- 神経学的：初期であれば正常
- 四肢：マルファン症候群の素因を確認する［詳細は「マルファン症候群」の項(322頁)を参照］。
- 皮膚/血管：チアノーゼや心血管機能の低下による拍動の消失；皮下気腫；多発筋炎，皮膚筋炎などの結合組織炎や，サルコイドーシスにみられる特徴的な皮膚所見

診　断：
- 症状・所見は臨床的な疑い，または身体所見をもとに評価する。
- 画像検査：
  - 胸部単純X線撮影(標準の吸気時画像)：
    - 臓側胸膜の辺縁以遠の肺血管陰影の消失や，胸腔の過膨張，胸壁に対する肺の並行化，X線透過性の亢進，肋骨の開大，胸骨横隔膜角の尖鋭化。縦隔偏位や皮下気腫
    - **緊張性気胸**では健側への縦隔偏位や患側横隔膜の平坦化や反転
    - 注意：外傷の結果，左横隔膜が破裂すると胃が胸腔に陥入することがあり，気胸と誤診されることがあることに注意する。
  - CT：
    - 気胸の確実な存在，そのサイズ，場所(とくに続発性)を評価するために行われる。
    - 胸腔ドレーンの異常留置の評価
- 外傷性：
  - 気胸を示唆する臨床徴候，外傷の機序などを考慮して診断される。
  - もし患者の状態が落ち着いていれば，まずは胸部単純X線撮影を行い，診断が確定されない場合にCT撮像を行う。

治　療：
- 気胸が疑われるアスリートは全例すぐに医療機関へ搬送されるべきである。
- 最初に評価されることは"病状の安定性"である。
  - 病状が**安定**している場合はアスリートを立たせておき，救急サービスが到着するまで，または医療機関へ到着するまで高流量の酸素投与を行う。
  - 病状が**不安定**：穿刺による脱気を行う(脱気される音で確定診断となる)。
    - 患側肺の呼吸音が消失し，呼吸困難増悪，血圧低下，頸静脈の怒張，気管の偏位などがみられる場合
    - 14ゲージ針の静脈穿刺用針で穿刺する。
    - 第2・第3肋間の鎖骨中線下か第5肋間の前腋窩線，ないし前〜中腋窩線を穿刺する。
    - *Key point* 救急隊が到着して胸腔ドレーンが留置されるまで，胸壁に刺した針をテープで固定する。

その他の留意事項：

- 患者指導：
  - 原発性もしくは続発性自然気胸を生じたアスリートに再発がありうることを説明する。
  - 気胸を生じたアスリート全例に，完全に治癒するまで飛行機による旅行やスキューバダイビングを避けるよう指導する。
  - 喫煙者に対しては禁煙専門のカウンセリングを受けさせる。
- 原発性自然気胸は潜在的な呼吸器疾患ないし全身性疾患(上記参照)の有無を評価する。

競技復帰：

- 競技へ復帰させるためのプロセスとして患者個々の要素を考慮したプランを立てること
- いつ競技へ復帰させるかの決定に関しては，胸部外科医へ相談してから判断すること
- 潜在的な結合組織病(マルファン症候群など)の存在が疑われたら，循環器疾患の併発を除外すること
- 競技への完全な復帰に至る前に，少なくとも3週間かけて段階的な強度による復帰プランを立案することを勧める。
- 肺自体に何の問題もなく，有酸素的かつ無酸素的環境下でまったく症状を有さない状況となったら，アスリートの競技復帰を許可すること
- コンタクトスポーツアスリートに対しては，必要に応じて肋骨を保護するテーピングや胸あて，"防弾チョッキ"のような防護衣の着用を薦める。

文 献

Legome E. Initial evaluation and management of blunt thoracic trauma in adults. *UpToDate*. Accessed March 30th, 2013.
Light RW. Secondary spontaneous pneumothorax in adults. *UpToDate*. Accessed March 18th, 2013.
Light RW. Primary spontaneous pneumothorax in adults. *UpToDate*. Accessed March 19th, 2013.
MacDuff A, Arnold A, Harvey J, BTS Pleural Disease Guideline Group. Management of spontaneous pneumothorax: British Thoracic Society Pleural Disease Guideline 2010. *Thorax*. 2010; 65 (suppl 2): ii18.
Seow A, Kazerooni EA, Pernicano PG, Neary M. Comparison of upright inspiratory and expiratory chest radiographs for detecting pneumothoraces. *AJR Am J Roentgenol*. 1996; 166: 313.
Stark P. Imaging of pneumothorax. *UpToDate*. Accessed March 30th, 2013.

声帯機能不全

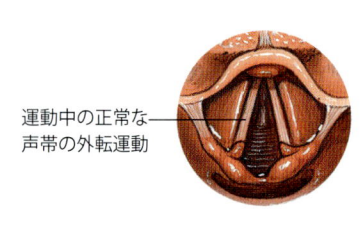

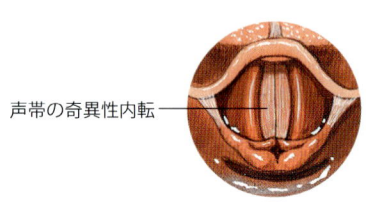

- 運動中の正常な声帯の外転運動
- 声帯の奇異性内転

・運動時のピークで起きる。
・運動終了数分後に改善する。
・喉のしめつけ感
・吸気時喘鳴
・β刺激薬は無効

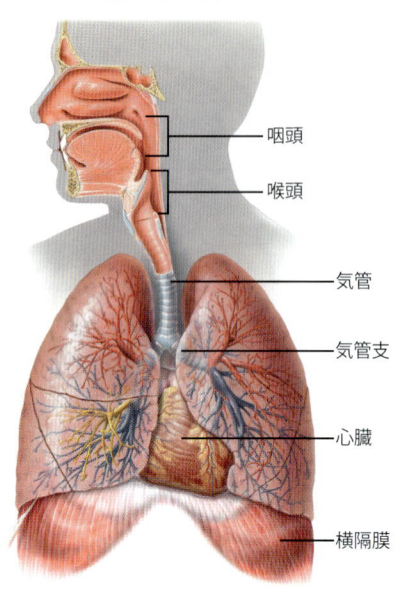

労作性呼吸困難

- 咽頭
- 喉頭
- 気管
- 気管支
- 心臓
- 横隔膜

運動誘発性気管支攣縮

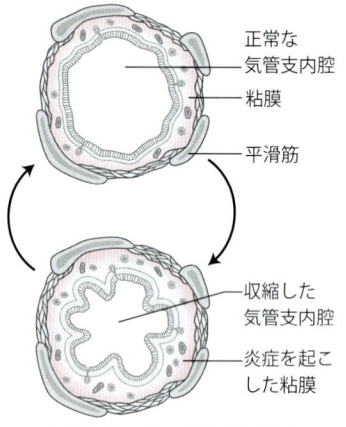

- 正常な気管支内腔
- 粘膜
- 平滑筋
- 収縮した気管支内腔
- 炎症を起こした粘膜

・運動直後にもっとも症状あり
・運動終了後30分続く。
・咳，息切れ，胸痛
・呼吸性喘鳴
・β刺激薬が有効

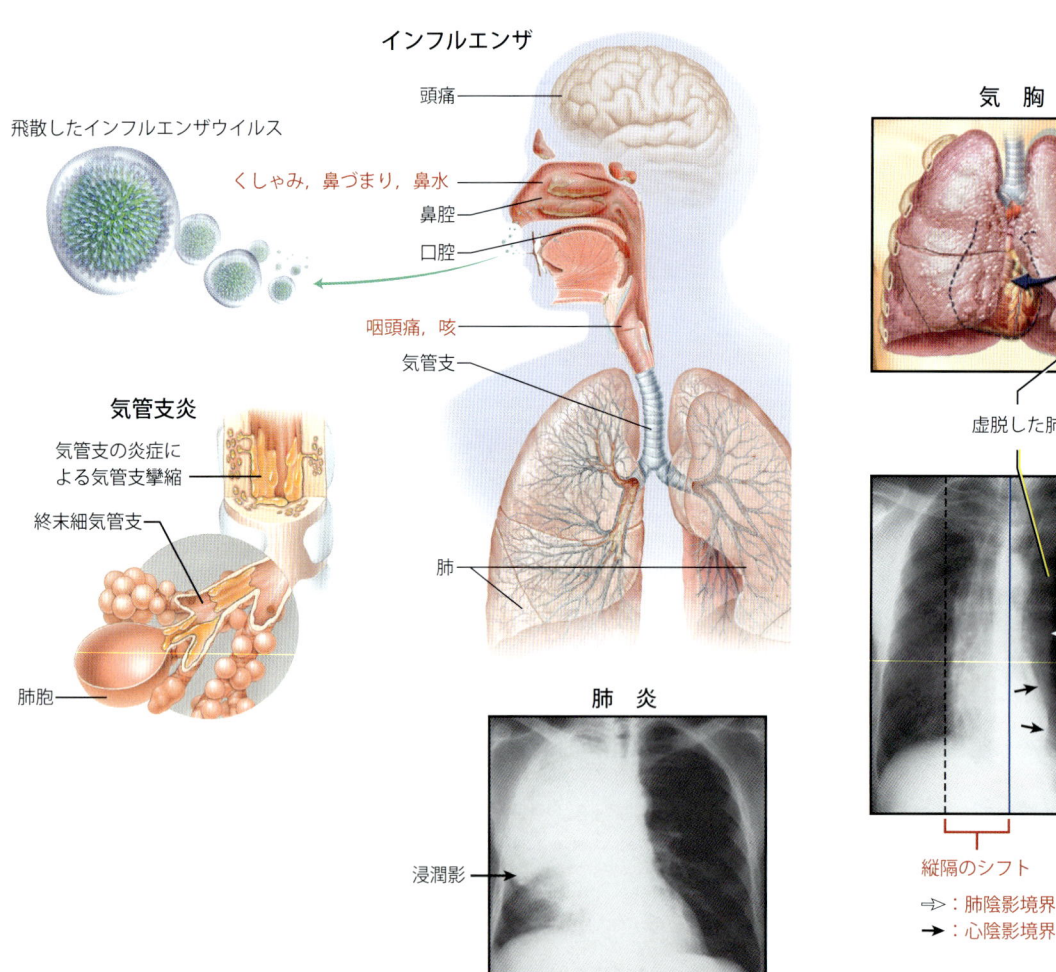

インフルエンザ

- 飛散したインフルエンザウイルス
- くしゃみ，鼻づまり，鼻水
- 鼻腔
- 口腔
- 頭痛
- 咽頭痛，咳
- 気管支
- 肺

気管支炎

- 気管支の炎症による気管支攣縮
- 終末細気管支
- 肺胞

肺炎

- 浸潤影

気胸

- 虚脱した肺
- 肺周囲の気体
- 縦隔のシフト
- ⇨：肺陰影境界
- →：心陰影境界

図 121 呼吸と循環

失　神　Syncope

定　義：多因性で，前兆がない一過性の意識消失であり，たいていはすぐ自然に回復する。脳循環(酸素供給)の低下や代謝不全が誘因となる。
- 再発率は30%程度である。
- 種々の要因により小児の10〜15%で発生する。
- 明らかな原因がないものも40〜50%程度存在する。
- 頻度が高いものから，原因不明＞迷走神経反射＞心原性＞起立性とされる。

分　類：
- 心原性：
  - 器質性(通称"MVA"とよばれる)：
    - 心筋または種々なもの(Muscle and miscellaneous)……閉塞性肥大型心筋症，不整脈原性右室心筋症，右室形成異常，左心不全，心タンポナーデ，心房/心室中隔欠損症，心筋炎，心房粘液腫
    - 血管(Valvular)……大動脈二尖弁，大動脈弁もしくは肺動脈弁狭窄
    - 動脈性(Arterial)……大動脈縮窄，冠動脈奇形，大動脈解離，肺塞栓，高血圧，心筋梗塞
  - 非器質性(通称"HVCC/MAO"とよばれる)：
    - 熱(Heat)
    - 迷走神経反射(Vasovagal)……心抑制型，血管抑制型に分類される。
    - 状況失神……咳嗽，くしゃみ，排尿，排便，食後などの特定行為に伴う。
    - 古典的……怒り，痛み，恐怖，長期起立後などに伴う。
    - 頸動脈洞性(過敏性)失神(Carotid sinus syncope)……シャツの襟や頸部保護材による直接的な刺激によるものはまれで，たいていは直接的な刺激なく誘発される。
    - 伝導異常(Conduction abnormalities)……WPW症候群，QT延長症候群，Brugada(ブルガダ)症候群，先天性QT短縮症候群，心臓振盪症，特発性心室細動，カテコラミン誘発性多型性心室頻拍など
    - 薬物(Medication "AID")……抗うつ薬，制吐薬(フェノチアジン)，降圧薬，抗不整脈薬，インスリン，利尿薬，薬物乱用
    - 起立性低血圧(Orthostatic hypotension)
- 非心原性(通称"MNP"とよばれる)：
  - 代謝不全(Metabolic dysfunction)
    - 脱水(下痢や嘔吐)，副腎不全(アジソン病)，出血，低血糖，低酸素，過呼吸など
  - 神経原性(Neurologic abnormalities，"VPN"に分類される)
    - Vascular：鎖骨下動脈盗血症候群
    - Pressure：正常圧水頭症，頭蓋内圧上昇
    - Nerves：自律神経失調症，糖尿病性神経障害，てんかんなど
  - 心因性(Psychiatric，"PHD"とよばれる)
    - パニック発作(Panic attacks)，ヒステリー(Hysteria)，抑うつ(Depression)

病歴と身体所見(Yes/No)：
- 病　歴：
- 必ず突然死した家族歴，心疾患，以前の精神疾患，内服薬の変更を確認する。
- 失神は突然であったか？【Yes/No】
  - 【Yes】であれば，心原性を第一に疑う(動悸の有無や直立姿勢や腹臥位であったかどうか確認すること)。
  - 【No】であれば，それ以外の原因(神経原性，自律神経性，脳血管疾患など)を考慮するが，そうであっても心疾患は除外すること。
- 失神は運動時に起きたのか？【Yes/No】
  - 【Yes】であれば，器質性心疾患(MVA)を疑う。
  - 【No】であれば，前駆症状について確認する。

- 前駆症状を伴ったか？【Yes/No】
  - 【Yes】であれば，迷走神経反射(長期立位や急な姿勢の変化，暑熱環境への曝露，運動後などの有無を確認すること)が疑わしい。
  - 【No】であれば，頸部の伸展や頸動脈洞への刺激で起こったのか確認する。
    - 頸動脈洞過敏性
- 引き続いて上記分類よりそのほかの原因を検索していく。
- 身体所見(通常は大した所見は認めないが検索すること)：
  - 心　臓……心音，リズム，脈拍数，心雑音，起立時血圧
    - 心　音：S3を伴えば心不全を示唆する。
    - リズム：異所性興奮があれば不整脈もありうる。
    - 心雑音：バルサルバ手技で増悪すれば肥大型心筋症，粗い漸強漸弱音は大動脈弁狭窄を考える。
    - 起立時血圧：熱中症や脱水
    - 動脈洞マッサージにより収縮期血圧が50mmHg以上低下するのであれば，頸動脈洞過敏性を考える。
    - 頸動脈の雑音も確認する。
  - 肺……頻呼吸，胸痛や発熱による呼吸の制限
    - 肺塞栓症
      - 最近の旅行，避妊薬，喫煙，鎌状赤血球の有無を確認する。
  - 皮　膚……脱水の所見(皮膚turgorの低下，粘膜の乾燥，末梢拍動の低下)を確認

診　断：（R＝必ず，A＝必要に応じて）

- 心肺検査：
  - 心電図(R)
  - 心エコー(R)
  - 心臓MRI(A)
  - 運動負荷検査(A)
  - ホルター心電図(A)
  - 心臓電気生理学検査(A)
  - チルト試験(A)
  - 胸部造影CT(A)……肺塞栓症を否定する。
- 血液検査：
  - 血　算(A)
  - D-ダイマー(A)……肺塞栓症を否定すること
  - 心筋逸脱酵素(A)
- 神経学検査：
  - CTやMRI/MRA(A)
  - 脳　波(A)……てんかんによる真の失神を鑑別する。

治　療：

- 現場で発見された場合：
  - 第一にアスリートを仰臥位とし，血圧と脳循環を維持する。
  - 気道や呼吸，循環の動態を観察し，評価する。
  - アスリートが完全に回復し，失神の原因が特定されるまで飲水や薬の服用はさせない。誤嚥リスクの軽減
- 予　防：
  - 安心させ，指導することは多くのケースで第一選択
    - 十分な飲水と塩分摂取
    - 誘因の回避
    - 発作が起きたときの仰臥位や下肢挙上
- 特異的：
  - 各疾患に対する治療は病因にもよる(説明のつかない新規の失神や再発性，予期しない失神などではとくに)。

その他の留意事項：
- 臨床所見は多くの場合診断に役立つし，原因が疑わしければさらなる検査が勧められる。
- 心原性が疑わしければ循環器内科医に相談するべきである。
- カテコラミン誘発性多型性心室頻拍は安静時の心電図では明らかでないことが多いが，心理的・身体的ストレスで心電図変化がみられるかもしれない。
- 説明のつかない失神を呈するタイやラオスのアスリートはBrugada症候群を考慮すべきである。
- 通常の心エコー検査では先天性の器質的異常を見逃す可能性もあり，失神を起こすアスリートに対してはそれ専用の心エコー検査を勧める。
- β遮断薬：
  - 迷走神経反射を増悪する可能性がある。
  - アーチェリー，射撃，スケルトン，ダーツなど特定の競技においては使用が禁じられている。

競技復帰：
- きちんと診断され，治療介入が功を奏しているとわかるまでは競技への復帰を制限すべきである。
- 心疾患の除外がとくに勧められる。

文 献

Battle RW, Mistry DJ, Malhotra R, Macknight JM, Saliba EN, Mahapatra S. Cardiovascular screening and the elite athlete: Advances, concepts, controversies, and a view of the future. *Clin Sports Med.* 2011; 30: 503–524.
Benditt DG, Lurie KG, Fabian WH. Clinical approach to diagnosis of syncope. *Cardiol Clin.* 1997; 15(2): 165–176.
Brignole M, Alboni P, Benditt D, et al. Guidelines on management(diagnosis and treatment)of syncope. *Eur Heart J.* 2001; 22: 1256–1306.
Coleman B, Salerno JC. Causes of syncope in children and adolescents. *UpToDate.* Accessed January 21, 2013.
DynaMed [Internet]. Syncope evaluation. Ipswich(MA): EBSCO Publishing. Available from http://search.ebscohost.comdirect=true&db=dme&AN=116050&anchor=How-to-cite&site=dynamed-live&scope=site. Updated March 05, 2012; cited December 2, 2012.
Gillette PC, Garson A, Jr. Sudden cardiac death in the pediatric population. *Circulation.* 1992; 85: I64–I69.
Kapoor WN. Evaluation and management of the patient with syncope. *JAMA.* 1992; 268: 2553–2560.
Kapoor WN. Syncope. *N Engl J Med.* 2000; 343: 1856–1862.
Maron BJ, Mitchell JH. 26th Bethesda Conference: Recommendations for determining eligibility for competition in athletes with cardiovascular abnormalities. *J Am Coll Cardiol.* 1994; 24(4): 846–899.
Olshansky B. Neurocardiogenic(vasovagal)syncope. *UpToDate.* Accessed February 24, 2011.

失神を伴うアスリートにおける突然死の原因

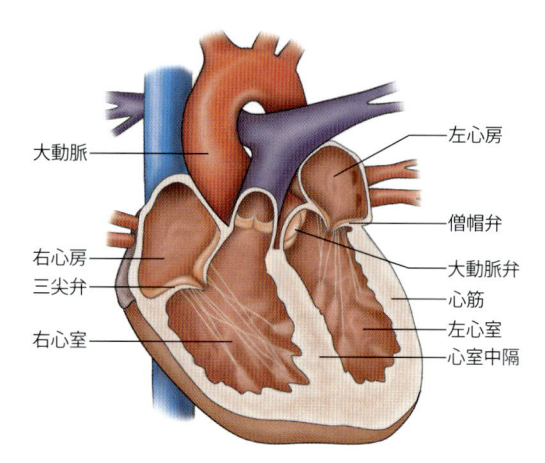

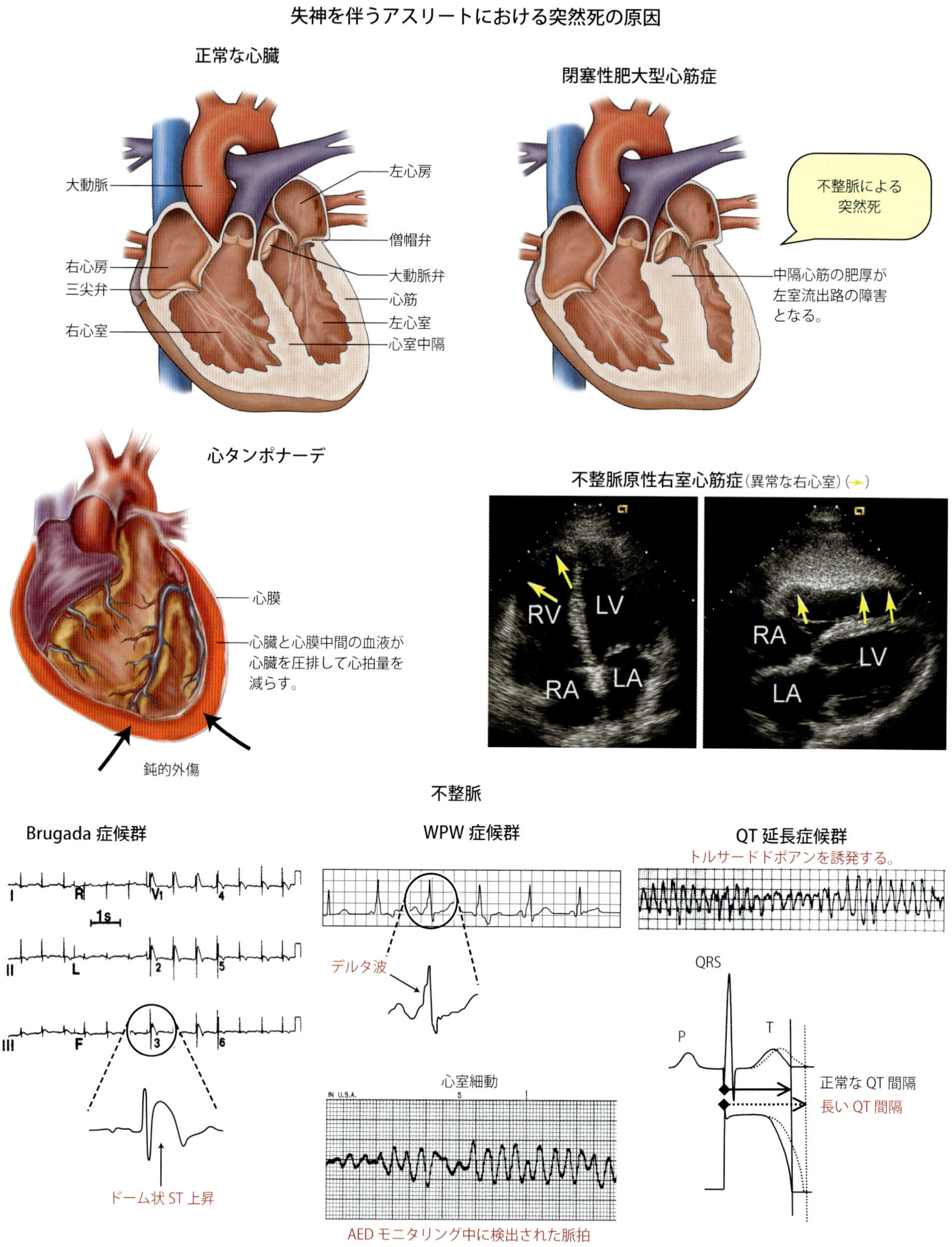

正常な心臓
- 大動脈
- 右心房
- 三尖弁
- 右心室
- 左心房
- 僧帽弁
- 大動脈弁
- 心筋
- 左心室
- 心室中隔

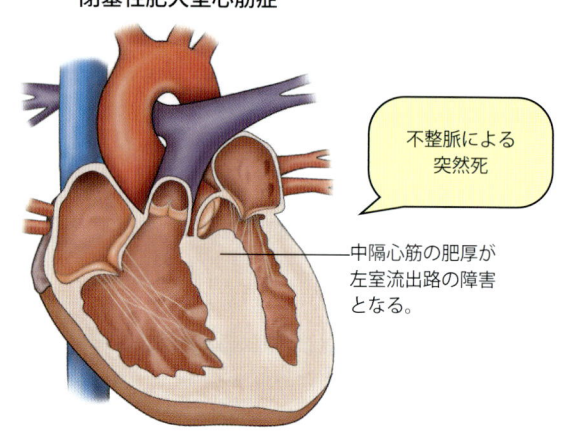

閉塞性肥大型心筋症
不整脈による突然死

中隔心筋の肥厚が左室流出路の障害となる。

心タンポナーデ
- 心膜
- 心臓と心膜中間の血液が心臓を圧排して心拍量を減らす。
- 鈍的外傷

不整脈原性右室心筋症（異常な右心室）
RV, LV, RA, LA

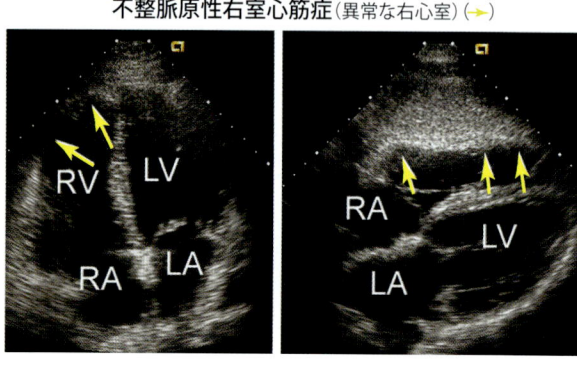

不整脈

Brugada症候群
ドーム状 ST 上昇

WPW症候群
デルタ波

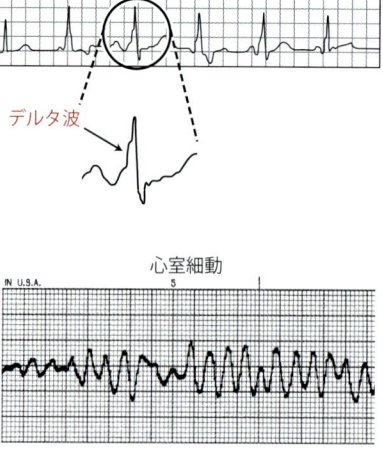

心室細動
AED モニタリング中に検出された脈拍

QT延長症候群
トルサードドポアンを誘発する。

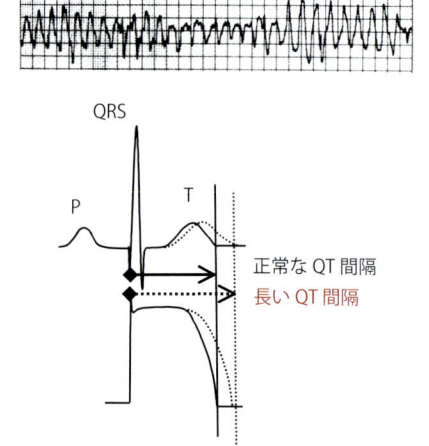

QRS, P, T
正常な QT 間隔
長い QT 間隔

図 122　失神

高血圧　Hypertension

はじめに（定義と分類）：
- 高血圧は競技アスリートにみられる最も有病率の高い（〜25％）循環器的疾患である。
- 定義上，140/90mmHg 以上とする。
- 競技参加前健康診査(pre-participation physical examination: PPE)において，血圧が142/92mmHgを超すアスリートの80％が1年以内に高血圧と診断される。
- 一方，競技への参加が高血圧の発生を50％までに減少させる。
- 大きく分けて2つのグループに分けられる。
  - 本態性(原発性，特発性)高血圧：
    - 明らかな原因が特定できない。
    - 遺伝・環境的な複合的要因による。
  - 続発性高血圧：
    - 代謝や腎，内分泌，心血管などの構造的もしくは機能的障害に続いて発生する。

病歴と身体所見：
- 病　歴：
  - 高血圧を有するアスリートの多くは無症状である(サイレントキラーともよばれる)。低運動能力や頭痛・胸痛，起坐呼吸，下肢痛(跛行)，耳鳴，視覚障害，性機能の変化などの症状があることもある。
  - 既往歴：
    - 脂質異常症，肥満，ストレスなどの危険因子を有する。
    - 甲状腺や副腎などの内分泌異常に伴う場合もある。
  - 薬　物：
    - ADHD に対する興奮薬
    - NSAIDsや鼻づまり薬，麻黄などの市販薬
    - タンパク同化ステロイド，コカイン，アンフェタミンなどの違法物質
    - アルコール
    - 喫煙・嚙みタバコなど
  - 食　事：
    - 過剰な脂肪や塩分，加工食品の摂取
- 家族歴：
  - 心血管疾患
    - 高血圧の家族歴を有するアスリートはトレーニングの結果，同心円性心筋肥大へ進展すると報告されている。
  - 早世や腎臓病，糖尿病，褐色細胞腫や痛風
- 人　種：
  - アフリカ系米国人は白人の2倍罹患しやすく，アジア系は最も少ない。
- 身体所見：
  - 臓器機能不全の評価
    - 眼底所見：網膜症や乳頭浮腫
    - 頸部：甲状腺腫大や頸部血管雑音
    - 肺：聴診でのラ音
    - 心臓：心雑音やIII音・IV音(混成すると奔馬調律)，動脈性雑音，心雑音最強点の側方移動
    - 神経：衰弱，混乱，視野変化の出現は頭蓋内圧疾患を示唆するかもしれない。
    - 四肢：浮腫や甲状腺機能亢進による末梢拍動の躍動，大動脈縮窄による大腿動脈拍動の減弱/遅延，大腿動脈の雑音
    - 腹部：腫瘤や腎動脈雑音
    - 皮膚：クッシング症候群に伴う紫色の皮膚線条痕

診 断：
- 競技参加前健康診査においては白衣高血圧が最も多い。
  - それぞれ別の機会(職場外)で血圧を3回測ること。適切なサイズのカフを用い、測定5分前は安静を守ること。
  - 病期分類：
    - 前高血圧：120/80mmHg～
    - Stage Ⅰ：140/90mmHg～
    - Stage Ⅱ：160/100mmHg～
    - Stage Ⅲ：180/110mmHg～
- 18歳未満では，性別・年齢・身長から求められた平均値の95%を超えるもの
- 推奨される検査項目：
  - 生化学・代謝検査一般
  - 脂 質
  - 血 算
  - 尿検査(血尿/タンパク尿)
  - 心疾患を除外するための心電図
  - 持続する高血圧においては，心エコーで心筋肥大を確認したり，運動負荷検査を行う。
  - 高血圧の増加する年代においては，腎動脈狭窄(線維筋性異型性)や多発嚢胞腎の有無をチェックする。

治 療：
- 非薬物治療［前高血圧(120/80～139/89mmHg)が対象となる］。糖尿病や慢性腎臓病を有するアスリートに対しては早期からの介入を検討する。
  - 栄養指導(DASH摂取プランの推奨に準拠している)
    - 塩分摂取量，とりわけ加工食品の摂取量を減らす。これだけで5～10/2～3mmHgの降圧が期待できる。
    - アルコールの摂取量を減らす。
    - カリウムの摂取量を増やす(ジャガイモやバナナなど)。
    - 減量。1kgの減量で1mmHgの降圧が期待できる。
  - ストレスの緩和：
    - 筋のリラックスや瞑想，ヨガ
    - ストレス管理法を学ぶ。
  - 定期的な有酸素運動(4～9mmHgの降圧効果をもつ)
- 薬物治療：
  - 薬物治療をはじめる前に，心血管系や運動能力に対する有害な影響を減らすために，各降圧薬の副作用について十分熟知すべきである。
  - 有酸素運動能力の有意な低下を伴うことなく，比較的安全な特性を有する薬物は以下の通りである。
  - アンジオテンシン変換酵素(ACE)阻害薬：
    - とくに糖尿病を有するアスリートに対しては第一の治療薬である。
    - 心室のリモデリング(慢性の左室圧過負荷を示唆する)を減少させる。
    - 心血管イベントに対して短～中期的に効果を発揮する。
    - よくある副作用は持続性の乾性咳である。
  - カルシウム拮抗薬：
    - ジヒドロピリジン系(アムロジピン，ニフェジピンなど)：反射性頻脈や頭痛，水貯留などの誘因となる。
    - 非ジヒドロピリジン系(ベラパミル，ジルチアゼム)：徐脈となりうる。
  - β遮断薬：
    - 心臓選択性のあるもの(メトプロロール，アテノロール)は最大心拍出量を減らして労作の知覚レベルを減弱させる。
  - アンジオテンシン受容体拮抗薬(ARB)：
    - ACE阻害薬の服用で乾性咳を認めるアスリートに対してはよい代替薬となるが，心臓や腎臓に対する保護的な効果を裏付けるデータに乏しい。
  - 中枢性α遮断薬：

- ・眠気や口渇，勃起不全など不都合な副作用が起こりうる。
- ・急な中断により反発性の高血圧を生じうる。
- **α₁ 遮断薬：**
  - ・スポーツパフォーマンスに対する影響は少ない。
- アスリートで避けるべき薬物は以下の通りである。
  - ・利尿薬：
    - ・脱水や電解質異常（とくに低カリウム血症）の誘因となり，熱中症のリスクを増加させる。
  - ・非心臓選択性β遮断薬：
    - ・プロプラノロールやナドロールは有酸素運動能力を低下させる。

その他の留意事項：

- 競技参加前健康診査について，高血圧を伴うアスリートは，真の高血圧か白衣高血圧かをしっかり鑑別すること。
- ACE 阻害薬を使用した場合：
  - 暑熱環境における超持久性競技では腎機能悪化のリスクがある。
  - 妊娠の可能性のある年齢の女性アスリートでは先天奇形のリスクがある。
  - 腎動脈狭窄のあるアスリートでは腎機能悪化のリスクがあるため注意が必要である。
- β遮断薬やカルシウム拮抗薬は心拍数の上昇を鈍化させ，パフォーマンスに影響を与える可能性がある。
- アフリカ系の家系を有するアスリートはレニン低値のことがあり，ACE 阻害薬や ARB よりもカルシウム拮抗薬を用いる。
- 射撃，アーチェリー，ダーツ，スケルトンの国内/国際エリートアスリートでは β 遮断薬が禁止されている。
- 利尿薬は隠蔽薬として用いられることがあり，それゆえに国際競技においては禁止されている（訳者注：国内競技も同様）。
- 血圧管理に影響する物質は以下の通りである。
  - エストロゲンを含む経口避妊薬
  - NSAIDs
  - 抗うつ薬
  - アルコール
  - 鼻づまり薬
  - タバコ
  - 甲状腺ホルモン製剤
- 高血圧は危険因子となりうるため，心血管系の評価を検討すること。

競技復帰：

- 高血圧に加え心疾患（先天性/後天性）を伴う場合は競技への参加は個別化して対応する。
- 競技参加前健康診査において，高血圧を伴うアスリートは真の高血圧か白衣高血圧かをしっかり鑑別すること（上記）。
- 競技会前に TUE 申請が必要であれば加盟競技団体に薬物使用についてレポートすること。
- 高血圧や糖尿病を有するアスリートでは，130/85mmHg 未満となるよう管理する。
- 各ステージにおける管理目標は下記の通りである。
  - 前高血圧……120/80mmHg
    - ・生活行動変容が主体で活動制限はない。
    - ・高血圧が続く場合は心エコーを行う。
  - Stage Ⅰ……140/90mmHg
    - ・臓器障害や心疾患がなければ活動制限はない。
    - ・血圧を 2〜4 か月ごと（必要であればもっと頻回に）評価する。
  - Stage Ⅱ……160/100mmHg および Stage Ⅲ……180/110mmHg
    - ・低強度の動的運動は可能である。
    - ・Class ⅢA やⅢC の静的運動は血圧が管理されてから許可する。

文 献

Baggish AL, Weiner RS, Yared K, et al. Impact of family hypertension history on exercise induced cardiac remodeling. *Am J Cardiol*. 2009; 104: 101–106.

Basile J, Bloch M. Identifying and managing factors that interfere with or worsen blood pressure control. *Postgrad Med*. 2010; 122(2): 35–48.

DynaMed [Internet]. Hypertension. Ipswich(MA): EBSCO Publishing. Available from login. aspx?direct=true&db=dme&AN=115345&anchor&site=dynamed-live&scope=site. Updated November 26, 2012; cited December 2, 2012.

Gifford RW Jr., Kirkendall W, O'Connor DT, Weidman W. Office evaluation of hypertension. A statement for health professionals by a writing group of the Council for High Blood Pressure Research, American Heart Association. *Circulation*. 1989; 79: 721-731.

Lehmann M, Durr H, Merkelbach H, Schmid A. Hypertension and sports activities: Institutional experience. *Clin Cardiol*. 1990; 13: 197-208.

Maron BJ, Mitchell JH. 26th Bethesda Conference: Recommendations for determining eligibility for competition in athletes with cardiovascular abnormalities. January 6-7,1994. *J Am Coll Cardiol*. 1994; 24: 845-899.

Maron BJ, Zipes DP. 36th Bethesda Conference: Eligibility recommendations for competitive athletes with cardiovascular abnormalities. *J Am Coll Cardio*. 2005; 45(8): 1318-1375.

Niedfeldt M. Managing hypertension in athletes and physically active patients. *Am Fam Physician*. 2002; 66(3): 445-453.

Petrella RJ. How effective is exercise training for the treatment of hypertension? *Clin J Sport Med*. 1998; 8: 224-231.

Sacks FM, Svetkey LP, Vollmer WM, et al. Effects on blood pressure of reduced dietary sodium and Dietary Approaches to Stop Hypertension (DASH)diet. DASH-Sodium Collaborative Research Group. *N Engl J Med*. 2001; 344: 3-10.

The seventh report of Joint National Committee on Prevention, Detection, Evaluation and Treatment of High Blood Pressure. *JAMA*. 2003; 289: 2560-2571.

Shafeeq A, Thompson PD. Management of hypertension in athletes. In : *Delee & Drez's Orthopedic Sports Medicine: Principles and Practice*. Elsevier; 2012.

The sixth report of the Joint National Committee on Prevention, Detection, Evaluation, and Treatment of High Blood Pressure. *Arch Intern Med*. 1997; 157: 2413-2446.

Tanji JL. Tracking of elevated blood pressure values in adolescent athletes at 1-year follow-up. *Am J Dis Child*. 1991; 145: 665-657.

高血圧

注意：競技前健康診査では白衣高血圧が一般的である。
- 適切なサイズのカフを用い，異なる状況下でそれぞれ5分間の休息後に3回血圧を記録する。
- Stage：
  - 前高血圧：＞120/80
  - Stage Ⅰ：＞140/90
  - Stage Ⅱ：＞160/100
  - Stage Ⅲ：＞180/110

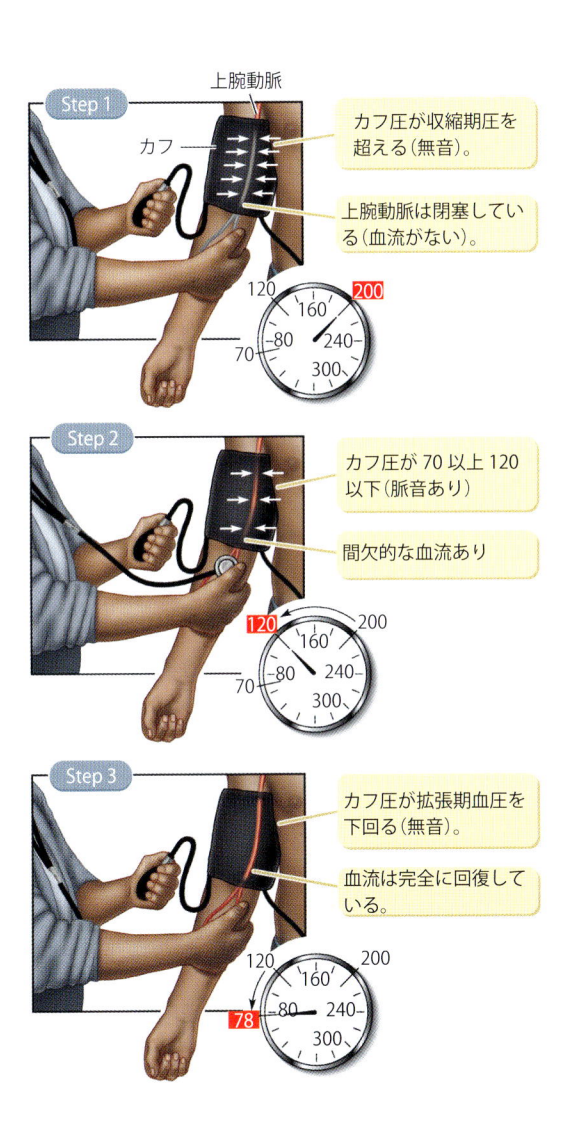

Step 1
- 上腕動脈
- カフ
- カフ圧が収縮期圧を超える（無音）。
- 上腕動脈は閉塞している（血流がない）。
- 200

Step 2
- カフ圧が70以上120以下（脈音あり）
- 間欠的な血流あり
- 120

Step 3
- カフ圧が拡張期血圧を下回る（無音）。
- 血流は完全に回復している。
- 78

眼
- 血管性網膜症

衰弱，混乱，視野変化は頭蓋内病変を示唆する。

甲状腺腫大　頭部血管雑音

心臓
- 左心室肥大

肺野ではラ音聴取

腎臓
- 腎動脈狭窄

- **甲状腺機能亢進**：浮腫や末梢拍動の躍動
- **大動脈縮窄**：大腿動脈拍動の遅延や減弱，大腿部雑音

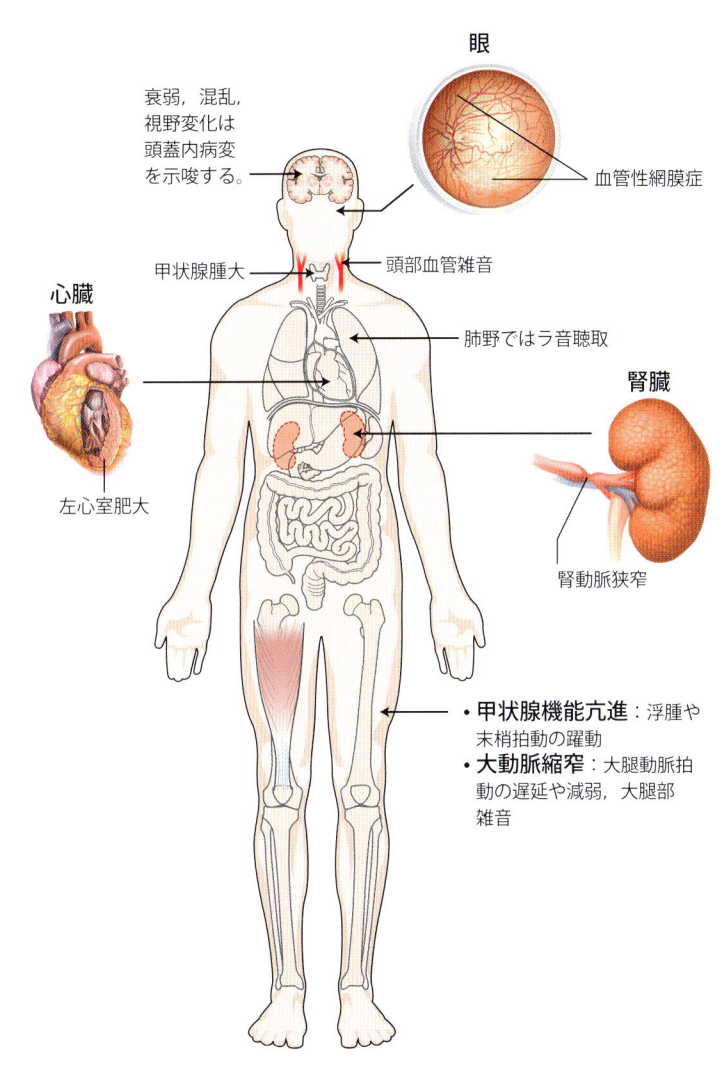

図123　高血圧

8　プライマリケア／5　呼吸と循環

マルファン症候群 Marfan Syndrome

はじめに(定義と分類)：
- 常染色体優性遺伝で，フィブリン1遺伝子(FBN1)の変異の結果，靭帯の弛緩や結合組織の脆弱性をきたす。
- マルファン症候群を呈する約10%程度にTGFβ_2受容体，またはTGFβ_1受容体遺伝子の変異がみられる。
- マルファン症候群，それに関連した疾患［Ehlers-Danlos(エーラス・ダンロス)症候群，Loeys-Dietz(ロイス・ディーツ)症候群］はいずれも結合組織における遺伝子欠陥があり，大動脈やそのほか小動脈における動脈解離のリスクを増加させる。
- 臨床的には眼球や骨格筋，呼吸器，中枢神経，皮膚などに問題を起こしうる。

病歴と身体所見：
- 病　歴：
  - 家族歴がみられる。
  - 時として運動中に，虚脱することがある。
- 身体所見：
  - 典型的な"マルファン様体型"を呈する(後述する診断の項を参照のこと)。
  - アスリートは典型的には身長が高く，やせ形で，手と指が長く，関節可動域の増大を伴う(図124のスクリーニングテストを参照のこと)。
  - 臨床病態は症例によりさまざまである。

診　断：
- 2010年に改訂された"Ghent Criteria"に基づく。
- "はじめに"，競技参加前健康診査でまず"全身性スコア"を評価し，7点以上を全身性の関与とする。
  - 手首と親指の弛緩性：片方で1点，両方で3点
  - 鳩胸：2点(漏斗胸もしくは非対称性胸郭で1点)
  - 足部変形：2点(扁平足で1点)
  - 気胸：2点
  - 硬膜拡張症：2点
  - 寛骨臼突出：2点
  - 上肢/下肢比の減少，かつ上肢長や身長の延長，かつ重度の側弯症でない：1点
  - 側弯症/後弯症：1点
  - 肘部伸展の減少(完全な伸展で170°以内)：1点
  - 顔貌の特徴：1点(長頭蓋，眼球陥入，垂れ目，頬骨低形成，顎後退の5項目のうち少なくとも3つ以上を認める)
  - 皮膚線条：1点
  - 3D以上の近視：1点
  - 僧帽弁逸脱(いずれのタイプも)：1点
- "次に"，家族歴について聴取する。
  - もし家族歴が陰性であれば，以下の所見が診断に有効である。
    - 大動脈の基準(大動脈径のZ値が2以上，大動脈基部拡張)[#]と水晶体偏位[※]
    - 大動脈の基準とFBN1遺伝子の変異を伴う。
    - 大動脈の基準と全身性スコアが7点以上を伴う。
    - 水晶体偏位とFBN1遺伝子の変異を伴い，大動脈瘤を認める場合
  - もし家族歴が陽性であれば，以下の所見が診断に有効である。
    - 水晶体偏位
    - 全身性スコアが7点以上[※]
    - 大動脈の基準(大動脈径のZ値が20歳以上では2以上，20歳未満では3以上，または大動脈基部解離)[※]
- "最後に"，マルファン症候群の診断基準を満たさない20歳未満のアスリートでは，以下のポイントを考慮する。
  - 非特異的結合組織障害

- 全身スコアが7点未満
- 大動脈基部拡張が境界域(Z値3未満)
- FBN1遺伝子異常なし
- 潜在的マルファン症候群
  - 孤発性/家族性にFBN1遺伝異常を有する。
  - 大動脈基部拡張がZ値の3未満

#大動脈の基準において，体表面積の多いアスリートでは，大動脈拡張を示すZ値を過小評価しやすい。
※Shprintzen-Goldberg(シュプリツェン・ゴールドバーグ)症候群，Loeys-Dietz症候群，血管性Ehlers-Danlos症候群などは除外すること。

治療：
- 臨床所見に応じて個別的に対応する。
- マルファン症候群やその他結合組織病の，管理上の微妙な違いに詳しい循環器内科医と一緒に行うことを勧める。
- 助言すべきこと：
  - 緊急の医学的な評価が必要なケース
    - 急性の胸痛，腹痛，背部痛
    - 突然の視野障害
    - "差し迫った死"の予感
  - 禁 煙
  - 定期的な血圧測定(目標は120/80mmHg未満)
- 予防は治癒に勝る。
  - 頻回のモニタリングが重要である。
    - マルファン症候群と診断されたアスリート：診断時とその6か月後に心エコー検査
    - 大動脈径が45mm未満の場合：年に1回の心エコー検査を行う。
    - 大動脈径が45mmを超える場合：年に2回の心エコー検査を行う。
    - 20歳未満で，マルファン症候群を疑う全身所見を認めるが，心血管系の関与が否定的な場合：年に1回の心エコー検査
  - 外科医へのコンサルテーション：
    - 緊急の修復術とは対照的に，待機的な修復術は死亡率が低い。
    - 大動脈径が50mmを超える場合
    - 大動脈径が50mm以下：急速な進行を認めるケース(年5mm以上)，大動脈拡張なしに解離を生じた家族歴，進行性の大動脈弁逆流症を認める場合
    - 予防的な手術に比べ，解離後の手術で術後大動脈瘤のリスクが見込まれる場合(さらなる介入を要する場合)
      - 最近のガイドラインでは病状が安定している場合，術後1, 3, 6, 12か月後，以後年1回の画像検査を行う。
      - 放射線被曝を減らすためにCTよりはMRIが望ましい。
      - 胸部大動脈径が55～60mmで，1年間で5mm以上の急速な拡大を認める，もしくは病変部位がその隣接区域と比べて2倍に拡大する場合は，予防的な修復術を検討する。
- 進行予防のための薬物：
  - β遮断薬，心拍数100bpm以下を目標とし，年齢予測最大心拍数の55～60%程度の運動にてフォローアップする。
  - ロサルタンカリウムをはじめとするARBは効果的かもしれない。

その他の留意事項：
- まれなケースと考えられやすいが，バスケットボールやバレーボール，高跳びなど高い身長や長い手足が有利なスポーツ競技で有病率が高い。
- 年に1回程度の検査が重要
  - 病歴聴取と十分な身体診察
  - 心エコー検査……既述
  - 眼科診察：

- ・水晶体偏位や網膜剥離，緑内障，白内障をチェックする。
- ・近視を補正し，網膜病変があれば網膜光凝固術の必要性を評価する。弱視予防に早期からの屈折矯正をはかる。
- 遺伝学的検査のまとめ：
  - 高額であり，全アスリートに勧めるものではない。
  - 検査が陽性であっても，マルファン症候群の診断は臨床的基準に則る。
  - マルファン症候群や関連疾患の家族歴が陽性であれば，アスリートの遺伝学的検査に引き続いてその両親や親戚の遺伝学的検査を推奨する。
- 人工弁留置者や感染性心内膜炎の罹患者においては，予防的抗菌薬投与を推奨する。
- 予 後：
  - β遮断薬や待機的外科的修復術にて中間累積生存率は72年を超えるまでに延長した。
  - 早期からの介入により結果が改善すると考えられる。

競技復帰：
- 競技レベルのアスリート
  - 著者らはガイドラインの厳密な遵守を勧めている。
  - http://www.scribd.com/doc/2353746/36th-BETHESDA-CONFERENCE-JOURNAL-OF-THE-AMERICAN-COLLEGE-OF-CARDIOLOGY.
- 競技レベルではない，レクリエーション目的のアスリート：
  - (心エコー検査などで)マルファン症候群の進行がみられなければ，年齢予測最大心拍数の40〜70％程度で低〜中強度の運動(ゴルフ，ボーリング，軽い登山，トレッドミル運動，固定式自転車運動，テニスのダブルスなど)は許可する。
  - 下記の運動は避けること：
    - ・競技もしくはチームスポーツ
    - ・等尺性運動
    - ・コンタクトスポーツ
    - ・疲労困憊に至る運動

文 献

Ammash N, Sundt T, Connolly H. Marfan syndrome—diagnosis and management. *Curr Prob Cardiol*. 2008; 33(1): 7–39.
Hiratzka LF, Bakris GL, Beckman JA, et al. 2010 ACCF/AHA/AATS/ACR/ASA/SCA/SCAI/SIR/STS/SVM guidelines for the diagnosis and management of patients with Thoracic Aortic Disease: A report of the American College of Cardiology Foundation/American Heart Association Task Force on Practice Guidelines, American Association for Thoracic Surgery, American College of Radiology, American Stroke Association, Society of Cardiovascular Anesthesiologists, Society for Cardiovascular Angiography and Interventions, Society of Interventional Radiology, Society of Thoracic Surgeons, and Society for Vascular Medicine. *Circulation*. 2010; 121: e266–e369.
http://www.scribd.com/doc/2353746/36th-BETHESDA-CONFERENCE-JOURNAL-OF-THE-AMERICAN-COLLEGE-OF-CARDIOLOGY. Accessed November 5, 2012.
Loeys B, De Backer J, Van Acker P, et al. Comprehensive molecular screening of the FBN1 gene favors locus homogeneity of classical Marfan syndrome. *Hum Mutat*. 2004; 24: 140–146.
Loeys B, Dietz H, Braverman A, et al. The revised Ghent nosology for the Marfan syndrome. *J Med Genet*. 2010; 47(7): 476–485.
Maron BJ, Chaitman BR, Ackerman MJ, et al. Recommendations for physical activity and recreational sports participation for young patients with genetic cardiovascular diseases. *Circulation*. 2004; 109: 2807–2816.
Milewicz DM, Dietz HC, Miller DC. Treatment of aortic disease in patients with Marfan syndrome. *Circulation*. 2005; 111: e150–e157.
National Marfan Foundation. http://www.marfan.org/marfan/4470/Diagnostic-Criteria—Scoring-of-Systemic-Features. Accessed November 5, 2012.
Pyeritz RE. The Marfan syndrome in childhood: Features, natural history, and differential diagnosis. *Prog Pediatr Cardiol*. 1996; 5: 151–157.
Roman MJ, Devereux RB, Kramer-Fox R, O'Loughlin J. Two-dimensional echocardiographic aortic root dimensions in normal children and adults. *Am J Cardiol*. 1989; 64: 507–512.
Silverman D, Burton K, Gray J, et al. Life expectancy in the Marfan syndrome. *Am J Cardiol*. 1995; 75: 157–160.
Stout M. The Marfan syndrome: Implications for athletes and their echocardiographic assessment. *Echocardiography*. 2009; 26(9): 1075–1081.
Wright MJ, Connolly HM. Genetics, clinical features, and diagnosis of Marfan syndrome and related disorders. *UpToDate*. Accessed November 5, 2012.

マルファン症候群の病態生理

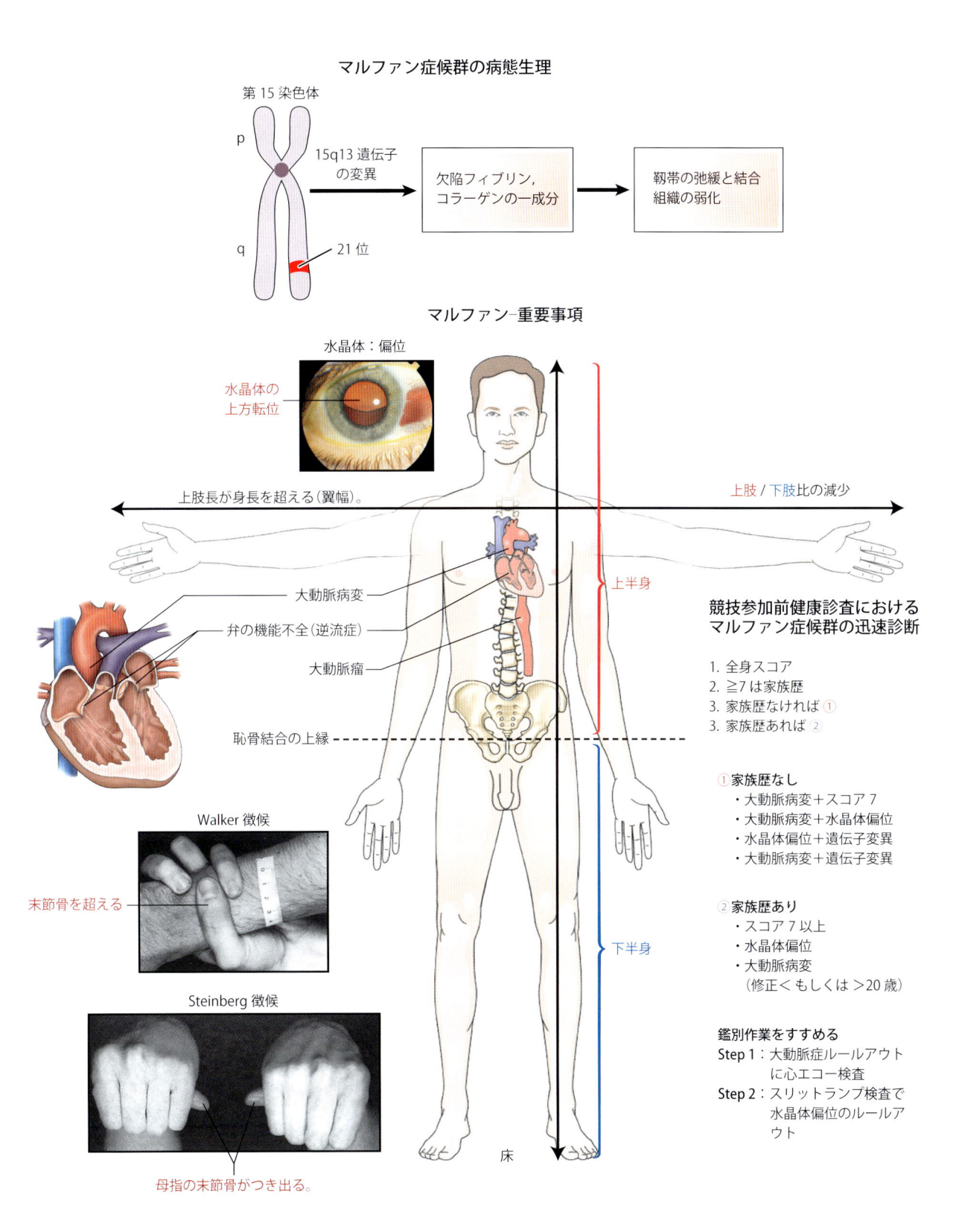

第15染色体

p

15q13 遺伝子の変異 → 欠陥フィブリン，コラーゲンの一成分 → 靭帯の弛緩と結合組織の弱化

q 21位

マルファン-重要事項

水晶体：偏位
水晶体の上方転位

上肢長が身長を超える（翼幅）。　　上肢／下肢比の減少

大動脈病変
弁の機能不全（逆流症）
大動脈瘤

上半身

恥骨結合の上縁

下半身

床

Walker 徴候
末節骨を超える

Steinberg 徴候
母指の末節骨がつき出る。

競技参加前健康診査におけるマルファン症候群の迅速診断

1. 全身スコア
2. ≧7 は家族歴
3. 家族歴なければ ①
3. 家族歴あれば ②

① 家族歴なし
・大動脈病変＋スコア7
・大動脈病変＋水晶体偏位
・水晶体偏位＋遺伝子変異
・大動脈病変＋遺伝子変異

② 家族歴あり
・スコア7以上
・水晶体偏位
・大動脈病変
（修正＜もしくは＞20歳）

鑑別作業をすすめる
Step 1：大動脈症ルールアウトに心エコー検査
Step 2：スリットランプ検査で水晶体偏位のルールアウト

図 124 マルファン症候群

Section 6　腹部・骨盤内臓器 Abdomen/Pelvis

Part 1：腹　部　Abdomen

胃食道逆流症　Gastroesophageal Reflux Disease（GERD）

はじめに（定義と分類）：
- アスリートにみられる上部消化器疾患のなかで最も一般的である。
- 胃酸の食道への逆流が，食道の上皮細胞を刺激する。
- 症状は軽微なものから衰弱するような重篤なものまである。
- 有病率はアジアで5％に対し，欧米では10〜20％と高い。
- 持久系のスポーツでより多くみられる。
- 機　序：
  - 下部食道括約筋の機能障害
  - 胃の拡張や胃内容物の排出遅延，胃の運動性の低下
  - 巨大な臓器による圧迫
- 類似疾患：
  - 咽頭酸逆流症（laryngopharyngeal reflux disease: LPRD）
  - 十二指腸胃食道逆流（duodenogstroesophageal reflux: DGER）
  - "機能性胸やけ"：GERDの症状を呈する患者の60％を占め，積極的な治療をしても効果がみられない。機能性消化管障害の分類 Rome IIIでは，以下のように定義している。
    - 少なくとも6か月以上前から症状がある。
    - 胸骨後方の不快感や痛み
    - 胃食道逆流が確認できない，食道運動障害がない。

病歴と身体所見：
- 病　歴：
  - 身体活動……ウエイトリフティング選手，体位（臥位），自転車競技や体を丸めたりするような腹圧のあがる競技
  - 生活習慣……運動直前に食事を摂る（症状が3倍出やすくなる），寝る前の食事，ストレス要因がある，喫煙者
  - 食　事………揚げ物，脂質が多い食べ物，酸性の食べ物，ペパーミント，チョコレート，カフェインやアルコール入りの飲料の摂取
  - 服　薬………NSAIDsの頻回使用，下部食道括約筋の圧を下げる薬物の使用（ピル，アルブテロール，シルデナフィル，抗コリン薬）
- 症　状：
  - 食後の胸焼け（最も一般的）
  - げっぷ。胆汁や食物残渣の逆流を伴うこともある。
  - 嚥下困難（飲み込みづらさ）
  - 嚥下痛
  - 唾液分泌増加
  - 原因不明の悪心
  - 喘息様の症状（気管支攣縮，喘鳴，慢性的な乾性咳嗽）……胃酸による食道気管反射による。
  - 嗄　声
  - 原因不明の咽頭痛や咽頭違和感（喉に何かが引っかかっている感じ）
  - しゃっくり（まれ）
- 身体所見：
  - 頭頸部：歯のエナメル質の侵食，咽頭の発赤や炎症
  - 胸　部：聴診は清，喘鳴を聴取することもある。

- 腹　部：異常所見を認めないことが多い。触診で上腹部の不快感を訴えることがある。

診　断：

- **症状に基づいて**：病歴や症状，身体所見上，GERDが疑わしい場合は，プロトンポンプ阻害薬(proton pump inhibitor: PPI)の投与を開始し，早めの再診(2〜8週後)としてもよい。
- **診　断**：
  - 生検を含んだ上部消化管内視鏡検査
    - 経験的治療で効果がない場合に行う。
    - 嚥下障害や嘔吐，体重減少，貧血，出血などの危険な症状を伴う場合に，癌や狭窄などを除外するために行う。
    - ヘリコバクター・ピロリ(*Helicobacter pylori*)の感染を調べる。
  - 24時間pHモニタリング
    - 上部消化管内視鏡生検と違い，粘膜を損傷させずに検査が可能
    - PPIは2日間休薬する。
    - 治療の効果判定が可能

治　療：

- **生活習慣の改善**：
  - 食後すぐの運動を避ける(とくに固形物や炭水化物の多い飲料を摂取した後は避ける)。
  - GERDを起こしやすい食べ物を避ける。
  - 1回の食事量を減らし，食事回数を増やす。
  - 食後3〜4時間は立位を保つ。
  - 深夜の間食をやめ，枕を高くして寝る。
  - 禁煙は唾液分泌を増やし，症状改善に繋がる。
  - 唾液分泌促進物を使用する(チューインガム，薬用ドロップなど)。
  - アルコールやカフェインの摂取を控える。
  - 体重を減らす。
  - きつい服装をやめる。
  - NSAIDsの使用を減らす。
- **治療薬**：
  - PPI
    - 第一選択薬
    - ランソプラゾール，オメプラゾールが代表的。胃酸の産生を抑制し，食道粘膜の修復を助ける。
    - 1日1回，朝食30分前の内服を2週間続け，効果があればさらに4〜8週間継続する。
    - 効果が乏しければ，倍量に増量する。
    - どのようなPPIでも薬によって明らかな効果の差はない。
    - 初期治療への反応性がよければ，内服の終了も可能。
    - 3か月以内に再発したアスリートでは維持療法を考慮する。
  - H_2受容体拮抗薬
    - ファモチジン，ラニチジンが代表的。胃酸の産生を部分的に抑制する。より軽症な例で使用されることが多い。
    - アスリートでは，競技会が近づくたびに発症するような症例で使われることもある。
    - PPIよりは効力が劣る。
  - 制酸薬
    - ミランタ，ロライド系，タムズなどが代表的。胃酸の酸性度を急速に和らげるが，食道粘膜の修復には貢献しない。
    - 過量投与では，下痢，便秘，消化不良の原因になる。
- **外科的治療**：
  - 重症で難治性の症例では，Nissen手術(噴門部形成術)を行う。

その他の留意事項：

- *Key point*
  - 安静時にGERDの症状がある場合，運動中にも出やすい。

- 説明のつかない喘息様の症状をもつアスリートの場合には，GERDを鑑別診断として考慮すべきである。
- 喘息患者では：
  - 90％にGERDが存在する。
  - 40％に食道炎が存在する。
  - GERDに対する治療は夜間のGERDの症状の改善に対して有効である。
- 慢性的な消化液の逆流は，Barret食道を引き起こすことがある（前癌病変）。
- 治療を適切に行うことで，食道狭窄やBarret食道などの合併症を減らすことができる。
- GERDは時として慢性気管支炎や誤嚥性肺炎を引き起こす。
- 消化管運動を促進させるような薬はGERDの治療としては勧められない。
- H. pylori感染を合併している場合は，症例によって除菌も考慮する（GERDの症状を増悪させるため）。

● **専門機関の受診を考慮する場合：**
- 難治性，再発を繰り返す場合
  - GERDの確定診断をつけるために上部消化管内視鏡検査を行う。
  - "機能性の胸焼け"を除外診断する。
  - そのほか，GERD様の症状を呈する疾患を除外診断する。
- 嚥下困難の症状は食道狭窄を示唆する。
- 嚥下痛を訴えるアスリートでは，食道潰瘍を除外する。
- 重症で再発を繰り返し外科的治療を考慮する場合
- GERDに思えても，狭心症の場合があるので注意を要する。
  - 心血管系疾患のリスクがある場合は，循環器内科への相談が望ましい。

● **関連疾患：**
- LPRD：慢性咳嗽を有する患者で，典型的な胸焼け症状を伴わず，喘息様の症状や嗄声で発症する場合に考慮する。
- DGER，"機能性の胸焼け"：最大限の治療を行っても症状が改善しない場合に考慮する。

競技復帰：
- 個々人の状況で判断する。
- 競技への参加の妨げになるような症状が改善したら復帰を考える。
- 慢性化を防ぐために適切な治療を受けることが推奨される。

文 献

Collings KL, Pierce Pratt F, Rodriguez-Stanley S, et al. Esophageal reflux in conditioned runners, cyclists, and weightlifters. *Med Sci Sports Exerc.* 2003; 35: 730–735.

Galmiche JP, Clouse RE, Balint A, et al. Functional esophageal disorders. *Gastroenterology.* 2006; 130: 1459–1465.

Hirano I, Richter JE, Practice Parameters Committee of the American College of Gastroenterology. ACG practice guidelines: Esophageal reflux testing. *Am J Gastroenterol.* 2007; 102: 668–685.

Kahrilas P. Clinical manifestations and diagnosis of gastroesophageal reflux disease in adults. *UpToDate.* Accessed February 7, 2013.

Kahrilas P. Medical management of gastroesophageal reflux disease in adults. *UpToDate.* Accessed February 7, 2013.

Kahrilas PJ, Shaheen NJ, Vaezi MF, et al. American Gastroenterological Association Medical Position Statement on the management of gastroesophageal reflux disease. *Gastroenterology.* 2008; 135: 1383–1391.

Kiljander TO, Harding SM, Field SK, et al. Effects of esomeprazole 40 mg twice daily on asthma: A randomized placebo-controlled trial. *Am J Respir Crit Care Med.* 2006; 173: 1091–1097.

Parmalee-Peters K, Moeller JL. Gastroesophageal reflux in athletes. *Curr Sports Med Rep.* 2004; 3: 107–111.

Richter JE. Typical and atypical presentations of gastroesophageal reflux disease. The role of esophageal testing in diagnosis and management. *Gastroenterol Clin North Am.* 1996; 25: 75–102.

Simons SM, Kennedy RG. Gastrointestinal problems in runners. *Curr Sports Med Rep.* 2004; 3: 112–116.

Sontag SJ, Harding SM. Gastroesphageal reflux and asthma. In: Goyal RK, Shaker R, eds. *Goyal and Shaker's GI Motility Online.* New York, NY: Nature Publishing Group; 2006.

Vakil NB, Traxler B, Levine D. Dysphagia in patients with erosive esophagitis: Prevalence, severity, and response to proton pump inhibitor treatment. *Clin Gastroenterol Hepatol.* 2004; 2: 665–668.

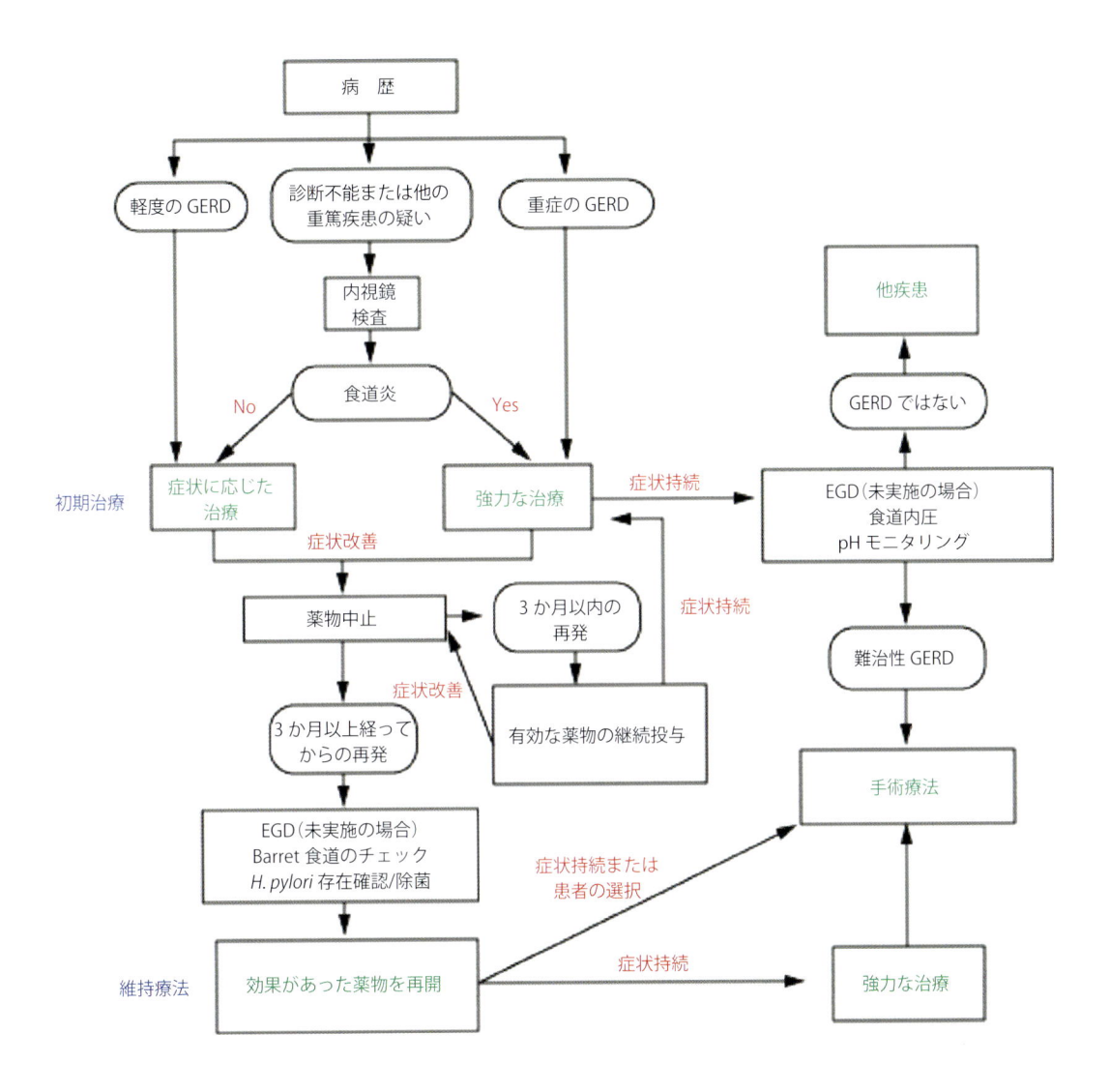

図125 腹部 （Reproduced with permission from Kalaharis O. Medical management of gastroesophageal reflux disease. In: *UpToDate*, Basow DS, ed. *UpToDate*, Waltham, MA; 2013. Copyright © *2013. UpToDate*, Inc. For more information visit www.uptodate.com.）

過敏性腸症候群 Irritable Bowel Syndrome (IBS)

はじめに（定義と分類）：
- 過敏性腸症候群（IBS）とは，器質的疾患がないにもかかわらず腹部の不快感や便通異常を訴える疾患である。
- 病態生理は多岐にわたる。
- 過敏性腸症候群はしばしば精神疾患と関連する（不安障害，躁うつ病，身体化障害）。
- 病因は特定できていないが，過敏性腸症候群の有病率は高く，米国人の10〜15％が罹患している。
- 分類は以下
  - IBS-C：便秘型
  - IBS-D：下痢型
  - IBS-M：便秘・下痢を交互に繰り返す混合型

病歴と身体所見：
典型例では排便することにより改善する腹痛や腹部不快感を有するが，患者によって病歴はさまざまである。ほかにも下記に挙げるような症状が出現・消失を繰り返す。
- 腹部膨満感
- 粘液性の便
- 腸がガスで張る感覚
- 消化不良
- 危険因子：
  - 家族歴
  - 女性
  - 不安神経症やうつ病
- 身体所見：
  - 腹部の膨満と圧痛を除いてほぼ正常所見で，直腸診でも異常はみられない。
  - 便潜血検査も陰性である。

診断：
- 診察での身体的徴候・所見で診断する。
- 過敏性腸症候群を診断するための明確な検査はない。
- 以前は"Manning criteria"が診断基準として使用されていたが，現在は"Rome criteria"が一般的である（2005年に第3版が発表された）。
  - 診断基準による……過去3か月間，月に3日以上にわたって腹痛や腹部不快感が繰り返し起こり，次の項目の2つ以上がある。
    - 排便によって症状が軽減する。
    - 発症時に排便頻度の変化がある。
    - 発症時に便形状（外観）の変化がある。

治療：
- 過敏性腸症候群の治療はQOLを向上させるため，症状の改善を中心に行う。
- 医師−患者間の信頼関係が構築されると患者の転帰が向上する。
- 患者指導：
  - 以下の食品を避ける。
    - 腸管ガスが発生するような食品
    - 発酵性のオリゴ糖，二糖類，単糖類，ポリオール（FODMAPs）を含む食品（タマネギ，キャベツ，アーティチョーク，芽キャベツ，小麦，フルクトース，ソルビトールなど）
  - 乳糖不耐症は過敏性腸症候群のような症状を起こすことがある。試しに食事から乳糖を除外してみる。
  - 繊維質を補足することは，
    - 必ずしも症状の軽減を約束するものではない。
    - 便秘型では有効なことがある。
    - 腹部膨満感が主症状の場合は避けたほうがよい。

- 適度な運動は症状を改善させることがある。
- 薬物治療は過敏性腸症候群治療の第一選択にはならない。
- 薬物治療：
  - 鎮痙薬
    - ジサイクロミン，ヒヨスチアミン，腸溶性ペパーミントオイルカプセルは腸管の平滑筋収縮を和らげる。
    - 大きな大会などストレスがかかることがわかっていれば，必要に応じて予防的に投与することもある。
  - 抗うつ薬［三環系抗うつ薬(TCAs)，選択的セロトニン再取り込み阻害薬(SSRI)］
    - 効果はあるが，臨床データはまだ限られている。
    - 少量から開始し，適正な投与量を決めていく。
  - アロセトロン(セロトニン受容体拮抗薬)
    - 下痢型 IBS に効果がある。
    - 以前は投与を禁止されていたが，モニタリングをできる患者に対して使用できるようになった。
  - 抗菌薬
    - 非吸収性抗菌薬(ネオマイシン，クラリスロマイシン，メトロニダゾール)の短期投与が効果的という報告があるが，臨床データはまだ限られる。
    - 短期のリファキシミン投与は下痢型 IBS に効果があるという報告もある。そのほかの治療法で効果がなかったときに考慮する。
  - 止痢薬
    - ロペラミドは下痢型 IBS では有効である。便秘型や混合型では避けるべきである。
- プロバイオティクス
  - ビフィズス菌など一定の種類の製剤は効果がある。
  - ラクトバチルス属に効果があるという報告はない。
- 身体化障害関連
  - 認知行動療法(CBT)が有効な場合がある。

その他の留意事項：
- 下痢型 IBS ではセリアックスプルーとの鑑別を要する。
- 血沈や CRP は正常値である。上昇している場合は，潰瘍性大腸炎やクローン病の可能性を考慮する。
- 過敏性腸症候群の診療中に，10%以上の体重減少，大腸癌の家族歴，発熱，貧血，血便，慢性的に重症の下痢，夜間の腹部症状，筋性防御，反跳痛などの危険な症状・病歴を発見した場合は，以下の検査を追加で行う。
  - ・血　算
  - ・生化学検査
  - ・甲状腺機能検査
  - ・寄生虫/虫卵検査
  - ・腹部の画像検査
  - ・下部消化管内視鏡検査

競技復帰：
- 上記の危険な症状・病歴を伴わず，発熱がなく栄養・水分・電解質が十分であれば可能。

文献

American College of Gastroenterology Task Force on Irritable Bowel Syndrome, Brandt LJ, Chey WD, et al. An evidence-based position statement on the management of irritable bowel syndrome. *Am J Gastroenterol.* 2009; 104 Suppl 1: S1–S35.

Catassi C, Kryszak D, Louis-Jacques O, et al. Detection of celiac disease in primary care: A multicenter case-finding study in North America. *Am J Gastroenterol.* 2007; 102: 1454–1460.

Drossman DA, Toner BB, Whitehead WE, et al. Cognitive-behavioral therapy versus education and desipramine versus placebo for moderate to severe functional bowel disorders. *Gastroenterology.* 2003; 125: 19–31.

Grundmann O, Yoon SL. Irritable bowel syndrome: Epidemiology, diagnosis and treatment: An update for health-care practitioners. *J Gastroenterol Hepatol.* 2010; 25(4): 691-699.

Longstreth GF, Thompson WG, Chey WD, et al. Functional bowel disorders. *Gastroenterology.* 2006; 130: 1480–1491.

Owens DM, Nelson DK, Talley NJ. The irritable bowel syndrome: Long-term prognosis and the physician-patient interaction. *Ann Intern Med.* 1995; 122: 107–112.

Parisi GC, Zilli M, Miani MP, et al. High-fiber diet supplementation in patients with irritable bowel syndrome (IBS): A multicenter, randomized, open trial comparison between wheat bran diet and partially hydrolyzed guar gum (PHGG). *Dig Dis Sci.* 2002; 47: 1697–1704.

Pimentel M, Lembo A, Chey WD, et al. Rifaximin therapy for patients with irritable bowel syndrome without constipation. *N Engl J Med.* 2011; 364: 22–32.

Quartero AO, Meineche-Schmidt V, Muris J, et al. Bulking agents, antispasmodic and antidepressant medication for the treatment of irritable bowel syndrome (Cochrane Review). In: *The Cochrane Library* 2007 Issue 1. Chichester, UK: John Wiley and Sons, Ltd.

Wald AD. Treatment of irritable bowel syndrome. *UpToDate*. Accessed November 16, 2012.

実質臓器損傷　Solid Organ Injury

はじめに（定義と分類）：
- 実質臓器損傷は重症であり，時として死亡に結びつくことがある．
- 腹部臓器損傷に対する初期マネージメントのなかで，生命にかかわる損傷を見逃すことはまれではない．
- 実質臓器損傷があるかもしれないということを早期から認識することによって，迅速に鑑別，マネージメントすることが可能になり，結果として重症になるのを防ぐことになる．
- この章では，アスリートに起こりうる実質臓器損傷として，とくに以下の臓器に重点を置いて記述する．
    - 脾　臓
    - 肝　臓
    - 腎　臓（まれ）

病歴と身体所見：
- 病　歴：
    - 上腹部や体幹に対する物理的衝撃
        - 「人」対「人」の衝突
        - 「物」対「人」の衝突
    - 症状の出方：急速または遅発
    - 併存疾患の有無：
        - 最近の単核球症（EBV 感染）罹患の有無（脾破裂や肝炎が増加する）
        - 単臓器（片腎など）
        - 直近や長期間の NSAIDs の服用（出血のリスクが増加する）
    - 症　状：
        - 腹部/側腹部の疼痛：
            - びまん性または限局性
            - 部　位：
                - 右上腹部や上腹部正中部痛……肝損傷
                - 左上腹部痛……脾損傷
                - 肋骨脊柱角……腎損傷
        - めまい
        - 倦怠感/気分不快感
        - 肉眼的血尿
        - 冷　汗
- 身体所見：
    - バイタルサイン：正常な場合から混迷状態（ショックバイタル）まで，さまざまな状態がありうる．
    - 頸　部：
        - 気管偏位（気胸を合併している場合）
    - 胸部/肺：
        - 肋骨骨折の触診
        - 頻呼吸（不安，痛み，肺損傷合併の可能性）
        - 呼吸音低下（気胸の存在）
    - 循　環：頻拍/低血圧（痛みや内出血によるもの）
    - 腹　部：
        - 腹部を 4 分割してそれぞれを触診，また骨盤の動揺性がないか確認する．
        - 圧痛，筋性防御，板状硬（腹膜刺激症状）
        - 蠕動音の低下（イレウス）
        - 腹部膨隆（内出血）
        - 斑状出血：Grey-Turner（グレイ・ターナー）徴候（側腹部），Cullen（カレン）徴候（臍周囲）は腹腔内出血や膵炎を示唆

する。
- 泌尿器生殖器系：尿道口からの出血を確認する（腎損傷では肉眼的血尿を合併することがある）。
- 四　肢：末梢の脈拍の減弱や消失（ショック）
- 皮　膚：発汗過多，立毛筋の収縮（鳥肌），末梢循環の減少
- その他の所見
  - 左肩の先端に放散する疼痛［Kehr（ケール）徴候：脾損傷］
  - 右鎖骨中線下肋骨弓下を圧迫しながら深呼吸をさせると，吸気時に痛みのために呼吸が止まる［Murphy（マーフィー）徴候：肝損傷］。
  - 肋骨脊柱角の叩打痛［Lloyd（ロイド）徴候：腎損傷］

診　断：
- 身体所見を元に鑑別診断していく。
- 画像検査：
  - 造影CT（gold standard）：
    - 利点：外科的処置を必要とする脾損傷や肝損傷を鑑別できる。超音波検査では確認できないような少量の出血も発見可能。
    - 欠点：被曝を伴う。読影結果が読影者に左右される。初期のCTでは腎盂損傷を見逃しやすい。造影剤の使用は腎機能障害がある場合は避けたほうがよい。
  - FAST（focused assessment with sonography in trauma：迅速簡易超音波検査法）：腹腔内体液貯留をみつける。
    - 陽性ならCTを撮像
    - 陰性でも一通りの腹部診察を行い，6時間後にFASTを再検し，必要があればCTを撮像する。
    - 利点：CT検査が減少，合併症が少なく，入院日数が減り，コストも安い。
    - 欠点：結果が施行者によって左右される。どの臓器の損傷かを鑑別することができない。
  - 血管造影（塞栓術をかねて）……診断的治療が可能
  - 胸腹部単純X線撮影：
    - 横隔膜下のfree air
    - 肋骨骨折や骨盤骨折の発見
    - "balance sign" ……胃泡の偏位，脾損傷を示唆する。
- 血液検査：
  - 血液型とスクリーニング
  - 血　算
    - 最初に採血したものを基本とし，その後も連続的に測定する（もともとある所見か継続的な出血を鑑別）。
  - 生化学検査
  - 凝固能検査
  - 膵機能検査
- 尿検査：
  - 肉眼的/顕微鏡的血尿
    - 外傷後腹部の圧痛を訴える患者の場合，感度60％，特異度90％で腹腔内出血がある。
    - 腎損傷のある患者の80〜90％にみられる。
  - 妊娠可能な年齢ならば，妊娠反応を行う。
- その他：
  - 診断的腹膜洗浄：状態が不安定な多発外傷患者で，FASTで所見がはっきりしない場合
  - 造影剤アレルギーの場合はMRIを考慮する。

治　療：
- 競技場で，
  - ABC［Airway（気道），Breathing（呼吸），Circulation（循環）］をモニタリング
  - 救急車を要請し，近隣の医療施設へ迅速に搬送する。
  - 救急車が到着するまでバイタルサインのモニタリングを継続する。

- 可能であれば，太い静脈路(14 ゲージか 16 ゲージ)を 2 本確保し，細胞外液補充液(生理食塩液)を投与する。
- アスリート，チームメイト，両親，コーチを落ち着かせる。
- 病院で，
  - 保存的治療(循環動態が安定している場合)
    - 血算や所見を経時的に観察して手術はしない。
    - 必要であれば，血管造影を行いカテーテルによる塞栓療法を行う。
  - 外科的治療(循環動態が不安定の場合)
- 脾摘後の注意点：
  - 生命にかかわるような病気を避けるため，十分な予防接種，抗菌薬の予防投与は重要である。
  - 予防接種：予定手術の 14 日前までに，緊急手術の場合は術後 14 日目から開始する。
    - 23 価肺炎球菌ワクチン：5 年ごとに接種する。
    - インフルエンザ菌ワクチン：抗体価を定期的に確認し，必要に応じて追加接種する。
    - 髄膜炎菌ワクチン：5 年ごとに接種する。
    - 毎年のインフルエンザワクチン接種：肺炎球菌による肺炎が続発するリスクを減少させるため。
  - 経口的な抗菌薬投与：
    - 成人での抗菌薬の予防投与は，ルーチンでは勧められない。
    - 発熱時の抗菌薬の投与は，すぐに診察を受けられる医療機関での指示に従うことも勧められる。
      - アモキシシリン-クラブラン酸，セフロキシムアキセチル，広域のニューキノロン(レボフロキサシン，モキシフロキサシン)
      - 外来受診時に敗血症が疑わしい場合は，セフトリアキソンナトリウムを使用する。

その他の留意事項：

- その他鑑別診断：
  - その他の実質臓器損傷，膵臓や卵巣など。
  - 消化管穿孔
  - 腎以外の泌尿器系臓器の損傷(尿管，膀胱，尿道)
  - 子宮外妊娠破裂
  - 腸間膜動静脈損傷
  - 横隔膜損傷
  - 骨盤・椎体骨折
- 膵損傷：
  - 上腹部の圧痛を認める場合に疑う。
  - アミラーゼ：遅れて上昇し，感度・特異度は高くないが，経時的に測定すると上昇していく。
- 消化管穿孔：
  - CT と腹部所見の経過をみることにより診断をつける。
  - 実質臓器損傷に比較して外科的治療を必要とする確率が高い。
- 泌尿器系臓器の損傷：
  - 下部尿路の損傷ではより早期の診断・治療が重要である。
  - 下部尿管の損傷がないことを確認した後に腎損傷の有無を評価する。
- その他の関連事項：
  - 肝損傷を認める患者の 80％が，その他の損傷を合併する(肋骨/骨盤骨折，脊髄損傷など)。
  - 肝損傷があっても初期のヘマトクリット値は正常のことがある。
  - 肉眼的血尿がなくても，腎損傷を鑑別するために遅れて CT を撮像することがある。
  - 肉眼的血尿がある場合は強制利尿をかけると，血栓形成と尿路閉塞のリスクを下げる。

競技復帰：

- 実質臓器損傷後の競技復帰への適切な期間について，明確な基準は存在しない。
- 目　安：
  - 個々の選手の状況を考慮し，安全に競技に復帰するよう手助けする。

肝損傷

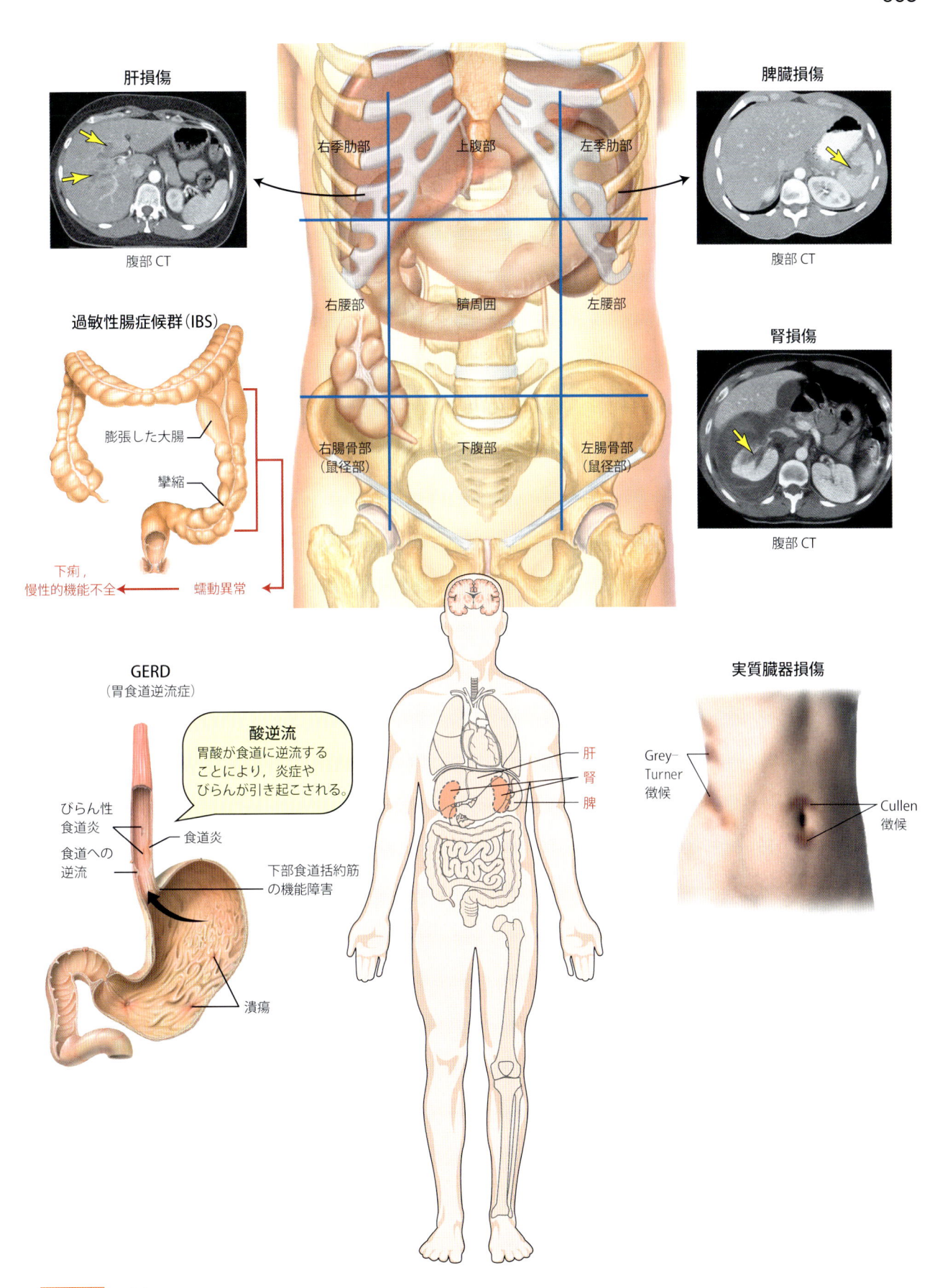

腹部 CT

過敏性腸症候群(IBS)

膨張した大腸
攣縮
下痢, 慢性的機能不全 ← 蠕動異常

GERD
(胃食道逆流症)

酸逆流
胃酸が食道に逆流することにより, 炎症やびらんが引き起こされる。

びらん性食道炎
食道への逆流
食道炎
下部食道括約筋の機能障害
潰瘍

脾臓損傷

腹部 CT

腎損傷

腹部 CT

実質臓器損傷

Grey-Turner徴候
Cullen徴候

右季肋部　上腹部　左季肋部
右腰部　臍周囲　左腰部
右腸骨部(鼠径部)　下腹部　左腸骨部(鼠径部)

肝
腎
脾

図126　腹部

8 プライマリケア／6 腹部・骨盤内臓器

- 受傷後3か月を1つの基準とすることが推奨されている。
- 怪我の重症度，治癒にかかる期間，競技の性質を考慮し，専門家の意見を参考にしながら個々人に応じて練習メニューを決めていく。
- 回復期には長期間コンタクトスポーツは避け，必要であれば側腹部や腹部に防御用パッドを装着してプレーする。
- 片腎の患者ではとくに慎重に競技復帰を検討する。
- 臨床所見が改善し，血液検査も問題なく，そのほかの検査でも治癒したと考えられる結果が出たら，競技復帰を検討しはじめる。
- 本格復帰は基本的な心肺機能や体力が戻ってからとする。

文 献

Christmas AB, Jacobs DJ. Management of hepatic trauma in adults. *UpToDate.* Accessed March 31st, 2013.
Clinical policy: Critical issues in the evaluation of adult patients presenting to the emergency department with acute blunt abdominal trauma. *Ann Emerg Med.* 2004; 43(2): 278-290.
Gaines BA. Intra-abdominal solid organ injury in children: Diagnosis and treatment. *J Trauma.* 2009; 67: S135.
Grinsell MM, Butz K, Gurka MJ, et al. Sport-related kidney injury among high school athletes. *Pediatrics.* 2012; 130(1): 40-45.
Isenhour JL, Marx J. Advances in abdominal trauma. *Emerg Med Clin North Am.* 2007; 25(3): 713-733.
Maung, AA, Kaplan, LJ. Management of splenic injury in the adult trauma patient. *UpToDate.* Accessed March 31st, 2013.
McCray VW, Davis JW, Lemaster D, et al. Observation for nonoperative management of the spleen: How long is long enough? *J Trauma.* 2008; 65(6): 1354-1358.
Melniker LA, Leibner E, McKenney MG, et al. Randomized controlled clinical trial of point-of-care, limited ultrasonography for trauma in the emergency department: The first sonography outcomes assessment program trial. *Ann Emerg Med.* 2006; 48(3): 227-235.
Miller KS, McAninch JW. Radiographic assessment of renal trauma: Our 15-year experience. *J Urol.* 1995; 154: 352-355.
Pariset JM, Feldman KW, Paris C. The pace of signs and symptoms of blunt abdominal trauma to children. *Clin Pediatr* (Phila). 2010; 49: 24.
Pasternack MS. Prevention of sepsis in the asplenic patient. *UpToDate.* Accessed March 31st, 2013.
Richards JR, Derlet RW. Computed tomography and blunt abdominal injury: Patient selection based on examination, haematocrit and haematuria. *Injury.* 1997; 28(3): 181-185.
Richardson JD. Changes in the management of injuries to the liver and spleen. *J Am Coll Surg.* 2005; 200: 648.
Rose JS. Ultrasound in abdominal trauma. *Emerg Med Clin North Am.* 2004; 22(3): 581-599.
Runyon MS. Blunt genitourinary trauma. *UpToDate.* Accessed March 31st, 2013.
Santucci RA, Wessells H, Bartsch G, et al. Evaluation and management of renal injuries: Consensus statement of the renal trauma subcommittee. *BJU Int.* 2004; 93: 937-954.
Scalea TM, Rodriguez A, Chiu WC, et al. Focused Assessment with Sonography for Trauma (FAST): Results from an international consensus conference. *J Trauma.* 1999; 46(3): 466-472.
Velmahos GC, Toutouzas K, Radin R, et al. High success with nonoperative management of blunt hepatic trauma: The liver is a sturdy organ. *Arch Surg.* 2003; 138(5): 475-480.

スポーツヘルニア　Sports Hernia

はじめに（定義と分類）:

- 本症はスポーツヘルニアや鼠径部痛症候群とよばれ，靱帯や内転筋付着部，腹横筋筋膜，外腹斜筋筋膜の断裂や脆弱性が原因で生じるとされる。
- ヘルニア内容物を認めない慢性的な片側性（まれに両側性）の鼠径部痛が特徴的である。
- 下腹部や鼠径部の筋肉のバランスが悪かったり脆弱性があったり慢性的な損傷をもつアスリートに起こりやすい。

病歴と身体所見:

- 病 歴:
  - 通常，鼠径部痛を訴えるが，部位は必ずしもはっきりしない。
  - 痛みは，運動や腹圧のあがる動作で増悪する。
  - 局所が少し膨らんでいるように感じる，弱いような感じがするなど，漠然とした不定愁訴を訴える。
  - 切り返し，回旋運動，キック，ターンなど，ひねり動作が契機となるが，発症ははっきりしないことが多い。
- 身体所見:
  - 典型的な鼠径ヘルニアはみられない（ヘルニアの内容物はみられない）。
  - 股関節の内転で違和感を訴えることが多い。
  - 人体解剖学に基づいて，圧痛部位を同定する。
    - 鼠径管（腸骨鼠径神経のトラッピング）
    - 恥骨結節（恥骨結節炎）
    - 内転筋付着部，筋腱移行部の障害

診 断:

- 診断は，臨床所見を中心として判断する。

- 画像検査はその他の疾患の鑑別に役立つ(その他の関連事項を参照)。
  - 腰椎，股関節，骨盤の単純X線撮影
  - 骨盤のMRI(スポーツヘルニアの原因を解剖に基づいて解明できるようなプロトコールに従う)
  - CT
  - 超音波検査

治療：
- 対症療法，保存的治療が主となる。
  - 6〜8週間の安静
  - NSAIDsの内服
  - 冷却または温熱療法
  - マッサージ
  - ステロイド注射
  - 内転筋を中心としたストレッチング
- 外科的治療は対症療法で改善が得られない場合に行う。
  - 外科的治療は有用とされるが，その効果はいまだはっきりとはしていない。
  - 鼠径部アプローチまたは腹腔鏡下に患部を修復する……どちらとも競技への復帰率は92％以上と報告されるが，腹腔鏡下のほうがより早く復帰可能とされる。
  - ミュンヘン手術……慢性的な疼痛を改善するために，原因となっている神経を鼠径神経叢から切離する。スポーツへの復帰は1〜4か月を要する。しかし術後成績はまだ不明である。

その他の留意事項：
- 有病率は高いとされ，Lovellは189人の鼠径部痛を訴えるアスリートを診察し，最大で50％がスポーツヘルニアと診断したと報告している。
- 女性より男性に好発している。
- 鼠径部痛はさまざまな要因で起こることが多く，腹腔内臓器の疾患も鑑別に入れる必要がある。
  - 虫垂炎，憩室炎，精巣捻転，骨盤内疾患(尿路感染，卵巣嚢腫，子宮内膜症など)
- その他さまざまな疾患と混同されやすい。
  - 恥骨結節炎，圧迫骨折，大腿直筋近位部の緊張や肉ばなれ，長内転筋の断裂，内転筋の過労性筋膜炎，神経絞扼症候群，骨盤や股関節の疾患，など
- サッカー選手における"ギルモアの鼠径部痛"
  - スポーツヘルニアの一種だが，解剖学的には成因が異なる。外腹斜筋の腱膜や靱帯が裂け，他の靱帯や鼠径管に挟まることで生じ，鼠径管の拡張を認めるがヘルニア内容物は触知できない。外科的治療ではスポーツヘルニアとは修復方法が若干異なる。
- "ホッケー選手症候群"
  - 上級ホッケー選手が鼠径ヘルニアを認めないのに鼠径部痛を訴えることがあり，外腹斜筋の裂傷や鼠径神経の絞扼で起こるとされる。メッシュを用いた通常の修復法で改善する。

競技復帰：
- 競技に特有な動きは，痛みが完全に消失してから練習を開始したほうがよい。
  - 切り返し以外の運動は術後3週間以上，競技への完全復帰は術後6週間以上を一応の目安とする。

文献
Brooks DC. Sports-related groin pain or 'sports hernia'. *UpToDate*. Accessed October 16, 2012.
Caudill P, Nyland J, Smith C, Yerasimides J, et al. Sports hernias: A systematic literature review. *Br J Sports Med*. 2008; 42: 954–964. DynaMed. Accessed October 16, 2012.
Farber A, Wilckens J. Sports hernia: diagnosis and therapeutic approach. *J Am Acad Orthop Surg*. 2007; 15(8): 507–514.
Gilmore J. Groin pain in the soccer athlete: Fact, fiction, and treatment. *Clin Sports Med*. 1998; 17(4): 787–793.
Jancin B. Munich repair hastens recovery from sports hernia. *Elsevier Global Medical News*. 2009: 19.
Lovell G. The diagnosis of chronic groin pain in athletes: A review of 189 cases. *Aust J Sci Med Sport*. 1995; 27(3): 76–79.
Nam A, Brody F. Management and therapy for sports hernia. *J Am Coll Surg*. 2008; 206(1): 154–164.
Omar I, Zoga A, Kavanagh E, et al. Athletic pubalgia and "sports hernia": Optimal MR imaging technique and findings. *Radiographics*. 2008; 28: 1415–1438.

338　Chapter 8 ■ プライマリケア

スポーツヘルニア

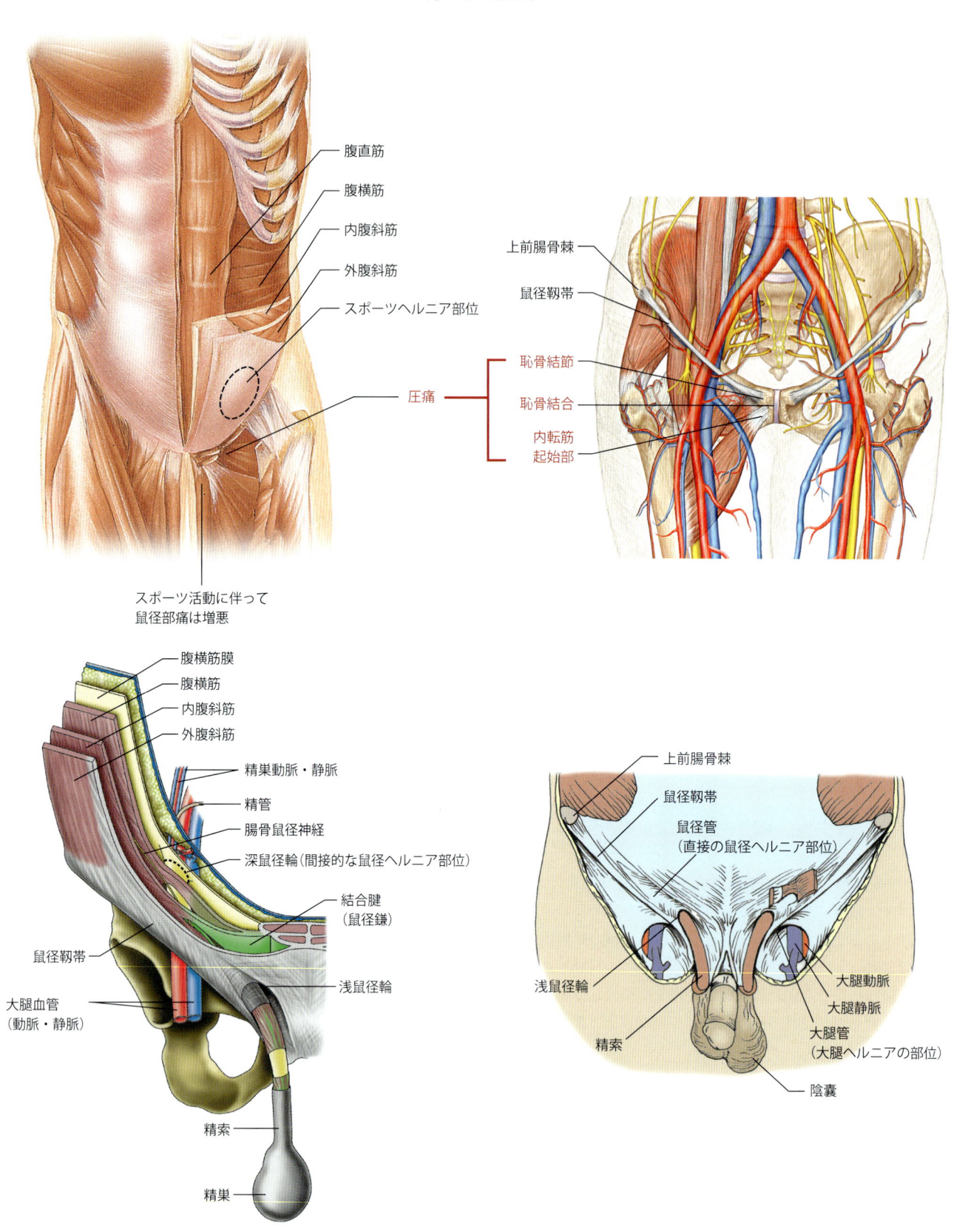

- 腹直筋
- 腹横筋
- 内腹斜筋
- 外腹斜筋
- スポーツヘルニア部位
- 圧痛
- 上前腸骨棘
- 鼠径靱帯
- 恥骨結節
- 恥骨結合
- 内転筋起始部
- スポーツ活動に伴って鼠径部痛は増悪

- 腹横筋膜
- 腹横筋
- 内腹斜筋
- 外腹斜筋
- 精巣動脈・静脈
- 精管
- 腸骨鼠径神経
- 深鼠径輪（間接的な鼠径ヘルニア部位）
- 結合腱（鼠径鎌）
- 鼠径靱帯
- 浅鼠径輪
- 大腿血管（動脈・静脈）
- 精索
- 精巣

- 上前腸骨棘
- 鼠径靱帯
- 鼠径管（直接の鼠径ヘルニア部位）
- 浅鼠径輪
- 大腿動脈
- 大腿静脈
- 大腿管（大腿ヘルニアの部位）
- 精索
- 陰嚢

図127　スポーツヘルニア

Part 2：骨盤内臓器 Pelvis

尿道炎 Urethritis

はじめに（定義と分類）： 尿道の炎症で，感染性と非感染性に分けられる。感染性の原因菌としては，淋菌（*Neisseria gonorrhoeae*）やクラミジア・トラコマチス（*Chlamydia trachomatis*）が一般的で，そのほかにウレアプラズマ・ウレアリチカム（*Ureaplasma urealyticum*），M. ゲンタリウム（*M. genitalium*）や，アデノウイルス，HSV（1型）などがある。

病歴と身体所見： 既往歴に加え，社会歴をしっかり把握することが必要である。
- 異常所見や病変がないか診察する。
  - 会陰部，直腸，外性器にリンパ節腫脹や病変，その他の異常がないか。
  - 尿道の分泌物を採取する（男性では陰茎から，女性では尿道口から）。
  - 女性の場合は，婦人科的診察を行い，膣壁や子宮頸部に脆弱な部分や病変がないか確認し，性感染症を検査するために分泌物を採取し，直接塗抹標本を作り検鏡する。

診　断：
- 異常所見：
  - 分泌物
  - 排尿障害
  - 性交痛
  - 尿道の搔痒感
- 血液検査
- 分泌物の評価：
  - グラム染色（1視野5個以上の白血球）
  - 培　養
  - PCR（polymerase chain reaction）法
  - NAAT（nucleic acid amplification test）法
- 感染の全身への波及を評価するために血液像を確認する。

治　療： 起因菌による。
- 淋　菌……セフトリアキソン，セフィキシム
- クラミジア……アジスロマイシン，ドキシサイクリン
- 持続性の分泌物や再発の場合は，メトロニダゾールやチニダゾールをアジスロマイシンに加える。

その他の留意事項：
- 治療開始後7日間は性交渉を行わない（治療を優先し，セックスパートナーの治療も行う）。
- 尿道炎はしばしば他の泌尿器生殖器系の感染症を併発する。膀胱炎，腎盂腎炎，外陰部ヘルペス，骨盤内感染症（女性），直腸炎や精巣上体炎（男性）を合併していないかも鑑別する必要がある。
- 病歴によって"リスク"を考慮する。25歳以下，性感染症の既往，複数のセックスパートナー，薬物使用者，アフリカ系米国人，同性愛者は高リスクである。
- 再発や治療抵抗性の場合は，トリコモナスの検査を行う。陽性ならメトロニダゾールを治療に加える。
- 培養で淋菌，クラミジアが陽性の場合は，治療の有効性を確認するために3〜6か月後に再検査を行う。

競技復帰：
- 症状が改善され，適切な抗菌薬治療が開始されれば可能。

文　献

Bradshaw CS, Tabrizi SN, Tead TR, et al. Etiologies of nongonococcal urethritis: Bacteria, viruses, and the association with orogenital exposure. *J Infect Dis*. 2006; 193: 336–345.

Brunham RC, Paavonen J, Stevens CE, et al. Mucopurulent cervicitis—the ignored counterpart in women of urethritis in men. *N Engl J Med*. 1984; 311: 1–6.

Center for Disease Control and Prevention.(CDC 2010-08-20) www.cdc.gov.

Cook RL, Hutchison SL, Ostergaard L. Systematic review: Noninvasive testing for *Chlamydia trachomatis* and *Neisseria gonorrhoeae*. *Ann Intern Med*. 2005; 142: 914–925.

Swygard H, Cohen M, Sena A. Infectious causes of dysuria in adult men. *UpToDate*. Accessed October 16, 2012.

尿路感染症 Urinary Tract Infections（UTI）

はじめに（定義と分類）：
- "UTI" と略して表記されることが多い。
- 尿道，膀胱，尿管，腎臓の感染症をさす。
- 性に活発な青年期世代や若い女性で流行する。
- 年間罹患率は，女性で12.6%，男性で3%である。
- 下部尿路感染症（急性膀胱炎）と上部尿路感染症（急性腎盂腎炎），複雑性尿路感染症と非複雑性尿路感染症に分けられる。
- 起因菌は，大腸菌（*E. coli*，75～90%），腐性ブドウ球菌（*S. saprophyticus*），腸球菌（enterococci），プロテウス（*Proteus*），クレブシエラなどがある。

病歴と身体所見：
- ほとんどの尿路感染は，非複雑性尿路感染症であり，解剖学的に正常な健常人に起こる。
- 以下の場合は複雑性尿路感染症を考慮する。
  - 免疫抑制の既往
  - 薬剤耐性菌感染
  - 多発の尿路感染症
  - 尿路の奇形または機能障害がある。
  - 糖尿病
  - 男性
  - 妊婦
- 以下の症状がある場合は膀胱炎を疑う。
  - 排尿障害
  - 残尿感
  - 頻尿
  - 恥骨上部の圧迫感や疼痛
  - 尿意切迫感
  - 血尿
- 以下の症状がある場合は腎盂腎炎を疑う。
  - 側腹部痛
  - 肋骨脊柱角の圧痛
  - 悪寒，発熱
  - 悪心・嘔吐

診 断：
- 中間尿（清潔に採取）で，白血球10個以上/μL
- 血 尿……尿路感染症では多くみられるが，尿道炎では少ない。
- 尿試験紙検査で，白血球エラスターゼ，亜硝酸塩のどちらかあるいは両方が陽性。
  - 陰性でもUTIは否定できない。
- 以下の場合は尿検査と尿培養を考慮する。
  - 一般的な治療で効果が得られない場合
  - 男性
  - 通常の治療後1か月以内の再発
  - 複雑性尿路感染症
  - 急性腎盂腎炎
- 男性の場合は，尿培養を実施し，必要に応じて前立腺炎の検査も行う。

治 療：
- 一般的な考察：
  - 抗菌薬の開始前に，居住地域の薬剤耐性菌を考慮する。
  - 尿路感染症の罹患歴のある女性が，排尿障害，頻尿，血尿，肋骨脊柱角の圧痛を訴え，腟の分泌物や痛み・不快感を認めない場合は，尿路感染症の確率が非常に高く，特別な検査を必要とせず治療を開始できる。
  - 腟分泌物を認める場合は，骨盤内疾患の検索を行い治療開始前に尿培養を行う。
  - モキシフロキサシンは男性・女性を問わず，尿路系の感染症には移行性が悪く効果がない。
- 非複雑性膀胱炎：
  - その地域の薬剤耐性が10～20%以下ならST合剤（トリメトプリム-スルファメトキサゾール）を3日間内服
  - サルファ剤アレルギーの場合……ニトロフラントインを5日間内服
  - その他：
    - ニューキノロン系を3日間内服
    - ホスホマイシン単剤……ST合剤やニューキノロン系と同等の効果あり

- ・排尿障害が強い場合は，塩酸フェナゾピリジンを2日間内服
- 非複雑性腎盂腎炎：
  - ・ニューキノロン系のシプロフロキサシンを7日間，またはレボフロキサシンを5～7日間内服
  - ・ニューキノロン系に耐性がある場合……注射剤の第三世代セファロスポリン(セフトリアキソン)を使用する。
- 複雑性膀胱炎：
  - ・ニューキノロン系のシプロフロキサシンを7日間，またはレボフロキサシンを5～7日間内服
  - ・ニューキノロン系に耐性がある場合は，注射剤の第三世代セファロスポリン(セフトリアキソン)を使用する。
- 複雑性腎盂腎炎：
  - ・即時入院治療を考慮する。
  - ・第一選択は広域の注射剤抗菌薬
  - ・培養で原因菌や薬剤感受性が判明すれば，10～14日間の経口抗菌薬治療(ニューキノロン系またはST合剤)への切り替えが可能
- 男性の尿路感染症：
  - ・ST合剤またはニューキノロン系を7日間内服
  - ・ホスホマイシンは結果調査が不足しており，使用は避ける。
- 再発例：
  - ・生活指導：
    - ・殺精子剤の使用を避ける。
    - ・性交後すぐに排尿する。
    - ・クランベリージュースに一次予防効果があるとの研究もある。
  - ・内　服：
    - ・6か月以内に2回以上の尿路感染症，または12か月以内に3回以上の尿路感染症を繰り返す場合は，予防的投与が有効
    - ・ST合剤またはニトロフラントインを毎晩6か月内服(持続的予防投与)
    - ・ST合剤，ニトロフラントイン，ニューキノロン系のどれかを1回量投与(性交後の予防投与)

その他の留意事項：

- 抗菌薬で症状が改善したときには治癒したかどうかの検査を行う必要はない。
- 治療にもかかわらず症状が3日以上改善しない場合は，再度尿検査と尿培養を行う。

競技復帰：

- 痛みや頻尿，尿意切迫感などの症状が改善
- 身体所見の改善(肋骨脊柱角の叩打痛，恥骨上部の圧痛)
- 適切な治療が行われ，解熱後24時間以上経過
- 十分な水分補給と栄養補給が行える。

文　献

Bent S, Nallamothu B, Simel D, Fihn S, Saint S. Does this woman have an acute uncomplicated urinary tract infection? *JAMA*. 2002; 287: 2701-2710.
Chapple C, Mangera A. Acknowledgements. Acute cystitis. https://online.epocrates.com/noFrame/showPage.do?method=diseases&MonographId=298&ActiveSectionId=11.
Chew LD, Fihn SD. Recurrent cystitis in nonpregnant women. *West J Med*. 1999; 170: 274-277.
Fihn S. Acute uncomplicated urinary tract infection in women. *N Engl J Med*. 2003; 349: 259-266.
Gupta K. Emerging antibiotic resistance in urinary tract pathogens. *Infect Dis Clin North Am*. 2003; 17: 243-259.
Hooton TM, Gupta K. Acute uncomplicated cystitis and pyelonephritis in women. *UpToDate*. Accessed November 5, 2012.
Hooton TM, Gupta K. Recurrent urinary tract infection in women. *UpToDate*. Accessed November 6, 2012.
Hooton TM. Acute uncomplicated cystitis, pyelonephritis, and asymptomatic bacteriuria in men. *UpToDate*. Accessed November 5, 2012.
Jepson R, Mihaljevic L, Craig J. Cranberries for treating urinary tract infections (Cochrane Review). *The Cochrane Library* 2007 Issue 1.
Krieger JN, Ross SO, Simonsen JM. Urinary tract infections in healthy university men. *J Urol*. 1993; 149: 1046-1048.
Milo G, Katchman E, Paul M, Christiaens T, et al. Duration of antibacterial treatment for uncomplicated urinary tract infection in women (Cochrane Review). *The Cochrane Library* 2007 Issue 1.
Schmiemann G, Kniehl E, Gebhardt K, Matejczyk MM, Hummers-Pradier E. The diagnosis of urinary tract infection: A systematic review. *Dtsch Arztebl Int*. 2010; 107(21): 361-367.
Stamm WE. Measurement of pyuria and its relation to bacteriuria. *Am J Med*. 1983; 75: 53-58.
Weir M, Brein A. Adolescent urinary tract infections. *Adolesc Med*. 2000; 11(2): 293-312.

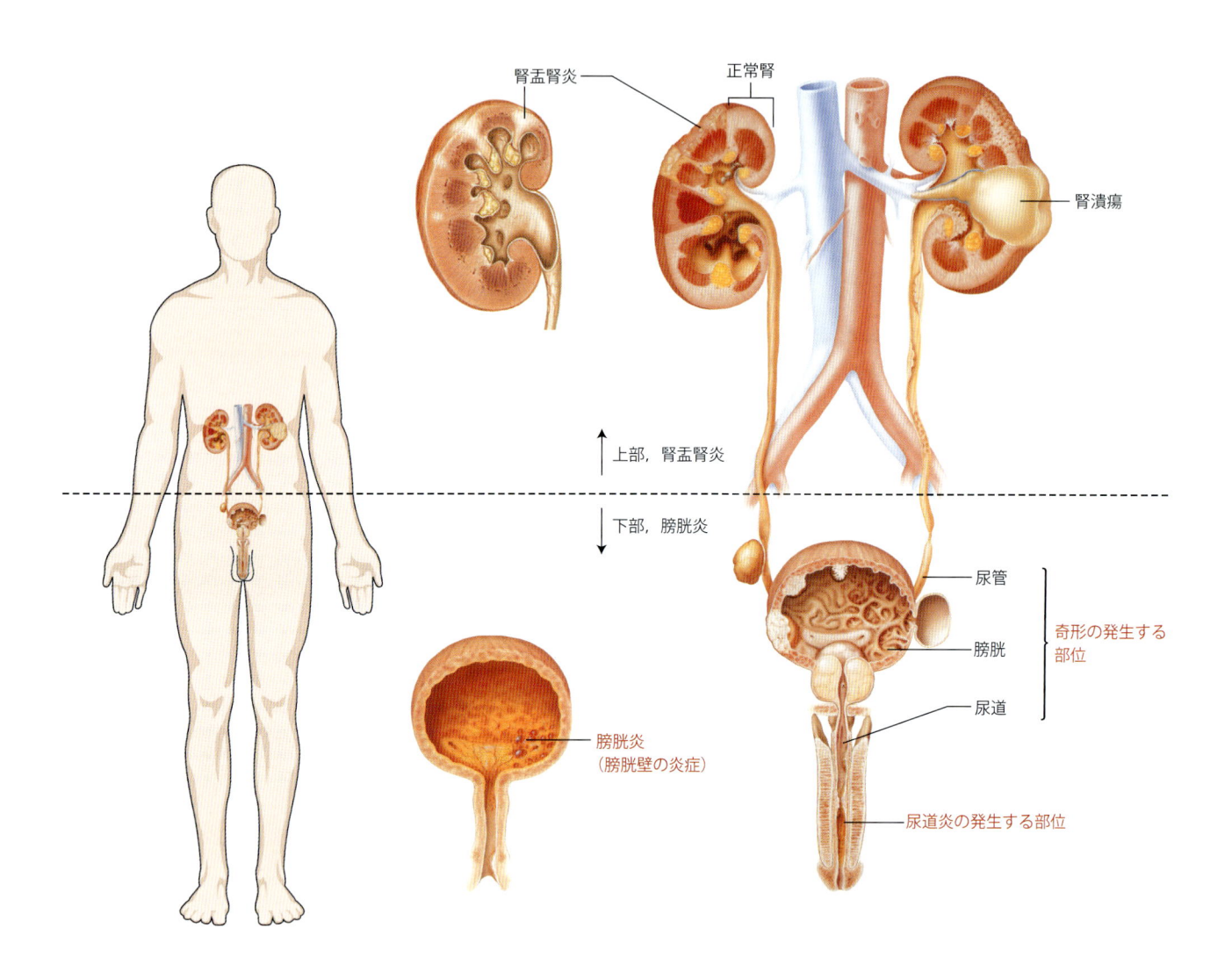

342　Chapter 8 ■ プライマリケア

腎盂腎炎　　正常腎

腎潰瘍

↑ 上部，腎盂腎炎
↓ 下部，膀胱炎

尿管
膀胱　　奇形の発生する部位
尿道

膀胱炎
（膀胱壁の炎症）

尿道炎の発生する部位

図128　骨盤内臓器

Section 7 皮 膚
Dermatologic

はじめに（定義と分類）：
- 皮膚疾患はアスリートでは普通にみられる。
- スポーツをする人の感染症の半数以上は皮膚疾患である。
- コンタクトスポーツのアスリートは皮膚感染症のリスクが高い。
- したがって，皮膚への感染を予防し競技会場での成功をおさめるためには，予防・迅速治療・競技復帰へのガイドラインを遵守することが重要である。
- 皮膚疾患について，ここで言及する項目は下記の通りである。
  - 細菌性感染症
  - 真菌感染症
  - ウイルス感染症
  - その他の皮膚疾患

病歴と身体所見：
病 歴：
- いつから？
- 特 徴……形状，大きさ，辺縁，色調，経時的変化は？
- 部位や広がりは？
- 治 療……治療により軽快しているか悪化しているか？
- 随伴症状……搔痒，疼痛，膿はあるか？
- 似たような病歴が過去にあるか？……再発か，過去の治療の効果はどうであったか？
- 家族歴
- 発症のきっかけ……ストレス，ボディケア製品の変更（シャンプー，石鹸，クリーム，香水，洗濯洗剤，衣類），旅行，環境の変化，虫刺され，服薬は？
- アレルギー歴は？
- 合併症はあるか？

身体所見（一般用語/特徴）：
- 斑（小）(macule)：皮膚の色調変化を主体とする病変で立体的変化を伴わない，大きさは 5〜10mm
- 斑（大）(patch)：5〜10mm を超える大きさの斑
- 丘 疹(papule)：皮膚面に存在する孤立性隆起，大きさは 5〜10mm
- 局 面(plaque)：わずかに隆起した皮膚面，径＞高さ
- 膨 疹(wheal)：丸みを帯びるか，扁平に隆起した紅斑
- 小結節(nodule)：深さ，径ともに 5〜10mm の充実性・孤立性の隆起性病変
- 膿 疱(pustule)：限局性，表在性の膿を含んだ隆起性病変
- 「小水疱(visicle)（＜5mm）」対「水疱(bullae)（＞5mm）」：限局性，表在性の漿液性の液体で満たされた病変
- 痂 皮(crust)：病変を被う漿液・膿・血液が乾燥したもの
- 落 屑(desquamation)：剥がれた，あるいは剥がされた角質層
- 潰 瘍(ulcer)：表皮と真皮の上層が欠損した皮膚の窪み
- 点状出血(petichiae)：1〜2mm 大の押しても消退しない赤色/紫色の点状病変

診断と治療：
■細菌性感染症　Bacterial infections：
- *Key facts*
  - おもな病原菌は黄色ブドウ球菌(*Staphylococcus aureus*)とA群溶連菌(Group A *Streptococcus*)である。
  - 診 断：病歴，病変の特徴から診断する。
  - 耐性菌を増やさないことは必須である。したがって可能であれば，

- ・すべての病変を切開排膿する。
- ・膿の培養結果や感受性検査の結果に基づいて，細菌感染の治療を行う。
- メチシリン耐性黄色ブドウ球菌(MRSA)感染症は徐々に増加している。
- MRSAの流行地域では経験的治療［ST合剤(TMP/SMX)，クリンダマイシンなど］が行われている。
- 疼痛を伴わない病変，逆に外観/臨床的特徴にそぐわない疼痛を伴う病変は深刻な病態も考えられる(壊死性筋膜炎，筋壊死)。
- 再発を繰り返す場合
  - ・黄色ブドウ球菌(*S. aureus*)を鼻腔に保菌していないか評価(保菌者)
  - ・以下の方法での除菌を考慮する。
    - ・2%ムピロシン軟膏1日2回，5〜10日間鼻腔内に塗布する。
    - ・2〜4%クロルヘキシジンで腋窩と鼠径部を毎日洗浄，薄めた漂白剤を入れた湯に入浴(浴槽1/4または72Lの湯に

定義

斑(小)
皮膚の色調変化を主体とする病変で立体的変化を伴わない 大きさは5〜10mm

斑(大)
5〜10mmを超える大きさの斑

丘疹
皮膚面に存在する孤立性隆起 大きさは5〜10mm

局面
わずかに隆起した皮膚面 径＞高さ

膨疹
丸みを帯びるか，扁平に隆起した紅斑

小結節
深さ，径ともに5〜10mmの充実性・孤立性の隆起性病変

膿疱
限局性，表在性の膿を含んだ隆起性病変

「小水疱」(＜5ミリ)対「水疱」(＞5ミリ)：
限局性，表在性の漿液性の液体で満たされた病変

痂皮
病変を被う漿液・膿・血液が乾燥したもの

落屑
剝がれた，あるいは剝がされた角質層

潰瘍
表皮と真皮の上層が欠損した皮膚の窪み

点状出血
1〜2mm大の押しても消退しない赤色/紫色の点状病変

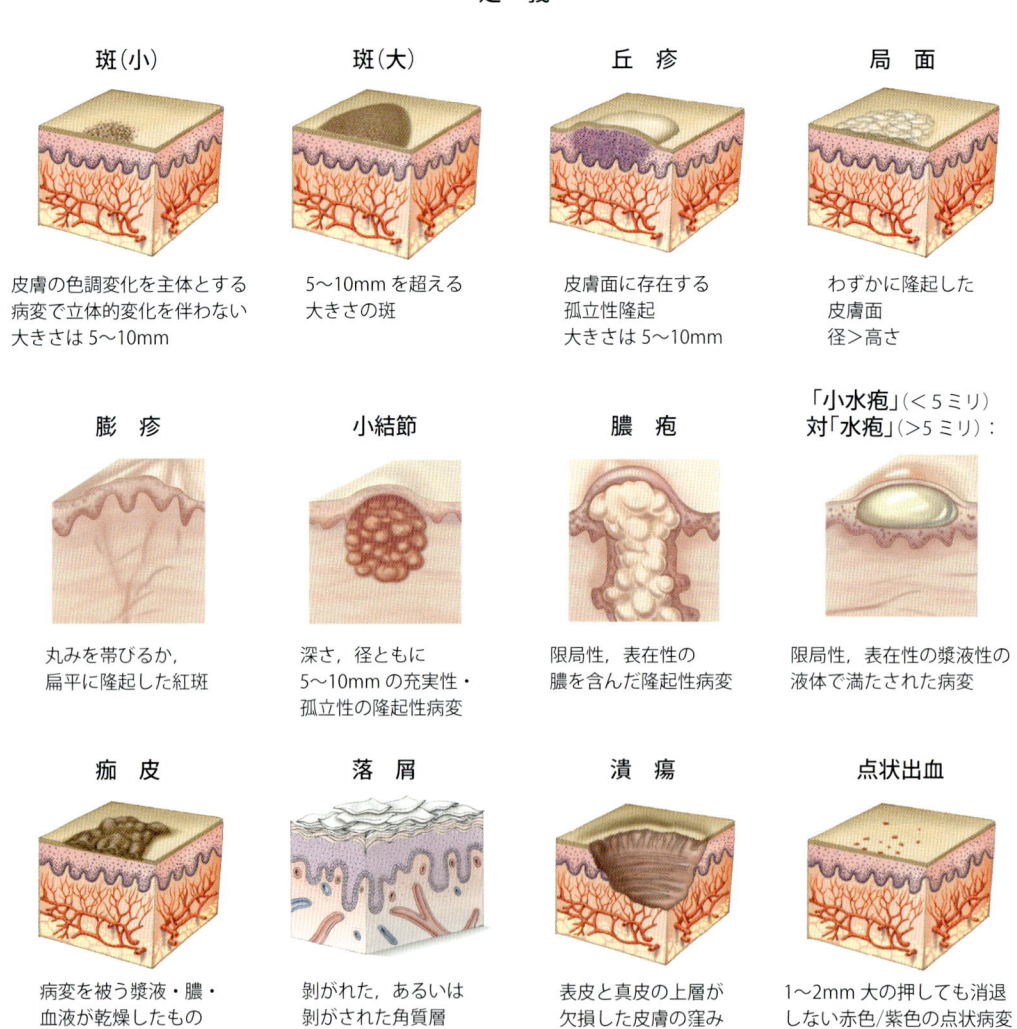

図129　皮膚

対し 1/4 カップの漂白剤)する。
- 抗菌薬の経口投与による除菌は，ルーチンには勧められない。

- **膿痂疹 Impetigo**：
  - 外観/臨床的特徴：
    - 表在性で接触感染する細菌感染症：紅い丘疹から小水泡を形成し，破れて"蜂蜜色の痂皮"を形成する。
    - 水疱性病変や非水疱性病変までさまざまである。
  - 治　療：
    - 石鹸と水で洗い流して局所をケアする。
    - 限局性感染に対しては局所にムピロシンカルシウム水和物軟膏を 1 日 3 回塗布する。
    - 広範な感染にはペニシリナーゼ耐性抗ブドウ球菌薬(セファレキシンやジクロキサシリンナトリウム)投与を考慮する。
- **蜂窩炎 Cellulitis，丹毒 Erysipelas**：
  - 外観/臨床的特徴：
    - 蜂窩炎：
      - 深層真皮，皮下脂肪織の感染
      - 病変部位と正常面の**境界が不明瞭**なのが特徴
      - 病変を覆う表皮は剥離したり潰瘍を形成することがある。
      - 発熱，悪寒，倦怠感，時にリンパ節腫脹を伴うことがある。
    - 丹　毒：
      - 浅層真皮や表面リンパ組織の感染
      - 病変部位と正常面の**境界が明瞭**なのが特徴
      - 蜂窩炎，丹毒ともに皮膚発赤，浮腫，熱感を伴う。
    - 治　療：
      - 経験的治療としてβラクタム系，マクロライド系，キノロン系，ST 合剤(TMP/SMX)を投与する。
      - 症例に応じて経静脈的抗菌薬も考慮する。
- **毛包炎 Folliculitis，癤 Furuncles，癰 Carbuncles**：
  - 外観/臨床的特徴
    - 毛包炎：
      - 毛包の表在性の感染(膿疱 pustules)：多発する発赤
    - 癤(せつ)：
      - 毛包を中心とした深在性の炎症性小結節/膿瘍：おそらく毛包炎から進展したもの
    - 癰(よう)：
      - 癤が癒合してできた大きな膿瘍
      - 倦怠感，発熱などが典型的症状である。
    - 治　療：
      - 経験的治療としてβラクタム系，マクロライド系，キノロン系，TMP/SMX を投与する。

■真菌感染症　Fungal infections：
- *Key facts*
  - 皮膚糸状菌は真皮を貫かず，粘膜を侵すことができないため，上皮への感染が典型的である。
  - 診　断：
    - 病歴，病変の特徴から診断する。
    - 皮膚を擦過して KOH(水酸化カリウム)直接鏡検法で診断する。
  - 治　療：
    - 局所治療が第一選択である。
    - 難治性，広範な感染症では全身投与が行われる。

- 頭部(頭皮)白癬，体部白癬(躯幹，腕，脚)，足白癬(足) Tinea capitis(scalp)/tinea corporis(trunk, arms, and legs)/tinea pedis(feet)
  - 病　原：皮膚糸状菌；トリコフィトン(*Trichophyton*)，ミクロスポルム(*Microsporum*)，エピデルモフィトン(*Epidermophyton*)
  - 外観/臨床的特徴
    - 典型例：掻痒感，発赤，鱗屑斑または拡大傾向をもつ斑；円形または楕円形(輪癬)
    - 頭部白癬：
      - 鱗屑を伴う紅斑で脱毛を伴う。
    - 体部白癬：
      - 辺縁の隆起した環状斑
    - 足白癬：
      - 趾間(第4趾間に多い)の鱗屑を伴う浸軟な紅斑：足全体に及ぶことがある。
  - 治　療：
    - 局　所：
      - 1％または2％ケトコナゾールを1日2回数週間塗布すると効果的である。
    - 全身投与：
      - フルコナゾール200mgを週に1回，2〜4週間内服，またはテルビナフィン250mgを連日1〜2週間内服する。
      - 頭部白癬：グリセオフルビンの超微粉製剤15mg/kg/日を8週間内服する。
      - 全身投与しても再発する場合は皮膚科医に相談する。
- 癜　風 Tinea versicolor
  - 病　原：酵母菌(*Malassezia*)
  - 外観/臨床的特徴：
    - 粃糠様に落屑する，淡褐色あるいは脱色した斑でしばしば融合する。
    - 引っかくことで粉塵様鱗屑を生じる。
    - 色　調：黄褐色〜茶色，白色〜ピンク色
    - 部　位：胸部，腹部，頸部，後頸部，四肢近位上方
  - 治　療：
    - 局　所：
      - 2％ケトコナゾールで洗髪し，2.5％硫化セレニウムローションを使用：最低10日間，毎日10分間つけてからゆすぐようにする。
      - 予防のためにその後1〜2週の間，週に1回から10日に1回は続けるようにする。
    - 全身投与：
      - 運動後に1回200mgのフルコナゾールを酸，カフェインとともに摂取すると吸収が促進され，より皮膚に薬理作用が及ぶという"話"もある。

■ウイルス感染症　Viral infections：
- *Key facts*
  - 多くは無症候性である。
  - 接触の多いスポーツでは感染・伝藩のリスクが高い。
  - 単純ヘルペス
    - レスリング(gladiatorum)，ラグビー(スクラム疹)で多い。
    - 初感染と再発に分類される。
  - 水　痘
    - 皮疹を伴わないことがあり，扁桃炎や腎臓，膀胱の病変と間違われることがある。
- 単純ヘルペス Herpes simplex：
  - 病　原：単純ヘルペスウイルス：HSV(1型)
  - 外観/臨床的特徴：
    - 紅暈を伴った水疱が集簇して多発し，痛みを伴うこともある。

- ・同じところに再発する。
- ・疼痛，灼熱感，搔痒感が皮膚病変の前駆症状として出現することがある。
- ・初感染では発熱，悪寒などの症状がより出現しやすい。
- 診　断：
  - ・水疱底搔爬スメアのギムザ染色を行い，多核巨細胞を探すTzanck(ツァンク)試験
  - ・最近では，ポリメラーゼ連鎖反応(PCR)や直接蛍光抗体法(DFA)も行われる。
- 治　療：
  - ・アシクロビルまたはバラシクロビルを発症直後にはじめれば治療期間が短くなることもある。
  - ・治療は病変の出現部位，初発か再発かによって異なる。
  - ・再発を繰り返すときは日頃からの予防治療を検討する。
  - ・脱水状態でアシクロビルを使用する場合には腎障害のリスクがあることを考慮する。

● 水　痘 Herpes zoster(帯状疱疹 shingles)：
- 病　原：水痘帯状疱疹ヘルペスウイルス：varicella-zoster virus(VZV)
- 外観/臨床的特徴：
  - ・痛みを伴う赤みを帯びた丘疹が多発し，集簇する。
  - ・皮疹は片側性で，多くは胸部・腰部の一定神経領域に生じる。
  - ・若く健常なアスリートでは7〜10日間で痂皮化し，感染性を失う。
- 診　断：
  - ・病歴と病変の特徴から診断する。
- 治　療：
  - ・アシクロビル：800mgを1日5回，または，ファムシクロビル：500mgを1日3回，あるいは，バラシクロビル：1000mgを1日3回
  - ・72時間以内に治療を開始すると疼痛を減らし治療期間を短くすることができる。
  - ・ステロイド投与は帯状疱疹後神経障害を減らすことはなく，二次性の細菌感染症のリスクを高めるため推奨されない。

● 伝染性軟属腫 Molluscum contagiosum：
- 病　原：伝染性軟属腫ウイルス
- 外観/臨床的特徴：
  - ・ドーム様で柔らかく，中心に窪みのある鮮やかな色調の斑
- 診　断：
  - ・病歴と病変の特徴から診断する。
  - ・HE染色で好酸性の細胞質の封入体(軟属腫小体)がケラチノサイト内に認められることがある。
- 治　療：
  - ・数か月から数年で自然軽快する。
  - ・液体窒素凍結療法，搔爬術，0.7%液体カンタリジンを必要に応じて使用する。
  - ・蠟性の内容物は伝染性をもち，水疱外に出ると新たな病変を形成するため，引っかかないように注意する。

● 尋常性疣贅(いぼ) Verruca vulgaris(wart)：
- 病　原：上皮細胞に感染したヒトパピローマウイルス
- 外観/臨床的特徴：
  - ・表面が角化した粗糙で鮮やかな色調の丘疹：時に癒合してプラークを形成する。
- 診　断：
  - ・病歴と病変の特徴から診断する。
  - ・過角化層をめくると血栓化した毛細血管が出現する。
- 治　療：
  - ・2/3以上は2年以内に自然退行する。
  - ・液体窒素凍結療法，連日の40%サリチル酸塗布などが行われる。
  - ・再発を繰り返す例ではその他の治療(免疫療法，レーザー治療，局所/病変内化学療法など)を考慮する。

細菌感染

膿痂疹（Staphylococcus）

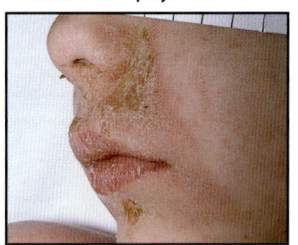

膿痂疹（Streptococcus）

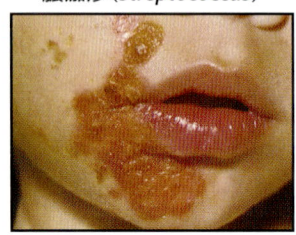

表在性で接触感染する細菌感染症：紅い丘疹から小水疱を形成し，やぶれて"蜂蜜色の痂皮"を形成する

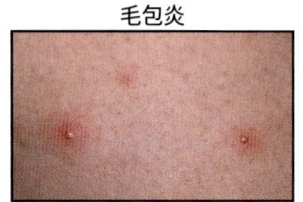

毛包炎

毛包の表在性の感染（pustules）：多発する発赤

蜂窩織炎

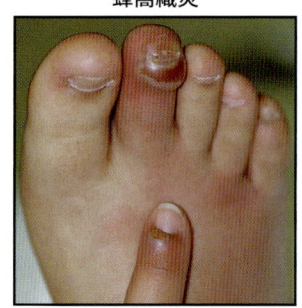

深層真皮，皮下脂肪織の感染。病変部位と正常面の境界が不明瞭なのが特徴

丹毒

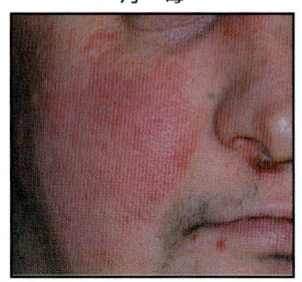

浅層真皮や表面リンパ組織の感染。病変部位と正常面の境界が明瞭なのが特徴

真菌感染

体部白癬

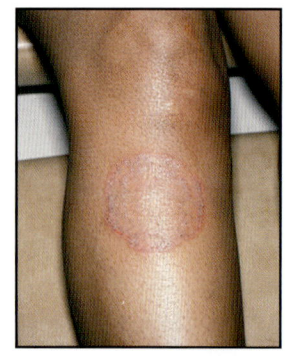

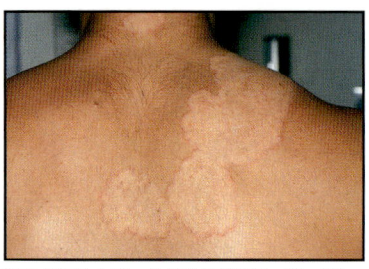

頭部（頭皮）白癬，体部白癬（躯幹，腕，脚），足白癬（足）：典型例：掻痒感，発赤，鱗屑斑または拡大傾向をもつ斑；円形または楕円形（輪癬）

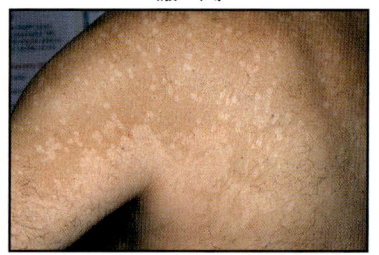

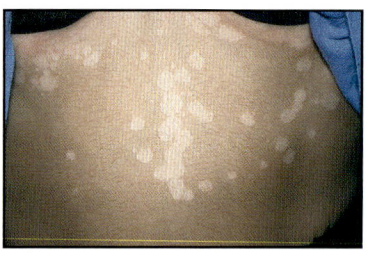

癜風

粃糠様に落屑する，淡褐色あるいは脱色した斑でしばしば融合する。

ウイルス感染

単純ヘルペス

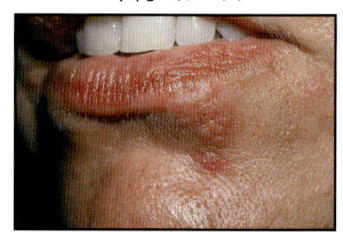

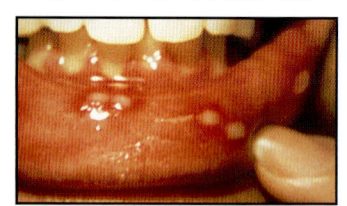

紅暈を伴った水疱が集簇して多発し，痛みを伴うこともある。

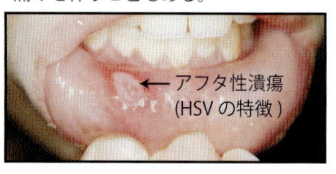

← アフタ性潰瘍（HSVの特徴）

帯状疱疹

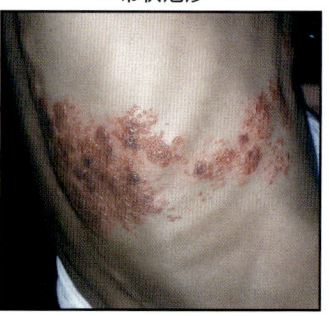

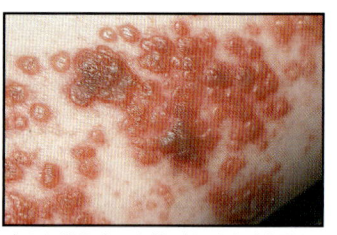

痛みを伴う赤みを帯びた丘疹が多発し，集簇する。

伝染性軟属腫

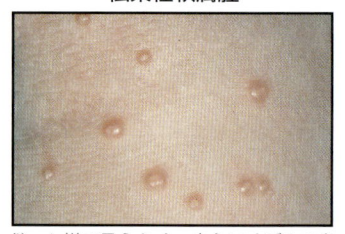

ドーム様で柔らかく，中心にくぼみのある鮮やかな色調の斑

図130 皮膚

■ さまざまな皮膚疾患　Miscellaneous dermatoses：
- 疥　癬 Scabies：
  - 病　原：ヒトヒゼンダニ(*Sarcoptes scabiei*)(寄生)
  - 外観/臨床的特徴：
    ・強い搔痒感がある紅斑で出血性の痂皮で覆われる。線条の皮疹(疥癬トンネル)がみられる。
    ・痂皮を有するものとそうでないものがある。
  - 診　断：
    ・病歴，病変の特徴および部位(鼠径，腋窩，手首，肘，指間)
    ・病変の擦過診で虫体，虫卵，卵殻などを確認する。
  - 治　療：
    ・イベルメクチン 200μg/kg 内服：
      ・痂皮化のないもの：1回内服し，2週間以内にもう一度内服する。
      ・痂皮化のあるもの：第 1, 2, 8, 9, 15 病日(重症であれば第 22, 29 病日にも)内服し，局所的な殺疥癬虫薬を併用する。
    ・5％ペルメトリンクリーム塗布：
      ・30g までのクリームを全身に塗布し，8～14 時間おいて洗い流す。
      ・痂皮化のないもの：上記を 1 回行い，2 週間以内にもう一度行う。
      ・痂皮化のあるもの：7 日間連続で行い治癒するまで週 2 回行う。イベルメクチンの内服を併用する。
    ・再発予防のために家族，個人と接触のある者全員を治療する。
    ・汚れた衣類，寝具は 50℃以上のお湯で洗濯する。
- 尋常性痤瘡 Acne vulgaris：
  - 病　原：アクネ菌(*Propionibacterium acnes*)
  - 外観/臨床的特徴：
    ・非炎症性：黒い(開放性)または白い(閉鎖性)面皰
    ・炎症性：発赤した丘疹，膿疱，小結節，囊腫で瘢痕化することもある。
    ・多くは顔面，上半身，頸部，腕に出現する。
  - 診　断：
    ・病歴と病変の特徴および部位から診断する。
  - 治　療：
    ・非炎症性：レチノイド，アダパレン/過酸化ベンゾイルを局所に使用する。
    ・炎症性：
      ・エリスロマイシン/過酸化ベンゾイル，クリンダマイシン/過酸化ベンゾイル，アダパレン/過酸化ベンゾイルを組み合わせて使う。
      ・アゼライン酸を使用する。
      ・中等症～重症：最長 6 か月間，経口抗菌薬［テトラサイクリン，エリスロマイシン，ST 合剤(TMP/SMX)，クリンダマイシン，アジスロマイシンなど］を局所アダパレン/過酸化ベンゾイルに併用する(薬剤耐性菌出現のリスクを減らす)。
      ・重症，再発例：皮膚科医指導の下，経口イソトレチノインを内服する。
- バラ色粃糠疹 Pityriasis rosea：
  - 外観/臨床的特徴：
    ・サーモン色で楕円形の軽度搔痒感のある斑丘疹で皮膚割線に沿って病変が多発し，体幹・四肢中枢側に"クリスマスツリー"様に分布する。
    ・上記の病変より 2～4 週間先行して"ヘラルドパッチ"とよばれる初期病変がみられる。病変は単発で，サーモン色，円形または楕円形を呈し，頸部，上半身，四肢に出現する。
  - 診　断：
    ・病歴，病変の特徴および部位で診断する。

- 治　療：
  - 3〜4週間で自然軽快する。
  - 難治例：抗ヒスタミン製剤経口，搔痒感に対し局所ステロイド塗布(重症例には経口ステロイドも考慮)

その他の留意事項：
- 治療よりも予防が肝要である［詳細は全米アスレチックトレーナーズ協会(National Athletic Trainers' Association: NATA)の『Position Statement on Skin Disease』を参照］。
  - 組織的なサポートを十分に得る(経済的資源・人材の確保，感染予防策，公衆衛生対策の徹底，チーム所属の皮膚科医との連絡)。
  - トレーニングルーム，ロッカールーム，競技場(スタジアム，フィールド，コート，マット，プール)を清潔に保つ。
  - すべてのアスリート，ヘルスケアプロバイダー，施設管理のスタッフに下記のような公衆衛生教育を行い，行動を促進し，実施状況をモニターする。
    - 手洗い，シャワーを徹底する(毎回の運動後)。
    - タオル，ヘアケア用品(ハサミ，カミソリ)，水筒の共用を避ける。
    - 感染を排除する(日々の洗濯，機器を清潔に保つこと)。
  - アスリートに対しては下記のように指導・注意喚起をする。
    - 毛を剃る行為は必要のない場合は避ける。
    - 皮膚トラブルを迅速に報告する。
  - ヘルスケアプロバイダーにはすべての皮膚トラブルを注意深く観察するよう教育し，実施を促す。
- 教　育：
  - 病気の初期では，異なる疾患が同様の病変を呈することがあることをしっかりと認識する。
  - 皮膚感染症の初期に局所または経口ステロイドを使用することは避ける(真菌感染が否定的でもステロイド治療の必要性は確立されていない)。
- NATA，全米大学体育協会(National Collegiate Athletic Association：NCAA)のガイドラインを参照する。年に1回，変更点を確認する。
  - NATA: www.nata.org
  - NCAA: www.ncaa.org

競技復帰： (『NCAA ガイドライン』より．Zindee SM, Basler RSW, Foley J, et al. National Athletic Trainers' Assosiation Position Statement: Skin Disease. *J Athl Train.* 2010; 45(4): 411–428)

- **細菌性感染症 Bacterial infections：**
  - 72時間，適切な抗菌薬治療を受けている。
  - 競技前48時間以内に新しい病変の出現がない。
  - 湿潤，滲出性，化膿性病変がない。
  - 競技に参加するために活動性，化膿性病変を覆うべきではない。
- **真菌感染症 Fungal infections：**
  - 体部白癬……72時間の局所治療を受ける：通気性のあるドレッシング用品で覆い，アンダーラップ，ストレッチテープ処置をすることが求められる。
  - 頭部白癬……2週間の経口抗真菌薬治療を受けている。
  - レスリングでは，KOH法で診断され，レビューで示された治療を受けていない広範で活動性のある病変を有する場合には，失格になることもある。
- **ウイルス感染症(単純ヘルペス) Viral infections (herpes simplex)：**
  - 初発例：
    - 全身症状がない。
    - 直近72時間以内に新規の水疱の出現がない。
    - 湿潤病変がない：すべての病変が乾いていて痂皮で覆われている。
    - 最低120時間の適切な経口抗ウイルス薬治療を受けている。
    - 瘡蓋で覆われていない病変があると出場できない。

- 再発例：
  - イベントへの参加復帰には上記の下から3項目を満たす必要がある。
- 伝染性軟属腫 Molluscum contagiosum：
  - レスリング選手の場合競技前にすべての病変が掻爬などで除かれていなければならない。
  - 単発あるいは限局性で，集簇する病変は通気性のあるドレッシング用品で覆い，アンダーラップ，ストレッチテープ処置をすることが求められる。
- 疥癬 Scabies：
  - 競技前に擦過診などの結果が陰性であることを確認する。
- いぼ Warts：
  - 顔面のいぼは治療されているか，あるいはマスクで覆われなければならない。
  - その他のいぼは十分に覆われている必要がある。
- シラミ Head lice：
  - レスリング選手では適切な殺シラミ薬で治療し，競技前に治癒を証明する再検査を受ける必要がある。

文 献

Albrecht MA. Clinical manifestations of varicella-zoster virus infection: Herpes zoster. *UpToDate*. Accessed March 3rd, 2013.
Albrecht MA. Treatment of herpes zoster in the immunocompetent host. *UpToDate*. Accessed March 3rd, 2013.
Dworkin MS, Shoemaker PC, Spitters C, et al. Endemic spread of herpes simplex virus type I among adolescent wrestlers and their coaches. *Pediatr Infect Dis J*. 1999; 18: 1108-1109.
Epocrates®, online. epocrates.com, Accessed March 2nd, 2013.
Goldstein BG, Goldstein AO. Approach to dermatologic diagnosis. *UpToDate*. Accessed March 3rd, 2013.
Graber E. Treatment of acne vulgaris. *UpToDate*. Accessed March 3rd, 2013.
He L, Zhang D, Zhou M, et al. Corticosteroids for preventing postherpetic neuralgia. *Cochrane Database Syst Rev*. 2008: CD005582.
Liu C, Bayer A, Cosgrove SE, et al. Clinical practice guidelines by the infectious diseases society of America for the treatment of methicillin-resistant *Staphylococcus aureus* infection in adults and children. *Clin Infect Dis*. 2011; 52(3): e18-e55.
National Athletic Trainers' Association. www.nata.org, Accessed March 2nd, 2013.
2011-2012 NCAA Sports Medicine Handbook. Retrieved March 3rd, 2013, from http://www.ncaapublications.com/productdownloads/MD11.pdf.
Seidler EM, Kimball AB. Meta-analysis comparing efficacy of benzoyl peroxide, clindamycin, benzoyl peroxide with salicylic acid, and combination benzoyl peroxide/clindamycin in acne. *J Am Acad Dermatol*. 2010; 63: 52-62.
Zinder SM, Basler RSW, Foley J, et al. National Athletic Trainers' Association Position Statement: Skin Diseases. *J Athl Train*. 2010; 45(4): 411-428.

さまざまな皮膚疾患

疥癬

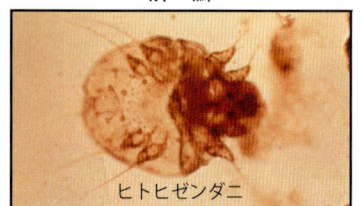

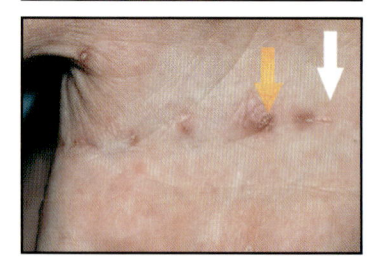

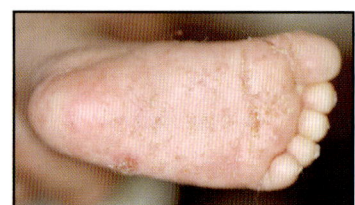

ヒトヒゼンダニ

強い搔痒感がある紅斑で出血性の痂皮（黄矢印）で覆われる。線条の皮疹（白矢印）（疥癬トンネル）がみられる。

尋常性痤瘡

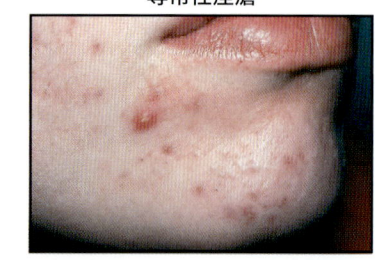

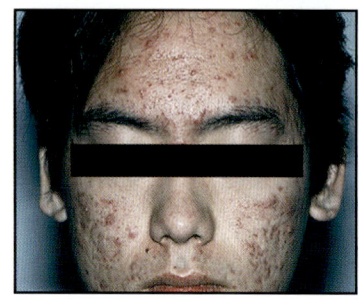

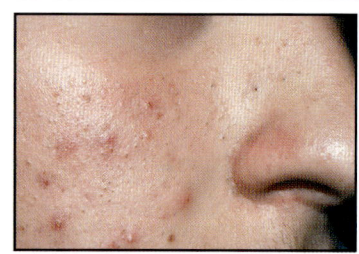

炎症性：発赤した丘疹，膿疱，小結節，囊腫で瘢痕化することもある。

尋常性いぼ

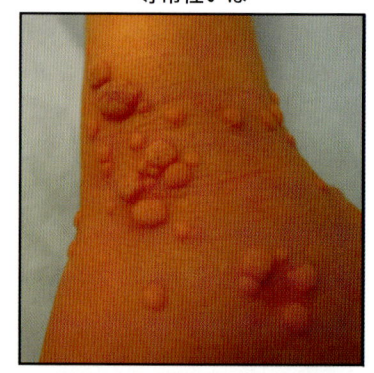

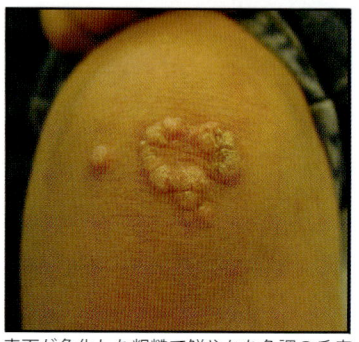

表面が角化した粗糙で鮮やかな色調の丘疹

バラ色粃糠疹

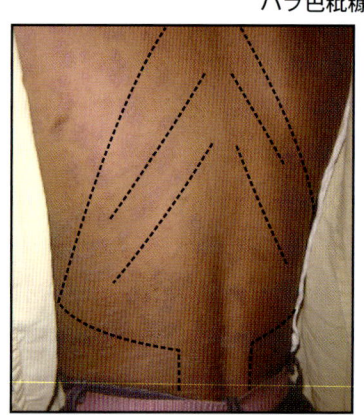

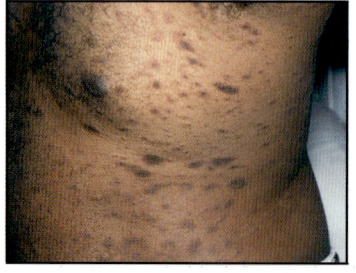

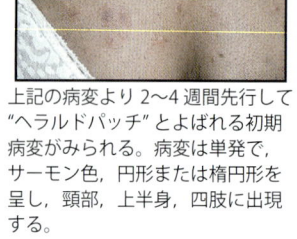

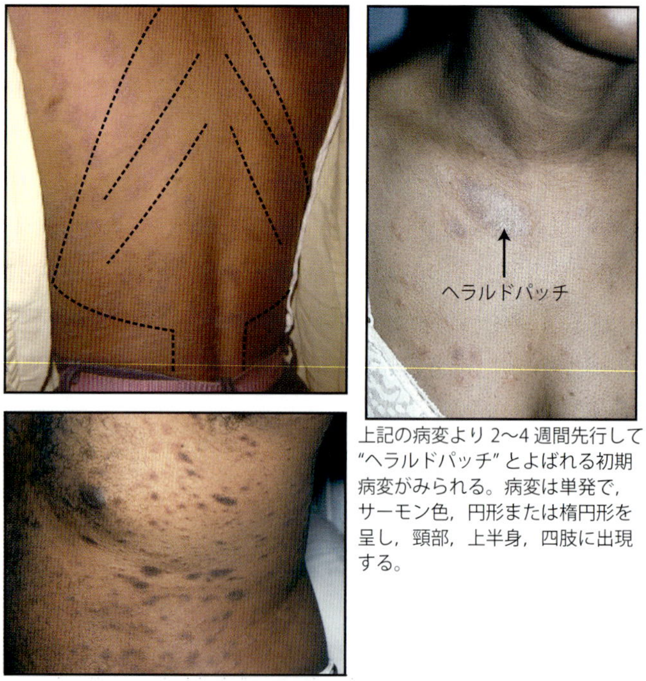

ヘラルドパッチ

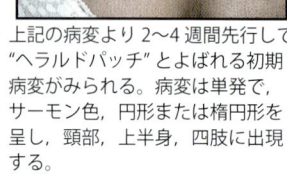

上記の病変より2〜4週間先行して"ヘラルドパッチ"とよばれる初期病変がみられる。病変は単発で，サーモン色，円形または楕円形を呈し，頸部，上半身，四肢に出現する。

サーモン色で楕円形の軽度搔痒感のある斑丘疹で皮膚割線に沿って病変が多発し，体幹・四肢中枢側に"クリスマスツリー"様に分布する。

図131　皮膚

Section 8 神 経
Neurologic

頭 痛 Headache

はじめに（定義と分類）：
- 頭痛はアスリートの訴えのなかで最も多い。
- 分　類：
  - 「原発性（良性，再発，非器質的な病因）」対「二次性（潜在的に誘発された器質的疾患の過程）」
    - 原発性：片頭痛（前兆を伴うもの/伴わないもの，労作性），緊張性頭痛，群発頭痛
    - 二次性：外傷後頭痛（脳振盪），副鼻腔炎，薬物の過剰使用，離脱症状，頭蓋内疾患［「感染，血管性」対「非血管性（腫瘍）」］，頸部疾患，精神疾患
  - 「急性」対「慢性」
  - 「反復性」対「非反復性」
- アスリートの頭痛は以下によって引き起こされている。
  - 片頭痛
  - 緊張性頭痛
  - 群発頭痛
  - 脳振盪
  - 副鼻腔炎
  - 薬物（鎮痛薬）の過剰使用
  - 頸椎症
  - 中枢神経感染症（髄膜炎など，頻度は低い）

病歴と身体所見：
- 病　歴：
- 頭部や頸部の外傷，ストレスの増加，最近の感染および（または）発熱，薬物の過剰摂取や離脱，頭痛の家族歴，トレーニング内容の変更，脳腫瘍や癌
- 以下を聴取する。
  - 最近の外傷歴（脳振盪を除外するため）
  - 発症年齢
  - 発症様式：「突然」対「徐々に」
  - 重症度と期間
  - 性質（拍動性，ズキズキする，鈍痛）
  - 部位と放散痛
  - 随伴症状
  - 過去1か月の頭痛の回数
  - 寛解・増悪因子
  - 本人と家族の内服歴
  - 最近の生活の変化（睡眠，体重，食事，トレーニング内容）
- *Red flags*
  - 50歳までの初発もしくはその人にとっていつもと違う頭痛
  - 数秒もしくは数分以内に痛みが最高点に達する，急激発症の頭痛（くも膜下出血の除外）
  - 発熱，頸部硬直，皮疹を伴う頭痛（髄膜炎の除外）
  - 神経の巣症状もしくはてんかん，意識の混乱，意識障害の徴候（片頭痛の典型的な前兆のほかに）
  - 激しい運動をしているときの急激発症，とくに外傷後（頸動脈解離の除外）
  - 一親等に小嚢状動脈瘤があるアスリートでは，頭痛出現の頻度は通常の2倍かそれ以上になる。

・結合組織の疾患を伴うアスリートの頭痛(例:僧帽弁疾患)
- 身体所見(頭痛患者の多くは一般的な診察を受ける):
  - 全身状態:サングラスの装着(片頭痛),発熱(頭蓋内感染,くも膜下出血)
  - 心拍:疼痛による頻脈,僧帽弁逸脱症による心雑音(結合組織疾患やくも膜下出血の素因)
- HEENT[Head(頭部),Eyes(目),Ears(耳),Nose(鼻),Throat(喉頭)]
  - 頭部または頸部外傷の徴候(鼓膜の背部の出血やバトルサイン)
  - 結膜充血,鼻漏,流涙(片側性なら群発頭痛を示唆する)
  - リンパ節腫脹,血管雑音,歯列(歯膿瘍)
  - 頭皮の圧痛(緊張性頭痛)
  - 眼底検査(頭蓋内圧上昇によるうっ血乳頭)
- 筋骨格系:頸部筋の圧痛/収縮(緊張性頭痛),項部硬直(髄膜炎)
- 神経学的:
  - 悪化する神経症状(くも膜下出血を考慮する)
  - Brudzinski(ブルジンスキー)徴候(頸部前屈に伴う膝の屈曲)またはKernig(ケルニッヒ)徴候(股関節と膝関節を屈曲させた状態から膝を伸展させると抵抗や痛みが生じる)の陽性は髄膜炎を示唆する。
- 皮膚・血管:
  - 心拍数と血圧の上昇(潜在的な誘因としての高血圧)
  - 点状出血(髄膜炎)

診断:

- 身体所見の徴候・症状
- 診断を助ける"quick check/facts"リスト:
  - **片頭痛(前兆を伴うもの/伴わないもの):**
    ・食品(アルコール,カフェイン,チョコレート,グルタミン酸ナトリウム),環境(天気の変化,照明の変化,高地,騒音),薬物(経口避妊薬,シメチジン),その他(睡眠の変化,欠食,ストレス,不安,身体活動)によって誘発される。
    ・前兆:
      ・〜30%で頭痛出現の1時間前
      ・視覚:閃光・暗転
      ・視覚以外:感覚(異常感覚),失語症,構音障害
    ・頭痛:典型例では片側,拍動性,激しい(進行すると頭部全体が痛む)
    ・4〜72時間持続する:〜50%は少なくとも1日は続く。
    ・その他の症状:羞明,聴覚過敏,悪心・嘔吐,霧視,脱力(不全片麻痺),眼振,回転性めまい,運動失調,聴覚異常,複視,失明,耳鳴
    ・"3-item ID Migraine Screener"(自分もしくは医師が施行する質問法の1つ)は有効で,重要で信頼できる。
    ・さまざまな片頭痛
      ・片麻痺:片不全麻痺と眼振
      ・頭蓋底:視覚もしくは視覚ではない前兆,複視,耳鳴,回転性めまい,聴覚異常,筋力低下のない運動失調
      ・網膜:頭痛に先行する反復する暗点と視力低下
  - **緊張性頭痛:**
    ・両側性,非拍動性,頭皮の圧痛を伴う"締めつけられるような"痛み
    ・持続時間:30分〜7日
    ・悪心・嘔吐,羞明,聴覚過敏は伴わず,典型例では労作時の増悪はない。
  - **群発頭痛:**
    ・深部で,爆発的で片側に限局する。
    ・女性より男性に多い。
    ・持続時間:15分〜3時間,1日おきから1日8回まで起こる。
    ・流涙,充血,鼻閉,鼻漏,顔や前頭部の発汗,縮瞳,眼瞼下垂,眼瞼浮腫に関連する。

- 脳振盪(後振盪期):
  - 緊張性頭痛の80％以上:片頭痛や顎関節症,硬膜の破綻の原因としては緊張性頭痛に比べ一般的でない。
  - 症状:耳鳴,動揺性めまい,回転性めまい,精神や認知機能の変化
- 副鼻腔炎:
  - 急性のウイルス性/細菌性副鼻腔炎の最も多い前駆症状は膿性鼻漏,副鼻腔もしくは耳の圧痛,鼻閉である。
  - 他の臨床的特徴は Fs, Hs で表現される。
    - Fs:片側性の歯や上顎骨の圧痛,とくに前屈みの姿勢で増悪する(Facial pain),発熱(Fever),疲労(Fatigue)
    - Hs:潜水で増悪する(Headache),口臭(Halitosis),嗅覚の低下(Hyposomnia)
  - 持続時間:定義はない。
  - 顔のさまざまな部位
- 薬物(鎮痛薬)の過剰摂取:
  - 片頭痛の発作に重ね合わせて徐々に発症する。毎日もしくはほぼ毎日起こる頭痛。
  - エルゴタミン製剤やアヘン製剤,トリプタン製剤,単剤/合剤の鎮痛薬に関連したもの。
- 頸椎症性:
  - 神経根症状を伴う,もしくは伴わない頸部外傷の既往
  - 潜在的病因として,先天的な脊柱管の狭窄に関連したもの
  - 運動後のアスリートの"初発"で人生で"最も痛い"頭痛は Arnold-Chiari(アーノルド・キアリ)奇形を考慮
- 中枢神経感染症:
  - 激しい頭痛,インフルエンザ様症状,発熱
  - 項部硬直
- 神経画像診断(CT/MRI)/その他のテスト:
  - 脳振盪後(「脳振盪」の項を参照)
  - Kernig 徴候や Brudzinski 徴候の陽性,項部硬直(CT で異常がない場合は腰椎穿刺を行い,髄液検査と初圧を測定する)
  - 急激に増悪する激しいまたは突然発症の頭痛(今まで経験したことのない頭痛),もしくは労作で増悪する頭痛に対しては CT
  - 異常な神経の巣症状がある。
  - 40歳以上の人で2か月以上持続する新規の頭痛,HIV もしくは悪性腫瘍の既往
  - 頭蓋内圧亢進を示唆する身体所見(MRI のほうが腫瘍や新規の梗塞に対する感度が CT より高い)

治 療:

- 頭痛の病因に基づいた治療の決定
  - 片頭痛(前兆のあるもの/ないもの):
    - 非薬物療法:
      - 片頭痛日記:片頭痛が出現する時間ときっかけの記載
      - 患者指導:日常動作,睡眠,食事の有益性;アルコール・カフェイン・チョコレート・グルタミン酸ナトリウムの摂取制限,眩しくチカチカする照明,騒音,高地を避ける。
      - 行 動:リラックスを心がける,認知行動療法,バイオフィードバック療法
    - 薬物療法:
      - 早 期(発作後早く飲むと効果が高い):
        - 非特異的:NSAIDs ±アセトアミノフェン±カフェイン
        - 処方薬:トリプタン製剤,エルゴタミン製剤(使用回数が少なければ好ましくない副作用も少ない)
      - 予 防:
        - 1か月に4回以上の頭痛発作があるアスリートに対して
        - アスリートにはカルシウムチャネルブロッカー(ベラパミルの低用量)を勧める。
        - 患者指導:1か月間,治療の効果を記しておくとよい。
  - 緊張性頭痛:
    - 鎮痛薬:

- 軽症～中等症：第一選択は NSAIDs。アスリートで NSAIDs で効果が得られないときはアセトアミノフェンを用いる。
- 重症：IM ketorolac 60mg 投与(静脈内投与の NSAIDs)
- 組み合わせ：鎮痛薬とカフェインの混合
  - **鎮痛薬単独での治療で効果がなかったアスリートに対して**
- 群発頭痛：
  - 早　期：
    - 12L/分の酸素投与を 15 分間
    - トリプタン製剤：皮下もしくは鼻腔内投与
    - その他：オクトレオチド，エルゴタミン製剤
  - 予　防：
    - 2 か月以内：プレドニゾロン 60mg/日を 5 日間内服後に漸減
    - 慢性の場合：ベラパミル 240mg/日を 1 日 3 回分割投与
- **脳振盪**(詳細は「脳振盪」の項を参照)
- **副鼻腔炎**
- **薬物(鎮痛薬)の過剰摂取**：薬物を中止し，他の治療に切り替える。
- **頸椎症性**：病態に即した治療
- **中枢神経感染症**：髄液検査に基づいた，適正な抗ウイルス薬/抗菌薬による治療

その他の留意事項：

- まず潜在的な二次性頭痛によるレッド・フラッグサインを評価し，必要があれば神経科にコンサルトする。
- 最初は安価な薬物での治療を進め，その後に必要があれば高価な薬物を用いる(段階的な治療)。
- 下記は避ける。
  - 片麻痺性片頭痛のアスリートに対してトリプタン製剤，エルゴタミン製剤，β遮断薬を使用すること
  - 高血圧を伴うアスリートにトリプタン製剤とエルゴタミン製剤を使用すること。
- 網膜片頭痛の患者に対しては予防療法を考慮する。
- 薬剤性頭痛：
  - 急性の片頭痛に対して鎮痛薬の使用を制限することで発症を予防する。
  - おそらくトリプタン製剤が原因になっている。
- 患者指導：
  - トリプタン製剤は前兆症状を短縮せず，頭痛の予防にもならない。
  - ある種のトリプタン製剤で効果がないからといって，他のトリプタン製剤にも効果がないとは限らない。
  - どのトリプタン製剤がほかのものより優れているとの確かなデータはない。

競技復帰：

- 二次性頭痛を示唆する所見がない。
- 原発性頭痛が的確な薬物投与法でコントロールされていること
- 症状の悪化なしに有酸素および無酸素運動に耐えられること

文　献

Bajwa ZH, Sabahat A. Acute treatment of migraine in adults. *UpToDate*.　Accessed March 22, 2013.
Bajwa ZH, Sabahat A. Preventive treatment of migraine in adults. *UpToDate*.　Accessed March 22, 2013.
Bajwa ZH, Woottom J. Evaluation of headaches in adults. *UpToDate*.　Accessed March 20, 2013.
Headache Classification Committee of the International Headache Society. The International Classification of Headache Disorders: 2nd edition. *Cephalalgia*. 2004; 24(1): 9-160.
Lipton RB, Dodick D, Sadovsky R, et al. A self-administered screener for migraine in primary care: The ID Migraine ™ validation study. *Neurology*. 2003; 61: 375-382.
Lipton RB, Stewart WF, Diamond S, Diamond ML, Reed M. Prevalence and burden of migraine in the United States: Data from the American Migraine Study II. *Headache*. 2001; 41: 646-657.
Maizels M. The clinician's approach to the management of headache. *West J Med*. 1998; 168: 203-212.
May A. Cluster headache: Acute and preventive treatment. *UpToDate*.　Accessed March 22, 2013.
Silberstein SD, Goadsby PJ, Lipton RB. Management of migraine: An algorithmic approach. *Neurology*. 2000; 55(2): S46-S52.
Silberstein SD, for the US Headache Consortium. Practice parameter: Evidence-based guidelines for migraine headache(an evidence-based review). Report of the Quality Standards Committee of the American Academy of Neurology. *Neurology*. 2000; 55: 754-763.
Taylor F. Tensio-type headache in adults: Acute treatment. *UpToDate*.　Accessed March 22, 2013.

脳振盪　Concussion

はじめに(定義と分類):
- 頭部外傷を誘因とした意識消失を伴う,もしくは伴わない精神状態の変化(記憶喪失,混乱,見当識障害)
- 典型的には自然に改善する急激発症の一過性の神経機能障害
- 構造損傷とは対照的に,臨床症状は機能障害によって起こる。神経画像検査は一般的に正常
- 単発もしくは反復する脳振盪は神経病理学的変化をきたすかもしれない。
- 米国では年間 160 万〜380 万例
- コンタクトスポーツで起きやすい＝ 20％
- フットボールでは,大学生の 10％に対して高校生では 20％と 2 倍のリスクがある。
- 脳振盪の大部分はしばしば気づかれていない。
- 予測される合併症は以下の通りである。
    - セカンドインパクト症候群……最初の脳振盪から回復していない状態で 2 度目の脳振盪を起こすこと:重症化し生命が脅かされる可能性がある。
    - 脳振盪後症候群(postconcussion syndrome: PCS)……頭痛,浮動性めまい,回転性めまい,もしくは精神的変化
    - 慢性外傷性脳症(chronic traumatic encephalopathy: CTE)……繰り返す頭部外傷によって異常タウタンパクが増加し脳の変性が進行する。

病歴と身体所見:
- 病　歴:
    - 頭部や頸部に対する加速的,減速的あるいは鈍的な外傷。激しい頭部の揺れを起こす身体への衝撃(鞭打ち症)
    - 外傷の機序,脳振盪の既往,過去の病歴,最近の内服歴(とくに抗凝固薬)の問診
    - 現在ある症状
        - 頭痛(脳振盪で最も多い症状)
        - 混乱/見当識障害
        - 健忘症:逆行性健忘(外傷前の記憶の喪失),前行性健忘(外傷後の記憶の喪失)
        - 意識消失:脳振盪の 10％以下にみられる。あった場合には重症度と期間を確認する。
        - 浮動性めまい/回転性めまい
        - 悪心・嘔吐
        - 複視(物が二重に見える),羞明(光に対する過敏性)
        - 耳　鳴
        - 知覚麻痺
    - 亜急性の症状(脳振盪後数日〜数週間)
        - 攻撃性
        - 抑うつ
        - 睡眠周期の障害
        - 情緒不安定
        - 短　気
- 身体所見:
    - ABC［Air way(気道確保),Breathing(呼吸),Circulation(循環)］の評価と脊椎損傷の除外をはじめに行う。
    - 全身状態:眩惑/混乱,ぼんやりした顔つき,注意散漫,見当識障害(人,場所,時),情緒不安定
    - HEENT［Head(頭部),Eyes(目),Ears(耳),Nose(鼻),Throat(喉頭)］
        - 眼球運動,視力,瞳孔不全:視力が低下し,対光反射の遅延,眼瞼周囲の紫斑があるか。
        - 鼻:鼻出血
    - 神経所見:
        - 返答が遅く,ろれつがまわらない。
        - 脳神経検査:眼振(急速眼球運動)や耳鳴(耳のなかで音がする)
        - 認知機能低下:位置,記憶,標準的な補助ツール(SAC, ImPACT, SCAT 3)を使った集中力の検査

- ・筋力と知覚：多くは正常値内
- ・バランス：閉眼すると一定の場所に立っていられない。
- ・協調運動：迅速に動けるかの検査，タンデム歩行の異常
- ・深部腱反射：異常所見なし
- 以下の症状があったらすぐに適切な治療を開始する。
  - ・てんかん発作
  - ・繰り返す嘔吐
  - ・瞳孔の不対称
  - ・精神状態の変化，精神錯乱，ろれつがまわらない。
  - ・四肢の知覚麻痺または筋力低下
  - ・頭痛の増悪
  - ・鼻もしくは目からの髄液の漏出

診 断：

- 身体所見の徴候
- 精神神経学的な診察ツール：
  - ・一般的なガイドライン
    - ・アスリート全員に"ベースライン"テストの受験を考慮(とくにコンタクトスポーツや脳振盪を受傷しやすいスポーツをするアスリート)
  - ・『Standard Assessment of Concussion(SAC)Test』
  - ・『Valid, standardized, sideline assessment cognition』(サイドラインでの標準的な評価)
    - ・見当識，短期記憶，集中力，遅延想起，神経学的スクリーニング，運動手技(表1)の順次測定。
    - ・重症度，症状のチェックリスト，簡単な神経学的診察，経時的な前行性と逆行性健忘も評価(表2)。
    - ・臨床的もしくは神経精神学的評価の代替にはならない。
    - ・A, B と C 形式がある(どの形式を使用しても結果は変わらない)。
    - ・満点＝30点(7%のみ)
    - ・＞25点がベースライン。85%を占める。
    - ・「高校」対「大学」，「練習」対「試合」で結果に変化はない。
    - ・脳振盪より症状が重いと，点数は3～4点下がる。
  - ・『Immediate Postconcussion Assesment and Cognitive Testing(ImPACT)』
    - ・神経精神機能の評価に用いるツール
    - ・接触プレーのアスリートのベースラインとして，あるいは脳振盪後の評価としてコンピュータ化されたテストが施行される。
    - ・競技復帰の可否を決定する目的
  - ・その他(SACテストに比べて確証は低い)
    - ・『Sport Concussion Assessment Tool 3(SCAT 3)』
      - ・『Consensus Statement on Concussion in Sport 2012』に基づいている。
      - ・客観的症状，SACの認知機能評価，Glasgow Coma Scale(GCS)，協調運動やバランスの見直しと評価
      - ・0～100点だが，まだ正常値や限界値は定義されていない。
    - ・5～12歳の子どもに適応できるよう修正した『Child SCAT 3』がある。
- 頭部CT：
  - GCS＝15なら異常を示す割合は5%，GCS＝13なら30%以下で異常を示す。
  - それぞれの症例に合わせて評価する必要がある。
  - 症状の悪化，意識消失，痙攣発作，30分を超える記憶喪失，2回以内の嘔吐，開放または陥没頭蓋骨骨折，両側の眼瞼周囲または耳介後部の打撲痕(バトルサイン)，鼓膜下出血，GCS＜13，凝固異常もしくは抗凝固薬の使用，鼻や目からの脳脊髄液の漏出がある場合はCTの撮像が強く推奨される。
- 脳MRI：
  - 標準的な脳MRI

表1 Standard Assessment of Concussion (SAC) Test

見当識（各1点）

月，日，曜日，年，時間（1時間以内はクリア）

見当識　合計　5点

短期記憶（正解で各1点，全3回まで施行可能）

	トライアル1	トライアル2	トライアル3

単語1
単語2
単語3
単語4
単語5

短期記憶　合計点　15点

集中力

数字を逆からいう（最初の質問が答えられたら次の数列に進む，1列できたら1点）

3-8-2　　　　5-1-8
2-7-9-3　　　2-1-6-8
5-1-8-6-9　　9-4-1-7-5
6-9-7-3-5-1　4-2-8-9-3-7

月名を逆の順番でいう（全部答えられたら1点）

12月-11月-10月-9月-8月-7月　　6月-5月-4月-3月-2月-1月

集中力　合計点　5点

遅延想起（短期記憶から5分後程度，各1点）:

単語1
単語2
単語3
単語4
単語5

遅延想起　合計点　5点

合計点のまとめ:

見当識	5点
短期記憶	15点
集中力	5点
遅延想起	5点
合計点	30点

短期記憶と遅延想起の項目の間に以下を行ってもよい

神経学的スクリーニング

受傷状況の聴取
筋力
協調運動

運動手技

40ヤード短距離走
腹筋5回
腕立て伏せ5回
スクワット5回

Reproduced with permission from：McCrea M, Kelly JP, Kluge J, et al. Standardized assessment of concussion in football players. *Neurology*. 1997；48：586. Copyright © 1997 Lippincott Williams & Wilkins.

表2　SAC 非点数化の項目

症状の重症度チェックリスト

症　状	なし	軽　度	中等度	重　度
頭　痛	0	1	2	3
悪　心	0	1	2	3
嘔　吐	0	1	2	3
浮動性めまい	0	1	2	3
回転性めまい	0	1	2	3
バランス低下	0	1	2	3
ぼやけた視野あるいは複視	0	1	2	3
光に対する過敏性	0	1	2	3
鼻腔の易刺激	0	1	2	3
耳　鳴	0	1	2	3
集中力の低下	0	1	2	3
記憶障害	0	1	2	3
鋭敏に動けない感覚	0	1	2	3
疲労/だるさ	0	1	2	3
悲しみ/抑うつ状態	0	1	2	3
怒りやすい	0	1	2	3

記憶喪失

外傷後記憶喪失	あり	なし	長さ
逆行性の記憶障害	あり	なし	長さ

筋　力

右　腕	正常	異常
左　脚	正常	異常
左　腕	正常	異常
左　脚	正常	異常
感　覚	正常	異常
下肢の協調運動/歩行	正常	異常

SAC の非点数化の項目には症状のチェックリスト，簡単な神経学的診察，外傷後の逆行性健忘の記録が含まれる。

From：McCrea M. *J Head Trauma Rehabil.* 1998；13：27.

　　・機能障害がある脳振盪後症候群の患者では，軸索損傷，挫傷，点状出血もしくは小さな血腫の除外をする。
　・MRI 拡散テンソル画像
　　・軽症の外傷性脳損傷（mild traumatic brain injury: mTBI）では白質に異常信号がある。
　　・限られたデータのなかではあるが，標準的な MRI より感度が高いため，臨床的には軽症の外傷性脳損傷のフォローにおいて，また回復のバイオマーカーとして有用な手段と思われる。
　　・このように，MRI 拡散テンソル画像は脳振盪の診断と治療，および脳振盪後症候群や慢性外傷性脳症のような合併症を防ぐための有用な手段になりうる。

治療:
- 第一に，すべての競技においてアスリートを"medical hold(医学管理下)"のもとにおくこと。
- 適切な書面にした通達書を用意すること。
  - 学校に対しては，脳振盪の診断であることを通達し，状態がクリアされるまでmedical holdのもとで管理する。
  - アスリート/両親/保護者には，脳振盪の症状と徴候，危険な徴候，学校への復帰時期などの基本的な情報が記載されたシートを渡す。
- アスリートのカウンセリング:
  - 病態生理学的には，単発および多発の脳振盪で脳に明らかなダメージが起こる可能性がある。
  - 良眠と食事，十分な水分摂取とアルコール飲料の回避が重要。
  - オピオイド系鎮痛薬は使用しない。鎮痛コントロールにはAleve® 440mgか，Tylenol® 1gを用いる。
- 必要があれば学習環境を整える。
- 健康に関する電話相談所を設ける。
- 必要があれば脳の画像検査を行う。
- 臨床症状の評価のために聞き取りを密に続ける……重要！
- ベースラインから変化する可能性のある48時間以内に，認知神経学的な検査を行う。
  - 医療従事者/アスリート/両親/コーチが，アスリートをmedical holdにどのくらいおくかを感覚を養う手助けとなる。
- 症状改善の経過観察:
  - 認知神経学的検査を行いベースラインのスコアと比較する。
  - "ベースライン"テストが行えない場合は"ポストインジャリー(Post injury: 外傷後)"テストの標準的なスコアで評価することを考慮する。
- 症状がなくなり，認知神経学的検査も正常値に戻ったときは，『競技復帰のためのプロトコール』を開始する(表3)。

その他の留意事項:
- 積極的になること……"脳振盪管理プロトコール"の設立
- 健康管理の専門家(医師，アスレチックトレーナー，健康の専門家)，アスリート，両親，コーチの教育
  - 診断，検査，"安全な競技復帰"のための統一したプロトコールの発展が必要
  - 脳振盪の減少には計画立案と記録が重要のようだ。
  - 脳振盪が1回生じた人ではその15%が，3回もしくはそれ以上の回数の脳振盪が生じた人では，その30%が1週間以上の症状が持続した。

表3　競技復帰のためのプロトコール

リハビリテーション	各ステージでの機能訓練	各ステージの目的
1. 活動なし	体と認知機能の完全な休息	回復
2. 軽い有酸素運動	最大心拍数70%以下の強度での歩行・水泳・室内サイクリングなど抵抗のない運動	心拍数の増加
3. スポーツに関連した動き	ランニングなどのトレーニング，頭部に衝撃が加わらない動き(運動)の追加	動きの追加
4. 接触プレーのない運動	パス練習などのより複合的訓練で運動強度を強める	運動，協調運動認知的負荷
5. 接触プレーを含む練習	医学的チェックで問題なければ通常練習を行う	自信の回復とコーチングスタッフによる運動機能の評価
6. 競技復帰	通常の試合参加	

6日間の競技復帰のプロトコール。アスリートは毎日症状の評価を受け，症状の出現がなければ次の段階に進む許可を得ながら，1日ずつ段階的に活動性を上げていく。

Reproduced with permission from: McCrory P, Meeuwisse W, Johnston K, et al. Consensus Statement on Concussion in Sport 3rd International Conference on Concussion in Sport Held in Zurich, November 2008. *Clin J Sport Med*. 2009;19:185. Copyright © 2009 Lippincott Williams & Wilkins.

- 認知神経学的検査による客観的指標に異常があっても，身体症状(頭痛や悪心・嘔吐)が欠如していると，アスリートに間違った安全に関する感覚を与える可能性がある。
- 神経精神学的評価ツール(SAC, ImPACT, SCAT3)は競技復帰の基準として単独では使用すべきでない。
- 以下を考慮する。
  - 軽症もしくは重症の回転性めまい，運動失調，聴力低下，眼振が持続するなら，平衡感覚に関連する評価を考慮する。
  - C-spine(頸椎)画像(CT/MRI)
    - 頸部痛と可動域制限
    - 上肢の神経根症状
- 将来の展望……研究と検証
  - 脳振盪後症候群と慢性外傷性脳症を予防するために，脳振盪の診断と管理の一助となるMRI拡散テンソル画像をより徹底して行う。
  - 接触プレーを行うアスリートのすべてに対して"ベースライン"と"ポストインジャリー"神経認知検査を行う。
  - "ベースライン"テストを行わなかった者も含め，脳振盪が生じたすべてのアスリートに対して"ポストインジャリー"神経認知検査を行う(正常データと比較するため)。
- NATAとNCAAのウェブサイトに掲載されているガイドラインが参考になる。
  - NATA: www.nata.org
  - NCAA: www.ncaa.org

競技復帰：

- 完全に症状がない，かつ神経認知学的検査が正常である，"脳振盪管理プロトコール"によって示された厳重なアドヒアランス(患者が積極的に治療方針の決定に参加すること)とコンプライアンス(医療者の指示に患者が従うこと)
- トレーニングを受けた専門家によって得られた正常な神経学的所見は，競技復帰のプロトコールの成功を導く。
- 必要であれば，正常な頭部の画像(CT/MRI)を得ること，神経科医もしくは神経精神科医の許可を得る。

文献

Borg J, Holm L, Cassidy JD, et al. Diagnostic procedures in mild traumatic brain injury: Results of the WHO Collaborating Centre Task Force on Mild Traumatic Brain Injury. *J Rehabil Med.* 2004; (43 suppl): 61-75.
Evans RW. Concussion and mild traumatic brain injury. *UpToDate.* Accessed March 3rd, 2013.
Guskiewicz KM, McCrea M, Marshall SW, et al. Cumulative effects of recurrent concussion in collegiate football players: The NCAA Concussion Study. *JAMA.* 2003; 290(19): 2549-2555.
Guskiewicz KM, Weaver NL, Padua DA, et al. Epidemiology of concussion collegiate and high school football players. *Am J Sports Med.* 2000; 28(5): 643-650.
Marar M, McIlvain NM, Fields SK, et al. Epidemiology of concussions among United States high school athletes in 20 sports. *Am J Sports Med.* 2012; 40: 747.
Matser EJ, Kessels AG, Lezak MD, et al. Neuropsychological impairment in amateur soccer players. *JAMA.* 1999; 282(10): 971-973.
Mayer AR, Ling J, Mannell MV, et al. A prospective diffusion tensor imaging study in mild traumatic brain injury. *Neurology.* 2010; 74: 643.
McCrea M, Kelly JP, Randolph C. The standardized assessment of concussion(SAC): Manual for administration, scoring, and interpretation. *Clinical Instrument and Manual published and distributed by Brain Injury Association(BIA)*, Washington DC, 1997. [s7]
McCrory P, Meeuwisse W, Aubry M, et al. Consensus statement on Concussion in Sport: the 4th International Conference on Concussion in Sport held in Zurich, *November 2012. Br J Sports Med.* 2013; 47(5): 250-258.
McCrory P, Meeuwisse W, Johnston K, et al. Consensus statement on Concussion in Sport 3rd International Conference on Concussion in Sport held in Zurich, November 2008. *Clin J Sport Med.* 2009; 19: 185.
Mittl RL, Grossman RI, Hiehle JF, et al. Prevalence of MR evidence of diffuse axonal injury in patients with mild head injury and normal head CT findings. *AJNR Am J Neuroradiol.* 1994; 15: 1583.
2011-2012 NCAA Sports Medicine Handbook. Retrieved March 3rd, 2013, from http://www.ncaapublications.com/productdownloads/MD11.pdf.
Practice parameter: The management of concussion in sports(summary statement). Report of the Quality Standards Subcommittee. *Neurology.* 1997; 48: 581.
Stiell IG, Clement CM, Rowe BH, et al. Comparison of the Canadian CT Head Rule and the New Orleans Criteria in patients with minor head injury. *JAMA.* 2005; 294(12): 1511-1518.
Wilde EA, McCauley SR, Hunter JV, et al. Diffusion tensor imaging of acute mild traumatic brain injury in adolescents. *Neurology.* 2008; 70: 948.
www.impacttest.com. Accessed March 4th, 2013.

顎関節症 Temporomandibular Joint Dysfunction Syndrome

はじめに(定義と分類)：
- 下顎骨と側頭骨(頭蓋骨)との接合部での関節外機能障害。おもな病因は以下の通りである。
  - 筋骨格系のバランス不良と顎の歯列不整
  - 歯列の不整咬合
  - 顎の噛みしめによる筋肉の疲労
  - 歯ぎしり
  - 不安とストレス

病歴と身体所見：
- 典型的には咀嚼筋の鈍い痛みとして表現される。
- 他の症状は以下の通りである。
  - 片側の慢性疼痛
  - 同側の耳の疼痛
  - 頭痛(唯一の症状であることもある)
  - 開口障害
  - 口の開閉時に，クリック音やポッピング音(射撃やコルクを抜くような鋭い爆発音)，キリキリとした痛みがある。
- 身体所見：
  - 片　側：
    ・顔の不対称
    ・口の開け閉めに伴う顎の偏位
    ・歯列の乱れを評価する(歯の表面の摩耗や欠損または歯列不整)。
  - 拍動性(圧痛と筋痙攣)：
    ・顎関節症(軽症から重症)
    ・咬　筋……下顎の角度
    ・側頭筋……顎がリラックスしているときも固くしまっているときもこめかみを覆っている。
    ・翼状筋……口の後方

診　断：
- 身体所見による症状・徴候
- 画　像：
  - 通常は参考にならない。
  - 症例によっては感染や炎症の除外をする。
  - 側頭骨……下顎関節の動きが制限されたアスリートで，円板の脱臼や転位が疑われる場合にはMRIを行う。

治　療：
- 病因や病態生理について教育する。
- 発症の誘因や増悪因子を除外，修正し治療する(不安，ストレス，炎症，感染，筋痙攣，歯の咬合異常)。
- 睡眠中にアクリルのバイトガードを使用する。
- 適正で標準的な歯科ケア
- NSAIDsを服用しながら顎を開く運動を行う。
- 補助治療として鍼灸を考慮する。疼痛減少や顎関節の可動域の増加に効果があるといわれている。
- 疼痛コントロール：三環系抗うつ薬(TCAs)と筋弛緩薬(シクロベンザプリン塩酸塩)
- 難治例では以下も考慮される。
  - 20分間の氷冷法の後にコルチゾールと局所麻酔の関節注入を行う。
  - 咀嚼筋に直接ボツリヌス注射を行う。
- 低光量のレーザー治療：
  - 限定的な試験だが，疼痛が軽減し顎関節症の可動性が上昇したとの報告がある。
  - さらなる臨床試験が必要

- 以下の外科的処置も含む：
  - 関節鏡による瘢痕の縮小と洗浄
  - 部分もしくは全円板切除
  - 円板の修復と整復
  - 関節置換術

その他の留意事項：
- 開口もしくは閉口で関節が固定されてしまったときは，麻酔下に即座に整復術を行う。
- 難治例では，歯科や咽喉科，神経精神科，神経科，疼痛管理の専門家へのコンサルトを含む，多領域にわたる治療を考慮する。

競技復帰：
- 試合中と練習中にはマウスガードの使用を考慮する(接触プレーのない競技も同様に)。
- 処方薬(三環系抗うつ薬や筋弛緩薬)による副作用や痛みによる衰弱がない。
- 練習や競技に復帰する前に，アスリートの意識が清明で正常の反応時間で注意が向くことを確認する。

文 献

Alkhader M, Ohbayashi N, Tetsumura A, et al. Diagnostic performance of magnetic resonance imaging for detecting osseous abnormalities of the temporomandibular joint and its correlation with cone beam computed tomography. *Dentomaxillofac Radiol.* 2010; 39: 270–276.

Kulekcioglu S, Sivrioglu K, Ozcan O, Parlak M. Effectiveness of low-level laser therapy in temporomandibular disorder. *Scand J Rheumatol.* 2003; 32: 114–118.

Kuwahara T, Bessette RW, Maruyama T. A retrospective study on the clinical results of temporomandibular joint surgery. *Cranio.* 1994; 12: 179–183.

Paesani D, Westesson P, Hatala M, Tallents RH, Brooks SL. Accuracy of clinical diagnosis for TMJ internal derangement. *Oral Surg Oral Med Oral Pathol.* 1992; 73(3): 360–363.

Roberts C, Katzberg R, Tellents R, Espeland MA, Handelman SL. The clinical predictability of internal derangements of the temporomandibular joint. *Oral Surg Oral Med Oral Pathol.* 1991; 71(4): 412–414.

Sheon RP. Temporomandibular joint dysfunction syndrome. *UpToDate.* Accessed November 23, 2012.

Ta LE, Dionne RA. Treatment of painful temporomandibular joints with a cyslooxygenase-2 inhibitor: A randomized placebo-controlled comparison of celecoxib to naproxen. *Pain.* 2004; 111: 13–21.

The American Academy of Craniomandibular Disorders. In: McNeill C, ed. *Craniomandibular Disorders: Guidelines for Evaluation, Diagnosis, and Management,* Chicago, IL: Quintessence Publishing Co; 1990.

Vicente-Barrero M, Yu-Lu SL, Zhang B, et al. The efficacy of acupuncture and decompression splints in the treatment of temporomandibular joint pain-dysfunction syndrome. *Med Oral Patol Oral Cir Bucal.* 2012; 17(6): e1028–e1033.

Yuasa H, Kurita K, Treatment Group on Temporomandibular Disorders. Randomized clinical trial of primary treatment for temporomandibular joint disk displacement without reduction and without osseous changes: A combination of NSAIDs and mouthopening exercise versus no treatment. *Oral Surg Oral Med Oral Pathol Oral Radiol Endod.* 2001; 91: 671–675.

頭痛

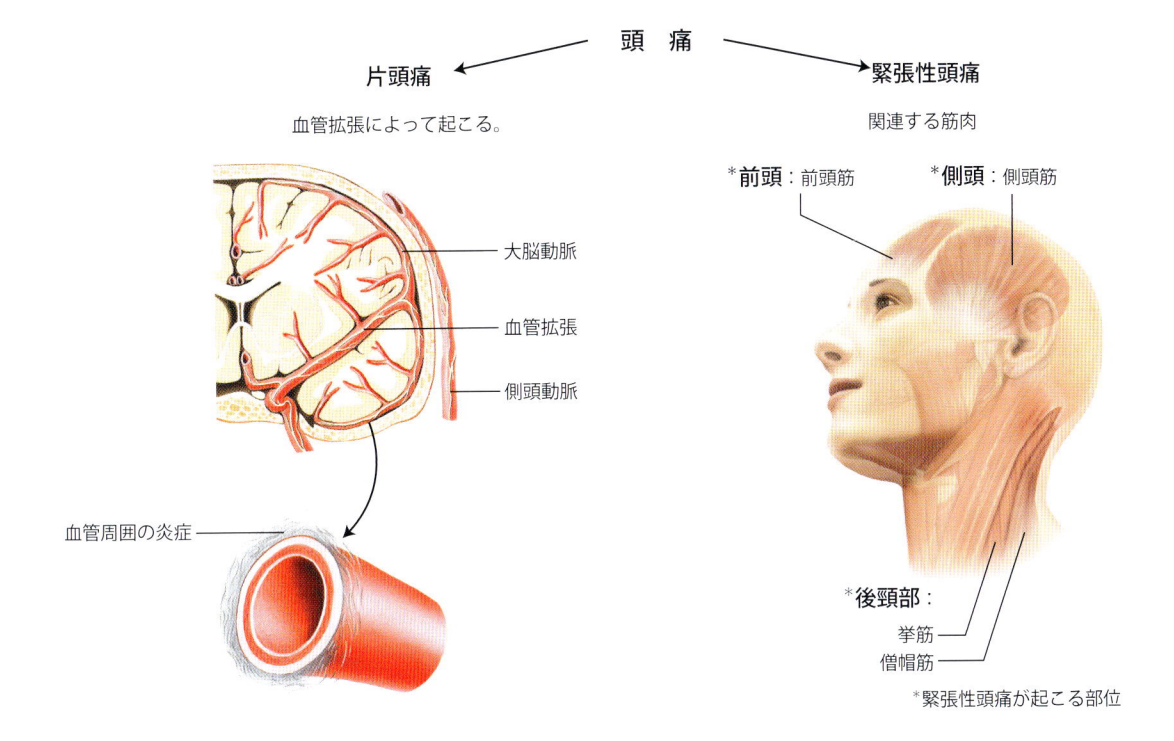

片頭痛
血管拡張によって起こる。

- 大脳動脈
- 血管拡張
- 側頭動脈
- 血管周囲の炎症

緊張性頭痛
関連する筋肉

- *前頭：前頭筋
- *側頭：側頭筋
- *後頸部：
  - 挙筋
  - 僧帽筋

*緊張性頭痛が起こる部位

脳振盪

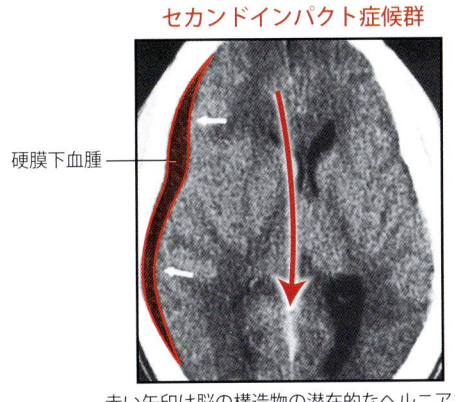

セカンドインパクト症候群
- 硬膜下血腫

赤い矢印は脳の構造物の潜在的なヘルニアを示しており、これは1回目の脳振盪の症状が消失しないうちに2回目の脳振盪を起こしたため生じた。

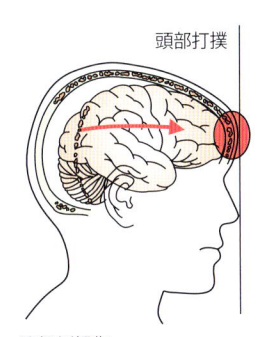

頭部打撲

衝撃側損傷
脳の前面が頭蓋骨に打ちつけられて受傷する。

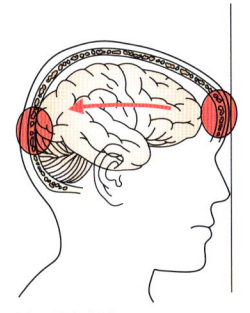

対側衝撃損傷
脳が反跳し頭蓋骨の後方に打ちつけられるため、二次受傷する。

顎関節症

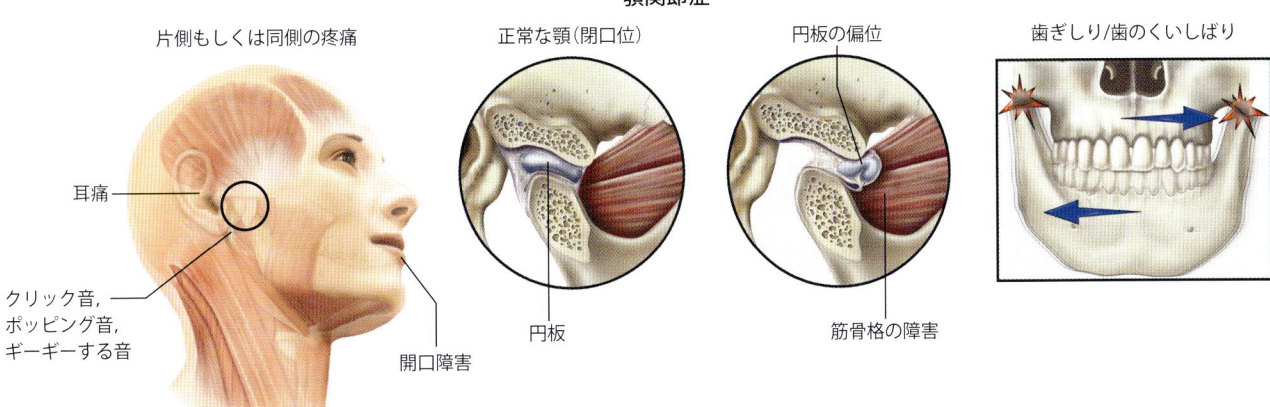

片側もしくは同側の疼痛
- 耳痛
- クリック音、ポッピング音、ギーギーする音
- 開口障害

正常な顎（閉口位）
- 円板

円板の偏位
- 筋骨格の障害

歯ぎしり/歯のくいしばり

図132 神経

Section 9 骨格筋
Musculoskeletal

筋損傷　Muscle Strain

はじめに（定義と分類）：
- 筋挫傷はプロ・アマチュアアスリートどちらにおいても，最も一般的な骨格筋損傷である．
- 肉ばなれや筋挫傷ともいわれる．
- 筋線維に損傷が生じる．
- 受傷程度により治療や回復期間が異なる．

病歴と身体所見：
- 病　歴：
  - 同時受傷の代償による．
  - 不十分なウォームアップ
  - トレーニング量の増加や疲労が筋挫傷を起こしやすくする．
  - 受傷時に"パチッ"や"パン"という音がする．
  - 受傷機転を聞くと，筋肉が伸張されたとき，あるいは筋肉が引き延ばされながらも短縮しようとしたときに生じている．
  - 筋の引き延ばされるスピードに関係なく，急激に力やスピードアップをしたときに生じる．
- 身体所見：
  - 筋攣縮や激しい痛みを認める．
  - 視診・触診：
    - ・皮膚の色や組織の腫れ，熱感を確認
    - ・神経血管損傷のサインを確認する．
- 機　能：
  - 受傷機転を評価する．
  - 自動と他動での可動域の程度を評価する．
  - 反対側の筋力や同側の拮抗筋の筋力との比較を行う．

診　断：
- 身体所見における徴候と症状
- 分　類：
  - Ⅰ度：筋膜損傷なし．軽度の筋線維断裂あり．筋力は保たれている．
  - Ⅱ度：筋膜損傷なし．中等度の筋線維断裂あり．筋肉内血腫と筋力の低下を認める．
  - Ⅲ度：筋膜断裂あり．1/4〜1/2 程度の筋線維断裂あり．筋肉内血腫と筋力低下を認める．
  - Ⅳ度：筋膜断裂に加え，筋線維のほとんどまたは完全な断裂．筋力や機能は喪失．
- 画　像：
  - 不要なことが多い．
  - 重症な難治例では，超音波やMRIを施行する．

治　療：
- PRICE：保護(Protection)，安静(Rest)，冷却(Ice)，圧迫(Compression)，挙上(Elevation)；出血や腫脹，疼痛を軽減するための応急処置
- NSAIDs
- 段階的なリハビリテーション：
  - 緩やかなストレッチングで動かしはじめ，可動域がフルになるように注意深く進めていく．
  - 関節可動域が回復したら軽い筋力トレーニングを追加する．
  - ストレッチングと拮抗筋の強化が将来の受傷を予防する．
- エビデンスはないものの，ストレッチングとウォーミングアップは筋挫傷を予防するとされている．

- 整形外科への相談の適応
  - 陥凹を伴う引き抜き損傷(剥離骨折)やGrade Ⅳの例

その他の留意事項:
- 筋挫傷は時に遅発性筋肉痛(delayed onset muscle soreness: DOMS)と間違えられる。遅発性筋肉痛は急性の受傷機転がなく、不慣れな運動の後の筋肉痛や筋緊張として表れることが多い。
- 治療による改善がない場合は、より重症な損傷(断裂)を考慮する。
- リハビリテーションは慎重に行うべきである。損傷を受け瘢痕化している筋に良好な抗張力や弾力性が回復する前に、積極的過ぎるリハビリテーションを行うと再受傷のリスクがあがる。
- 重度の挫傷では骨化性筋炎が合併することがある。

競技復帰:
- 重症度に基づく明確な原則はない。
- 再発や合併症、状態の悪化、休養時期の延長、復帰時のパフォーマンスの低下を予防するためには、痛みなくフルに関節を動かし、筋力を発揮させることが可能になった状態で復帰させる。
- 高速走行による損傷と比較して、伸展性の損傷は復帰が遅くなる。

文献
Fields K, Copland S, Tipton J. Hamstring injuries. *UpToDate.* Accessed November 16, 2012.
Muscle strain injuries. In: *DeLee and Drez's Orthopaedic Sports Medicine,* 3rd ed. Retrieved from http://www.mdconsult.com/books. Accessed December 12, 2010.
Nelson B, Taylor D. Muscle and tendon injuries and repair. In: *Sports Medicine—Just the Facts.* McGraw Hill; 2005: 55-61.

肋軟骨炎　Costochondritis

はじめに(定義と分類):
- 肋軟骨の炎症が原因でよく生じる。
- 類義語に胸壁症候群(chest wall syndrome)、肋胸骨症候群(costosternal syndrome)、Tietze(ティーツェ)症候群などがある。
- 胸痛を主訴とした患者ではしばしば過小診断される。
  - 救急外来では30%の例が、総合内科では43%の例が肋軟骨炎と説明される。
- あらゆるスポーツにおいて生じるが、バレーボールやボート競技で生じやすい。

病歴と身体所見:
- 急性の胸痛で発症するのが典型的であるため、心疾患の除外を行う検査が必要
- 関連事項として挙げられるもの:
  - 血清反応陰性脊椎関節症
  - 反復動作
  - 最近の長引く咳嗽の既往
  - 運動時間や運動強度の増加
- 症状:
  - 前胸部痛:鈍痛、鋭い痛み、圧痛
  - 圧痛は第2〜7肋骨の肋軟骨-胸骨境界部の近位肋軟骨に限局する。
  - 骨格筋由来の胸痛は、前方や側方、後方の胸壁を指で押すことにより、胸壁に放散する痛みを再現できる。
  - 通常、上半身の動きや呼吸、労作により痛みは増強する。
  - 腫脹や紅斑、熱感は伴わない。

診断:
- (より重篤な心疾患を除外したのちに)症状・身体所見から疑うことが多い。
- まず、心疾患と呼吸器疾患を除外する。
- 以下のような個人的な素因があるアスリートには精密検査を考慮する。
  - 動悸、失神前状態、失神、心疾患の家族歴、50歳以下の突然死が身内にいる場合
    - 心電図、心エコー、負荷試験、ホルター心電図
    - 循環器内科を受診して心疾患の除外

- 咳嗽や食欲低下が続く場合や，偏食がある場合
  - 胸部単純 X 線撮影（付随する肺疾患の除外）
  - CT や骨シンチグラフィ［隠れている骨病変（腫瘍や骨折）の除外］
- 発熱や血清反応陰性**脊椎関節症**の既往がある場合
  - 血液像検査
  - 赤沈検査

治　療：著効する特別な治療はなく，以下の治療を組み合わせて行う。
- 安静と安心（重篤な心疾患と呼吸器疾患の除外）
- 痛みを誘発する因子の中止（腹筋やウエイトリフティング）
- 活動の変更（運動時間や運動強度）
- タイレノールや非ステロイド性消炎鎮痛薬
- 患者指導：
  - 自己規制
  - 冷却は炎症を減少させ，熱は炎症を増強させる。
  - 医学的助言に対するコンプライアンス（意見の受け入れ）が悪いと再燃しやすい。
- 理学療法：関節受動，矯正，ストレッチング
- 鍼

難治例では以下を考慮する。
- 局所麻酔薬やステロイド薬の局所注射を肋軟骨関節に行う。
- リウマチ科への相談（血性反応陰性**脊椎関節症**の管理など）

その他の留意事項：心疾患以外の原因も考慮する。
- Tietze 症候群：紅斑を伴わない腫脹がみられる。
- 炎症性または細菌性関節炎：紅斑や熱感を伴う。
- 剣状突起痛：触診で剣状突起上に痛みを認める。炎症に続発したもの。
- 胸鎖関節，胸肋関節，肋椎関節の亜脱臼
- SAPHO 症候群［Synovitis（滑膜炎），Acne（座瘡），Pusutulosis（膿胞症），Hyperostosis（骨肥厚症），Osteitis（骨炎）］や胸肋鎖骨肥厚症：疼痛や腫脹，関節可動域制限が胸鎖関節に生じる皮膚/骨関節疾患群

競技復帰：
- 徴候と症状：
  - 指の触診で筋骨格由来の胸痛が前・側・後部胸壁のどこにも再現されない。
  - 触診での放散痛がない。
  - 上半身の動きや呼吸，労作時の疼痛がない。
- 腫脹，紅斑，熱感がない。
- 心疾患，呼吸器疾患や感染性疾患が除外できている。
- フットボールやラグビーなどコンタクトプレーがある競技では，胸壁を防護するものを装着することを考慮する。

文　献

Disla E, Rhim H, Reddy A, Karten I, Taranta A. Costochondritis. A prospective analysis in an emergency department setting. *Arch Intern Med*. 1994; 154: 2466-2469.

DynaMed［Internet］. Costochondritis. Ipswich（MA）: EBSCO Publishing; Available from http://web.ebscohost.com/dynamed/detail?vid=7&hid=8&sid=2c7d02cf-250a-4c688fe99b3bbb539160%40sessionmgr11&bdata=JnNpdGU9ZHluYW1lZC1saXZlJnNjb3BlPXNpdGU%3d#db=dme&AN=114285. Updated November 30, 2009; cited November 6, 2012; (about24screens).

Freeston J, Karim Z, Lindsay K, Gough A. Can early diagnosis and management of costochondritis reduce acute chest pain admissions? *J Rheumatol*. 2004; 31: 2269-2271.

Gregory P, Biswas A, Batt M. Musculoskeletal problems of the chest wall in athletes. *Sports Med*. 2002; 32(4): 235-250.

How J, Volz G, Doe S, Heycock C, Hamilton J, Kelly C. The causes of musculoskeletal chest pain in patients admitted to hospital with suspected myocardial infarction. *Eur J Intern Med*. 2005; 16(6): 432-436.

Proulx A, Zryd T. Costochondritis: diagnosis and treatment. *Am Fam Physician*. 2009; 80(6): 617-620.

Rabey M. Costochondritis: Are the symptoms and signs due to neurogenic inflammation. Two cases that responded to manual therapy directed towards posterior spinal structures. *Man Ther*. 2008; 13: 82-86.

Sik E, Batt M, Heslop L. Atypical chest pain in athletes. *Curr Sports Med Rep*. 2009; 8(2): 52-58.

Spalding L, Reay E, Kelly C. Cause and outcome of atypical chest pain in patients admitted to hospital. *J R Soc Med*. 2003; 96(3): 122-125.

Stochkendahl M, Christensen H. Chest pain in focal musculoskeletal disorders. *Med Clin North Am*. 2010; 92(2): 259-273.

Verdon F, Herzig L, Burnand B, et al. Chest pain in daily practice: Occurrence, causes and management. *Swiss Med Wkly*. 2008; 138(23-24): 340-347.

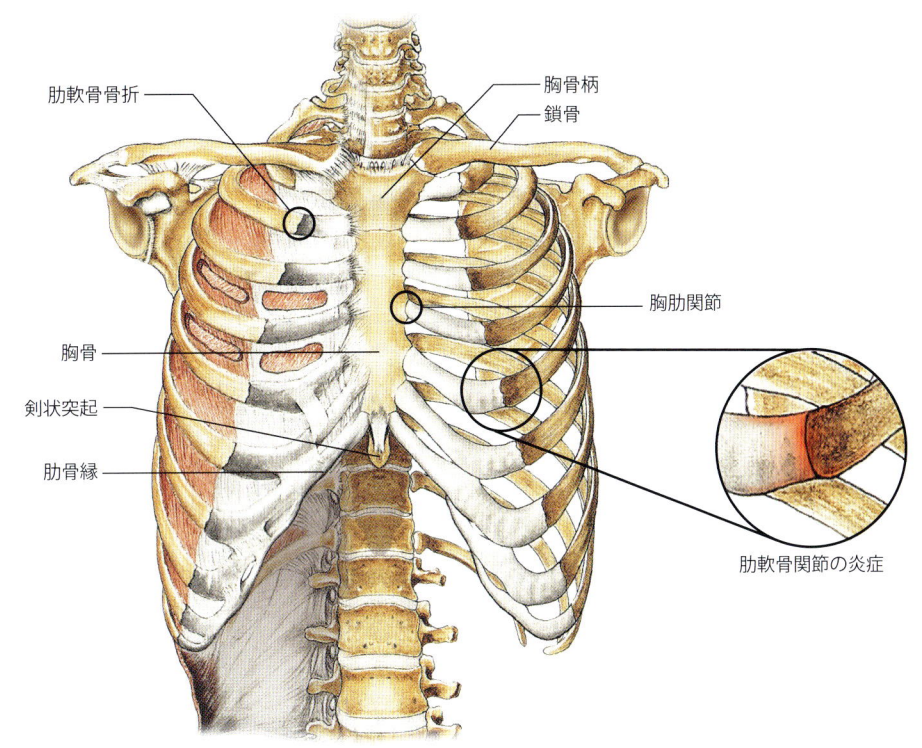

369

肋骨骨折
胸骨柄
鎖骨
胸肋関節
胸骨
剣状突起
肋骨縁

肋軟骨関節の炎症

胸筋の断裂

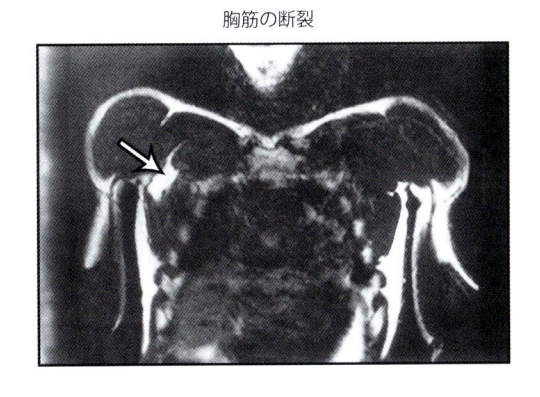

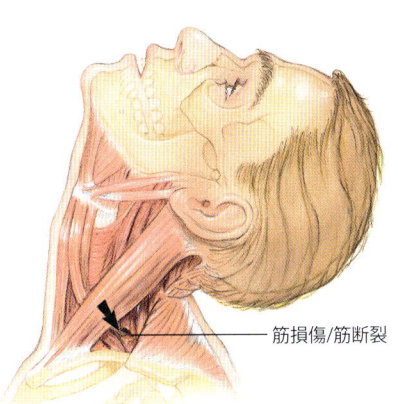

筋損傷/筋断裂

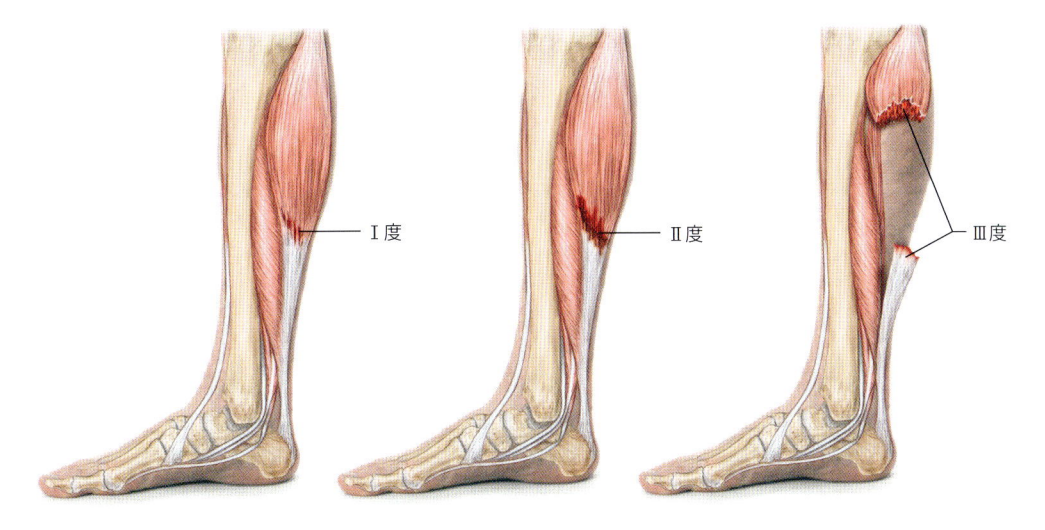

Ⅰ度　　Ⅱ度　　Ⅲ度

図133　骨格筋

8 プライマリケア／9 骨格筋

Section 10 内分泌
Endocrine

女性アスリートの3主徴　The Female Athlete Triad

はじめに(定義と分類)：
- さまざまなレベルの女性アスリートに共通する症候群は，結果的に競技パフォーマンスを低下させ，非可逆的な健康問題を引き起こす可能性がある。以下に連続して生じる3つの領域の障害を示す。
  - 利用可能エネルギー不足(摂食障害による栄養不足)
  - 無月経
  - 骨密度(bone mineral density: BMD)の異常(骨粗鬆症)
- 最近では4つ目の関連障害として，血管内皮の働きに依存する動脈拡張作用も害される可能性が示唆されている。これにより心血管リスクは増大する。

病歴と身体所見：
- 病　歴：
  - カロリー摂取量
  - 食　欲
  - 食事の嗜好(菜食主義，「規則的な食事」対「不規則(grazing)な食事」)
  - 過度な練習
  - 詳細な月経歴
  - 摂食障害，続発性無月経，疲労骨折の既往
  - 治療歴(甲状腺疾患，糖尿病，精神病)
- 身体診察：
  - 客観的データを評価することによる重要器官の調査……体重の変化や血圧・心拍数の低下
  - 全身状態……低体温，徐脈，悪液質，倦怠感
  - HEENT……耳下腺腫大
  - 頸　部……甲状腺のチェック
  - 皮　膚……うぶ毛，色調変化，四肢の冷感，Russell(ラッセル)徴候(過食症で意図的に嘔吐するときにできる手指の胼胝)
  - 精　神……体型に対する理想(イメージ)，体重増加の不安
  - 婦人科診察……腟の萎縮性変化(無月経であれば)
  - 心電図……伝導障害の除外(QT延長)

診　断：
身体所見に基づく徴候と症状，さらに以下の項目の評価
- 妊娠反応
- 包括的な生化学検査
- 血　算
- 赤　沈
- コレステロール
- 甲状腺機能検査
- 原発性もしくは続発性月経困難症の原因を除外するための検査(FSH, LH，プロラクチン)
- 栄養バランスの改善に消極的な者や，6か月以上の無月経/希発月経や疲労骨折の者に対する骨密度検査。
  - 年齢や性別にあったコントロール群と比較するためZ-スコアを用いる。
  - 非アスリートと比較してアスリートの骨密度は5〜15％高い。したがってアスリートではZ-スコアが<−1のものを抽出する。
  - 骨密度が低い場合は25-OHビタミンDを測定する。

- 血管内皮機能の評価のための上腕エコー検査［血流依存性血管拡張反応：flow mediated dilation(FMD)］
  - 正常：駆血を解除すると上腕動脈の径が5〜15％増加
  - 冠動脈の内皮機能障害に対する血流依存性血管拡張反応の発症予知率は95％。

治療：
- 集学的アプローチが治療には重要である。
  - 初期治療を行う医師(スポーツドクター)
  - スポーツ精神科医，カウンセラー
  - 栄養士/管理栄養士
  - トレーニングスタッフ
  - (必要であれば)婦人科医，循環器内科医，整形外科医へのコンサルトを考慮する。
  - 家族，友人，コーチ
- 最初の目標は摂取カロリーを増やし，消費カロリーを減らすこと
  - この方法で月経は再開する。
  - 骨形成も助ける。
- ホルモン療法：
  - 体重増加と比べると骨密度の増加にはあまり効果的ではない。
  - 最後の手段としてのみ推奨する。
  - 単剤もしくは合剤の経口避妊薬は，血流依存性血管拡張反応を増加させる。
  - 経口避妊薬での治療歴のある女性では，乳癌の発生率や乳癌での死亡率が上昇することを助言しておく。
- 栄養補助：
  - カルシウム：1200〜1500mg/日
  - ビタミンD：400IU/日，25-OHビタミンDを多く含有したものは少ない。
  - 葉酸は血管内皮依存性の血管拡張を促進する。
    - ・1日10mgを4〜6週間摂取する程度では副作用はほとんどない。
- ウエイトトレーニングは骨密度の上昇を助ける。
- 摂食障害に対する精神面の介入は以下の項目も含む
  - 認知行動療法は効果的な介入であるが，50％弱では効果がないかもしれない。
  - acceptance and commitment therapy(ACT)は治療効果の向上に関連している。
  - 弁証法的行動療法(dialectical behavior therapy: DBT)や認知行動療法などの介入法もある。
- 摂食障害に対する薬物療法：
  - 選択的セロトニン再取り込み阻害薬は，認知行動療法と併用すると効果的だろう。
  - 治療の前に精神科チームへのコンサルトが推奨される。

その他の留意事項：
- 3徴の臨床像を同時にすべて満たすことは少ない。したがって3徴のうち，症状が現れたものに対して積極的に評価し治療していく。3つの要素がすべてそろうまで治療をはじめるのを待っているべきではない。
- アスリートのリスクの上昇に気づかなければならない。
  - 体重管理が厳しいスポーツとの関連(新体操，フィギュアスケート，バレエ)
  - 勝利への重責の増加(両親，コーチ，トレーニングスタッフ)
  - トレーニングの長時間化，急激な増加
- 血流依存性血管拡張反応の評価による血管内皮障害の早期発見は，長期的な健康に重要である。
- 多面性［American College of Sports Medicine(ACSM)が推奨するものを含む］
  - シーズン前の身体評価，または年に1回の定期チェック
  - 視床下部性無月経の診断をつけるために，ほかの原因を除外する必要がある。
  - 食事制限をしていたアスリートには体重を増加させるよう助言する。
    - ・骨密度の増加が必要である。
    - ・骨密度の増加はホルモン治療より効果的である。
  - 食生活が乱れているアスリートや摂食障害が完全に治癒していないアスリートは，トレーニングや試合の参加を制限し

たほうがよい。
- ビスホスホネートは催奇形性がありアスリートの使用は控えるべきである。

競技復帰：
- 最適な体重であること。
- 代謝異常や電解質異常がないこと。
- 伝導障害がない正常心電図であること。
- 急性損傷(疲労骨折など)が完治していること。
- 最近では多専門チームでの治療，消費カロリーの増加とトレーニング量の制限の遵守が模索されている。

文　献

Anderson TJ, Uehata A, Gerhard MD, et al. Close relation of endothelial function in the human coronary and peripheral circulations. *J Am Coll Cardiol.* 1995; 26(5): 1235-1241.
Baer R, Fischer S, Huss D. Mindfulness and acceptance in the treatment of disordered eating. *J Ration Emot Cogn Behav Ther.* 2005; 23(4): 281-300.
Beals KA, Meyer NL. Female athlete triad update. *Clin Sports Med.* 2007; 26(1): 69-89.
Bonci CM, Bonci LJ, Granger LR, et al. National Athletic Trainers' Association position statement: Preventing, detecting, and managing disordered eating in athletes. *J Athl Train.* 2008; 4380-4108.
Fredericson M, Kent K. Normalization of bone density in a previously amenorrheic runner with osteoporosis. *Med Sci Sports Exerc.* 2005; 37(9): 1481-1486.
Hoch AZ, Lynch SL, Jurva JW, Schimke JE, Gutterman DD. Folic acid supplementation improves vascular function in amenorrheic runners. *Clin J Sport Med.* 2010; 20(3): 205-210.
Mitchell JE, Agras S, Wonderlich S. Treatment of bulimia nervosa: Where are we and where are we going? *Int J Eat Disord.* 2007; 40(2): 95-101.
McNicholl DM, Heaney LG. The safety of bisphosphonate use in pre-menopausal women on corticosteroids. *Curr Drug Saf.* 2010; 5(2): 182-187.
Nattiv A, Loucks AB, Manore MM, et al. American College of Sports Medicine position stand. The female athlete triad. *Med Sci Sports Exerc.* 2007; 39(10): 1867-1882.
Rickenlund A, Eriksson MJ, Schenck-Gustafsson K, Hirschberg AL. Oral contraceptives improve endothelial function in amenorrheic athletes. *J Clin Endocrinol Metab.* 2005; 90(6): 3162-3167.
Warren MP. Amenorrhea and infertility associated with exercise. *UpToDate.* Accessed February 3, 2013.
Warren MP, Miller KK, Olson WH, Grinspoon SK, Friedman AJ. Effects of an oral contraceptive (norgestimate/ethinyl estradiol)on bone mineral density in women with hypothalamic amenorrhea and osteopenia: An open-label extension of a double-blind, placebo-controlled study. *Contraception.* 2005; 72: 206-211.
Warren MP, Perlroth NE. The effects of intense exercise on the female reproductive system. *J Endocrinol.* 2001; 170: 3-11.

373

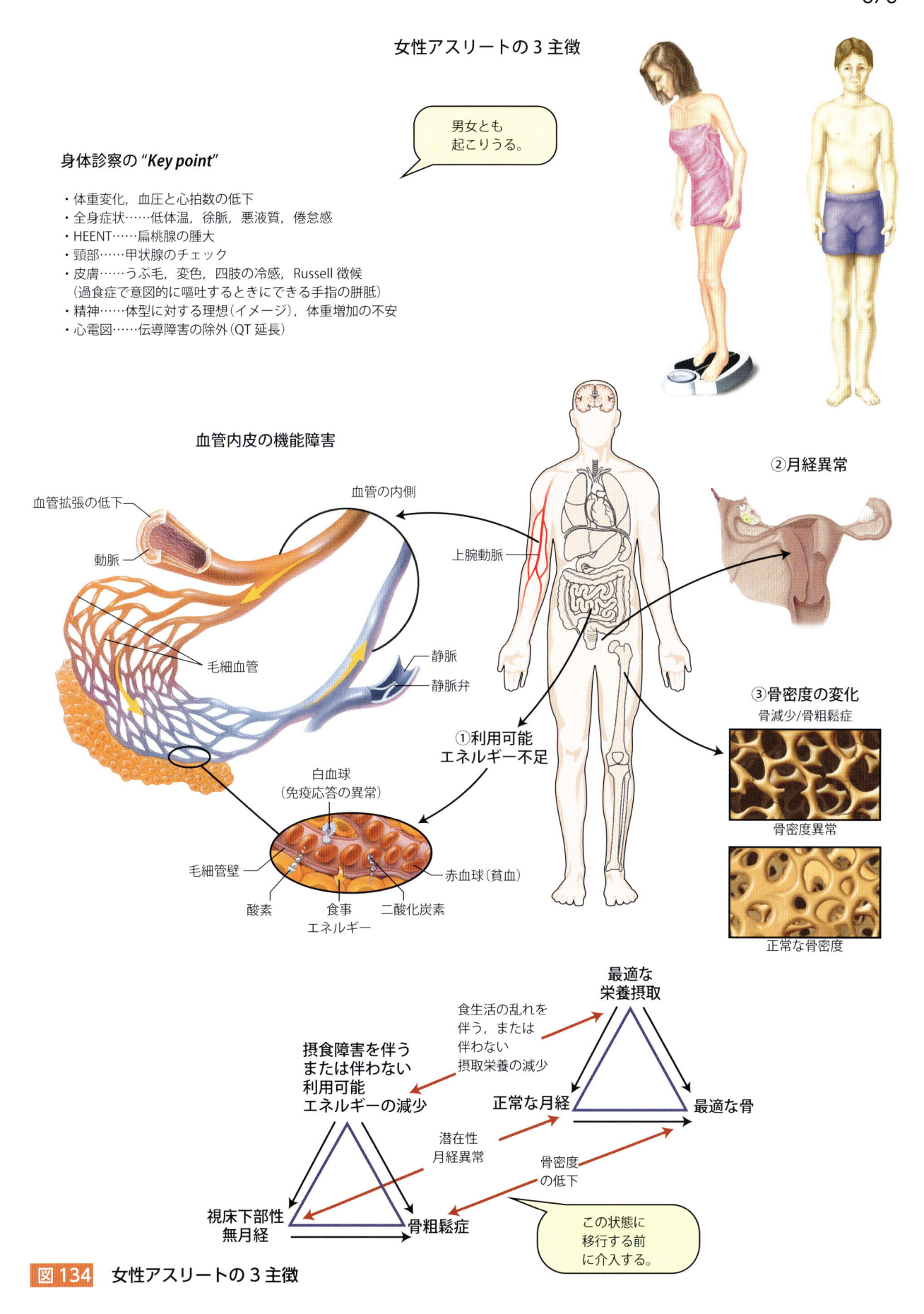

女性アスリートの3主徴

男女とも起こりうる。

身体診察の "Key point"

- 体重変化，血圧と心拍数の低下
- 全身症状……低体温，徐脈，悪液質，倦怠感
- HEENT……扁桃腺の腫大
- 頸部……甲状腺のチェック
- 皮膚……うぶ毛，変色，四肢の冷感，Russell 徴候（過食症で意図的に嘔吐するときにできる手指の胼胝）
- 精神……体型に対する理想（イメージ），体重増加の不安
- 心電図……伝導障害の除外（QT 延長）

血管内皮の機能障害

血管拡張の低下
動脈
血管の内側
毛細血管
静脈
静脈弁
白血球（免疫応答の異常）
毛細管壁
赤血球（貧血）
酸素　食事エネルギー　二酸化炭素

上腕動脈

①利用可能エネルギー不足

②月経異常

③骨密度の変化
骨減少/骨粗鬆症
骨密度異常
正常な骨密度

最適な栄養摂取

食生活の乱れを伴う，または伴わない摂取栄養の減少

摂食障害を伴うまたは伴わない利用可能エネルギーの減少

正常な月経　　最適な骨

潜在性月経異常

骨密度の低下

視床下部性無月経　　骨粗鬆症

この状態に移行する前に介入する。

図134　女性アスリートの3主徴

Section 11 血　液
Hematologic

アスリートにおける貧血　Anemia in the Athlete

はじめに（定義と分類）：

- 本項ではアスリートにおける貧血について解説する。
- 急な（一過性の）運動は，ヘモグロビン値やヘマトクリット値には通常の影響しか及ぼさない。
- したがって，"スポーツ貧血"，"アスリート貧血"，"運動誘発貧血"，"スイマー貧血"，"ランナー貧血"という用語は，混乱をまねくので，貧血の評価や管理には用いるべきではない。
- 貧血とはヘモグロビン値の低下，ヘマトクリット値の低下，赤血球数の減少のいずれかをきたした状態である。以下に基準を示す。
  - 女性ではヘモグロビン値12g/dL未満，あるいはヘマトクリット値36％未満
  - 男性ではヘモグロビン値13.5g/dL未満，あるいはヘマトクリット値41％未満
- 赤血球の大きさ［平均赤血球容積(mean corpuscular volume：MCV)］に基づいた一般的な貧血の分類と，アスリートにおいて貧血をきたしうる原因例：
  - 小球性：MCV ＜ 78fL
    - 鉄欠乏性貧血，失血，鎌状赤血球形成傾向
  - 正球性：MCV 78〜100fL
    - 感染，薬物，その他多数の病態が貧血の原因となる。
  - 大球性：MCV ＞ 100fL
    - ビタミンB_{12}欠乏，かつ（または）葉酸欠乏，甲状腺機能低下症，肝疾患
- アスリートにおける貧血には以下の病型も含まれる。
  - 希釈性偽性貧血(血漿量増加を原因とする血液希釈による見せかけの貧血)
  - 鉄欠乏(貧血をきたしている場合と，きたしていない場合がある)
  - 血管内溶血
  - その他……運動には関係のない，栄養摂取やほかの病態による貧血
    - ビタミンB_{12}欠乏，かつ（または）は，葉酸欠乏
    - まれに，本項で取り上げていない病態が原因である貧血

病歴/身体所見/診断/治療/競技復帰：

（アスリートにおける各種貧血の鑑別については表1を参照）

- **希釈性偽性貧血 Dilutional pseudoanemia**
  - 病　歴：長期間にわたるトレーニング歴
  - 身体所見：異常なし

表1　アスリートにみられる貧血のタイプ

貧血のタイプ	頻度	ヘモグロビン値	MCV	フェリチン値	ハプトグロビン値
希釈性偽性貧血	しばしばみられる	軽度低下	正常	正常	正常
前潜在性貧血	しばしばみられる	正常	正常	低下	正常
鉄欠乏性貧血	まれ	低下	低下	低下	正常
血管内溶血	まれ	通常正常	上昇	正常	低下

From Mercer K, Densmore J. Hematologic disorders in the athlete. In：Miller M, MacKnight J, eds. *Clinics in Sports Medicine-Training Room Management of Medical Conditions*. Philadelphia, PA：Elsevier Saunders；2005；24(3): 599-614, with permission.

- **診　断**：
  - 軽度の貧血はあるものの，自覚的にも他覚的にも身体活動に一貫的な影響はみられず，パフォーマンスにも影響を認めない。
  - 女性では Hb＜11.5g/dL，男性では Hb＜13g/dL と軽度のヘモグロビン値の低下を認めるが，ほかに臨床検査では異常を認めない。
- **治　療**：不要……心配ないことを伝え安心させる。
- **その他の留意事項**：
  - アスリートにおいて最も多い原因である。
  - 血漿量の増加が原因である。
  - 一時的であり，運動を中止すると1週間で回復する。
- **競技復帰**：とくに制限はない。

● 鉄欠乏性貧血 Iron deficiency
- **病　歴**：
  - アスリートが鉄欠乏性貧血をきたす頻度は高く，とくに持久性アスリートに多い。
  - 下記について問診にて確認すること：
    - 消化管出血や生殖泌尿器系からの出血の有無(女性の場合，月経歴)
    - 運動量にみあった十分な栄養が摂取できているか
    - 併存疾患：甲状腺機能低下症，胃潰瘍，ピロリ菌感染
    - 服薬歴……非ステロイド性解熱鎮痛薬は不顕性の消化管出血をきたしていることがある。
- **身体所見**：
  - 易疲労感
  - 粘膜蒼白；爪や表皮の色調の変化
  - 頻脈，機能的(収縮期)雑音，毛細血管再充満の消失
  - 肝腫大/脾腫
  - 直腸診や泌尿生殖器の診察を考慮すること
- **診　断**：
  - "貯蔵鉄"の評価：
    - 骨髄生検(最も標準的な検査)
    - フェリチンの評価(貯蔵鉄の検査のために多くの患者において施行される)
      - 10〜15ng/mL 未満＝感度59%，特異度99%
      - 41ng/mL 未満＝感度，特異度ともに98%
  - 血液検査：
    - ヘモグロビン，ヘマトクリット，MCV，血清鉄，総鉄結合能，フェリチン，トランスフェリン飽和度
    - 貯蔵鉄の評価
  - 血液検査と他の臨床症状に基づき，以下の病期が定義される(表2)
    - Ⅰ期："鉄欠乏をきたしているが貧血には至っていない状態"(前潜在性貧血)……最もよくある状態で女性の11%，男性の4%にみられる。
    - Ⅱ期："鉄欠乏による軽度の貧血"
    - Ⅲ期："重度の鉄欠乏性貧血"……まれ(1〜3%)
- **治　療**：
  - 非薬物治療(Ⅰ期)：
    - 鉄分の多い食物を推奨(赤身の肉，魚，鳥肉，野菜，穀類)
  - 薬物治療(Ⅱ期とⅢ期)：
    - 硫化鉄やグルコン酸鉄の経口投与
  - **適切な治療の key point**：
    - 治療中のビタミンC補給は，腸内を酸性状態にすることにより，鉄吸収を亢進させる可能性がある。
    - グルコン酸鉄は硫酸鉄よりも元素鉄の含有量が少ないため，副作用が少なく，忍容性に優れる。

表2　鉄欠乏における臨床検査

	正常値	鉄欠乏貧血なし	鉄欠乏性による軽度の貧血	重度の鉄欠乏性貧血
骨髄の細網内皮系の貯蔵鉄	**2+〜3+**	**なし**	なし	なし
血清鉄（SI μg/dL）	60〜150	60〜150	**< 60**	< 40
総鉄結合能（トランスフェリン，TIBC），μg/dL	300〜360	300〜390	350〜400	**> 410**
トランスフェリン飽和度（血清鉄/総鉄結合能），%	20〜50	30	**< 15**	< 10
ヘモグロビン，g/dL	**正常**	**正常**	**9〜12**	**6〜7**
赤血球の形態	正常	正常	正常か軽度低色素性	低色素性，小球性
血漿あるいは血清フェリチン，ng/mL	40〜200	**< 40**	< 20	< 10
赤血球プロトポルフィリン，ng/mL 赤血球	30〜70	30〜70	**> 100**	100〜200
その他の組織変化	なし	なし	なし	爪や表皮の変化

注釈：太字で示されている検査結果は鉄欠乏のいろいろな状態において，最もよくみられる場合である。したがって，貧血のない患者における貯蔵鉄の有無（骨髄細網内皮系の貯蔵鉄）は，正常者と貯蔵鉄欠乏状態とを鑑別することに有用である。

- コーヒーやお茶，牛乳，シリアル，繊維を多く含んだ食物は，鉄の吸収を阻害するため，鉄剤の服用時には，避けるべきである。
- 鉄の吸収を阻害する薬物として，カルシウムサプリメント，キノロン系やテトラサイクリン系の抗菌薬，制酸剤（プロトンポンプ阻害薬，H_2受容体拮抗薬）がある。
- もし，アスリートが制酸剤と鉄剤の治療を同時に行う必要がある場合，制酸剤服用の2時間前，あるいは，4時間後に鉄剤を服用すべきである。
- 治療期間：
  - 推奨期間は個々のアスリートによっていろいろである。6〜12か月が妥当である。
  - もっと長い期間の治療が必要になる場合がある。"個別に"評価すること。
- 血液内科専門医に相談すべきときは：
  - 経口鉄剤の治療に抵抗性の場合
  - 非経口的な治療を考慮しなければならない場合
- その他の留意事項：
  - 鉄欠乏性貧血は鉄分の摂取不足や吸収不良によって生じる可能性がある。しかしながら，より重篤な病態（消化管出血や悪性腫瘍）が原因として潜んでいることを見過ごすことのないように，不顕性の出血を除外することが重要である。
  - "鉄欠乏性貧血"と，サラセミアや"慢性疾患による貧血"を鑑別することが重要である（これらはいずれも小球性貧血を呈する）。
  - "前潜在性貧血"における経口鉄剤の効果については，結論は出ていない。
  - 経口鉄剤により，便秘，胃炎，便の性状の変化などをきたすことがあり，これらの副作用により服薬不履行になることがある。
  - 鉄欠乏性貧血の発症の"危険性が高い"アスリートをスクリーニングすることについては，一定の意義があるかもしれない。しかしながら，頻度が1〜3%と低いため，ルーチンのスクリーニングは勧められない。
  - 注意深くモニターするには，チームの栄養士に相談すること
  - 潜在的な摂食障害について考慮したり，管理することが必要である。とくに，アスリートに無月経と繰り返す疲労骨折が認められる場合には必要である。

- 競技復帰：
  - 制約は一般的にない。
  - もし，アスリートに血小板減少や白血球減少などの血液学的な異常を認める場合には，医学的に異常なしと結論する前に，血液専門の医師に相談するほうが賢明である。

● 血管内溶血 Intravascular hemolysis
- 病　歴：
  - 長時間にわたる持久性の強度の強い競技(マラソン，トライアスロン，遠泳)のあとに認められる無痛性血尿
  - 代償的な網状赤血球増加のため，アスリートは通常は無症状である。
- 身体所見：通常正常(まれではあるが，黄疸が認められることがある)
- 診　断：
  - 除外診断となる！
  - 運動終了直後に血液検体を採取する。
    - 血清ハプトグロビンの低下
    - 乳酸脱水素酵素(lactate dehydrogenase: LD)の増加
    - 大球性赤血球血と網状赤血球の増加を認めることがある。
  - 検　尿：ヘモグロビン尿を認めることがある。
- 治　療：
  - 運動量を調整する。
  - 歩行状態の評価，適切な運動靴，練習強度の調整をすること(必要に応じて)により改善する可能性がある。
- その他の留意事項：
  - 現在の考え方：
    - ランナーにおける，踵接地期の機械的な破壊("heal strike")の可能性
    - 水泳選手における，筋肉収縮による赤血球の圧迫と破壊
    - 体温の上昇や酸化ストレスを伴うような，長時間にわたる運動後に起こる赤血球膜の構造変化
  - 溶血性貧血を起こすほかの原因を除外する必要がある。とくに，赤血球の脆弱性をもたらす先天的あるいは後天的な病態について除外する必要がある(たとえば，ビタミンE欠乏性球状赤血球症)。
- 競技復帰：
  - 制約は一般的にない。
  - しかしながら，肉眼的な血尿の際には精査を考慮(生殖泌尿器系の外傷，多発性嚢胞腎の家族歴など)

文　献

Abrams SA. Iron requirements and iron deficiency in adults. *UpToDate*. Accessed on April 1st, 2013.
Brittenham G. Disorders of iron metabolism: Iron deficiency and iron overload. In: Hoffman R, Benz EJ, Shattil SS, et al., eds. *Hematology: Basic Principles and Practice*. 5th ed. Philadelphia, PA: Elsevier Churchill Livingstone; 2008, Chapter 36.
Guyatt G, Oxman A, Ali M, et al. Laboratory diagnosis of iron-deficiency anemia: An overview. *J Gen Intern Med*. 1992; 7(2): 145–153.
Haas J, Brownlie T. Iron deficiency and reduced work capacity: A critical review of the research to determine a causal relationship. *J Nurt*. 2001; 131(2S-20): 676S–88S.
Mercer K, Densmore J. Hematologic disorders in the athlete. In: Miller M, MacKnight J, eds. *Clinics in Sports Medicine–Training Room Management of Medical Conditions*. Philadelphia, PA: Elsevier Saunders; 2005; 24(3): 599–614.
Schreir S. Approach to adult patient with anemia. *UpToDate*. Accessed on April 1st, 2013.
Schreir S. Causes and diagnosis of anemia due to iron deficiency. *UpToDate*. Accessed on April 1st, 2013.
Schreir S, Auerbach M. Treatment of anemia due to iron deficiency. *UpToDate*. Accessed on April 1st, 2013.
Shaskey DJ, Green GA. Sports hematology. *Sports Med*. 2000; 29(1): 27–38.
Selby GB, Eichner ER. Endurance swimming, intravascular hemolysis, anemia, and iron depletion. New perspective on athlete's anemia. *Am J Med*. 1986; 81(5): 791–794.
Selby GB, Eichner ER. Hematocrit and performance: The effect of endurance training on blood volume. *Semin Hematol*. 1994; 31(2): 122–127.
Telford RD, Sly GJ, Hahn AG, et al. Footstrike is the major cause of hemolysis during running. *J Appl Physiol*. 2003; 94(1): 38–42.

鎌状赤血球形成傾向　Sickle Cell Trait(SCT)

はじめに（定義と分類）：

- 異常なヘモグロビン(S)と正常なヘモグロビン(A)の遺伝子を1つずつ継承した常染色体劣性遺伝性疾患であり，鎌状赤血球形成傾向(Hb AS)とは，ヘモグロビン(S)とヘモグロビン(A)を有するヘテロ接合体の保持者で，無症候性の保因者である（病気ではない）。
- 異常なヘモグロビンSのみを有するホモ接合体保持者(SS)は鎌状赤血球症(HbSS)を発症し，重篤な合併症を頻回に伴うため，アスリートとして競技に参加する可能性はきわめて小さい。したがって，この章では基本的に鎌状赤血球形成傾向について解説する。
- 鎌状赤血球形成傾向の頻度：
  - アフリカ系米国人の8％
  - ヒスパニック系の0.5％
  - 白人の0.2％
- 2000年～2010年までのフットボール1部リーグにおける死亡
  - **練習中**に16件の死亡があった。
    - 15件はスプリントまたはスピードを伴う敏捷な練習中，1件はウエイトリフティングによる死亡
    - 10件（63％）は激しい運動により鎌状赤血球が形成されたことによる症状(ESC)で，4件は心疾患が原因であり，1件は喘息，1件は疲労性熱射病の合併症による死亡である。
- 特殊な状況において赤血球が鎌形となり，微小循環を阻害し，下記のさまざまな合併症を引き起こす可能性がある。
  - 労作性鎌状赤血球形成虚脱(exertional sickling collapse: ESC)
    - 長時間の**最大強度**の運動によって引き起こされる場合が典型的
    - 最も重篤な病態では，"広範な横紋筋融解"を引き起こし，死に至ることがある。
    - 体調管理不良＋競技シーズン前＋高地(場所)＝"パーフェクト・ストーム"(重症化)
  - 脾梗塞……とくに高地において
  - 腰部の筋肉壊死
  - コンパートメント症候群
  - 肉眼的血尿
  - 尿濃縮機能低下(尿濃縮困難)
  - 静脈血栓塞栓症(賛否有)
- 恒常性機能の4つに変化があり，それらが同時に起こることで，微小循環における赤血球の鎌形状変化を引き起こす。
  - 低酸素血症
  - 血液粘度亢進
  - 赤血球内脱水がヘモグロビンSを濃縮
  - 乳酸アシドーシス

病歴と身体所見：

- 一般的に考慮すべきこと：
  - 一般的に，鎌状赤血球形成傾向者は健康であり，日常生活の活動はとくに問題ない。
  - 鎌状赤血球形成傾向者は，アフリカ系，地中海系，中東系，カリブ海系，インド系人種に多い。しかしながら，白人系を含めすべての人種にありうる。
  - 家族歴
    - 両親の片方が鎌状赤血球形成傾向の保因者である場合，子どもは50％の確率で鎌状赤血球形成傾向となる。
    - 両親がともに鎌状赤血球形成傾向の保因者である場合，子どもは50％の確率で鎌状赤血球形成傾向となり，25％の確率で鎌状赤血球症を発症する。
- 労作性鎌状赤血球形成虚脱に関する病歴聴取と身体所見の取り方：
  - 病　歴：
    - 最近の低酸素刺激への曝露：持久性競技(フットボール，陸上競技トラック種目，バスケットボール，クロスカントリースキー，自転車競技，ボクシング，水泳)，高地曝露，最近の感染，脱水

- "労作性鎌状赤血球形成虚脱"を疑わせる症状について問診
  - 下肢あるいは腰部の疼痛
  - 重度の，広範な筋肉・骨の痛み，腹痛，あるいは胸痛
  - 末梢から中枢に波及する筋肉の虚脱
  - 疼痛を伴わない四肢末梢の筋力低下：それによりアスリートは地面に倒れこむことがある。
  - 運動の即時中断……"両手を膝につけて中断している"状態
  - 不安感
  - 咳嗽，呼吸困難，頻呼吸
  - 無痛性血尿
  - 疲労感
- 身体所見：
  - ABCを評価する［気道(Airway)，呼吸(Breathing)，循環の状態(Circulation)］。
  - 労作性鎌状赤血球形成虚脱の際には下記のような徴候が認められることがある。
    - 直腸温＜39.4℃
    - 全身状態：不安感はあるが協調的(会話可能)
    - 心：頻拍，収縮期雑音を聴取することもある。
    - 肺：頻呼吸，聴取にて狭窄音を認めない。
    - 腹部：肝脾腫を認めることもある。
    - 筋肉骨格系：筋力低下＞疼痛，検査は正常である。
    - 皮膚：蒼白

診 断：

- 鎌状赤血球形成傾向(SCT)：
  - 鎌状溶解度試験によってヘモグロビンSを同定することができる。鎌状赤血球形成傾向を確定診断し，鎌状赤血球症と鑑別するためには，ヘモグロビン電気泳動法あるいは高圧液体クロマトグラフィー法を施行する必要がある。
  - 血液学的ポイント
    - 末梢血塗抹検査にて鎌状赤血球を認めることもある。
    - ヘモグロビン値，赤血球指標，形態，網状赤血球数は鎌状赤血球形成傾向においては，完全に正常でありうることもある。
- 労作性鎌状赤血球形成虚脱(ESC)：
  - 身体所見から徴候・症状を判断する。
  - 検尿にて肉眼的血尿を認めることもある。

治 療：

- **治療よりも予防が大切**
  - アスリート，保護者，コーチに対して以下の教育を行うこと。
    - 鎌状赤血球形成傾向，あるいは鎌状赤血球症の"根本的な治療法"はない。
    - アスリートは高温，湿度，高度，持久性に徐々に慣れるようにすること。
    - プレシーズンの時期はゆっくりと徐々にコンディションを調整するように，アスリートに"自分のペース"を確立できるような環境を与えること。
    - "ペースを定めた進行プログラム"に従い，できるだけ長い回復時間をとりながら，徐々に練習強度をあげていくこと。
    - 負荷の強すぎるパフォーマンステストは避ける，とくに，自分の競技にとって専門的ではないテストの場合には，負荷の強いテストは行わないこと［"心臓やぶりのきつい訓練(suicide drill)"が本当に"致命的(suicide)"になってしまう］。
    - 2～3分以上持続する"最大強度"の運動は慎むこと。
    - **HEAD**を念頭におく：Hは十分な水分補給(Hydrate)，Eは環境(Environmental)への順応(高温，高地)，Aは喘息(Asthma)のコントロール，Dは体調が悪いときには，練習や運動をさせない(Disqualify)こと。
    - 心肺蘇生とAEDの使用について訓練を受けておく。

- **労作性鎌状赤血球形成虚脱(ESC):**
  - アスリートには"初期症状, 原因のはっきりしない体調変化"を認めた場合には, 直ちに練習を中止し, 初期の労作性鎌状赤血球形成虚脱として治療するように指導しておく。
  - 労作性鎌状赤血球形成虚脱を示唆するいかなる病状も "**医学的な緊急事態**" として治療すること。
    - 119番をコールする:もしできなければ, できるだけ近い病院に大至急搬送すること。
    - 使用可能な医療器具を用いて, できる処置を行うこと。
      - フェイスマスクで酸素吸入
      - 静脈ラインを確保
    - バイタルサインを頻回にモニターすること。
    - 適応のある場合, アスリートの体を冷やすこと。

その他の留意事項:

- **『NCAAガイドライン』:**
  - 1部・2部リーグのアスリートは, 人種にかかわらず全員, 鎌状赤血球形成傾向であるかの検査を受けなければならない。
  - 検査陽性の場合, アスリートは,
    - 鎌状赤血球形成傾向のアスリートに運動によって生じる合併症について, 指導を受ける。
    - 過剰な練習を避け, 十分な水分補給をするように注意深く観察される。
- 発症を誘発させる可能性として以下の状況が知られている。それらを避けるための注意が推奨される。
  - 脱　水
  - 高地(飛行, 登山, 高地の都市に居住あるいは訪問)
  - 圧上昇(スキューバダイビング)
  - 低酸素状態(登山, 過度の練習)
- 血尿の有無を問わず, 腎髄様癌のスクリーニング検査を考慮(鎌状赤血球の7番目の腎症:鎌状赤血球形成傾向にほぼ例外なく認められる)
- 教　育:
  - 家族計画(子どもをもつとき)に関して:とくにパートナーが鎌状赤血球形成傾向である場合, 子どもは異常なヘモグロビンSのみを有するホモ接合体保持者(SS)である危険性が高まる。
  - 労作性鎌状赤血球形成虚脱は労作性熱中症がなくても生じる。
  - 労作性鎌状赤血球形成虚脱はしばしば, 心原性や熱射病による病態との区別が困難であり, すべてのスタッフは鎌状赤血球形成傾向であるアスリートについて認知しておく必要がある。
  - 尿濃縮機能障害は, 高校生, 大学生のアスリートにとって臨床的には重大な問題でないことが多い。

競技復帰:

- 鎌状赤血球形成傾向は, スポーツを行うことの障壁ではない。
- 鎌状赤血球形成傾向であるアスリートには, 競技活動に順応していくことや運動によって生じる可能性のある危険性, 合併症について書面できちんと指導したのちに, スポーツに参加する許可を与える。
- 労作性鎌状赤血球形成虚脱を生じた後の競技への復帰は, 合併症の性質や重症度をもとに, 個々に判断されるべきである。

文　献

Bonham VL, Dover GJ, Brody LC. Screening student athletes for sickle cell trait—a social and clinical experiment. *N Engle J Med*. 2010; 363: 997-999.

DynaMed [Internet]. Ipswich(MA): EBSCO Publishing. Sickle Cell Disease; [updated 2012 Dec 03; cited 2012 Dec 21]; Available from http://web.ebscohost.com/dynamed/detail?vid=3&hid=122&sid=37c2c93f-9d16-459b-ac90-b1a8a03c2bef%40sessionmgr113&bdata=JnNpdGU=9ZHluYW1lZC1saXZlJnNjb3BlPXNpdGU%3d#db=dme&AN=115522&anchor=References.

Eichner ER. Sickle cell trait in sports. *Cur Sports Med Rep*. 2010; 9: 347-351.

Eichner ER. Sickle cell considerations in athletes. *Clinics Sports Med*. 2011; 30(3): 537-549.

Sickle Cell Disease. Centers for Disease Control. Retrieved from http://www.cdc.gov/ncbddd/sicklecell/traits.html on January 20th, 2011.

Sickle Cell Educational Materials and Resources. National Collegiate Athletic Association. Retrieved from http://www.ncaa.org on January 20th, 2011.

Vichinsky EP. Sickle cell trait. *UpToDate*. Accessed on February 3rd, 2013.

図 135　血液

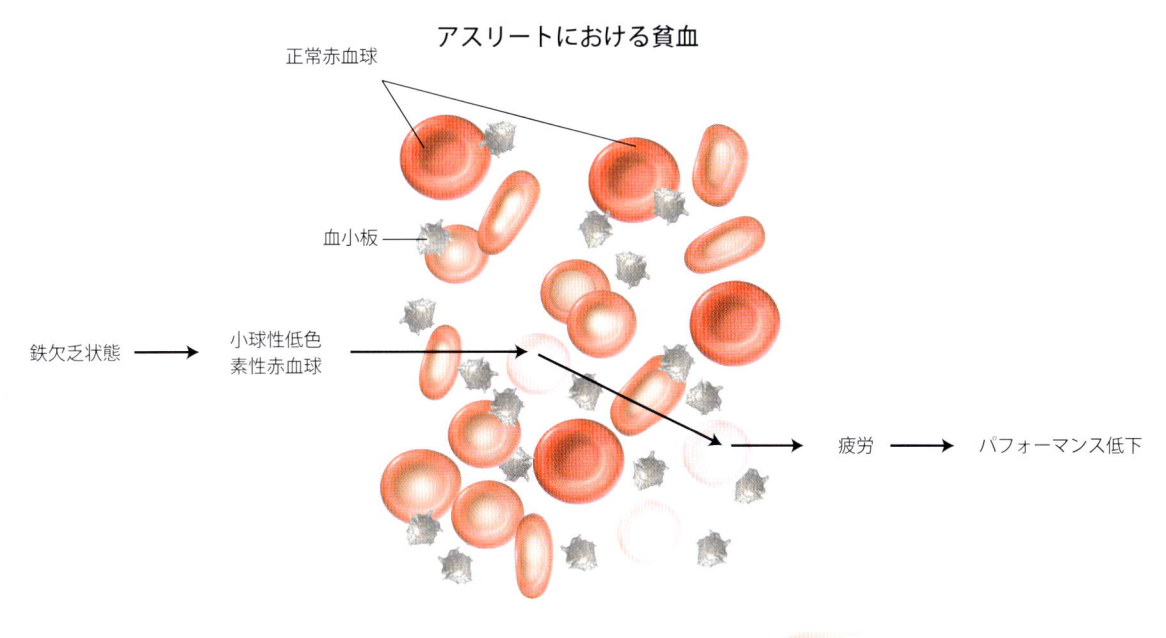

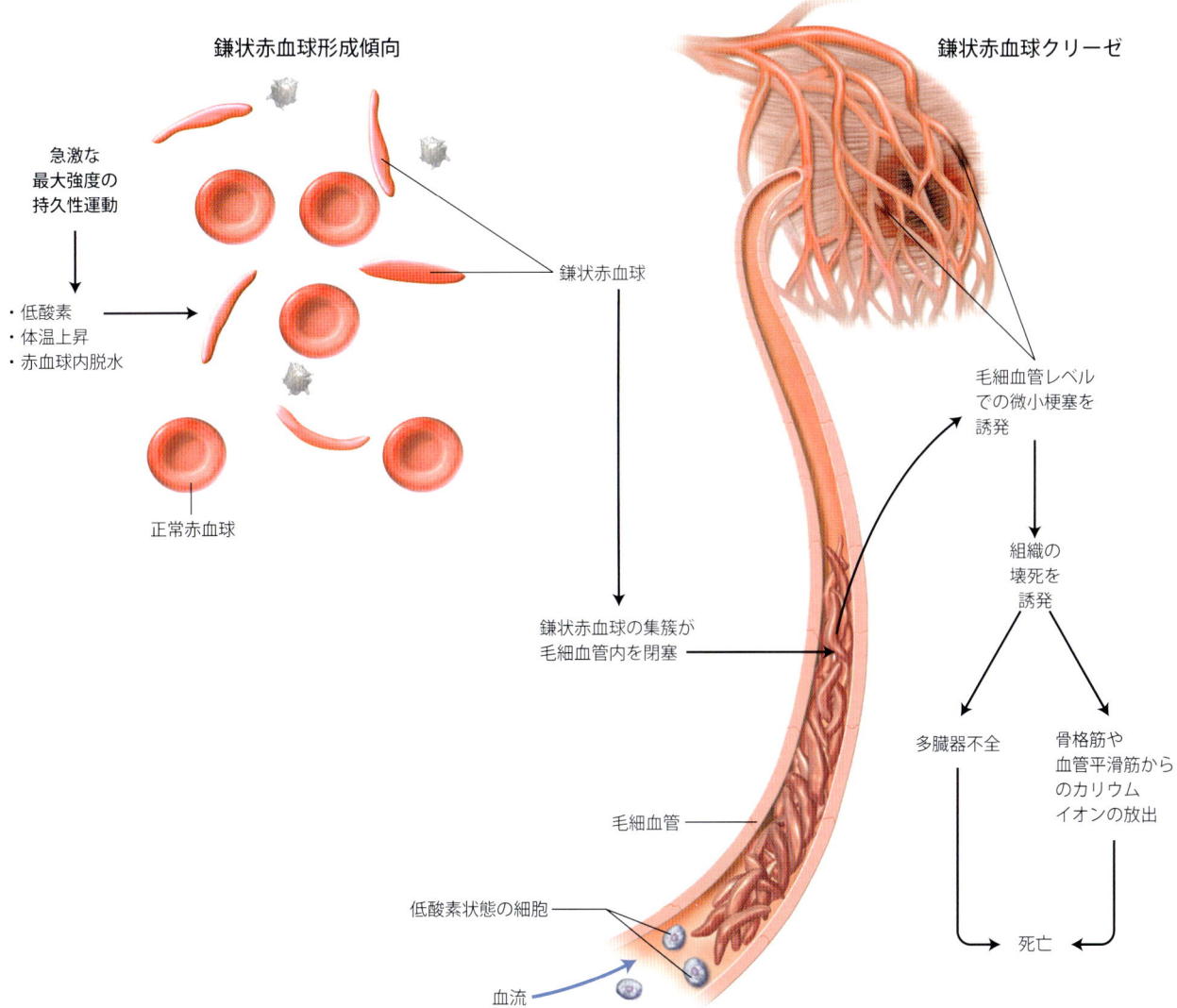

Section 12　環　境
Environmental

運動による熱中症　Exertional Heat Illness

はじめに(定義と分類)：
- 運動による熱中症(Exertional heat illness: EHI)はアスリートの死亡原因として最も多い。
- アスリートにおける分類：
  - **熱けいれん**：**運動関連筋痙攣**(Exercise-associated muscle cramps: EAMC)
  - **熱失神**：**運動関連失神**(Exercise-associated collapse: EAC)
  - **熱疲労**(Heat exhaustion)
  - **熱射病**：運動による熱射病(Exertional heat stroke: EHS)；最も重症
- 運動による熱射病が最も頻回に発症するのはフットボール競技であり，死亡例は夏の練習中に起こりがちである。

病歴と身体所見：
- **病歴(危険因子の評価)**：
  - 運動環境への順応(Acclimatization)……適応不十分
  - 体　重(Body weight)……増加
  - 先天的素因(Congenital predisposition)……鎌状赤血球形成傾向，悪性過高熱症，無汗症
  - 衣　服(Clothing)……通気性のない繊維
  - 脱　水(Dehydration)……最近の体調不良，アルコール過剰摂取後
  - 薬　物(Drugs)：
    - 抗コリン薬(ジフェンヒドラミン)やアレルギー疾患に用いる抗ヒスタミン薬(フェキソフェナジン，セチリジン)
    - 感冒に用いる充血改善作用薬(プソイドエフェドリン)
    - 刺激薬：喘息薬のアルブテロール，多動性障害治療薬のアンフェタミン
    - 高血圧治療薬である利尿薬やβ遮断薬
    - 悪心・嘔吐の治療薬であるフェノチアジン系薬(プロメタジン)
  - 疾　患(Disease)……甲状腺機能亢進症
  - サプリメント(Dietary supplements)……刺激物(麻黄)を含む経口サプリメント
  - 運　動(Exercise)……過酷な環境での練習：高温，多湿
  - 体　型(Fitness)……競技シーズン前に体型管理ができていない。
- **身体所見**：
  - **運動関連筋痙攣(EAMC)**：
    - 大きな筋肉群(下肢，腹部，背部)の疼痛を伴う筋痙攣
    - 心血管系：頻脈
    - 皮膚：発汗
    - 中枢神経系：正常
  - **運動関連失神(EAC)**：
    - 運動を中止した後に起こることが多い。
    - 深部体温：正常あるいは軽度上昇
    - 心血管系：徐脈
    - 皮膚：蒼白，発汗
    - 中枢神経系：精神状態は変化しているが，適切な処置により20分以内に回復する(熱射病との鑑別因子)。
  - **熱疲労**：
    - 運動継続不能，歩行障害，悪心・嘔吐，痙攣性の腹痛
    - 深部体温：38.3〜39.4℃
    - 心血管系：頻脈，低血圧

・皮膚：蒼白，発汗過多
・中枢神経系：軽度の混迷状態であるが，安静と冷却により多くは回復する。あるいは，正常のこともある(熱射病との鑑別因子)；頭痛，脱力感
- **熱射病(EHS)**：
  ・運動継続不能，過呼吸，歩行障害，悪心・嘔吐/下痢，口腔乾燥，おびただしい発汗，乏尿
  ・深部体温：＞40℃
  ・心血管系：頻脈，脈圧拡大(収縮期血圧と拡張期血圧の差の拡大)，不整脈
  ・皮膚：蒼白，発汗過多
  ・筋肉骨格系：脱力
  ・中枢神経系：無気力，頭痛，脱力感，記銘力低下，混迷，感情不安定，異常行動，痙攣，意識レベルの低下，昏睡

診断：
- 症状/身体所見での徴候
- 臨床検査(必要に応じて)
  - 末梢血
  - 代謝系一式
  - 凝固系
  - 検尿(ケトン体，タンパク，ミオグロビン)
  - 心臓系のマーカー
- 画像検査(必要に応じて)
  - 胸部単純X線撮影
  - 頭部CT

治療：
- **一般的なガイドライン**：
  - 運動による熱中症は一連の病態であり，早期で軽症の病態を迅速に，かつ適切に治療しないと熱射病に至る可能性があることを念頭に入れておくこと。
  - 医療スタッフ，アスリート，コーチ，保護者に運動による熱中症を予防するために下記を教育しておくこと。
    ・危険因子
    ・定期的に(運動前，運動中，運動後に)水分を補給すること，頻回に休憩時間を設けること，順応期間を設け練習量を徐々に増やしていくことの有用性
    ・"電解質を含まない水分"の過度の補給は運動誘発性低ナトリウム血症(exercise-associated hyponatremia: EAH)を引き起こす可能性がある。
    ・アスリートにとって十分な栄養摂取の利点：可能であれば，教育プログラムにチーム専属栄養士を加える。
    ・トイレに尿の色調で脱水の程度の指標がわかる図表を掲示する。
  - 暑さ指数(湿球黒球温度計，WBGT計)を用いて，運動に適さない環境のときは，適度に練習内容を調整したり，中止する。
  - "緊急時の行動計画"を作成し，確実に遵守する。
  - 運動による熱中症を発症しやすい，危険因子となるような先天的素因を有するアスリートの運動の際には，十分に注意を払う。
  - アスリート，コーチ，保護者と交流をもち，再確認する。
- **運動関連筋痙攣(EAMC)**：
  - 水分補給：
    ・まずは，経口で水分摂取
    ・もし，効果が乏しければ，治療抵抗性の運動関連筋痙攣に対しては点滴静注による水分補給を考慮する。
  - 筋肉のストレッチングと冷却マッサージ
- **運動関連失神(EAC)**：
  - モニター：
    ・気道・呼吸・循環(ABCs)：通常は自然に回復する。

- ・血清ナトリウム濃度：運動関連失神は運動誘発性低ナトリウム血症によって誘発されることもある。
- ・深部体温：精神症状が20分以上遷延するアスリートにおいては深部体温を測定する。運動関連失神は悪性過高熱症と類似した病状を呈し鑑別が難しいことがある。
- ・脈拍：運動関連失神は不整脈によって誘発されることがある。
- 静脈還流を促進するため，下肢を挙上し頭より高い位置にする。
- 水分補給：
  - ・意識状態が完全に清明であれば，経口摂取
  - ・経口摂取ができない場合は，点滴静注を考慮する。
- 以下の場合には最も近い医療機関に救急搬送する。
  - ・低ナトリウム血症
  - ・深部体温が上昇し続けている。
  - ・精神症状が20分以上遷延する。
  - ・循環動態が不安定である。

● **熱疲労**：
- 安定しており，意識がしっかりしているアスリート。
  - ・涼しく，日陰になった場所で休ませる。
  - ・競技用具を取りはずし，余分な衣類を脱がせる。
  - ・体冷却を開始する：方法は下記の熱射病の項を参照。
  - ・静脈還流を促進するため，下肢を挙上し頭より高い位置にする。
  - ・水分補給（上記の「運動関連筋痙攣」の項のように）
- モニター：
  - ・深部体温
  - ・精神状態の悪化：初期には正常であることもある。
- 以下の場合には最も近い医療機関に救急搬送する。
  - ・深部体温が上昇し続けている。
  - ・初期には正常と評価されていた精神状態が変化した場合
  - ・循環動態が不安定である。

● **熱射病（EHS）**：
- 一般的なガイドライン：
  - ・初期の状態が，潜在的な重症度を反映していない場合もあることを"知っておくように"する。
  - ・合併症は深部体温が高くなった状態の持続時間と相関するので，"まず急いで冷却し，次に搬送すること"。
  - ・まず，速やかに初期治療を開始し，それから救急連絡をすること。
- モニター：
  - ・気道・呼吸・循環（ABCs）
  - ・バイタルサイン：
    - ・持続モニターすること，直腸温度計を用いること。
    - ・もし可能であれば，血糖（指尖採血）と血清ナトリウム濃度を測定すること。
- "まず，冷却する"。
  - ・**方法**：冷水浸浴のガイドライン参照（表1）
  - ・**時間**：直腸温が38.3〜39℃に下降するまで（もし直腸温度計が使用できない場合，アスリートが冷たくて震えるまで浸けるか，あるいは，アスリートを20分間冷水に浸けるかのどちらかの方法を用いる）
- 経過観察と処置：
  - ・1〜2時間，注意深く観察し，症状が改善し，バイタルサインと電解質異常が正常化した後に，アスリートは保護者の付き添いのもとで帰宅してもよい。
  - ・軽快しなければ，入院を指示し，多臓器不全に関連した合併症（横紋筋融解症，急性腎不全，播種性血管内凝固症候群，肝不全，不整脈）が遅発性に進展するかをモニターする必要がある。

表1　運動による熱中症における冷水浸浴治療

- すぐに救急隊に連絡をとること。
- 気道，呼吸，循環動態と意識状態の評価を行う。冷水に浸す前にバイタルサインを測定すること。
- その場に適切な救護スタッフ（チームドクターなど）がおり，積極的な冷却治療（冷水に浸ける，冷却タオル，高流量の冷水を浴びせるなど）がすぐに行えることが物理的に可能で，体温を下げること以外に緊急の処置や治療が不要であれば，"まず第一に冷やし，その次に搬送する"というガイドラインに従って処置を行う。
- 冷水浸浴治療を行うためには，下記のように準備を行う：
  - 手伝ってくれる人をよぶ。
- 具合の悪くなったアスリートを日陰に移動する。
  - バスタブや水遊び用のプールの半分まで水と氷を溜める。氷が常に水面全体を覆っているようにする。
  - もし，アスリートがトレーニングルームの近くで倒れた場合には，氷水を満たしたジェットバスを使用することも可能かもしれない。
- 冷水浸浴治療を行っている間は，直腸サーミスター（サーミスターとは，冷却治療や処置の間，常に体内の定位置においておける折り曲げ可能な体温計である）を用いて持続的に深部体温を評価すること
- 補助者に手伝ってもらいながら，下記のように体を冷やす：
  - アスリートを氷水を満たしたタブに入れる。
  - アスリートの体のできるだけ多くの部分が氷水に浸かるようにする。もし，体全体を浸けることができなければ，体幹部ができるだけ浸かるようにする。
  - アスリートの頭部と顔は水面より上に出ているように体位を保持する。くるんだタオルやシーツを胸部にたすきがけにして，救助者が，脇の下から支えるようにすることで，頸部より上を水面より上に出しておくことができる。
  - 体幹部を冷やしながら，氷水に浸しておいたタオルを頭部や頸部にかぶせて冷やす。
  - 水温を15℃以下に保つ。
  - 冷却治療中は，常に，タブ内の氷水を力強くかき回す。
- 冷却中，バイタルサインを10分おきに，意識状態は常にモニターする。
- アスリートが暴れたり，嘔吐のため体を持ちあげて体位変換をしなければならない場合に備えて，近くに数名の救助者が待機し，すぐに補助できる体制にしておく。
- アスリートの直腸温が39℃に下がるまで冷却を継続する。現場において冷水浸浴氷処置の適応であるが，直腸温の測定ができない場合は，まず10～15分冷却して，それから，救急治療を受けられる医療機関に搬送する。氷水を激しくかき回せば，氷水による冷却治療により，5分で約1℃，体温が降下する。
- アスリートの直腸温が39℃に下がったら，バスタブから移動させ，できるだけ近い救急治療を受けられる医療機関に搬送する。
- もし，現場で冷却することが適切であるが，冷水浸浴処置が制約された環境で物理的に実行不可能である場合，最良の手段を用いて冷却する。以下に，3つの方法を紹介する：
  - クーラーボックスに水と氷と12本のタオルを入れる。冷えた6本のタオルで体幹部全体を覆う。2～3分そのままにして冷やし，使用したタオルをクーラーボックスに戻す。次に残りの6本を同じように使用する。これを2～3分おきに繰り返す。
  - シャワーやホースでアスリートに冷水を浴びせ続ける。
  - もし，氷は使用できるが，バスタブが使用できない場合，アスリートを防水シートやシーツの上に横にならせ，大量の氷で体幹部を覆いシーツで体を包む。ある程度氷が融けてきたら，すぐに氷を補充する。

Adapted from: The Korey Stringer Institute (ksi. uconn. edu) and Casa DJ, McDermott BM, Lee EC, et al. Cold-water immersion: The gold standard for exertional heat stroke treatment. *Exerc Sport Sci Rev*. 2007; 35: 141, with permission.

熱中症：
"一連の病態として考えること"

運動関連筋痙攣（EAMC）：
- 大きな筋肉群（下肢，腹部，背部）の疼痛を伴う筋痙攣
- 口渇
- 発汗
- 頻脈

→

運動関連失神（EAC）：
- 運動を中止した後に起こることが多い。
- 深部体温：正常あるいは軽度上昇
- 徐脈
- 皮膚蒼白，発汗
- 異常な精神状態

→

熱疲労：
- 運動継続不能
- 深部体温：38.3〜39.4℃
- 頻脈，低血圧
- 悪心，嘔吐
- 痙攣性の腹痛
- 皮膚蒼白，発汗過多
- 筋力低下
- 頭痛
- 軽度の混迷状態

↓

熱射病（EHS）：
- 運動継続不能，過呼吸，歩行障害，悪心・嘔吐/下痢，口腔乾燥，おびただしい発汗，乏尿
- 深部体温：>40℃
- 頻脈，脈圧拡大（収縮期血圧と拡張期血圧の差の拡大），不整脈
- 皮膚蒼白，発汗過多
- 筋骨格系：脱力
- 無気力，頭痛，脱力感，記銘力低下，混迷，感情不安定，異常行動，痙攣，意識レベルの低下，昏睡

熱射病に対する冷水浸浴治療

- 治療が遅れることがないように
- 救急車で病院に救急搬送するまでの20分間に，冷水に体を浸ける必要がある。

脈を記録する。

持続的に血圧を測定する。

直腸温を常にモニターする。

尿の色

水分補給は十分	
水分補給は適切	
まずまず	
脱水状態	
著明な脱水状態	

トイレに尿の色の図表を置いておくこと

- 昏睡
- 肝不全
- 腎不全を誘発
- 不整脈から突然死に至ることがある。
- 横紋筋融解症
- 筋痙攣

"運動による熱射病は多臓器不全を引き起こす"

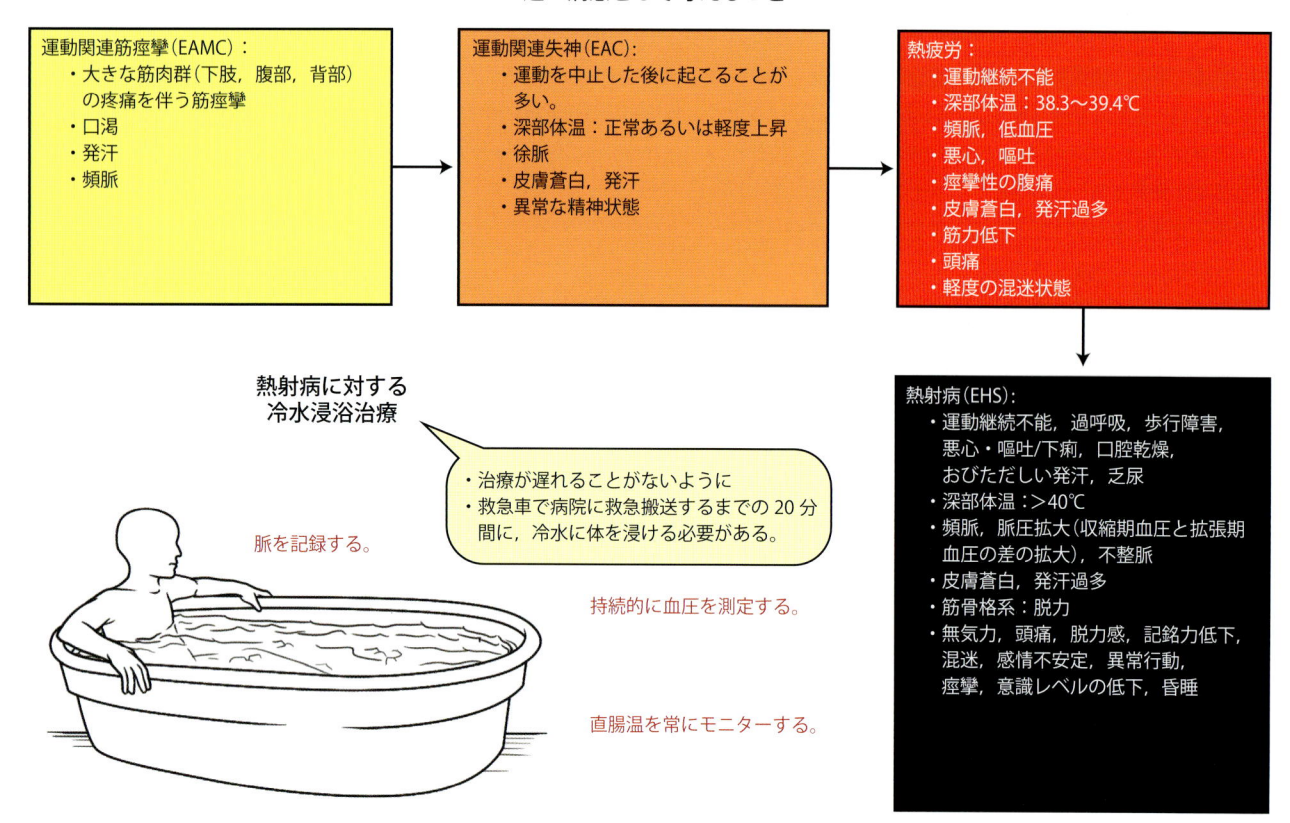

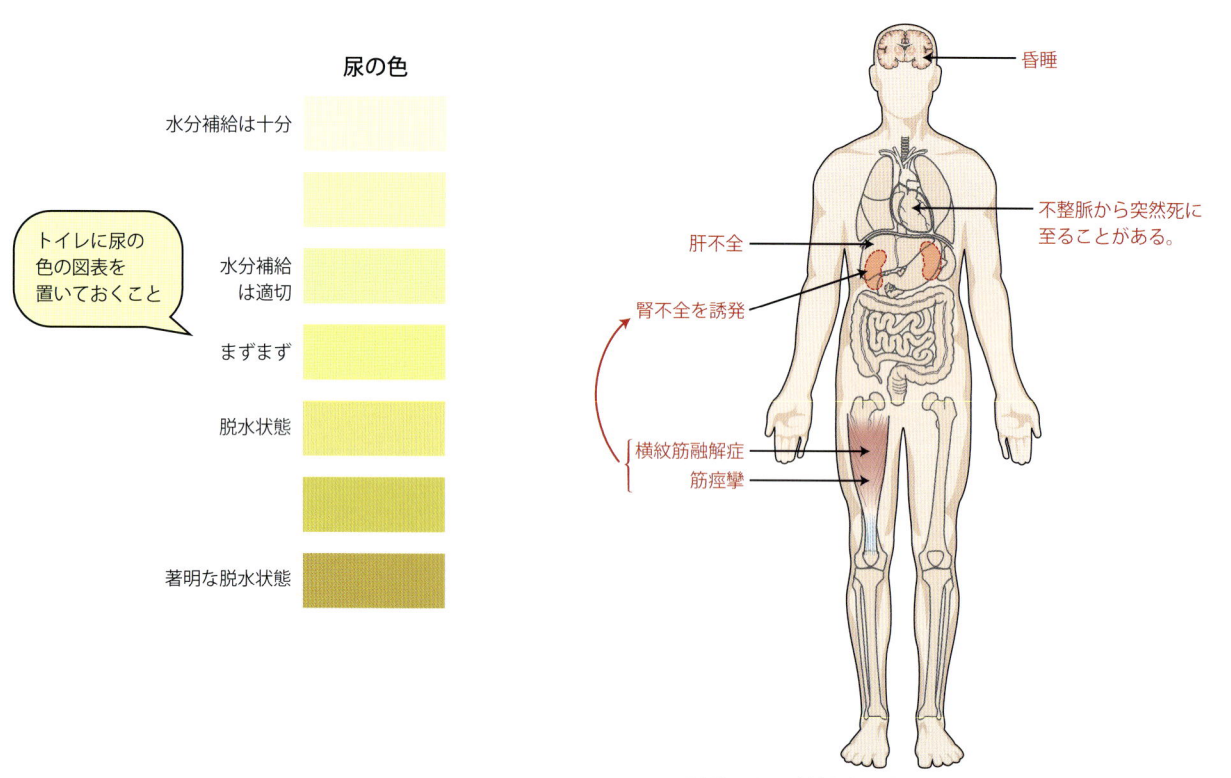

図136 熱中症

その他の留意事項：
- 以前に運動による熱中症，とくに熱射病の既往があるアスリートは，再発の危険性がある。
- 運動関連筋痙攣(EAMC)：
  - 暑熱環境でのみ発症するとは限らず，涼しい環境でも発症する可能性がある。
  - 鎌状赤血球形成傾向との鑑別(「鎌状赤血球形成傾向」の項を参照)が必要である。
  - 電解質を含んだスポーツ飲料の摂取は，運動誘発性低ナトリウム血症の進行を予防するわけではない。
  - 運動関連筋痙攣を繰り返すアスリートには，スポーツ飲料にスプーン半分の食塩を入れて摂取すると，予防策として有効かもしれない。
  - ジアゼパムや硫酸マグネシウムの使用を支持するデータはない。
- 運動関連失神(EAC)：
  - 心停止，運動誘発性低ナトリウム血症，悪性過高熱症を含めて，他に失神をきたす原因(詳細は「運動関連失神」の項を参照)や，運動関連失神と同様の症状をきたす病態を鑑別するために，専門家に評価してもらうことを勧める。
  - 運動誘発性低ナトリウム血症の合併症(低ナトリウム脳症)の合併症と思われる痙攣，意識レベルの低下，昏睡をきたした持久性競技のアスリートにおいては，直接法による血清あるいは血漿ナトリウム濃度の測定を考慮すること
  - しかしながら，持久性競技において"失神したすべてのアスリート"が運動誘発性低ナトリウム血症であるとは考えないこと。
- 熱射病(EHS)：
  - 医学的に緊急の病態である！
  - 熱射病ではおびただしい発汗が認められる。
  - 鎮痛薬や解熱薬(アセトアミノフェン，イブプロフェン)は熱射病を増悪させる可能性がある。
  - 潜在的なあるいは未診断の運動誘発性低ナトリウム血症を増悪させないように，生理食塩液を投与前に，血清ナトリウム濃度を測定すること。
  - 熱射病が疑われるが，筋肉の硬直を認める場合は，悪性過高熱症や悪性症候群を考慮すること。
- 予防的な点滴静注による水分補給は，世界アンチ・ドーピング機構(WADA)，米国アンチ・ドーピング機構(USADA)，全米大学体育協会(NCAA)によって禁止されている。

競技復帰：
- 運動関連筋痙攣(EAMC)：
  - 熱中症が悪化する懸念がなく，症状がない場合。
  - 再発なく，機敏な練習メニューをこなすことができること。
- 運動関連失神(EAC)：
  - 原因が暑熱環境の悪影響のみに限定した運動関連失神であると確定診断されている。
  - 一連の全身の評価によって，ほかの上述した運動関連失神を起こす可能性が除外されている。
- 熱疲労：
  - 熱中症が悪化する懸念がなく，症状がない場合。
  - 水分とカロリー補給状態が正常である：理想的な体重が維持されている(熱疲労発症後に体重減少が認められた場合)。
  - 症状なく"練習を完全にこなす"能力が示されている。
- 熱射病(EHS)：
  - 退院後，少なくても1週間，練習はしてはいけない。
  - 経過観察として，退院の1週間後に，臨床検査と画像検査をスポーツ医学チームに評価してもらう。
  - 医学的に心配がないと判断されたのち：
    - 段階的に，復帰プロトコールに従って，涼しい環境で徐々に活動を開始する。
    - 2週間かけて，徐々に運動時間，運動強度を増加させ，暑熱環境にも慣れさせていく。
    - 暑熱環境に耐えられるか評価する。
  - 2〜4週間の期間に，暑熱環境で，症状なく，全力で運動が行えることを示したのちに，競技に完全に復帰できる。
  - 2〜4週間経過しても，疲労感などの症状が持続する場合は，アスリートは"熱に対する許容性が欠如"していたり，熱射病を繰り返し発症する危険性が高い可能性があるので，その有無に関して，運動関連熱許容試験を行うか考慮すべきである。

文 献

American College of Sports Medicine, Armstrong LE, Casa DJ, et al. American College of Sports Medicine position stand. Exertional heat illness during training and competition. *Med Sci Sports Exerc.* 2007; 39: 556.
Asplund CA, O'Connor FG, Noakes TD. Exercise-associated collapse: An evidence-based review and primer for clinicians. *Br J Sports Med.* 2011; 45: 1157.
Casa DJ, Kenny GP, Taylor NA. Immersion treatment for exertional hyperthermia: Cold or temperate water? *Med Sci Sports Exerc.* 2010; 42: 1246.
Casa DJ, McDermott BP, Lee EC, et al. Cold water immersion: The gold standard for exertional heatstroke treatment. *Exerc Sport Sci Rev* 2007; 35: 141.
Centers for Disease Control and Prevention(CDC). Heat illness among high school athletes–United States, 2005–2009. *MMWR Morb Mortal Wkly Rep.* 2010; 59: 1009.
Dugas J. Sodium ingestion and hyponatraemia: Sports drinks do not prevent a fall in serum sodium concentration during exercise. *Br J Sports Med.* 2006; 40: 372.
Glazer, JL. Management of heatstroke and heat exhaustion. *Am Fam Physician.* 2005; 71(11): 2133–2140.
Heled Y, Rav-Acha M, Shani Y, et al. The "golden hour" for heatstroke treatment. *Mil Med.* 2004; 169: 184.
Maron BJ, Doerer JJ, Haas TS, et al. Sudden deaths in young competitive athletes: Analysis of 1866 deaths in the United States, 1980–2006. *Circulation.* 2009; 119: 1085.
Mueller FO, Cantu RC. Catastrophic sports injury research: Twenty-sixth annual report. University of North Carolina, Chapel Hill, 2008.
2011–2012 NCAA Sports Medicine Handbook. Retrieved March 3rd, 2013, from http://www.ncaapublications.com/productdownloads/MD11.pdf.
O'Connor FG, Casa DJ. Exertional heat illness in adolescents and adults: Epidemiology, thermoregulation, risk factors, and diagnosis. *UpToDate.* Accessed on March 30th, 2013.
O'Connor FG, Casa DJ. Exertional heat illness in adolescents and adults: Management and prevention. *UpToDate.* Accessed on March 30th, 2013.
Rosner MH, Hew-Butler T. Exercise-associated hyponatremia. *UpToDate.* Accessed on March 30th, 2013.
Sithinamsuwan P, Piyavechviratana K, Kitthaweesin T, et al. Exertional heatstroke: Early recognition and outcome with aggressive combined cooling —a 12-year experience. *Mil Med.* 2009; 174: 496.
Wexler R. Evaluation and treatment of heat-related illnesses. *Am Fam Physician.* 2002; 65(11): 2307–2315.
WHO. International Classification of Diseases, Clinical Modification(ICD-9-CM). 9th Revision, Centers for Disease Control and Prevention.
www.wada-ama.org. Accessed on March 30th, 2013.
www.usada.org. Accessed on March 30th, 2013.

低体温症　Hypothermia

はじめに(定義と分類)：

- 低体温は医学的に緊急の病態である。深部体温が35℃より低い状態をさす。
- 低体温は，身体が喪失する熱量が産生する熱量を上回ることで生ずる。最も頻度が多いのは，寒冷な天候状態や冷水に曝されたときに発症する場合である。しかしながら，体温より低い外気温に曝されればいかなる状況でも起こりうる。
- 乳幼児や高齢者で危険性が最も高いが，寒冷な環境で競技するアスリートでの発症頻度が増えている。
- 分　類(深部体温による)：
  - 軽度低体温症：32〜35℃
  - 中等度低体温症：28〜32℃
  - 重度低体温症：28℃未満
- 中等度〜重度の偶発性低体温における死亡率は40％に及ぶ。

病歴と身体所見：

- 病歴(危険因子を評価する)：
  - 適切な防寒具や乾いた衣服を装着せず，寒冷な環境での長時間の身体活動
  - 脱　水
  - 低栄養：低血糖，チアミン不足
  - 薬　物：
    - ・体温調節機能を低下させる作用：オピオイド(麻薬系鎮痛薬)，抗不安薬，抗精神薬/抗興奮薬，抗うつ薬
    - ・寒さへの代償機能を低下させる作用：β遮断薬，交感神経α受容体作用薬(クロニジン)，経口血糖降下薬
  - 疾患：食思不振症，多発性硬化症，甲状腺機能低下症，副腎不全，精神疾患
  - 睡眠不足
  - 中毒：エタノール，一酸化炭素
- 身体所見：重症度に応じて，下記のような非特異的所見がある。
  - 軽度低体温症：ふるえ，口唇チアノーゼ，構語障害，頻脈，過呼吸・頻呼吸，記憶障害・判断力低下，失調，"寒冷による利尿"
  - 中等度低体温症：ふるえの消失，接合部性徐脈・心拍出量低下・心房細動・不整脈，低換気・浅呼吸，反射低下，意識レベル低下・極度の疲労感，腎血流量低下・乏尿，逆説的脱衣

- 重度低体温症：徐脈・低血圧・心室細動・心停止，肺水腫，反射消失・散大し固定した瞳孔・昏睡，乏尿

診 断：

- 自覚症状/身体所見と，寒冷環境への曝露歴との両者の組み合わせで診断される。
- 深部体温により重症度が決まる(上記参照)。
- 心電図：
    - J波：Osborn波(QRS波の終末部に記録される小さく鈍なノッチ)
        ・V2〜V5誘導においてJポイントの上昇
        ・上昇の程度は低体温の程度と一致する。
    - 洞性徐脈
    - QTc, PR, QRS時間の延長，陰性T波
    - 心房細動(34℃未満)，心室細動(28℃未満)，心停止(20℃未満)
    - 房室ブロック(33℃未満で1度房室ブロック：20℃未満で完全房室ブロック)
- 臨床検査所見(中等度〜重度において)は以下の所見が認められることがある。
    - 末梢血：
        ・脱水によるヘマトクリット値の上昇(1℃体温が低下すると2%上昇)
        ・組織に集積していた白血球が流血中に出てくることによる，白血球数の増加
        ・脾臓への集積による白血球数と血小板数の低下
    - 代謝系：
        ・血糖値はさまざま
        ・電解質異常は一定ではない，そのため，4〜6時間おきに再評価する。
    - 膵機能：
        ・リパーゼの上昇は低体温誘発性の膵炎を示唆する。
    - 血液凝固系(プロトロンビン時間/部分トロンボプラスチン時間)：
        ・検査報告値は正常と報告されることがある。
        ・血液凝固系は阻害されているので，生体内では正常ではない。
    - 血液ガス分析：
        ・代謝性アシドーシスあるいは呼吸性アルカローシス，あるいはその両者の合併。
        ・計測機器は37℃で測定するように設定されているため，生体内の評価としては正確ではない。
- 胸部単純X線撮影(所見は下記のいずれかの病態と一致していることもある)
    - 肺水腫
    - うっ血
    - 誤嚥性肺炎
- 注意すべきこと(ほかに鑑別として念頭にいれるべき疾患や病態)
    - 心電図変化：
        ・Jポイントでの上昇波はブルガダ症候群，高カルシウム血症，早期脱分極(スポーツ心臓)において認めることもある。
        ・高カリウム血症の所見が低体温でマスクされること。
        ・自動心電図解析ではJ波を心筋虚血と解釈する可能性があること。
    - インスリンは30℃未満では作用しない。したがって，積極的な復温法に引き続いて生じる高血糖は糖尿病性ケトアシドーシスあるいは膵炎であることを示唆する。
    - 薬物中毒の検査：精神状態の変化が低体温の程度と一致しないときに考慮する。
    - 内分泌の検査：積極的な復温法を行っても効果が乏しいときに，甲状腺機能や副腎機能の検査を考慮する。

治 療：

- 指導による予防：
    - 指 導：
        ・危険因子
        ・低体温症の鑑別疾患
        ・ウインタースポーツの医療スタッフは深部体温を正確に計測できる低体温計や電子体温計を携帯しておく必要がある。

- 適切な防寒具：
  - 防水機能を有し，内層と外層に分かれていて層の間隔がゆったりしている防寒具を着用
  - 降雨が予想されるときは，綿の衣服は最小限にとどめる。
  - 汗をかいたり，衣服が濡れたときに替えられるように着替えを持参する。
- コミュニケーションの重要性：
  - 孤立した場所で練習を予定している場合，練習計画の詳細を家族や友人に伝えておくようにアスリートに指導すること。
  - 故障を防ぐため，携帯電話を寒冷から保護しておくこと。
  - 遠隔地における寒冷環境では，一人ではなくパートナーとの練習を考慮すること。

● 一般的なガイドライン：
- よびかけても反応がない場合，患者の容態を安定させ，すぐに救急隊をよぶ。
  - 気道，呼吸，循環動態(ABCs)をモニターする。
  - 凍傷の有無を評価するため，全身をよく観察する。
  - 1分間，"中枢部の脈拍"をチェックする。
  - 不整脈を生じさせないように，慎重に身体を取り扱う。
  - 不必要に身体を動かすことを最小限にとどめる。**マッサージはしない。**
  - もし必要な場合は，"身体を水平位にして"動かす。
- もし意識があれば，アルコールやカフェインの含まれていない暖かい飲み物を摂取するように勧める。
- 耳や前額部にプローブを付けて，経皮的動脈血酸素飽和度を測定する。
- 復温の際には，医原性な高体温症の発症の危険性を最小限にするために，深部体温をモニターする。
  - 能動的体外復温法あるいは能動的体内復温法を施行する場合は，1時間につき2℃上昇のペースで復温する。

● 心肺蘇生：
- 深部体温が32〜35℃に上昇するまで，経過した時間にかかわらず，心肺蘇生を継続する。
- 胸壁が凍っていないかぎり，心肺蘇生の適応である。
- 除細動
  - 深部体温が30℃に上昇するまで，通常，無効である。
- 補　液：
  - 14〜16ゲージの太い留置針を末梢静脈に2本入れる。
  - 加温した(40〜42℃)生理食塩液を使用する。
  - 低体温誘発性の肝機能障害をきたす可能性があるので，乳酸加リンゲル液は使用しない。

● 復　温：ゴールは深部体温を37℃まで回復させることである。
- **軽度低体温症**：
  - 受動的体外復温法(passive external rewarming: PER)：
    - 濡れた衣服を切り取り除く。
    - 乾燥したコートや毛布で頭から全身を覆い，顔だけ出す。
    - 冷えた，あるいは湿った地表に直接寝かせることはせず，風や雨を避ける。
    - 室温を24℃に保つ。
- **軽度(治療に抵抗性の)あるいは中等度低体温症**：
  - 能動的体外復温法(active external rewarming: AER)を開始する：
    - 温かい毛布，加熱パッド，温風装置，放射加熱器具，温水浴
    - 体幹部をまずはじめに加温し，その次に四肢を加温する。
    - 身体内部を温める(能動的体内復温法)前に体外復温法を開始すると，深部体温が逆に低下する現象である"after-drop"の危険性を増す。afetrdropとは，復温開始後に末梢組織からの冷たい血液が中枢に流れ込むことにより，継続的に深部体温が低下することであり，不整脈やショックを引き起こすことがある。
    - 加熱器具の付近や接している皮膚を頻回に観察し，表層熱傷の発症リスクを減らすようにする。
- **重度低体温症**：
  - 能動的体外復温法とともに能動的体内復温法を開始する。

低体温症

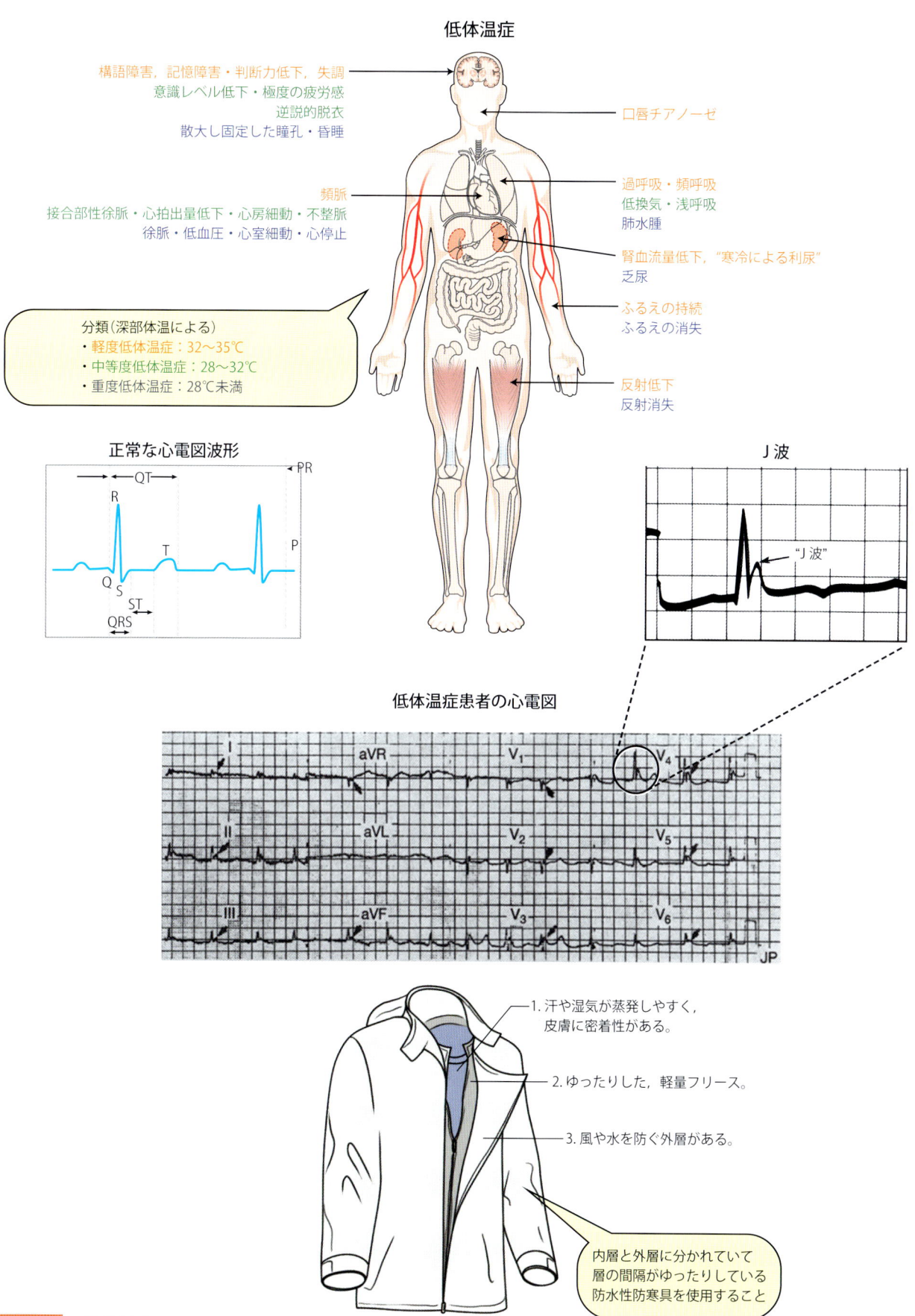

脳症状
- 構語障害，記憶障害・判断力低下，失調
- 意識レベル低下・極度の疲労感
- 逆説的脱衣
- 散大し固定した瞳孔・昏睡

心症状
- 頻脈
- 接合部性徐脈・心拍出量低下・心房細動・不整脈
- 徐脈・低血圧・心室細動・心停止

その他
- 口唇チアノーゼ
- 過呼吸・頻呼吸／低換気・浅呼吸／肺水腫
- 腎血流量低下，"寒冷による利尿"／乏尿
- ふるえの持続／ふるえの消失
- 反射低下／反射消失

分類（深部体温による）
- 軽度低体温症：32〜35℃
- 中等度低体温症：28〜32℃
- 重度低体温症：28℃未満

正常な心電図波形
（PR, QT, QRS, ST, R, Q, S, T, P）

J波

低体温症患者の心電図
（I, II, III, aVR, aVL, aVF, V1〜V6）

防寒具
1. 汗や湿気が蒸発しやすく，皮膚に密着性がある。
2. ゆったりした，軽量フリース。
3. 風や水を防ぐ外層がある。

内層と外層に分かれていて層の間隔がゆったりしている防水性防寒具を使用すること

図137　低体温症

- 第一段階：40〜42℃に温めた生理食塩液を点滴投与する。同時に，40〜42℃に温め，加湿した酸素を投与する。
- 第二段階：治療抵抗性の場合は，腹膜灌流，胸腔灌流，腸管灌流，体外循環式再加温法などの復温法が用いられる。

その他の留意事項：
- 摂食障害のあるアスリートはとくに低体温症になりがちである。気温の低い，遠隔地で，単独で練習することは避けたほうがよいと指導する。
- 中等度あるいは重度の低体温症の程度と，症状が一致しない場合は，下記の病態を除外する必要がある。
  - 頻脈：薬物過量摂取，脱水，低血糖
  - 過換気：糖尿病性ケトアシドーシス
  - 意識レベル：薬物過量摂取，中枢神経系感染症，頭部や脊髄の損傷，自殺企図
- その他の治療方法：
  - 血液凝固因子の投与は無効である。
  - 皮膚損傷のある場合は，破傷風の予防にトキソイドの追加投与を考慮する。
  - 積極的に復温処置をしても治療に反応が乏しい場合や，既往歴が不明な場合は，以下の治療も考慮する。
    - 広域抗菌薬と糖質コルチコイド(デキサメタゾン)や水溶性コルチゾンを単回量投与する。
    - 甲状腺ホルモン製剤，とくに，前頸部の手術痕が過去の甲状腺手術を示唆する場合。

競技復帰：
- 身体所見，心電図，血液検査結果が正常となれば，徐々に復帰プロトコールに従って練習に復帰してよい。
- 基礎疾患の治療をきちんと行うこと。
- 基本的な有酸素運動と強度の運動ができることが示されたら，全力での競技活動に復帰する。

文献
Alsafwah S. Electrocardiographic changes in hypothermia. *Heart Lung.* 2001; 30: 161.
Biem J, Koehncke N, Classen D, et al. Out of the cold: Management of hypothermia and frostbite. *CMAJ.* 2003; 168: 305.
Danzl F. Accidental hypothermia. In: *Auerbach PS: Wilderness Medicine;* 4th ed. St Louis, MO: Mosby; 2001: 137–177.
ECC Committee, *Subcommittees and Task Forces of the American Heart Association.* 2005 American Heart Association Guidelines for Cardiopulmonary Resuscitation and Emergency Cardiovascular Care. Circulation 2005; 112: IV1.
Giesbrecht GG. Cold stress, near drowning and accidental hypothermia: A review. *Aviat Space Environ Med.* 2000; 71: 733.
Jurkovich GJ. Environmental cold-induced injury. *Surg Clin North Am.* 2007; 87: 247.
Mallet ML. Pathophysiology of accidental hypothermia. *QJM.* 2002; 95: 775.
Mechem CC, Danzl DF. Accidental hypothermia in adults. *UpToDate.* Accessed on March 30th, 2013.
O'Connor F, Sallis R, Wilder R, et al. Environmental injuries. In: *Sports Medicine—Just the Facts.* McGraw Hill. 2005: 232–238.
Seto C, Way D, O'Connor N. Environmental illness in athletes. In: *Training Room Management of Medical Conditions—Clinics in Sports Medicine.* Elsevier. 2005; 24(3): 695–712.
Vassal T, Benoit-Gonin B, Carrat F, et al. Severe accidental hypothermia treated in an ICU: Prognosis and outcome. *Chest.* 2001; 120: 1998.

アナフィラキシー Anaphylaxis

はじめに(定義と分類)：
- アナフィラキシーは呼吸不全や心不全に進行する可能性のある全身的なアレルギー反応が生じた状態であり，重篤でときには死に至る可能性がある。
- 症状の出現は，誘因物質に曝露されてから数分以内から数時間後とまちまちである。
- 発症のきっかけとなる誘因で最も多いものは，薬物，食品，虫刺され，ラテックスである。
- アナフィラキシーの既往がなくても，運動によって発症することもある。

病歴と身体所見：
- 病　歴：
  - 発症者や目撃者に以下のことを確認する。
    - 曝露として可能性のある物質や事柄について……食品，薬物，身体活動，虫刺されやかみ傷。
    - 時間経過
    - 重症度
    - 過去のアレルギー歴や，アナフィラキシー反応の既往歴
    - 服薬歴，家族歴(食品や薬物，環境に対するアレルギー歴，気管支喘息やアトピー性皮膚炎について)

- 身体所見：
  - 気道・呼吸・循環(ABCs)を確認する。
  - 呼吸状態(気道/呼吸)：喘鳴，咳嗽，息切れ，気道狭窄音，努力性呼吸
  - 皮膚症状(循環動態)：蕁麻疹，局所的な紅斑，発赤，搔痒感，口唇・舌・咽頭の浮腫
  - 消化器症状：痙攣性の腹痛，嚥下障害，嘔吐，下痢
  - 心血管系：冠動脈攣縮，低血圧，心筋梗塞，不整脈
  - 神経系：頭がクラクラした感覚，意識消失，目の前が暗くなるような感じ，神経過敏，失神

診 断：

- 身体所見での徴候・症状(数分～数時間以内に発症する可能性がある)
- 以下の3つの診断基準のうち，1つでもあてはまれば，アナフィラキシーである可能性が非常に高い*。
  ① 急激な発症であり，皮膚や粘膜病変と，
    - 呼吸器症状(喘鳴，気道狭窄音，低酸素血症)あるいは
    - 収縮期血圧の低下あるいは脱力感，失神，卒倒，失禁などの症状を認める場合
  ② "原因となる可能性のある"アレルギー物質への曝露の後に，下記のうち2つ以上の症状がある。
    - 皮膚粘膜症状(蕁麻疹，皮膚搔痒感，舌・口唇・口蓋垂の腫脹)
    - 呼吸器症状(喘鳴，気道狭窄音，低酸素血症)
    - 収縮期血圧の低下(11～17歳：90mmHg未満)あるいは脱力感，失神，卒倒，失禁などの症状
    - 消化器症状(嘔吐，痙攣性の腹痛)
  ③ "既知の"アレルギー物質への曝露の後に収縮期血圧の低下を認める。
    収縮期血圧低下とは，
    - 小児：1～10歳：70＋(2×年齢)mmHg未満。11～17歳：90mmHg未満。あるいはベースラインの収縮期血圧の30％以上の低下
    - 成人：90mmHg未満。あるいはベースラインの収縮期血圧の30％以上の低下

* Adapted from Sampson HA, Muñoz-Furlong A, Campbell RL, et al. Second symposium on the definition and management of anaphylaxis: Summary report—Second National Institute of Allergy and Infectious Disease/Food Allergy and Anaphylaxis Network symposium. *J. Allergy Clin Immunol.* 2006; 117(2): 391-397.

治 療：

- 競技場やトレーニングルームにおいて("治療器具や薬品"，"医療救護スタッフ"の充足の程度に応じて)：
  - 早期診断/早期治療が，救命にきわめて重要である。
  - まず最初に救急隊(119番)に連絡し，場所とアクセス方法などすべての情報を伝える。
  - 病状を安定化させ，観察することが最大の目的である。
    - ABCsと意識状態を評価すること
    - 診断(アナフィラキシーと確定診断しても"最もであると考えられる"病態の場合)の後に，エピネフリン(エピペン)を投与すること：0.3～0.5mgを大腿の外側に筋肉注射する。症状の改善がなければ，救助隊を待っている間に，3～5分後にもう一度だけ，エピネフリンを再度投与すること
  - 発症者を側臥位にして，両下肢を心臓より高い位置に挙上すること
  - 酸素投与：顔マスクで6～8L/分あるいはリザーバー付マスクで(100％酸素)投与すること
  - もし，アスリートの意識が清明で，難なく飲み込みが可能である場合，以下の治療を考慮すること：
    - ジフェンヒドラミン50mg(抗ヒスタミンH_1薬)経口投与，および
    - ラニチジン150mg(抗ヒスタミンH_2薬)経口投与，および
    - プレドニゾロン60mg経口投与
  - もし，十分に教育を受けた医療スタッフがおり，"治療器具や薬品"が使用可能であれば，太い留置針で静脈ラインを2か所確保し，点滴静注による補液を行い，以下の治療を考慮すること
  - エピネフリンを静脈内持続投与(2～10μg/分)し，その間，バイタルサインを注意して観察する。
    - 抗ヒスタミンH_1薬：ジフェンヒドラミン20～50mg静脈内注射

- ・抗ヒスタミン H₂ 薬：ラニチジン 50mg 静脈内注射
- ・糖質コルチコイド：メチルプレドニゾロン 125mg 静脈内注射
- もし，アスリートに喘鳴が認められる場合，定量吸入式の吸入器を用いてアルブテロールを 2 パフ投与する。あるいは使用可能であれば，ネブライザーを用いて吸入させる。

その他の留意事項：

- エピネフリンの投与を受けたり，あるいは，気道になんらかの症状がみられる場合は，病院を受診し，経過観察あるいは入院の必要性に関して評価を受ける必要がある。
- 再発予防のために慎重に，かつ，前向きに
  - 過去にアナフィラキシーの既往のあるアスリートにおいては，"競技参加前健康診査"の期間に，既往の詳細を入手すること。
  - 発症のきっかけとなる事柄を避けるよう指導すること
  - エピペン，ジフェンヒドラミン，アルブテロールなど薬物の重要性，有効性，使用方法について，アスリートと医療スタッフに指導すること。
- 症状が治まったあとは，アレルギー専門医/免疫専門医師のもとを受診させ，病態の診断と発症予防，管理方法について相談する必要がある。
- もし，国際競技大会の期間中にエピペンが使用された場合，"緊急TUE（治療使用特例）申請のための書類"を提出する必要がある。申請書は http://www.wada-ama.org/ からダウンロードすることができる。
- もし，アナフィラキシーの診断が確実でない場合，他の原因を鑑別する必要がある。
  - フラッシング症候群……"レッドマン症候群"，閉経期症状，エタノール中毒，酒さ，ヒスタミン分泌症候群
  - 精神的病態：
    - ・不安神経症やパニック発作
    - ・ショック……出血性，敗血症性，心原性，低血糖性
    - ・腫　瘍……褐色細胞腫，カルチノイド

競技復帰：

- "症状が消失"して 24 時間経過後，医師の監視のもとに徐々に，段階的に身体活動の復帰を考慮する。
- アスリートには症状が再発する可能性があることを指導しておくこと（二相性のアナフィラキシー：成人の約 25％，小児の 10％に認められる）。

文　献

DynaMed ［Internet］. Anaphylaxis. Ipswich(MA): EBSCO Publishing. Available from http://web.ebscohost.com/dynamed/detail? vid=3&hid=128&sid=726459bf-02eb-4083-8abc-323fcbccf73b%40sessionmgr112&bdata=JnNpdGU9ZHluYW1lZC1saXZlJnNjb3BlPXNpdGU%3d#db=d-me&AN=113858&anchor=References. Updated September 07, 2012; cited November 11, 2012; (about 24 screens).
http://emedicine.medscape.com/article/135065-treatment. Accessed February 2, 2013.
Neugut A, Ghatak A, Miller R. Anaphylaxis in the United States: An investigation into its epidemiology. *Arch Intern Med.* 2001; 161: 15–21.
Sampson HA, Muñoz-Furlong A, Campbell RL, et al. Second symposium on the definition and management of anaphylaxis: Summary report—Second National Institute of Allergy and Infectious Disease/Food Allergy and Anaphylaxis Network symposium. *J Allergy Clin Immunol.* 2006; 117: 391–397.
Simons FE. Anaphylaxis: Confirming the diagnosis and determining the trigger(s).　*UpToDate.* Accessed February 2, 2013.
Simons FE. Anaphylaxis. *J Allergy Clin Immunol.* 2010; 125: S161–S181.
Tole JW, Lieberman P. Biphasic anaphylaxis: Review of incidence, clinical predictors, and observation recommendations. *Immunol Allergy Clin North Am.* 2007; 27: 309–326.

アナフィラキシー

アレルギー反応の経路
アレルギー反応には初回曝露と，再曝露の2段階がある。
この例では，初回曝露は虫に刺されたときの毒液中のアレルゲンへの曝露となる。

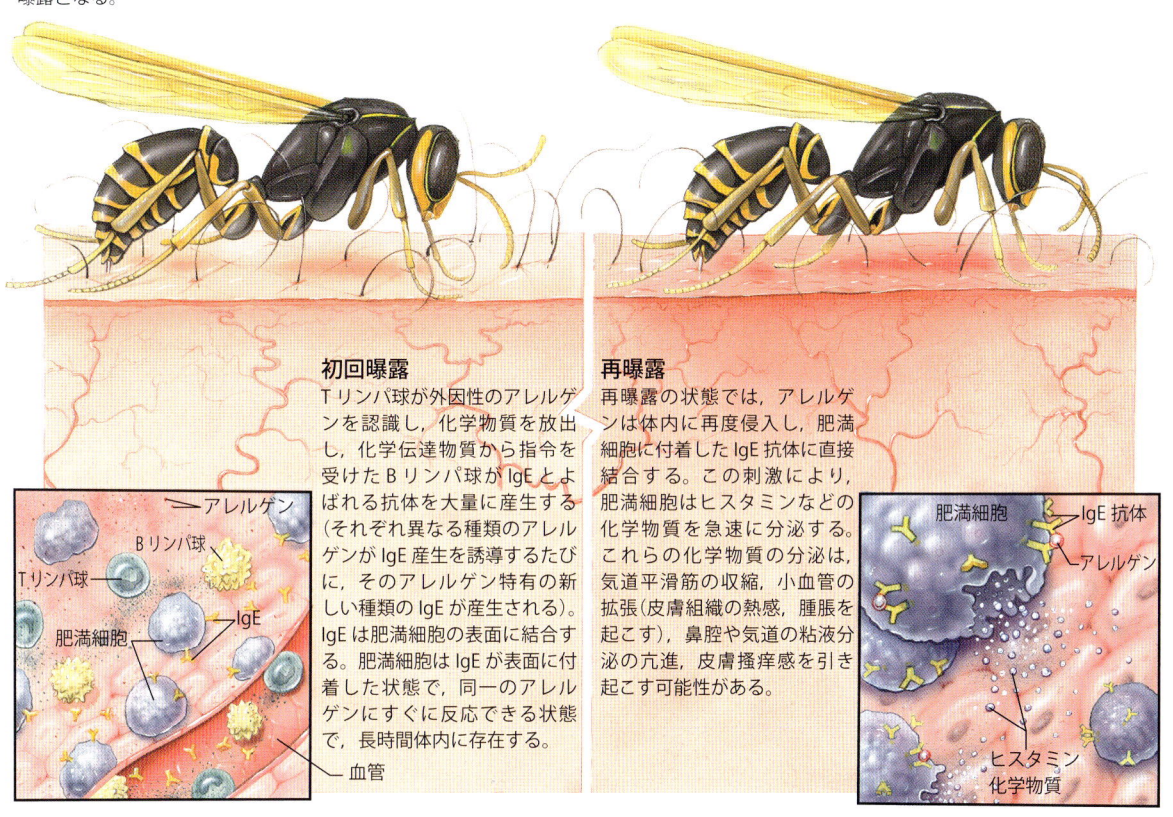

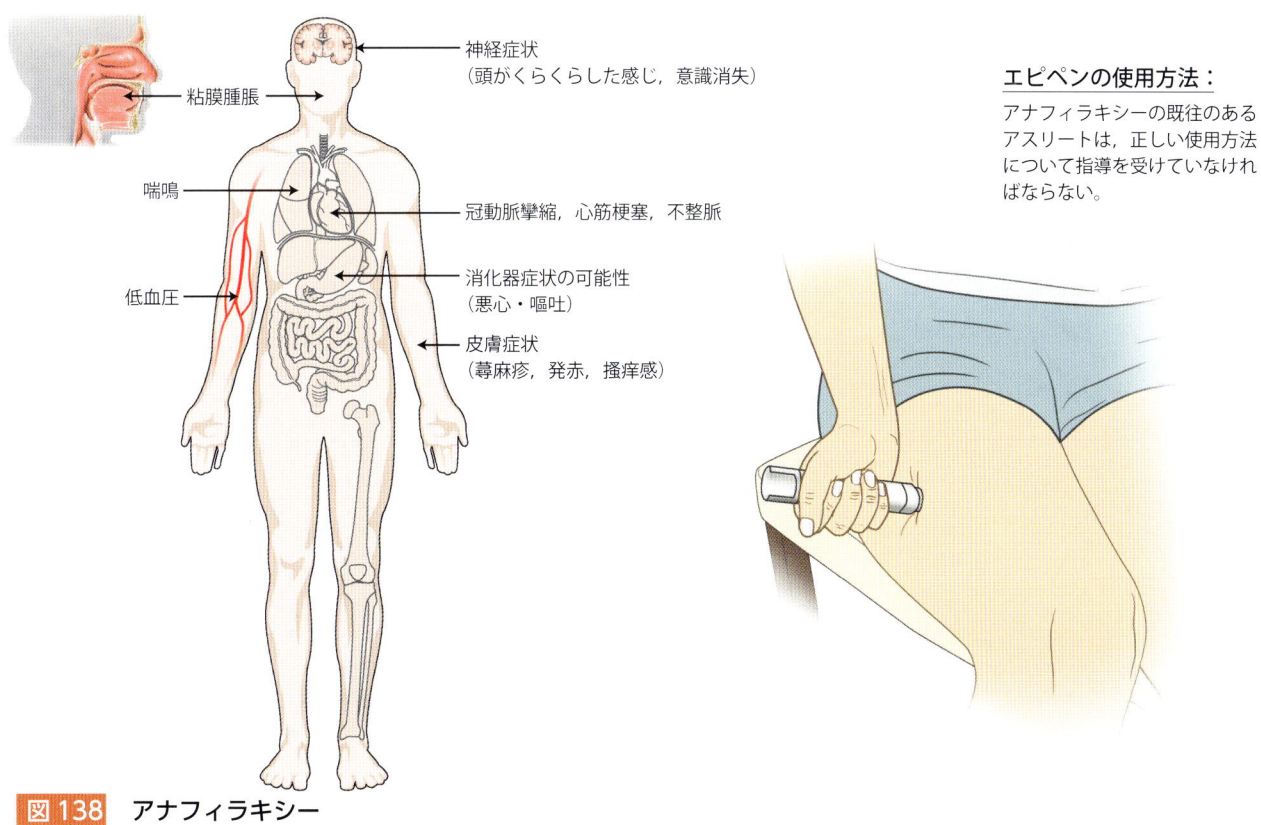

初回曝露
Tリンパ球が外因性のアレルゲンを認識し，化学物質を放出し，化学伝達物質から指令を受けたBリンパ球がIgEとよばれる抗体を大量に産生する（それぞれ異なる種類のアレルゲンがIgE産生を誘導するたびに，そのアレルゲン特有の新しい種類のIgEが産生される）。IgEは肥満細胞の表面に結合する。肥満細胞はIgEが表面に付着した状態で，同一のアレルゲンにすぐに反応できる状態で，長時間体内に存在する。

（図中ラベル：アレルゲン／Bリンパ球／Tリンパ球／肥満細胞／IgE／血管）

再曝露
再曝露の状態では，アレルゲンは体内に再度侵入し，肥満細胞に付着したIgE抗体に直接結合する。この刺激により，肥満細胞はヒスタミンなどの化学物質を急速に分泌する。これらの化学物質の分泌は，気道平滑筋の収縮，小血管の拡張（皮膚組織の熱感，腫脹を起こす），鼻腔や気道の粘液分泌の亢進，皮膚掻痒感を引き起こす可能性がある。

（図中ラベル：肥満細胞／IgE抗体／アレルゲン／ヒスタミン／化学物質）

症状：
- 神経症状（頭がくらくらした感じ，意識消失）
- 粘膜腫脹
- 喘鳴
- 低血圧
- 冠動脈攣縮，心筋梗塞，不整脈
- 消化器症状の可能性（悪心・嘔吐）
- 皮膚症状（蕁麻疹，発赤，掻痒感）

エピペンの使用方法：
アナフィラキシーの既往のあるアスリートは，正しい使用方法について指導を受けていなければならない。

図138 アナフィラキシー

8 プライマリケア／12 環境

索引

和文索引

●あ
アイソメトリックポイント（等尺点） 60, 106, 196
アキレス腱症 234
アキレス腱ストレッチング 248
アキレス腱断裂 234
足関節鏡 226
足関節骨折 254
足関節前方インピンジメント 228
足関節不安定症 232
足白癬 346
アスリート恥骨痛 152
アスリート貧血 374
アスリートヘルニア 152
圧迫性神経障害 94
圧迫包帯固定 228
アデノウイルス 274, 339
アナフィラキシー 392, 395
あひる歩行 176
アフタ性口内炎 292
アプレー圧迫テスト 176
アメリカンフットボール インテリアラインマン 16
アレルギー性結膜炎 274
アレルギー性鼻炎 284
アレルギー反応 395
アンジオテンシン受容体拮抗薬（ARB） 318
アンジオテンシン変換酵素（ACE）阻害薬 318

●い
異種血球凝集反応 296
異常感覚性大腿神経痛 158
胃食道逆流症（GERD） 326
いぼ 351
インターロッキング髄内釘固定 223
咽頭酸逆流症 326
インフルエンザ 305
インフルエンザ菌 283

●う
ウイルスカプシド抗原 296
ウイルス感染症 346, 350
ウイルス性結膜炎 274
ウェーバー試験 270
烏口肩峰靱帯 38
烏口鎖骨靱帯 38

内がえしストレステスト 232
ウレアプラズマ・ウレアリチカム 339
運動関連筋痙攣（EAMC） 382
運動関連失神（EAC） 382
運動誘発性気管支攣縮 301
運動誘発性低ナトリウム血症 383
運動誘発貧血 374

●え
エーラス・ダンロス症候群 322
エピペン 395
エプスタイン-バーウイルス 295
エプスタイン-バー核抗原 296
遠位脛腓間離開 252
遠位指節骨骨折 118
遠位橈尺関節 86

●お
黄色ブドウ球菌 268, 291, 343
オーバーテスト 154
オーバーユース（障害） 68, 234, 238
オズボーン靱帯 64

●か
回外筋アーチ 66
外傷性気胸 309
外傷性腱板断裂 28
外傷性前房出血 279
外傷性脳損傷 360
疥癬 349, 351
外旋ストレステスト 252
外側支帯解離術 174
外側膝蓋骨圧迫症候群 174
外側膝蓋大腿角 206
外側足底神経 212
外側側副靱帯（LCL） 60, 194
　　——再建術 194
開大式楔状高位脛骨骨切り術 203
外反母趾 242
外反母趾角 242
潰瘍 343
カイレクトミー 244
顆間隆起骨折 198
顎関節症 363
角膜上皮剝離 276
肩関節鏡 2, 3
肩関節前方脱臼 14
カッティングブロックテクニック 6
滑膜切除 4

滑膜ヒダ（障害） 174
カテコラミン誘発性多型性心室頻拍 313
化膿性連鎖球菌 291
痂皮 343
過敏性腸症候群 330
鎌状赤血球形成傾向 378, 379
カリフラワーイヤー 268
カルシウム拮抗薬 318
ガレアッツィ損傷 76
カレン徴候 332
ガングリオン 92
観血的整復固定術（ORIF）
　足関節骨折 254
　遠位脛腓間離開（脛腓靱帯損傷） 252
　胸腰椎骨折 146
　距骨骨折 256
　脛骨高原骨折 220
　脛骨骨幹部骨折 222
　頸椎骨折 134
　股関節骨折 166
　鎖骨骨折 46
　指節骨骨折 118
　膝蓋骨骨折 216
　踵骨骨折 258
　上腕骨近位端骨折 48
　上腕骨骨幹部骨折 50
　前腕骨骨折 76
　舟状骨骨折 111
　第5中足骨骨折（Jones骨折） 260
　大腿骨遠位部骨折 218
　大腿骨骨折 168
　中手骨骨折 116
　中足骨・趾節骨骨折 264
　橈骨遠位端骨折 108
　肘関節骨折 74
　母指骨折 120
　リスフラン関節損傷 262
間欠的陽圧呼吸（IPPV） 304
眼瞼疾患 275
関節外型弾発股 154
関節外骨折 120
関節固定術 84
関節内型弾発股 154
関節軟骨再建術 42
関節軟骨損傷 182
関節包解離術 12
関節包修復 14, 16

●き

奇異性声帯運動(PVCM) 301, 303
気管支誘発試験 302
キーゼルバッハ部位 287
気胸 309
希釈性偽性貧血 374
機能性消化管障害の分類 326
逆転写ポリメラーゼ転写法(RT-PCR法) 306
丘疹 343
急性気管支炎 307
急性コンパートメント症候群 214
急性副鼻腔炎 283
仰臥位 150, 226
胸郭出口症候群 36
競技参加前健康診査 317, 322
胸鎖関節再建術 40
胸鎖関節脱臼 40
狭窄性腱鞘炎 98
鏡視下手術
　　足関節 226
　　肩関節 2
　　滑膜切除術 174
　　肩峰形成術 7
　　肘関節 54
　　手関節 80
　　距骨(骨)軟骨損傷 230
　　手根管開放術 94
　　膝関節 172
胸部単純X線撮影 304
胸壁症候群 367
胸腰仙椎用装具 146
胸腰椎骨折 146
胸腰椎固定術 144
胸腰椎除圧術 136
胸腰椎への前方アプローチ 138
距骨下脱臼 256
距骨頸部骨折 256
距骨骨折 256
距骨(骨)軟骨損傷 230
ギヨン管 94, 96
ギルモアの鼠径部痛 337
近位ハムストリング裂離(骨折) 160
筋挫傷(損傷) 366
緊張性気胸 309, 310
緊張性頭痛 354
筋電図 36, 250
筋膜切開術
　　慢性コンパートメント症候群 214, 215

●く

くさび開き骨移植術 112
屈筋・回内筋腱 58
屈筋腱修復術 100
クラミジア・トラコマチス 339
グレイ・ターナー徴候 332
グローインペイン 152
クローン病 292

群発頭痛 354

●け

脛骨外側関節包付着部剝離骨折 198
脛骨側PCL付着部剝離骨折 198
脛骨高原骨折 220
脛骨骨幹部骨折 222, 223
脛骨骨折 222
頸椎後方インストゥルメント固定術 133
頸椎後方除圧術 128
頸椎骨折 134
頸椎固定術 130
頸椎前方除圧術 124
経転子部ポータル 150
軽度低体温症 388
脛腓靱帯損傷 252
経皮的神経電気刺激装置 158
経皮テスト 285
ゲームキーパー母指 106
ケール徴候 333
血管性Ehlers-Danlos症候群 323
血管内溶血 374, 377
血算 269
血栓症 36
結膜炎 274
血流依存性血管拡張反応 371
ケリー鉗子 62
ケルニッヒ徴候 354
肩甲下筋腱修復術 34
肩甲下筋腱断裂 34
肩甲上神経 36
肩鎖関節症 8
腱鞘滑膜炎 90
腱縦亀裂 238
原発性自然気胸 309
腱板断裂 28
　　──修復術 28
肩峰 6
肩峰下除圧術 7
肩峰形成術 6

●こ

後外側回旋不安定症 60
後外側支持機構(PLC)再建術 194
後外側引き出しテスト 194
口腔内潰瘍 292
口腔内びらん 292
後脛骨筋腱 236
後脛骨神経 212, 250
高血圧 317
後骨間神経 66
　　──剝離 66
後斜走靱帯 196
後十字靱帯(PCL) 190
　　──再建術 190
　　──損傷 190
鉤状突起骨折 74
後天性扁平足変形 236

後内側支持機構(PMC) 196
　　──再建術 196
後振盪期 355
後方関節包解離 13
後方正中胸椎アプローチ 140
後方正中腰椎アプローチ 141
後方引き出しテスト 190
絞扼性神経血管障害解離術 36
絞扼性神経障害 64, 158, 250
　　神経剝離術 158, 250
股関節インピンジメント(FAI) 162
股関節鏡 150
股関節形成術 164
股関節骨折 166
骨移植片 84
骨切り術 202
骨軟骨移植 43
コッヘルアプローチ 56, 60, 72
骨密度 370
固有受容感覚訓練 232, 236
コルポスコープ針 150
コンパートメント症候群 222, 258

●さ

細菌性外耳炎 268
細菌性感染症 343, 350
細菌性結膜炎 274
最小侵襲脊椎手術 137
サイレントキラー 317
鎖骨遠位端骨溶解症 8
鎖骨遠位端切除 8
鎖骨骨折 46
挫滅損傷 77
三角骨切除術 246
三角線維軟骨複合体 76, 80, 86
三環系抗うつ薬(TCAs) 331
霰粒腫 275

●し

シェブロン法 242
耳介血腫 268
自家関節軟骨細胞移植術 185
自家骨軟骨柱移植術 182
歯牙損傷 291
自家半腱様筋腱 206
耳管閉鎖 270
色素性絨毛結節性滑膜炎(PVNS) 174
趾神経 212, 250
指節間関節 116
指節骨骨折 118
膝蓋下外側ポータル 172
膝蓋下内側ポータル 172
膝蓋腱修復術 210
膝蓋腱デブリドマン 210
膝蓋骨遠位リアライメント術 208
膝蓋骨近位リアライメント術 206
膝蓋骨骨折 216
膝蓋大腿関節適合角 206

和文索引

膝関節剥離骨折　198
実質臓器損傷　332
失神　313
四辺形間隙症候群　36
尺側手根屈筋　64, 96
尺側手根伸筋　72
ジャークテスト　16
ジャージー指　100
尺骨管症候群　96
尺骨鉤状突起骨折　60
尺骨骨幹部骨折　76
尺骨神経前方移動術　64
尺骨ゼロ変異　86
尺骨プラス変異　86
十字靱帯再建術　172
舟状月状骨靱帯修復術　82
舟状骨骨折　111
シュードエフェドリン（PSE）　286
重度低体温症　388
十二指腸胃食道逆流　326
手根管開放術　94
手根管症候群　94
手指伸筋腱修復術　102
受動的体外復温法　390
シュプリッツェン・ゴールドバーグ症候群　323
小結節　343
踵骨骨折　258
小水疱　343
掌側バートン骨折　109
踵腓靱帯　232
上部消化管内視鏡検査　327
上方関節唇修復　18
上腕骨遠位部骨折　74
上腕骨近位端骨折　48
上腕骨骨幹部骨折　50
上腕二頭筋腱固定術　20
上腕二頭筋腱断裂　62
ジョガーズフット　212, 250
女性アスリートの3主徴　370, 373
蹠側板　241
　　──損傷　240
シラミ　351
真菌感染症　345, 350
神経絞扼症候群　36
神経支配界面　76
神経除圧術　212
神経伝導速度検査　36, 250
人工肩関節形成術　44
人工骨頭置換術　44
人工膝関節形成術　204
深指屈筋腱裂離損傷　100
尋常性痤瘡　349
尋常性疣贅（いぼ）　347
心臓突然死　295, 301
迅速インフルエンザ診断キット　306
迅速簡易超音波検査法　333
深腓骨神経　250

深部静脈血栓症　164

●す

スイマー貧血　374
髄液瘻　288
水痘　347
水痘帯状疱疹ヘルペスウイルス（VZV）　347
水疱　343
スーチャーアンカー　14, 18
スキーヤー母指　106
スクイーズテスト　252
頭痛　353
ステーナー損傷　106
ストラザーズアーケード　64
スノーボーダーズ骨折　256
スパイナル針　150
スポーツ貧血　374
スポーツヘルニア　336
　　──修復術　152
スミス・ロビンソン法　130
スミス型骨折　109
スワンネック変形　102

●せ

声帯運動機能不全（VCD）　301, 303
正炭酸ガス自発過呼吸法　302
世界アンチ・ドーピング機関（WADA）　303, 387
癬　345
セメス・ワインシュタインテスト　94
セリアック病　292
線維軟骨性リム　238
前距腓靱帯　232
前十字靱帯（ACL）　186
　　──再建術　186
　　──損傷　186
前潜在性貧血　374
全層局所軟骨欠損の治療　185
選択的セロトニン再取り込み阻害薬（SSRI）　331
前庭神経炎　271
浅腓骨神経　212, 250
全米アスレチックトレーナーズ協会（NATA）　350
全米大学体育協会（NCAA）　350, 387
前方引出しテスト　232
前腕骨骨折　76

●そ

総指伸筋　66
総腓骨神経　212, 250
側臥位　2, 150
足底腱膜炎　248
足底腱膜切離術　248
続発性自然気胸　309
鼠径部痛症候群　336

●た

ターフトウ　240
ターンダウン　234
第1伸筋腱区画　90
第1中足骨骨折　264
第2伸筋腱区画　90
第4腓骨筋　238
第5中足骨骨折（Jones骨折）　260, 264
大胸筋三角筋間アプローチ　26
大胸筋修復術　32
帯状疱疹　347
大腿骨骨折　168
　　遠位部骨折　218
　　骨幹部骨折　169
大腿骨側MCL付着部剥離骨折　198
大腿骨側PCL付着部剥離骨折　198
大腿四頭筋腱デブリドマン　210
大腿神経　158
タナ障害　174
ダラック法　110
単純ヘルペス　346, 350
短橈側手根伸筋　54
丹毒　345
弾発股　154
　　──解離術　154
短母指伸筋腱　111

●ち

遅発性筋肉痛　367
肘外側側副靱帯再建術　60
肘関節脱臼　60, 74
肘関節軟骨手術　56
中耳炎　270
肘尺側（内側）側副靱帯再建術　58
中手骨骨幹部骨折　116, 120
中手骨骨折　116
中手指節間関節　116
中枢神経感染症　355
中足骨間角（IMA）　242
肘頭骨切りアプローチ　74
中等度低体温症　388
肘部管開放　64
肘部管症候群　64
長下肢装具　210
長趾屈筋腱移行術　236
長橈側手根伸筋　66
中足骨・趾節骨骨折　264
長母指外転筋　120
長母指伸筋腱　111

●つ

椎間板切除術　124, 128

●て

ティーツェ症候群　367
ディスクプロパー　86
低体温症　388, 391
ティネル徴候　94

手関節ガングリオン摘出術　92
手関節固定術　84
鉄欠乏性貧血　374, 375
テニス肘　54
デブリドマン
　　肩関節　4
　　膝蓋腱　210
　　上腕骨外側上顆炎　68
　　上腕骨内側上顆炎　68
　　大腿四頭筋　210
　　膝関節　210
　　肘関節　68
点状出血　343
伝染性単核球症　295
伝染性軟属腫　347, 351
癜風　346

●と
凍結肩　10
ドゥケルヴァン病　90
橈骨遠位端骨折　108
橈骨神経管剝離　66
橈骨頭骨折　60, 74
同種骨軟骨移植術　182
同種前脛骨筋腱　206
橈側手根屈筋　68, 111
頭部(頭皮)白癬　346
動脈瘤　36
毒素性ショック症候群　287, 294
ドッキング法　59
突然死　316
トミージョン法　58
ドライイヤー　269
トラフ法　181
トランポリン効果　86
トリメトプリム-スルファメトキサゾール　340
ドリリング法　182, 230
トンプソンテスト　234

●な
内耳炎　271
内側膝蓋大腿靱帯　206
内側足底神経　212, 250
内側側副靱帯(MCL)
　　――再建術(膝関節)　196
　　――損傷(膝関節)　196
　　――損傷(肘関節)　74
内反小趾　242

●に
肉ばなれ　366
ニック・アンド・スプレッド法　226
乳酸脱水素酵素(LD)　377
尿道炎　339
良性発作性頭位めまい症　271
認知行動療法(CBT)　331

●ね
熱射病(EHS)　382
熱疲労　382
熱縫縮法　14
捻挫　232
年齢予測最大心拍数　323

●の
膿痂疹　345
脳振盪　355, 357
脳振盪後症候群　357
能動的体外復温法　390
膿疱　343

●は
バート・ホッグ・デュベ症候群　310
肺炎球菌　283
肺機能テスト　304
背側ガングリオン　92
麦粒腫　275
バスケットボールフット　256
薄筋　250
白血球　296, 339, 340
バトルサイン　288
鼻の外傷　286
バニオネクトミー　242
バニオネット　242
バニオン　242
　　――切除術　242
ばね指手術　98
ハムストリング　160
バラ色粃糠疹　349
バレリーナのポアント肢位　246
ハローテスト　288
斑　343
バンカート修復
　　後方――　16
　　前方――　14
半月板
　　――移植術　180
　　――切除術　176
　　――縫合術　178
反射性交感神経性ジストロフィー(RSD)　246
ハンター管　250
バンパー効果　17

●ひ
ピークフローテスト　304
ビーチチェア位(法)　2
腓骨筋腱　238
　　――断裂　238
鼻骨骨折　288
腓骨側LCL付着部剝離骨折　198
肘関節骨折　74
鼻出血　286
膝くずれ　186
鼻中隔弯曲症　289
ヒトパピローマウイルス　278, 347
皮膚　343
腓腹神経　250
　　――障害　246
鼻副鼻腔炎　283
ピボットシフトテスト　60, 186
貧血　374

●ふ
ファーレンテスト　94
フィブリン1遺伝子　322
フィルケンシュタインテスト　90
フェイルンテスト　94
腹臥位　246
複合性局所疼痛症候群(CRPS)　110
伏在神経　212, 250
副鼻腔炎　355
フゾバクテリウム・ネクロフォラム　298
フットボーラーズアンクル　228
フラッシング症候群　394
ブラットの関節包固定術　82
ブルガタ症候群　389
ブルジンスキー徴候　354
プロトンポンプ阻害薬(PPI)　327
フロマン徴候　64

●へ
平均赤血球容積　374
米国アンチ・ドーピング機関(USADA)　286, 303, 387
閉鎖性運動連鎖　14
ベーチェット病　293
ペニシリン　294
ベネット骨折　120
ヘラルドパッチ　349, 352
ベリープレステスト　34
変形性関節症　84
弁証法的行動療法　371
片頭痛　354
扁桃腺炎　294
扁桃膿瘍　298
扁桃蜂巣炎　298

●ほ
傍アキレス腱アプローチ　246
蜂窩炎　345
縫工筋　250
膨疹　343
ホーキンス徴候　256
ボーンプラグ法　180, 181
ボクサー骨折　116
母趾　240
母指骨折　120
母指尺側側副靱帯　106
　　――修復術　106
母指中手骨骨折　120
ポジティブスクイーズテスト　232
ポストインジャリー　361

ホッケー選手症候群 337
ポップ音 186
ポパイ徴候 20

● ま
マーフィー徴候 333
マイクロフラクチャー
　　足関節 230
　　肩関節 42, 43
　　膝関節 182, 185
　　肘関節 56, 57
マクマレーテスト 176
麻酔下授動術
　　肩関節 10
　　膝関節 200
末節骨骨折 118
マルファン症候群 322
マレットフィンガー 102
慢性外傷性脳症 357
筋膜切開術 214
慢性コンパートメント症候群 214

● み
ミュンスターキャスト 82
ミュンヘン手術 337

● む
無月経 370

● め
メタターサルバー 240
メチシリン耐性黄色ブドウ球菌(MRSA) 344
メニエール病 271
メニスコイド病変 226
めまい 271

● も
毛包炎 345
網膜剝離 280
モートン神経腫 212, 250
モザイクプラスティー 56, 182, 185
モノフィラメントテスト 94
モラクセラ・カタラーリス 283
モンテジア骨折 74
モンテジア損傷 60, 76

● ゆ
有鉤骨鉤突起骨折 114
遊離グラフト 206
遊離体摘出 4
癒着性関節包炎 10
癒着剝離
　　肩関節 10
　　膝関節 200

● よ
癰 345

溶連菌性咽頭炎 294
翼状片 278
横手根靱帯 96

● ら
落屑 343
ラックマンテスト 186, 240
ラッセル徴候 370
ラピドゥス法 242
ランナー貧血 374

● り
梨状筋症候群 158
リスター結節 76, 80
リスフラン関節損傷 262
リスフラン靱帯 262
離断性骨軟骨炎 56
リフトオフテスト 34
尿路感染症 340
緑膿菌 268
淋菌 339
リンネ試験 270

● れ
冷水浸浴治療 385
レッドマン症候群 394
レミエール症候群 298

● ろ
ロイス・ディーツ症候群 322
ロイド徴候 333
労作時呼吸困難 301
労作性鎌状赤血球形成虚脱 378, 379
ローランド骨折 120
肋軟骨炎 367
ロッカールーム咳 301
肋胸骨症候群 367
ロッキング・コア縫合 234
ロッキングプレート 74

● わ
ワトソンテスト 82
ワルテンベルグ徴候 64
腕橈骨筋 66

欧文索引

● A
A型インフルエンザ 305
A群溶連菌 343
A群β溶血性連鎖球菌 294
Acceptance and commitment therapy (ACT) 371
ACE阻害薬 318
Achilles tendon surgery 234
Acromioplasty 6
Active external rewarming (AER) 390
Acute bronchitis 307
Acute longitudinal radioulnar dislocation (ALRUD) 74
Allergic rhinitis 284
Anaphylaxis 392
Anemia in the athlete 374
Ankle arthroscopy 226
Ankle stabilization procedures 232
Anterior cervical decompression and fusion (ACDF) 131
Anterior cruciate ligament (ACL) reconstruction 186
Anterior drawer test 232
Anterior labral periosteal sleeve avulsion (ALPSA) 14
Aphthous ulcers 292
ARB 318
Arthroscopy synovectomy 174
Articular cartilage procedures 42, 182
Auricle hematoma 268
Autologous chondrocyte implantation (ACI) 182
Avulsion fracture 198
Axillary webbing 32

● B
B型インフルエンザ 305
Bacterial external otitis 268
Bankart repair
　　anterior —— 14
　　posterior —— 16
Behçet病 293
Benign paroxysmal cephalo-positional vertigo (BPPV) 271
Bennett骨折 120
Biceps tenodesis 20
Birt-Hogg-Dubé症候群 310
Blattの関節包固定術 82
Bone mineral density (BMD) 370
Bone-tendon-bone (BTB) 186
Bosworth変法 196
Broström変法 232
Broström法 233
Broström-Gould法 232
Brudzinski徴候 354, 355

Bryan-Morrey アプローチ　74
Bunion surgery　242
Bunionette surgery　242

●C

Cam type　162
Cam walker　260
Capsulorrhaphy　14, 16
Capsulotomy　12
Carpal tunnel release　94
Cauliflower ear　268
Cellulitis　345
Cervical fusion　130
Cheilectomy　244
Chest wall syndrome　367
Chevron 法　242
Child SCAT 3　358
Chlamydia trachomatis　339
Chronic traumatic encephalopathy (CTE)　357
Closed kinetic chain (CKC)　14
Common dental injuries　291
Common tendon origin　76
Compression hip screw (CHS)　166
Concussion　357
Congruence angle　206
Conjunctivitis　274
Continuous passive motion (CPM)　182
Copeland-type prosthesis　44
Coracoclavicular ligament repair/reconstruction　38
Corneal abrasion　276
Costochondritis　367
Costosternal syndrome　367
Coxa saltans　154
Crohn 病　292
Cross-friction massage　196
CRP　331
Crust　343
Cubital tunnel decompression　64
Cullen 徴候　332, 335
CURB-65 スコア　307
Cutting-block technique　6

●D

Darrach 法　110
de Quervain 法　90
Debridement　4
Deep vein thrombosis (DVT)　164
Delayed onset muscle soreness (DOMS)　367
Dermatologic　343
Desquamation　343
Dial test　194
Dialectical behavior therapy (DBT)　371
Digital extensor tendon repair　102
Dilutional pseudoanemia　374
Distal biceps tendon rupture　62

Distal clavicle resection　8
Distal patellar realignment　208
Distal radioulnar joint (DRUJ)　86
Divergent　262
Dix-Hallpike 試験　271
Doping control official record (DGOR)　286
Dorsal intercalated segmental instability (DISI)　82
──変形　112
Dorsiflexion osteotomy　260
Double-row 修復　31
Dry ear　269
Duodenogstrocsophageal reflux (DGER)　326
Duran 法　100
Durkin テスト　94
Dwyer 踵骨骨切り術　260
Dynamic compression plate　76

●E

Ehlers-Danlos 症候群　322
Elbow arthroscopy　54
Elbow articular cartilage surgery　56
Elbow ulna (medial) collateral ligament reconstruction　58
Elson テスト　102
Entrapment neuropathy　64
Epistaxis　286
Epstein-Barr nuclear antigen　296
Erysipelas　345
Essex-Lopresti 損傷　74
Excision of hamate hook fractures　114
Exercise-associated collapse (EAC)　382
Exercise-associated hyponatremia (EAH)　383
Exercise-associated muscle cramps (EAMC)　382
Exercise-induced bronchoconstriction (EIB)　301
Exertional dyspnea　301
Exertional heat illness (EHI)　382
Exertional heat stroke (EHS)　382
Exertional sickling collapse (ESC)　378
Extensor carpi radialis brevis (ECRB)　54
External rotation stress test　252
External rotation test　232
Eyelid diseases　275

●F

Fasciotomy　214
FBN1 変異　322
Femoral acetabular impingement (FAI)　162
Fibrocartilaginous rim　238
Finkelstein テスト　90
Flexor tendon repair　100
Flow mediated dilation (FMD)　371

Focused assessment with sonography in trauma (FAST)　333
Folliculitis　345
Footballer's ankle　228
Fowler 法　104
Froment's sign　64
Frozen shoulder　10
Fusobacterium necrophorum　298

●G

Galeazzi 損傷　76
Gastroesophageal reflux disease (GERD)　326
Ghent criteria　322
Gilmore's groin　152
Giving way　186
Glasgow coma scale (GCS)　358
Green 分類　98
Grey-Turner 徴候　332, 335
Group A Streptococcus　343
Group A β-hemolytic Streptococcus (GAS)　294
Guyon 管　94, 96

●H

Hallux rigidus　244
Hallux valgus angle (HVA)　242
Halo テスト　288
Hawkins' sign　6, 256
Headache　353
Heal strike　377
Heat exhaustion　382
Heel cord stretching　248
Henry アプローチ　76
Herpes simplex　346, 350
Herpes zoster　347
High ankle sprain　232, 252
Hip arthroscopy　150, 164
HSV (1 型)　339
Hunter 管　250
Hypertension　317
Hypothermia　388

●I

Immediate Postconcussion Assesment and Cognitive Testing (ImPACT)　358
Impetigo　345
Indianapolis 法　100
Infectious mononucleosis　295
Influenza　305
Inside-out 法　86
Intermetatarsal angle (IMA)　242
Internervous plane　76
Intravascular hemolysis　377
IOC 医事委員会　302
Iron deficiency　375
Irritable bowel syndrome (IBS)　330
Isometric point　60

J

J波 389
Jahss 法 116
Jerk test 16
Jersey finger 100
Jobe 法 59
Jones 骨折 260

K

Kehr 徴候 333
Kelly 鉗子 62
Kernig 徴候 354, 355
Kessler 縫合 103
Kidner 法 236
Kleinert 変法 100
Knee arthroscopy 172, 204
Knot of Henry 250
Kocher アプローチ 56, 60, 72
Krackow 縫合 26, 210

L

Lachman テスト 186, 240
Lactate dehydrogenase (LD) 377
Lapidus 法 242
Larson Figure 8 法 194
Laryngopharyngeal reflux disease (LPRD) 326
Lateral collateral ligament (LCL) reconstruction 194
Lateral patellar compression syndrome 174
Lateral patellofemoral angle 206
Lateral ulnar collateral ligament (LUCL) 60
Leddy 分類 100
Lemmiere 症候群 298
Lisfranc 関節損傷 262
Lister 結節 76, 80, 84
Lloyd 徴候 333
Load and shift test 16
Locking core suture 234
Locking plate 74
Loeys-Dietz 症候群 322, 323
Long leg brace 196, 210
Longitudinal split 238
Longitudinal tear 176
Loose body removal 4
Lysis of adhesions 10, 200

M

Manipulation under anesthesia 10, 200
Manning criteria 330
Marfan syndrome 322
McMurray テスト 176
Mean crpuscular volume (MCV) 374
Medial collateral ligament (MCL) reconstruction 196
Medial patellofemoral ligament (MPFL) 206
Medical hold 361
Ménière 病 271
Meniscal repair 178
Meniscal transplantation 180
Meniscectomy 176
Meniscus homologue 86
Mild traumatic brain injury (mTBI) 360
Minimally invasive spine surgery (MISS) 137
Mobile wad 66
Molluscum contagiosum 347, 351
Monteggia 骨折 60, 74, 76
Moraxella catarrhalis 283
Morton 神経腫 212, 250
MP 関節 116
MRI 111, 160, 176
MRSA 344, 276, 305, 306, 307
Muller popliteal bypass 法 194
Münster キャスト 82, 86
Murphy 徴候 333
Muscle strain 366
Myalgia paresthetica 158

N

Nasal fracture 288
Nasal septal deviation 289
Nasal trauma 286
National Athletic Trainers' Association (NATA) 350
National Collegiate Athletic Association (NCAA) 350
Neer's sign 6
Neisseria gonorrhoeae 339
Nerve decompression 212
Nerve releases 158
Nick and spread method 226
Nightstick fracture 76
Nodule 343
Nucleic acid amplification test (NAAT) 法 339

O

O'Brien test 18
Oarsman's wrist 90
Ober テスト 154
Open Reduction and Internal Fixation (ORIF)
　ankle fractures 254
　calcaneal fractures 258
　cervical fractures 134
　clavicle fractures 46
　distal femoral fractures 218
　distal radius fractures 108
　elbow fractures 74
　femur fractures 168
　fifth metatarsal (Jones) fractures 260
　forearm fractures 76
　hip fractures 166
　humeral shaft fractures 50
　lisfranc injuries 262
　metacarpal fractures 116
　metatarsal and phalangeal fractures 264
　patella fracture 216
　phalangeal fractures 118
　proximal humerus fractures 48
　scaphoid fractures 111
　syndesmotic injuries 252
　talar fractures 256
　thoracolumbar fractures 146
　thumb fractures 120
　tibial plateau fractures 220
　tibial shaft fractures 222
Os trigonum excision 246
Osborn 波 389
Osborne 靱帯 64
Osteotomy 202
Otitis media 270
Outerbridge-Kashiwagi 法 72
Outside-in 法 86

P

Papule 343
Paradoxical vocal cord motion 303
Passive external rewarming (PER) 390
Patch 343
Paul-Bunnell 296
Pectoralis major repair 32
Peel-back 現象 18
Peritonsillar abscess 298
Peritonsillar cellulitis 298
Peroneal tendon surgery 238
Peroneus quartus 238
Petichiae 343
Phalen テスト 94
Pigmented villonodular synovitis (PVNS) 174
Pillar pain 94
Pincer type 162
Pityriasis rosea 349
Pivot shift test 60
Plantar fascia release 248
Plantar plate 241
　——injuries 240
Plaque 343
Plica syndrome 174
Plicae synovialis 174
Pneumothorax 309
Poehling の inside-out 法 89
Polymerase chain reaction (PCR) 法 339
Position statement on skin disease 350
Positive squeeze test 232
Post injury 361
Postconcussion syndrome (PCS) 357

Posterior cruciate ligament (PCL) reconstruction 190
Posterior interosseous nerve (PIN) 66
Posterior tibialis tendon surgery 236
Posterolateral corner (PLC) reconstruction 194
Posterolateral rotatory instability (PLRI) 60
Posteromedial corner (PMC) reconstruction 196
Pre-participation physical examination (PPE) 317
Proprioceptive exercise 232, 236
Proton pump inhibitor (PPI) 327
Proximal patellar realignment 206
Pseudo-Jones 骨折 260
Pterygium 278
Pustule 343

● Q
Quadriceps and patellar tendon debridement/repair 210
Q 角 208

● R
Radial tunnel/PIN release 66
Radioallergosorbent test (RAST) 285
Reflex sympathetic dystrophy (RSD) 246
Relocation test 14
Retinal detachment 280
Rinne 試験 270
Rolando 骨折 120
Rome criteria 330
Rotator cuff repair 28
Running suture 234
Rush injury 77
Russell 徴候 370, 373

● S
Salter-Harris 分類 218
Sand toe 240
SAPHO 症候群 368
Scabies 349, 351
Scaphoid nonunion advanced collapse (SNAC) 112
Scapholunate advanced collapse (SLAC) 82
Scapholunate ligament repair 82
Segond 骨折 198
Semmes-Weinstein テスト 94
Shingles 347
Shoulder arthroplasty 44
Shoulder arthroscopy 2
Shprintzen-Goldberg 症候群 323
Sickle cell trait (SCT) 378
SLAP 修復 18
Smith-Robinson 法 130
Smith 型骨折 109

Snapping hip release 154
Snowboarder's ankle 256
Solid organ injury 332
Sport concussion assessment tool 3 (SCAT 3) 358
Sports hernia 336
――――repair 152
Squeeze test 252
ST 合剤 340, 344, 345, 349
Standard Assessment of Concussion (SAC) Test 358, 359
Staphylococcus aureus 343
Stener 損傷 106
Sternoclavicular procedures 40
Strep throat 294
Streptococcal pharyngitis 294
Struthers arcade 64
Subscapularis tendon repair 34
Superior labrum anterior and posterior (SLAP) repair 18
Suture construct 252
Syncope 313
Syndesmosis 損傷 232
Synostosis 77
Synovectomy 4

● T
Tailor's bunion 242
Talar articular cartilage procedures 230
Talar-tilt test 232
Temporomandibular joint dysfunction syndrome 363
Tenosynovitis decompression 90
Tension-band テクニック 74
Tension-side stress fracture 166
Terrible triad injury 60, 74
TFCC debridement 86, 87, 88, 89
The female athlete triad 370
The Gould modification 232
Thermal shrinkage 14
Thompson アプローチ 76
Thompson テスト 234
Thoracolumbar decompression 136
Thoracolumbar fusion 144
Thoracolumbosacral orthosis (TLSO) 146
Thumb UCL repair 106
Tibiotalar impingement decompression 228
Tietze 症候群 367
Tinea versicolor 346
Tinel 徴候 94
TMP/SMX 344, 345, 249
Tommy John procedure 58
Tonsillitis 294
Total hip arthroscopy (THA) 164
Toxicshock syndrome (TSS) 287, 294

Transcutaneous electrical nerve stimulation (TENS) 158
Traumatic hyphema 279
Triangular fibrocartilage complex (TFCC) 76, 80, 86
Triceps 74
Triceps-splitting アプローチ 74
Trigger finger release 98
Turf toe 240
Turn down 234

● U
Ulcer 343
Ulnar collateral ligament (UCL) 106
Ulnar nerve transposition 64
United States Anti-doping Agency (USADA) 286
Ureaplasma urealyticum 339
Urethritis 339
Urinary tract infections (UTI) 340

● V
Valgus extension overload debridement 72
Varicella-zoster virus (VZV) 347
Verruca vulgaris (wart) 347
Vertigo 271
Viral capsid antigem 296
Viral infections 346, 350
Visicle 343
Vocal cord dysfunction 303

● W
Walking boot 232, 234, 240, 254
Wartenberg's sign 64
Watson テスト 82
WBGT 計 383
Weaver-Dunn 法 38
Weber 試験 270
Wheal 343
Whip stitch 196
Whipple の outside-in 法 88
Whipstitch 縫合 26
Wilmington ポータル 18
Wrist arthroscopy 80
Wrist fusion 84
Wrist ganglion excision 92

● Z
Zanca 像 8

スポーツ診療ビジュアルブック	定価：本体 13,000 円＋税

2016 年 6 月 1 日発行　第 1 版第 1 刷Ⓒ

編　者	マーク D. ミラー
	A. ボビー チャブラ
	ジェフ コニン
	ディラーワル ミストリー
監訳者	櫻庭　景植（さくらば　けいしょく）
発行者	株式会社　メディカル・サイエンス・インターナショナル
	代表取締役　若松　博
	東京都文京区本郷 1-28-36
	郵便番号 113-0033　電話 (03)5804-6050

印刷：三美印刷／表紙装丁：トライアンス

ISBN 978-4-89592-856-4　C 3047

本書の複製権・翻訳権・上映権・譲渡権・公衆送信権(送信可能化権を含む)は(株)メディカル・サイエンス・インターナショナルが保有します。
本書を無断で複製する行為(複写，スキャン，デジタルデータ化など)は，「私的使用のための複製」など著作権法上の限られた例外を除き禁じられています。大学，病院，診療所，企業などにおいて，業務上使用する目的(診療，研究活動を含む)で上記の行為を行うことは，その使用範囲が内部的であっても，私的使用には該当せず，違法です。また私的使用に該当する場合であっても，代行業者等の第三者に依頼して上記の行為を行うことは違法となります。

JCOPY〈(社)出版者著作権管理機構　委託出版物〉
本書の無断複写は著作権法上での例外を除き禁じられています。複写される場合は，そのつど事前に，(社)出版者著作権管理機構 (電話 03-3513-6969，FAX 03-3513-6979，info@jcopy.or.jp)の許諾を得てください。